France
Frankrijk
Francia
Frankreich
Frankrike
Francja

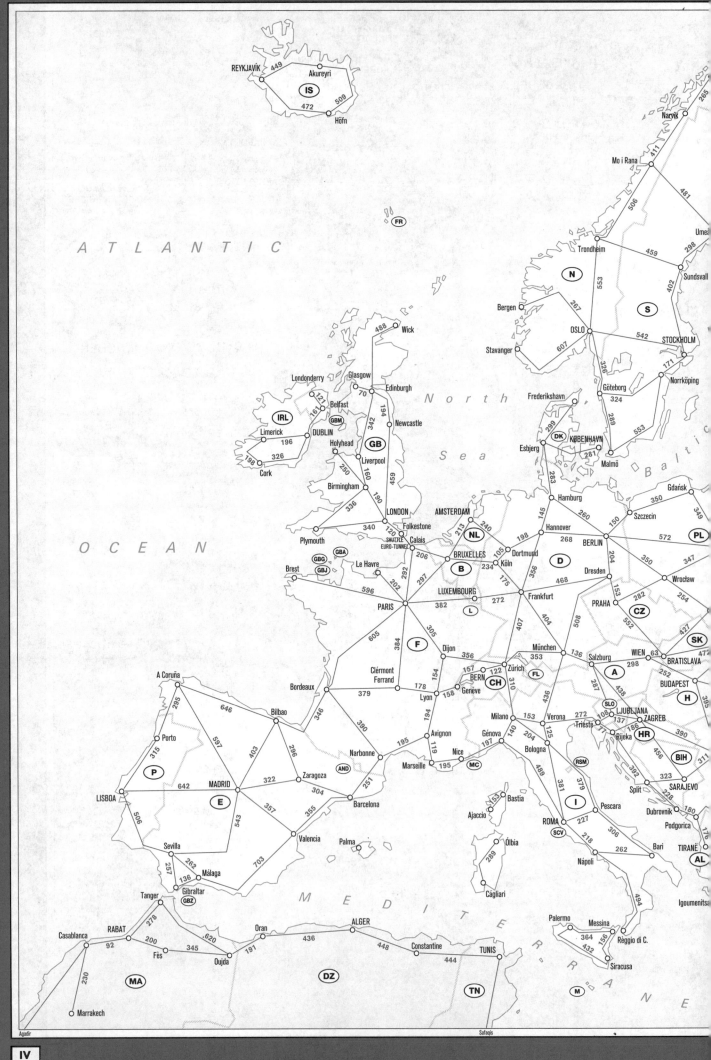

Sommaire · Inhoud · Indice · Índice
Inhaltsverzeichnis · Contents · Innehållsförteckning · Spis treści

Légende · Legenda
Segni convenzionali · Signos convencionales
1:300.000

CIRCULATION - VERKEER		COMUNICAZIONI - TRAFICO

(F) (NL) / **(I) (E)**

Autoroute avec échangeur - Demi-échangeur - Poste d´essence - avec snack - Restaurant - avec motel
Autosnelweg met op- en afritten - met of oprit of afrit - Benzinestation - met snackbar - Restaurant - met motel
Pons — **(T) (T)** — *Lisses* **(○) (○)**
Autostrada con raccordi - Semi-raccordo - Stazione di servizio - con posto di ristoro - Ristorante - con motel
Autopista con enlace - Medio enlace - Estación de servicio - con área de descanso - Restaurante - con motel

Seulement une chaussée - en construction - en projet
Slechts een rijbaan - in aanleg - gepland
Solo una carreggiate - in costruzione - progettata
Soló una calzada - en construcción - en proyecto

Route à quatre ou plusieurs voies, à une ou deux chaussées - en construction
Weg met vier of meer rijstroken, een of twee rijbanen - in aanleg
Strada a quattro o più corsie, a una o due carreggiate - in costruzione
Carretera de cuatro o más carriles, de una o dos calzadas - en construcción

Route nationale - Route principale importante - en construction
Rijksweg - Belangrijke hoofdweg - in aanleg
Strada statale - Strada principale di particolare importanza - in costruzione
Carretera nacional - Carretera principal importante - en construction

Route principale - Route secondaire
Hoofdweg - Overige verharde wegen
Strada principale - Strada secondaria
Carretera principal - Carretera secundaria

Chemin carrossable (praticabilité non assurée) - Sentiér
Weg (beperkt berijdbaar) - Voetpad
Strada carrozzabile (non sempre percorribile) - Sentiero
Camino vecinal (sólo transitable con restricciones) - Sendéro

Etat des routes: route sans revêtement - route en très mauvais état
Toestand van het wegdek: onverhard - zeer slecht
Stato delle strade: senza rivestimento antipolvere - in cattive condizioni
Estado de las carreteras: polvoriento - muy malo

Numéro des routes européennes
Europawegnummer
E 80
Numero di strada europea
Numero di strada europea

Côte - Col fermé en hiver (de - à)
Helling - Pas 's-winters gesloten (van - tot)
10% ← — X - IV
Pendenza - Valico con chiusura invernale (da - a)
Pendiente - Carretera de puerto de montaña cerrado en invierno (de - a)

Non recommandé aux caravans - interdit
Voor caravans niet aanbevolen - verboden
Non raccomandabile alle roulottes - divieto di transito alle roulottes
No aconsejable para caravanas - prohibido

Distances sur autoroutes en km
Afstand in km op autosnelwegen
75 — 30 — 45
Distanze chilometrica autostradale
Distancias en kilómetros en autopistas

Distances sur autres routes en km
Afstand op overige wegen in km
35 — 25 — 10
Distanze chilometrica su altre strade
Distancias en kilómetros en las demás carreteras

Chemin de fer principal - Chemin de fer secondaire (avec gare ou haltes)
Belangrijke Spoorweg - Spoorweg (met station)
Ferrovia principale - secondaria (con stazione o fermata)
Ferrocarril principal - secondario (con estación o apeadero)

Chemin de fer (trafic de marchandises) - Chemin de fer à crémaillère ou funiculaire
Spoorweg (alleen goederenverkeer) - Tandradbaan of kabelspoorweg
Ferrovia (solo per trasporto merci) - Funicolare o ferrovia cremagliera
Ferrocarril (sólo para transporte de mercansias) - Funicular o cremallera

Téléphérique - Télésiège - Téléski
Kabelbaan - Stoeltjeslift - Skilift
Funivia - Seggiovia - Sciovia
Teleférico - Telesilla - Telesquí

Navette par voie ferrée pour autos - Ligne maritime
Autoverlading - Scheepvaartlijn
Transporto automobili per ferrovia - Linea di navigazione
Ferrocarril con transporte de automóviles - Línea marítima

Ligne maritime avec transport de voitures - Bac autos (rivière)
Scheepvaartlijn met autovervoer - Autoveer over rivier
F
Linea di navigazione con trasporto auto - Trasporto auto fluviale
Linea marítima con transporte de automóviles - Transportador fluvial de automóviles

Route touristique - Itinéraire pittoresque
Toeristische route - Landschappelijk mooie route
Strada d´interesse turistico - Percorso panoramico
Carretera turística - Recorrido pintoresco

Péage - Route à péage - Route interdite
Tol - Tolweg - Verboden voor auto's
× × × × × ×
Stazione a barriera - Strada a pedaggio - Strada chiusa al traffico automobilistico
Peaje - Carretera de peaje - Carretera cerrada al tráfico

Aéroport - Aérodrome - Terrain pour vol à voile - Héliport
Luchthaven - Vliegveld - Zweefvliegveld - Heliport
⊞ ⊕ ⊕ Ⓗ
Aeroporto - Campo di atterraggio - Campo di atterraggio per alianti - Eliporto
Aeropuerto - Aeródromo - Aeródromo de planeadores - Helipuerto

---

CURIOSITES - BEZIENSWAARDIGHEDEN		INTERESSE TURISTICO - CURIOSIDADES

Localité pittoresque
Zeer bezienswaardige plaats
BORDEAUX
Località di grande interesse
Población de especial interés

Localité remarquable
Bezienswaardige plaats
BIARRITZ
Località di notevole interesse
Población de interés

Bâtiment très intéressant
Zeer bezienswaardig gebouw
Cathédral
Costruzione di grande interesse
Monumento artístico de especial interés

Bâtiment remarquable
Bezienswaardig gebouw
⚓ *Gibeau* ♟ *les Maurices*
Costruzione di notevole interesse
Monumento artístico de interés

Curiosité naturelle intéressant
Zeer bezienswaardig natuurschoon
Grotte de Lascaux
Curiosità naturale particolarmente interessante
Curiosidad natural de notable interés

Autres curiosités
Overige bezienswaardigheden
* *Obélisque*
Curiosità di altro tipo
Otras curiosidades

Jardin botanique - Jardin zoologique - Parc à gibier
Botanische tuin - Dierentuin - Wildpark
Giardino botanico - Giardino zoologico - Zona faunistica protetta
Jardín botánico - Jardín zoológico - Reserva de animales

Parc national, parc naturel - Point de vue
Nationaal park, natuurpark - Uitzichtpunt
Parco nazionale, parco naturale - Vista panoramica
Parque nacional, parque natural - Vista panorámica

Château- fort, Château - Monastère - Église, chapelle - Ruines
Burcht, slot - Klooster - Kerk, kapel - Ruïnes
Castello - Monastero - Chiesa, cappella - Rovine
Castillo, palacio - Monasterio - Iglesia, capilla - Ruinas

Tour - Tour radio ou télévision - Monument - Grotte
Toren - Radio- of televisietoren - Monument - Grot
Torre - Pilone radio o TV - Monumento - Grotta
Torre - Torre de radio o de TV - Monumento - Cueva

Phare - Bâteau- phare - Moulin à vent
Vuurtoren - Lichtschip - Windmolen
Faro - Nave faro - Molino a vento
Faro - Buque faro - Molino de viento

AUTRES INDICATIONS - OVERIGE INFORMATIE		ALTRI SEGNI - OTROS DATOS

Auberge de jeunesse - Motel - Hôtel ou auberge isolé - Refuge de montagne
Jeugdherberg - Motel - Afgelegen hotel of restaurant - Berghut
△ ⌂ ♦ ⌂
Ostella della gioventù - Motel - Albergo o locanda isolati - Rifugio montagna
Albergue de juventud - Motel - Hotel o fonda aislados - Refugio de montaña

Terrain de camping, permanent - saisonnier
Camping, het gehele jaar - 's-zomers - Caravanplaats (niet voor tenten)
▲ △
Campeggio aperto tutto l´anno - stagionale
Camping todo el año - sólo en verano

Plage recommandée - Baignade - Piscine - Station thermale
Strand met zwemgelegenheid - Strandbad - Openlucht- zwembad - Geneeskrachtig badplaats
Spiaggia - Balneare - Piscina (all´aperto) - Terme
Playa - Banos (playa) - Piscina descubierta - Balneario medicinal

Terrain de golf - Port de plaisance - Pêche sous-marine interdite
Golfterrein - Jachthaven - Jagen onder water verboden
⚓ ψ
Campo da golf - Attracco natanti - Caccia subacquea divieto
Campo de golf - Puerto deportivo - Pesca submarina prohibida

Ferme - Village de vacances
Vrijstaande boerderij - Vakantiedorp
▪ ⌂
Fattoria isolata - Località di soggiorno
Granja aislada - Centro de vacaciones

Frontière d´Etat - Passage frontalier - Limite des régions
Rijksgrens - Grensovergang - Regionale grens
Confine di stato - Passaggio di frontiera - Frontera regional
Frontera de estado - Paso fronterizo - Frontera regional

Mer recouvrant les hauts-fonds - Sable et dune
Bij eb droogvallende gronden - Zand en duinen
Basso fondale - Sabbia e dune
Costa de aguas bajas - Arena y dunas

Bois - Lande
Bos - Heide
Bosco - Brughiera
Bosque - Brezal

Glacier - Zone interdite
Gletsjer - Verboden gebied
Ghiacciaio - Zona vietata
Glaciar - Zona prohibida

Zeichenerklärung · Legend
Teckenförklaring · Objaśnienia znaków
1:300.000

VERKEHR - TRAFFIC | TRAFIK - KOMUNIKACJA

Autobahn mit Anschlußstelle - Halbanschlußstelle - Tankstelle - mit Kleinraststätte - Rasthaus - mit Motel
Motorway with junction - Half junction - Filling station - with snackbar - Restaurant - with motel

Pons / Lisses

Motorväg med trafikplats - Endast av- eller påfart - Bensinstation - med servering - Värdshus - med motell
Autostrady z rozjazdami - z częściowymi rozjazdami - Stacje paliw - z barami - Restauracje - z motelami

Nur einbahnig - in Bau - geplant
Only single carriageway - under construction - projected

Endast en vägbana - under byggnad - planerad
Autostrady jednojezdniowe - w budowie - projektowane

Vier- oder mehrspurige Autostraße, ein- oder zweibahnig - in Bau
Road with four or more lanes, single or dual carriageway - under construction

Väg med fyra eller flera körfält, en eller två vägbanor - under byggnad
Drogi szybkiego ruchu, cztery pasma i więcej - w budowie

Bundes- bzw. Staats- oder Nationalstraße - Wichtige Hauptstraße - in Bau
National or federal road - Major main road - under construction

Genomfartsled - Viktig huvudled - under byggnad
Przelotowe drogi główne, drogi krajowe - Ważniejsze drogi główne - w budowie

Hauptstraße - Nebenstraße
Main road - Secondary road

Huvudled - Sidogata
Drogi główne - Drogi drugorzędne

Fahrweg (nur bedingt befahrbar) - Fußweg
Practicable road (restricted passage) - Footpath

Väg (delvis användbar för biltrafik) - Vandringsled
Drogi inne (o ograniczonej przejezdności) - Ścieżki

Straßenzustand: nicht staubfrei - sehr schlecht
Road condition: unsealed - very bad

Vägbeskaffenhet: ej dammfritt - mycket dåligt
Stan dróg: drogi pylące - drogi w bardzo złym stanie

Europastraßennummer
Number of main european route

E 80

Europavägnummer
Numery dróg europejskich

Steigung - Paßstraße mit Wintersperre (von - bis)
Gradient - Mountain pass closed in winter (from - to)

10% / X - IV

Stigning - Väg över pass med vinterspärrtid (fran - till)
Strome podjazdy - Przełęcze nieprzejezdne zimą (od - do)

Für Caravans nicht empfehlenswert - verboten
Not suitable - closed for caravans

Väg ej lämplig för husvagn - spärrad för husvagn
Drogi nie zalecane dla przyczep - zamknięte

Kilometrierung an Autobahnen
Distances on motorways in km

75 / 30 / 45

Afstånd i km vid motorvägar
Odległości w kilometrach na autostradach

Kilometrierung an übrigen Straßen
Distances on other roads in km

35 / 25 / 10

Afstånd i km vid övriga vägar
Odległości w kilometrach na innych drogach

Hauptbahn - Nebenbahn (mit Bahnhof bzw Haltepunkt)
Main railway - Other railway (with station or stop)

Huvudjärnväg - Mindre viktig järnweg (med station resp. hållplats)
Koleje główne - Koleje drugorzędne (z dworcami lub przystankami)

Eisenbahn (nur Güterverkehr) - Zahnrad- oder Standseilbahn
Railway (freight haulage only) - Rackrailway or cabin lift

Järnväg (endast godstransport) - Linbana eller bergbana
Koleje towarowe - Koleje zębate lub Koleje linowo-terenowe

Seilschwebebahn - Sessellift - Skilift
Cable lift - Chair lift - T-bar

Kabinbana - Stollift - Släplift
Koleje linowe (kabinowe)- Wyciągi krzesełkowe - Wyciągi narciarskie

Autoverladung - Schiffahrtslinie
Railway ferry for cars - Shipping route

Järnväg med biltransport - Båtförbindelse
Przeładunek samochodów - Linie żeglugi pasażerskiej

Schiffahrtslinie mit Autotransport - Autofähre an Flüssen
Car ferry route - Car ferry on river

F

Båtförbindelse med biltransport - Flodfärja
Linie żeglugi promowej - Promy rzeczne

Touristenstraße - Landschaftlich schöne Strecke
Tourist road - Scenic road

Turistled - Naturskön vägstrecka
Drogi turystyczne - Drogi krajobrazowe

Mautstelle - Gebührenpflichtige Straße - für Kfz gesperrt
Toll - Toll road - Road closed for motor traffic

Vägavgift - Avgiftsbelagd väg - Väg sperrad för biltrafik
Pobieranie - Drogi płatne - Zamknięte dla pojazdów silnikowych

Flughafen - Flugplatz - Segelflugplatz - Hubschrauberlandeplatz
Airport - Airfield - Gliding field - Heliport

Större trafikflygplats - Flygplats - Segelflygfält - Landningsplats för helikopter
Lotniska - Lądowiska - Pola szybowcowe - Lądowiska helikopterów

SEHENSWÜRDIGKEITEN - PLACES OF INTEREST | SEVÄRDHETER - INTERESUJĄCE OBIEKTY

Besonders sehenswerter Ort
Place of particular interest

BORDEAUX

Mycket sevärd ort
Miejscowości szczególnie interesujące

Sehenswerter Ort
Place of interest

BIARRITZ

Sevärd ort
Miejscowości interesujące

Besonders sehenswertes Bauwerk
Building of particular interest

Cathédral

Mycket sevärd byggnad
Budowle szczególnie interesujące

Sehenswertes Bauwerk
Interesting building

Gibeau · les Maurices

Sevärd byggnad
Budowle interesujące

Besondere Natursehenswürdigkeit
Natural object of particular interest

Grotte de Lascaux

Särskilt intressant natursevärdhet
Szczególnie interesujące obiekty naturalne

Sonstige Sehenswürdigkeit
Other object of interest

* Obélisque

Annan sevärdhet
Inne interesujące obiekty

Botanischer Garten - Zoologischer Garten - Wildgehege
Botanical gardens - Zoological gardens - Game park

Botanisk trädgård - Zoologisk trädgård - Djurpark
Ogrody botaniczne - Ogrody zoologiczne - Zwierzyńce

Nationalpark, Naturpark - Aussichtspunkt
Nature park - Viewpoint

Nationalpark, naturpark - Utsiktsplats
Parki narodowe, parki krajobrazowe - Punkty widokowe

Burg, Schloß - Kloster - Kirche, Kapelle - Ruinen
Castle - Monastery - Church, chapel - Ruins

Borg, slott - Kloster - Kyrka, kapell - Ruiner
Zamki, pałace - Klasztory - Kościoły, Kaplice - Ruiny

Turm - Funk- oder Fernsehturm - Denkmal - Höhle
Tower - Radio- or TV tower - Monument - Cave

Torn - Radio- eller TV- torn - Monument - Grotta
Wieże - Wieże RTV - Pomniki - Jaskinie

Leuchtturm - Feuerschiff - Windmühle
Lighthouse - Lightship - Windmill

Fyr - Fyrskepp - Väderkvarn
Latarnie morskie - Latarniowce - Młyny wietrzne

SONSTIGES - OTHER INFORMATION | ÖVRIGT - INNE INFORMACJE

Jugendherberge - Motel - Alleinstehendes Hotel oder Gasthaus - Berghütte
Youth hostel - Motel - Isolated hotel or inn - Mountain hut

Vandrarhem - Motel - Enslig hotell eller gästgiveri - Raststuga
Schroniska młodzieżowe - Motele - Samotnie stojące hotele lub gościńce - Schroniska górskie

Campingplatz, ganzjährig - nur im Sommer
Camping site, permanent - seasonal

Campingplats hela året - endast under sommaren
Campingi całoroczne - czynne tylko latem

Guter Badestrand - Strandbad - Schwimmbad - Heilbad
Recommended beach - Bathing place - Swimming pool - Spa

Badstrand - Strandbad - Friluftsbad - Badort
Plaże - Kąpieliska - Baseny - Uzdrowiska

Golfplatz - Boots- und Yachthafen - Unterwasserjagd verboten
Golf course - Harbour for boats and yachts - Underwater fishing prohibited

Golfbana - Småbåtshamn - Undervattensjakt förbjuden
Pola golfowe - Porty dla łodzi i żaglówek - Rybołówstwo zabronione

Einzelhof - Feriendorf
Isolated building - Holiday bungalows

Gård - Stugby
Pojedyncze zagrody - Wsie letniskowe

Staatsgrenze - Grenzübergang - Verwaltungsgrenze
International boundary - Border crossing point - Administrative boundary

Statsgräns - Gränsövergång - Regionsgräns
Granice państw - Przejścia graniczne - Granice administracyjne

Wattenmeer - Sand und Dünen
Tidal flat - Sand and dunes

Område som torrlägges vid ebb - Sand och dyner
Watty - Piaski i wydmy

Wald - Heide
Forest - Heath

Skog - Hed
Lasy - Wrzosowiska

Gletscher - Sperrgebiet
Glacier - Restricted area

Glaciär - Militärt skyddsområde
Lodowce - Obszary zamknięte

Carte d'assemblage · Overzichtskaart · Quadro d'unione · Mapa índice
Kartenübersicht · Key map · Kartöversikt · Skorowidz arkuszy mapy
1:300.000

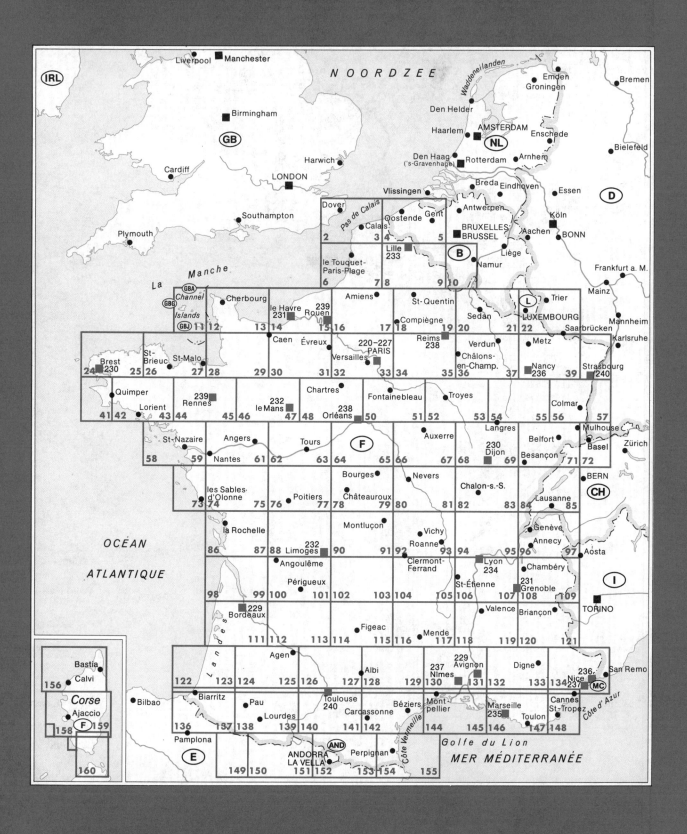

1:300.000

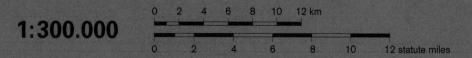

| 0 | 2 | 4 | 6 | 8 | 10 | 12 km |

| 0 | 2 | 4 | 6 | 8 | 10 | 12 statute miles |

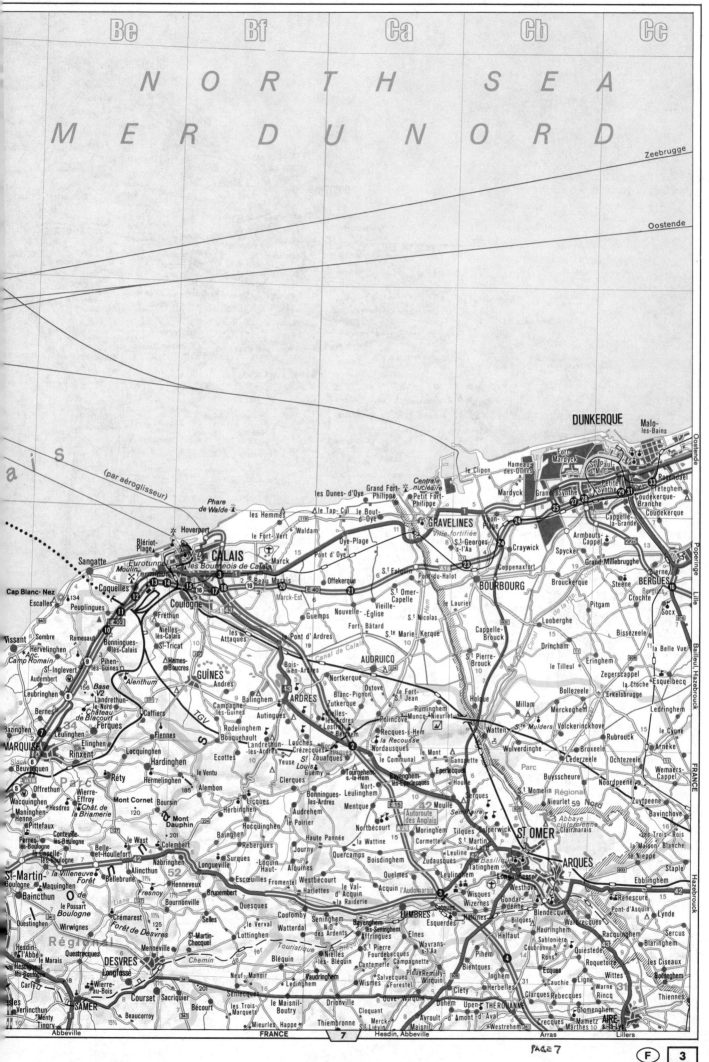

N O R T H   S E A

M E R   D U   N O R D

Zeebrugge

Oostende

DUNKERQUE   Malo-les-Bains

Fort-Mardyck

le Clipon   Hameau-des-Dunes   S.t Paul-s-Mer   Téteghem

Centrale nucléaire

(par aéroglisseur)

les Dunes- d'Oye   Grand Fort-Philippe   Mardyck   Grande Synthe   Petite Synthe   Loudekerque-Branche

Phare de Walde   les Hemmes   le Tap-Cûl   le Bout-d'Oye   Petit Fort-Philippe   Rosendael   Coudekerque

Hoverport   Waldam   GRAVELINES   Ville fortifiée   Lion-Plage   Cappelle-la-Grande

Blériot-Plage   le Fort-Vert   Oye-Plage   S.t Georges-s-l'Aa   Armbouts-Cappel   Bierne

Sangatte   N.D CALAIS   Marck   Pont d'Oye   S.t Folquin   Craywick   Spycker   Grand-Millebrugghe   BERGUES

Eurotunnel   les Bourgeois de Calais   Pont-du-Halot   Coppenaxfort   Broeckerque   Steene   Bergues

Cap Blanc- Nez   Moulin   le Beau Marais   Offekerque   BOURBOURG   Looberghe   Crochte   Socx

Escalles   Coquelles   Coulogne   Marck-Est   S.t Omer-Capelle   S.t Laurier   Pitgam   Bissezeele

Peuplingues   Fréthun   Vieille-Église   S.t Nicolas   Cappelle-Brouck   Drincham   la Belle Vue

Vissant   Sombre   Ramesault   Nielles-lès-Calais   le Pont d'Ardres   S.te Marie-Kerque   le Tilleul   Eringhem   Zegerscappel   la Cloche   Esquelbecq

Hervelinghen   S.t Tricat   les Attaques   Fort-Bâtard   S.t Pierre-Brouck   Bollezeele   l'Erkelsbrugge

Anc. Camp Romain   Pihen-lès-Guînes   Hames-Boucres   Bois-en-Ardres   AUDRUICQ   Holque   Millam   Merckeghem   Ledringhem

Audembert   GUÎNES   Andres   Nortkerque   S.te Mulders   Volckerinckhove   le Cygne

Leubringhen   Base V2   Balinghem   Ostove   le Fort-S.t Jean   Rüminghem   Watten   Rubrouck   Arnèke

Bernes   Landrethun   Château de Blacourt   ARDRES   Blanc-Pignon   Zutkerque   Wulverdinghe   Broxeele

Bazinghen   le Nord   Caffiers   Campagne-lès-Guînes   Nielles-lès-Ardres   Muncq-Nieurlet   Polincove   Lederzeele   Ochtezeele

MARQUISE   Ferques   Autingues   Lostrbem   Recques-s-Hem   la Recousse   Wemaers-Cappel

Leulinghen   Fiennes   Rodelinghem   Bayenghem-lès-Eperlecques   Nordausques   Buysscheure   Noordpeene

Rinxent   Elinghen   Bouquehault   Louches   Crézecques   Nord-ausques   Ganspette   Régional   Nieurlet

Slack   Locquinghen   Landrethun-lès-Ardres   Yeuse   S.t Zouafques   le Communal   le Mont   Parc   Bavinchove

Beuvrequen   Hardinghen   Ecottes   Louis   Guémy   Tournehem-s-la-Hem   S.t Momelin   Zuytpeene

Parc   Réty   le Ventu   Clerques   Eperlecques   Houlle   Séminaire   Nieurlet 59 Nord

Offrethun   Hermelinghen   Alembon   Bonningues-lès-Ardres   Nort-Leulinghem   Moulle   Abbaye cistercienne Clairmarais

Wacquinghen   Wierre-Effroy   Mont Cornet   Boursin   Licques   Mentque   Autoroute des Anglais   les Trois-Rois

Maninghen-Henne   Hesdres   Chât. de la Briamerie   Herbinghen   Audrehem   Moringhem   Tilques   Salperwick   la Maison Blanche

Pittefaux   Mont Dauphin   Hocquinghen   le Poirier   Nortbécourt   Cormette   ST OMER   le Nieppé

Conteville-les-Boulogne   le Wast   Bainghen   Haute Pannée   la Wattine   S.t Martin au-Laêrt   Staple

Pernes-les-Boulogne   Belle-et-Houllefort   Colembert   Rebergues   Journy   Quercamps   Boisdinghem   Zudausques   Tatinghem   Basilique   ARQUES   Ebblinghem

la Capelle-les-Boulogne   Nabringhen   Longueville   Surques   Loquin-Haut   Alquines   Leulinghem   Longuenesse   Westhove

ST MARTIN   la Villeneuve   Alincthun   Bellebrune   Henneveux   Escœuilles   Fromentel   Westbécourt   Acquin   l'Audomarois   Gondardemme

Boulogne   Forêt   Fresnoy   Brunembert   le Val-d'Acquin   Wisques   Wizernes

Baincthun   Maquinghen   Quesques   Harlettes   la Raiderie   Renescure

le Possart   Liane   Bournonville   Selles   Coulomby   Setques   Pont-d'Asquin   Lynde

Questinghen   Boulogne   Crémarest   le Verval   Seninghem   Bayenghem   N.D   LUMBRES   Esquerdes   Helfaut   Bilques   Blendecques   Wardrecques

Wirwignes   Forêt de Desvres   Watterdal   lès-Seninghem   les Ardents   Elnes   Heuringhem   Sablonière   Coubronne   Blaringhem

Régional   St-Martin-Choquel   Lottinghen   Wavrans-s-l'Aa   Pihem   Rons   Quiestede   Sercus

Hesdin-l'Abbé   le Marais   Questrecques   Menneville   Touristique   Chemin de fer   Bléquin   S.t Pierre Fourdebecques   Campagnette   Bientques   Inghem   Ecques   Roquetoire   les Ciseaux

Hesmanquet-les-Boulogne   DESVRES   Longfossé   Nielles-lès-Bléquin   Cantemerle   Plou-Remilly   Wirquin   Herbelles   Ligne   Warne   Wittes   Boëseghem

Carly   Wierre-au-Bois   Courset   Sacriquier   Bécourt   Neuf-Manoir   Vaudringhem   Wismes   Forestel   Cléty   Cauchie   Rincq   Rebecques   Clarques   Thiennes

Verlincthun   SAMER   Beaucorroy   les Trois-Marquets   le Maisnil-Boutry   Drionville   Ouve-Wirquin   Dohem   Upen   THÉROUANNE   Glomenghem   AIRE

Menty Tingry   Mieurles Happe   Thiembronne   Merck-S.t Liévin   Cloquant   Avroult   d'Amont   d'Aval   Mametz   Crecques   Marthes   Westrehem   s-la-Lys

Abbeville   FRANCE   Hesdin, Abbeville   Arras   Lillers

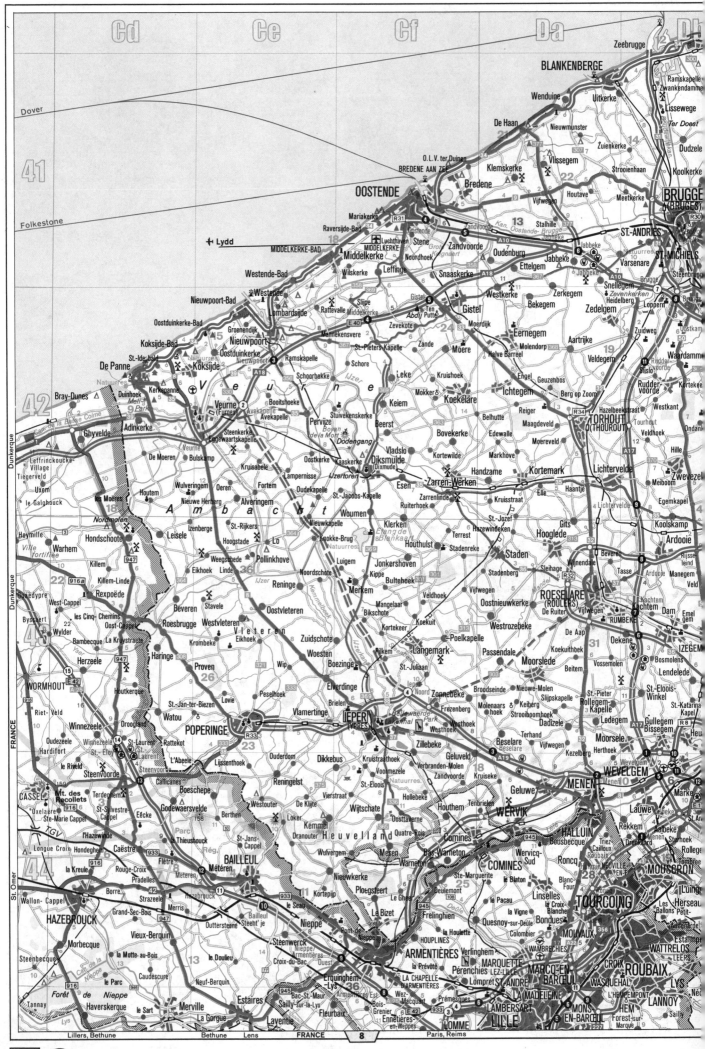

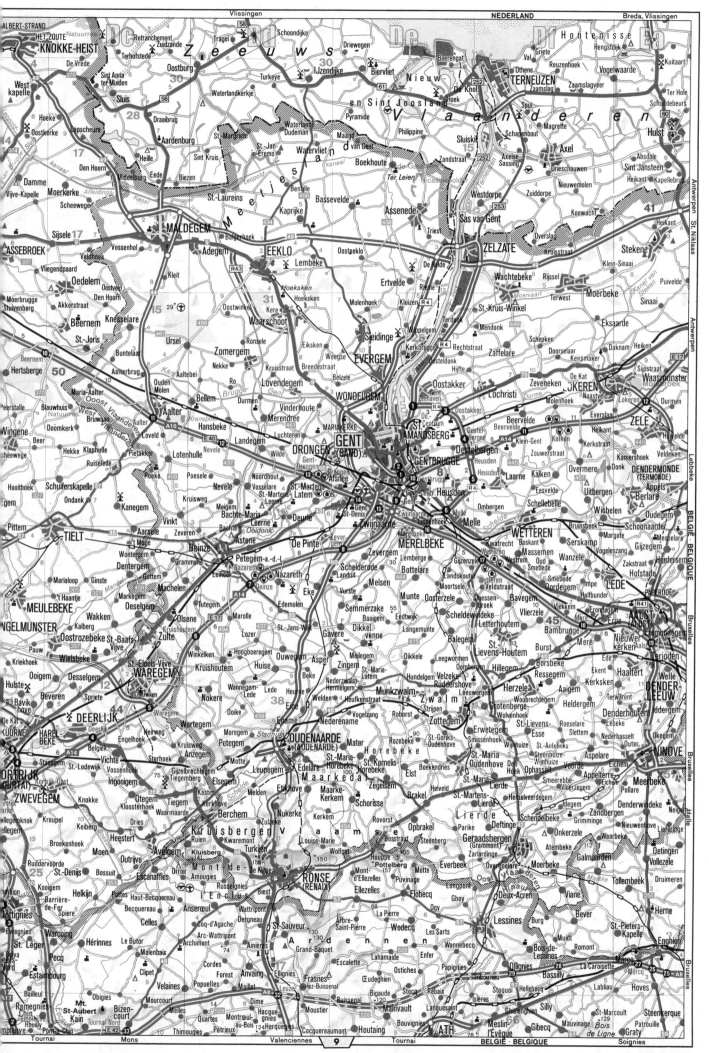

Af   Ba   Bb   Bc   Bd

45

46

47

48

49

Boulo

Lydd

Hardelot-Plage
Mont St Frieux 152
Dunes
Neufchâtel
Hardelot
Dannes 178
Plage Ste-Cécile
Camiers

Embouchure de la Canche
ÉTAPLES
le Touquet-Paris-Plage
33
Trépied
Stella-Plage
Villiers
Cucq
Merlimont-Plage
Merlimont
Parc de Bagatelle
Airon-St
Berck-s-Mer
Berck-Plage
Rang-du-Fliers
Verton
33
Groffliers
Waben
Baie de l'Authie
Conchil-le-Temple
Fort-Mahon-Plage
le Vieux Fort-Mahon
30
Aqualand
32
Quend
Quend-Plage les Pins
Moncheaux
Froise
Dunes
36
St-Quentin-en-Tourmont
RUE
Chât. du Broute
St-Firmin
Parc Ornithologique du Marquenterre
Baie de Somme
Pointe du Hourdel
le Hourdel
le Crotoy
Mollière
la Molière
ST-VALERY sur Somme
Brighton
Maison de l'Oiseau
44
Cayeux-sur-Mer
Wathiehurt
Sallenelle
Pinchefalise
Lanchères
Pendé
Estréboeuf
48
Hâble d'Ault
Brutelles
Tilloy
Hautebut
29
Arrest
Boubert
Vaudricourt
St-Blimont
Woignarue
Ochancourt
AULT
Bourseville
Nibas
Franleu
le Bois-de-Cise
96
Allenay
Friville-Escarbotin
33
Friaucourt
Tully
Mers-les-Bains
Martaigneville
St-Quentin-la-Motte-Croix-au-Bailly
Béthencourt-sur-Mer
Fressenneville
le Tréport
N.-D.-St-Laurent
Ménéslies
Yzengremer
Woincourt
Chép
Mesnil-Val
EU
Feuquières-en-Vimeu
124
Criel Plage
Flocques
Oust-Marest
Dargnies
940
Ponts-et-Marais
Bouvaincourt-sur-Bresle
Hocquélus
Aigneville
Criel-sur-Mer
Etalondes
St-Pierre-Val
Embreville
Corroy
Mesnil-en-Caux
Boscrocourt
Incheville
Beauchamps
Buigny-lès-Gamaches
Maisnières
Heudelimont
le Fresne
Monchelet
Tocqueville-sur-Eu
Touffreville-sur-Eu
St-Remy-Boscrocourt
Traige
48
22
Frettemeule
Neuvillette
Wiamménville
Biville-sur-Mer
Litteville
GAMACHES
Tilloy-Floriville
Centrale nucléaire
Penly
Assigny
Canehan
Etocquigny
Monchy-sur-Eu
Longroy
la Tuilerie
10
St-Martin-Plage
Brunville
Baromesnil
le Mesnil-Réaume
Millebosc
Infray
Berneval-le-Grand
Guilmécourt
St-Martin-en-Campagne
Greny
St-Martin-le-Gaillard
d'Eu
Guerville
Bazinval
122
Busménard
Belleville-sur-Mer
Tourville-la-Chapelle
Melleville
Grande Vallée
936
Bouillancourt-en-Séry
Bracquemont
Glicourt
Cuverville-sur-Yères
Sept-Meules
Villy-le-Bas
Monthières
Ansennes
DIEPPE
Puys
Graincourt
Intraville
Sorengy
Haute
171
Phare d'Ailly
St-Jacques
Musée
Derchigny
St-Quentin-au-Bosc
Fumechon
St-Aignan
Rieux
Bouttencourt
Pourville-sur-Mer
Neuville-lès-Dieppe
la Vauvaye
Forêt
Blangy-sur-Bresle
Ste-Marguerite sur-Mer
Parc de Vastérival
Moustiers
Martin-Eglise
Sauchay-le-Haut
Sauchay-le-Bas
Bailly-en-Rivière
Avesnes-en-Val
159
Villy-le-Haut
Grandcourt
206
d'Eu
Varengeville-sur-Mer
Appeville
Bouteilles
Ancourt
Bellengreville
Neufchâtel
Gouchaupre
Yères

Le Havre Rouen Neufchâtel

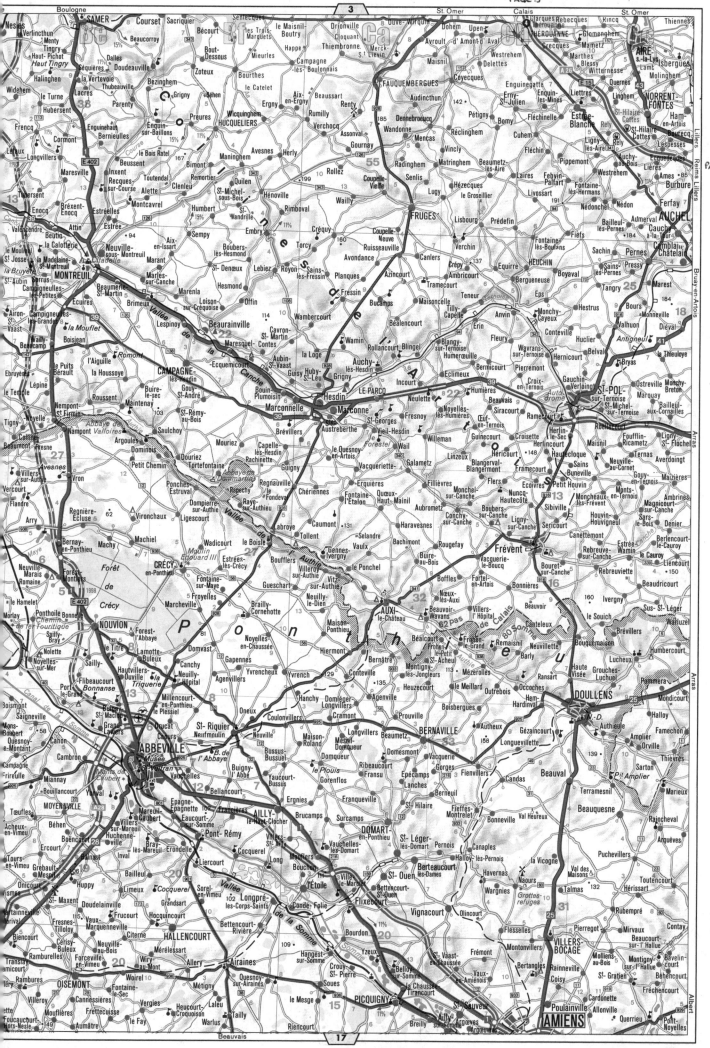

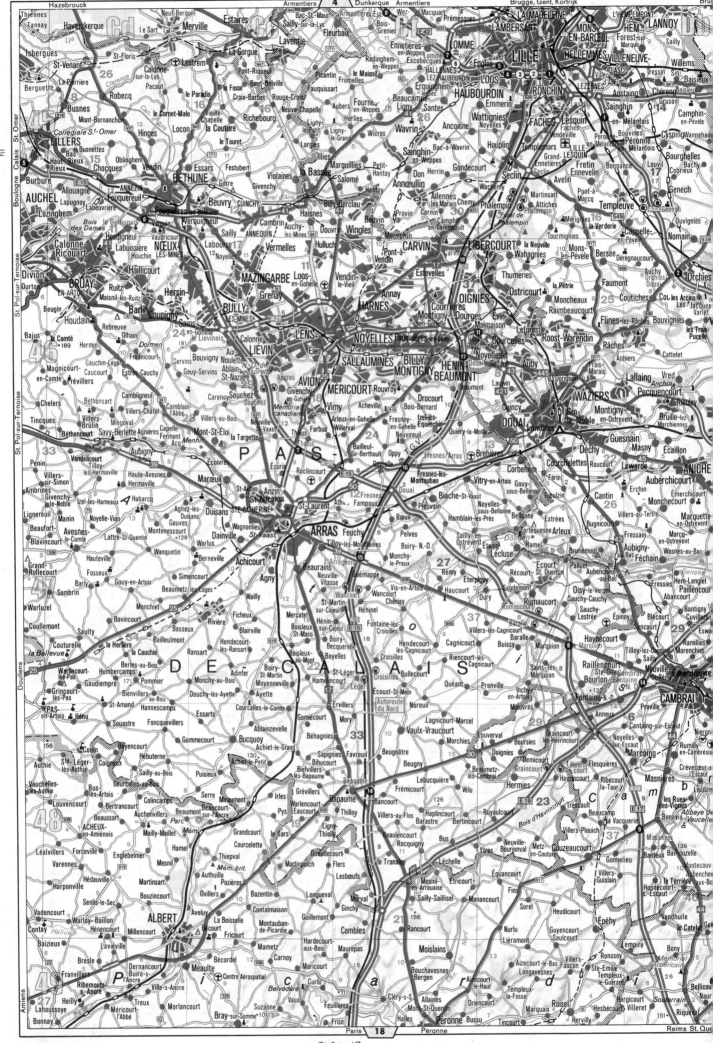

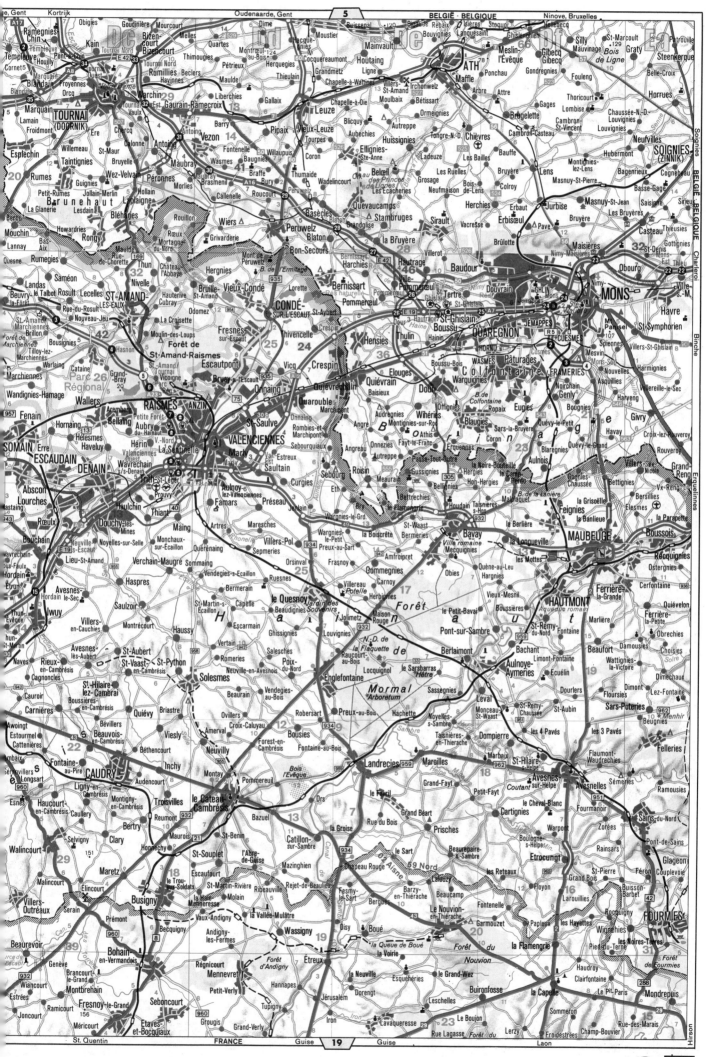

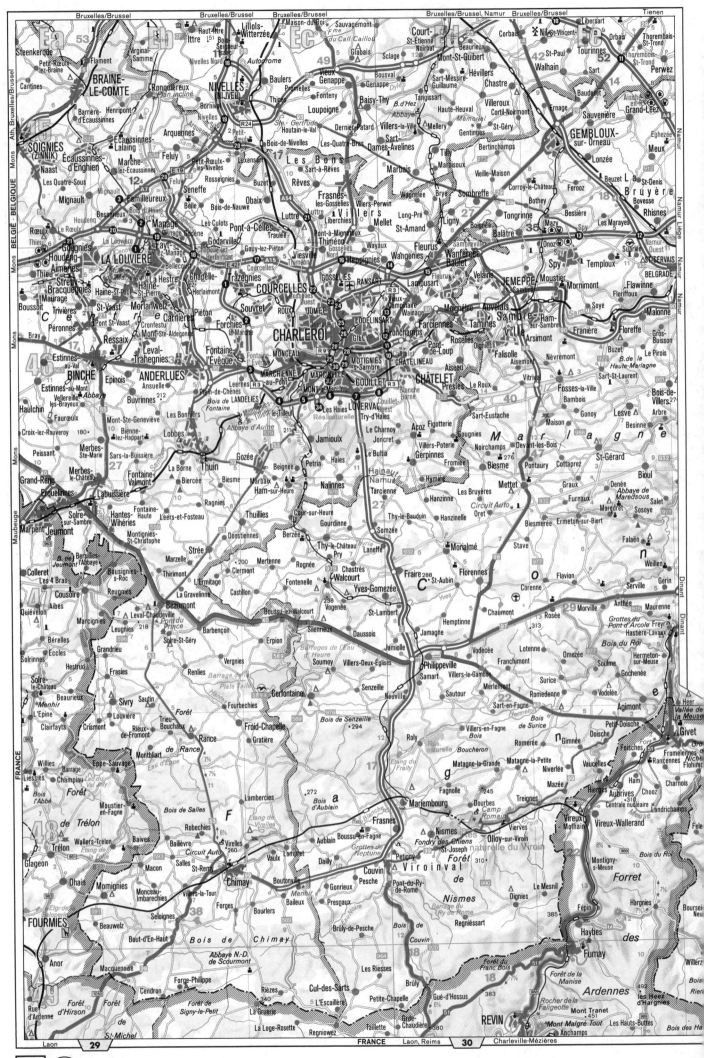

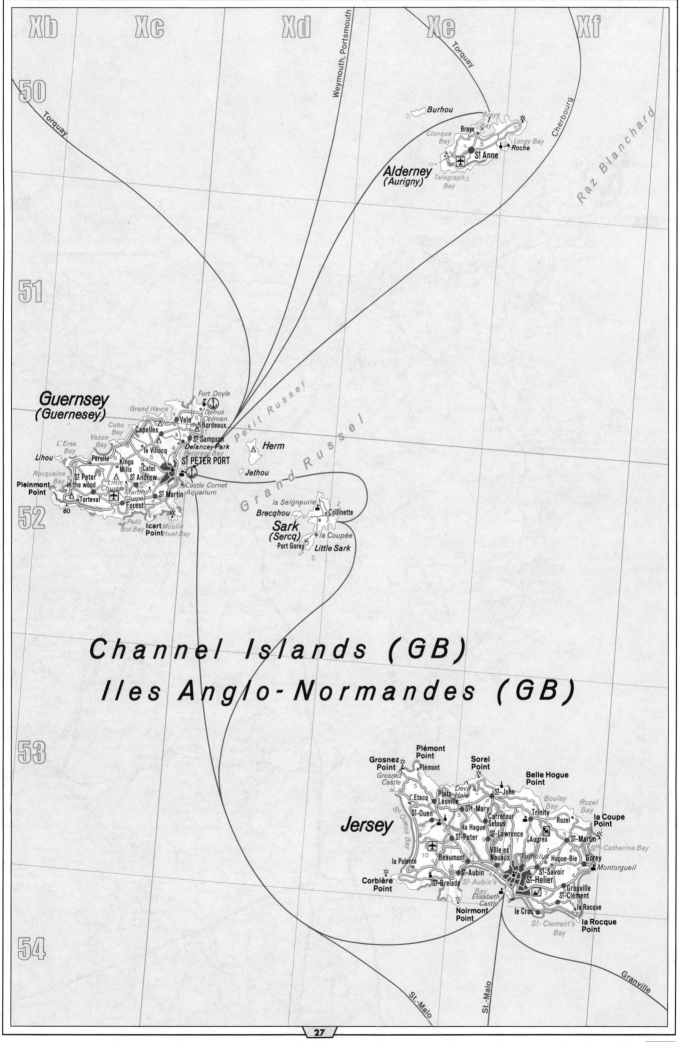

Channel Islands (GB)

Iles Anglo-Normandes (GB)

Xb Xc Xd Xe Xf

50
51
52
53
54

Alderney
(Aurigny)

Burhou
Braye Bay
Braye
Clonque Bay
Longy Bay
Roche
St. Anne
Telegraph Bay

Torquay
Weymouth, Portsmouth
Torquay
Cherbourg
Raz Blanchard

Guernsey
(Guernesey)

Fort Doyle
Dehus Dolmen
Vale
Bordeaux
St. Sampson
Delancey Park
Belgrave Bay
ST PETER PORT
Grand Havre
Cobo Bay
Capelles
le Villocq
Vazon Bay
L' Eree Bay
Lihou
Perelle
Kings Mills
Catel
St Andrew
St. Martins Chapel
St Martin
Castle Cornet
Aquarium
Rocquaine Bay
St Peter in the wood
Church
Pleinmont Point
Torteval
Forest
Petit Bot Bay
Icart Point
Moulin Huet Bay
80

Petit Russel
Grand Russel

Herm
Jethou

la Seigneurie
Brecqhou
Collinette
Sark
(Sercq)
la Coupée
Port Gorey
Little Sark

Jersey

Plémont Point
Grosnez Point
Plémont
Sorel Point
Grosnez Castle
Belle Hogue Point
l' Etacq
Puits-Hole
Léoville
Devil
St John
Ste-Mary
Boulay Bay
St-Ouen
St-Ouens Bay
la Hague
Carrefour Selous
Trinity
Rozel
Rozel Bay
St-Peter
St-Lawrence
Augres
St-Martin
la Coupe Point
la Pulente
Ville es Nouaux
Hogue-Bie
St.-Catherine Bay
Beaumont
St-Aubin
St-Savoir
St-Helier
Gorey
Montorgueil
Corbière Point
St-Brelade
St-Aubin's Bay
Elisabeth Castle
Grouville
St-Clément
la Rocque
Noirmont Point
le Croc
St.-Clement's Bay
la Rocque Point

St.-Malo
St.-Malo
Granville

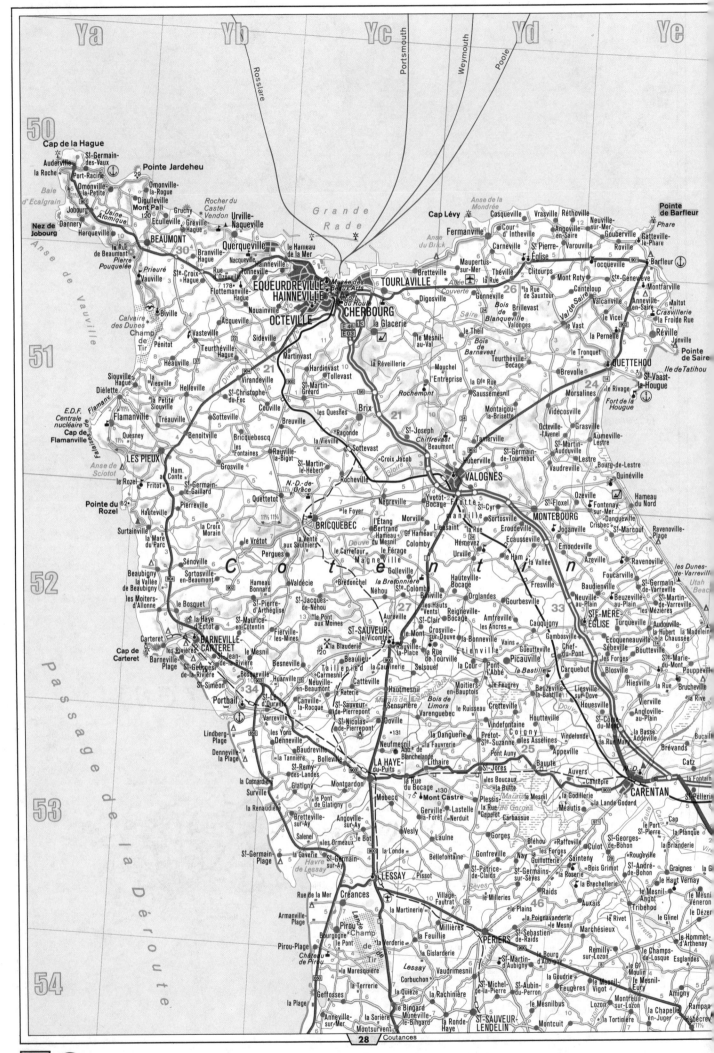

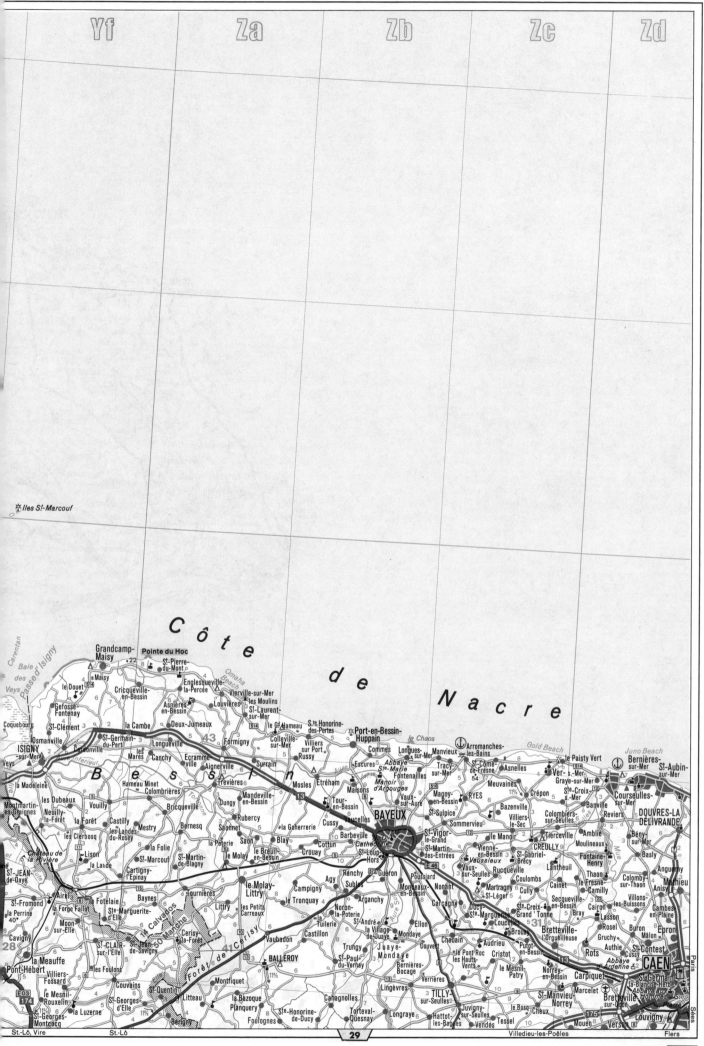

☼ Iles St-Marcouf

Côte   de   Nacre

Grandcamp-
Maisy
Pointe du Hoc
St-Pierre-
du-Mont
Omaha Beach
Gold Beach
Juno Beach

Carentan
Baie
des
Veys
Passe d'Isigny

Maisy
le Douet
Cricqueville-
en-Bessin
Englesqueville-
la-Percée
Vierville-sur-Mer
les Moulins
St-Laurent-
sur-Mer
la Gⁿ Hameau
Ste Honorine-
des-Pertes
Port-en-Bessin-
Huppain
le Chaos
Arromanches-
les-Bains
la Paisty Vert
Bernières-
sur-Mer
St-Aubin-
sur-Mer

Gefosse-
Fontenay
Asnières-
en-Bessin
Louvières
Colleville-
sur-Mer
Villiers
sur Port
Russy
Commes
Longues-
sur-Mer
Manvieu
St-Côme-
de-Fresne
Ver-s.-Mer
Graye-sur-Mer

Coquebourg
St-Clément
la Cambe
Deux-Jumeaux
Escures
Abbaye
Ste-Marie
Tracy-
sur-Mer
St-Côme-
de-Fresne
Asnelles
Meuvaines
Ste-Croix-
s.-Mer
Courseulles-
sur-Mer

Osmanville
St-Germain-
du-Pert
Longueville
Formigny
Fontenailles
Magny-
en-Bessin
RYES
Crépon

ISIGNY
sur-Mer
Inférieur
Cardonville
les
Mares
Canchy
Ecramme-
ville
Aignerville
Surrain
Maisons
Manoir
d'Argouges
Vaux-
sur-Aure
Sommervieu
Bazenville
Villiers-
le-Sec
Banville
Reviers
DOUVRES-LA-
DÉLIVRANDE

la Madeleine
les Oubeaux
Hameau Minet
Colombrières
Frévières
Mosles
Etréham
Vaucelles
St-Sulpice
Colombiers-
sur-Seulles
Bény-
sur-Mer

Montmartin-
en-Graignes
Neuilly-
la-Forêt
Vouilly
Castilly
Dungy
Mandeville-
en-Bessin
Bricqueville
Tour-
en-Bessin
BAYEUX
St-Vigor-
le-Grand
le Manoir
Tierceville
Amblie
Moulineaux
Basly

la Forêt
les Clerbosq
les Landes-
du-Rosey
Mestry
Bernesq
Saonnet
Rubercy
la Goherrerie
Cussy
St-Martin-
Entrées
Vienne-
en-Bessin
CREULLY
St-Gabriel-
Brécy
Fontaine-
Henry
Anguerny

Château de
la Rivière
Lison
la Folie
St-Marcouf
la Poterie
Saon
le Molay
Blay
Cottun
Barbeville
Cathédrale
St-Loup-
Hors
Vaux-
Seulles
Rucqueville
Lantheuil
Thaon
Colomby-
sur-Thaon
Mathieu
Anisy

St-JEAN-
de-Daye
Airel
la Lande
Cartigny-
l'Epinay
St-Martin-
de-Blagny
le Breuil-
en-Bessin
Crouay
Ranchy
Guéron
Poussiard
Coulombs
Cainet
Camilly
Villons-
les-Buissons

St-Fromond
la Perrine
40*
la Fotelaie
la Forge Fallot
Ste-Marguerite-
d'Elle
Baynes
Fournières
Littry
le Molay-
Littry
le Tronquay
Campigny
Subles
Arganchy
Noron-
la-Poterie
Monceaux-
en-Bessin
Nonant
Carcagny
Martragny
Cully
Sécqueville-
en-Bessin
Ste-Croix-
Grand'Tonne
Cairon
Lasson
Cambes-
en-Plaine

Cavigny
28
St-CLAIR-
sur-l'Elle
St-Jean-
de-Savigny
Cerisy-
la-Forêt
Vaubadon
Castillon
St-André
la Tuilerie
la Village-
d'Juaye
Mondaye
Couvett
Chouain
Audrieu
Ducy-
Ste-Marguerite
Brouay
31
Loucelles
Bretteville-
l'Orgueilleuse
Gruchy
Rosel
Buron
Mâlon
Epron

la Meauffe
Pont-Hébert
Villiers-
Fossard
les Foulons
Forêt
de
Cerisy
BALLEROY
Trungy
St-Paul-
du-Vernay
Juaye-
Mondaye
le Pont Roc
les Hauts-
Vents
Cristot
le Mesnil-
Patry
Putot-
en-Bessin
Norrey-
en-Bessin
Authie
St-Contest
CAEN

le Mesnil-
Rouxelin
Couvains
St-Quentin
Montfiquet
Bernières-
Bocage
Verrières
Lingèvres
TILLY-
sur-Seulles
St-Manvieu-
Norrey
Marcelet
Carpiquet
Bretteville-
sur-Odon

E03
174
St-Georges-
Montcocq
St-Georges-
d'Elle
la Luzerne
Litteau
la Bazoque
Planquery
Ste-Honorine-
de-Ducy
Cahagnolles
Torteval-
Quesnay
Longraye
Juvigny-
sur-Seulles
le Bosq
Hattot-
les-Bas
Tessel
Cheux
Mouen
Verson
175
Louvigny

Foulognes
Bérigny
Vendes

Côte fleurie

Portsmouth

Sword Beach

FÉCAMP la Trinité
Musée de
la Bénédictine
St-Léonard
Vattetot-
sur-Mer Yport
Bénouville Froberville
Falaise d'Amont le Rambor Épreville
Étretat
Falaise d'Aval Bordeaux- les Loges Gerville
la Place St-Clair
Cap d'Antifer le Tilleul Aubéville-
la Poterie- Beaurepaire Fongueusemare la-Renard
Cap-d'Antifer Cuverville Bretteville-
Port du St-Marie- Villainville Sausseuzemare du-Gd-Caux
Havre- au-Bosc Chât. des en-Caux Écrainville
Antifer Gonneville- Groseilliers
St-Jouin la-Mallet CRIQUETOT- GODERVILLE
l'Esneval
Anglesqueville- Bornambusc
l'Esneval Vergetot Bréauté
Heuqueville St-Sauveur- Mannevil-
d'Émalleville la-Goupil
Buglise St-Martin- Turretot St-Sauveur
Cauville du-Bec Ecquetot Houquetot
Mannevillette Hermeville Virville
Ecqueville Rolleville Angerville- Parc
St-Barthélemy Fontenay l'Orcher d'Anxtot
20 Graimbouville Fréville
Octeville- Mánéglise Étainhus
sur-Mer MONTIVILLIERS Épouville St-Gilles- Gommerv.
St-Andrieux de-la-Neuville
Aéroport Épretot
du Havre- Fontaine- St-Martin- St-Laurent- Loiselière
Octeville la-Mallet du-Manoir de-Brévedent la Remuée
Phare de Gournay St-Aubin- E 44
la Hève Gainneville Routot St-ROMAIN-
Ste- Harfleur de-Colbosc
Adresse Port de St-Vincent-
Ste-Adresse GONFREVILLE Oudalle Cramesnil la Cerlangue
LE HAVRE St-Joseph l'Orcher Rogerville Sandouville St-Jean-
Terrasse d'Abbetot
St-Vigor-
Portsmouth, d'Ymonville
Rosslare, Cork Centre routier
Gd Canal Z.I. portuaire
Pont de Normandie
Havre Seine
Côte de Grâce HONFLEUR Berville-
Vasouy N.D. de Grâce sur-Mer
Pennedepie Conteville
Criquebœuf Manoir du Ste- Fatouville-
Villerville Breuil Catherine Grestain
le Montessard la Rivière- St-Pierre-
St-Sauveur du-Val
Hennequeville Barneville Équemau-
ville Gonneville- Fiquefleur-
Deauville Aéroport de sur-Honfleur Ablon Équainville
Deauville- St- Manneville- Grasville
TROUVILLE- St-Gatien Quentin Genneville la-Raoult Boulleville
sur-Mer St- Fourneville St-Maclou
Beneville- Philibert St-Gatien- BEUZEVILLE
sur-Mer Mont des-Bois A29 sud
Blonville- Canisy Touques Bonneville Beuzeville
sur-Mer St-Arnoult Quetteville le Fort
Villers-sur-Mer Tourgéville Englesqueville- le Theil- Fréville
Falaise des en-Auge en-Auge le Torpt
Houlgate Vaches Noires Vauville St-Martin- Tourville- la Rue de
Auberville aux-Chartrains en-Auge St-André- Fort Moville
Luc-sur-Mer Château les Moutiers le Vieux- d'Hébertot
Lion-sur-Mer de Villers Bourg Belzeville les Jonquets la Lande-Martainvil
Colleville-Montgomery-Plage Canapville Surville St-Léger
Cresserons Rade de Caen St-Pierre- Honfleur St-André-
Hermanville CABOURG Azif les Authieux- Vannecroc
Plumetot Merville- Dives- Gonneville- St-Étienne- PONT- St-Julien- s-Calonne les Hopsores
Franceville-Plage sur-Mer sur-Mer la-Thillaye L'ÉVÊQUE s-Calonne le Bois-
Periers- Sallenelles Glanville Évêque Lisieux Hellain
sur-le-Dan St-Aubin Gonneville- Branville Beaumont- Reux Chât. du Manneville- Bonneville- la Chapelle
Montgomery d'Arquenay sur-Auge en-Auge Perrey la-Pipard la-Louvet Bayvel
Héuland Bourgeauville Pierre- le Mesnil Chât.
Amfréville Douville- Danestal fitte- s.-Blangy de Malou
Bénouville Bas de en-Auge le-Bourg Drubec en-Auge CORMEILLES
Bréville Bréville Petiville Clarbec BLANGY- St-Pierre-
HÉROUVILLE- Ranville Brucourt Cricqueville- le-Château de-Cormeilles
ST-CLAIR Varaville en-Auge Ameberbault Fierville- le Breuil- St-Sylvestre-
Robehomme les-Parcs le-Brévedent de-Corneille
Bavent Cresseveuille Valsemé le Faulq Jean-
Colombelles Escoville le Mesnil- Moutiers le Torquesne le Pin Baillet
Cuverville de-Bures Bassenneville Beaufour St-Eugène St-Philbert- Moyaux
Giberville Touffreville Putot- St-Léger- St-Jouin Coquainvilliers des-Champs
CAEN Sannerville Goustran- Dubarg Druval 18 Manoir Norolles
Mondeville Démouville ville Bures-s.- St-Richer Clermont- Bonnebosq de Malou
la-Campagne Dives Brocottes en-Auge Repentigny Formentin Fauguernon
Bénnéville TROARN Beuvron- Gerrots Auvillars Manoir du Manerbe Ouilly-
Guillerville St-Samson en-Auge Rumesnil Léaupartie Pontle le-Vicomte
St-Pair le Ham Hotot la Roque-
Le Mans Lisieux St-Jean en-Auge Montreuil-en-Auge Baignard Lisieux Lisieux

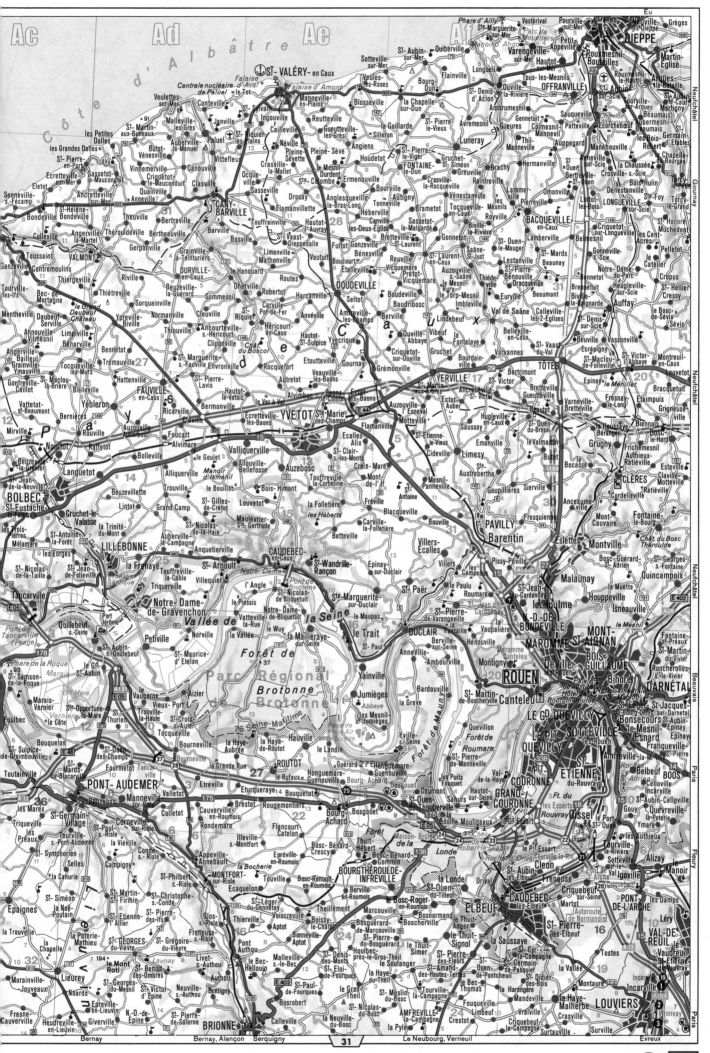

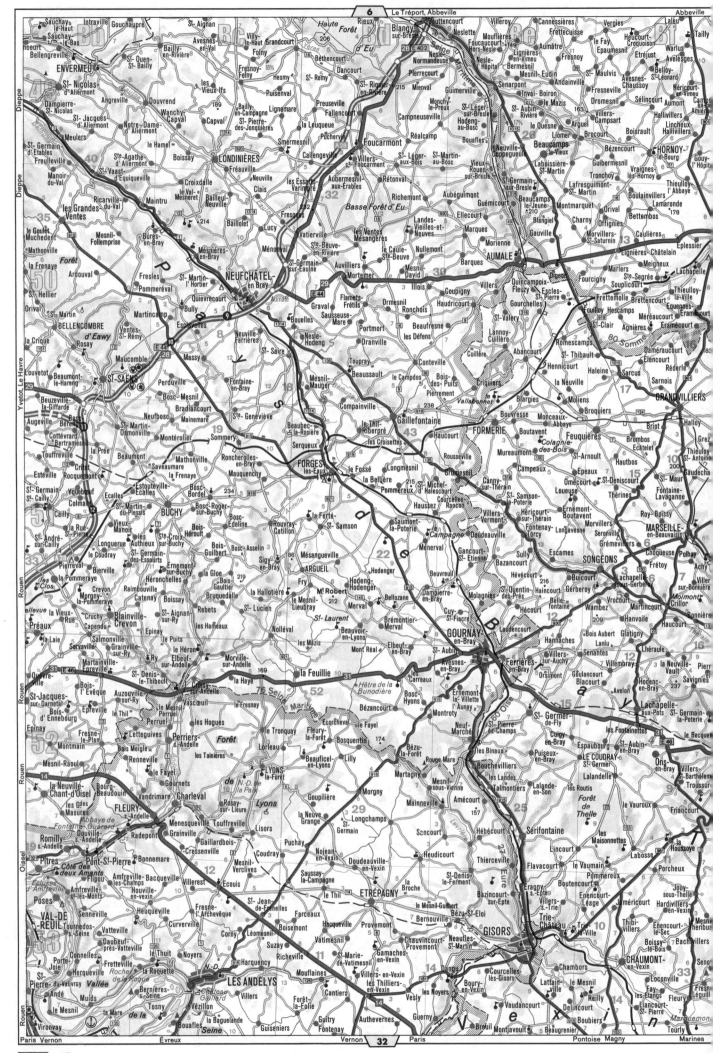

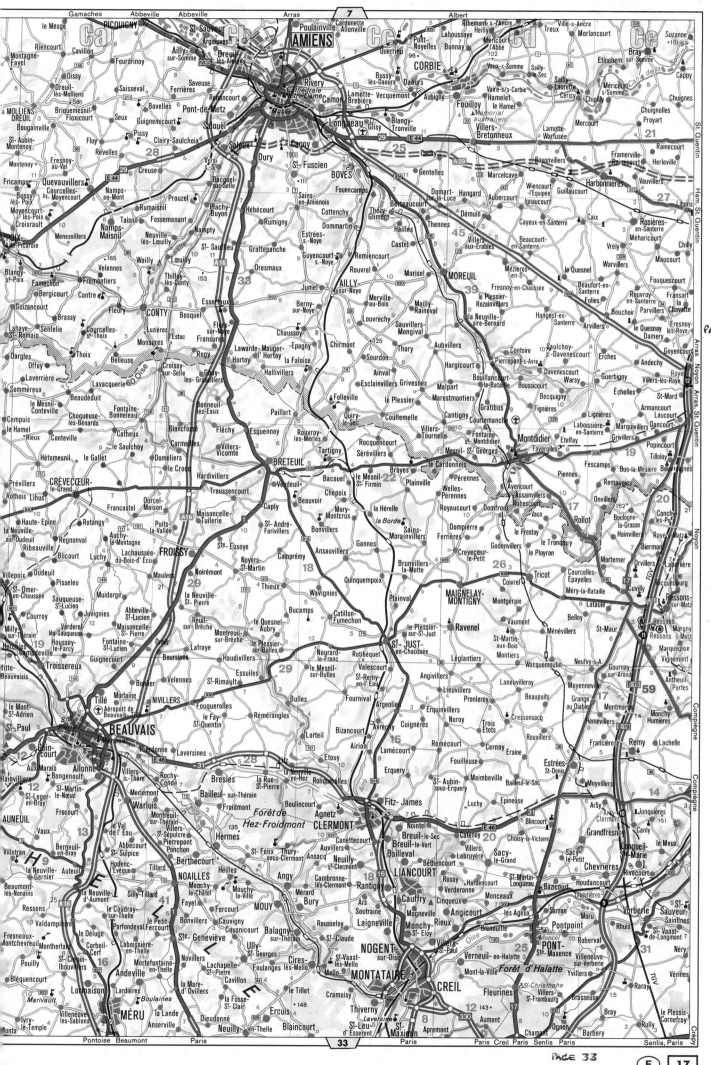

PAGE 17

Forêt de Compiègne

Forêt de Laigue

Forêt de St-Gobain

Forêt de Coucy

PÉRONNE
ST-QUENTIN
HAM
NESLE
ROYE
NOYON
CHAUNY
TERGNIER
la FÈRE
COMPIÈGNE
SOISSONS
BRAINE
CRÉPY-en-Valois
VILLERS-COTTERÊTS
GUISCARD
LASSIGNY

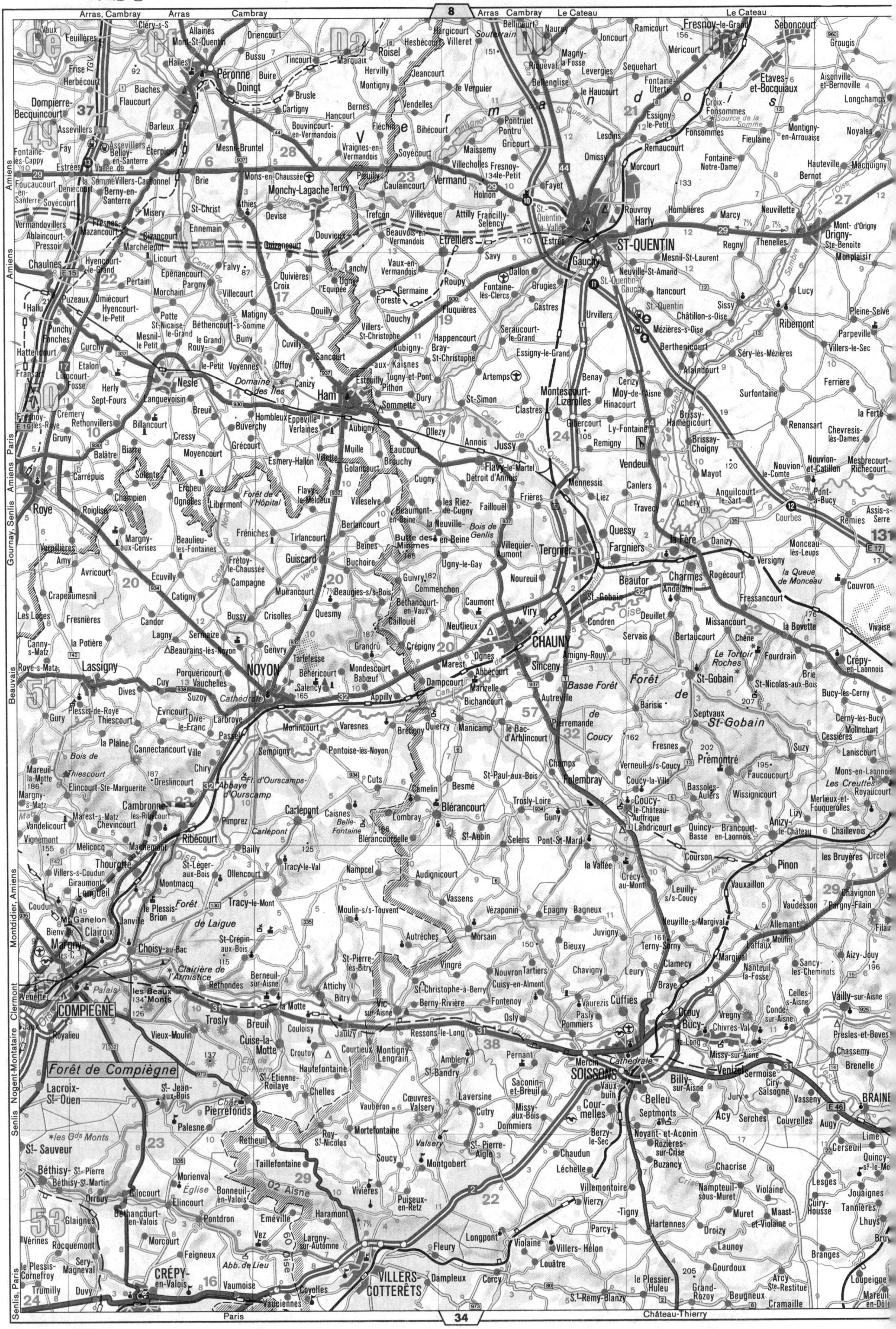

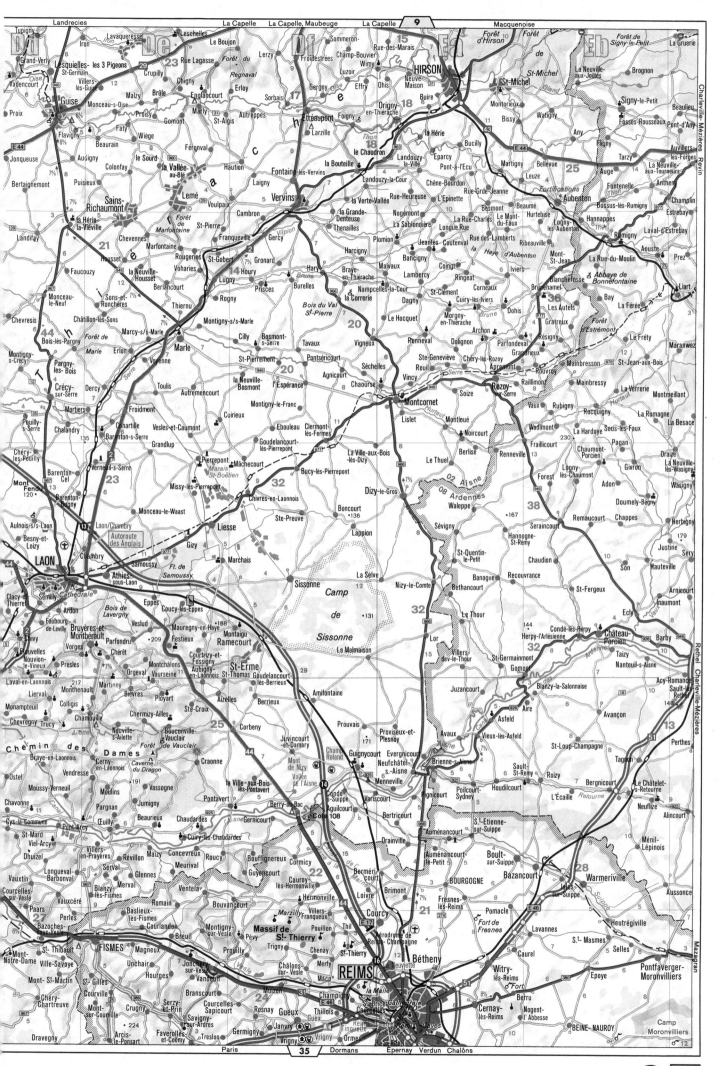

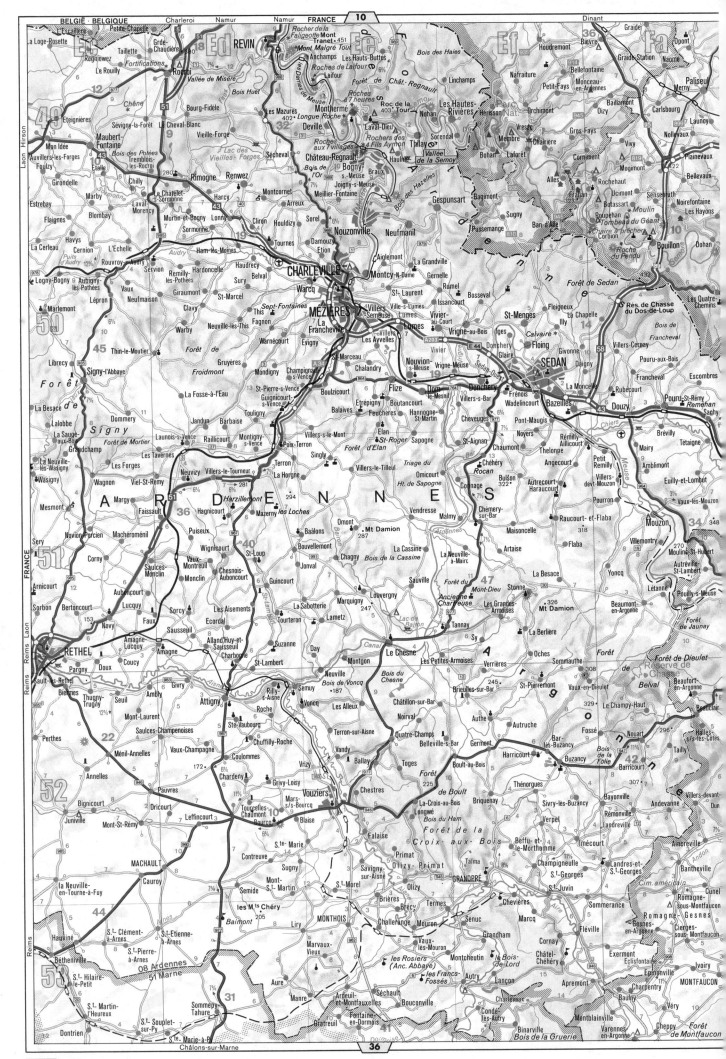

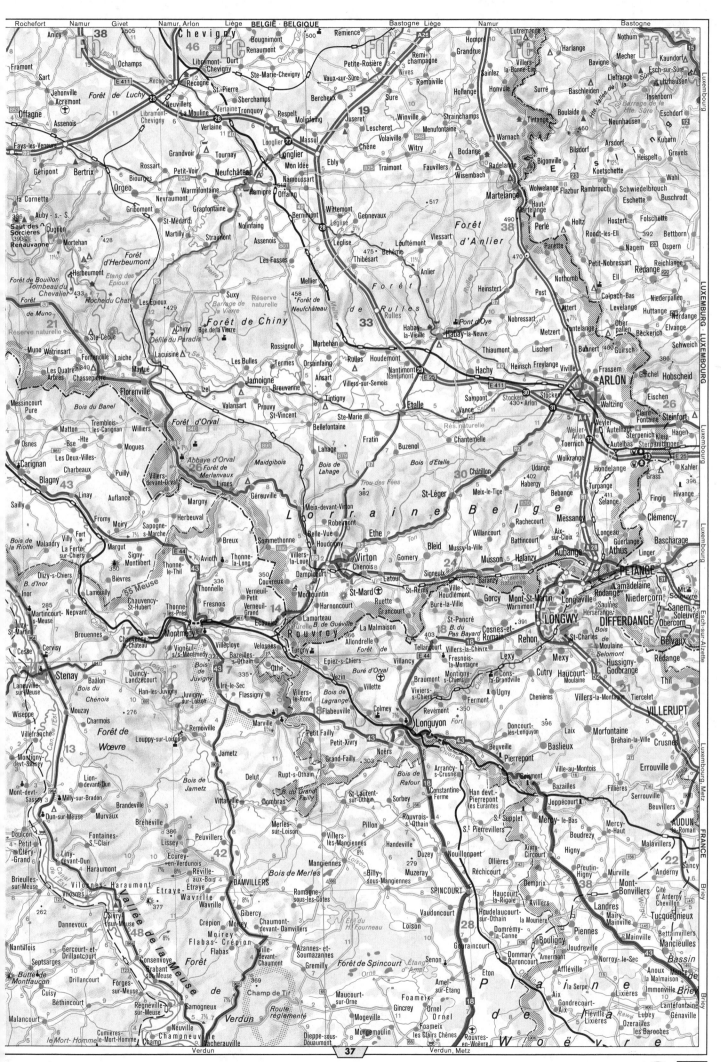

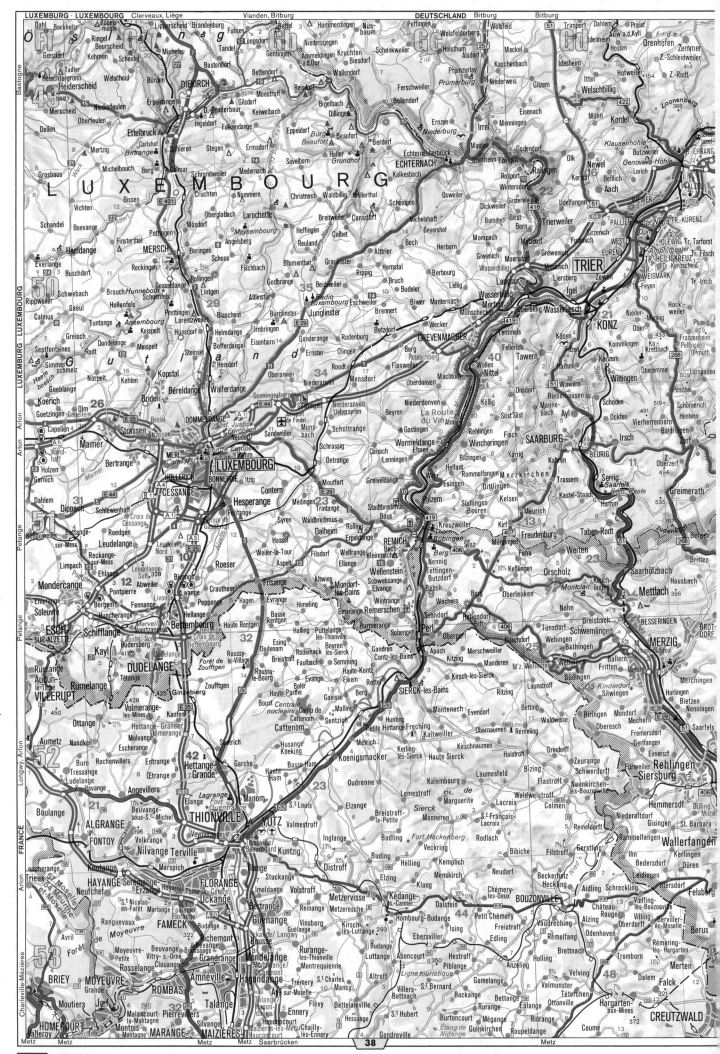

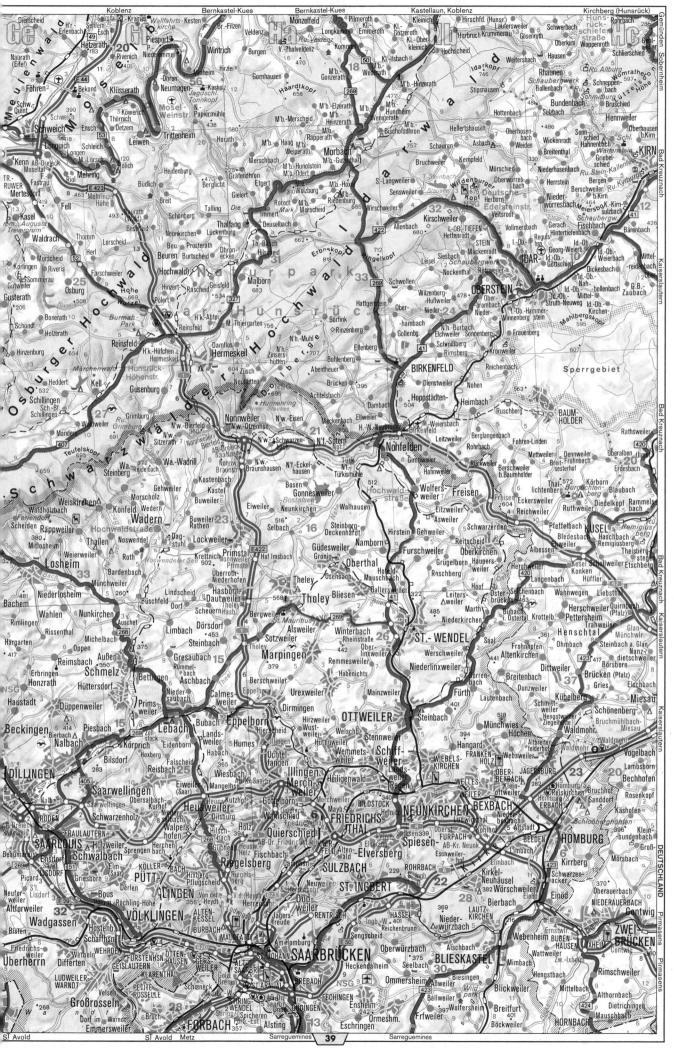

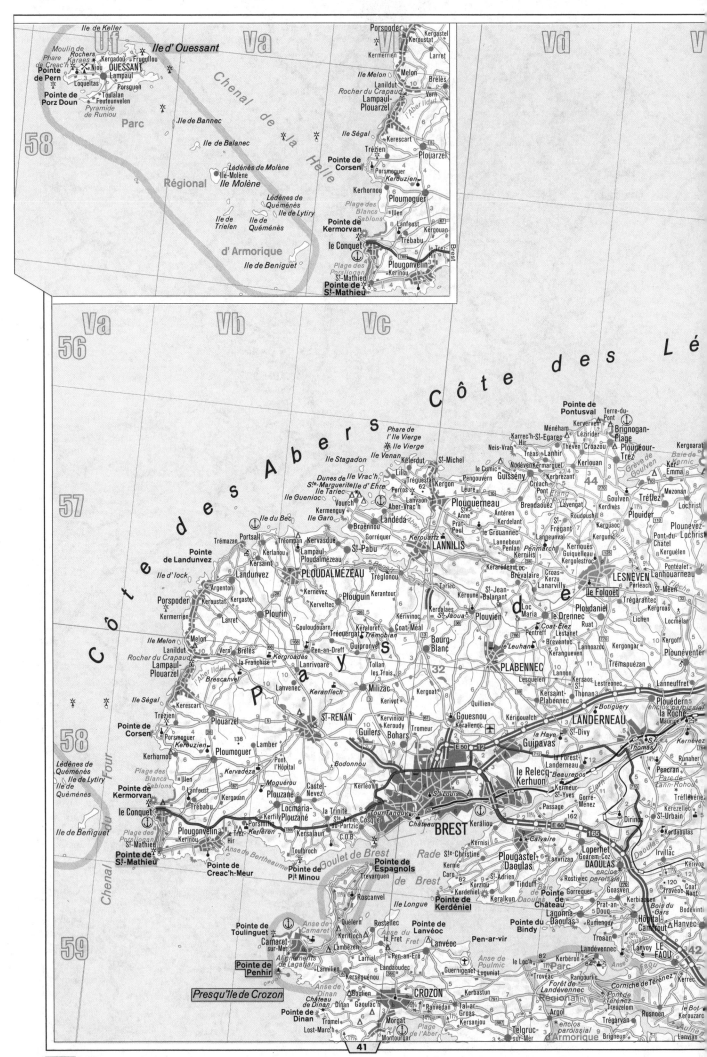

55

Côte de Granit rose

Pointe du Château
le Gouffre   Pors-Hir   Iles d'Er
Iles St-Gildas
Ile Tomé   le Roudour
Pointe du Château
Port-Blanc   Buguélès   Plougrescant   Port-Béni
Kériec   Trestel
PERROS-GUIREC   Trévou-Tréguignec
Louannec   Trélévern   St-Guénole   Penvénan
St-Quay-Perros   Kermaria-Sulard
Ty-an-Tual
la Ville-Blanche   Trézény
St-Dogmaël   Rospez   Lanmérin
Buhulien   Quemperven
Tonquédec   Cavan
Pluzunet   Kernalégan
les Sept Saints   Botlézan
Trégrom   Kerscoul   St-Eloi
Locmaria   Louargat
BELLE-ISLE-en-Terre
Loc-Envel
Pen-lan-Steunou
Plougonver
Kerambuan
Pont-Melvez
48   Ste-Anne
Burthulet
St-Servais
Keromar
Peumerit-Quintin   268
St-Nicodème
Trémargat   St-Antoine
Kergrist-Moëlou   Gorges de Toul Goulic

Creac'h Maout   Sillon de Talbert
l'Armor
Pleubian   St-Antoine
Kermagen
Lanmodez
Ile Maudez
Phare du Rosédo   Phare du Paon
St-Michel   Ile de Bréhat
le Bourg
Kermouster   Pointe de l'Arcouest
St-Adrien   Loguivy
Lannevez   Perros-Hamon   Porz Even
le Guilen   Ploubazlanec
TREGUIER   St-Tugdual   Pleumeur-Gautier   Kerloury
Trédarzec   Lézardrieux   Kergrist
St-Nicolas   Pleudaniel   Plounez   PAIMPOL
Minihy-Tréguier   Pouldouran   Pointe de Guilben
LA ROCHE-DERRIEN   Langoat   Troguéry   Boloi   Lancerf   Kerity
Mez de Goëlo
Abbaye de Beauport   le V.-Bourg
Pointe de Bilfot
Pommerit-Jaudy   Hengoat   la Roche   St-Jean   Plourivo   Guillardon   Plouézec   Pointe de Minard
Berhet   Mantallot   Kerrod   Penhoat   Bourg Blanc   Kerfot   le Questel   Pointe Berjule
Ploëzal   Fry Quemper   Yvias   Madeleine St-Paul   Brehec-en-Plouha
Prat   Trévoazan   Runan   PONTRIEUX   Quemper-Guézennec   la Trinité   Petit St-Loup   Lanloup   Plage Bonaparte
Kervec   Coatascorn   la Belle Eglise   Kergrist   le Faouët   Lanleff   Pléhédel   23   la Trinité   Pointe de Plouha
BEGARD   Brélidy   Plouëc-du-Trieux   St-Jacques   Kermaria   Kerouziel
Guénézan   Trézélan   St-Clet   St-Gilles-les-Bois   Tréméven   Kergresquen   St-Laurent   PLOUHA   Kérégat   Trévéneuc   Kercadoret
Landebaëron   Trévérec   Lannebert   Pludal   la   St-Quay-Portrieux
Kerhon   Squiffiec   Gommenec'h   Beaugouyen   Froideville   Kertugal
Ty Coat   Trégonneau   Pléguien   St-Barnabé   N.-D.-de l'Espérance
Pommerit-le-Vicomte   Kermilon   32   LANVOLLON   Lantic   Plourhan   ETABLES-sur-Mer
Rangaré   Folgoat   Croix Blanche   le Paradis   Tressignaux   Tréguidel   N.-D.-de-la-Cour   Binic
Pédernec   Goudelin   Kervélard   St-Quay   le Bourgneuf   Zoo du Moulin   le Vaudic   Ste-Marguerite
Plouisy   Runévarec   Pabu   N.-D.-de-Bon-Secours   N.-D.-de-la-Cour   la Corderie   de Richard   20
Ménez Bré   le Manaty   302   St-Jean   le Merzer   Bringolo   les Fontaines   Trémeur Toisse   la Ville Louais
St-Effiam   St-Patern   GUINGAMP   St-Jean-Kerdaniel   Pordic   Baie de Saint-
Tréglamus   Grâces   St-Agathon   Plélo   St-Mathurin   Trémeloir   St-Eloy   les Rosaires
Pen an Stang   Locmaria   Kerviou   Ploumagoar   St-Guignan   St-Blaise   PLERIN   la Ville Nizan   Pointe du Roselier
Gurunhuel   305   Bois de Malaunay   PLOUAGAT   Kerrouniec   Goëlo   Peignard   St-Laurent-de-la-Mer
Moustéru   Coadut   Largoat   CHATELAUDREN   Plerneuf   Tremuson   ST-BRIEUC   Pointe Guettes
Coat-Forn   Lanrodec   39   Kerhamon   Plouvara   la Méaugon   St-Hervé   Cathédrale St-Etienne   Cesson
St-Adrien   Avaugour   Kerbaëlen   241   Seignaux   LANGUEUX   Hillion
BOURBRIAC   St-Péver   Senven   Boqueho   le Rumain   Kerpery   Plerneuf   Trégueux   Yffiniac
Roscaradec   Touban Gollet   N.-D.-de-Restudo   St-Fiacre   Bois Meur   Cohiniac   PLOUFRAGAN   St-Donan   les Châtelets   le Créhac   la Ville Folle
Logoray   Plesidy   St-Houarneau   Crec'h Metern   Kerdanielou   la Ville Neuve   St-Julien   St-Nicolas   le Madray   St-Volon   le Prest   Pommeré
Cosquer-Jehan   la Gare   Kerhenry   Plaine Haute   Carlot   Pledran   13   l'Hôpital
Bulat-Pestivien   313   l'Etang Neuf   33   Senven-Lehart   St-Gildas   le Fœil   St-Eloy   St-Gilles   St-Quihouet   la Ville Nizant   la Croix-de-Piruit   la Houssaye
St-Norgant   St-Connan   Coldabry   le Leslay   Plaintel   Ville-David   Quessoy
Maël-Pestivien   Kerlouët   Magoar   Kerdrain   Jarnay   le Vieux Bourg   la Ville Juhel   Robien   St-Eutrope   St-Guihen   le Hirel   Neauvais   Catuelan
Loch   Kersolec   Kerien   Coat Piquet   la Clarté   QUINTIN   St-Brandan   la Ville Bresset   259   St-Carreuc
Kerouzérien   Kerpert   St-Gilles-Pilgeaux   262   la Clarté   Lanvia   le Plessis   Vaugouro   Caribet   Hénon
Kerné Uhel   le Guiaudet   Loguéltas   Ker-Anna   Carestremble   12%   le Pas   la Hutte
Lanrivain   Bothoa   Canihuel   Caradeuc   24   Lanfains   le Coudray   la Saudrette   St-Laurent-sur-Lié   MONCONTOUR
Kergoten   St-NICOLAS-du-Pélem   le Haut-Corlay   la Croix   la Harmoye   Langaury   Forêt   16   PLOEUC-sur-Lié   Trédar
CORLAY
302

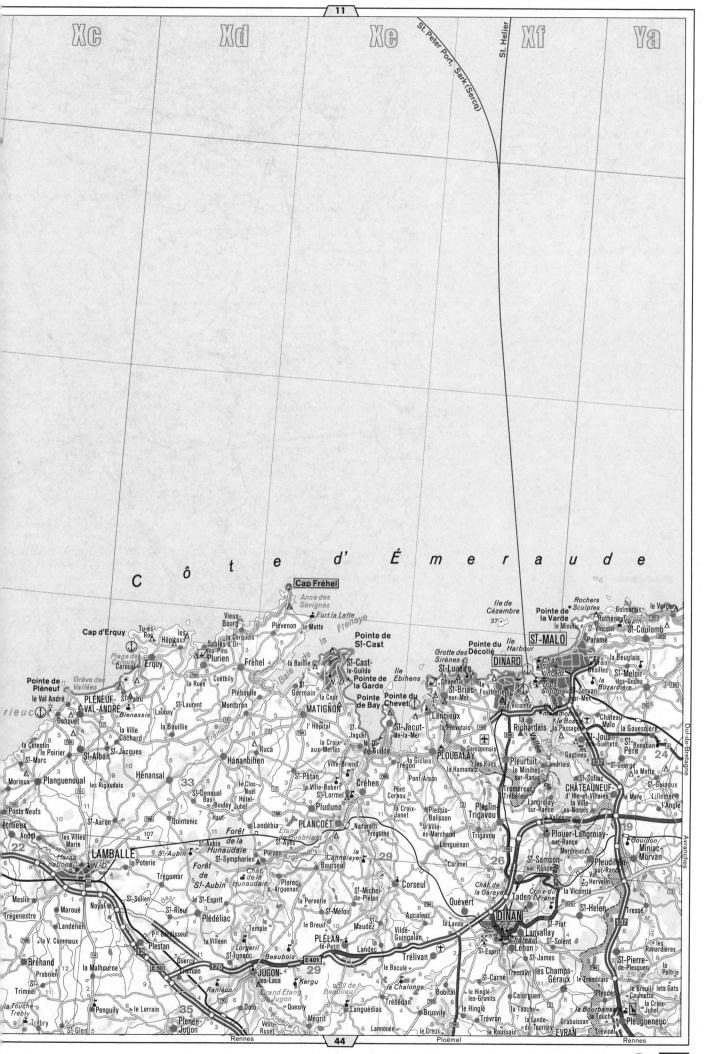

Xc Xd Xe Xf Ya

St. Peter Port, Sark (Sercq)

St. Helier

Côte d' Émeraude

C

Cap Fréhel
Anse des Sévignés
Fort la Latte
Vieux-Bourg
Plévenon   la Motte
la Frenaye

Ile de Cézembre
Rochers Sculptés
Pointe de la Varde
la Guimorais   le Verger
le Minihic   Rothéneuf   Lupin
St-Vincent   St-Coulomb
Paramé

Cap d'Erquy   Tu-ès-Roc   les A   les Hôpitaux
la Carquois   Sables d'Or-les-Pins   St-Cast-le-Guildo
Plurien   Fréhel
la Baillie
N.D.
Pointe de St-Cast
la Baie de la
Pointe de la Garde
Ile Ebihens
Grotte des Sirènes   Pointe du Décollé
St-Lunaire   ST-MALO
Ile Harbour
DINARD
la Chapelle   St-Briac-sur-Mer   Fourberie
la Vicomte
Chât. St-Vincent
Croix Besilles
St-Meloir-des-Ondes
la Buzardière
155

Plage de Caroual   Coëtbily
Caroual   Erquy   la Ruée
Pointe de Pléneuf   Grève des Vallées
le Val André   St-Pabu
Plébeulle   Pléboulle   St-Germain   la Cour
Montbran   Pointe de Bay   Pointe du Chevet
St-Jacut-de-la-Mer   Lancieux   la Prévotais   la Richardais
Tour Solidor   St-Servan-sur-Mer   Dol-de-Bretagne

PLÉNEUF-VAL-ANDRÉ   Bienassis   Launay   MATIGNON   la Croix-aux-Merles   la Giclais   Trégon   PLOUBALAZ
le Cotentin   Dahouët   la Ville Cochard   l'Hôpital   N.D.   de-Guildo   Trélivan   les Samsonnais   la Vallée   la Mare   Lillemer
le Poirier   la Bouillie   St-Jaguel   Pont Cornou   la Hamonais   les Rues   Pleurtuit   CHÂTEAUNEUF-d'Ille-et-Vilaine   l'Anglé
St-Marc   St-Alban   St-Jacques   Ruca   Créhen   Pont-Arson   Pleslin-Trigavou   le Minihec-sur-Rance
Morieux   Hénansal   Hénanbihen   la Ville-Robert   Plessis-Balisson   Langrolay-sur-Rance   la Ville-ès-Nonais
Planguenoual   les Rigaudais   St-Lormel   la Ville-ès-Marchand   Trigavou   Plouer-Langroiay-sur-Rance   Miniac-Morvan
Ponts Neufs   33   Pluduno   la Croix-Janet   Nazareth   Languénan   Mordreuc   Gouillon
êtmieux   St-Aaron   Quintenic   Landébia   PLANCOËT   Treguihé   Carimel   St-Samson-sur-Rance   Pleudihen-sur-Rance
22   les Villes Marie   St-Denoual   Boulay Juhel   Etang Guébriant   St-Aubin   Pléven   Bourseul   26   Taden   Croix-du Frêne   la Vicomté   St-Helen
Andel   Haut-   Forêt de la Hunaudaie   St-Symphorien   Cannelaye   29   Corseul   Quévert   DINAN   Léhon   St-Piat   Lanvallay   St-Solent
LAMBALLE   St-Aubin   Forêt de St-Aubin   Plorec-s.-Arguenon   la Perverie   St-Méloir-de-Plélan   Aucaleuc   St-Esprit   St-James   St-Pierre-de-Plesguen
Meslin   la Poterie   Trégomar   Chât. de la Hunaudaie   Vildé-Guingalan   la Lande   St-Carné   Tressaint   les Champs-Géraux   les Renardières
Marqué   Noyal   St-Sulien   St-Rieul   St-Esprit   le Breuil   St.Maudez   PLÉLAN-le-Petit   le Boculé   Calorguen   la Peltrje
trégenestre   Landéhan   Plédéliac   le Temple   la Landec   Trélivan   le Hinglé les-Granits   Plesder   le Breuil-lets Gats
la V. Commaux   Plédran   la Villéon   Beaubois   la Chalonge   Bobital   le Hinglé   la Touche   la Bourbansais   la Croix-Juhel
Bréhand   Plestan   Lorgeril   St-Igneuc   Kergu   Trébédan   Trévron   la Lande-du-Tournay   Grabuisson   Pleugueneuc
Probrien   Pt. Gardisseur   Quercy   29   JUGON-les-Lacs   Languédias   Brusvily   Trévinal
Trimöel   la Malhourne   Ranléon   Etg de Beaulieu   Dolo   Quesny   le Creux   la Roussais   ÉVRAN
la Touche Trébry   Penguily   le Lorrain   Grand Etang de Jugon   Veau Ruset   Mégrit   Lannouée
St-Glen   35   PLÉNÉE-Jugon   Languédias   Rennes   44   Ploëmel   Rennes
Rennes

F   27

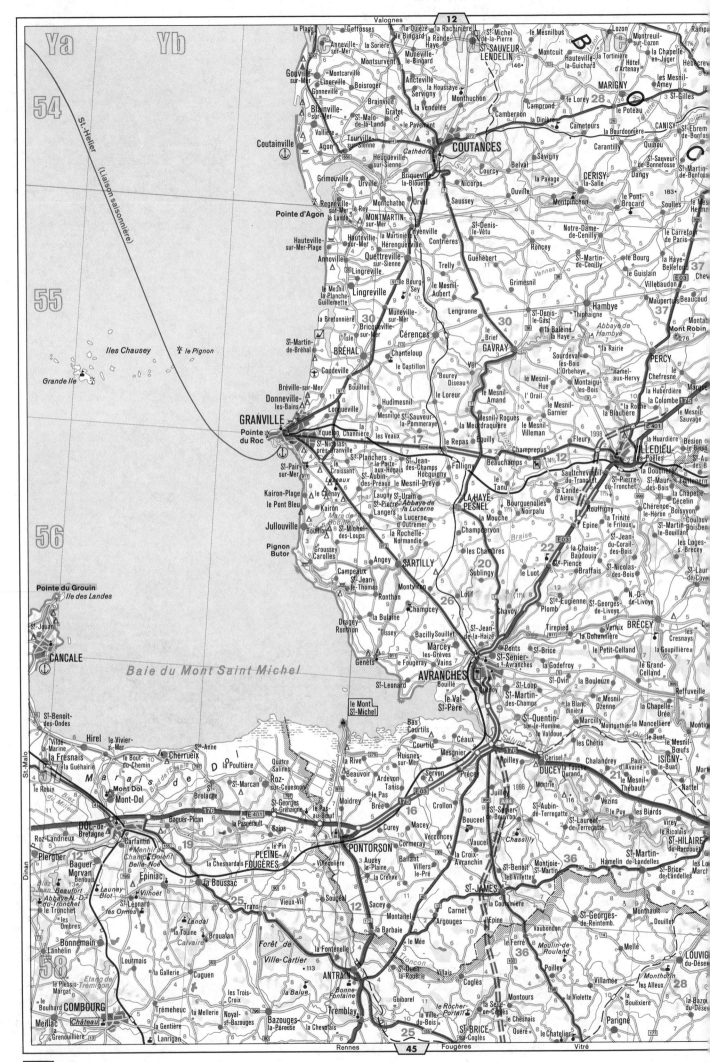

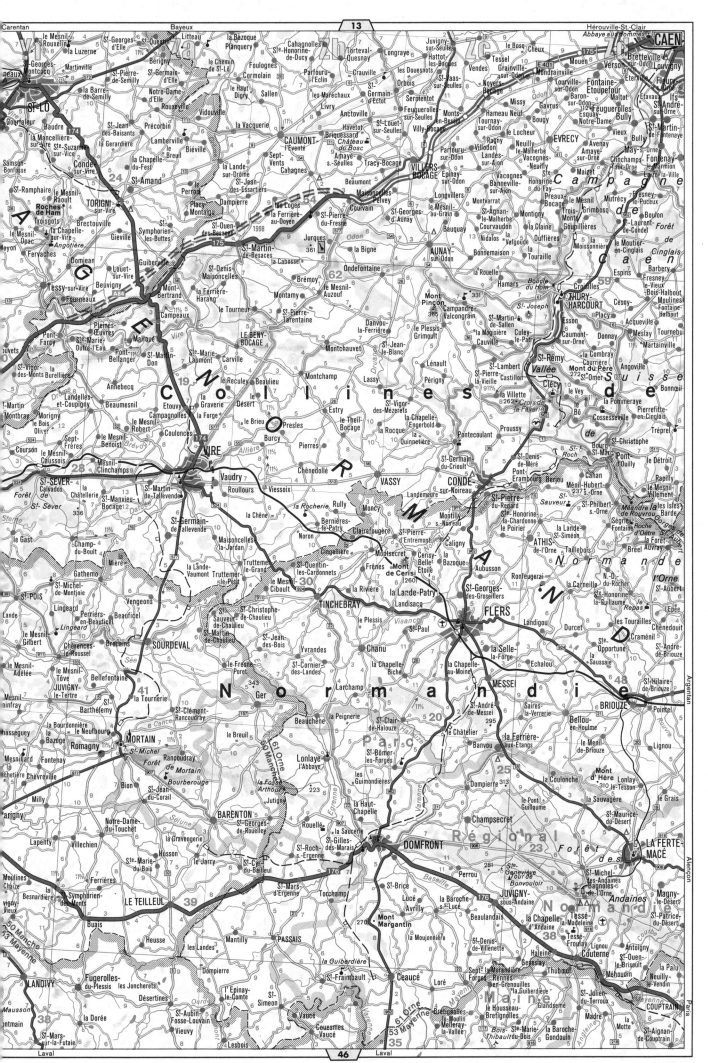

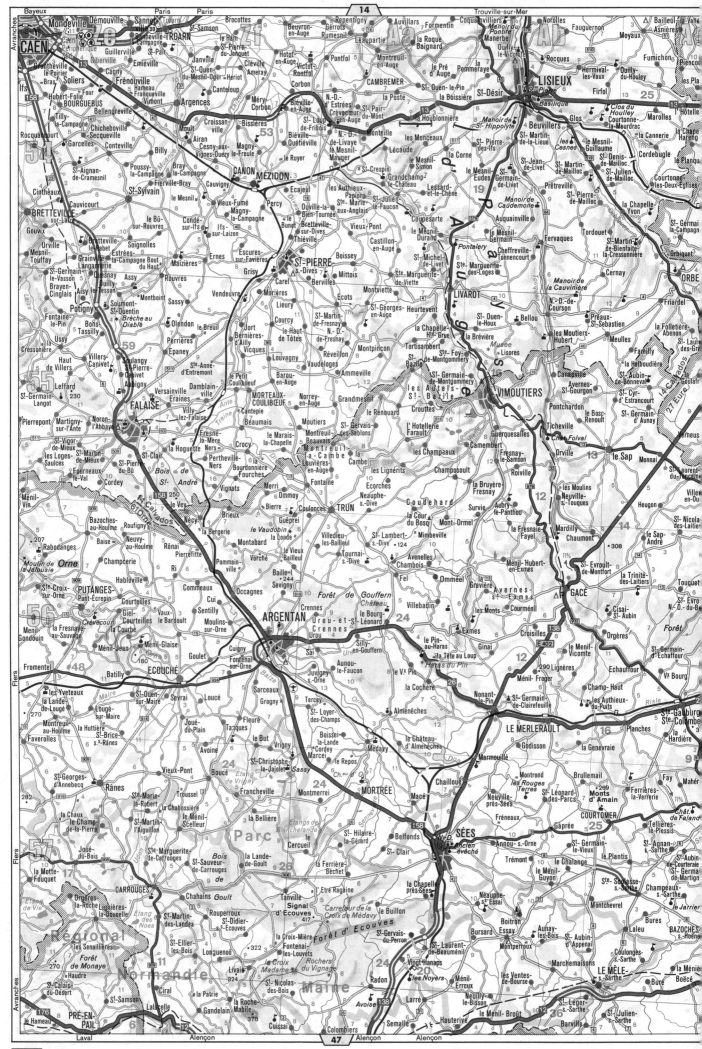

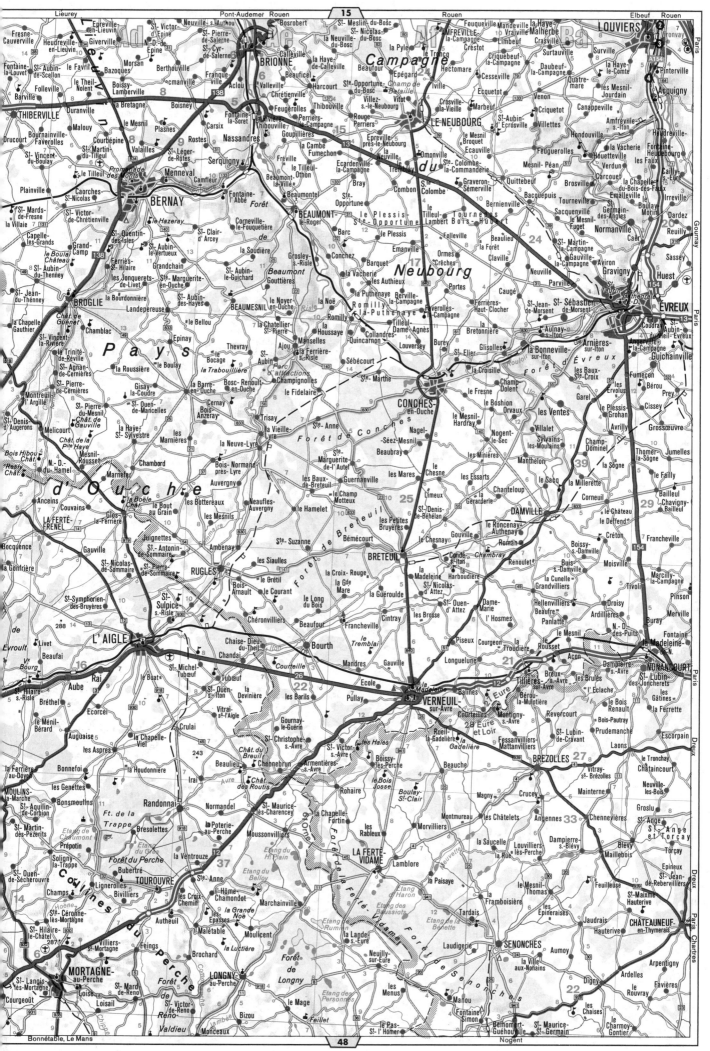

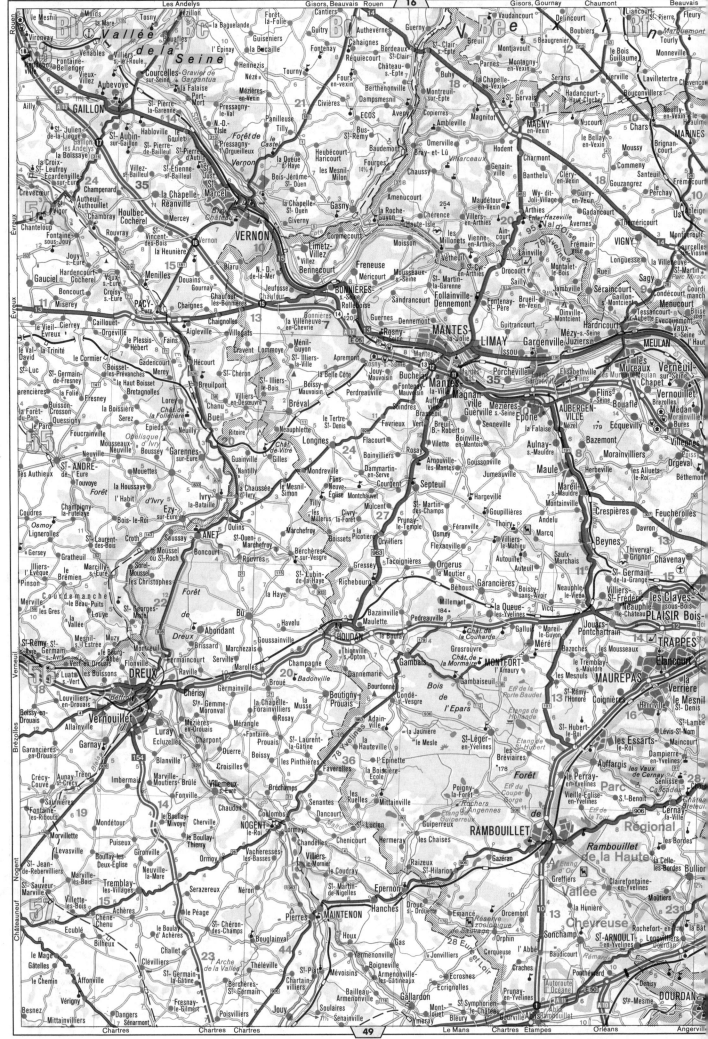

PAGE 17

17
Beauvais
Beauvais
Clermont
Pont
Compiègne
Arras
Crépy
Villers-Cotterêts
Meaux
Meaux
Coulommiers
Provins
Reims
Sézanne
Meaux
Provins
Mormant
Étampes
Étampes
50
Malesherbes
Nemours
Fontainebleau
Fontainebleau
Montereau
MÉRU
SENLIS
CHANTILLY
Forêt de Chantilly
Forêt d'Ermenonville
Parc Astérix
PONTOISE
CERGY
AUVERS sur-Oise
L'ISLE-ADAM
TAVERNY
DOMONT
GOUSSAINVILLE
GONESSE
Aéroport Charles de Gaulle
MITRY-MORY
TREMBLAY-en-France
CLAYE-SOUILLY
DAMMARTIN-en-Goële
ST-DENIS
NANTERRE
PARIS
Arc de Triomphe
Sacre Cœur
Louvre
Tour Eiffel
Notre Dame
Périphérique
BOULOGNE-BILLANCOURT
VERSAILLES
ST-GERMAIN-en-Laye
Forêt de St-Germain
POISSY
MAISONS-LAFFITTE
CONFLANS Ste-Honorine
HERBLAY
ARGENTEUIL
GENNEVILLIERS
VINCENNES
MONTREUIL
CRÉTEIL
ORLY
MASSY
PALAISEAU
ORSAY
GIF-sur-Yvette
LAGNY
EURO DISNEYLAND
MARNE-LA-VALLÉE
ROISSY
Forêt de Notre-Dame
BRIE-COMTE-ROBERT
Forêt de Sénart
ÉVRY
CORBEIL-ESSONNES
MELUN
ARPAJON
BRÉTIGNY-s.-O.
LIMOURS
MENNECY
Ballancourt-sur-Essonne
Autodrome Linas-Montlhéry
TOURNAN-en-Brie
Forêt d'Armainvilliers
Forêt de Coubert
Vaux-le-Vicomte

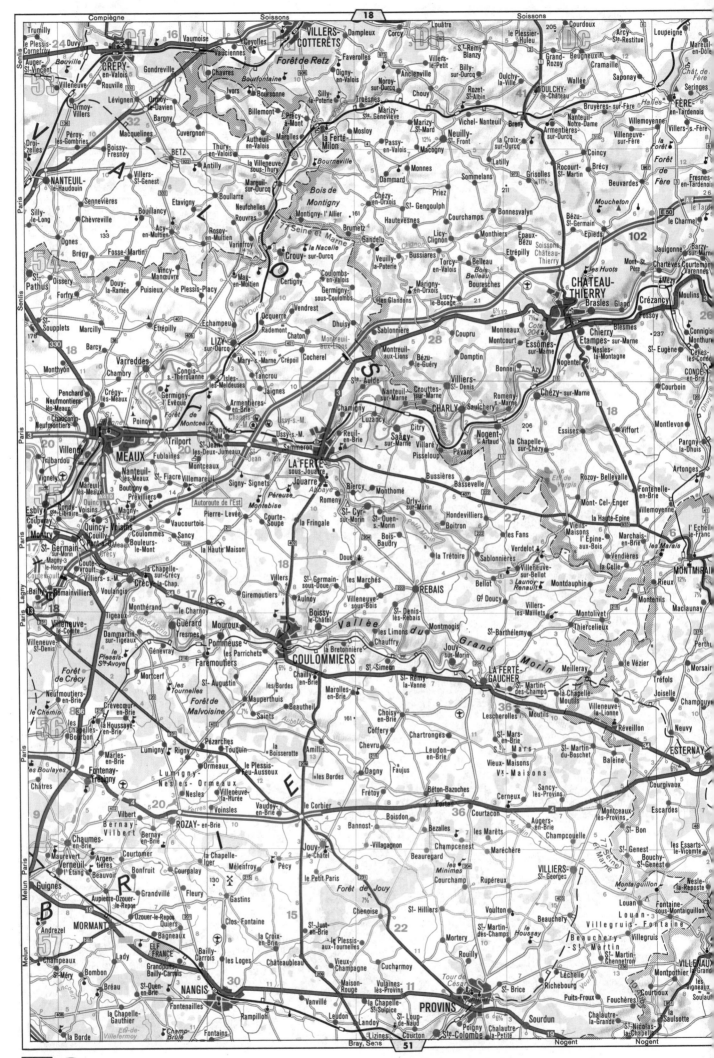

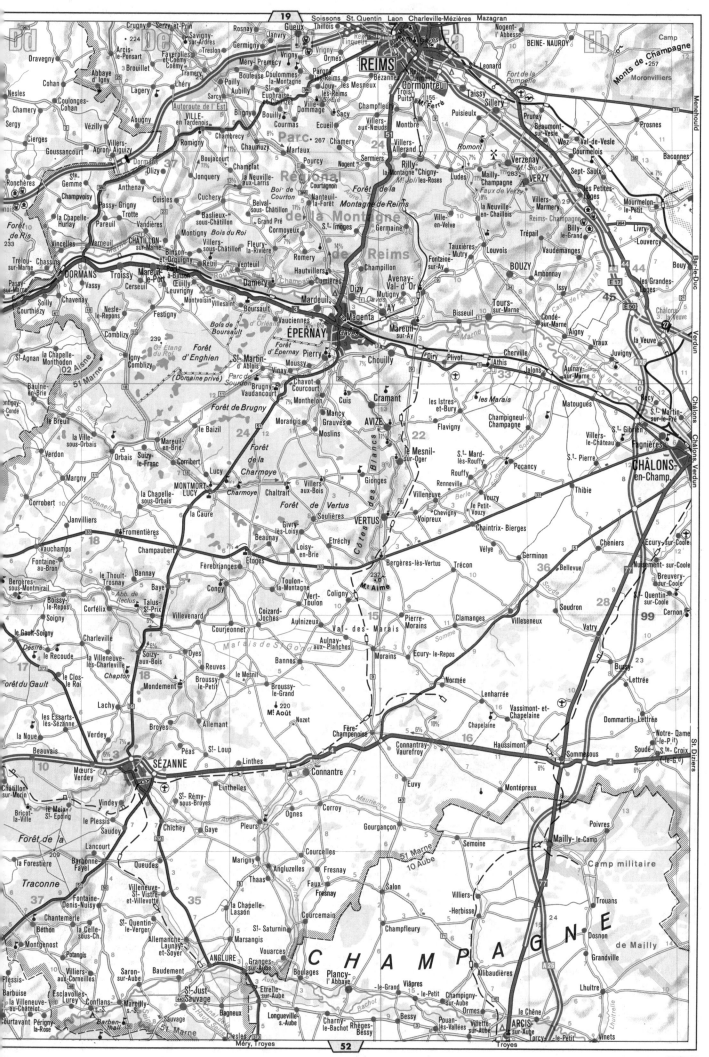

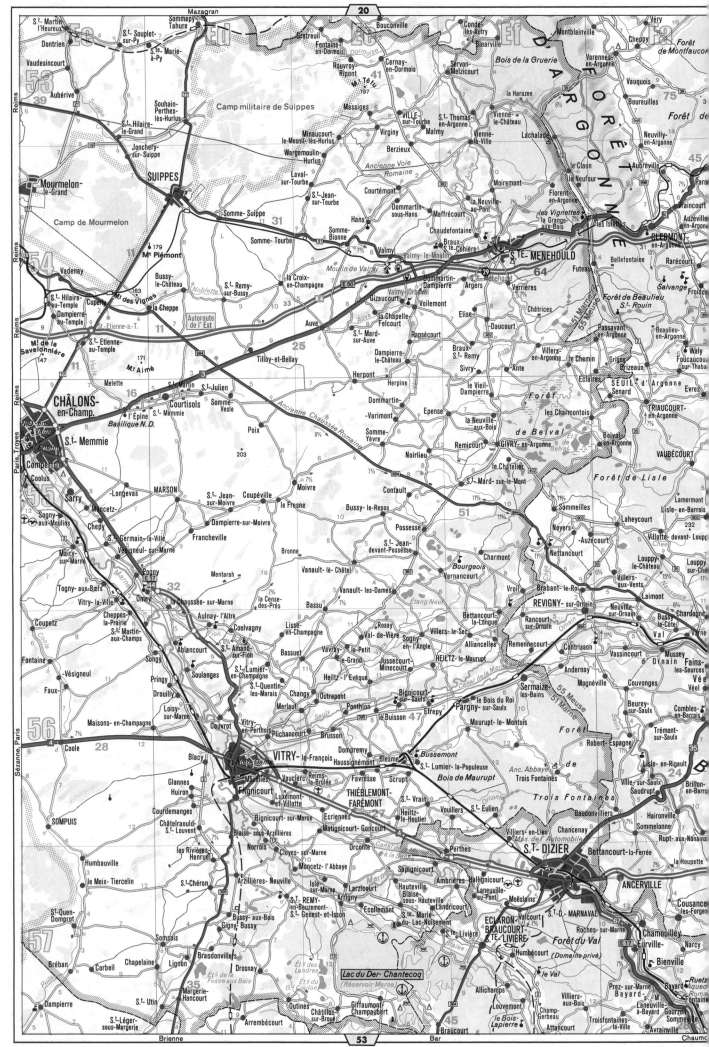

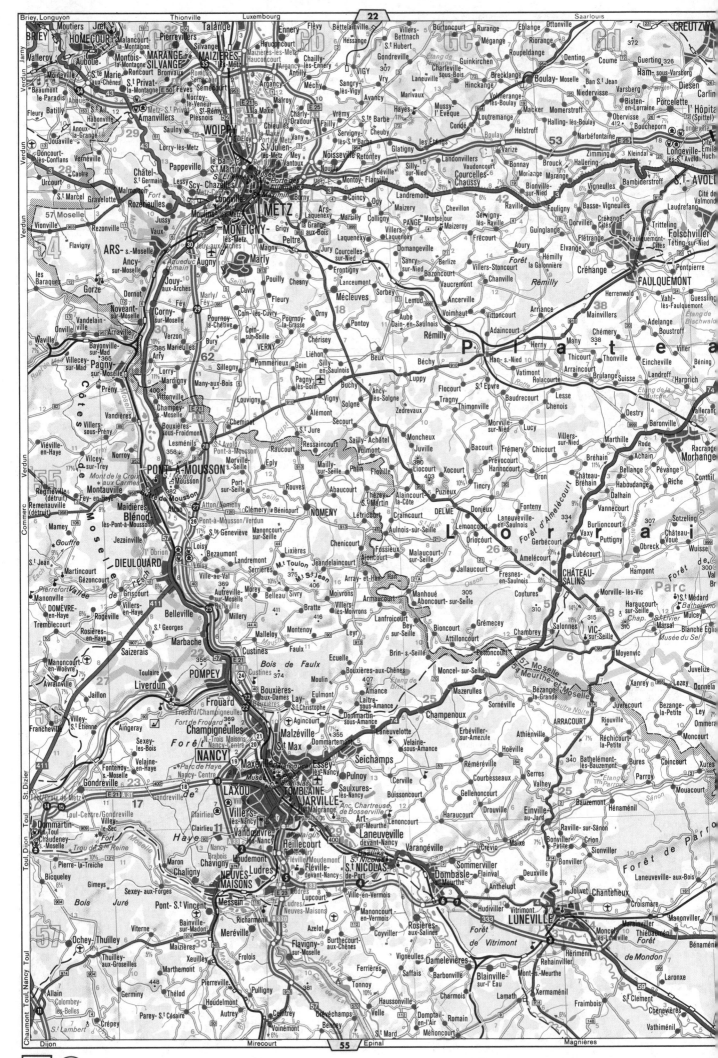

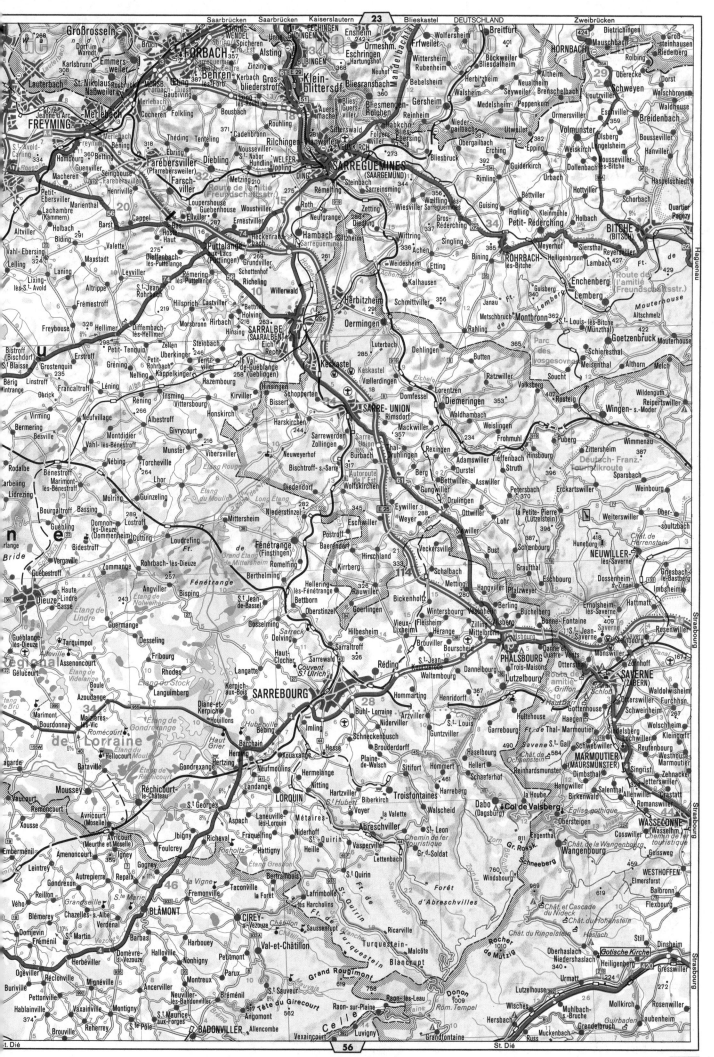

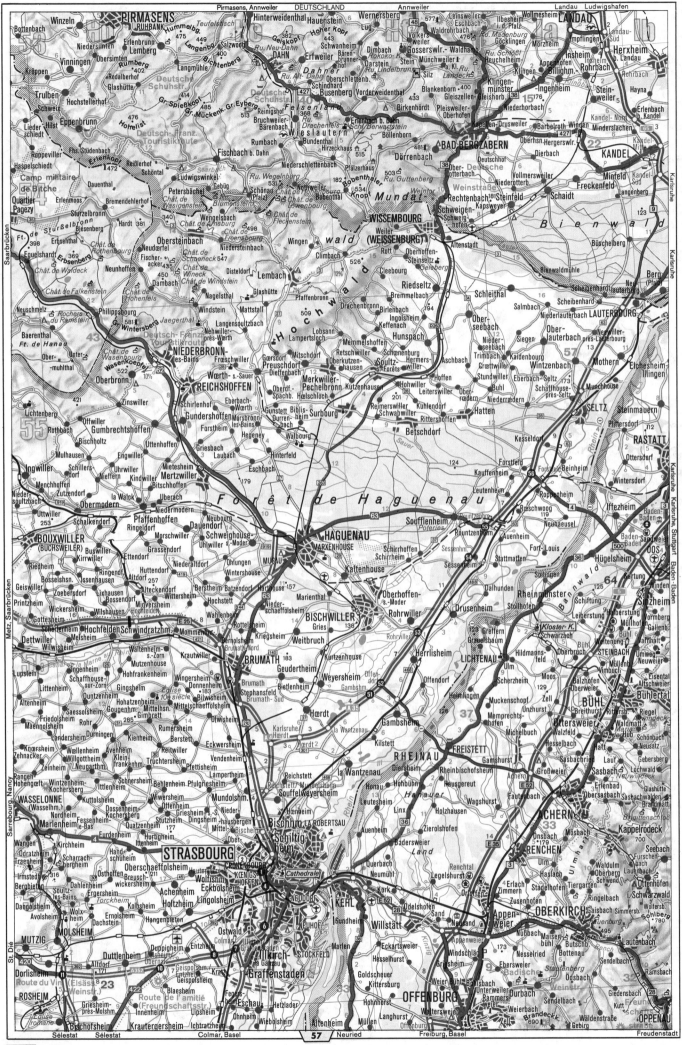

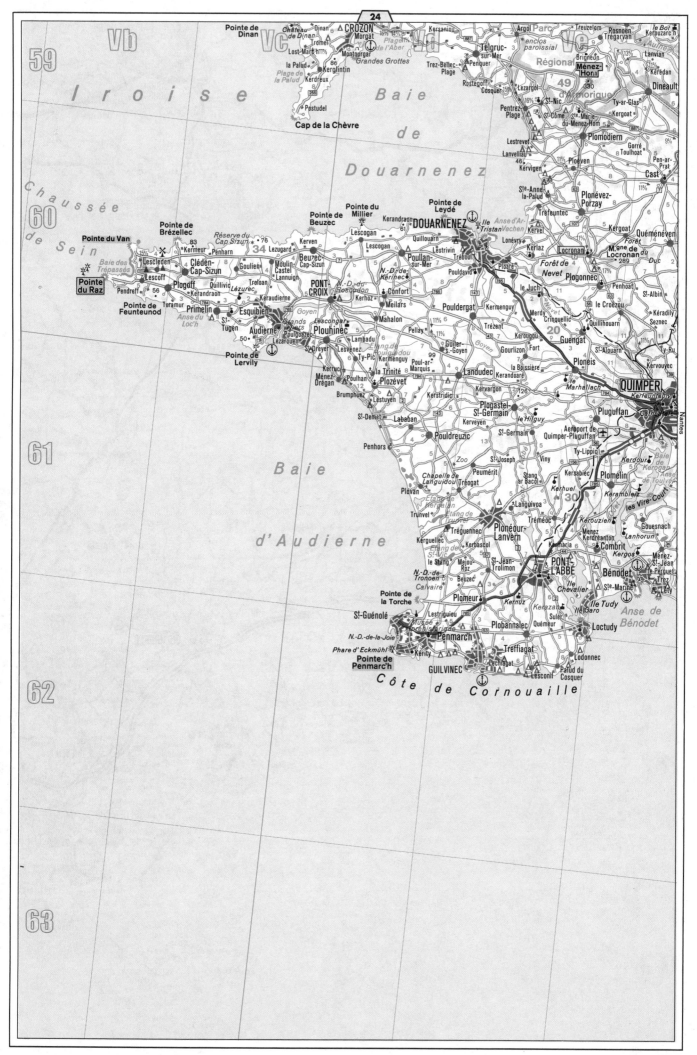

Iroise

Baie

de

Douarnenez

Chaussée

de Sein

Pointe du Van

Baie des Trépassés

Pointe du Raz

Pointe de Feunteunod

Baie

d'Audierne

Côte de Cornouaille

Anse de Bénodet

Baie de Kérogap

Pointe de Dinan

Château de Dinan

CROZON

Morgat

Cap de la Chèvre

Pointe de Brézellec

Pointe de Beuzec

Pointe du Millier

Pointe de Leydé

DOUARNENEZ

Ile Tristan

Parc

Régional

d'Armorique

Ménez-Hom

49

Plomodiern

Cast

Plonévez-Porzay

Locronan

Quéménéven

Forêt du Duc

QUIMPER

Pluguffan

Plomelin

les Vire-Court

Combrit

Bénodet

Ile Tudy

Loctudy

Pointe de Brézellec

Cléden-Cap-Sizun

Réserve du Cap Sizun

34

Beuzec-Cap-Sizun

Lescogan

Poullan-sur-Mer

N.-D.-de Kérinec

Ploaré

Tréboul

Forêt de Nevet

Plogonnec

Plogoff

Audierne

Esquibien

PONT-CROIX

N.-D.-du Rosgadon

Confort

Pouldergat

Guengat

Ploneis

Landudec

20

Primelin

Anse du Loc'h

St-Tugen

Plouhinec

Lescongar

Plozévet

Mahalon

Landudec

Plogastel-St-Germain

Pointe de Lervily

Ménez-Dréan

Plovan

Pouldreuzic

Penhors

Chapelle de Languidou

Tréogat

Plonéour-Lanvern

Pont-l'Abbé

Pointe de la Torche

St-Guénolé

Musée Préhistorique

N.-D.-de-la-Joie

Phare d'Eckmühl

Pointe de Penmarc'h

Penmarch

Plomeur

Plobannalec

Treffiagat

GUILVINEC

Lesconil

Nantes

Vb   Vc   Vd   Ve

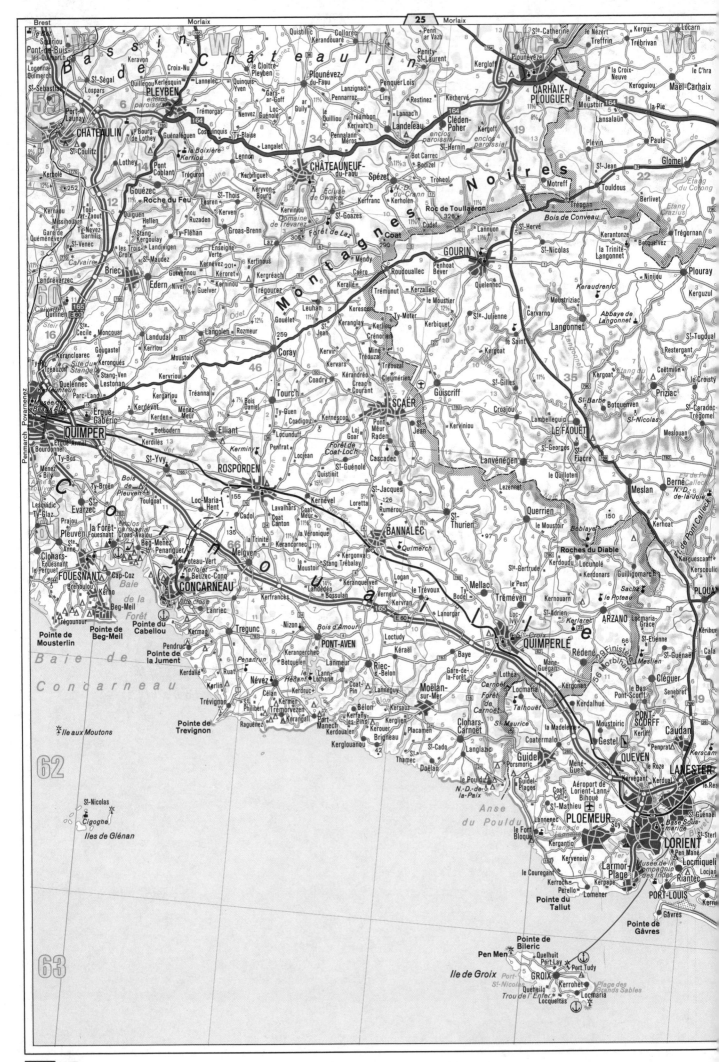

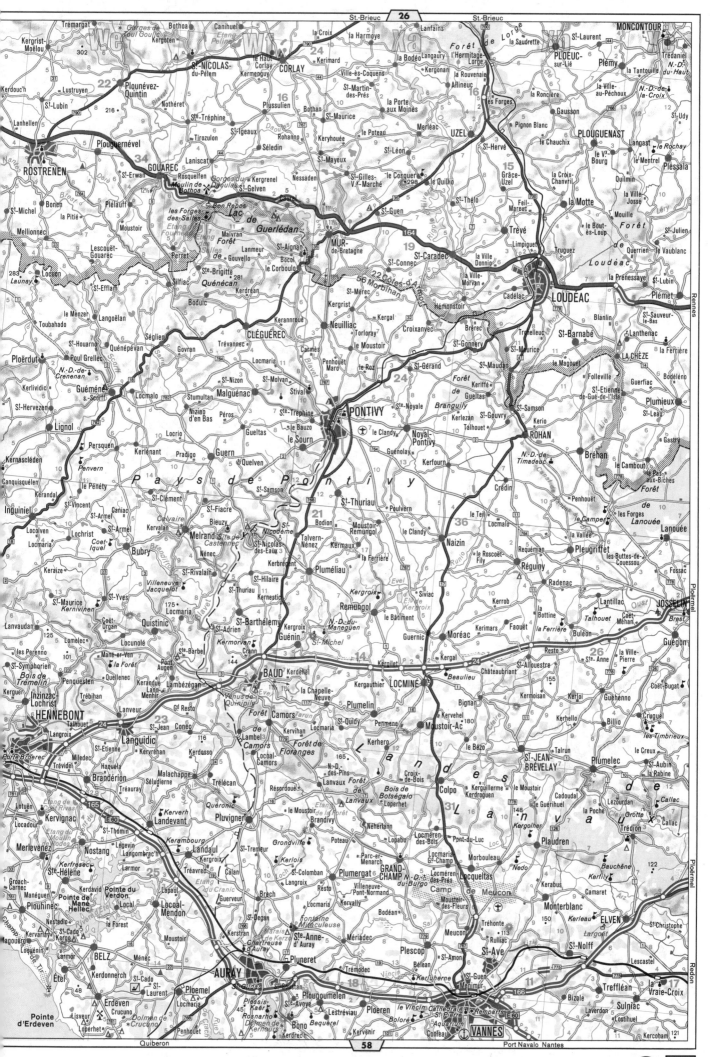

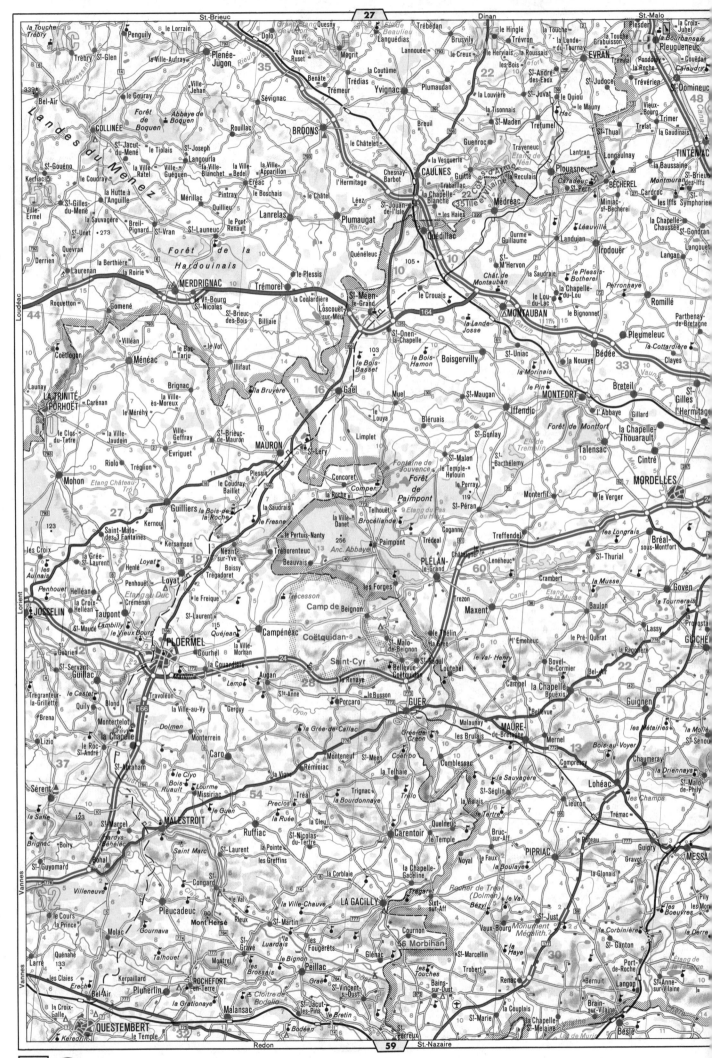

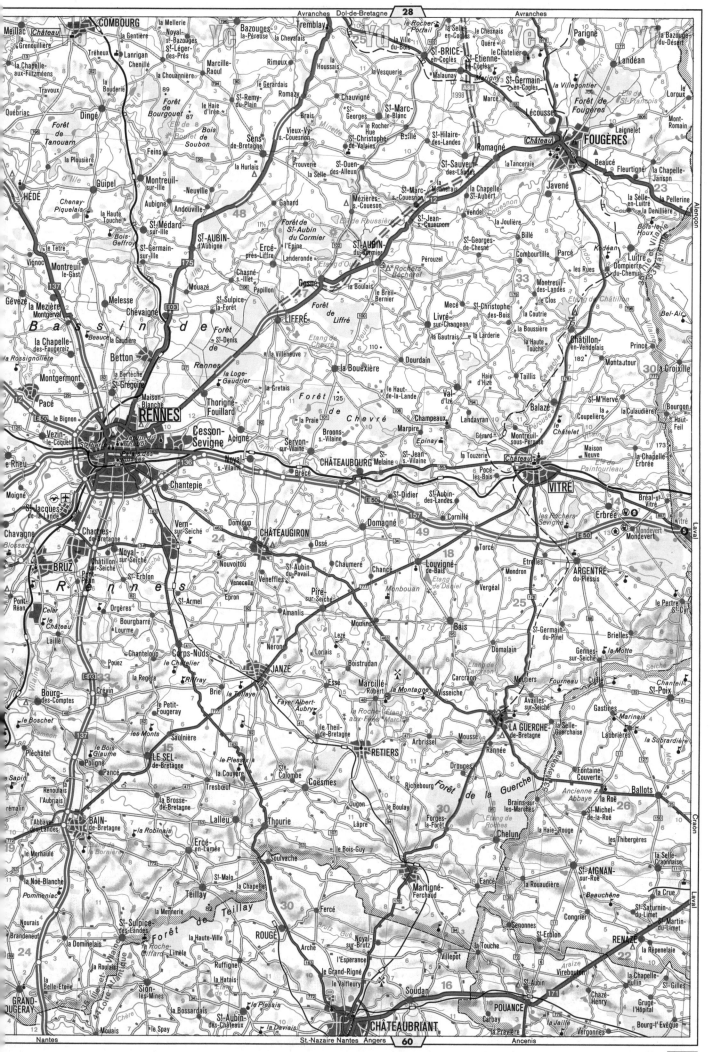

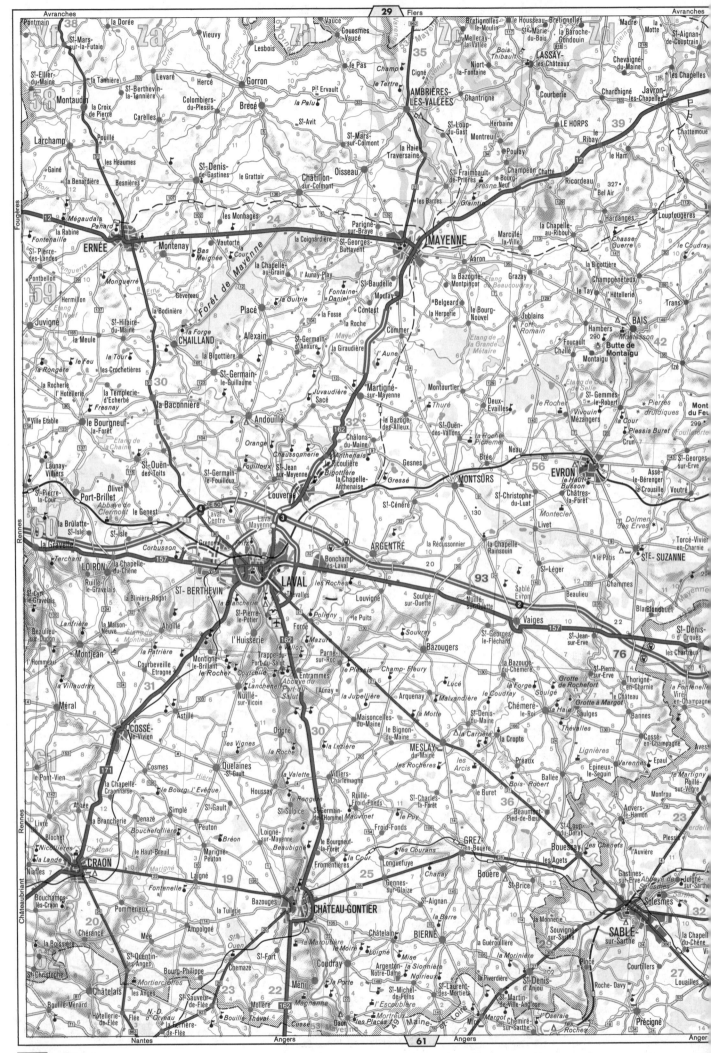

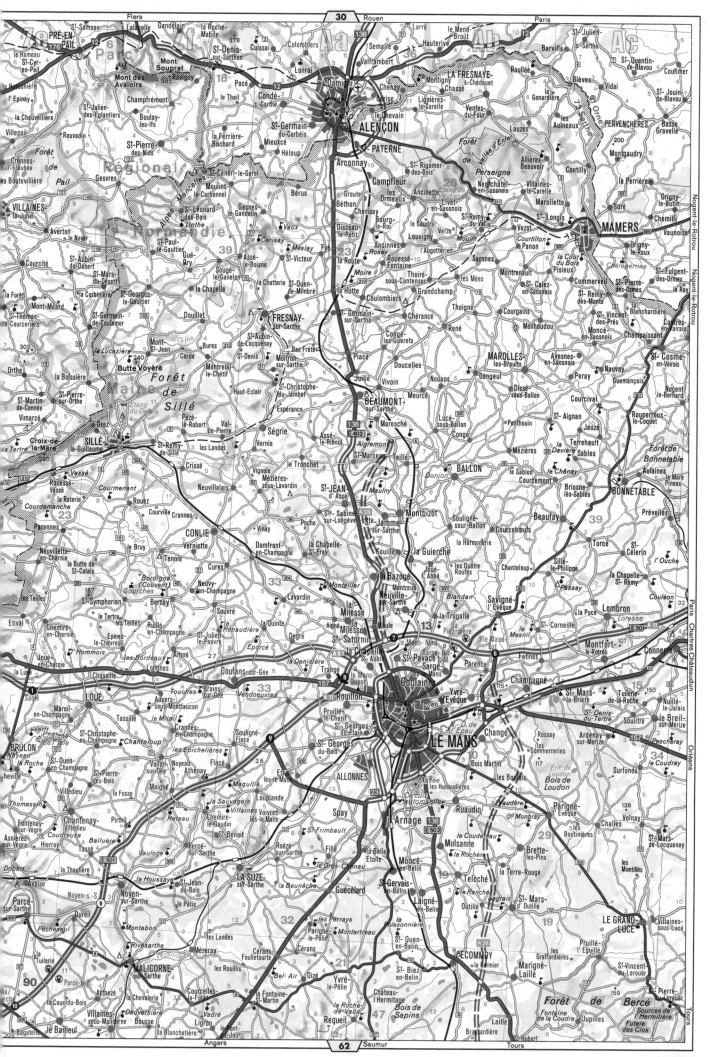

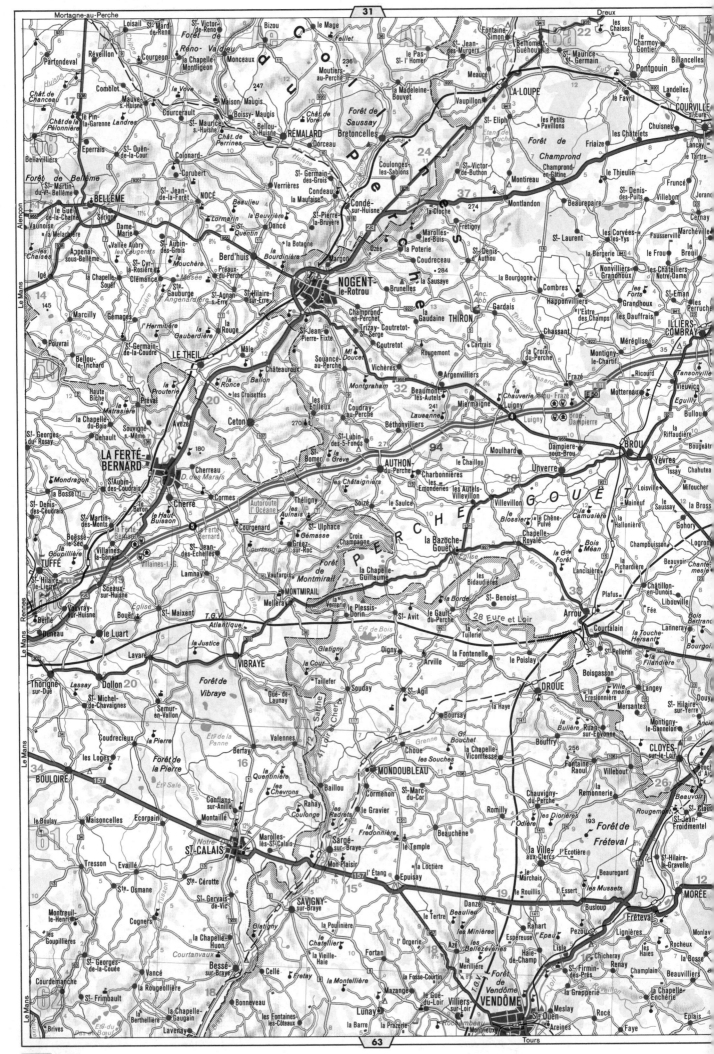

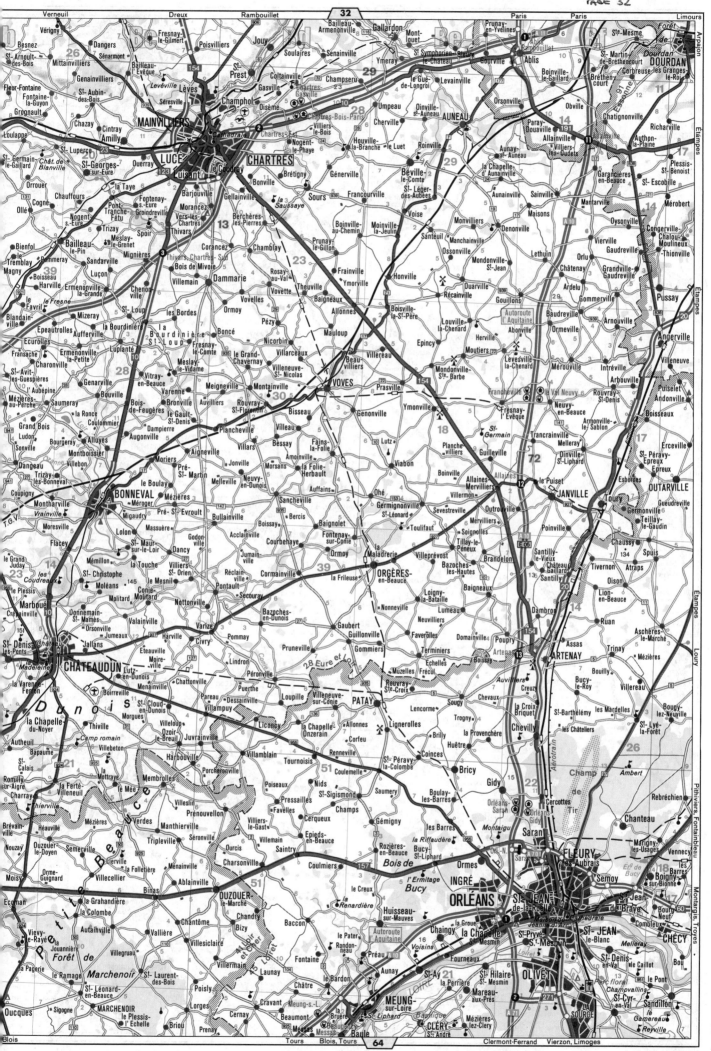

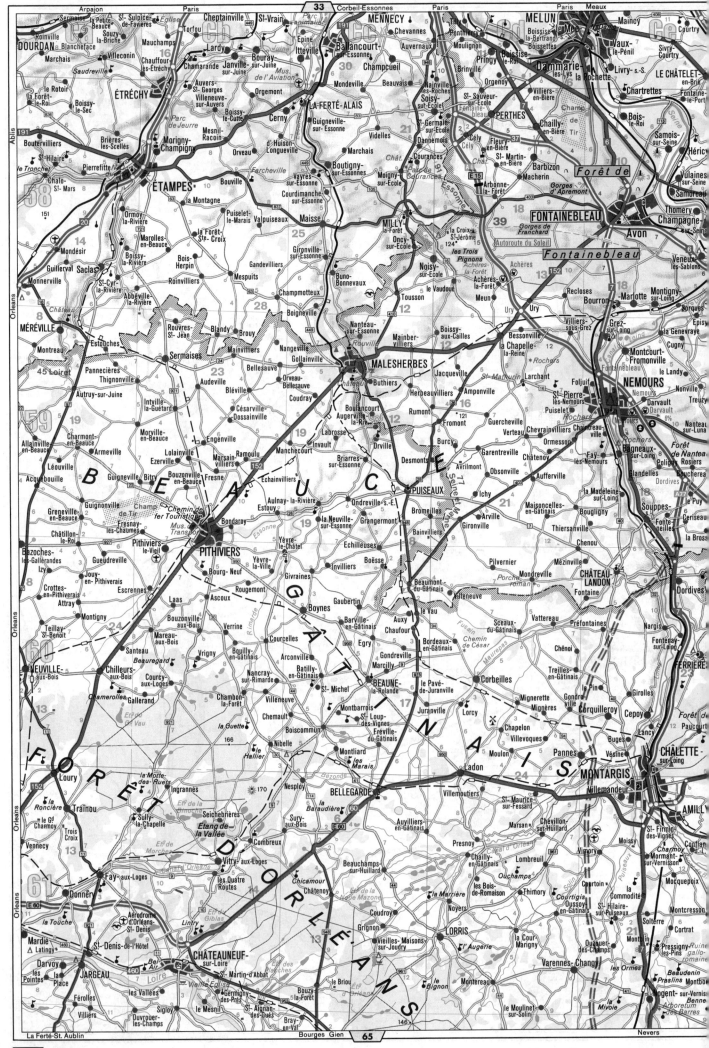

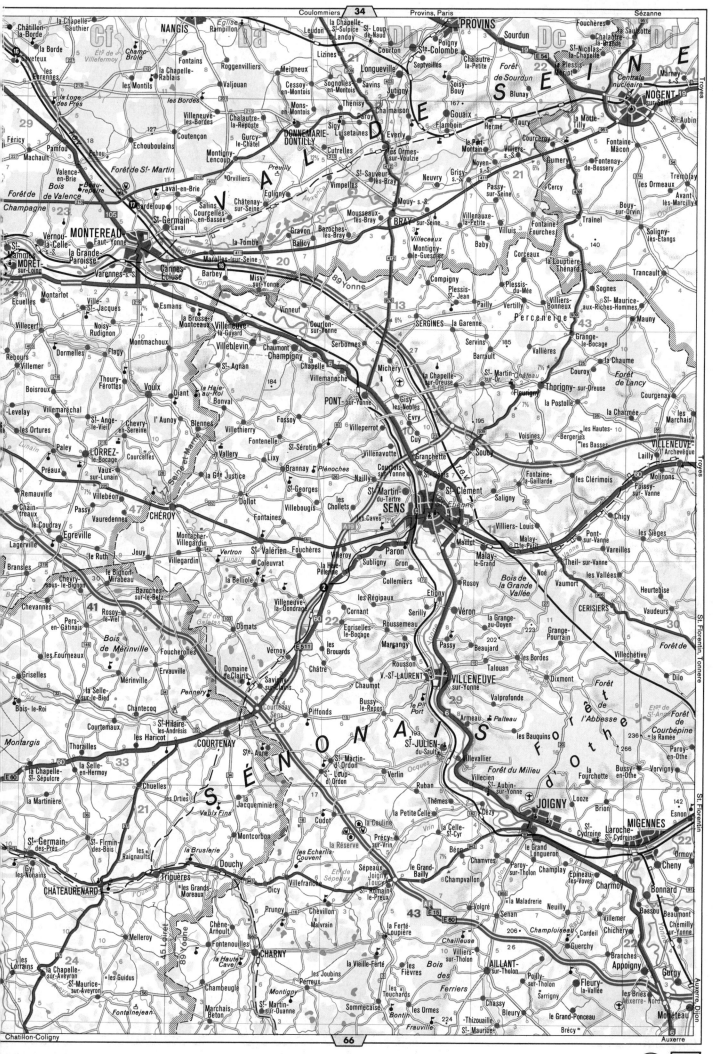

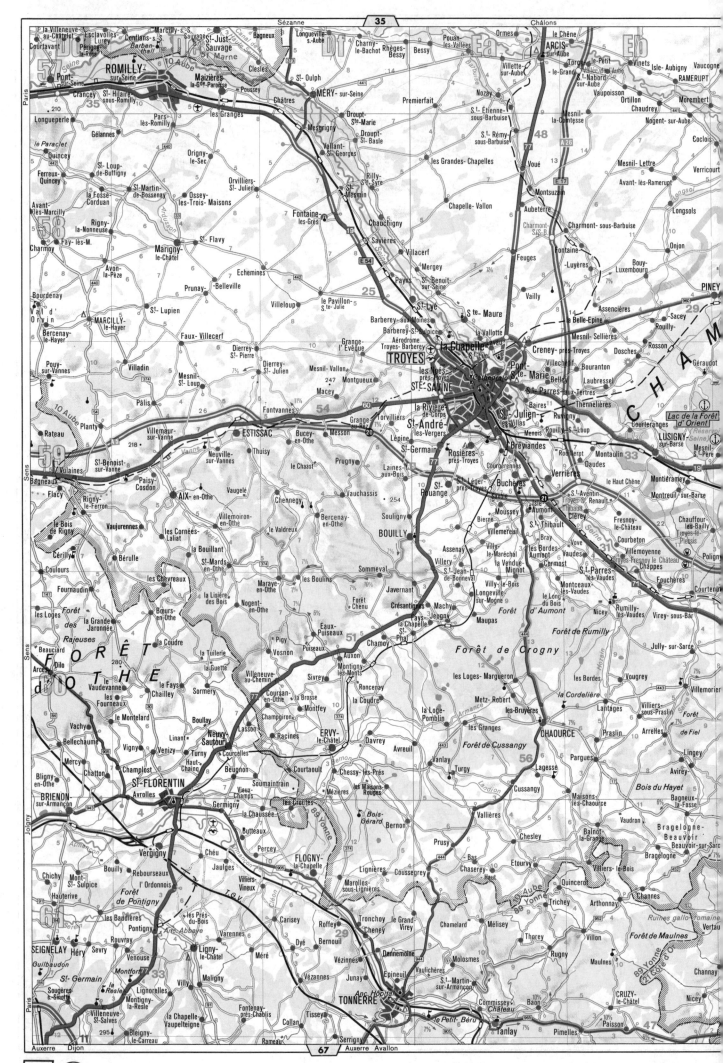

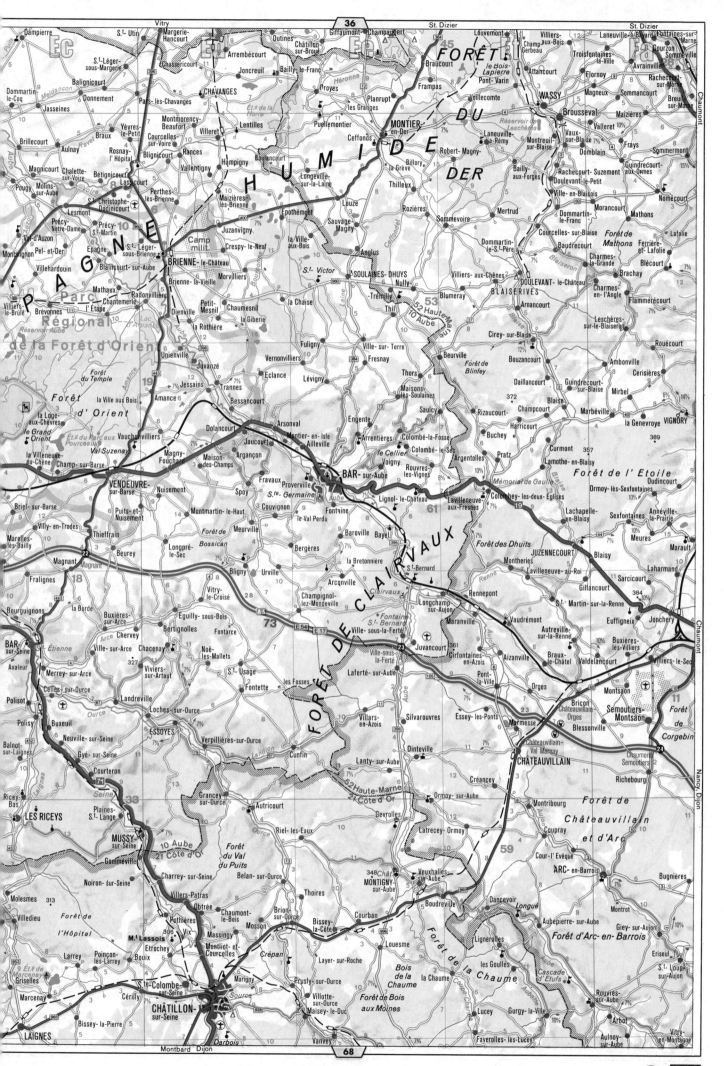

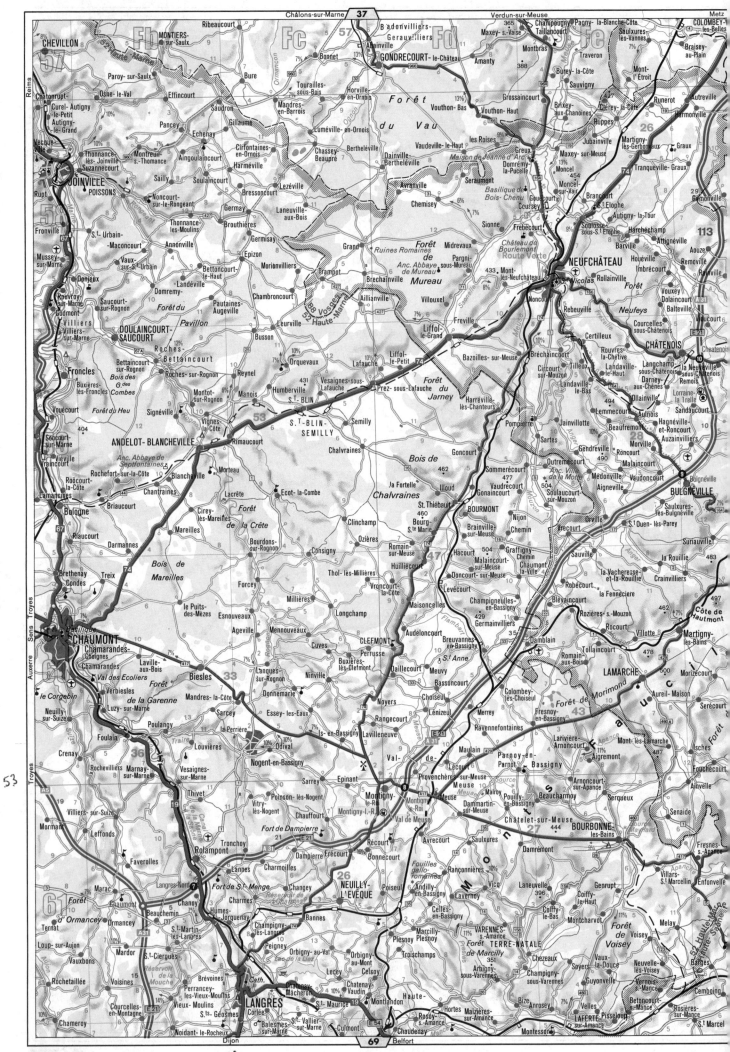

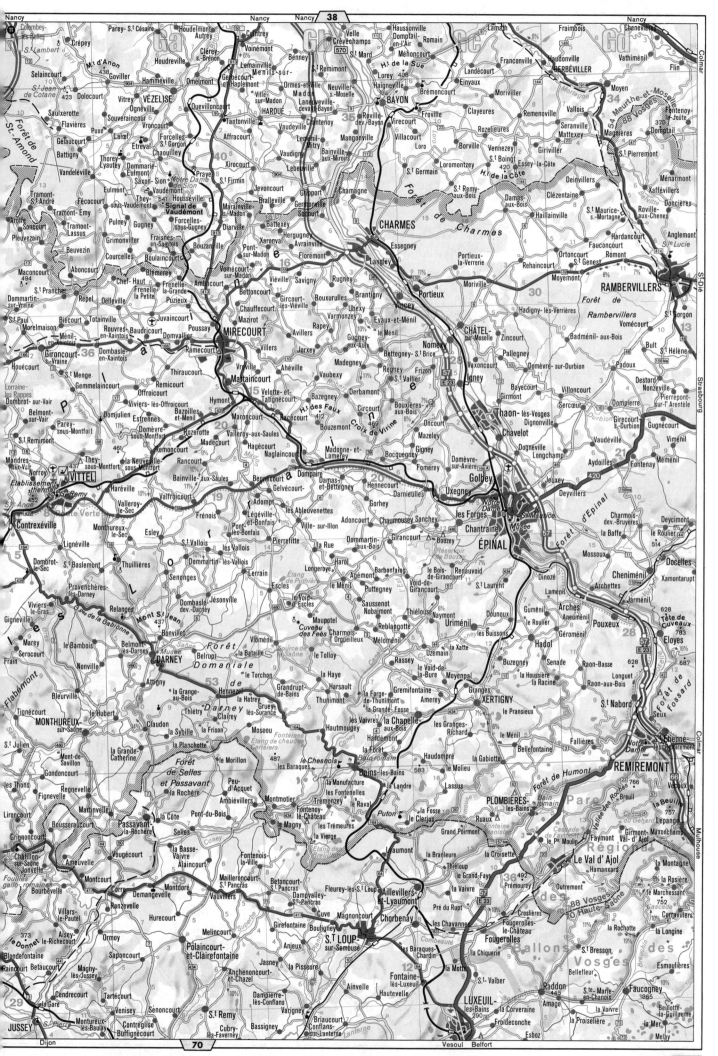

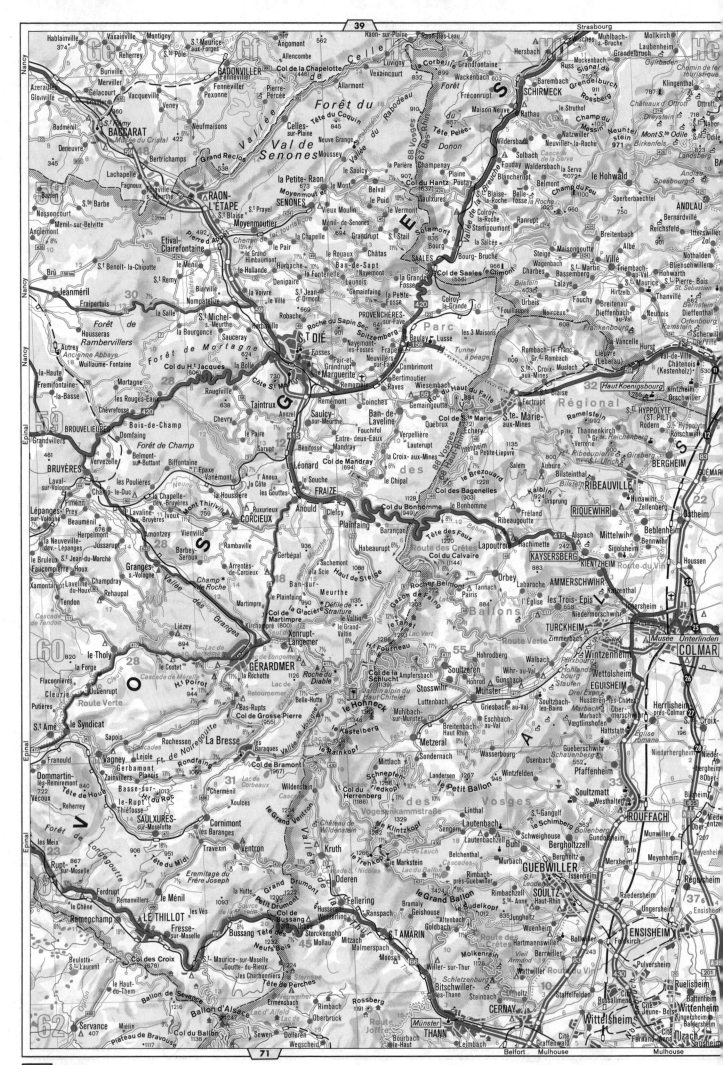

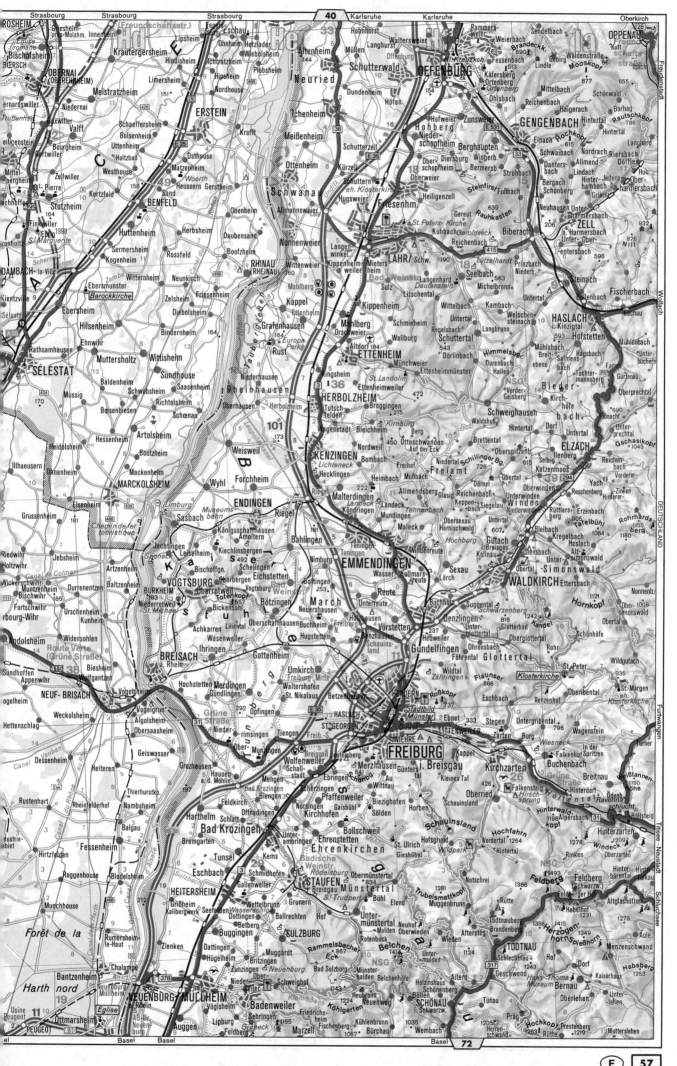

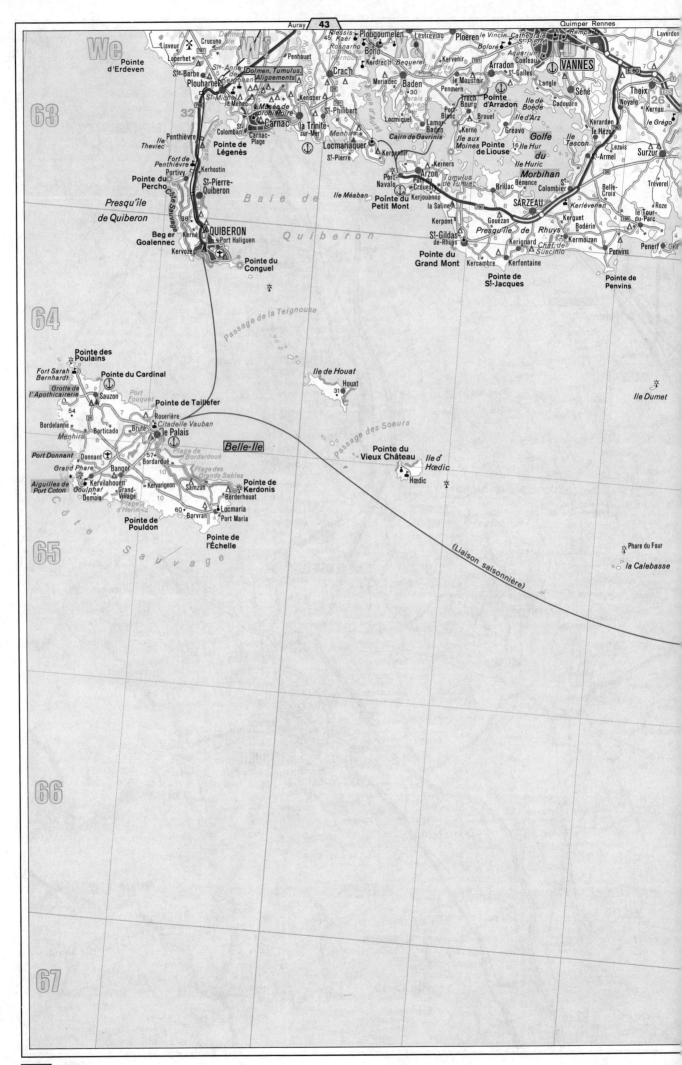

We

**Pointe
d'Erdeven**

Lisveur

Loperhet

Crucuno

Dolmen de
Crucuno

Ste-Anne
d'Auray

Penhouet

Rlessis-
Kaër

45
Rosnarho

Plougoumelen

Lestreviau

Ploeren

le Vincin

Bono

Kerdrec'h

Bequerel

Cathédrale
St-Pierre

Kervenir

101

Boloré

Arradon

Conleau
St-Galles

Rempard

11

VANNES

E 60

7

Laverdon

63

32

Ste-Barbe

Plouharnel

St-Michel

le Menec

Museé de
prehistoire

Carnac

Crac'h

St-Philibert

Kerisper

781

Meriadec

Baden

28

Locmiguel

781

Penmern

30

le Moustoir

Penmern

Port-
Blanc

Trech
Bourg

Lamor-
Baden

**Pointe
d'Arradon**

Ile de
Boëdé

Ile d'Arz

Sené

Langle

Cadouarn

Theix

26

Noyalo

Kernau

le Grégo

St
Colomban

Carnac-
Plage

la Trinité-
sur-Mer

Menhirs

Locmariaquer

St-Pierre

Kerpenhir

Kerno

Gréavo

Ile aux
Moines

Brouel

Cairn de Gavrinis

**Pointe
de Liouse**

Ile Hur

Golfe
du
Morbihan

Ile
Tascon

St-Colombier

St-Armel

Surzur

Tréveret

**Pointe de
Légenès**

Ile
Theviec

Penthièvre

Fort de
Penthièvre

Portivy

**Pointe du
Percho**

Kerhostin

St-Pierre-
Quiberon

38

Baie de

Kerners

St-Pierre

Port-
Navalo

Arzon

Port du
Crouesty

Tumulus
de Tumiac

Brillac

Bénance

Kerjouanno

la Saline

SARZEAU

Gouézan

Kerguet

Presqu'île de

Kerlévenan

Rhuys

Belle-
Croix

Roze

le Tour-
du-Parc

195

**Presqu'île
de Quiberon**

**Beg er
Goalennec**

Kernê

QUIBERON

Port Haliguen

Kervozes

Quiberon

Kerpont

**Pointe du
Petit Mont**

Ile Méaban

Kerpont

St-Gildas-
de-Rhuys

**Pointe du
Grand Mont**

Kercambre

Kerfontaine

Kerignard

Chât. de
Suscinio

Bodérin

Kermoizan

Penvins

Penerf

140

**Pointe de
St-Jacques**

**Pointe de
Penvins**

**Pointe du
Conguel**

64

Passage de la Teignouse

Ile de Houat

Houat

31

Ile Dumet

**Pointe des
Poulains**

Fort Sarah
Bernhardt

3

Pointe du Cardinal

Grotte de
l'Apothicairerie

Sauzon

Port
Fouquet

Pointe de Taillefer

54

25

Bordelanne

Menhirs

Borticado

7

Roserière

Citadelle Vauban

Brute

le Palais

8

Belle-Ile

Passage des Soeurs

**Pointe du
Vieux Château**

Ile d'
Hoedic

Hoedic

Port Donnant

Donnant

57

Bordardué

Plage de
Bordardoué

Bangor

Grand Phare

10

Plage des
Grands Sables

Kervarigeon

Samzun

**Pointe de
Kerdonis**

Borderhouat

Aiguilles de
Port Coton

Goulphar

Kervilahouën

Domois

Grand-
Village

Plage
d'Herin

10

60

Borvran

Locmaria

Port Maria

**Pointe de
Pouldon**

**Pointe de
l'Échelle**

65

Côte

Sauvage

(Liaison saisonnière)

Phare du Four

la Calebasse

66

67

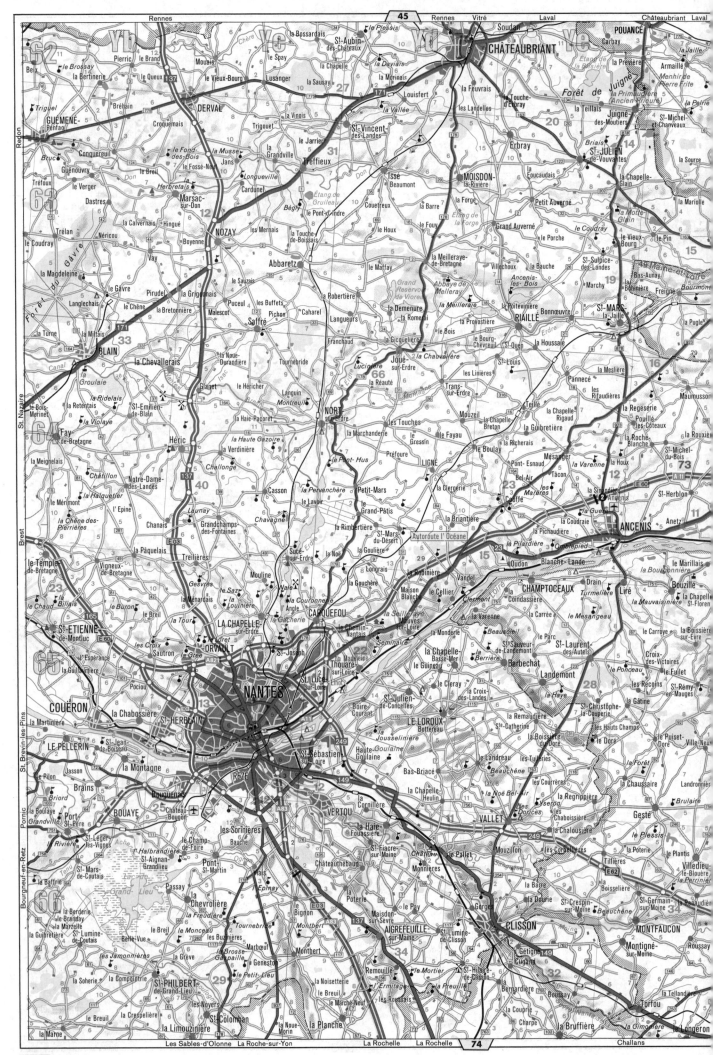

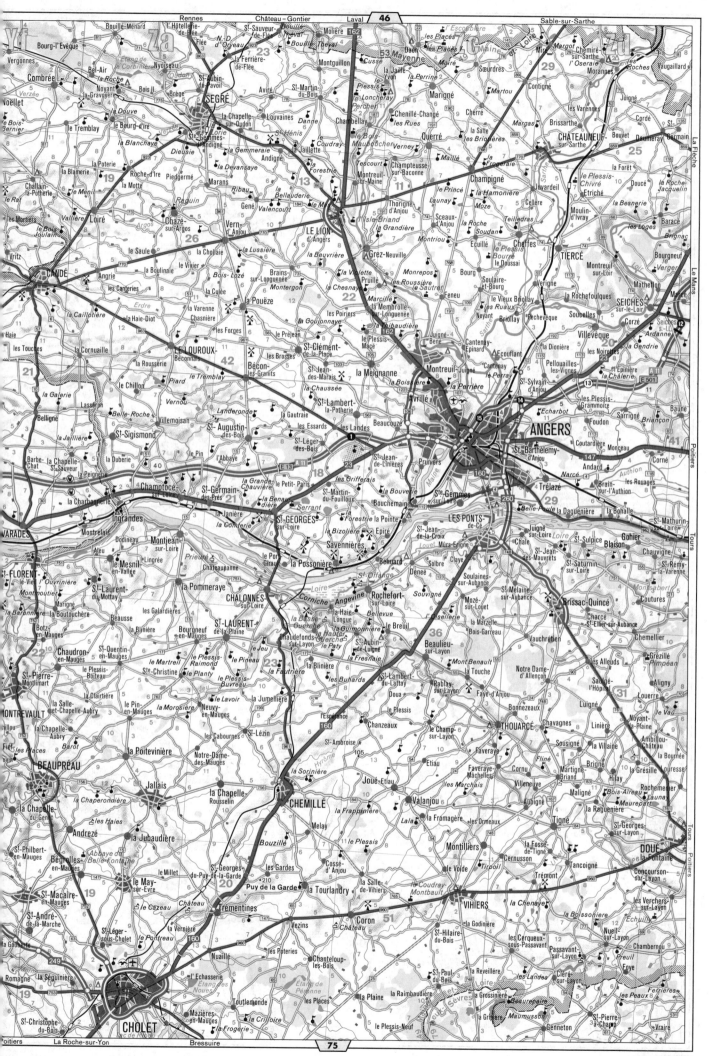

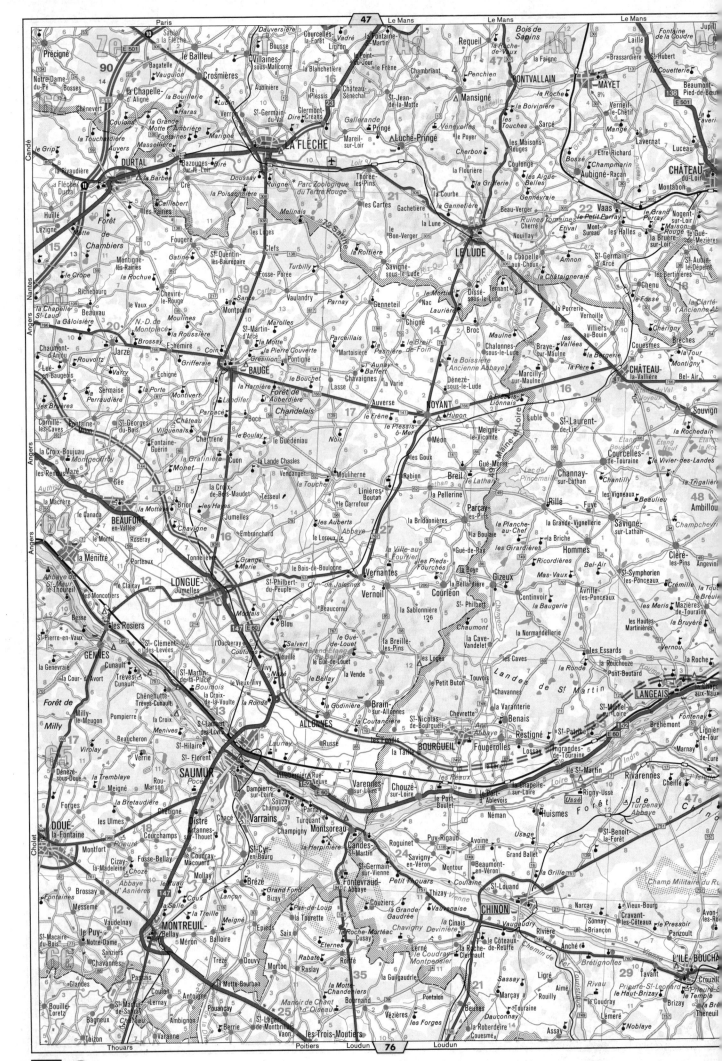

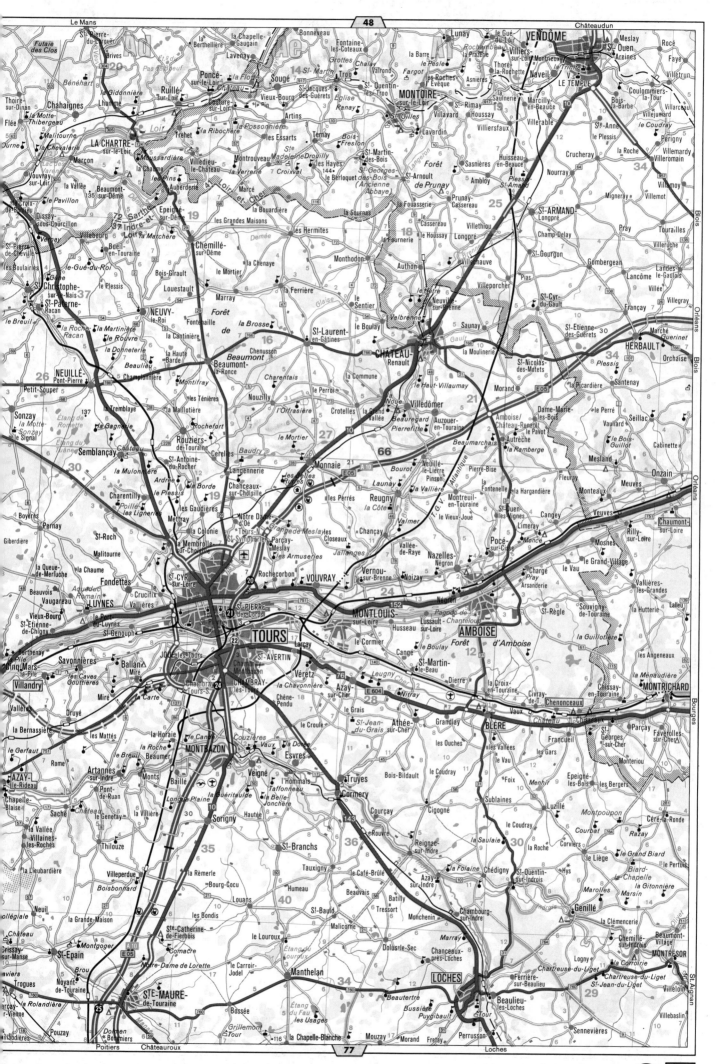

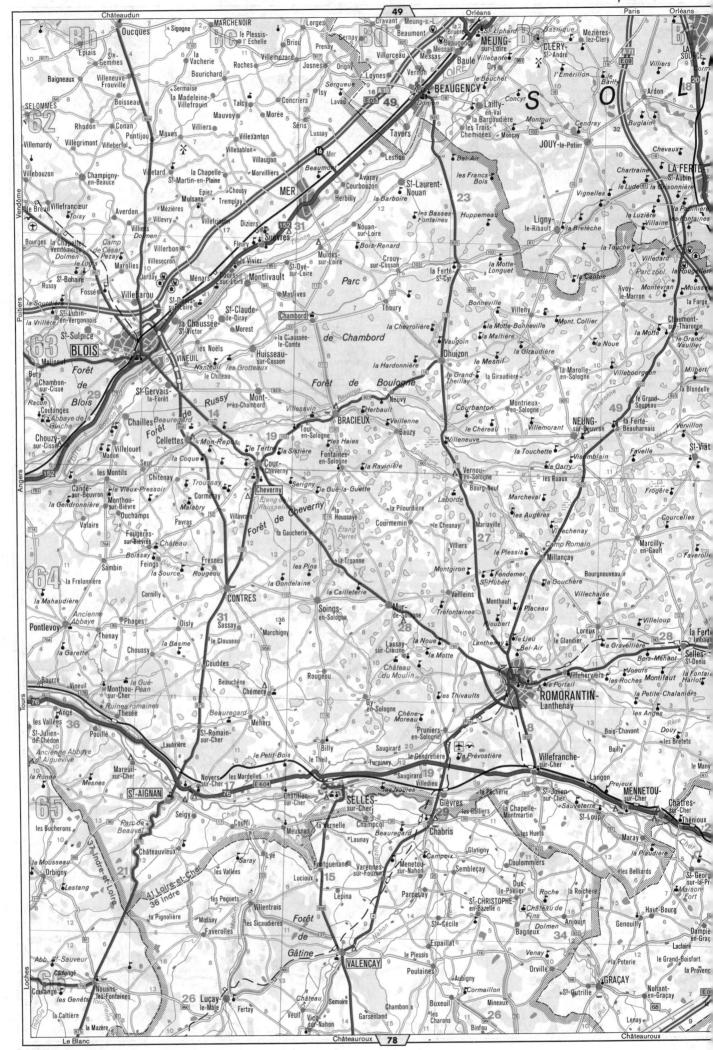

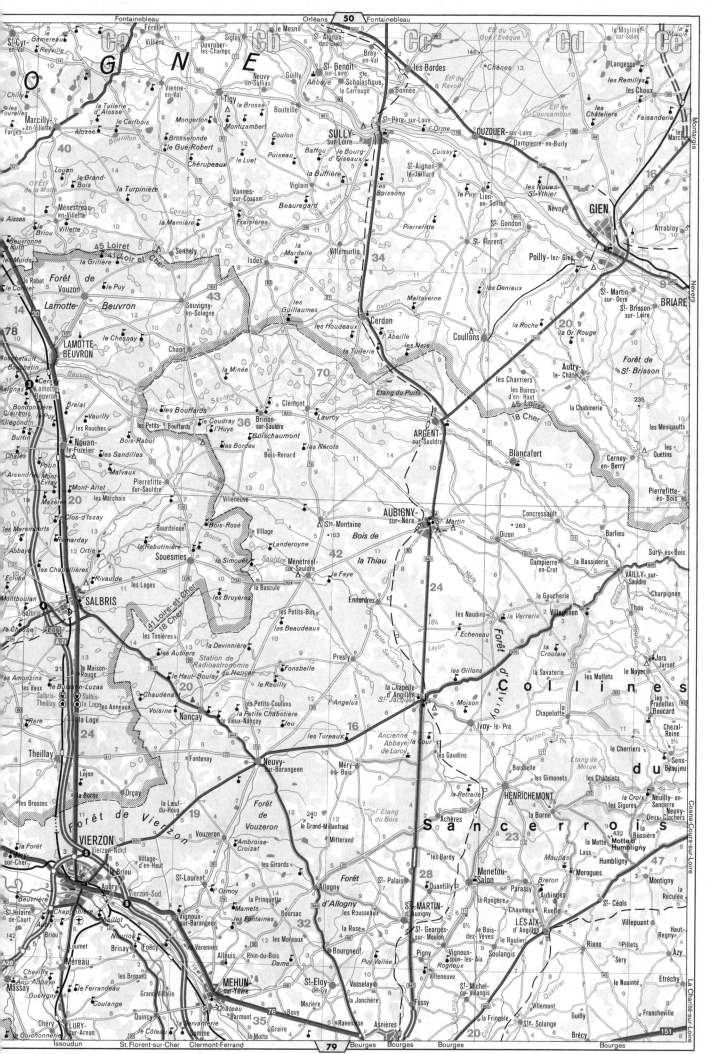

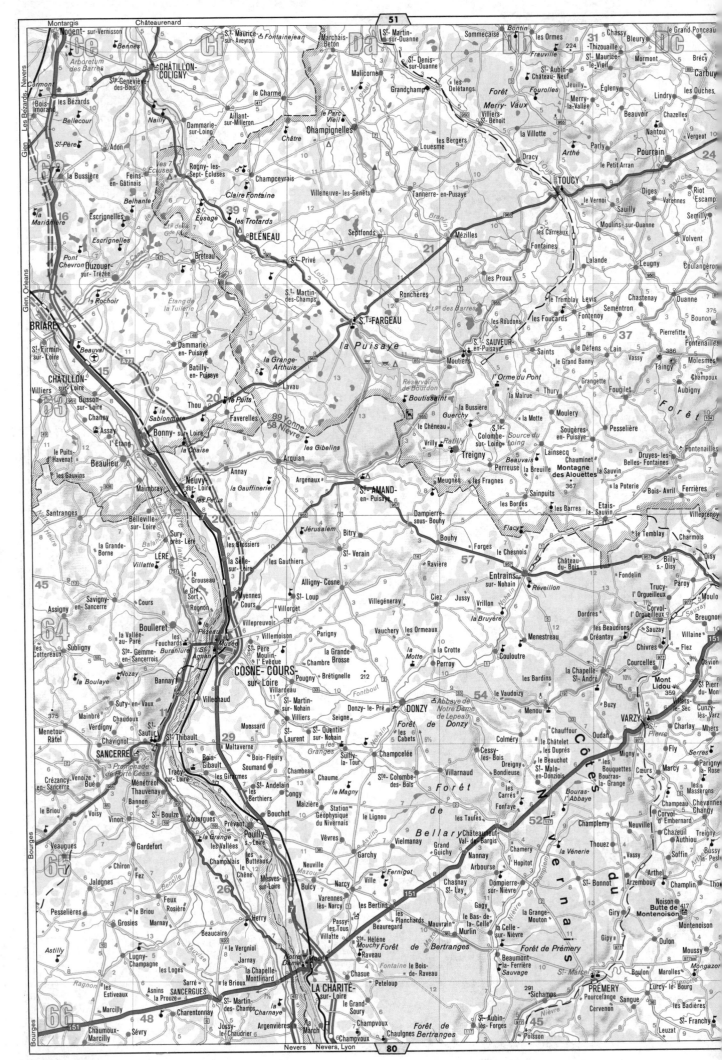

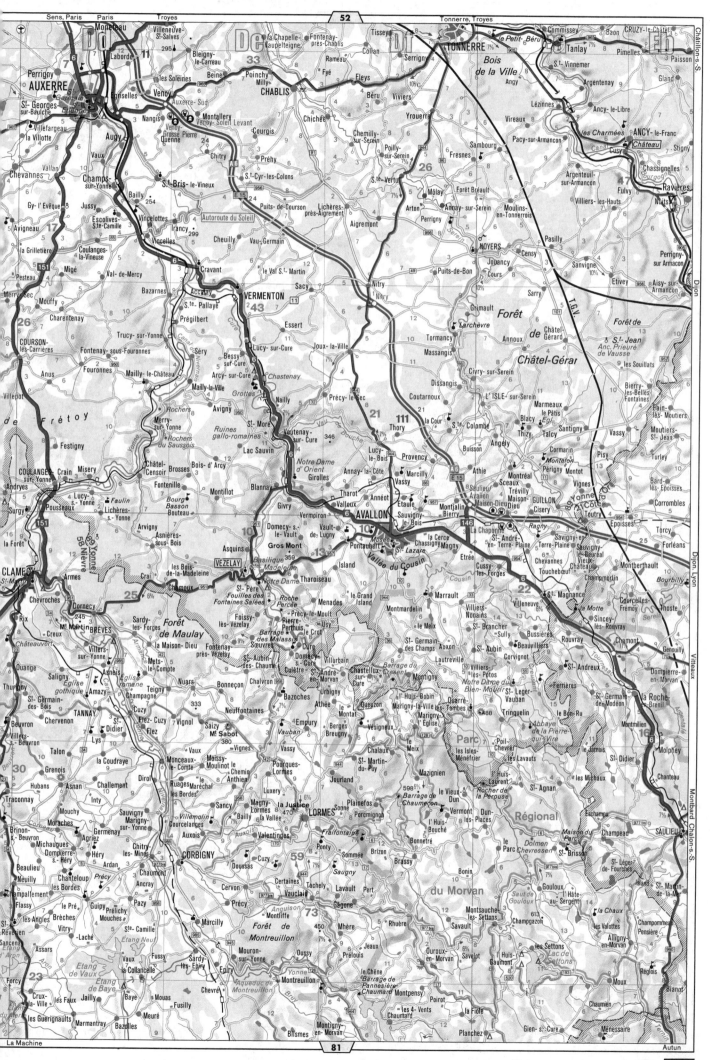

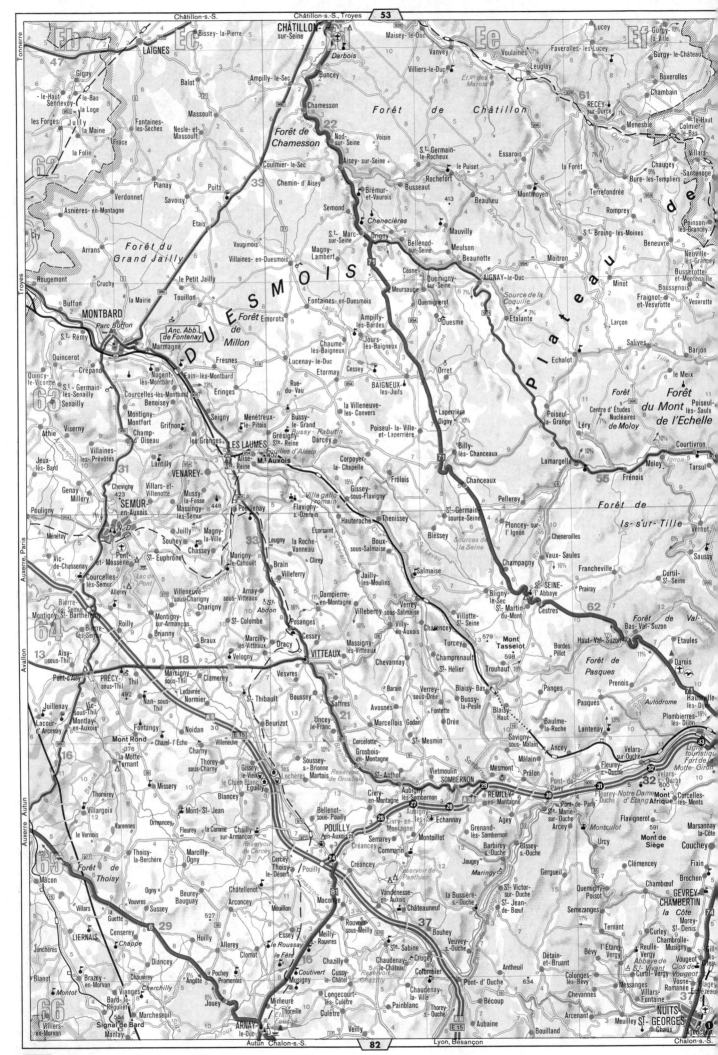

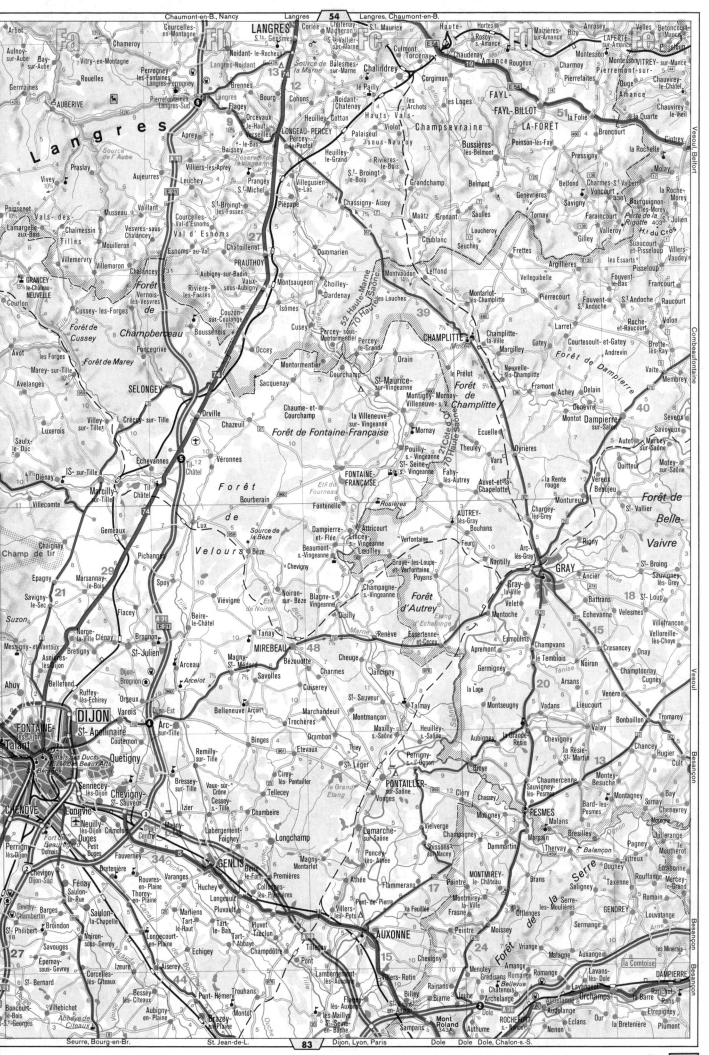

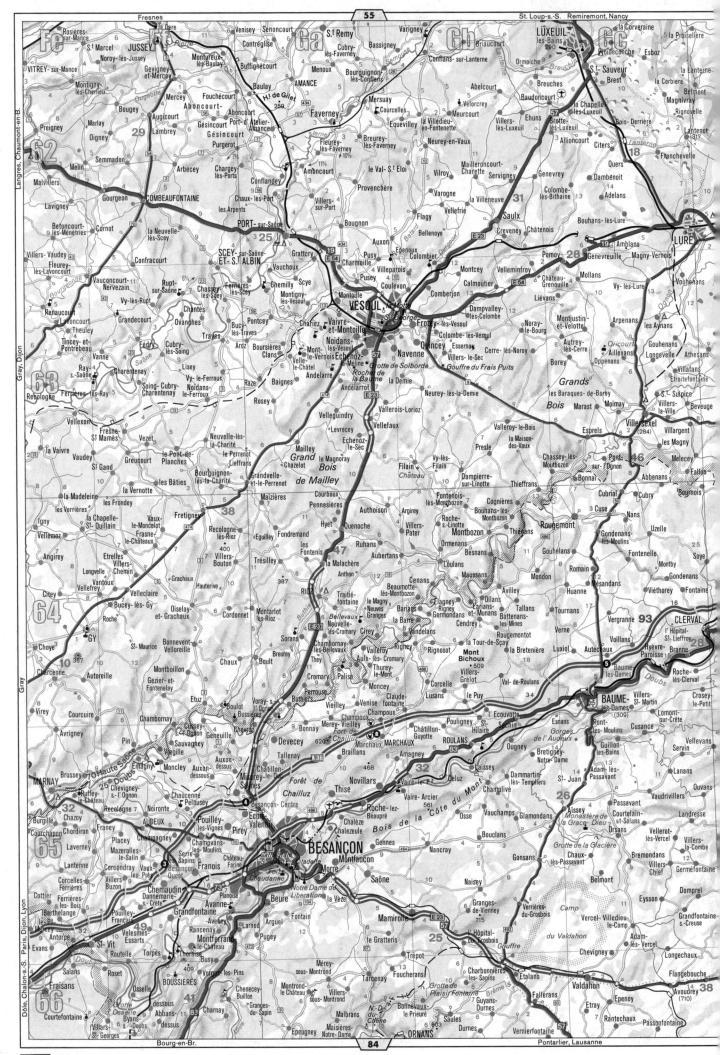

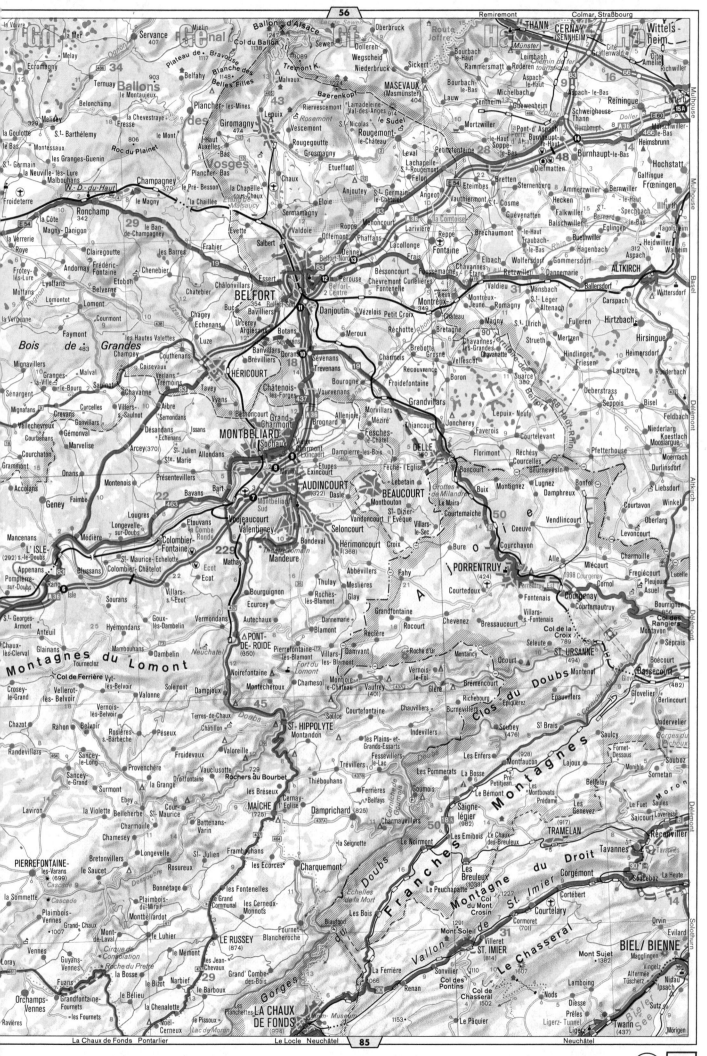

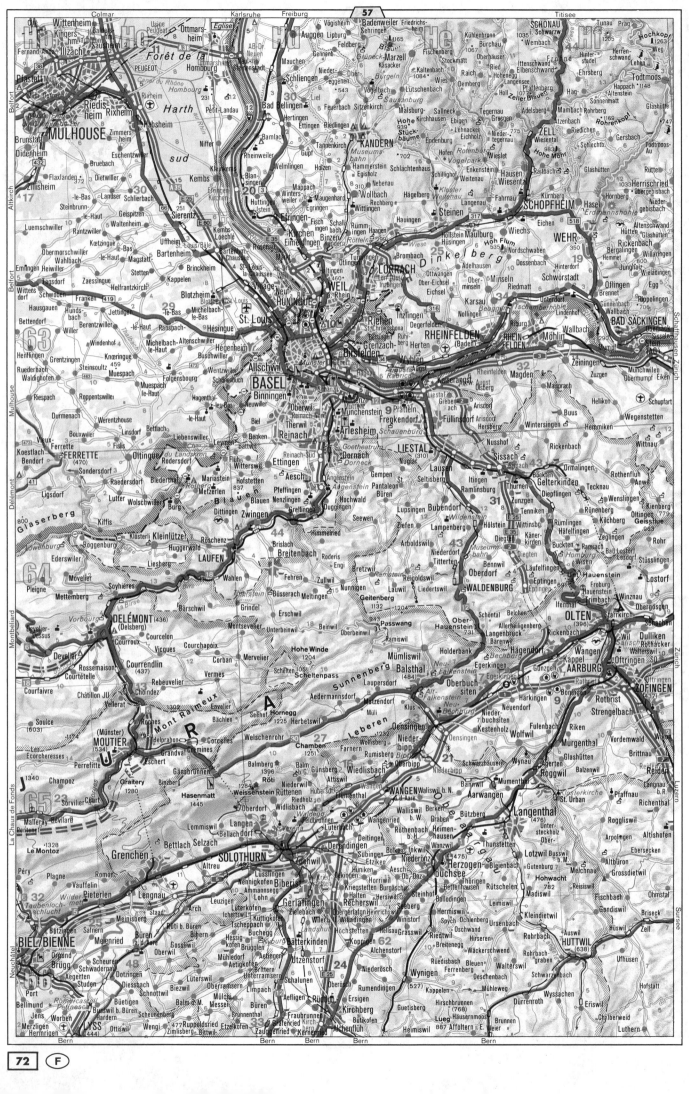

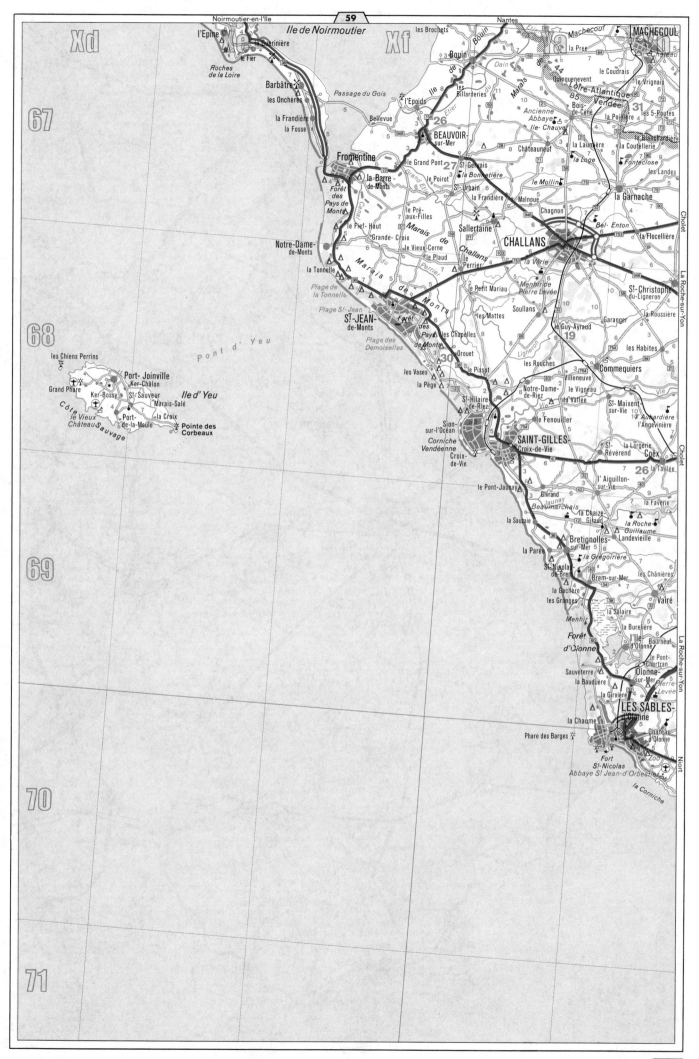

Noirmoutier-en-l'Ile
Ile de Noirmoutier
Nantes

Xd

l'Epine
la Guérinière
le Fier
Roches
de la Loire
Barbâtre
les Onchères
la Frandière
la Fosse

Xf

les Brochets
Ile de Bouin
Bouin
la Pree
Dain
Marais de
la Poiriere
Machecoul

MACHECOUL

le Coudrais
le Vrignais
Côte-Atlantique
Vendée
Bois-de-Céné
Ancienne
Abbaye
Ile-Chauvé
Châteauneuf
la Laumière
la Coutellerie
la Blanchardier
Fonteclose
les Landes
les 5-Routes

67

Passage du Gois
l'Epoids
les Billarderies
Belleville
Beauvoir-sur-Mer
le Grand Pont
St-Gervais
la Bonnetière
St-Urbain
la Frandière
Malnoue
Chagnon
Sallertaine
Marais de
Challans
le Perrier
la Garnache
Bel-Enton
la Flocellière

CHALLANS

Fromentine
Forêt des Pays de Monts
la Barre-de-Monts
le Poirot
le Pré-aux-Filles
le Fief-Haut
Grande-Croix
le Vieux-Cerne
le Plaud
Notre-Dame-de-Monts
la Tonnelle

Marais de Monts

le Petit Mariau
Menhir de Pierre Levée
Soullans
les Mattes
le Guy-Ayraud

19

St-Christophe-du-Ligneron
la Roussière
les Habites
Commequiers

68

Plage de la Tonnelle
Plage St-Jean
St-JEAN-de-Monts
Forêt
Plage des Demoiselles

Pont d'Yeu

les Chiens Perrins
Grand Phare
Port-Joinville
Ker-Châlon
Ker-Bossy
St-Sauveur
Côte du Vieux Château Sauvage
le Vieux Château Sauvage
Port-de-la-Meûle
la Croix
Marais-Salé

Ile d'Yeu

Pointe des Corbeaux

des Pays de Monts
les Chapelles
Orouet
les Vases
la Pège
le Pissot
les Rouches
Villeneuve
le Vigneau
le Vallée
Notre-Dame-de-Riez
St-Hilaire-de-Riez
Sion-sur-l'Océan
Corniche Vendéenne
Croix-de-Vie
le Fenouiller
St-Révérend
St-Maixent-sur-Vie
l'Aubardière
l'Angevinière
la Largerie
Goëx

SAINT-GILLES-
Croix-de-Vie

la Taillée

le Pont-Jaunay
Givrand
Beaumarchais
la Chaize-Giraud
la Sauzaie
Landevieille
la Roche-Guillaume

69

la Parée
Bretignolles-sur-Mer
la Grégoirière
St-Nicolas-de-Brem
Brem-sur-Mer
la Bachère
les Granges
la Salaire
les Chânières
Vairé

Menhir
Forêt d'Olonne
la Burelière
l'Ile-d'Olonne
Bourneuf
le Pont-Chartran
Sauveterre
la Baudière
la Girvière
Pierre Levée
Olonne-sur-Mer

LES SABLES-
d'Olonne

la Chaume
Château-d'Olonne
Phare des Barges
Fort St-Nicolas
Abbaye St Jean-d'Orbestier
la Corniche
Zoo

70

71

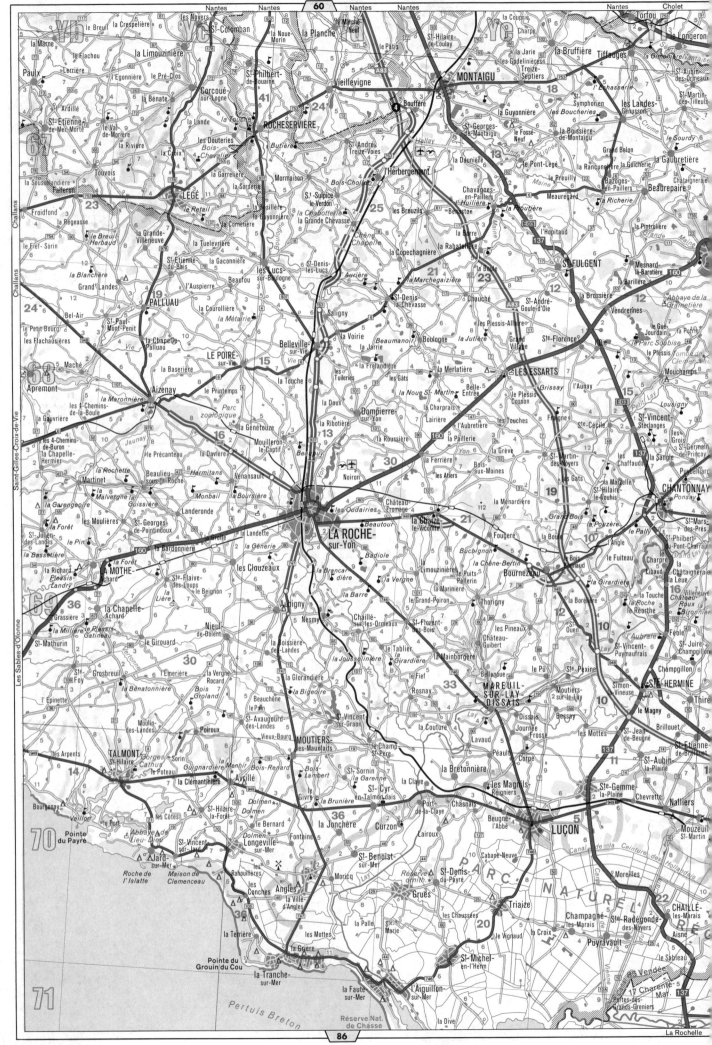

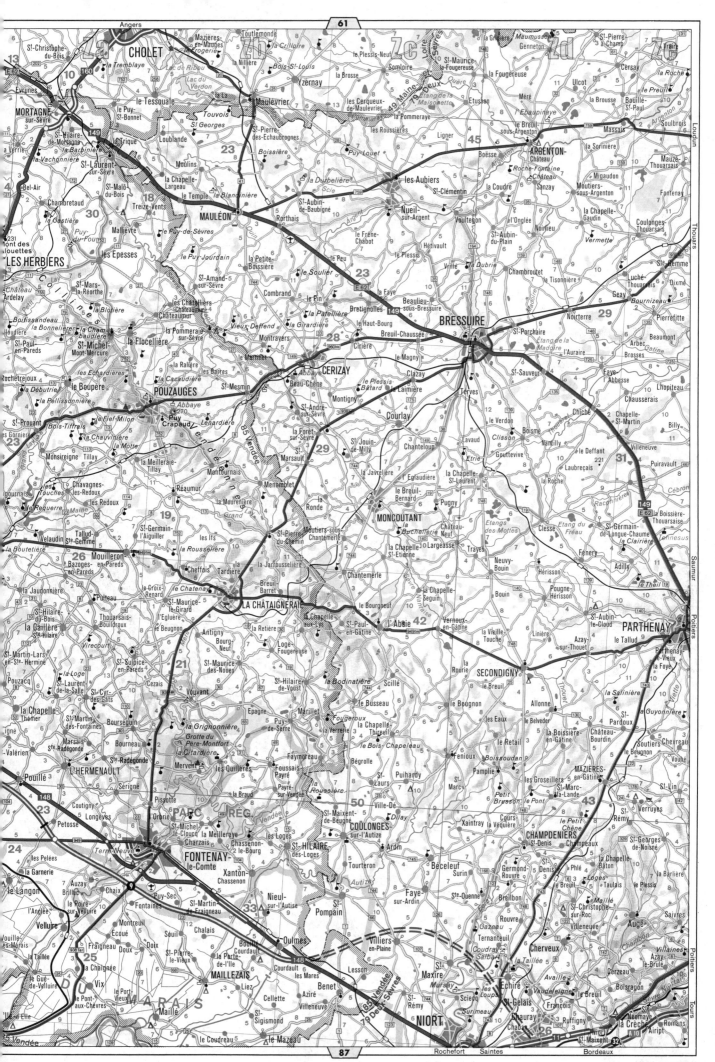

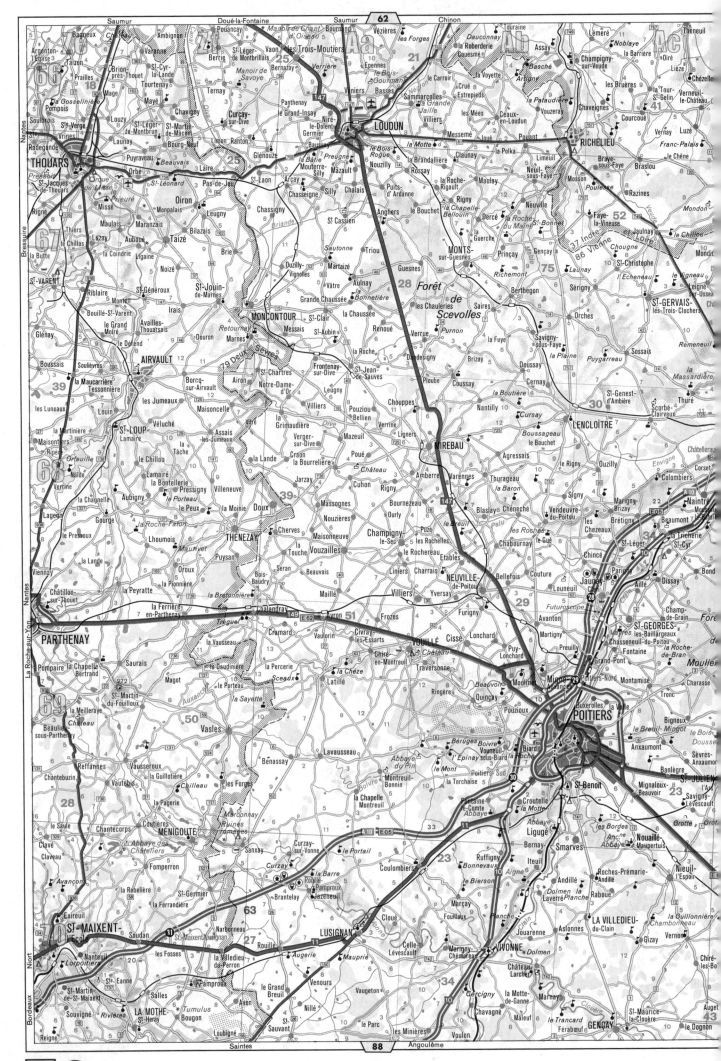

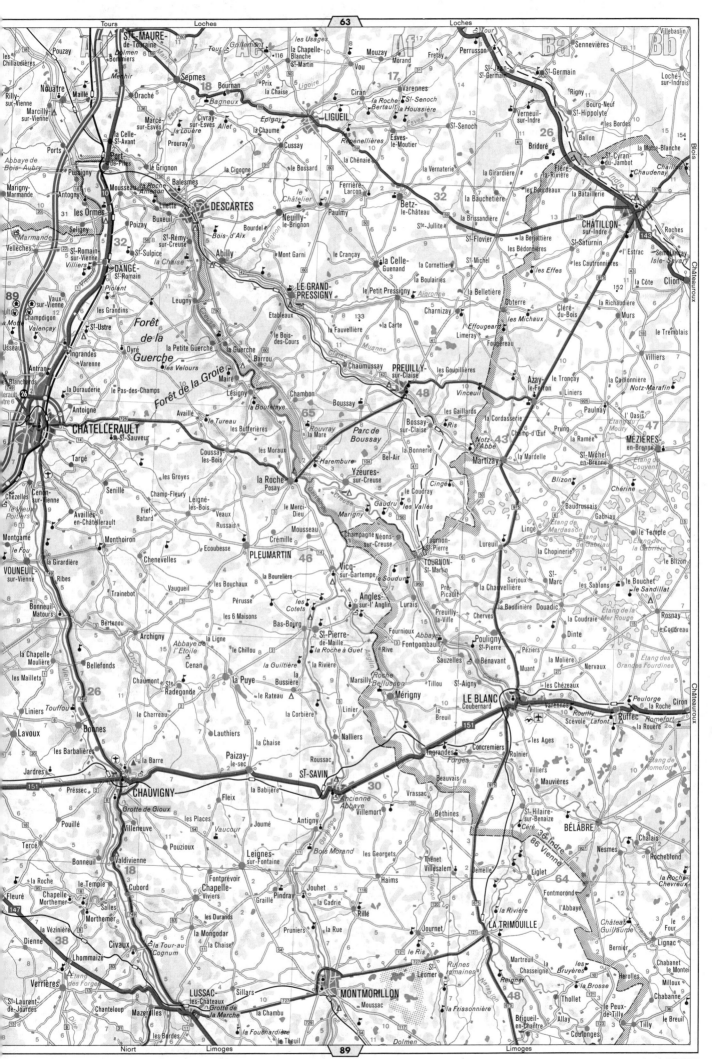

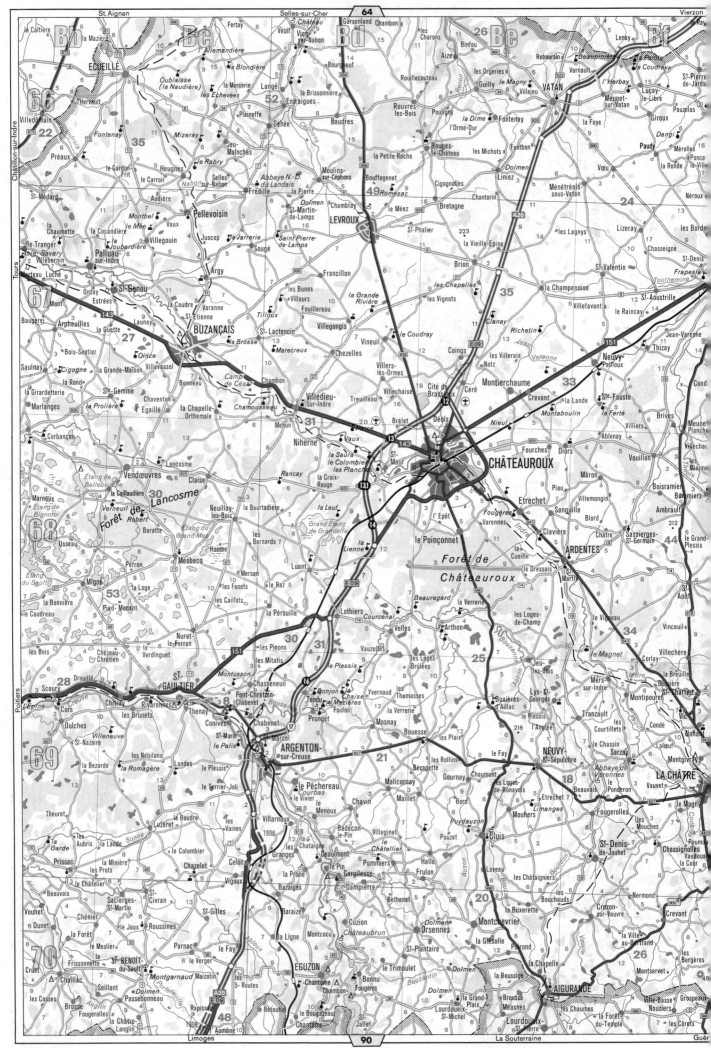

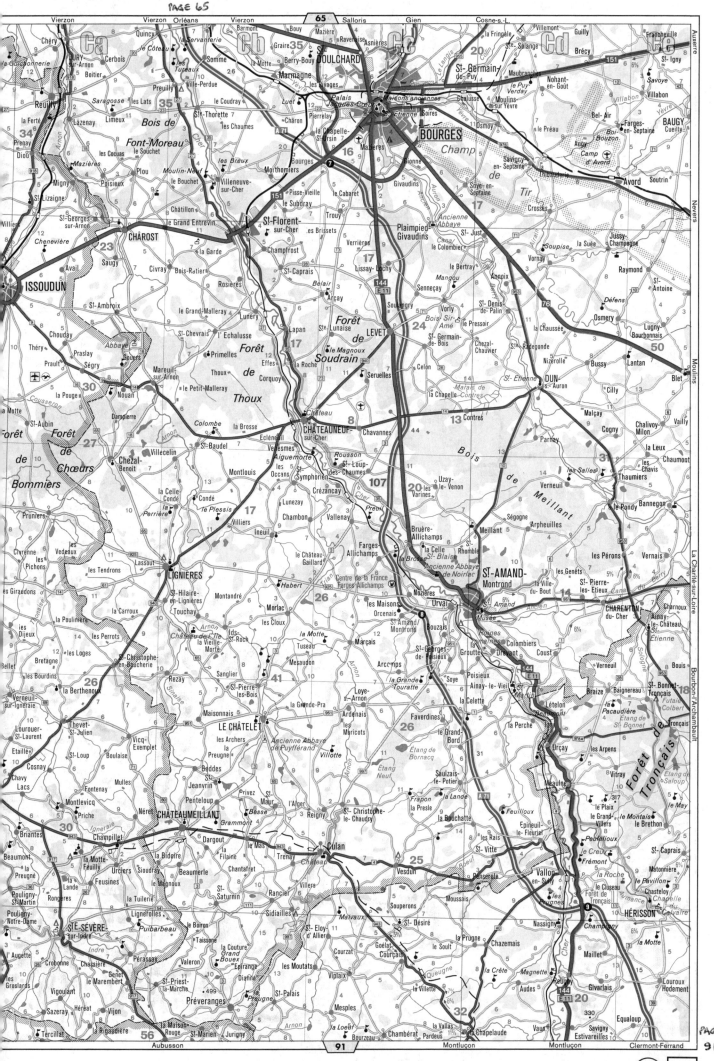

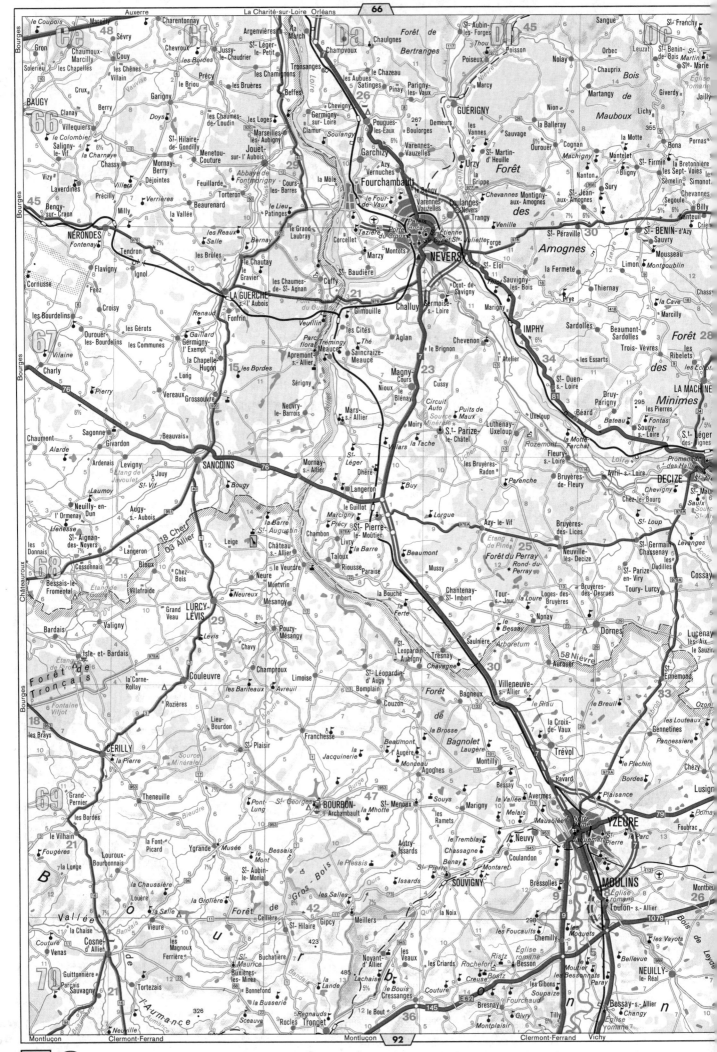

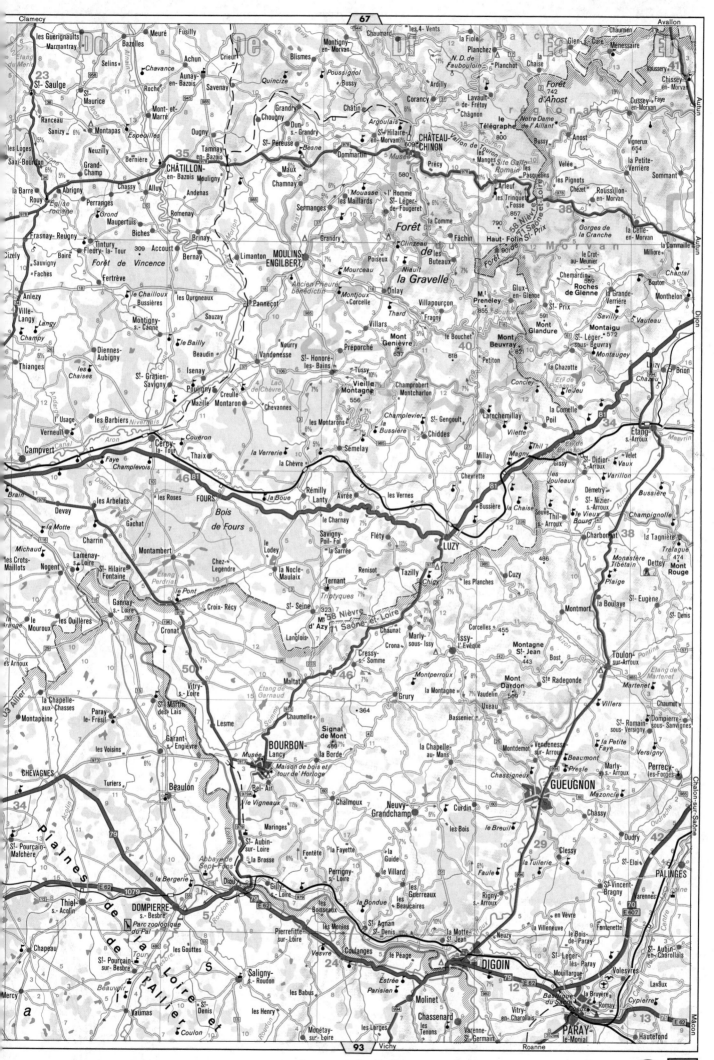

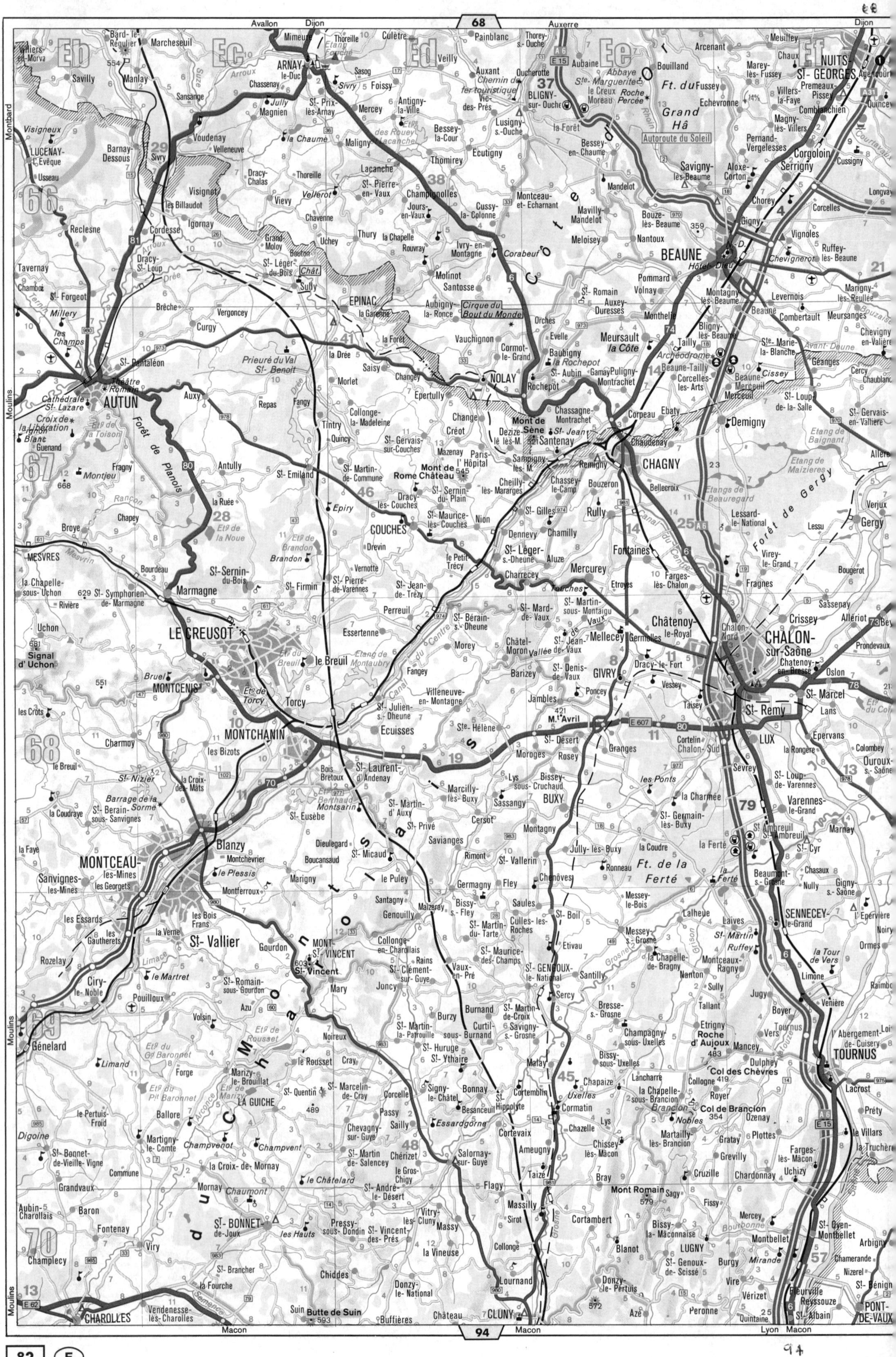

Eb **Ec** **Ed** **Ee** **Ef**

NUITS-ST-GEORGES

ARNAY-le-Duc

BLIGNY-sur-Ouche

BEAUNE — Hôtel-Dieu

MEURSAULT — la Côte

NOLAY

CHAGNY

AUTUN — Cathédrale St-Lazare, Théâtre Romain

EPINAC

COUCHES

LE CREUSOT

MONTCENIS

MONTCHANIN

BLANZY

MONTCEAU-les-Mines

Sanvignes-les-Mines

ST-VALLIER

St-Vincent — MONT ST-VINCENT

MERCUREY

GIVRY

BUXY

CHALON-sur-Saône — Chalon-Nord, Chalon-Sud

ST-REMY LUX

SENNECEY-le-Grand

ST-GENGOUX-le-National

LA GUICHE

Génelard

CHAROLLES

ST-BONNET-de-Joux

CLUNY — Château

LUGNY

TOURNUS

Roche d'Aujoux

PONT-DE-VAUX

Signal d'Uchon

Forêt de Planoise

Forêt de la Toison

Canal du Centre

Autoroute du Soleil

Grand Hâ Ft. du Fussey

Cirque du Bout du Monde

66 67 68 69 70 13

37 38 41 46 28 25 14 19 45 48 79 78 73 21 57

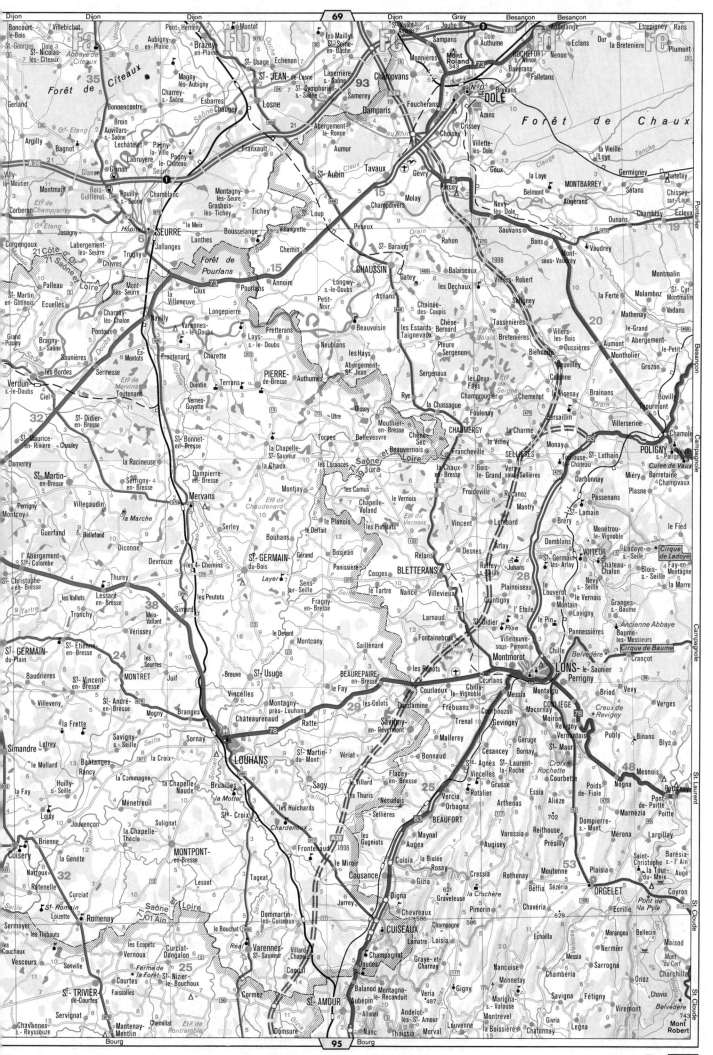

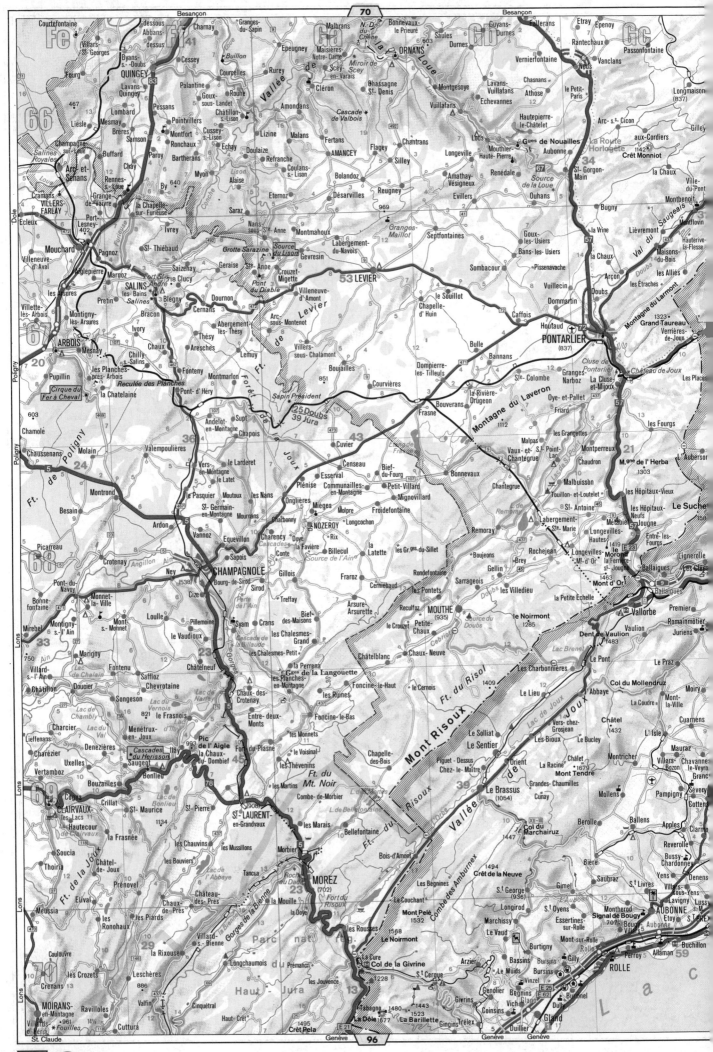

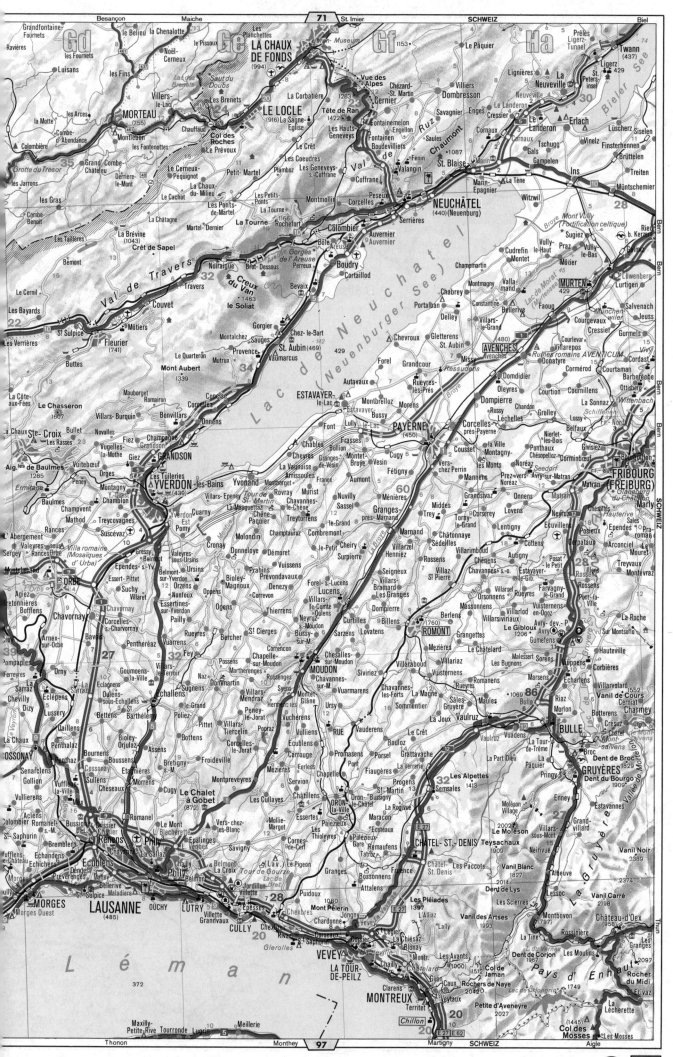

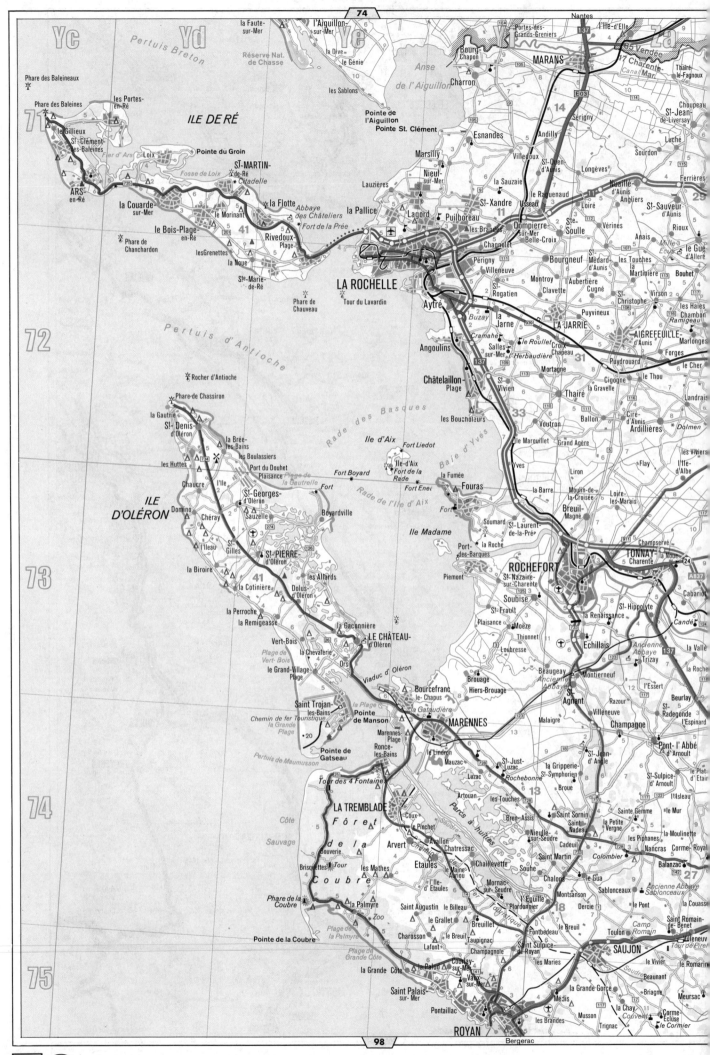

Nantes

Yc

Yd

Ye

Za

Pertuis Breton

la Faute-sur-Mer

l'Aiguillon-sur-Mer

Réserve Nat. de Chasse

la Dive

le Génie

Portes-des-Grands-Greniers

l'Ile-d'Elle

les Sablons

Anse de l'Aiguillon

Bourg-Chapon

MARANS

la Vendée

17 Charente

Thairé-le-Fagnoux

Choupeau

St-Jean-de-Liversay

Pointe de l'Aiguillon

Pointe St. Clément

Charron

E03

Canal Mar.

14

Sérigny

Andilly

Esnandes

Longèves

St-Ouen-d'Aunis

Luché

Sourdon

Phare des Baleineaux

Phare des Baleines

les Portes-en-Ré

ILE DE RÉ

le Gillieux

St Clément-des-Baleines

Loix

Pointe du Groin

Marsilly

Villedoux

Nieul-sur-Mer

la Sauzaie

le Raguenaud

Usseau

Loiré

Angliers

St-Sauveur-d'Aunis

Ferrières

29

ARS en-Ré

Fier d'Ars

Fosse de Loix

St-MARTIN-de-Ré

Citadelle

Lauzières

St-Xandre

Dompierre-sur-Mer

Belle-Croix

11

Ste-Soulle

Vérines

Anais

Rioux

le Gué d'Alleré

la Couarde-sur-Mer

la Flotte

Abbaye des Châteliers

la Pallice

Lagord

Puilboreau

les Brandes

Chagnolet

Périgny

Bourgneuf

St Médard-d'Aunis

les Touches

la Martinière

Bouhet

le Morinant

Rivedoux-Plage

Fort de la Prée

Montroy

Villeneuve

l'Aubertière

Cugné

Virson

le Bois-Plage-en-Ré

41

les Grenettes

la Noue

Ste-Marie-de-Ré

LA ROCHELLE

Aytré

St-Rogatien

Clavette

Croix Chapeau

Puyvineux

Christophe

AIGREFEUILLE

d'Aunis

Marlonges

Forges

Phare de Chancharddon

Phare de Chauveau

Tour du Lavardin

Buzay

la Jarne

Cramahé

Salles-sur-Mer

le Roullet

Herbaudière

LA-JARRIE

Phare de Chauveau

Angoulins

31

Puydrouard

Pertuis d'Antioche

Châtelaillon-Plage

St-Vivien

Mortagne

Cigogne

le Thou

le Cher

Rocher d'Antioche

33

Thairé

la Gravelle

Ciré-d'Aunis

Ballon

Ardillières

Dolmen

Phare de Chassiron

la Gautrie

St-Denis-d'Oléron

la Brée-les-Bains

Rade des Basques

Ile d'Aix

Fort Liedot

les Boucholeurs

Grand Agère

Flay

l'Ile-d'Albe

les Viviers

les Huttes

St-Georges-d'Oléron

Port du Douhet

Plaisance

Plage de la Gautrelle

Fort Boyard

Ile-d'Aix

Fort de la Rade

la Fumée

Fouras

Ile Marouillet

Yves

Liron

Moulin-de-la-Croisée

Loire-les-Marais

ILE D'OLÉRON

Chaucre

l'Ile

Domino

Chéray

Sauzelle

Boyardville

Baie d'Yves

Fort Enet

Ile Madame

Soumard

St-Laurent-de-la-Prée

Breuil-Magné

Cabariot

Candé

St-Gilles

St-PIERRE

d'Oléron

les Allards

Dolus-d'Oléron

la Cotinière

la Biroire

41

ROCHEFORT

Piemont

Port-des-Barques

la Roche

St-Nazaire-sur-Charente

TONNAY-Charente

la Noue

A837

la Vallé

la Roche

la Perroche

la Remigeasse

la Gaconnière

LE CHÂTEAU-d'Oléron

Soubise

St-Froult

Plaisance

Moëze

Thionnet

St-Hippolyte

la Renaissance

Echillais

Ancienne Abbaye

Trizay

137

l'Essert

Vert-Bois

la Chevalerie

Ors

le Grand-Village-Plage

Plage de Vert-Bois

Viaduc d'Oléron

Bourcefranc

le-Chapus

Hiers-Brouage

Brouage

Loubresse

Beaugeay

Ancienne Abbaye

Montierneuf

St-Agnant

Razour

Villeneuve

Beurlay

St-Radegonde

l'Espinard

Saint Trojan-les-Bains

Chemin de fer Touristique

la Grande Plage

Pointe de Manson

la Plage

la Gataudière

MARENNES

Malaigre

la Gripperie

St-Symphorien

Broue

Champagne

Pont-l'Abbé

d'Arnoult

St-Sulpice-d'Arnoult

l'Isleau

Pointe de Gatseau

Marennes-Plage

Ronce-les-Bains

le Lindron

Mauzac

Luzac

St-Just-Luzac

Rochebonne

13

St-Jean-d'Angle

les Touches

Sainte Gemme

le Mur

la Moulinette

les Piphanes

Pertuis de Maumusson

Tour des 4 Fontaines

Côte

Sauvage

LA TREMBLADE

Fôret

de la

Coubre

Coux

le Piochet

Avallon

Chatressac

Artouan

Bren-Assis

Nieulle-sur-Seudre

St Sornin

Saint Nadeau

la Petite Vergne

Cadeuil

Colombier

Corme-Royal

Nancras

27

Balanzac

Ancienne Abbaye

Sablonceaux

Arvert

Bouverie

Etaules

Chaillevette

le Maine-Arnou

l'Ile-d'Etaules

Souhe

Chalons

le Gua

Montsanson

le Pont

la Couasse

Brisquettes

Tour

les Mathes

Saint Martin

Mornac-sur-Seudre

Dercie

Phare de la Coubre

la Palmyre

Zoo

Saint Augustin

le Billeau

l'Eguille

Plordonnier

18

Saint Romain-de-Benet

Pointe de la Coubre

le Grallet

Breuillet

le Breuil

Fontbedeau

le Breuil

Toulon

Villeneuve

Tour de Pirel

Plage de la Palmyre

Charosson

Lafont

Champagnole

Saint Sulpice-de-Royan

les Maries

SAUJON

le Vivier

Beaunant

Briagne

Meursac

Plage de Grande Côte

la Grande Côte

le Palud

Coublay-sur-Mer

Vaux-sur-Mer

la Grande Gorce

Médis

la Chay

les Brandes

Musson

la Chay

Corme-Ecluse

le Cormier

Saint Palais-sur-Mer

Pontaillac

ROYAN

Bergerac

71

72

73

74

75

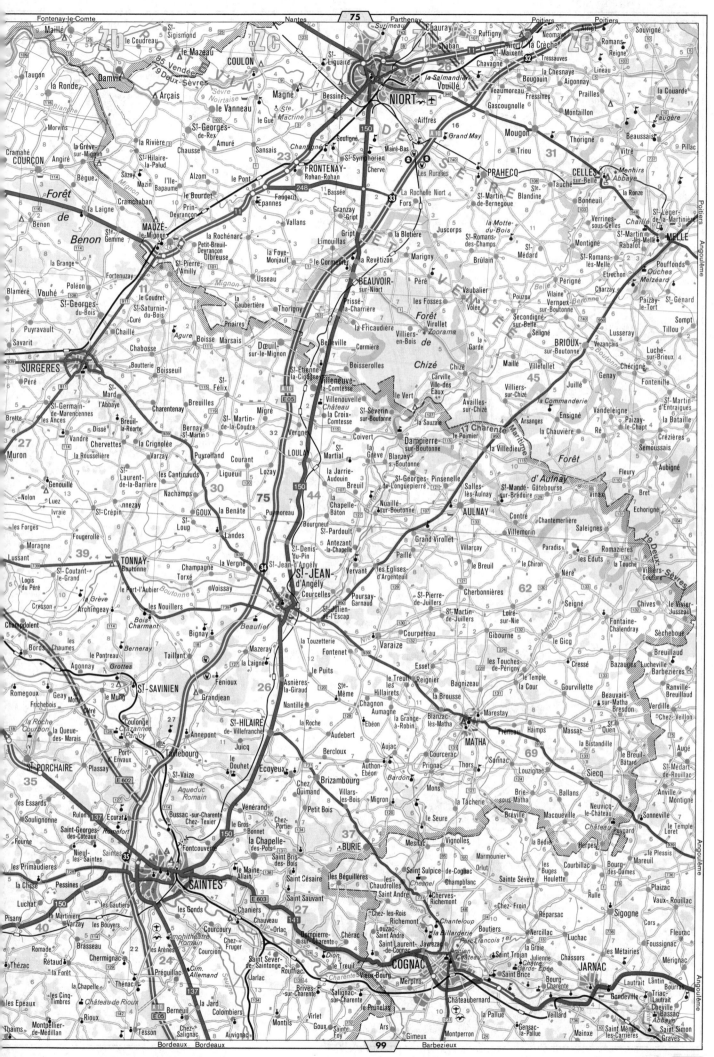

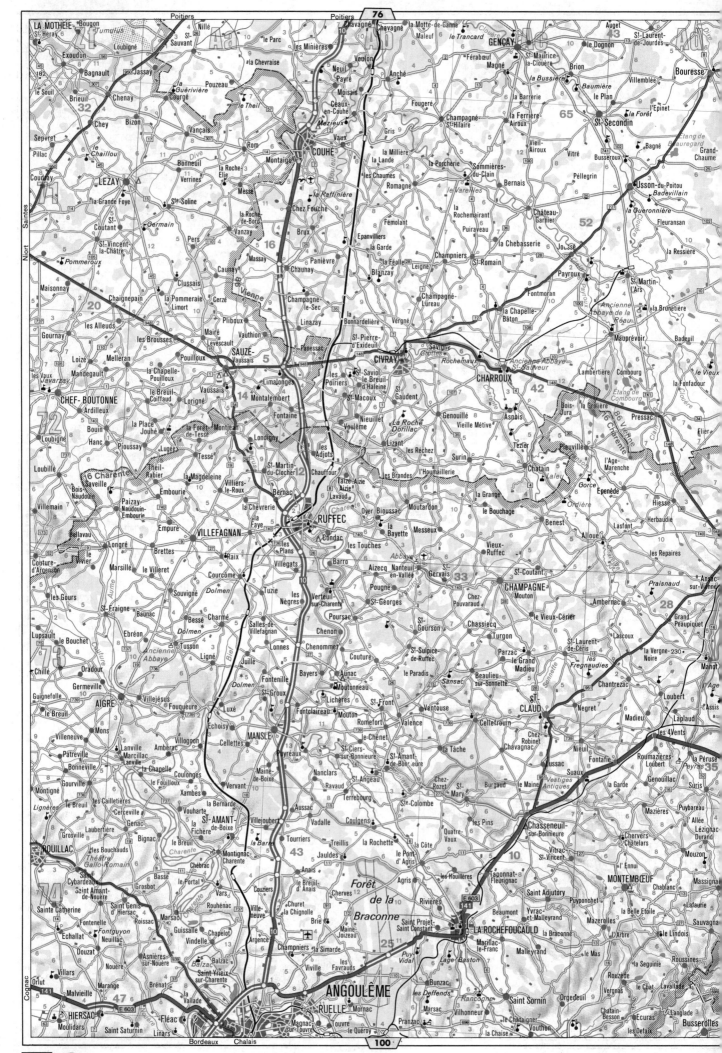

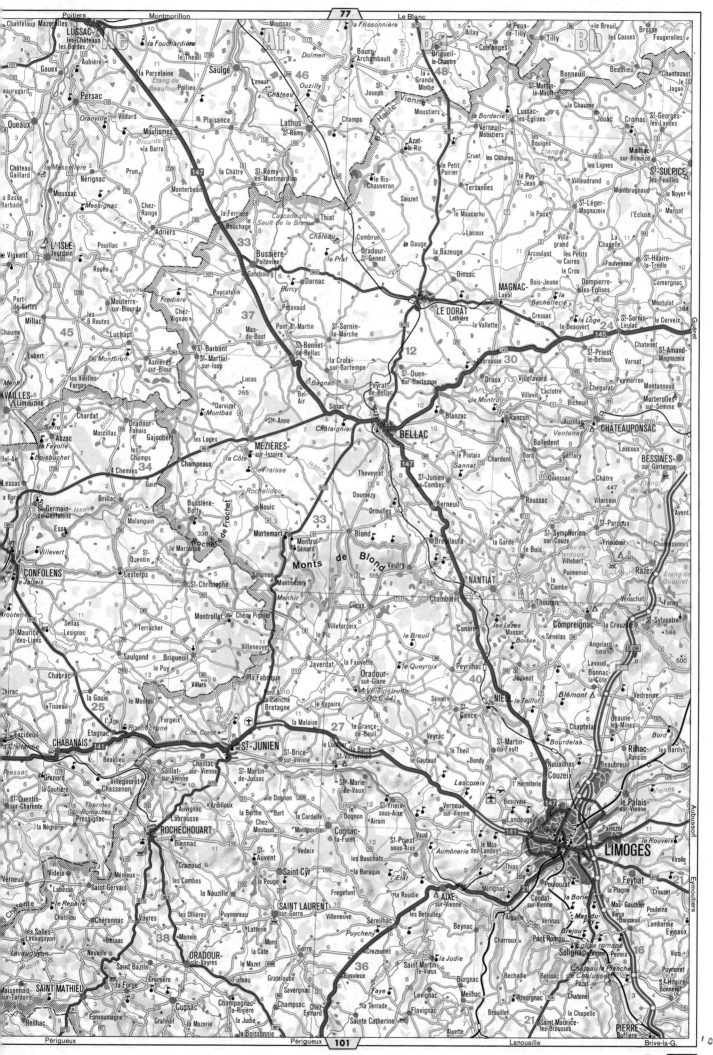

Châteauroux — Bourges — Bourges

Passebonneau · la Châtre · Langlin · Rapissac · Mazerolle 1998 · Mouhet · Fant · les Grands-Chèzeaux · Châtôme · St-Jallet · le Bougazeau · le Grand-Plaix · Brousse · Measnes · les Chaumes · Ville-Basse · Nouziers · Grospeaux · Héréat · Sazeray

St-Sébastien · Crozant · Léon · Puyguillon · Nouzerolles · Lourdoueix-St-Michel · le Petit-Plaix · la Forêt-du-Temple · les Côrets · Moisse · la Villatte · le Mont · les Zéros

Azerables · les Places · les Forges · Fresselines · Lauzine · Lourdoueix-St-Pierre · Vost · Chatelus · Mortroux · Vichez · la Celette · Puy-Cesset · Écosse · Abbaye de Prébenoît · Bétête

la Chaume · Chanteloube · les Genêts · 365 · la Chapelle-Baloue · Chaduerniat · Chambon-les-Forges-Ste-Croix · Villechiron · Linard · Pradon · Chauffaux · Genouillac · Freteix

St-Sulpice-les-Feuilles · Bazelat · Lafat · Tenèze-Maison-Feyne · Sardé · Rochetaillade · Malval · le Quérut · Argère · St-Dizier-les-Domaines · Étable

Rhodes · Bois-Mandé · Forgeville · Lorioux · le Gat · Villard · Lavaud · la Celle-Dunoise · Marseuil · Grandsagne · le Peux · Chanteloube · le Theil · Monteil · Châtelus · Malvaleix · Jalesches · Marsillat

Arnac-la-Poste · la Bussière-Madeleine · St-Germain-Beaupré · Sagnat · Colondannes · Dun-le-Palestel · Champotier · St-Sulpice-le-Dunois · le Bourg-d'Hem · les Gouttes · Anzème · Champsanglard · Bordat · Breuil · Rioux · Roches · Lacoux · Quéroix · les Monceaux · Ladapeyre

LA SOUTERRAINE · Leyport · Noth · le Vergnioux · Balsac · le Peyroux · Monnéger · Langledure · Chignaroche · Jouillat · Villelot · Montcheny · Blaudeix · Senmardis

le Dognon · St-Maurice-la-Souterraine · le Pommier · St-Hilaire · Masmeau · Demorange · Longechaud · Clavérolles · Glénic · Mauques · Puy-Gaillard · Rameix · Rimondeix · 30

GUÉRET · St-Vaury · St-Fiel · St-Sulpice-le-Guérétois · Brugnat · Ajain · Roudeau · Brejassoux · Feuyas · JARNAGES · les Ternes · Vigeville · Bantardeix

LAURIÈRE · AMBAZAC · ST-LÉONARD-de-Noblat · BOURGANEUF · PONTARION · AHUN · LAVAVEIX-les-Mines · PEYRAT-le-Château · EYMOUTIERS · CHÂTEAUNEUF · GENTIOUX · ROYÈRE-de-Vassivière · VALLIÈRES

Lac de Vassivière · Lac de la Vaud-Gelade

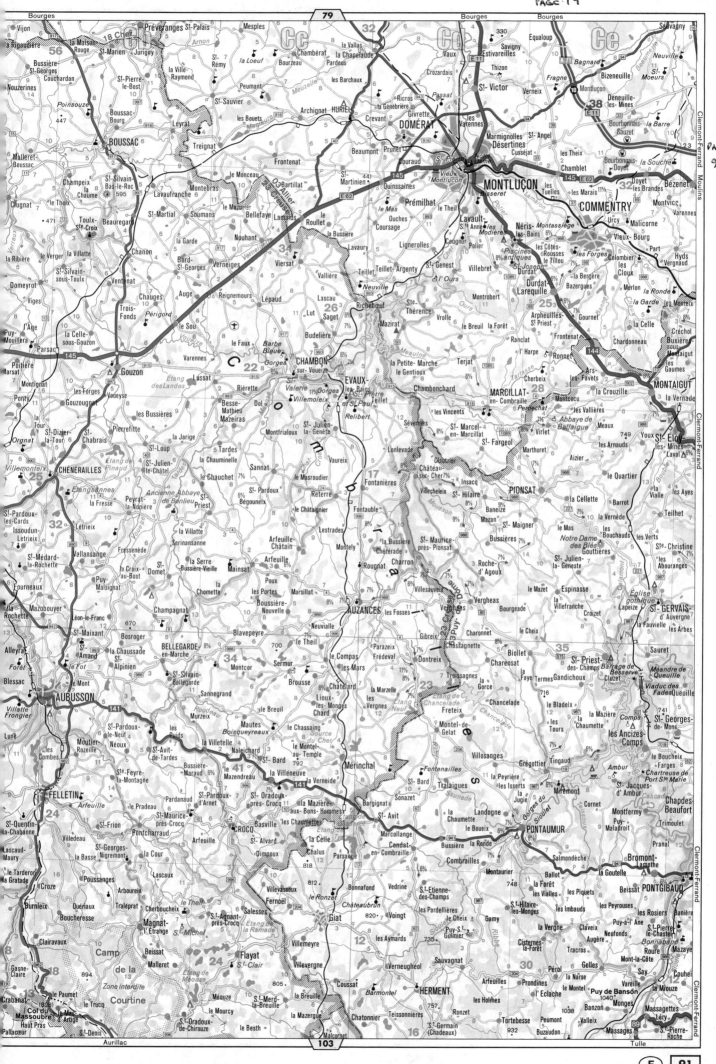

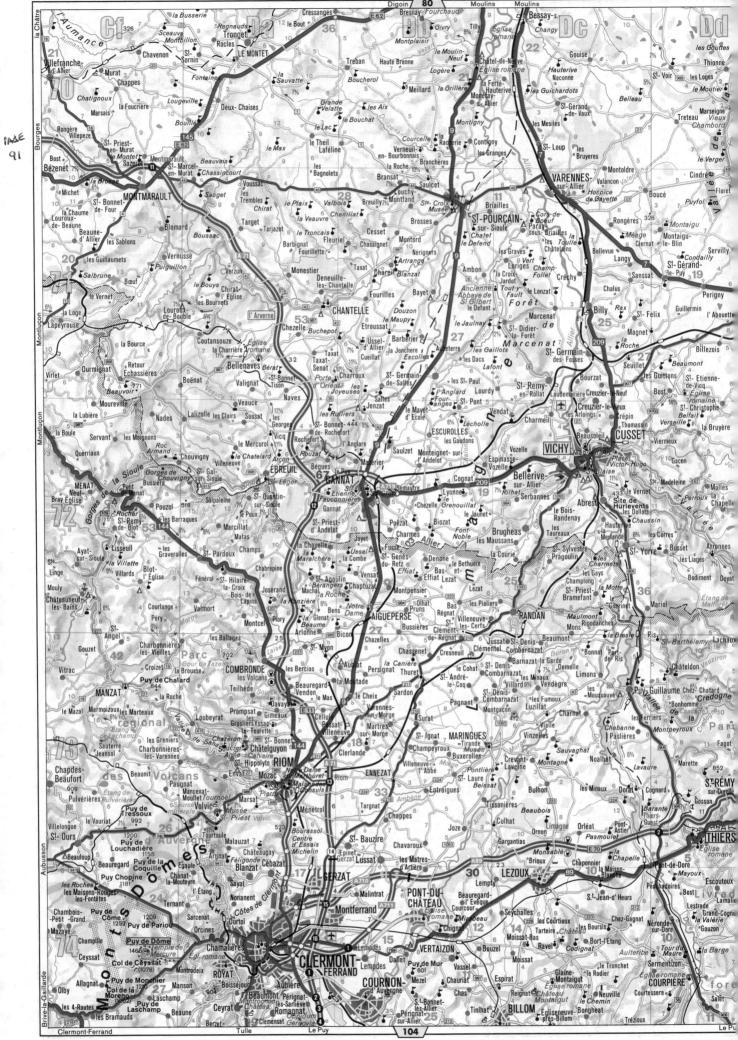

PAGE 91

PAGE 104

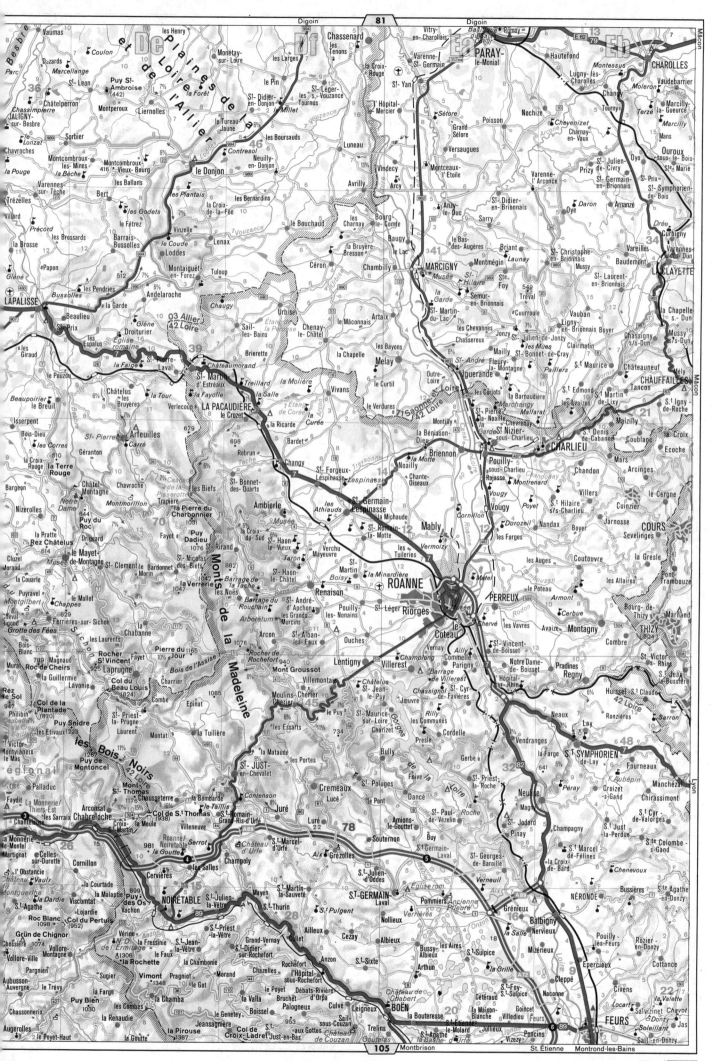

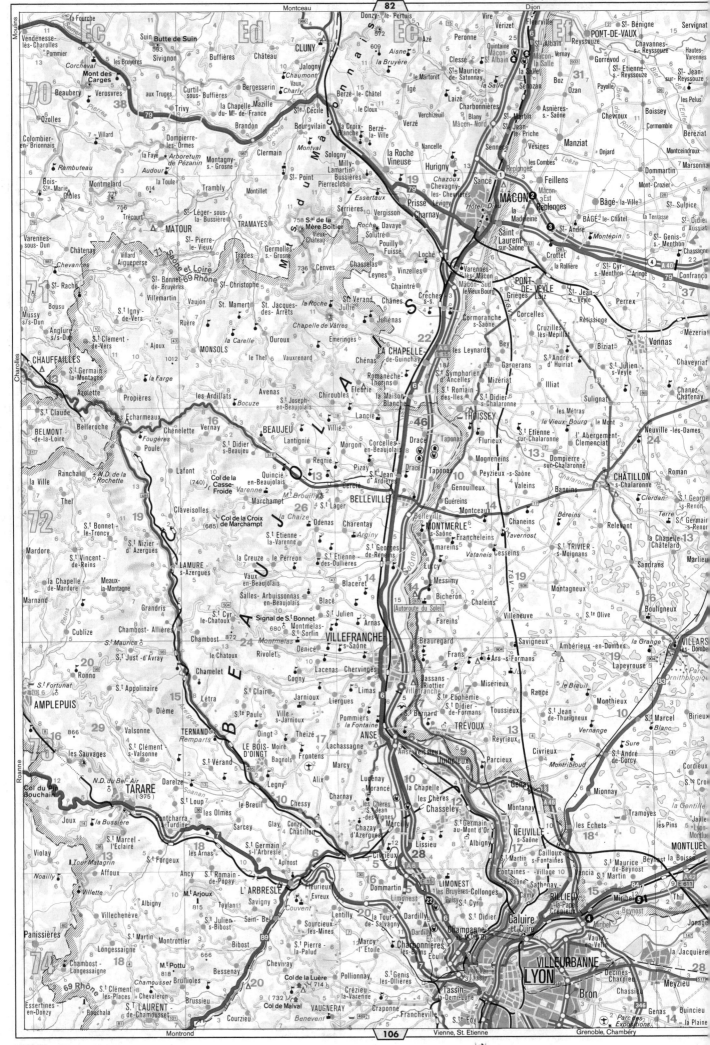

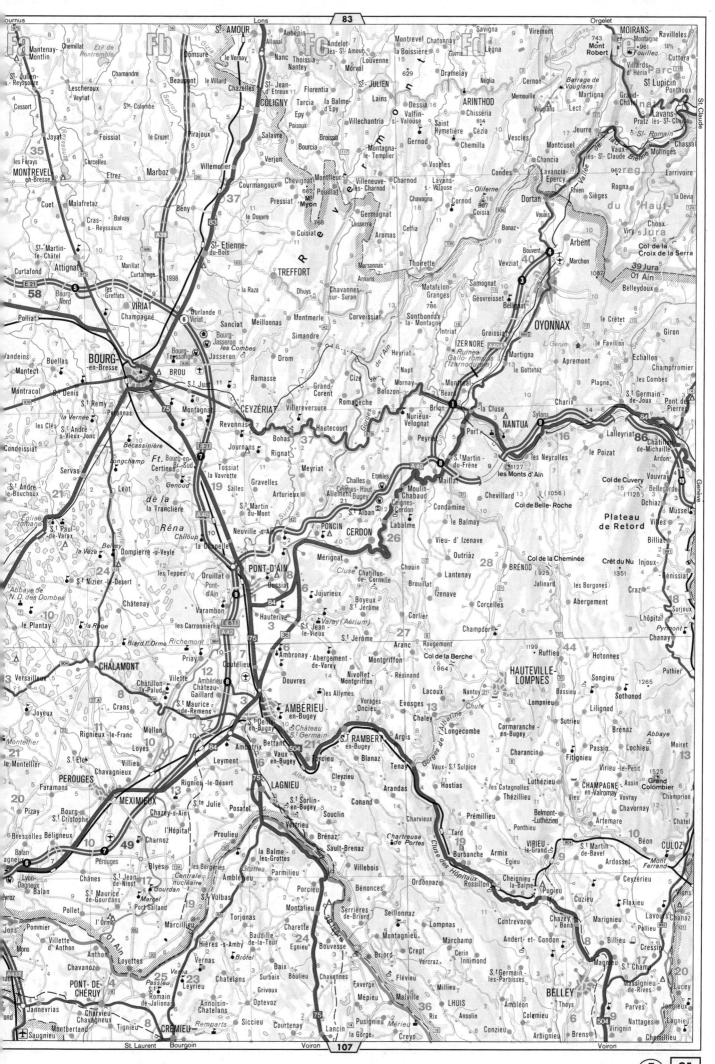

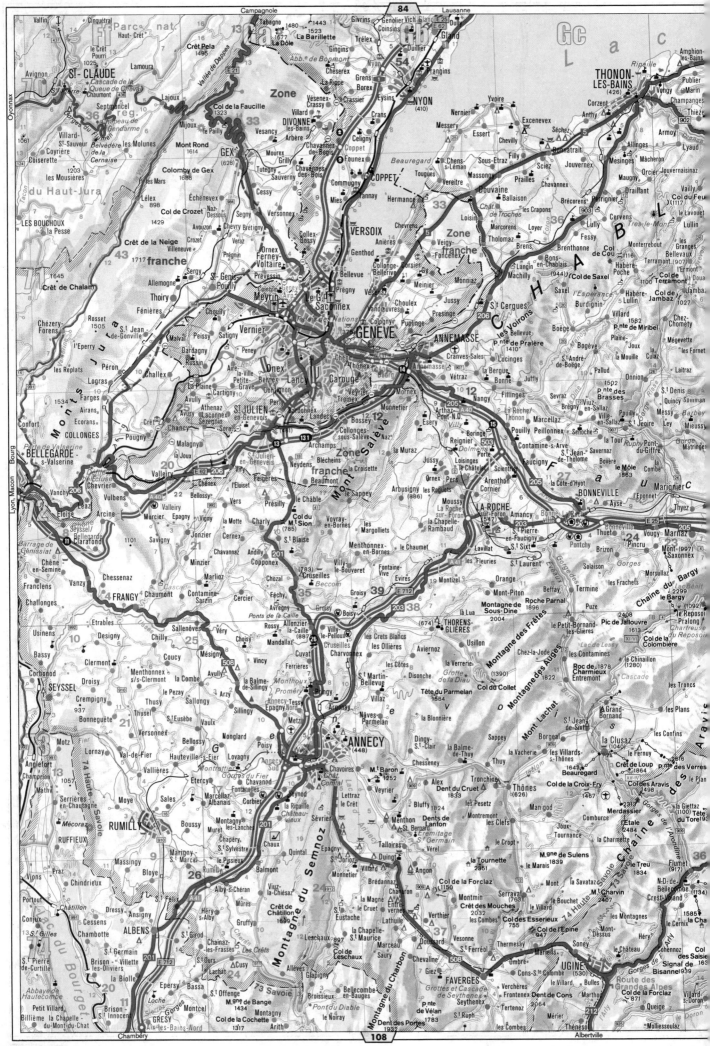

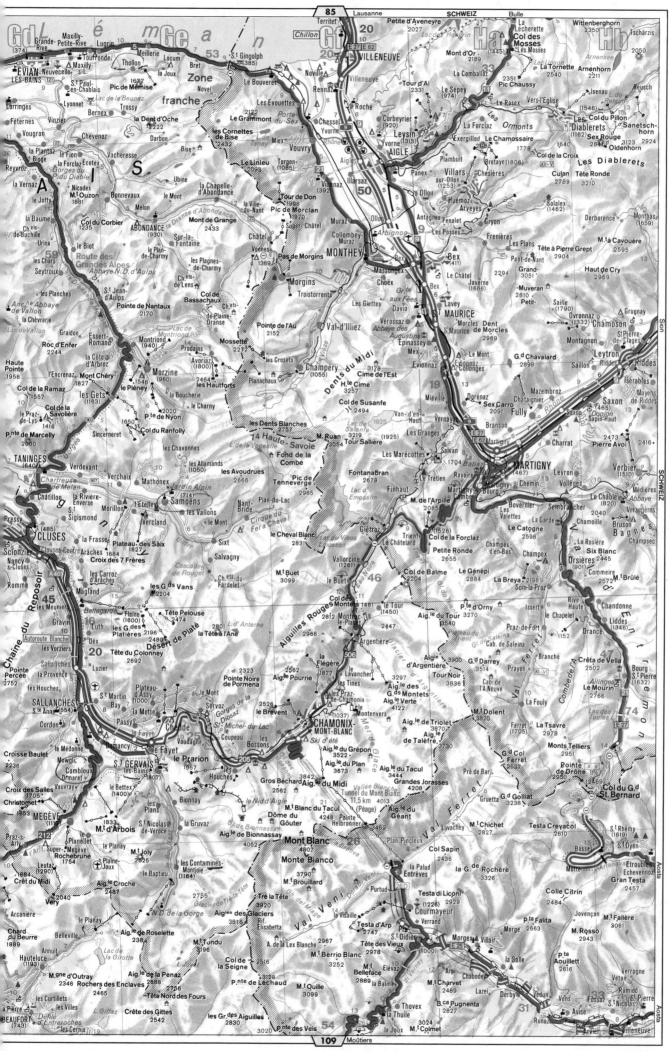

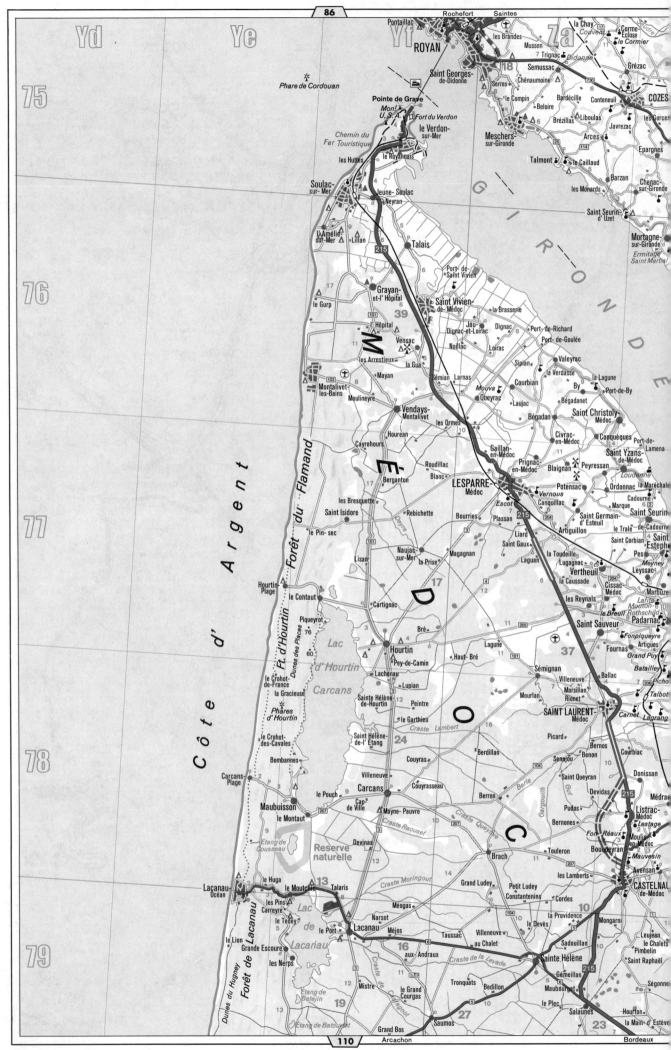

Yd   Ye   Yf

75

Phare de Cordouan

Rochefort   Saintes
Pontaillac
les Brandes
ROYAN
la Chay
Couvent
Corme-
Ecluse
le Cormier
Musson
7 Trignac
Didonne
Semussac
Za
18
Grézac
Saint Georges-
de-Didonne
Chênaumoine
Serres
le Compin
Bardécille
Beloire
Conteneuil
COZES
Brézillas
Liboulas
les Gorces
Meschers-
sur-Gironde
Arces
Javrezac
Epargnes

Pointe de Grave
Mont
U.S.A.   Fort du Verdon
le Verdon-
sur-Mer
le Caillaud
Talmont
Barzan
Chenac-
sur-Gironde
les Monards

Chemin du
Fer Touristique
les Huttes   le Royannais
Saint Seurin-
d' Uzet

Soulac-
sur-Mer
Jeune- Soulac
Neyran
Mortagne-
sur-Gironde
Ermitage
Saint Martial

76

l'Amélie-
sur-Mer   Lillan
215   Talais
Port- de-
Saint Vivien

Grayan-
et-l' Hôpital
le Gurp
17
Saint Vivien-
de- Médoc
la Brasserie
101   39
l' Hôpital
Jau-
Dignac-et-Loirac
Dignac
Port-de-Richard
Port-de-Goulée
M
11
Vensac
les Arrestieux
la Gua
Noillac
Loirac
Sipian
Valeyrac
la Verdasse
la Lagune
Mayan
102
Sémian Larnas
Mouva
Courbian
By
Port-de-By
Moulineyre
Montalivet-
les-Bains   Queyrac
Laujac
Bégadanet
Vendays-
Montalivet
les Ormes
Bégadan
Saint Christoly-
Médoc
Houreau
Gaillan-
en-Médoc
Civrac-
en-Médoc
Conquèques
Port-de-
Lamena
Cayrehours
É
Prignac-
en-Médoc
Blaignan
Peyressan
Saint Yzans-
de-Médoc
Roudillac
Blanc
Loudenne
Berganton
17
LESPARRE-
Médoc
Potensac
Ordonnac
la Maréchale
Cadourne
Saint Seurin
les Bresquette
Saint Isidore
Rebichette
Vernous
Canquillac
Marque
de-Cadourne
Saint Germain-
d' Esteuil
le Tré

77

le Pin- sec
Bourries
Plassan
Liard
215
204
Artiguillon
Saint Corbian
Pes
Saint
Estèph
Lisan
Naujac-
sur-Mer
la Prise
Magagnan
Saint Gaux
la Toudeille
Lugagnac
Meyney
Leyssac
Hourtin-
Plage
le Contaut
Cartignac
Laguan
Vertheuil
la Caussade
Cissac-
Médoc
Marbuze
Bré
205
les Reynals
Lafit
Mouton-
Rothschild
le Breuil
Padarnac
Piqueyrot
76
Lac
d'Hourtin
Haut- Bré
Laguan
101
37
Saint Sauveur
Fonpiqueyre
Artigues
Grand Puy
60
Dunes des Places
HOURTIN
Pey-de-Camin
Sémignan
Fournas
Batailley
le Crohot-
de-France
la Gracieuse
Carcans
Lachenau
Lupian
Villeneuve
Marsillan
Rionet
Ballac
206
Talbot
Pichon
Phares
d'Hourtin
Sainte Hélène-
de-Hourtin
Peintre
le Garthieu
Mourlan
SAINT LAURENT-
Médoc
Carnet
Lagrang
le Crohot-
des-Cavales
Saint Hélène-
de-l' Etang
24
Craste Lambert
Picard
Bernos
Benon
Courbiac
Bombannes
Couyras
Berdillan
Senajou
10
Donissan
Carcans-
Plage
Villeneuve
Couyrasseau
Berle
Saint Queyran
Devidas
215
Médra
le Pouch
Carcans
Cap
de Ville
Berron
Pudos
Listrac-
Médoc
Lestage
Maubuisson
le Montaut
207
Mayne- Pauvre
Craste Raouset
Bernones
Fon- Réaux
Moulis-
en-Médoc
Mauvesin
Devinas
Craste Queyrac
207
Toulleron
Brach
Boudeyran
Réserve
naturelle
Etang de
Cousseau
12
C
11
Avensan
CASTELNAL
de-Médoc
le Huga
le Moutchic
Talaris
14
Grand Ludey
les Lamberts
les Pins
Carreyre
le Tedey
Méogas
Petit Ludey
Constantenins
Cordes
la Providence
10
Mongarni
Lacanau-
Océan
Narsot
LACANAU
Méjos
104
le Devès
Leujean
le Chalets
Pimbelin
le Lion
Grande Escoure
les Nerps
16
aux- Andraux
Villeneuve
au Chalet
Sadouillan
Sainte Hélène
215
Saint Raphaël
Ségonne
19
12
Mistre
11
5.5
Tronquats
Bedillon
Gémeillan
Maubourguet
Etang de
Batejin
le Grand
Courgas
Taussac
le Plec
Salaunes
Hourton
la Main-d' Estèv
23
13
Etang de
Batourot
27
Grand Bos
Arcachon
Saumos
Bordeaux

Côte d' Argent

Forêt du Flamand

Ft. d'Hourtin

Forêt de Lacanau

Dunes du Hugney

Lac
de
Lacanau

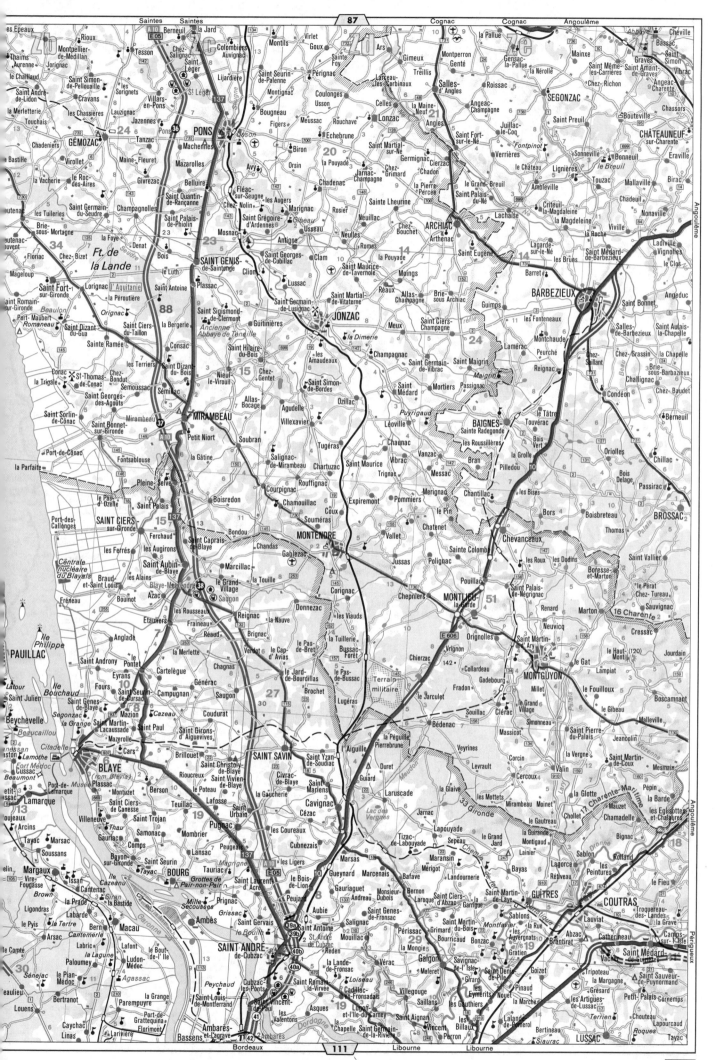

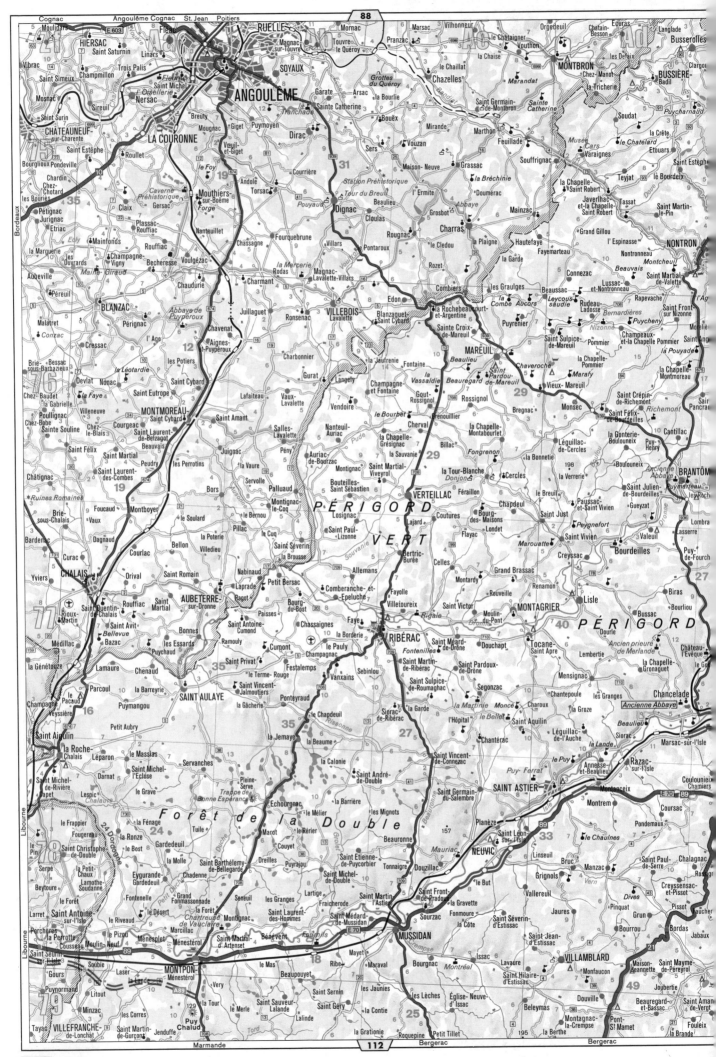

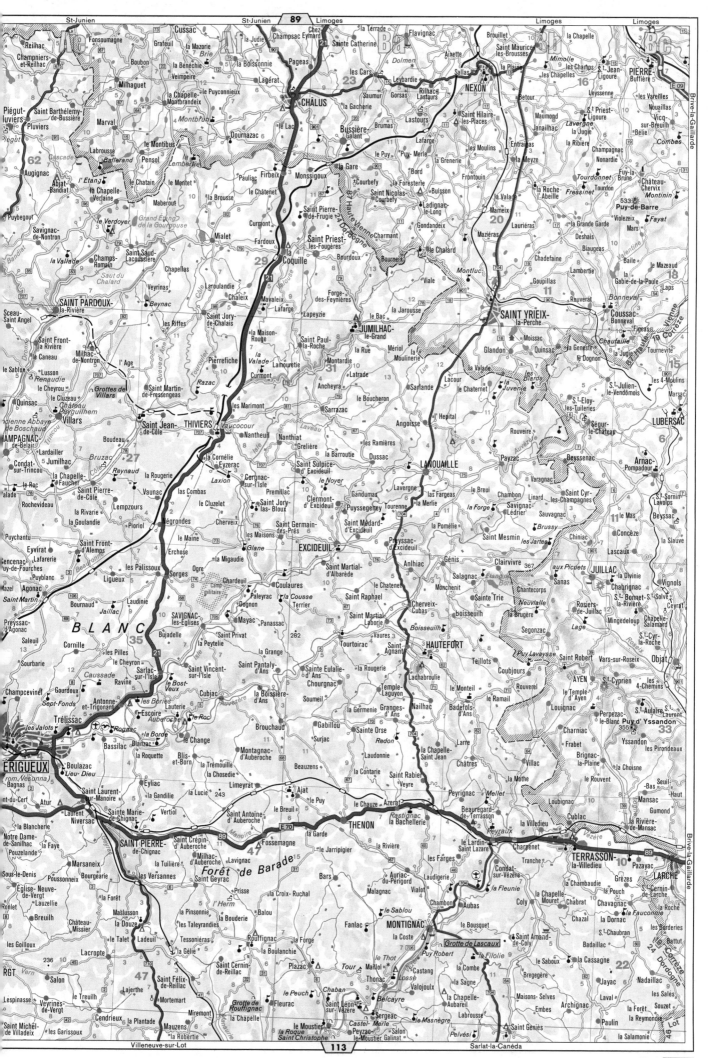

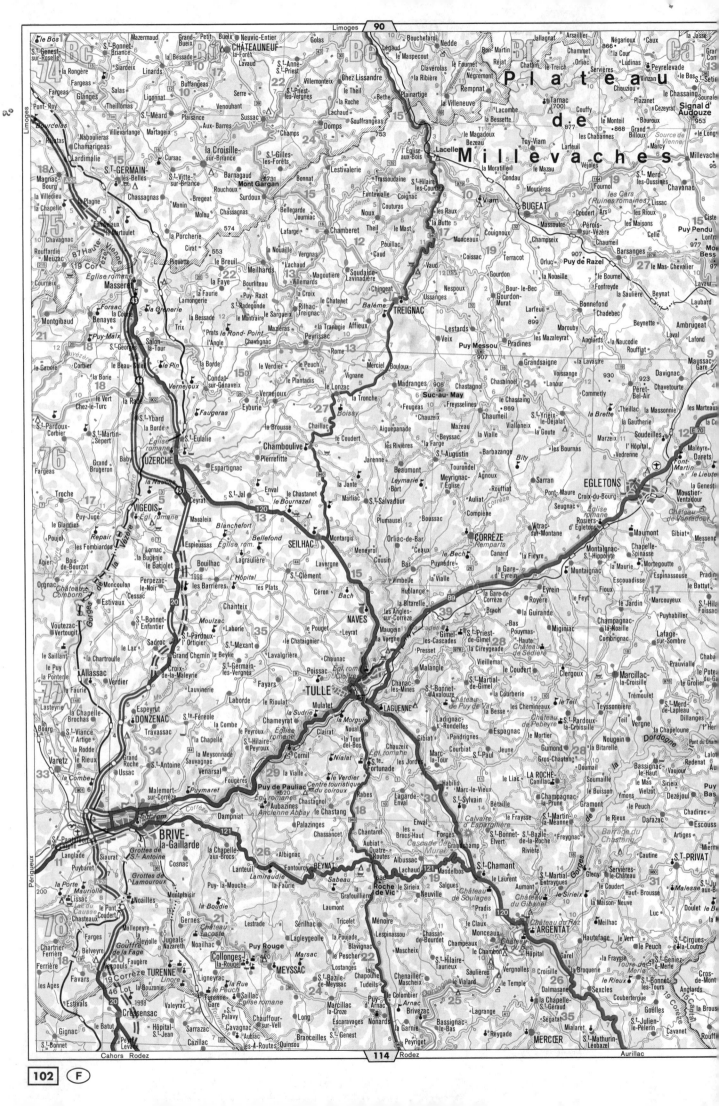

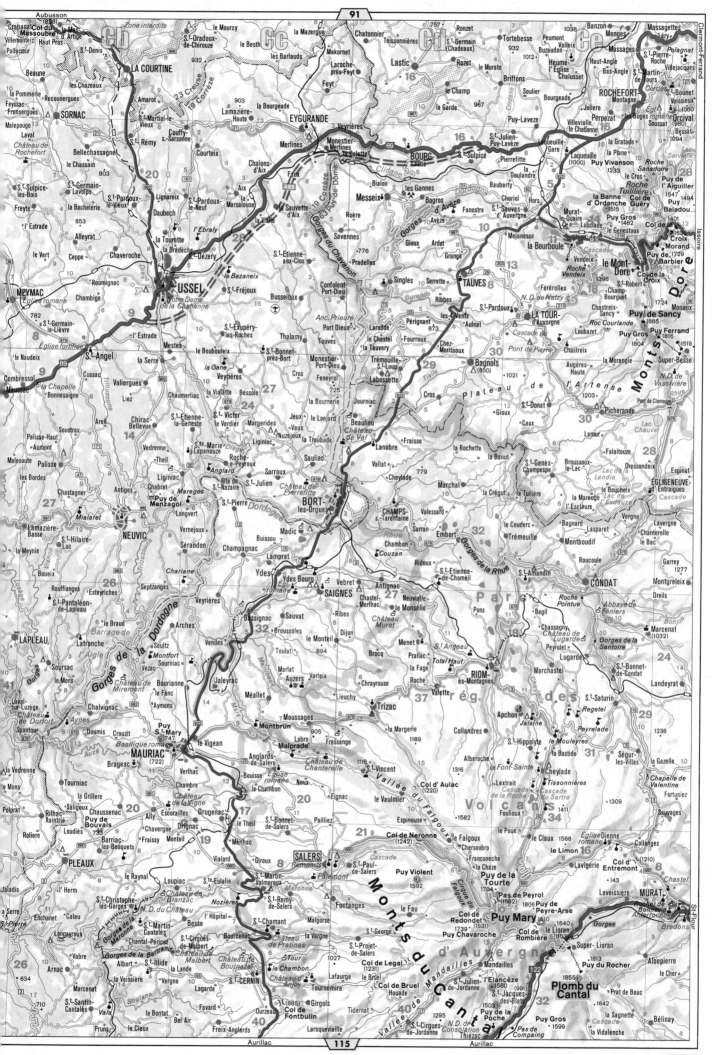

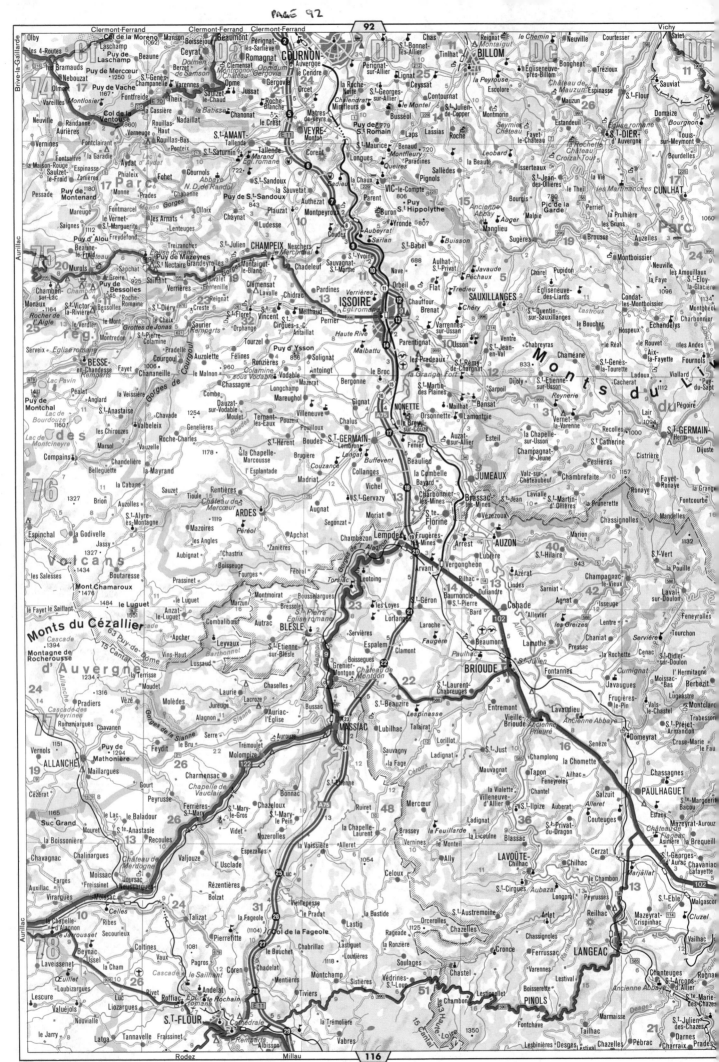

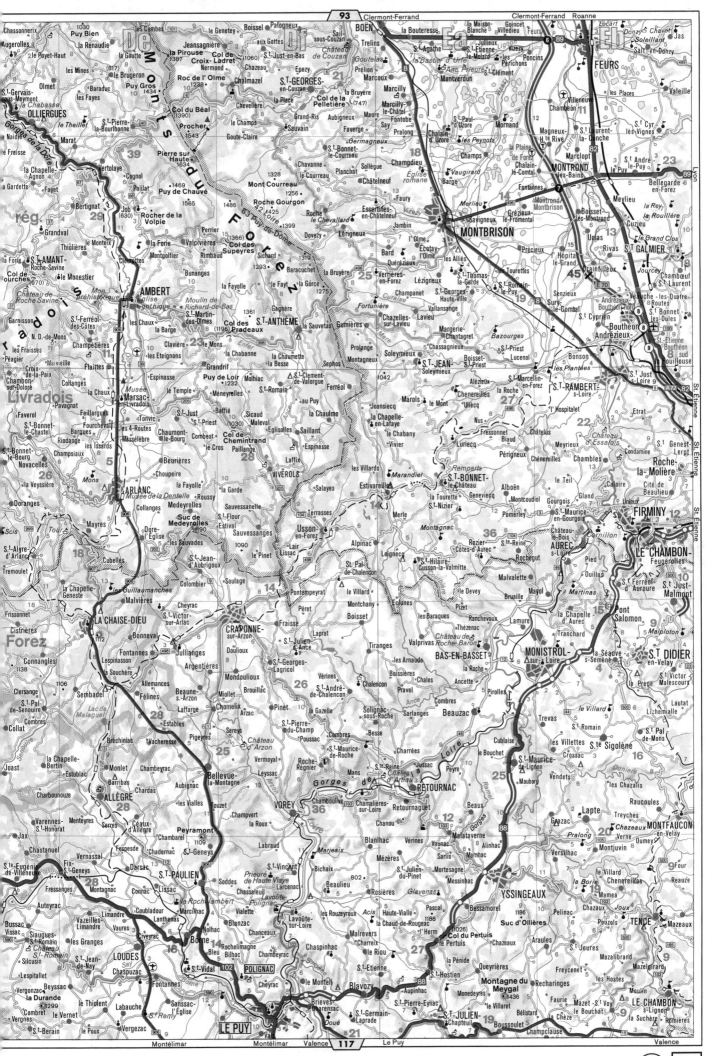

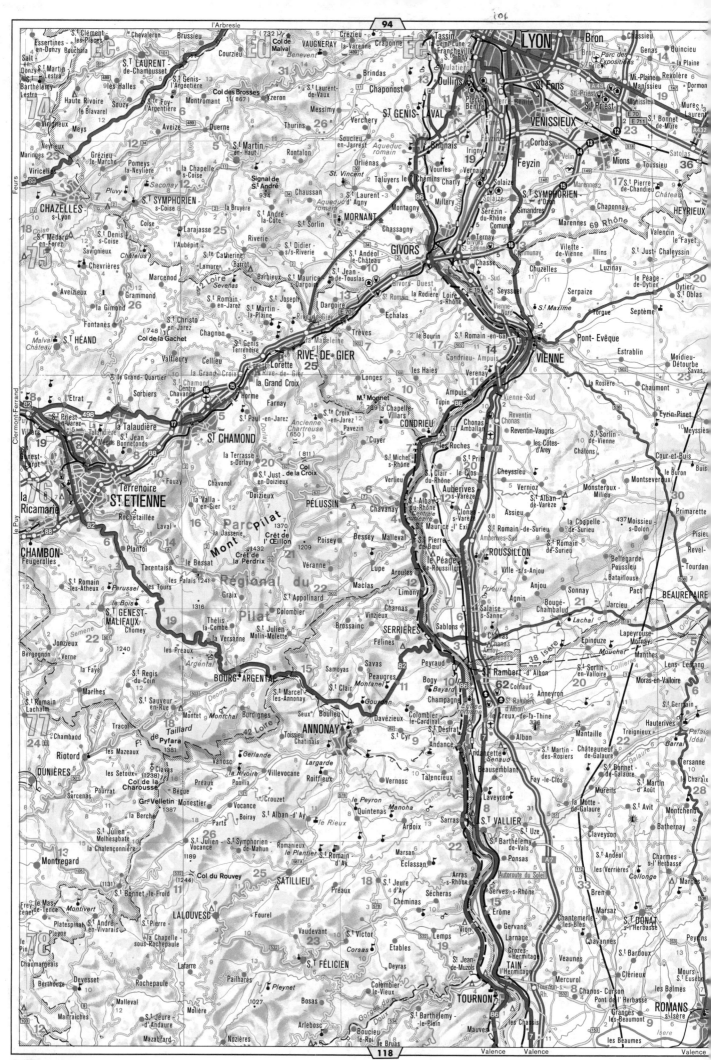

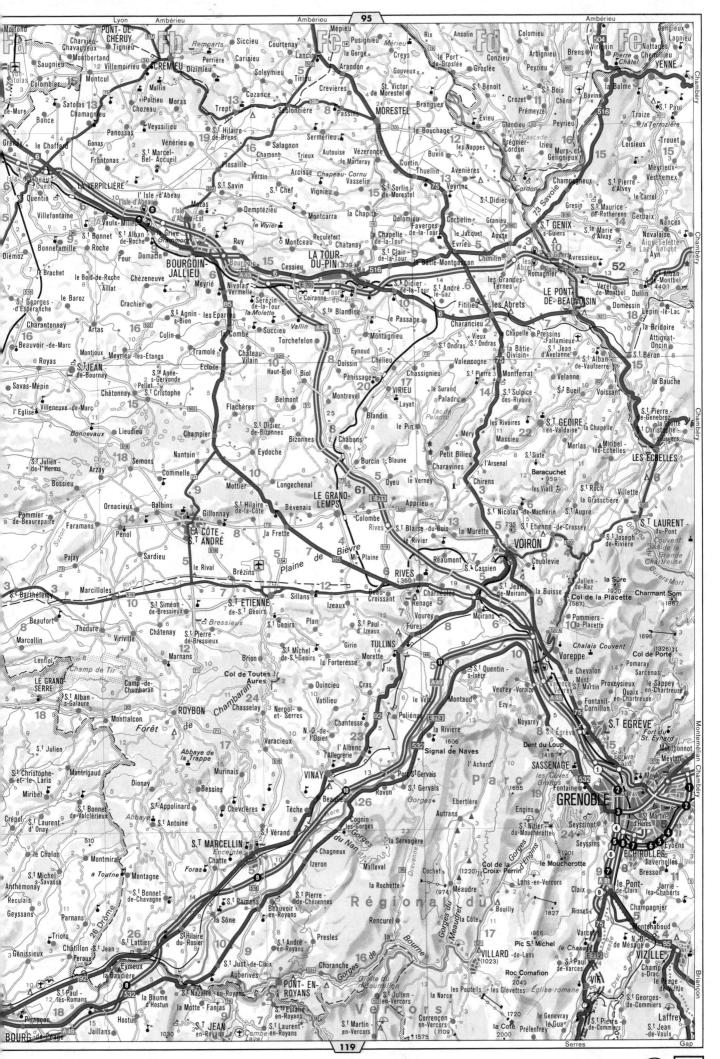

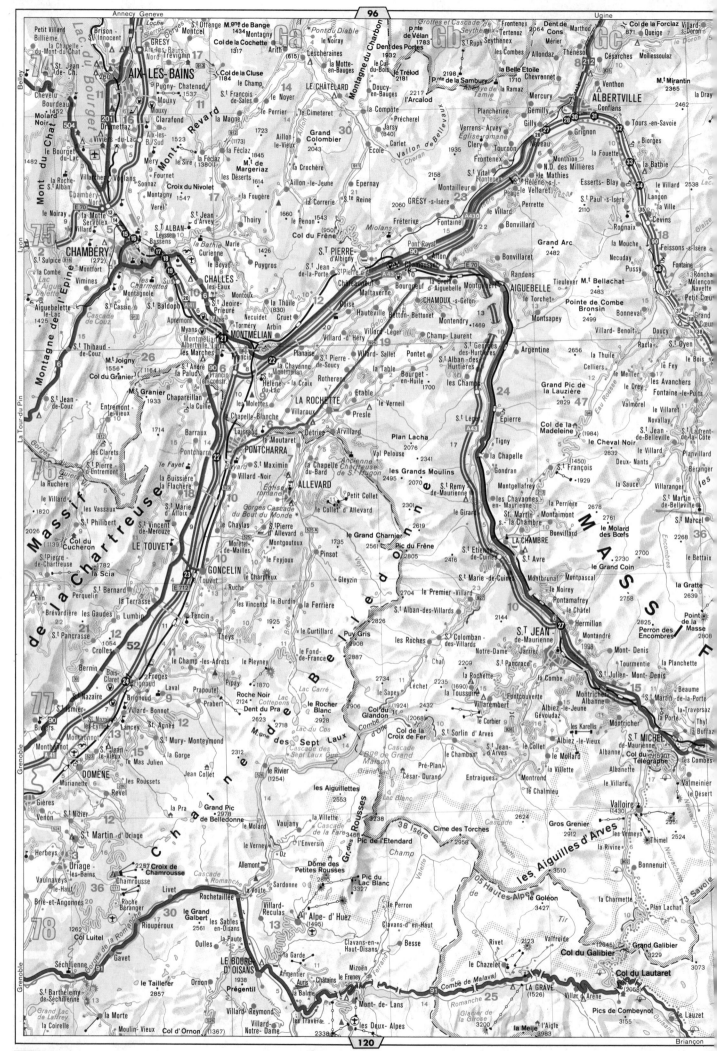

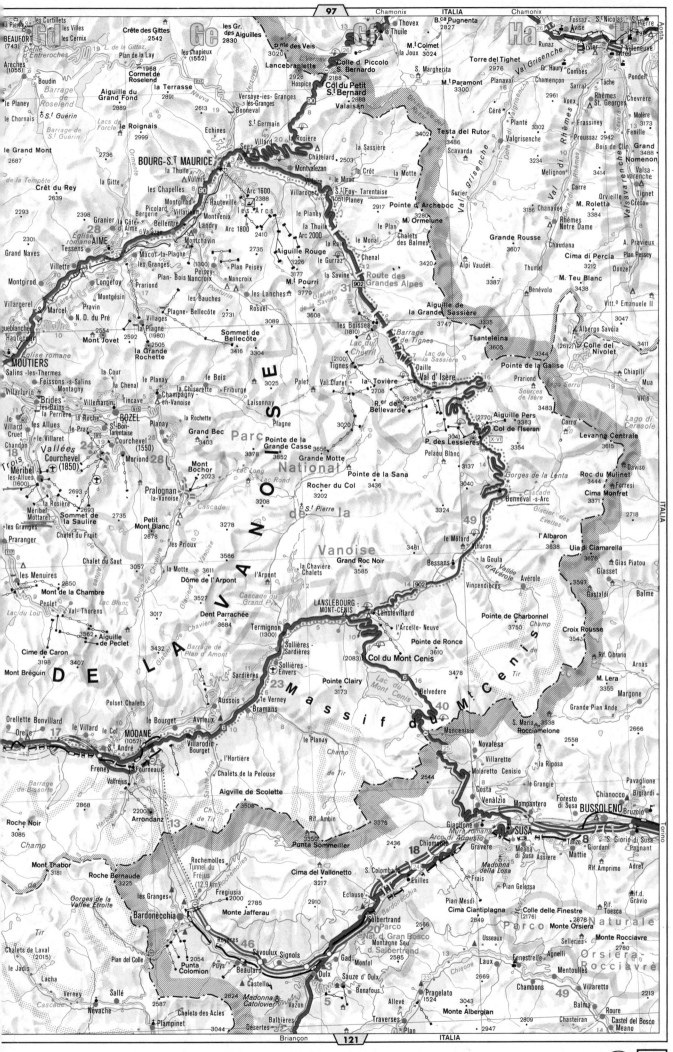

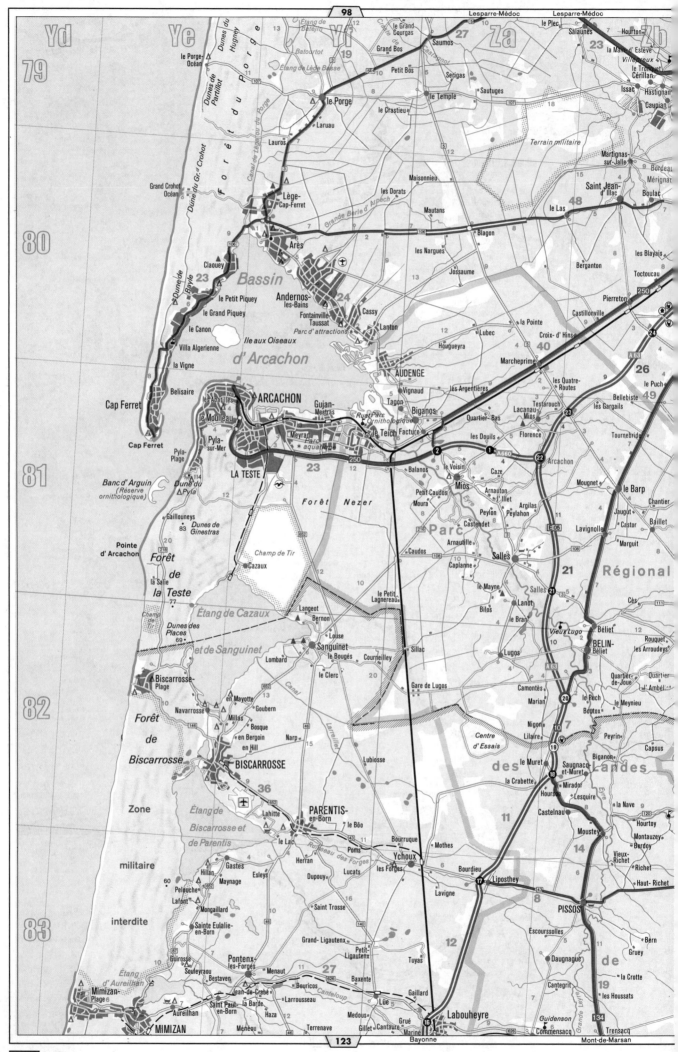

Yd Ye Yf

79

Étang du
Batoutrot
Étang de Lède Baïsse

le Porge-
Océan

Dune du Hugney

13

SE 5

12
19

Za Zb

Lesparre-Médoc   Lesparre-Médoc

le Grand
Courgas
Grand Bos

le Plec
Saumos   Salaunes

Petit Bos

27
Serigas

le Crastieu

Sautuges

Hourtou-

23

la Mare d' Estève
Villepreux-
le Troquet-
Cérillan

Issac

Hastignan
Caupian

Forêt du Porge

Dunes du Partillot

Dune du Gd Crohot

le Porge

Laruau

Lauros

le Temple

Terrain militaire

les Dorats

Maisonnieu

18

107

Martignas-
sur-Jalle

Bordeau
Mérignac

15

Saint Jean-
d' Illac

48

Boulac

80

Grand Crohot
Océan

Lège-
Cap-Ferret

106

Claouey

Dune de Bayle

23

le Petit Piquey

le Grand Piquey

le Canon

Villa Algerienne

la Vigne

Bassin

Ile aux Oiseaux

 Arès

Andernos-
les-Bains

Fontainville-
Taussat

Cassy

Lanton

Parc d'attractions

Parc d' attractions

24

Grande Berle d' Apéch

106

Blagon

les Nargues

Jossaume

13

les Nargues

Hougueyra

Lubec

12

Mautans

Bergantou

les Blayais

Toctoucau

Pierreton
Castillonville
250

3

24

la Pointe

Croix- d' Hins

les Quatre-
Routes

40

26

Bellebiste
les Gargails

le Puch

49

d' Arcachon

Cap Ferret

Belisaire

les Abatilles

ARCACHON

le Moulleau

Pyla-
sur-Mer

Gujan-
Mestras

Meyran

Ruat Parc
Ornithologique

le Teich

Facture

Audenge

Vignaud

Tagon

Biganos

Quartier- Bas

AUDENGE

Testarouch

Lacanau-
Mios

Florence

les Douils

Marcheprime

9

Tournebride

A 61

les Argentières

23

Arcachon

le Barp

Chantier
Jaugut

Baillet

Castor

Marguit

81

Banc d'Arguin
(Réserve
ornithologique)

Dune du
Pyla

LA TESTE

23

Forêt Nezer

652

Balanos

Petit Caudos

Moura

le Voisin

Caze

Mios

Arnauton
Illet

Peylon

Castendet

Caudos

106

Peylahon

Argilas
Peylahon

E 05

Lavignolle

1

Mougnet

E 05

Pointe
d' Arcachon

Gaillouneys

Dunes de
Ginestras

la Salie

Forêt
de
la Teste

83

218

20

Champ de Tir

Cazaux

Champ
de
Tir

77

Dunes des
Places

69

Étang de Cazaux

et de Sanguinet

Langeot
Bernon

le Petit
Lagnereau

Louse

Sanguinet
le Bougés

Courneilley

Sillac

Arnautille

Caplanne

le Mayne

Bilos

Salles

Lanot

le Bran

Salles

Lugos

21

21

Vieux Lugo

3

Parc

216

10

Bélin-
Béliet

BELIN-
Béliet

Cès

111

Rouquet-
les Arroudeys

Quartier-
de-Joue

Quartier
l' Ambél-

Régional

21

12

82

Forêt

de

Biscarrosse

Biscarrosse-
Plage

146

Navarrosse

Millas

Lombard

652

en Mayotte

Goubern

Bosque
en Bergoin
en Hill

46

Narp

Gare de Lugos

Canal

Larreillet

Camontès

20

Marian

Nigon

Lilaire

Centre
d' Essais

le Puch
Boutox

le Meynieu

Peyrin-

20

7

Biganon-

Capsus

10

19

des
Landes

Zone

militaire

interdite

36

Étang de
Biscarrosse et
de Parentis

BISCARROSSE

Lahitte

le Lac

PARENTIS-
en-Born

le Bôo

Ruisseau des Forges

7
43

le Bôo

11

Bourruque

Mothes

Lubiosse

Poms

Ychoux

les Forges

Bourdieu

Saugnacq-
et-Muret

le Muret
la Crabette

Houzon

Mirador

Lesquire

Castelnau

la Nave

11

Moustey

Hourtoy

Montauzey-
Berdoy

14

Vieux-
Richet

Richet

8

Haut- Richet

PISSOS

134

83

Étang
d' Aureilhan

Mimizan-
Plage

MIMIZAN

Guirosse

Souleyraou

Bestaven

Pelouche

Lafont

Mongaillard

60

Hillan

Maynage

Gastes

Esleys

Dupouy

Lucats

Saint Trosse

Sainte Eulalie-
en-Born

Menaut

Pontenx-
les-Forges

Jean-de-Crabé

Bouricos

Larrousseau

la Barde

Aureilhan

Haza

Ménéou

Terrenave

Saint Paul-
en-Born

140

27
626

Baxente

Gaillard

Lüe

Grand- Ligautenx

Petit-
Ligautenx

Tuyas

12

Gillet

Medous

Cantaure

Grué

Marine

Canteloup

Labouheyre

626

Escourssolles

Cantegrit

Daugnague

la Crotte

les Houssats

de

Bern

Gruey

19

Guidenson

Commensacq

Trensacq

Bayonne

Mont-de-Marsan

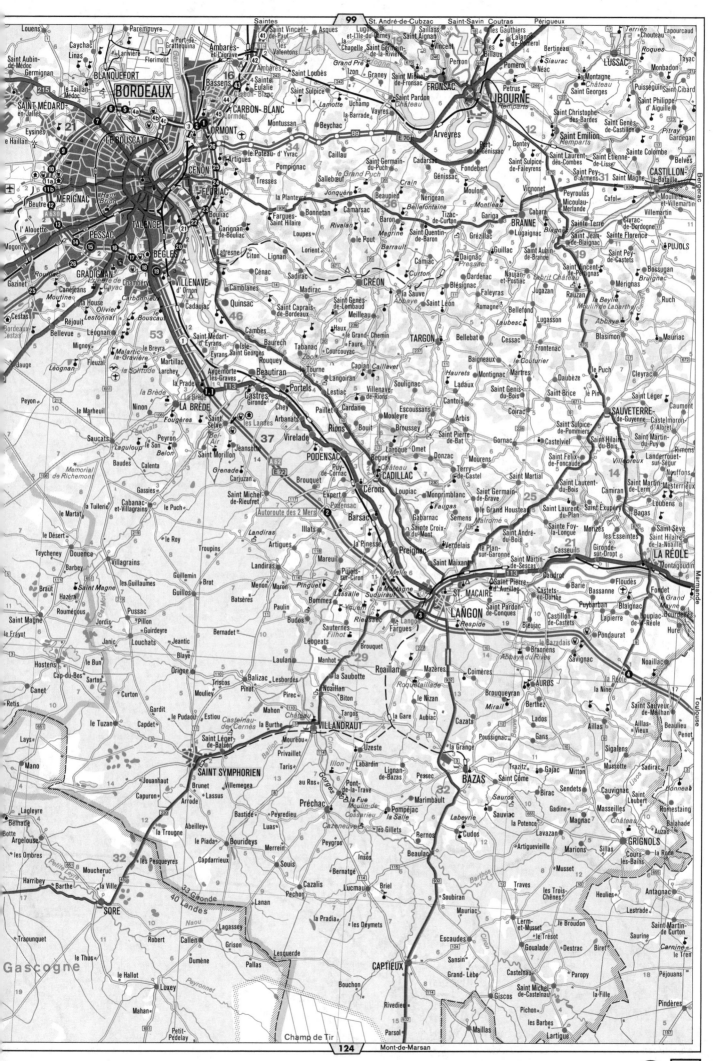

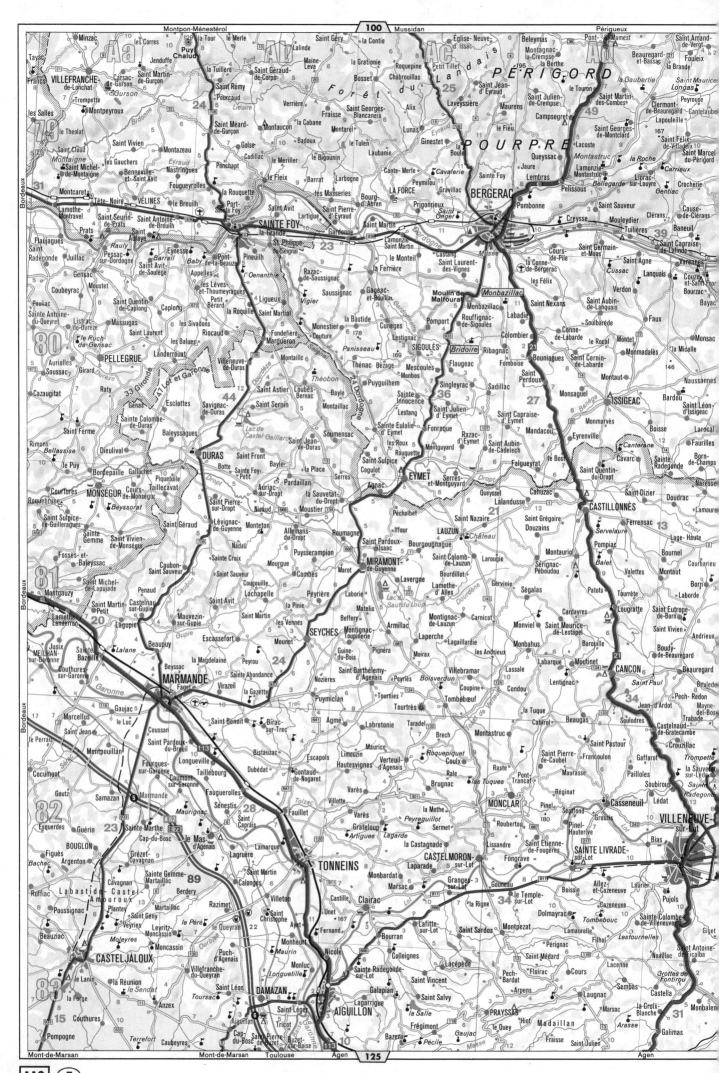

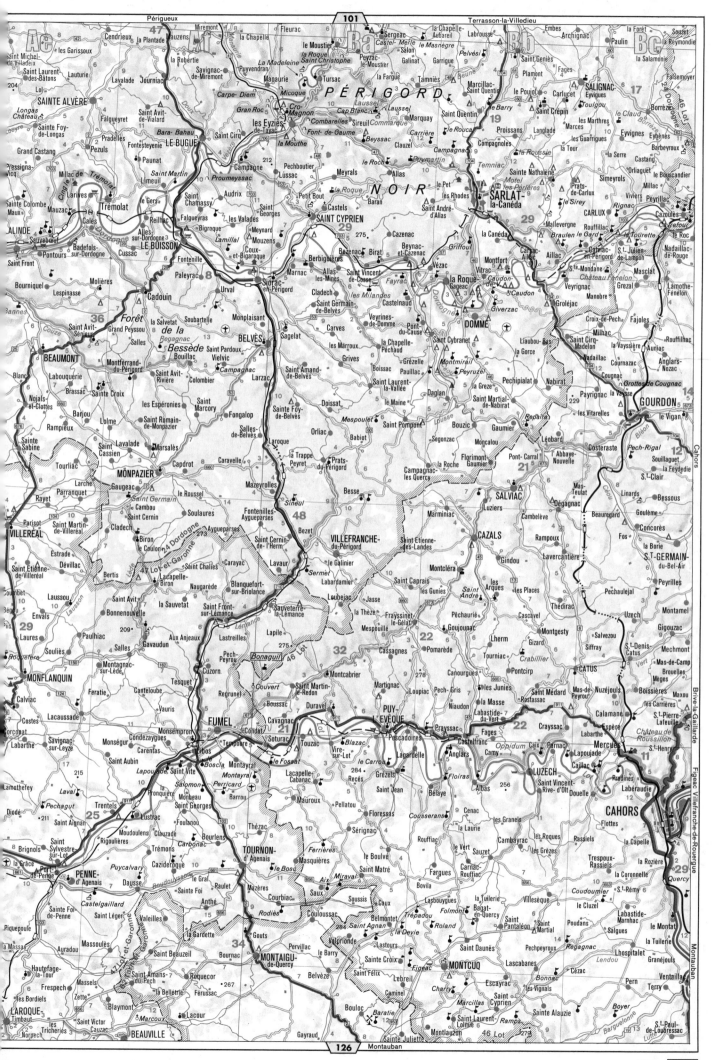

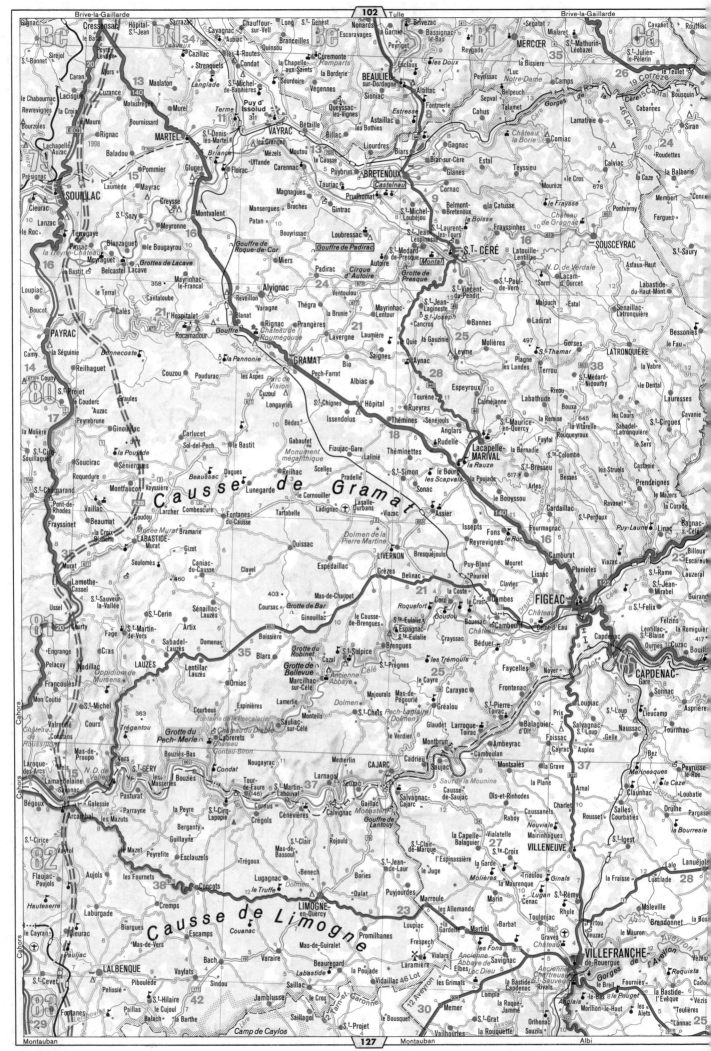

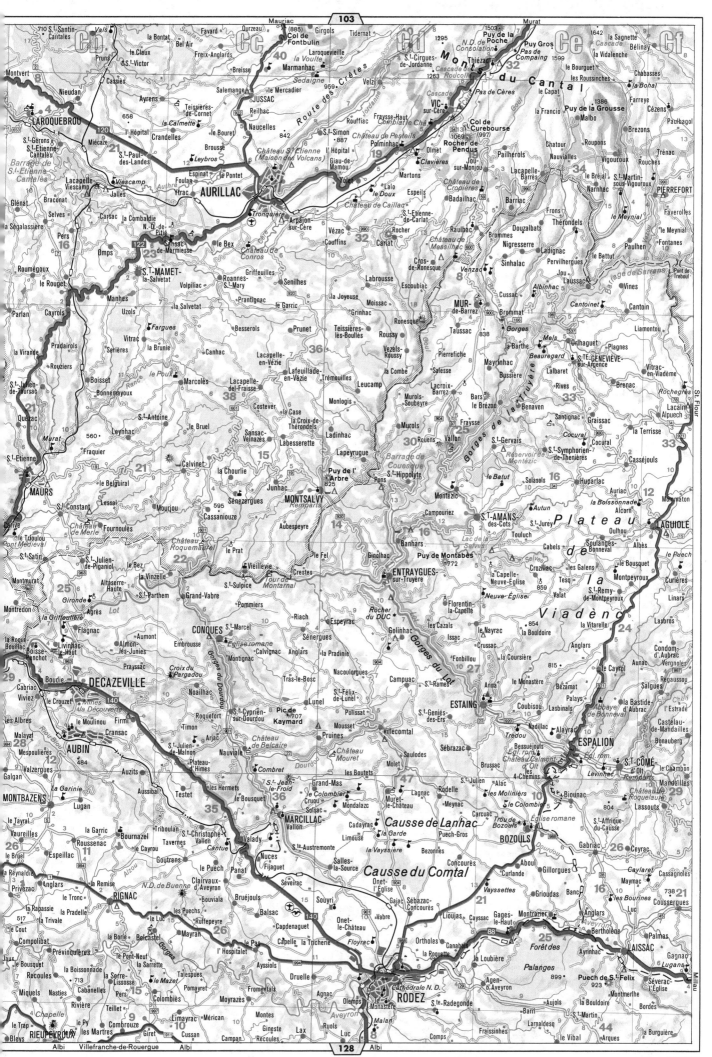

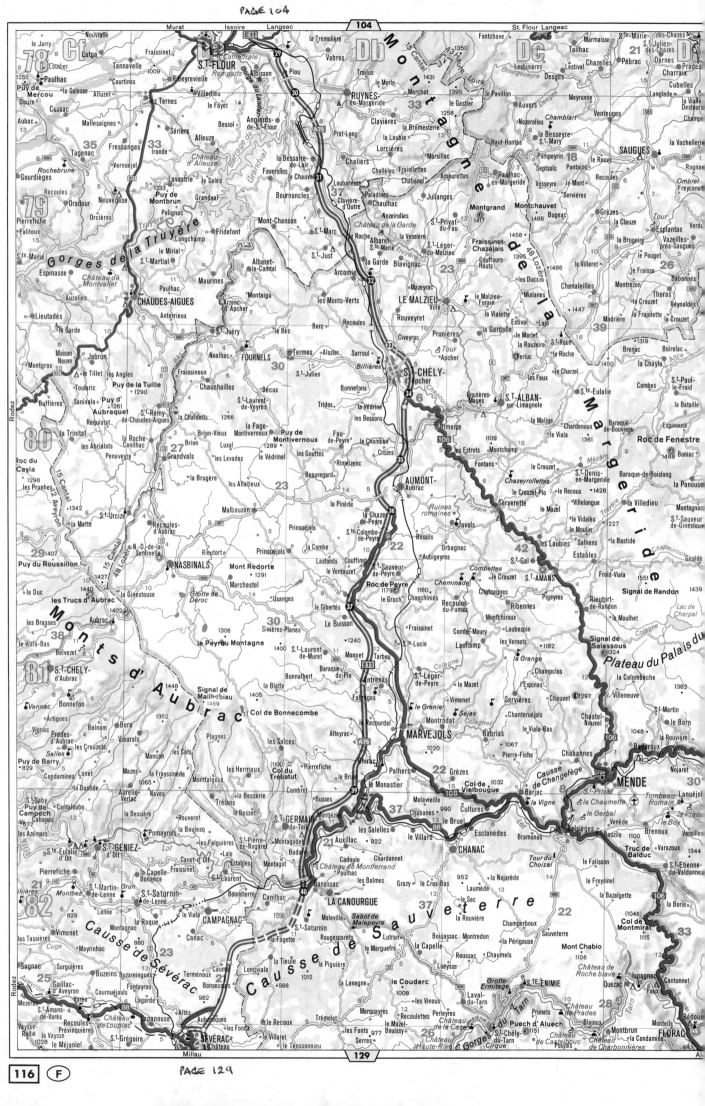

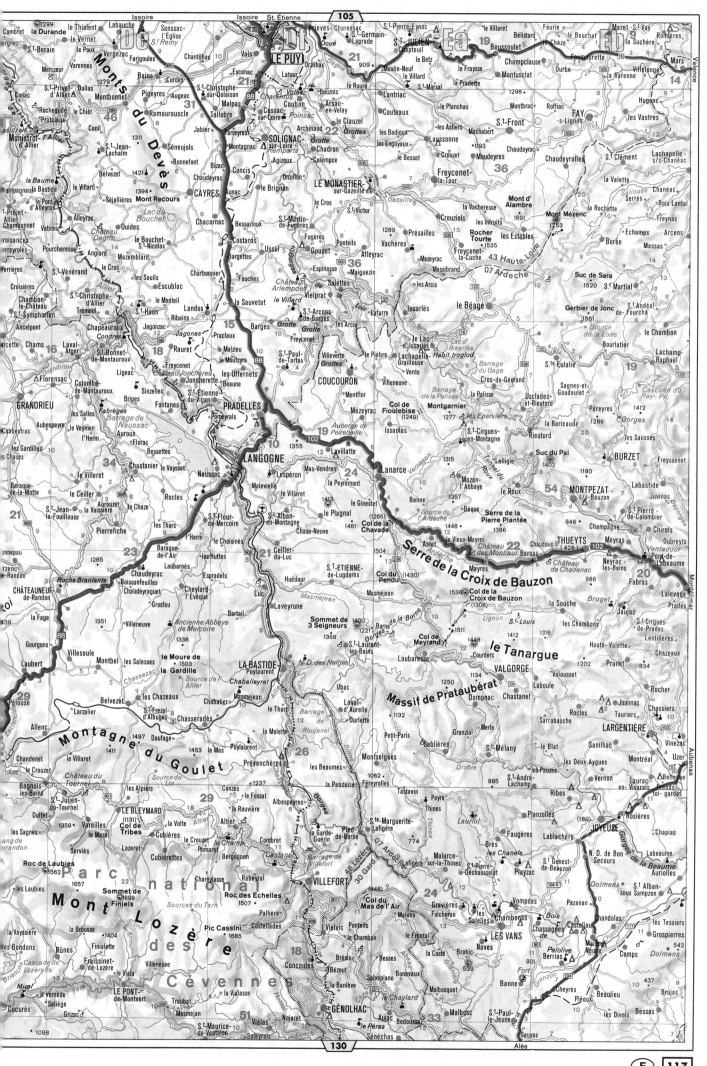

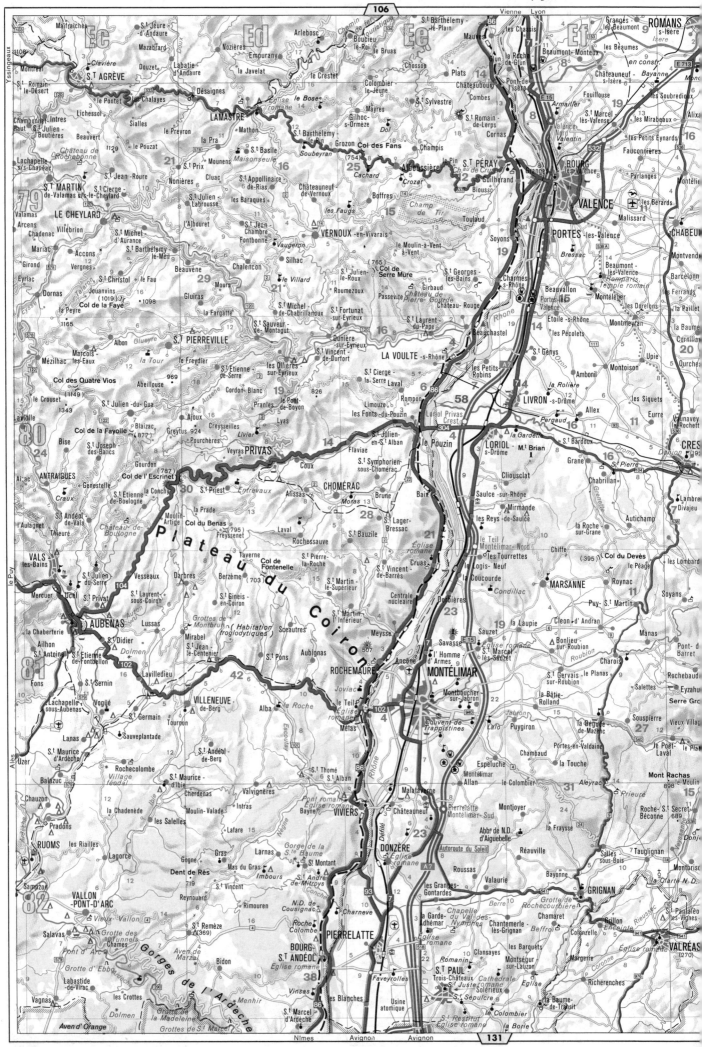

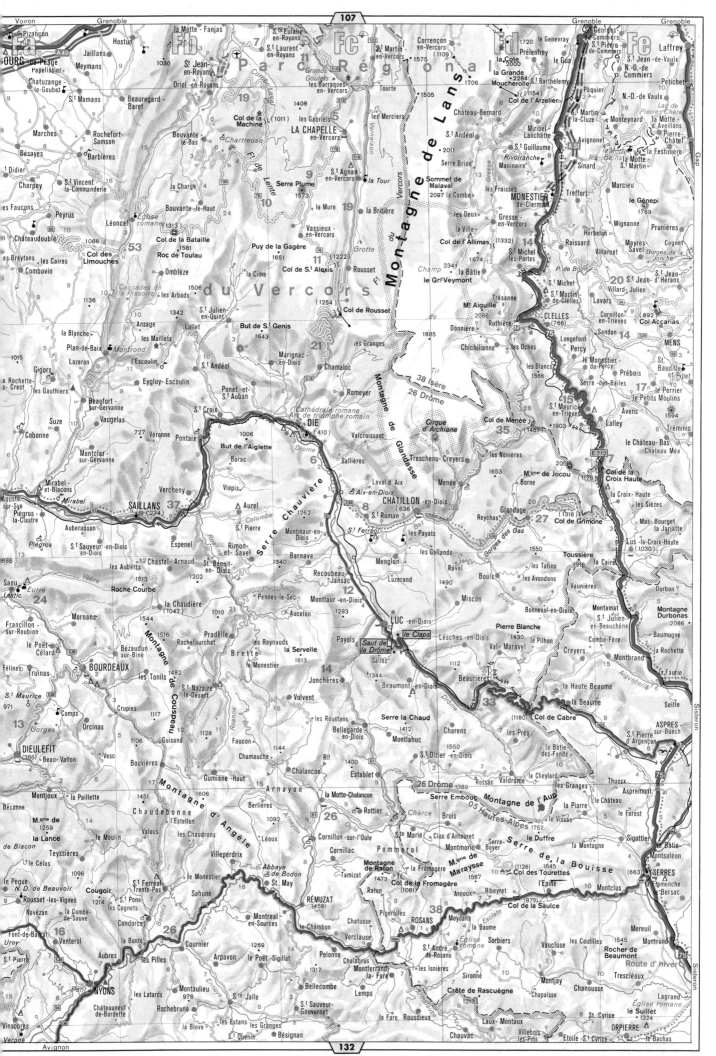

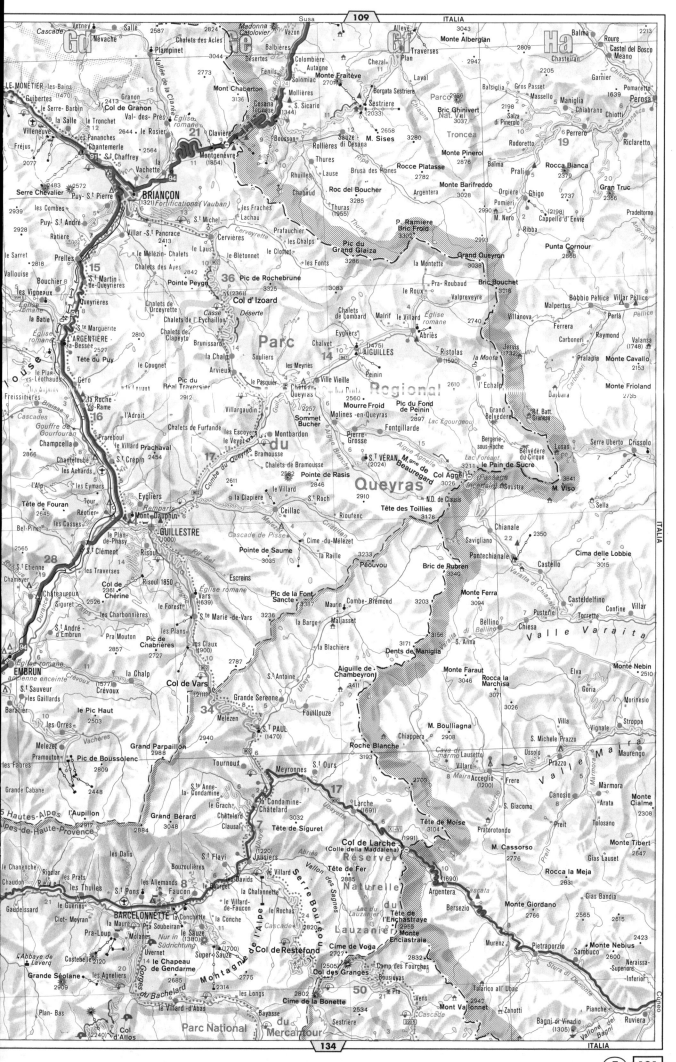

84

85

86

A r g e n t

d'

C ô t e

Huchet
Pichelebe

Moliets- Plage △ 3

Etang
de Mollet

Etang
de Laprade 4

Messanges- △ Messanges
Plage

Vieux-Boucau-   △ Arènes
les-Bains   ● Quartier-
                  Caliot

Coudère

Bouc

8

Gaillou- de-
Pountaout

Guin

62

Etang
Blanc

Plage
des Casernes

le Penon

les Estagnots

Seignosse △ 4

Hossegor

Soorts-
Hossegor

Saubion

Angresse

Capbreton

G o l f e   d e

G a s c o g n e

E05

Capbreton
33

7

10

Bênesse-
Maremme

Labenne

Orx

Ugne

Labenne-
Océan

Lalanne

Ondres-
Plage   Beyres

Monchoisi
Lac d'Irieu

Larroque

Ondres

S!-André-
de-Seignanx

la Barre
Chiberta

St-Martin-
de-Seignanx

Tarnos

Vincennes

Quartier- Neuf

le Pay

BOUCAU

Plage Miramar
Grand Plage

ANGLET

Bayonne- 7
St Esprit

BAYONNE

Saint-Barthélemy

BIARRITZ

Lahonce

Urcuit

Hendaye Cambo-l.-B. Hendaye

87

88

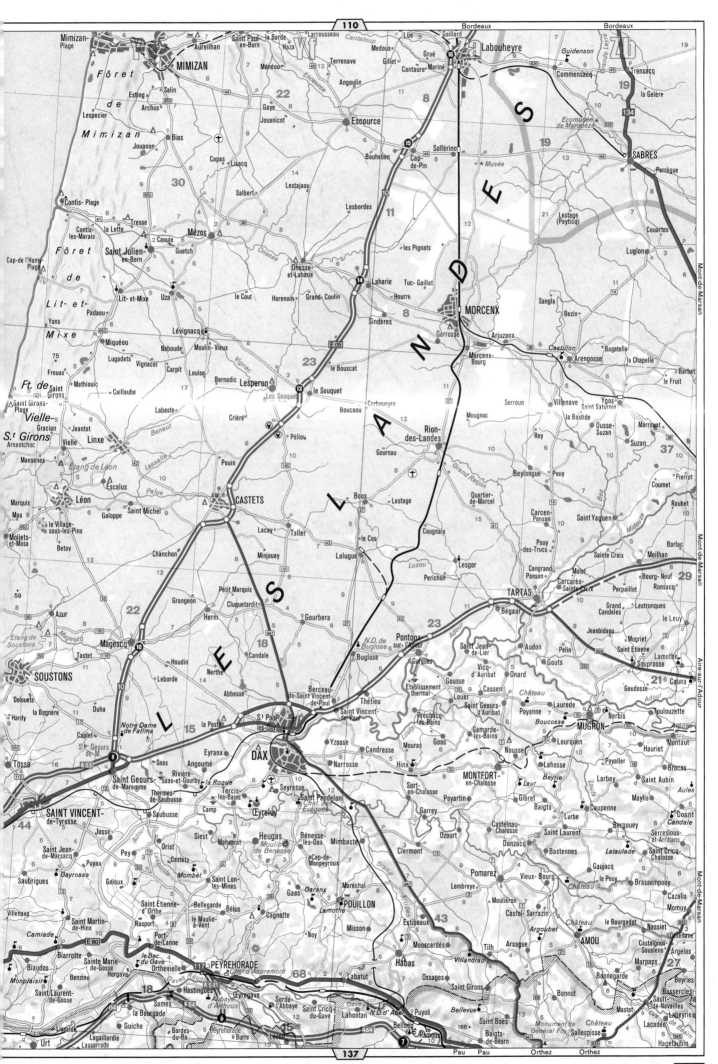

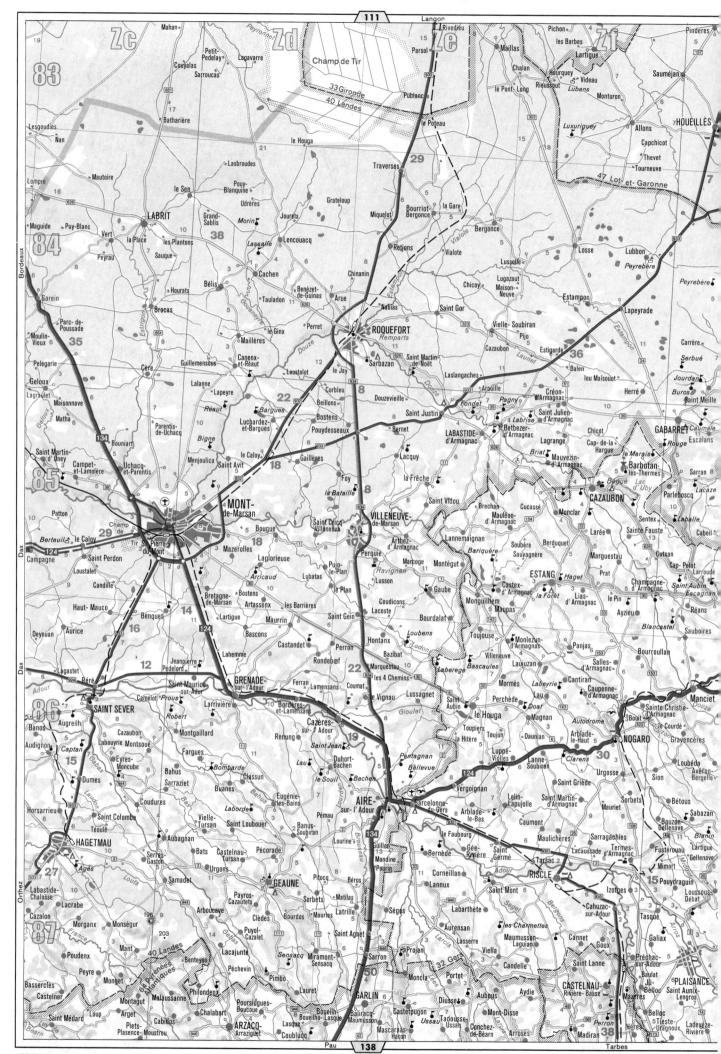

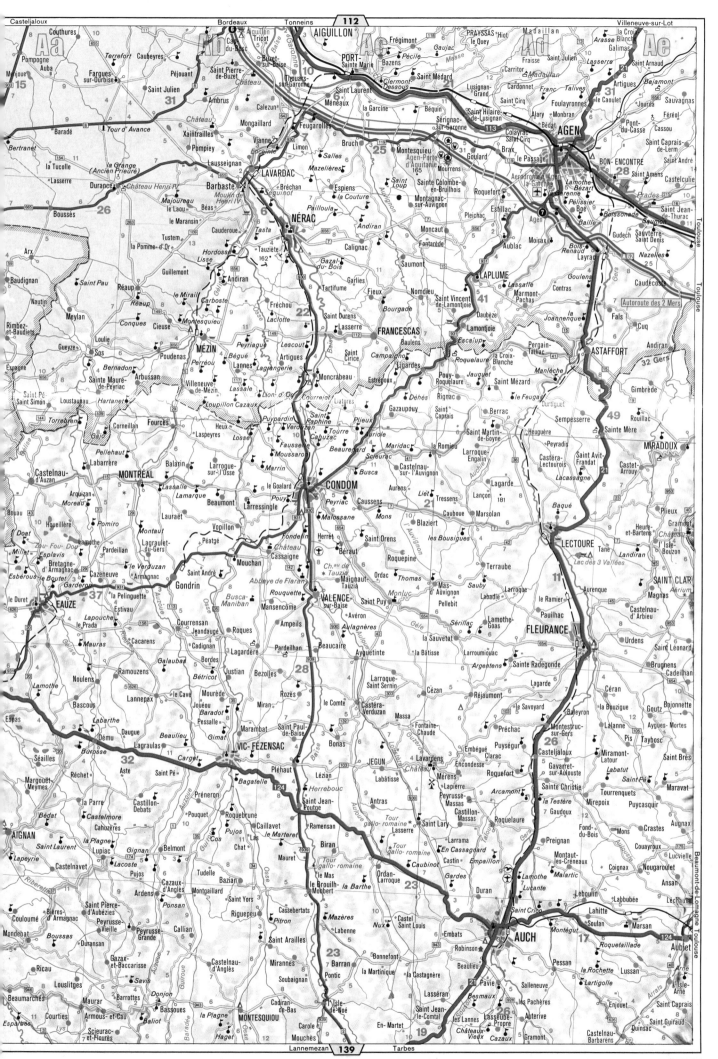

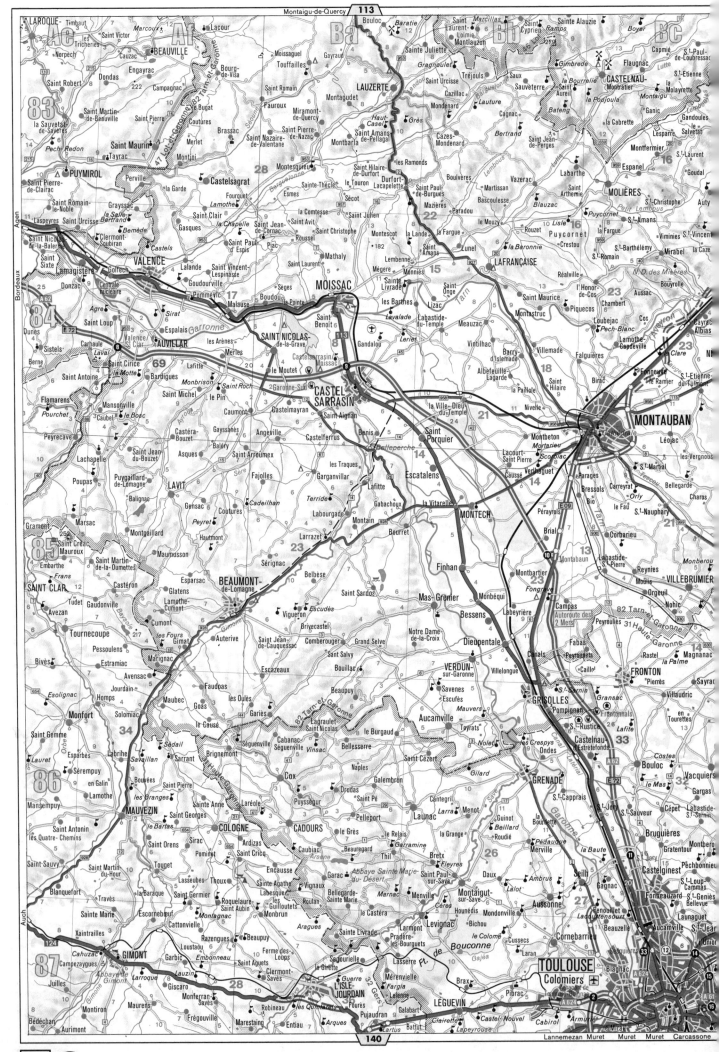

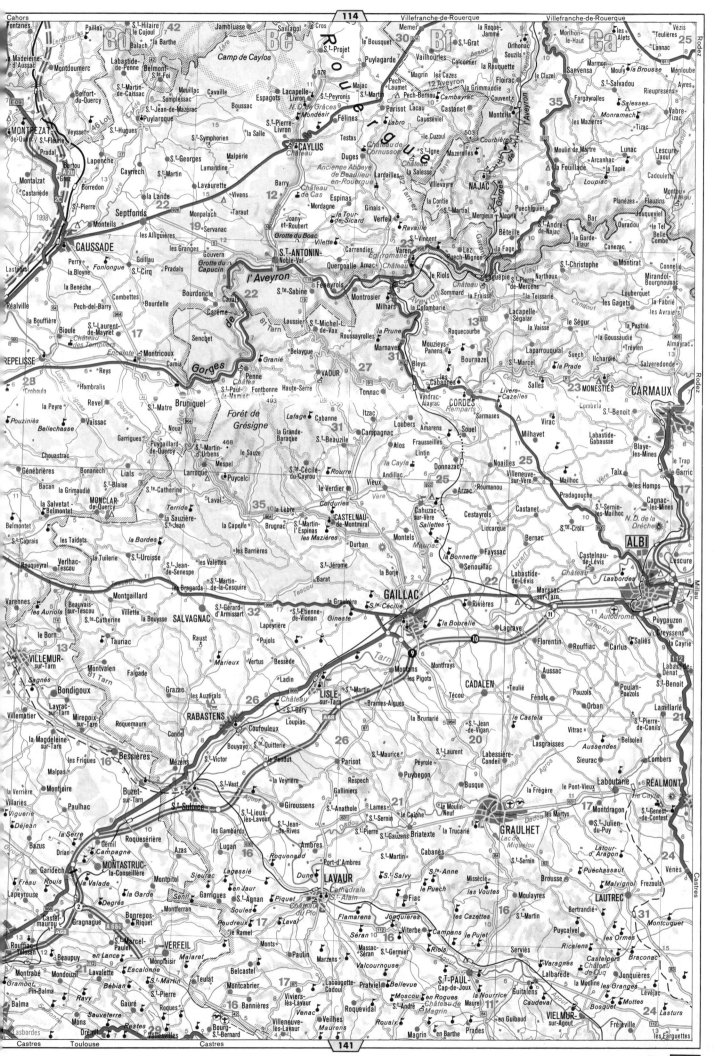

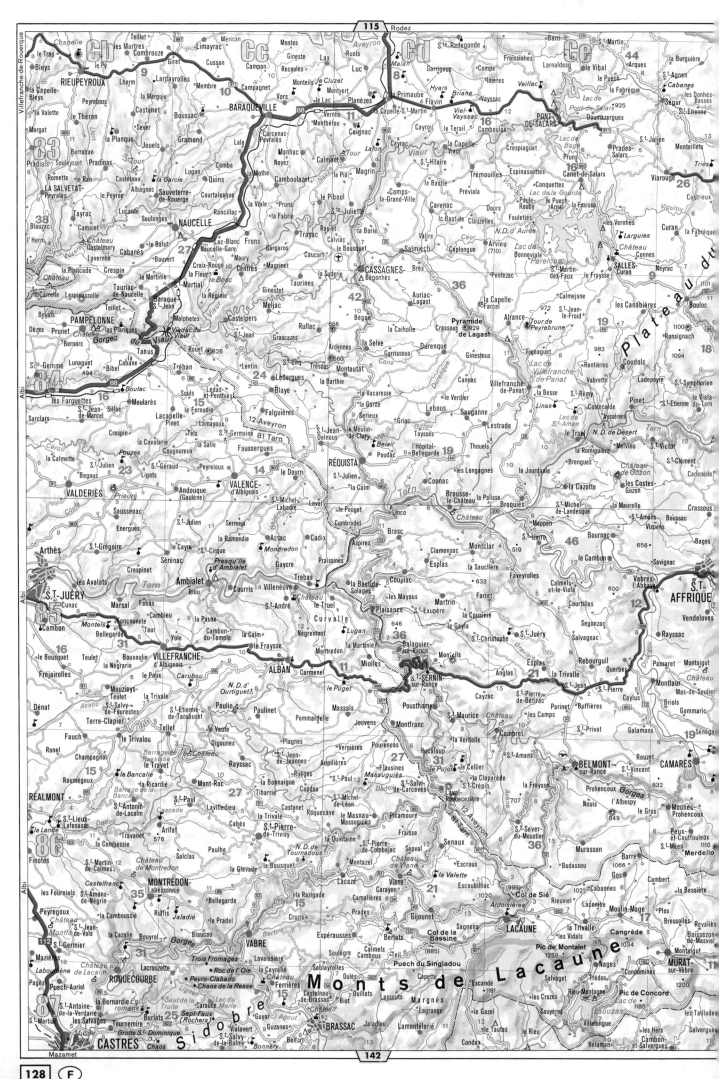

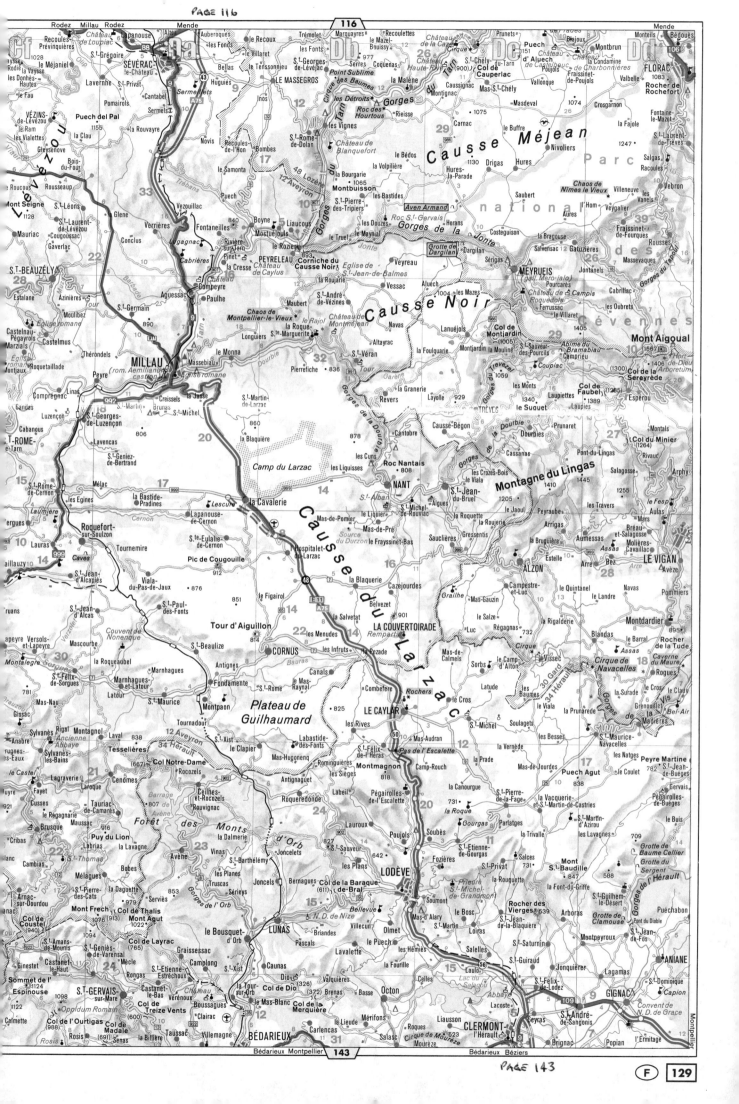

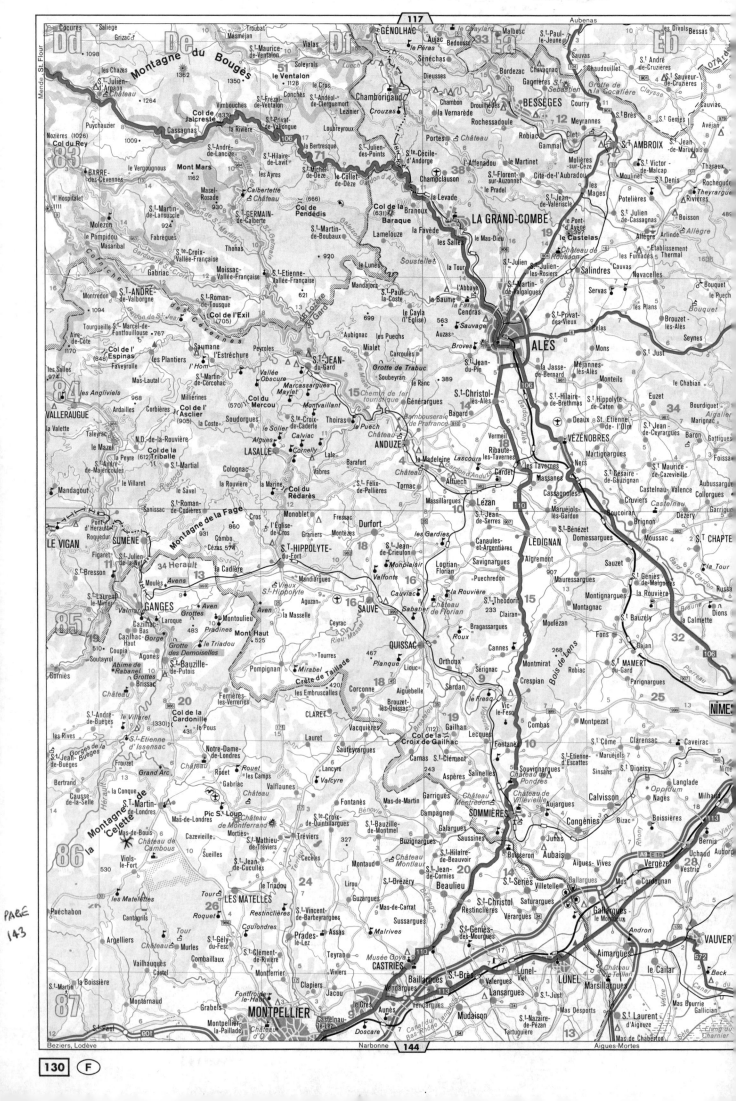

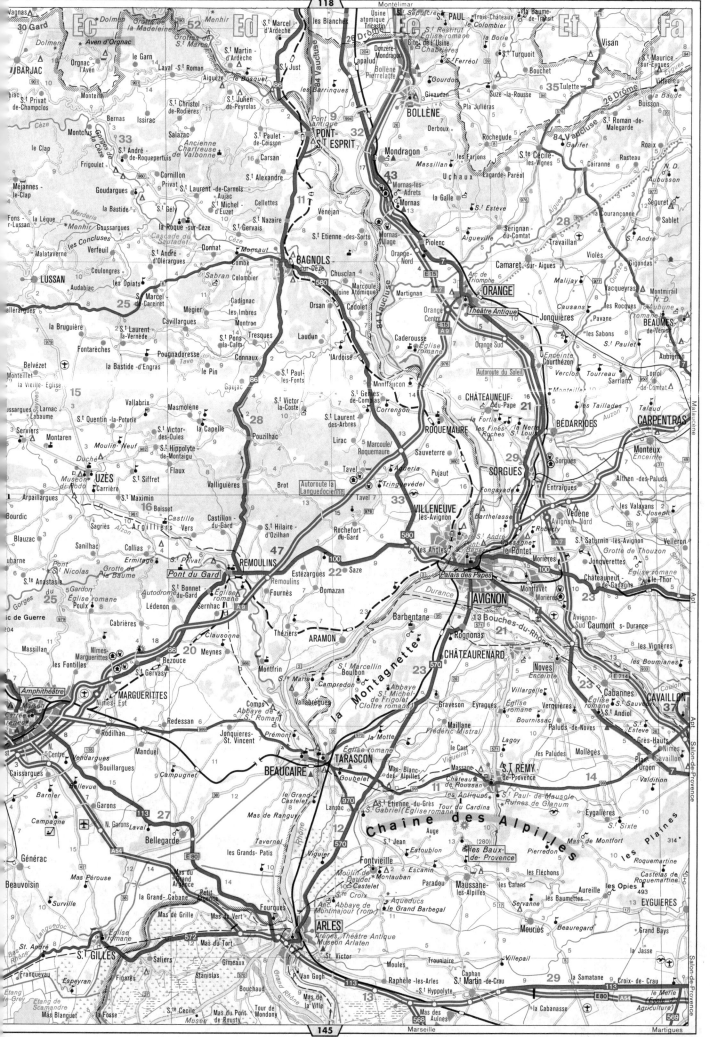

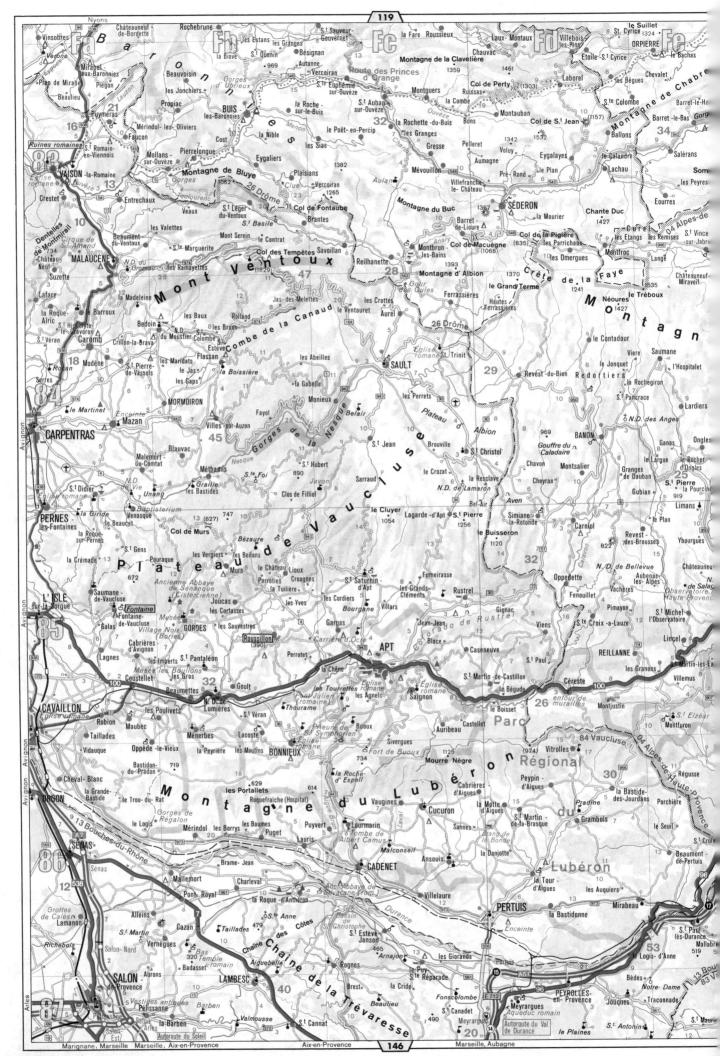

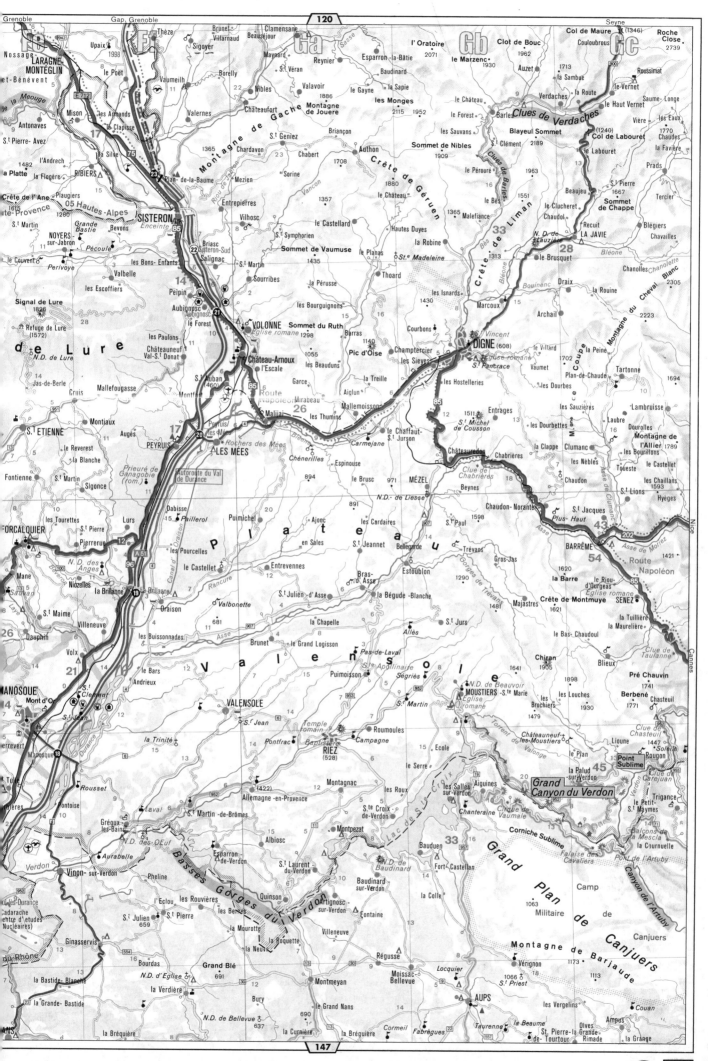

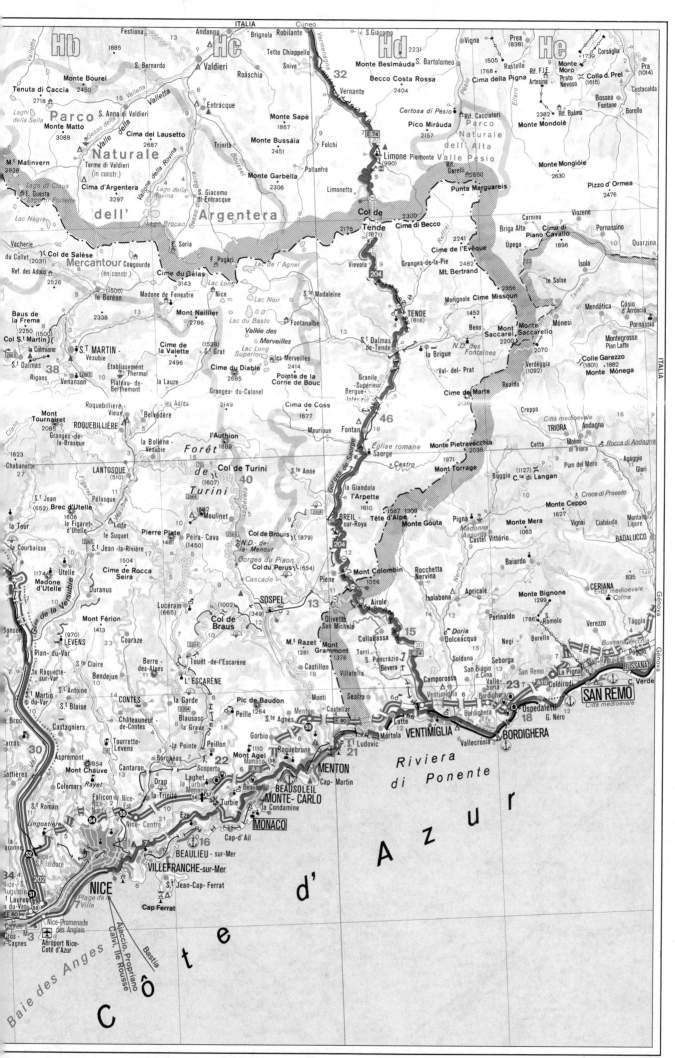

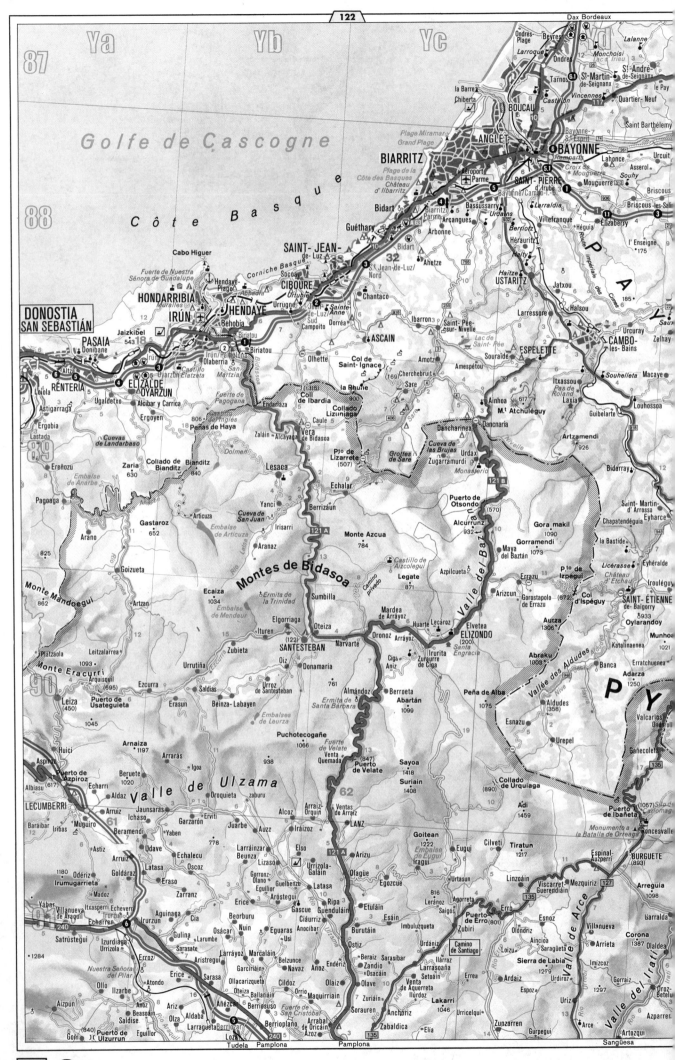

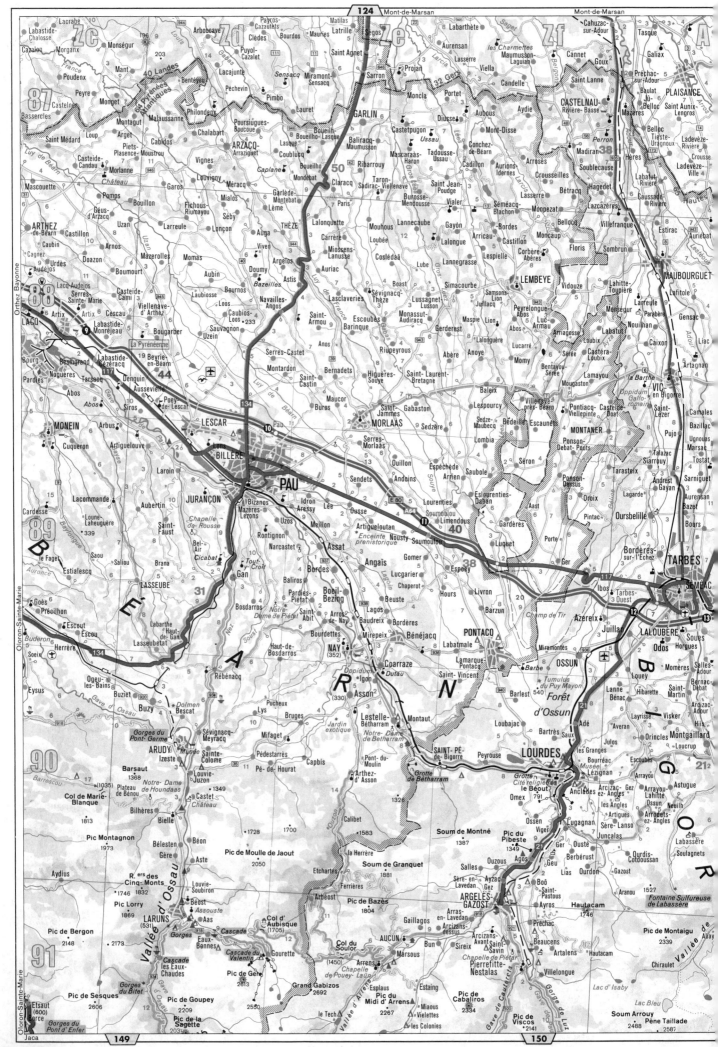

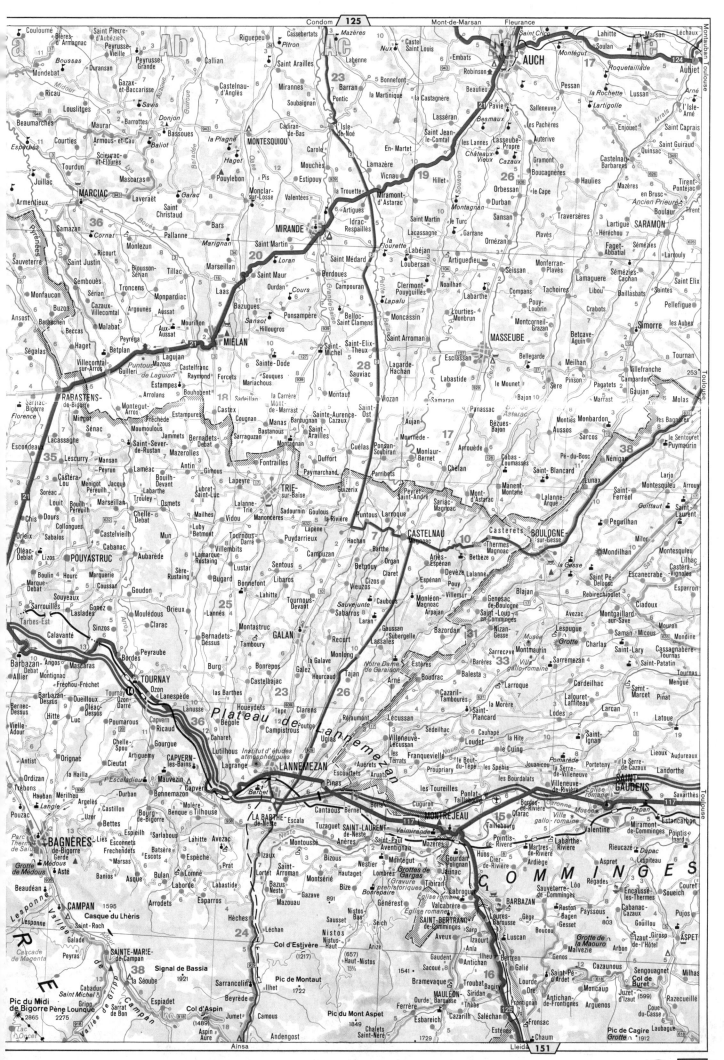

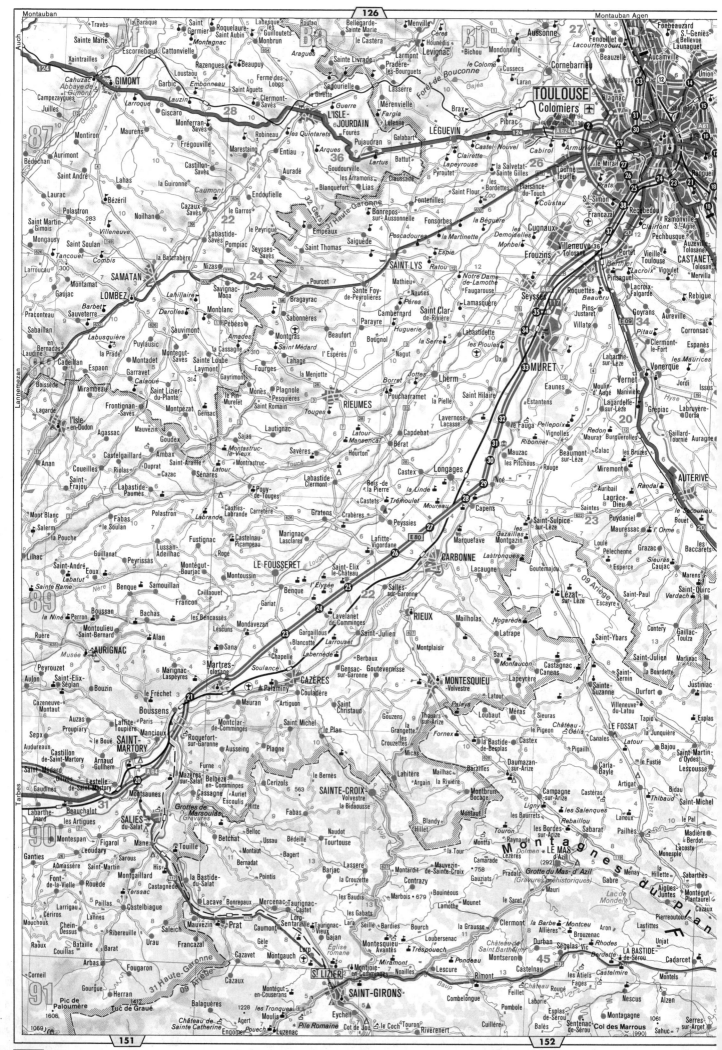

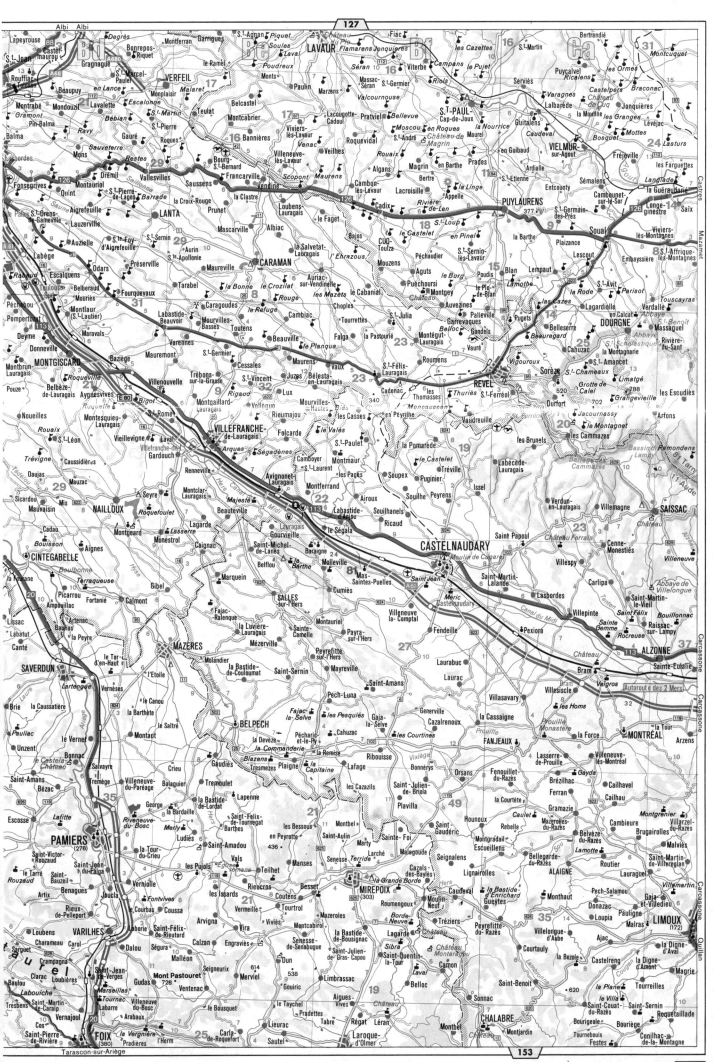

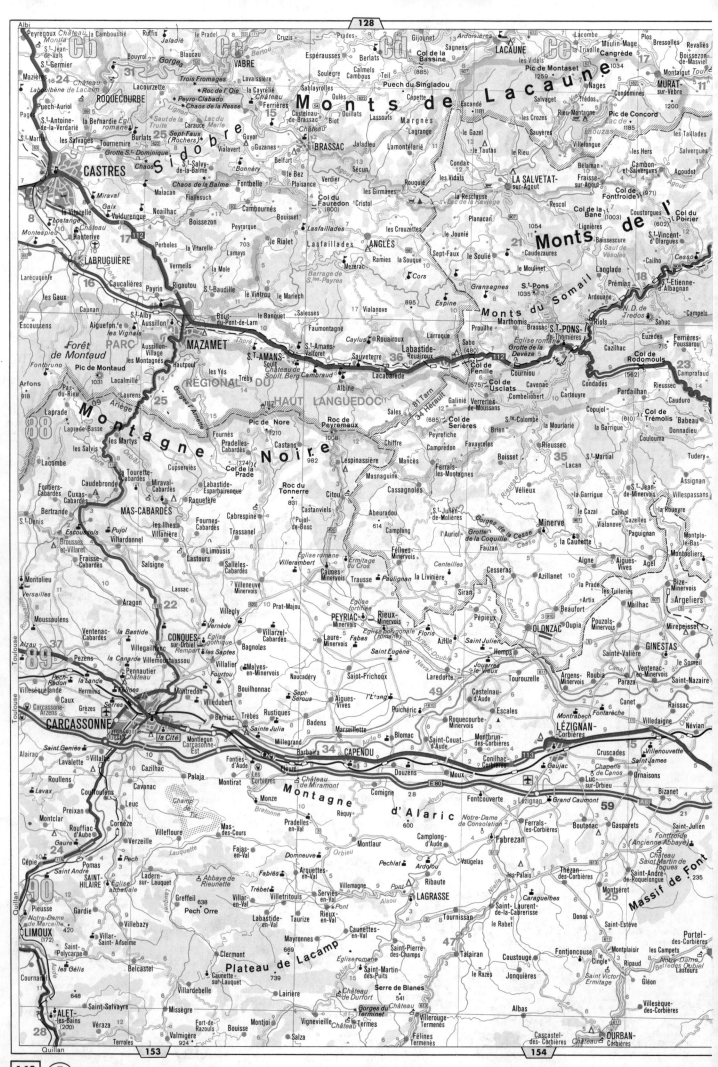

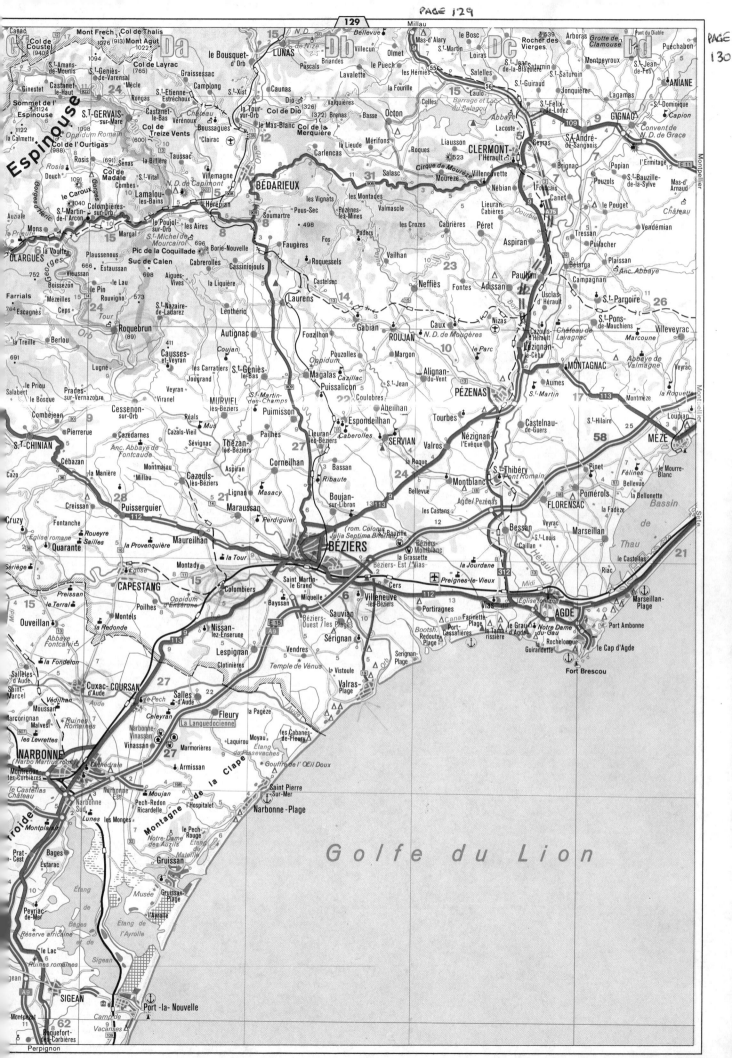

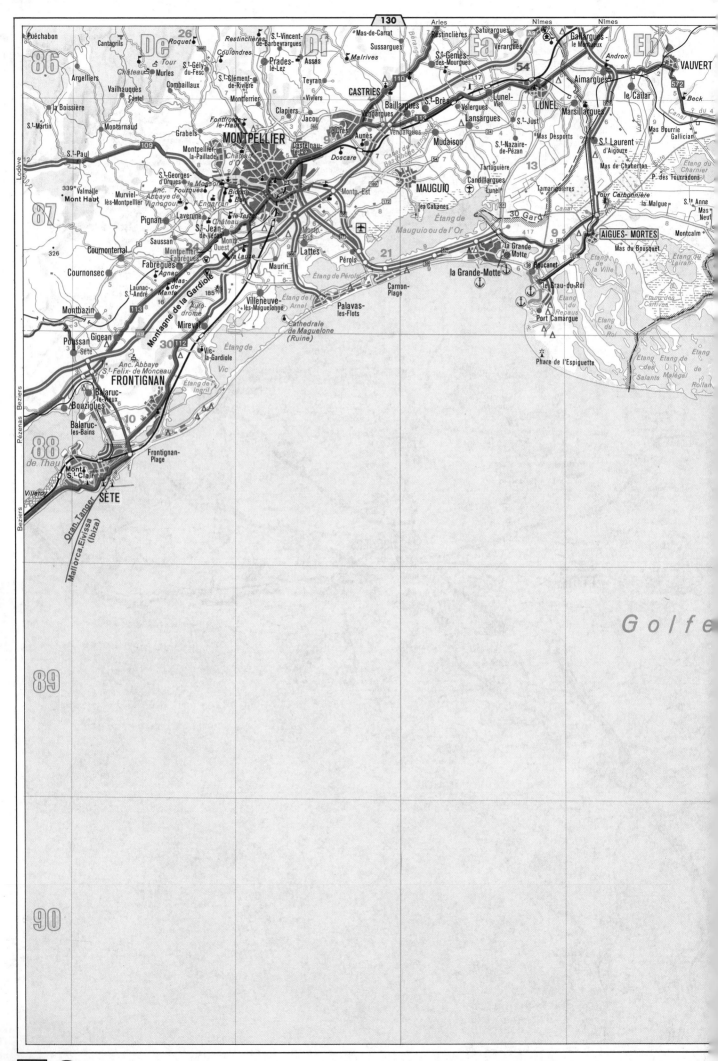

Arles   Nîmes   Nîmes

Puéchabon   **De** Roquet 26   Restinclières   S.t-Vincent-   Mas-de-Carrat   Saturargues   **Ea**   Gargargues-   **Eb**
Cantagrils   de-Barbeyrargues   S.t-Genies-   Vérargues   le Montueux   Andron
86   Château   Tour   S.t-Gély-   Coulondres   Assas   Sussargues   des-Mourgues   54   VAUVERT
Argelliers   Murles   du-Fesc   Prades-   Malrives   Aimargues
Vailhauquès   Combaillaux   S.t-Clément-   le-Lez   17   Lunel-   le Cailar
la Boissière   Castel   de-Rivière   Teyran   CASTRIES   Baillargues   S.t-Brès   Viel   LUNEL   Beck
          Montferrier   Viviers   Vendargues   Valergues   Marsillargues
S.t-Martin   Clapiers   Jacou   113   Lansargues   S.t-Just   Mas Bourrie
Montarnaud   Grabels   le Crès   Vendargues   S.t-Nazaire-   Mas Desports   Gallican
          Fontfroide-   Aunès   de-Pézan   S.t Laurent
S.t-Paul   le-Haut   MONTPELLIER   Doscare   Mudaison   13   Tartuguière   d'Aigouze   Mas de Chaberton
          Montpellier-   54   Candillargues   Tamariguières   Mas du Charnier
          la-Paillade   Château   Castelnau-   Lunel   P. des Tourradons
          d'O   le-Lez   Montp.-Est   les Cabanes   Tour Carbonnière   Étang
339   Valmalle   S.t-Georges-   la Mosson   MAUGUIO   la Malgue   des
87   Mont Haut   d'Orques   Anc.   Fourques   Bionne   Montp-Est   30 Gard   S.te Anne
          Murviel-   Abbaye de   Bon   172   Mas
          lès-Montpellier   l'Engarran   le Terral   Étang de   Neuf
Pignan   Laverune   Château   Mauguio ou de l'Or   61   AIGUES- MORTES   Montcalm
          S.t-Jean-   Montp.   417   9   Mas du Bousquet
Cournonterral   de-Védas   Montp.   Sud   la Grande   62   Étang
          Saussan   Ouest   Lattes   Pérols   Motte   du
Cournonsec   Fabrègues   Maurin   21   la Grande-Motte   le Boucanet   Étang de l'Aigail
          Agnac   Pérols   le Grau-du-Roi
Montbazin   Launac-   Mas-   Villeneuve-   Étang de   Carnon-   Étang
          S.t-André   de-Mante   lès-Maguelonne   Arnel   Plage   de la
          16   Palavas-   Port Camargue   Ville
          113   Auto-   Vic-   les-Flots   Étang   Étang des
Poussan   drome   la-Gardiole   Cathédrale   Phare de l'Espiguette   du   Cartives
Gigean   185   de Maguelone   Repaus
Sète   30 112   (Ruine)   Étang
          Étang de   du
          Vic   Étang   Roi   Étang
Anc. Abbaye   Étang de   des   de   Étang
S.t-Félix-de-Monceau   l'Ingril   Salants   Malégal   de
FRONTIGNAN   Rollan
Balaruc-
le-Vieux
Bouzigues
          Frontignan-
Balaruc-   Plage
les-Bains
88
de Thau
Villeroy   Mont
          S.t-Clair
          SÈTE

Oran.Tanger
Mallorca.Eivissa
(Ibiza)

G o l f e

89

90

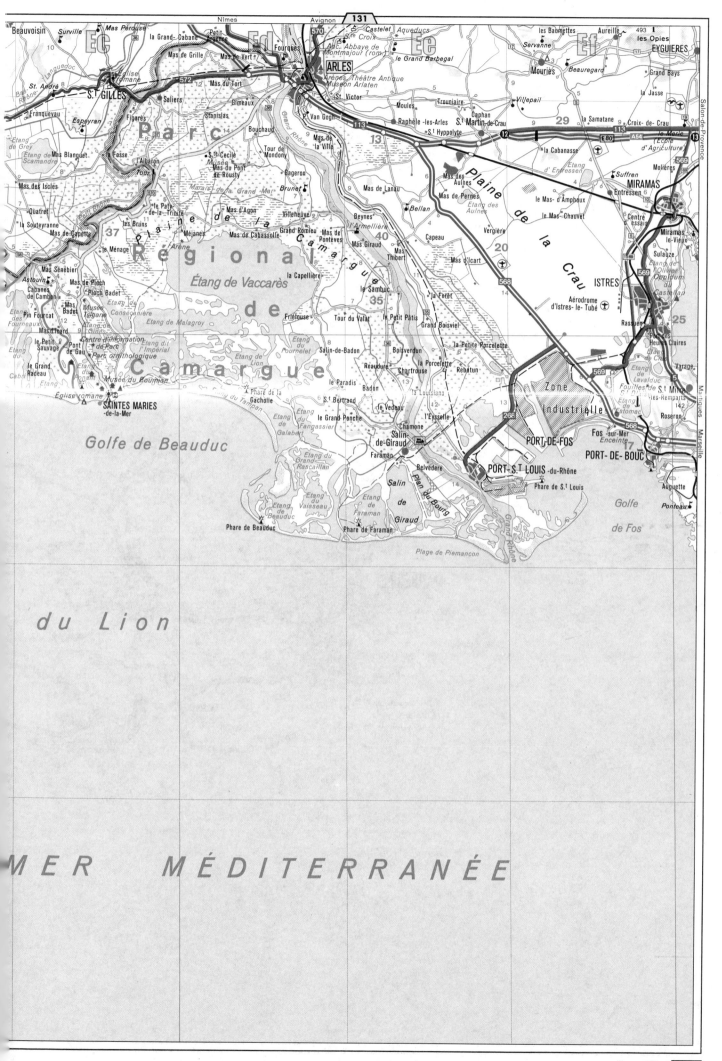

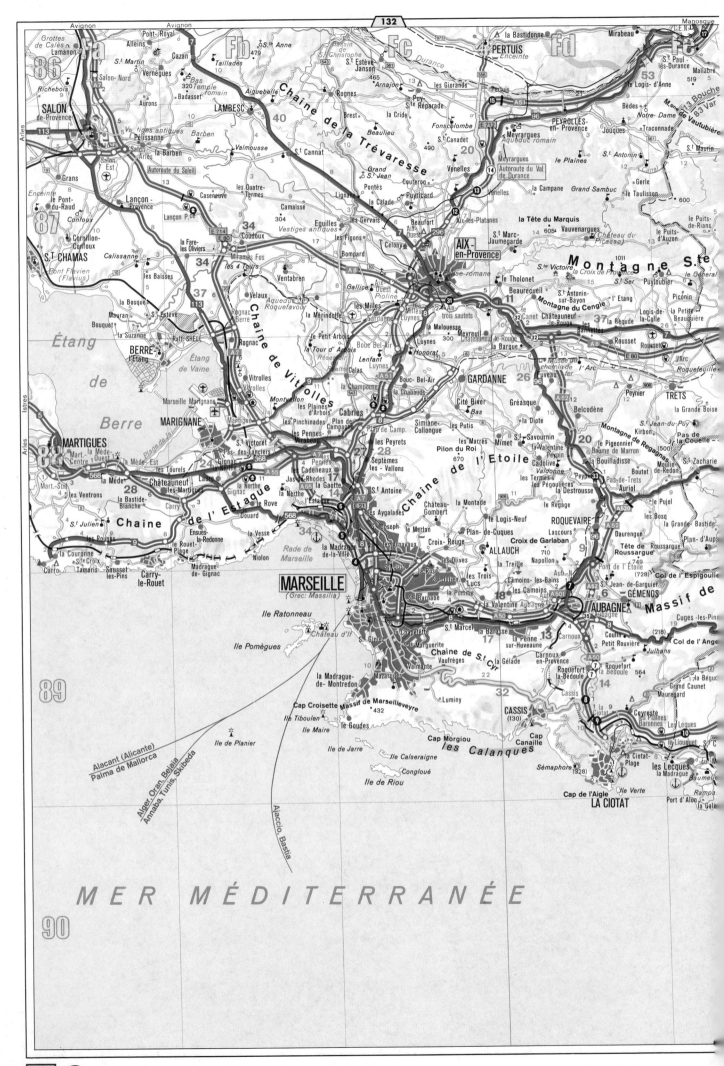

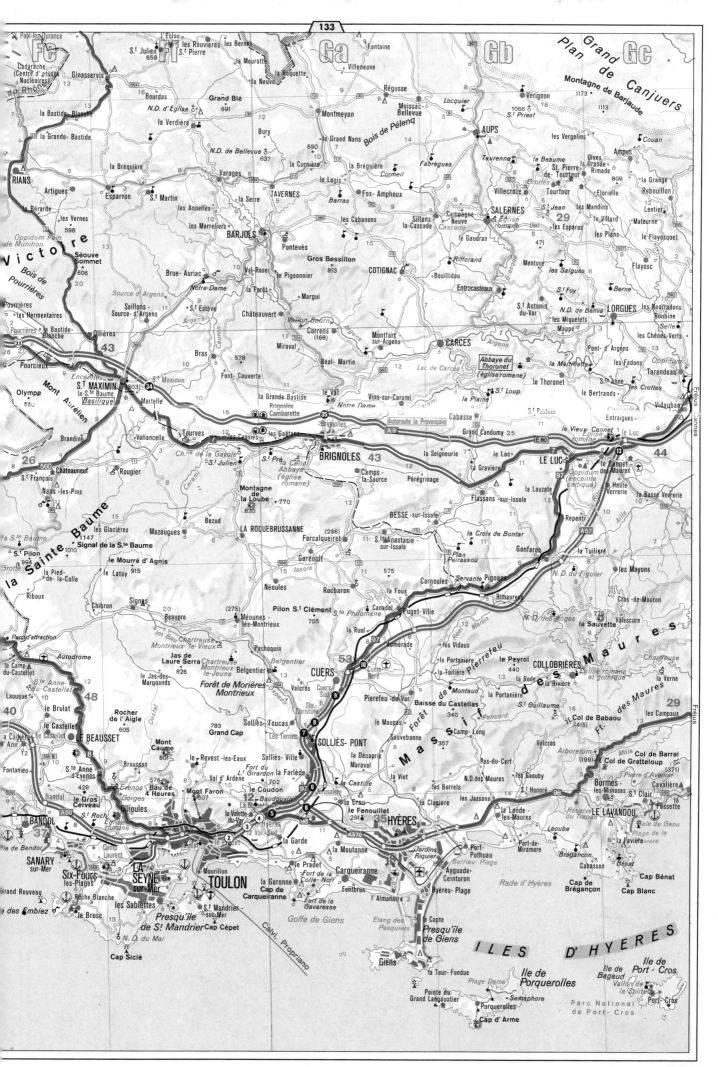

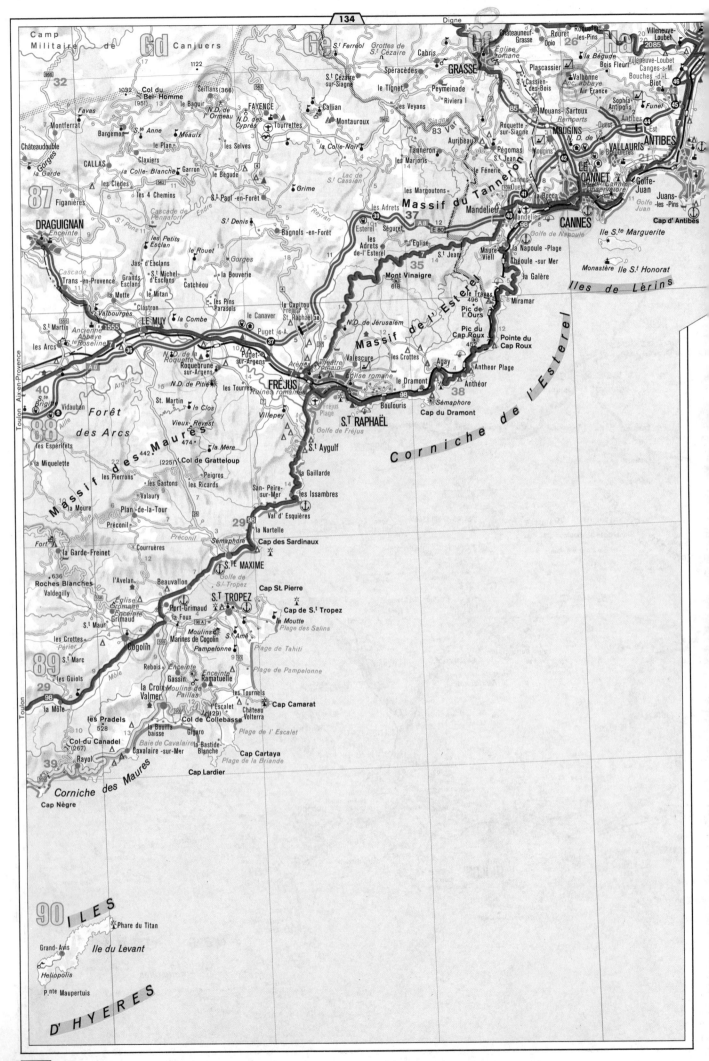

Camp Militaire de **Gd** Canjuers

Ge

Châteauneuf-Grasse
Rouret Roquefort
Opio 26
Villeneuve-Loubet
2085

S.¹ Ferréol Grottes de S.¹ Cézaire
Cabris
Speracèdes
Église romane
Plascassier
la Bégude
Villeneuve-Loubet Canges-s-M.
Bois Fleuri

32
955
Col du Bel-Homme (951)
Seillans (366)
le Baguier
13
S.¹ Cézaire sur-Siagne
le Tignet
Peymeinade
Riviera I
S.¹ Cassien-des-Bois
Valbonne
Anc. abbaye
Air France
Bouches-d-L.
Biot
46

FAYENCE
N.D. de l'Ormeau
N.D. des Cyprès
Tourrettes
Callian
Montauroux
les Veyans
83 Val
Siagne
Roquette sur-Siagne
85
Mouans-Sartoux
Sophia-Antipolis
Funel
45

Favas
Montferrat
S.¹ª Anne
Méaulx
le Plan
les Selves
la Colle-Noir
Auribèau
Tanneron
Pégomas
MOUGINS
N.D. de Vie
Mougins
Ouest
Antibes
44-Est

Châteaudouble
Bargemon
Claviers
la Colle-Blanche
Garron
la Bégude
Grime
les Marjoris
le Fénerie
Cannes
la Bocca
VALLAURIS
les Eglisettes
21

87
Gorges la Garde
CALLAS
les 4 Chemins
562
S.¹ Paul-en-Forêt
Lac de S.¹ Cassien
les Margoutons
LE CANNET
Cap-Cannes
Observatoire
Golfe-Juan
Juans-les-Pins

Figanières
les Clèdes
Cascade de Pennafort
Endre
Reyran
les Adrets
Massif du Tanneron
42
41
la Roca
Golfe Juan

DRAGUIGNAN
Enceinte
S.¹ Denis
Bagnols-en-Forêt
Estérel
37
Séguret
A 8 12 E 80
Mandelieu
40
98
Mandelieu
CANNES
Ile S.¹ᵉ Marguerite

Cascade de Pennafort
les Petits Esclan
le Rouet
les Adrets de-l'Estérel
l'Église
35
S.¹ Jean
14
Mauré Vieil
la Napoule-Plage
Théoule-sur-Mer
Cap d' Antibes

Trans-en-Provence
Jas-d'Esclans
Gorges
11
Mont Vinaigre
618
7
la Galère
Miramar
le Trayas
496
Monastère Ile S.¹ Honorat

Grands Esclans
S.¹ Michel-d'Esclans
la Bouverie
N.D. de Jérusalem
Pic de l'Ours
Iles de Lérins

la Motte
le Mitan
Catchéou
les Pins Parasols
Massif de l'Estérel
Pic du Cap Roux
452
12
Pointe du Cap Roux

555
LE MUY
la Combe
le Canaver
le Capitou Fréjus
St Raphaël 38
Valescure
les Crottes
le Trayas
Anthéor Plage

40
les Arcs
Ancienne Abbaye S.¹ᵉ Roseline
36
37
Puget-s-A
Arènes
Théâtre romain
Église romane
Agay
Antheor

88
les Espérifets
N.D. de la Roquette
Puget-sur-Argens
le Dramont
Cap du Dramont

Argens
Roquebrune-sur-Argens
N.D. de Pitié
15
S.¹ Martin
le Clos
Villepey
Boulouris
Sémaphore
38

Forêt des Arcs
la Miquelette
les Tourres
Ruines romaines
FRÉJUS
Fréjus Plage
98

S.¹ª Brigitte
Vidauban
Aille
Vieux-Revest
474
la Mère
S.¹ Aygulf
Golfe de Fréjus
Corniche de l'Estérel

Massif des Maures
442
(225) Col de Gratteloup
Peigros
les Ricards
la Gaillarde

les Pierrons
Valaury
San-Peïre-sur-Mer
14
les Issambres

la Moure
Plan-de-la-Tour
Préconil
Val d' Esquières

Fort
la Garde-Freinet
Courrières
12
Sémaphore
29 98
la Nartelle
Cap des Sardinaux

636
Roches Blanches
Valdegilly
l'Avelan
Beauvallon
S.¹ᵉ MAXIME
Golfe de S.¹ Tropez
Cap St. Pierre

Église romane
Enceinte
Grimaud
Port-Grimaud
la Foux
S.¹ TROPEZ
Cap de S.¹ Tropez
la Moutte
Plage des Salins

S.¹ Maur
les Crottes
Périer
Cogolin
Moulins
Marines de Cogolin
S.¹ Amé
Plage de Tahiti

89
S.¹ Marc
les Guiols
Rebois
Gassin
Enceinte
Ramatuelle
Pampelonne
Plage de Pampelonne

29
98
la Croix Valmer
Moulins de Paillas
les Tournels
Cap Camarat

Toulon
la Môle
les Pradels
528
la Bouilla baisse
l'Escalet (129)
Château Volterra

Col du Canadel (267)
Gigaro
la-Bastide-Blanche
Col de Collebasse
Plage de l'Escalet

39
Rayol
Cavalaire-sur-Mer
Baie de Cavalaire
Cap Cartaya
Plage de la Briande

559
Corniche des Maures
Cap Lardier

Cap Nègre

90
ILES
Phare du Titan

Grand-Avis
Ile du Levant
Héliopolis
P.ⁿᵗᵉ Maupertuis

D' HYERES

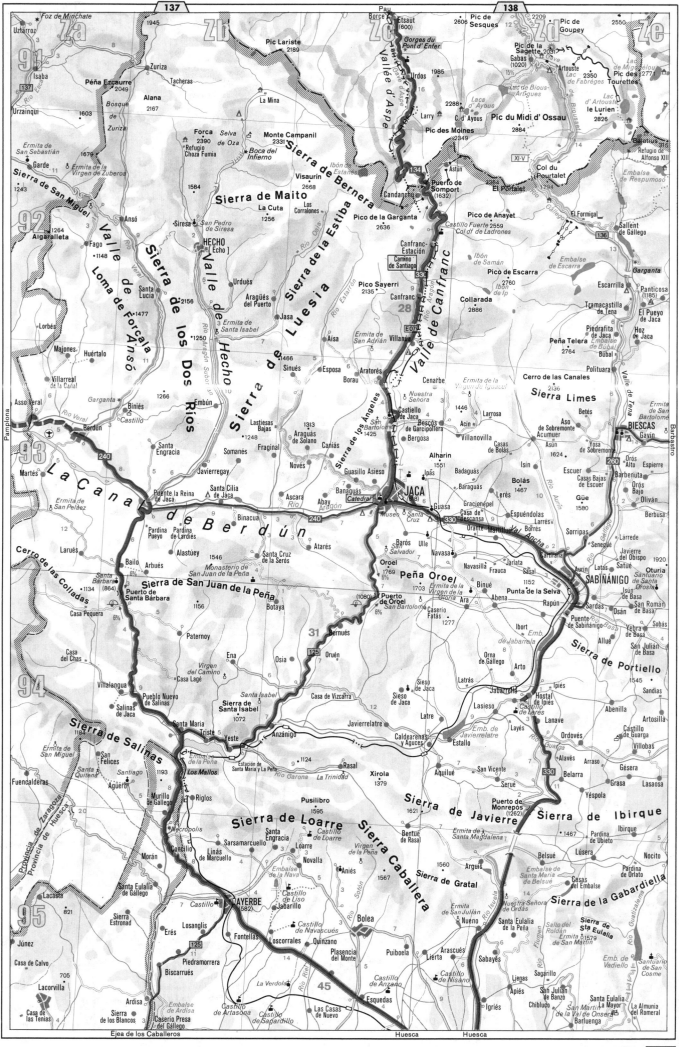

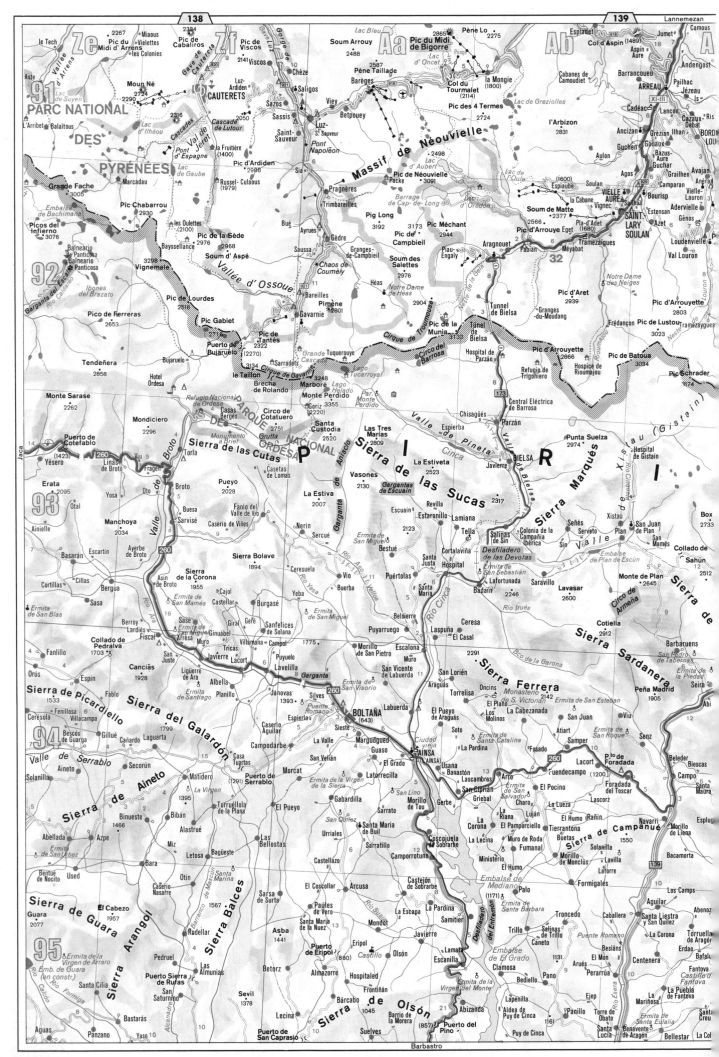

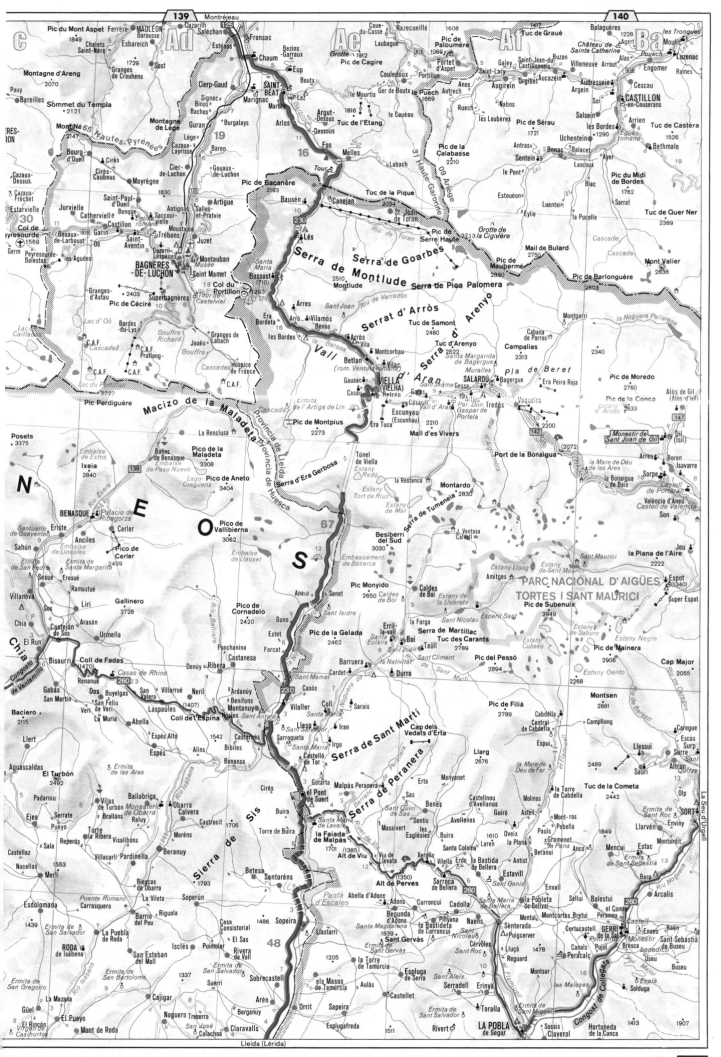

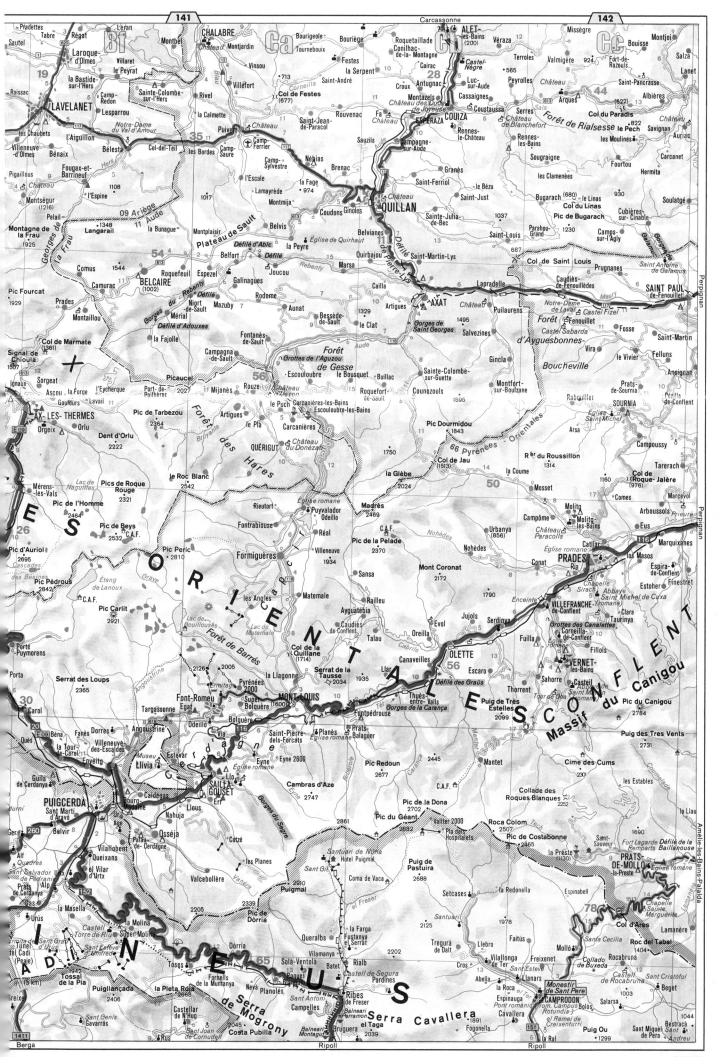

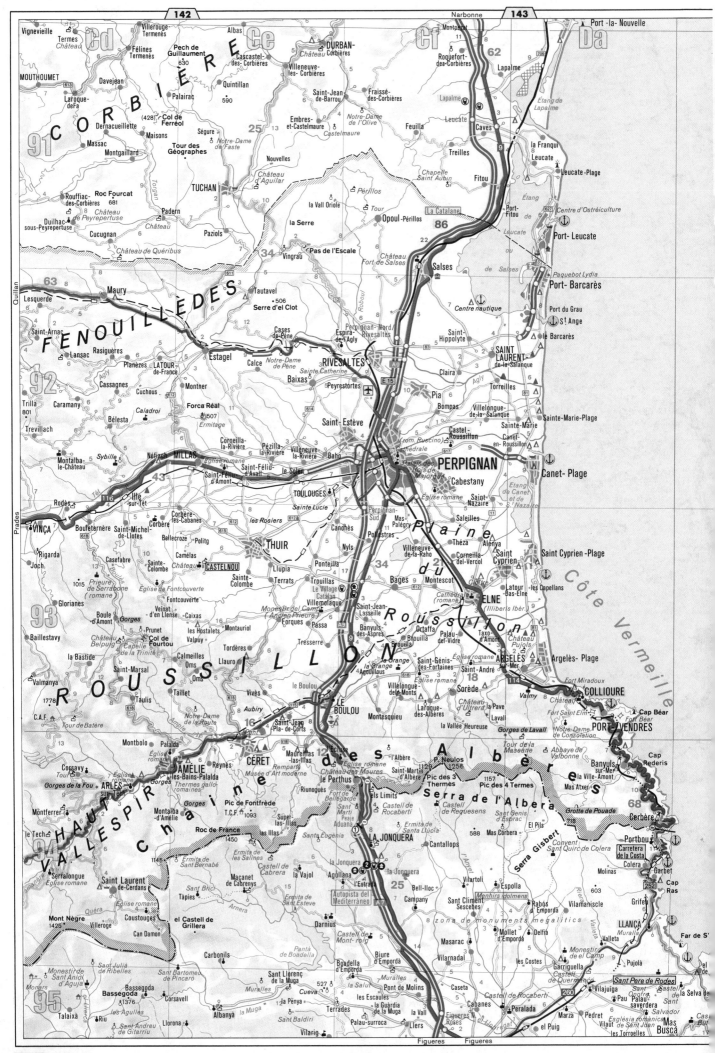

Illa
Cap Gros

va
Far de Creus
Cap
de
Creus

Illa
de Portlligat
Illa
Massina
Cadaqués
Museu
nyll
el Peni
Punta

Punta
di l'Acciolu

Anse
de Peraiola

Nice

Ile de
la Pietra

L'ILE
ROUSSE
one

S.Vicensu   Lozari

Guardiola

Ogliastro
11
Village
de Vacances

Punta
di Vallitone

Marine de Davia

Corbara

Monticello

M. Negr
300

Regino
396

Algajola   197

Marine de
Sant'Ambrogio

S.ta Reparata-
di-Balagna
Regino

Citadelle   14

Pigna

Couvent
de Corbara

Punta Spano

Baie
Agajo

Sant
Antonino
(497)
Trinite

Costa

Occhiatana

Belgodere
(310)

Palasca

Toccone

963

la Revellata

Golfe de
la Revellata

Punta
Caldanu   8

663
Aregno   71

Sant
La   (497)
Trinite

Bocca 9
Capann
844

Ville-de-Paraso

CALVI   Citadelle

Golfe de
Calvi   7

Lumio
San   Lavatoggio
Petru

Cateri
113

455   17

Spelancato
(550)   1285

928
1113

Grotte des
Veaux Marins

N.D.
de la Serra

Camp Raffalli

336

Avapessa
Murato

San
Raineru

Muro   Feliceto

Nessa

M. Tollu
1332

Pioggiola

Olmi-
Cappela   Vallica

Forcili

Punta Guale
de Nichiareto

Petra
Maio   8

451

Lunghignano
Cassano

Zilia

Montegrosso

Monte-
maggiore

Santa
Restituta
e

Mausoléo

Capo Cavallo

Sémaphore 295

Priugio

151

Moncale
Tarazone   CALENZANA
(300)

M. Grosso
1938

S. Parteo
1680

Melaja

Capu Pianu

848

Paese
Novu   Suarea   Mezzanodi

828

M. Terel
1310

Bocca di
Laggiarello
1232

Capu di
a Mursetta   256

San Quilcu   Baie
de Crovani   l'Argentella
813   Pieve

443

893

Chaos
de Bocca
Rezza   2144

Forêt de Tartagine

Capu
di l'Argentella   17

Chaos
de Bocca
Rezza

Calenzana

M. Corona   2305   Asco   147

Punta
di Ciuttone   122   Bocca Bassa

Golfe
de Galeria   Tour Maraghiu

Punta di Stollu

Olmu

Porta
Vecchia

Capu di Vegnu
1389

Maison forest.
de Bonifatu

Ref.
de Carrozzu

Pont
Génois

Forêt de
Cirque
de Bonifatu

Ref. Giunte

1487

Prezzuna

Punta a Scala
1409

(1450)
Haut
Asco
1951

a Muvrella
2145

P'au
Stagnu
Ref.
d'Altore

Capu Biancu
2562

Bergerie
de Galgh
1992

Punta
Palazzu

Baie
de
Focolara

Baie
d'Elbo

Capu Tondu
839   594

Chiorna

Tuarelli

Bocca

Capu
Stranciacone   2151

M. Cinto
2706

Scala di
S.ta Regina

Isola
di Gargali   Capu Licchia
639

La Scandola   408   Girolata

Capu
Manganellu
1023

Barghiana   Monte Estremo

Punta
Minuta 2540

2583

Lac
du Cinto   Ref. de l'Ercu   Bergerie
de Casta   Cascade

Corscia

Réserve
Naturelle   927

Forêt du Fangu   Paglia Orba
2525   2018   N I O L O   Lozzi   Poggio

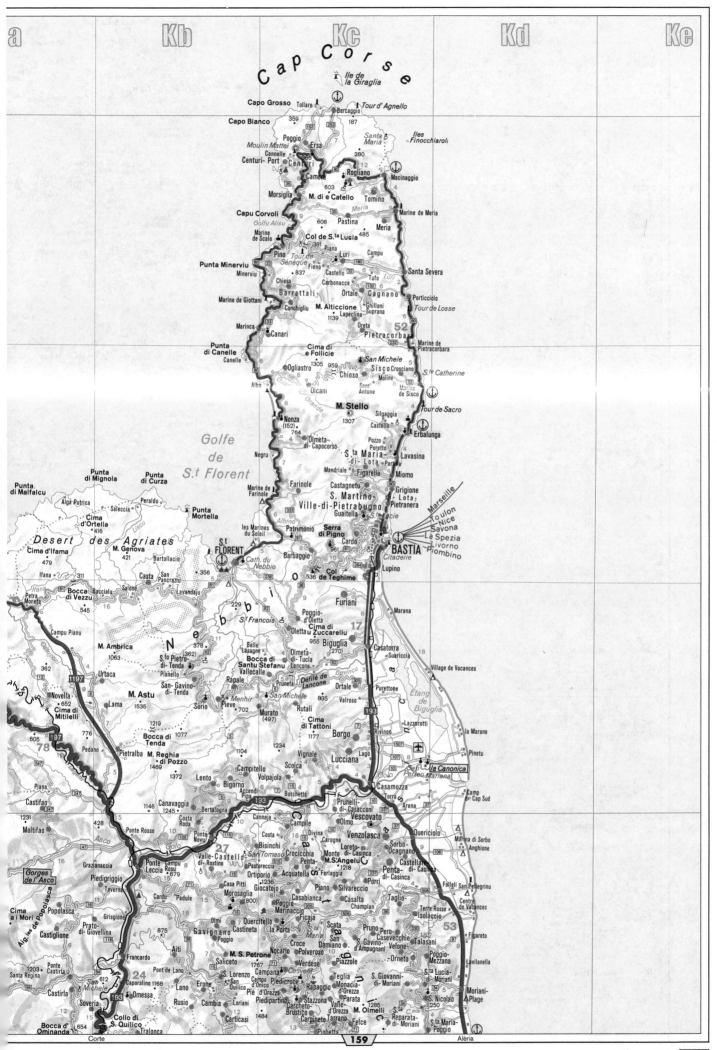

Cap Corse

Ile de la Giraglia

Capo Grosso   Tollare   Barcaggio   Tour d' Agnello
Capo Bianco   359   253   187
Poggio   Ersa   Santa Maria   Iles Finocchiaroli
Moulin Mattei   Cannelle   365   280
Centuri-Port   Centuri   12   Macinaggio
Camera   Rogliano
Morsiglia   603
M. di e Catello   Tomino
Capu Corvoli   Meria   Marine de Meria
Golfu Alisu   608   Pastina   Meria
Marine de Scalo   Col de S.ta Lucia   485
Pino   381   Piana   Luri   Campu
Punta Minerviu   Tour de Sénèque
Minerviu   837   Fieno   Castello   Tufo   Santa Severa
Chiesa   Carbonacce
Barrettali   Ortale   Cagnano
Marine de Giottani   Ghilloni   Porticciolo
Conchigliu   M. Alticcione   Suprana   Tour de Losse
1139   Lapeclina
Marinca   Oreta   52
Canari   Pietracorbara
Punta di Canelle   Cima di e Follicie   Marine de Pietracorbara
Canelle   1305   959   San Michele
Ogliastro   Sisco   Crosciano   S.te Catherine
Chioso   Moline
Albo   Sant Antone   Marine de Sisco
Ulcani   M. Stello   Tour de Sacro
Grande   1307   Silgaggia
Nonza   Castello   Erbalunga
(152)   764   Olmeta-di-Capocorso   Pozzo   Poretto   Lavasina

Golfe de S.t Florent

Negru   S.ta Maria di-Lota   Parille   Miomo
Mandriale   Figarella   Grigione di-Lota
Farinole   Castagnetu   Pietranera
Marine de Farinole   S. Martino-Ville-di-Pietrabugno
Punta di Mignola   Albino   Guaitella   S.te Lucie
Punta di Curza   333   Marseille
Punta di Malfalcu   Patrimonio   Serra di Pigno   Toulon
Alga Putrica   Peraldu   les Marines du Soleil   961   Cardo   Nice
Saleccia   Punta Mortella   81   Savona
Cima d'Ortella   Barbaggio   BASTIA   La Spezia
416   St FLORENT   Cath. du Nebbio   Citadelle   Livorno
Desert des Agriates   Col de Teghime   Piombino
Cima d'Ifama   M. Genova   356   536   Lupino
479   421   Casta   San Pancrazu
Ifana   311   Bartollaccia   238
Salone   Lavandaju   Furiani
Petra Moneta   Bocca di Vezzu   Baccialu   229   Marana
545   16   St François   Poggio-d'Oletta
Campu Pianu   Cima di Oletta   u Zuccarellu   17
362   M. Ambrica   378   955   Biguglia   Casatorra   Suariccia
1063   Belle Lasagne   (270)   18
S.to Pietro-di-Tenda   (362)   Olmeta-di-Tucla   Village de Vacances
Urtaca   Pianello   Bocca di Santu Stefanu   Lancone   Purettone
Novella   652   Vallecalle   Pruneta   Défilé de Lancone   Etang de Biguglia
1197   Rapale   San Michele   305   Ortale   Valroso
Cima di Mitilelli   M. Astu   Sorio   Pieve   835   193   Lazzarotti
Lama   1535   702   Rutali   la Marane
605   197   776   Murato   Cima di Tattoni   Rivinco   507
78   1219   (497)   1177   Borgo   Lago   Pinetu
547   Pedano   Bocca di Tenda   107   la Canonica
Piana   Pietralba   1077   1104   1234   Vignale   Lucciana   San Pietro Mariana
Castifao   M. Reghia di Pozzo   1469   1372   Scolca   Golo
247   Campitello   Volpajola   Casamozza   Camp di Cap Sud
1231   428   Lento   Bigorno   Accendi Pipa   Barchetta   Torra   Arena
Moltifao   1146   Canavaggia   Bertalogna   193   Prunelli-di-Casacconi   Vescovato   Quericiolo
1245   Costa Roda   Campile   Olmo   Marina di Sorbo   Anghione
Gorges de l' Asco   Ponte Rosso   Cannaja   Venzolasca   Sorbo-Ocagnano
16   27   Ponte Novu   Costa   Divina   Carogne   Loreto   Castellare di-Casinca
Grazianaccia   Campu Rosu   Bisinchi   Crocicchia   Monte di-Casinca   Penta-di-Casinca
Piedigriggio   Valle-Castello di-Rostino   San Tomaso   Penta   M.S'Angelu   1218   Folelli San Pellegrinu
Taverna   1236   Pastoreccia   Ferlaggia   Porri
Cima a i Mori   Cardu   Padule   Ortiporio   Casa Pitti   Piano   Silvareccio   Taglio   Terre Rosse Isolaccio
Popolasca   Giocatojo   Morosaglia   Casabianca   205   Centre de Vacances
Castiglione   Grisgione   (800)   Casalta   Champlan
Prato-di-Giovellina   875   Otmi   Poggio-Marinaccio   36
203   Gavignano   Quercitello   Ficaja   Scata   Pruno   53
Santa Regina   Aiti   la Porta   Castineta   Maria   Pero-   330   Figareto
Ponte Castirla   Poggio   Nocario   Croce   S. Damiano   Casevecchie   Poggio-Mezzana
Castirla   Francardo   M. S. Petrone   Polveroso   S.Gavino-d'Ampugnani   Vefone   Talasani   Lavilanella
Soveria   Saliceto   1767   Verdese   Piazzole   Orneto   182
612   Pont de Lano   Campana   Co.vent   34
Bocca d' Ominanda   S. Lorenzo   San Quilico   Campo d'Orico   Piedicroce   Rapaggio   Teglia   S. Giovanni-di-Moriani   S.ta Lucia-di-Moriani
654   Caporalino   1168   Lano   Erone   Pie d'Orezza   Monacia-d'Orezza   Stazzona   S. Nicolao   250
Collo di S. Quilico   Omessa   Rusio   Loriani   Piedipartino   Parata   Vale-   Moriani-Plage
1484   Cambia   Carcheto-   Tarrano   d'Orezza   S.ta Reparata-di-Moriani
Tralonca   Carticasi   Brustico   Carpineto   1285   M. Olmelli
Corte   13   Pinhetta   Felce   S.ta Maria-Poggio
159   Aléria

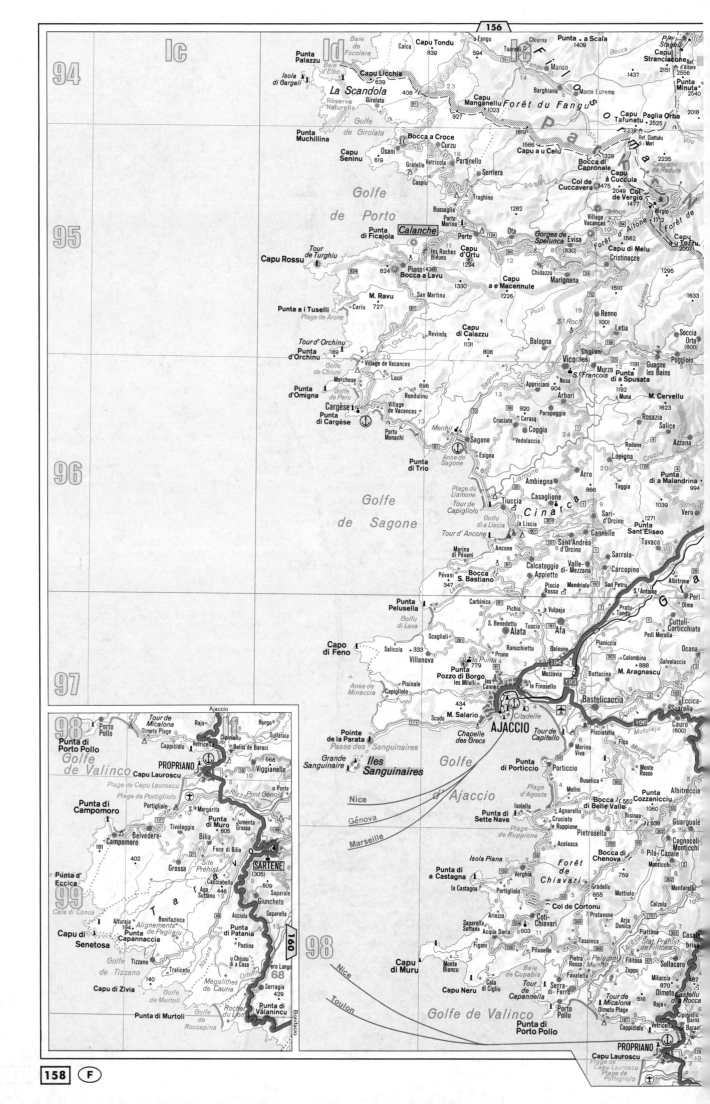

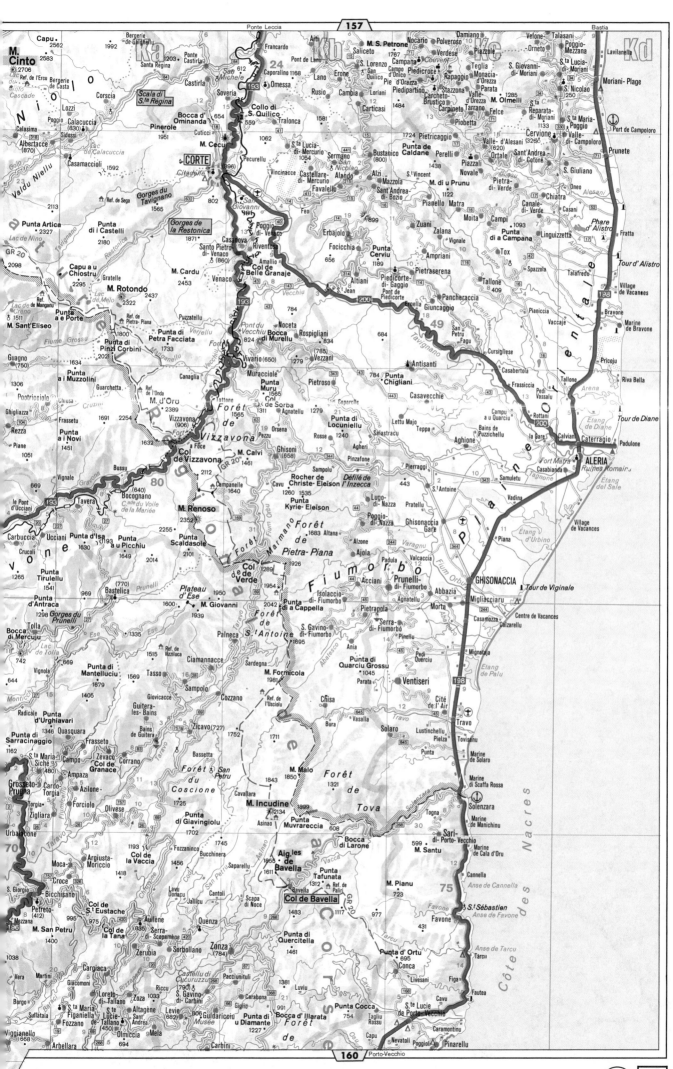

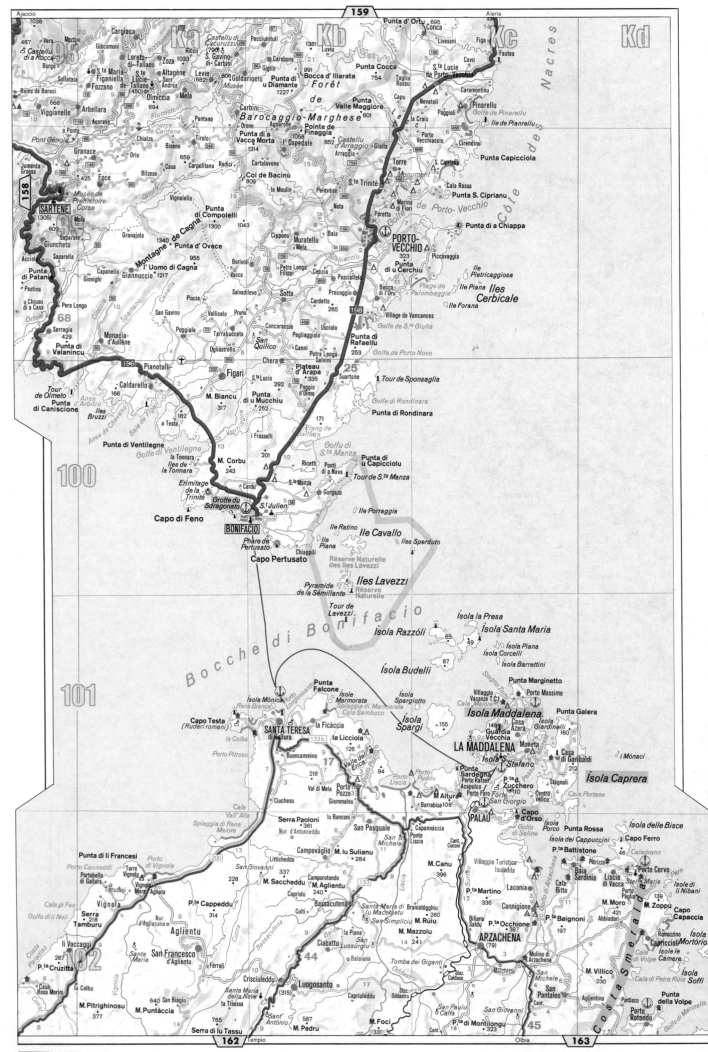

Index des localités · Plaatsnamenregister
Elenco dei nomi di località · Índice de poblaciones
Ortsnamenverzeichnis · Index of place names
Ortnamnsförteckning · Skorowidz miejscowości

Arles	**13**	131	Ed 86
①	②	③	④

①	②	③	④
Ⓕ Localité	Département	N° de page	Coordonnées
Ⓝ Plaatsnaam	Bestuursdistrict („Département")	Paginanummer	Zoekveld-gegevens
Ⓘ Località	Circondario amministrativo («Département»)	N° di pagina	Riquardo nel quale si trova il nome
Ⓔ Topónimo	Distrito («Département»)	Nro. de página	Coordenadas de la casilla de localización
Ⓓ Ortsname	Verwaltungseinheit („Département")	Seitenzahl	Suchfeldangabe
ⒼⒷ Place name	Administrative district ("Département")	Page number	Grid search reference
Ⓢ Ortnamn	Förvaltningsområde («Département»)	Sidnummer	Kartrutangivelse
Ⓟⓛ Nazwa miejscowości	Jednostka administracyjna („Département")	Numer strony	Wspóýrzňdne skorowidzowe

Les communes que vous trouvez dans l'index des localités sont normalement autonomes.

De in het register van plaatsnamen vermelde plaatsen zijn in de regel zelfstandig.

Le località indicate nel relativo elenco dei nomi di località sono di regola autonome.

Las poblaciones del indice de topónimos son por lo general independientes.

Die im Ortsnamenverzeichnis enthaltenen Orte sind in der Regel selbständig.

Due to space constraints the index is selective (only autonomous places).

Ortena som är upptagna i ortnamsförteckningen är vanligen autonoma.

Miejscowości zawarte w zkorowidzu sąz reguły samodzielnymi gminami.

②

01	Ain	33	Gironde	66	Pyrénées-Orientales
02	Aisne	34	Hérault	67	Bas-Rhin
03	Allier	35	Ille-et-Vilaine	68	Haut-Rhin
04	Alpes-de-Haute-Provence	36	Indre	69	Rhône
05	Hautes-Alpes	37	Indre-et-Loire	70	Haute-Saône
06	Alpes-Maritimes	38	Isère	71	Saône-et-Loire
07	Ardèche	39	Jura	72	Sarthe
08	Ardennes	40	Landes	73	Savoie
09	Ariège	41	Loir-et-Cher	74	Haute-Savoie
10	Aube	42	Loire	75	Paris
11	Aude	43	Haute-Loire	76	Seine-Maritime
12	Aveyron	44	Loire-Atlantique	77	Seine-et-Marne
13	Bouches-du-Rhône	45	Loiret	78	Yvelines
14	Calvados	46	Lot	79	Deux-Sèvres
15	Cantal	47	Lot-et-Garonne	80	Somme
16	Charente	48	Lozère	81	Tarn
17	Charente-Maritime	49	Maine-et-Loire	82	Tarn-et-Garonne
18	Cher	50	Manche	83	Var
19	Corrèze	51	Marne	84	Vaucluse
2A	Corse-du-Sud	52	Haute-Marne	85	Vendée
2B	Haute-Corse	53	Mayenne	86	Vienne
21	Côte-d'Or	54	Meurthe-et-Moselle	87	Haute-Vienne
22	Côtes-d'Armor	55	Meuse	88	Vosges
23	Creuse	56	Morbihan	89	Yonne
24	Dordogne	57	Moselle	90	Territoire-de-Belfort
25	Doubs	58	Nièvre	91	Essonne
26	Drôme	59	Nord	92	Hauts-de-Seine
27	Eure	60	Oise	93	Seine-St-Denis
28	Eure-et-Loir	61	Orne	94	Val-de-Marne
29	Finistère	62	Pas-de-Calais	95	Val-d'Oise
30	Gard	63	Puy-de-Dôme		
31	Haute-Garonne	64	Pyrénées-Atlantiques	(AND)	Andorra
32	Gers	65	Hautes-Pyrénées	(MC)	Monaco

A

Aast **64** 138 Zf 89
Abainville **55** 37 Fd 57
Abancourt **59** 8 Db 47
Abancourt **60** 16 Be 50
Abaucourt **54** 38 Gb 55
Abaucourt-Hautecourt **55** 37 Fd 53
Abbans-Dessous **25** 70 Ff 66
Abbans-Dessus **25** 70 Ff 66
Abbaretz **44** 60 Yc 63
Abbécourt **02** 18 Db 51
Abbecourt **60** 17 Ca 52
Abbenans **25** 70 Gc 64
Abbeville **80** 7 Bf 48
Abbéville-la-Rivière **91** 50 Ca 58
Abbéville-lès-Conflans **54** 37 Ff 53
Abbévillers **25** 71 Gf 64
Abbeville-Saint-Lucien **60** 17 Cb 51
Abeilhan **34** 143 Db 88
Abelcourt **70** 70 Gb 62
Abère **64** 138 Ze 88
Abergement-Clémenciat, L' **01** 94 Ef 72
Abergement-de-Varey, L' **01** 95 Fc 73
Abergement-la-Ronce **39** 83 Fc 66
Abergement-le-Grand **39** 83 Fe 67
Abergement-le-Petit **39** 83 Fe 67
Abergement-lès-Thésy **39** 84 Ff 67
Abergement-Sainte-Colombe, L' **71** 83 Fa 68
Abidos **64** 137 Zc 88
Abilly **37** 77 Ae 67
Abitain **64** 137 Za 88
Abjat-sur-Bandiat **24** 101 Ae 75
Ablaincourt-Pressoir **80** 18 Ce 49
Ablain-Saint-Nazaire **62** 8 Ce 46
Ablainzevelle **62** 8 Ce 48
Ablancourt **51** 36 Ed 56
Ableiges **95** 32 Bf 54
Ableuvenettes, Les **88** 55 Gb 59
Ablis **78** 32 Be 57
Ablon **14** 14 Ab 52
Aboncourt **54** 55 Ff 58
Aboncourt **57** 22 Gc 53
Aboncourt-sur-Seille **57** 38 Gc 56
Abondance **74** 97 Ge 71
Abondant **28** 32 Bc 56
Abos **64** 138 Zc 88
Abos **64** 138 Zf 88
Abreschviller **57** 39 Ha 57
Abrest **03** 92 Dc 72
Abrets, Les **38** 107 Fd 75
Abriès **05** 121 Gf 80
Abscon **59** 9 Db 46
Absie, L' **79** 75 Zc 69
Abzac **16** 89 Ae 72
Abzac **33** 99 Zf 78
Accolans **25** 71 Gd 64
Accolay **89** 67 De 63
Accons **07** 118 Ec 79
Accous **64** 137 Zc 91
Achain **57** 38 Gd 55
Achen **57** 39 Hb 54
Achenheim **67** 40 Hd 57
Achères **18** 65 Cc 65
Achères **28** 32 Bc 57
Achères **78** 33 Ca 55
Achères-la-Forêt **77** 50 Cd 58
Achery **02** 18 Dc 50
Acheux-en-Amiénois **80** 8 Cd 48
Acheux-en-Vimeu **80** 7 Be 48
Acheville **62** 8 Cf 46
Achey **70** 25 Fd 63
Achicourt **62** 8 Cd 47
Achiet-le-Grand **62** 8 Ce 48
Achiet-le-Petit **62** 8 Ce 48
Achun **58** 81 De 66
Achy **60** 16 Bf 51
Acigné **35** 45 Yc 60
Aclou **27** 31 Ae 53
Acon **27** 31 Ba 56
Acq **62** 8 Cd 46
Acqueville **14** 29 Zd 55
Acqueville **50** 12 Yb 51
Acquigny **27** 31 Bb 53
Acquin **62** 3 Ca 44
Acy **02** 18 Dc 52
Acy-en-Multien **60** 34 Cf 54
Acy-Romance **08** 19 Ec 51
Adaincourt **57** 38 Gc 54
Adainville **78** 32 Bd 56
Adam-lès-Passavant **25** 70 Cc 65
Adam-lès-Vercel **25** 70 Gc 65
Adamswiller **67** 39 Hb 55
Adelange **57** 38 Gd 54
Adelans **70** 70 Gc 62
Adervielle **65** 150 Ac 92
Adinfer **62** 8 Ce 47
Adissan **34** 143 Dc 87
Adjots, Les **16** 88 Ab 72
Adompt **88** 55 Gb 59
Adon **45** 66 Ce 62
Adrets-de-l'Esterel, Les **83** 148 Ge 87
Adriers **86** 89 Ae 71
Afa **2A** 158 Ie 97
Affieux **19** 102 Be 75
Affléville **54** 21 Fe 53
Affoux **69** 94 Ec 74
Affracourt **54** 55 Gb 58
Affringues **62** 3 Ca 43
Agassac **31** 140 Af 88
Agde **34** 143 Dc 89
Agel **34** 142 Cf 89
Agen **47** 125 Ad 83
Agencourt **21** 68 Ef 66
Agen-d'Aveyron **12** 115 Ce 82
Agenville **80** 7 Ca 47
Agenvillers **80** 7 Bf 47
Ageux, Les **60** 17 Cd 53
Ageville **52** 54 Fc 60
Agey **21** 68 Ee 65
Aghione **2B** 159 Kc 96
Agincourt **54** 38 Gb 56
Agmé **47** 112 Ac 82
Agnat **43** 104 Dc 76
Agneaux **50** 29 Yf 54
Agnetz **60** 17 Cc 52
Agnez-lès-Duisans **62** 8 Cd 47
Agnicourt-et-Séchelles **02** 19 Df 50
Agnières **62** 8 Cd 46
Agnières-en-Dévoluy **05** 120 Ff 80
Agnin **38** 106 Ef 76
Agnos **64** 137 Zc 90
Agny **62** 8 Cd 47
Agonac **24** 101 Ae 77
Agon-Coutainville **50** 28 Yc 54
Agonès **34** 130 De 85
Agonges **03** 80 Da 69
Agos **65** 150 Ac 91
Agos-Vidalos **65** 138 Zf 90
Agris **16** 88 Ab 74
Agudelle **17** 99 Zd 76
Aguessac **12** 129 Da 84
Aguilcourt **02** 19 Df 52
Aguts **81** 141 Bf 87
Agy **14** 13 Zb 53
Ahaxe-Alciette-Bascassan **64** 137 Yf 90
Ahetze **64** 136 Yc 88
Ahéville **88** 55 Gb 59
Ahuillé **53** 46 Za 60
Ahun **23** 90 Ca 72
Ahuy **21** 69 Fa 64
Aibes **59** 10 Ea 47
Aibre **25** 71 Ge 63
Aïcirits-Camou-Suhast **64** 137 Yf 88
Aiffres **79** 87 Zd 71
Aigle, L' **61** 31 Ad 56
Aiglemont **08** 20 Ee 50
Aiglepierre **39** 84 Fe 67
Aigleville **27** 32 Bc 54
Aiglun **06** 134 Gf 85
Aignay-le-Duc **21** 68 Ee 63
Aigne **34** 142 Ce 89
Aigné **72** 47 Aa 60
Aignerville **14** 13 Za 53
Aignes **31** 141 Bd 89
Aignes-et-Puypéroux **16** 100 Aa 76
Aigneville **80** 6 Bd 48
Aigny **51** 35 Eb 54
Aigonnay **79** 87 Ze 71
Aigre **16** 88 Aa 73
Aigrefeuille **31** 141 Bd 87
Aigrefeuille-d'Aunis **17** 86 Za 72
Aigrefeuille-sur-Maine **44** 60 Yd 66
Aigremont **30** 130 Ea 85
Aigremont **52** 54 Fe 60
Aigremont **78** 33 Ca 55
Aiguebelette-le-Lac **73** 108 Fe 75
Aiguebelle **73** 108 Gb 75
Aigueblanche **73** 108 Gd 75
Aiguefonde **81** 142 Cb 88
Aigueperse **63** 92 Db 72
Aigueperse **69** 94 Ec 71
Aigues-Juntes **09** 140 Bc 90
Aigues-Mortes **30** 144 Eb 87
Aigues-Vives **09** 141 Bf 91
Aigues-Vives **11** 142 Cd 89
Aigues-Vives **30** 130 Eb 86
Aigues-Vives **34** 142 Ce 88
Aiguèze **30** 131 Ed 83
Aiguilles **05** 121 Gf 80
Aiguillon **47** 112 Ac 83
Aiguillon, L' **09** 153 Bf 91
Aiguillon-sur-Mer, L' **85** 74 Ye 71
Aiguillon-sur-Vie, L' **85** 73 Yb 68
Aiguines **83** 133 Gb 86
Aigurande **36** 78 Be 70
Ailhon **07** 118 Ec 81
Aillant-sur-Milleron **45** 66 Cf 62
Aillant-sur-Tholon **89** 51 Dc 61
Aillas **33** 111 Zf 82
Ailleux **42** 93 Df 74
Aillevans **70** 70 Gc 63
Ailleville **10** 53 Ee 59
Aillevillers-et-Lyaumont **70** 55 Gc 61
Aillianville **52** 54 Fc 58
Ailloncourt **70** 70 Gc 62
Aillon-le-Vieux **73** 108 Ga 75
Ailly **27** 32 Bb 54
Ailly-le-Haut-Clocher **80** 7 Bf 48
Ailly-sur-Noye **80** 17 Cc 50
Ailly-sur-Somme **80** 7 Cb 49
Aimargues **30** 130 Eb 86
Aime **73** 109 Gd 75
Ainay-le-Château **03** 79 Ce 68
Ainay-le-Vieil **18** 79 Cd 68
Aincille **64** 137 Ye 90
Aincourt **95** 32 Be 54
Aincreville **55** 20 Fa 52
Aingeray **54** 38 Ga 56
Aingeville **88** 54 Fe 59
Aingoulaincourt **52** 54 Fb 58
Ainharp **64** 137 Za 89
Ainhice-Mongelos **64** 137 Yf 89
Ainhoa **64** 136 Yc 89
Ainvelle **70** 55 Gb 61
Ainvelle **88** 54 Ff 61
Airaines **80** 7 Bf 49
Airan **14** 30 Zf 54
Aire **08** 19 Eb 52
Airel **50** 13 Yf 53
Aires, Les **34** 143 Da 87
Aire-sur-l'Adour **40** 124 Ze 86
Aire-sur-la-Lys **62** 3 Cc 45
Airion **60** 17 Cc 52
Airon-Notre-Dame **62** 6 Bd 46
Airon-Saint-Vaast **62** 7 Bd 46
Airoux **11** 141 Bf 88
Airvault **79** 76 Zf 68
Aiserey **21** 69 Fa 65
Aisey-sur-Seine **21** 68 Ed 62
Aisonville-et-Bernoville **02** 18 Dd 49
Aissey **25** 70 Gc 65
Aisy-sous-Thil **21** 68 Eb 64
Aisy-sur-Armançon **89** 67 Eb 63
Aiti **2B** 157 Kb 94
Aiton **73** 108 Gb 75
Aix **19** 103 Cc 75
Aix-d'Angillon, Les **18** 65 Cd 65
Aix-en-Ergny **62** 7 Bf 45
Aix-en-Issart **62** 7 Be 46
Aix-en-Othe **10** 52 De 59
Aix-en-Provence **13** 146 Fc 87
Aixe-sur-Vienne **87** 89 Ba 74
Aix-la-Fayette **63** 104 Dd 75
Aix-les-Bains **73** 108 Ff 74
Aix-Noulette **62** 8 Ce 46
Aizac **07** 118 Ec 80
Aizanville **52** 53 Ef 60
Aize **36** 78 Be 66
Aizecourt-le-Bas **80** 8 Da 49
Aizecourt-le-Haut **80** 8 Cf 49
Aizelles **02** 19 De 52
Aizenay **85** 74 Yc 68
Aizier **27** 15 Ad 52
Aizy-Jouy **02** 18 Dd 52
Ajac **11** 141 Ca 90
Ajaccio **2A** 158 Ie 97
Ajain **23** 90 Bf 71
Ajat **24** 101 Ba 78
Ajou **27** 31 Ae 55
Ajoux **07** 118 Ed 80
Alaigne **11** 141 Ca 90
Alaincourt **02** 18 Dc 50
Alaincourt-la-Côte **57** 38 Gc 55
Alairac **11** 142 Cb 89
Alan **31** 140 Af 89
Alando **2B** 159 Kb 95
Alata **2A** 158 Ie 97
Alba-la-Romaine **07** 118 Ed 81
Alban **81** 128 Cc 85
Albaret-le-Comtal **48** 116 Da 79
Albaret-Sainte-Marie **48** 116 Db 79
Albas **11** 142 Ce 91
Albas **46** 113 Bb 82
Albé **67** 56 Hb 58
Albefeuille-Lagarde **82** 126 Bb 84
Albens **73** 96 Ff 74
Albepierre **15** 103 Ce 78
Albère, L' **66** 154 Cf 94
Albert **80** 8 Cd 48
Albertacce **2B** 159 If 95
Albertville **73** 108 Gc 74
Albestroff **57** 39 Gf 55
Albi **81** 127 Ca 85
Albiac **31** 141 Be 87
Albiac **46** 114 Be 80
Albias **82** 126 Bc 84
Albières **11** 153 Cc 91
Albiès **09** 152 Be 92
Albiez-le-Jeune **73** 108 Gc 77
Albigny **69** 94 Ec 74
Albignac **19** 102 Be 78
Albigny-sur-Saône **69** 94 Ee 73
Albine **81** 142 Cd 88
Albitreccia **2A** 159 If 97
Albon **07** 118 Ec 80
Albon **26** 106 Ef 77
Alboussière **07** 118 Ee 79
Albussac **19** 102 Bf 78
Alby-sur-Chéran **74** 96 Ga 74
Alçay-Alçabéhéty-Sunharette **64** 137 Za 90
Aldudes **64** 136 Yd 90
Alembon **62** 3 Bf 44
Alençon **61** 47 Aa 58
Alénya **66** 154 Cf 93
Aleria **2B** 159 Kd 96
Alès **30** 130 Ea 84
Alet-les-Bains **11** 142 Cb 91
Alette **62** 7 Be 45
Aleu **09** 152 Bb 91
Alex **74** 96 Gb 73
Alexain **53** 46 Zb 59
Algajola **2B** 156 If 93
Algans **81** 141 Bf 87
Algolsheim **68** 57 Hd 60
Algrange **57** 22 Ga 52
Alièze **39** 83 Fd 69
Alignan-du-Vent **34** 143 Dc 88
Alincourt **08** 19 Ec 52
Alincthun **62** 3 Be 44
Alise-Sainte-Reine **21** 68 Ec 63
Alissas **07** 118 Ed 80
Alix **69** 94 Ed 73
Alixan **26** 118 Fa 79
Alizay **27** 15 Bb 53
Allain **54** 37 Ff 57
Allaines **80** 8 Cf 49
Allaines-Mervilliers **28** 49 Be 59
Allainville **28** 32 Bb 56
Allainville **78** 49 Bf 58
Allaire **56** 59 Xf 63
Allamont **54** 37 Fe 54
Allan **26** 118 Ee 81
Allanche **15** 104 Cf 77
Alland'Huy-et-Sausseuil **08** 20 Ed 51
Allarmont **88** 56 Ha 58
Allas-Bocage **17** 99 Zd 76
Allas-Champagne **17** 99 Zd 76
Allas-les-Mines **24** 113 Ba 80
Allassac **19** 102 Bc 77
Allauch **13** 146 Fc 88
Allègre **30** 130 Eb 83
Allègre **43** 105 De 77
Alleins **13** 132 Fa 86
Allemagne-en-Provence **04** 133 Ga 86
Allemanche-Launay-et-Soyer **51** 35 De 57
Allemans **24** 100 Ab 77
Allemans-du-Dropt **47** 112 Ab 81
Allemant **02** 18 Dc 52
Allemant **51** 35 De 56
Allemont **38** 108 Ga 78
Allenay **80** 6 Bc 48
Allenc **48** 117 Dd 81
Allenjoie **25** 71 Gf 63
Allennes-les-Marais **59** 8 Cf 45
Allenwiller **67** 39 Hc 57
Allerey **21** 68 Ec 64
Allerey **21** 68 Ec 65
Allerey-sur-Saône **71** 83 Ef 67
Allériot **71** 82 Ef 68
Allery **80** 7 Bf 49
Alles-sur-Dordogne **24** 113 Af 79
Alleuds, Les **49** 61 Zd 65
Alleuds, Les **79** 88 Zf 72
Alleux, Les **08** 20 Ee 52
Alleuze **15** 116 Da 79
Allevard **38** 108 Ga 76
Allèves **74** 96 Ga 74
Allex **26** 118 Ef 80
Alleyrac **43** 117 Df 79
Alleyras **43** 117 De 79
Alleyrat **19** 103 Cb 75
Alleyrat **23** 91 Ca 73
Allez-et-Cazeneuve **47** 112 Ad 82
Alliancelles **51** 36 Ef 56
Allibaudières **10** 35 Ea 57
Allichamps **52** 36 Ef 57
Allier **65** 139 Aa 89
Allières **09** 140 Bc 90
Alliés, Les **25** 84 Gc 67
Alligny-Cosne **58** 66 Da 64
Allineuc **22** 43 Xa 59
Allinges **74** 96 Gc 71
Allogny **18** 65 Cb 65
Allondans **25** 71 Ge 63
Allondaz **73** 96 Gc 74
Allondrelle-la-Malmaison **54** 21 Fd 51
Allonne **60** 17 Ca 52
Allonne **79** 75 Zd 69
Allonnes **28** 49 Bd 59
Allonnes **49** 62 Aa 65
Allonnes **72** 47 Aa 61
Allons **04** 134 Gd 85
Allons **47** 124 Zf 83
Allonville **80** 7 Cc 49
Allonzier-la-Caille **74** 96 Ga 73
Allos **04** 134 Gd 83
Allouagne **62** 8 Cd 45
Alloue **16** 88 Ad 72
Allouis **18** 65 Cb 65
Allouville-Bellefosse **76** 15 Ae 51
Allues, Les **73** 109 Gd 76
Alluets-le-Roi, Les **78** 32 Bf 55
Alluy **58** 81 Dd 66
Alluyes **28** 49 Bc 59
Ally **15** 103 Cb 77
Ally **43** 104 Db 78
Almayrac **81** 127 Cb 84
Almenêches **61** 30 Aa 56
Almon-les-Junies **12** 115 Cb 81
Alos **09** 152 Ba 91
Alos **81** 127 Bf 84
Alos-Sibas-Abense **64** 137 Za 90
Alouette, L' **33** 111 Zb 80
Aloxe-Corton **21** 82 Ef 66
Alpes Maritimes 134 Ge 83
Alpuech **12** 115 Cf 80
Alquines **62** 3 Bf 44
Alrance **12** 128 Ce 84
Alsting **57** 39 Ha 53
Altagène **2A** 159 Ka 98
Alteckendorf **67** 40 Hd 56
Altenach **68** 71 Ha 63
Altenbach, Goldbach- **68** 56 Ha 61
Altenheim **67** 40 Hc 56
Althen-des-Paludes **84** 131 Ef 84
Altiani **2B** 159 Kb 95
Altier **48** 117 Df 82
Altillac **19** 114 Bf 79
Altkirch **68** 71 Hb 63
Altrippe **57** 39 Ge 54
Altviller **57** 39 Ge 54
Altwiller **67** 39 Gf 55
Aluze **71** 82 Ee 67
Alvignac **46** 114 Be 80
Alvimare **76** 15 Ad 51
Alzen **09** 140 Bc 91
Alzi **2B** 159 Kb 95
Alzing **57** 22 Gd 53
Alzon **30** 129 Dc 85
Alzonne **11** 141 Cb 89
Amage **70** 55 Gc 61
Amagne **08** 20 Ed 51
Amagney **25** 70 Ga 65
Amailloux **79** 75 Ze 68
Amance **10** 53 Ed 59
Amance **70** 70 Ga 62
Amancey **25** 84 Ga 66
Amancy **74** 96 Gb 72
Amange **39** 69 Fd 66
Amanlis **35** 45 Yd 61
Amanty **55** 54 Fd 57
Amanvillers **57** 38 Ga 53
Amanzé **54** 38 Gb 56
Amanzé **71** 93 Eb 71
Amareins-Francheleins-Cesseins **01** 94 Ee 72
Amarens **81** 127 Bf 84
Amathay-Vésigneux **25** 84 Gb 66
Amayé-sur-Orne **14** 29 Zd 54
Amayé-sur-Seulles **14** 29 Zb 54
Amazy **58** 67 Dd 64
Ambacourt **88** 55 Ga 58
Ambarès-et-Lagrave **33** 111 Zd 79
Ambax **31** 140 Af 88
Ambazac **87** 90 Bc 73
Ambel **38** 120 Ff 80
Ambenay **27** 31 Ae 56
Ambérac **16** 88 Aa 73
Ambérieu-en-Bugey **01** 95 Fc 73
Ambérieux-en-Dombes **01** 94 Ef 72
Ambernac **16** 88 Ad 73
Amberre **86** 76 Aa 68
Ambert **63** 105 De 75
Ambès **33** 99 Zc 78
Ambeyrac **12** 114 Bf 81
Ambialet **81** 128 Cc 85
Ambiegna **2A** 158 Ie 96
Ambierle **42** 93 Df 72
Ambiévillers **70** 55 Ga 61
Ambillou **37** 63 Ac 64
Ambillou-Château **49** 61 Zd 65
Amblagnieu, Porcieu- **38** 95 Fc 74
Amblainville **60** 33 Ca 53
Amblans-et-Velotte **70** 70 Gc 62
Ambleny **02** 18 Db 52
Ambléon **01** 95 Fd 74
Ambleteuse **62** 2 Bd 44
Ambleville **16** 99 Ze 75
Ambleville **95** 32 Be 54
Amblie **14** 13 Zd 53
Amblimont **08** 20 Fa 51
Ambloy **41** 63 Af 62
Ambly-Fleury **08** 20 Ec 52
Ambly-sur-Meuse **55** 37 Fc 54
Amboise **37** 63 Af 64
Ambon **56** 59 Xc 63
Ambonil **26** 118 Ef 80
Ambonnay **51** 35 Eb 54
Ambonville **52** 53 Fa 59
Ambrault **36** 78 Bf 68
Ambres **81** 127 Be 86
Ambricourt **62** 7 Cb 46
Ambrières **51** 36 Ef 57
Ambrières-les-Vallées **53** 46 Zc 58
Ambrines **62** 7 Cc 47
Ambronay **01** 95 Fc 73
Ambrugeat **19** 102 Ca 75
Ambrumesnil **76** 15 Af 49
Ambrus **47** 125 Ab 83
Ambutrix **01** 95 Fc 73
Amécourt **27** 16 Be 52
Amelécourt **57** 38 Gd 55
Amélie-les-Bains-Palalda **66** 154 Ce 94
Amendeuix-Oneix **64** 137 Yf 88
Amenoncourt **54** 39 Ge 57
Amenucourt **95** 32 Bd 54
Ames **62** 7 Cc 45
Amettes **62** 7 Cc 45
Ameugny **71** 82 Ee 69
Ameuvelle **88** 55 Ff 61
Amfréville **14** 14 Ze 53
Amfreville **50** 12 Yd 52
Amfreville-la-Campagne **27** 15 Af 53
Amfreville-la-Mi-Voie **76** 15 Ba 52
Amfreville-les-Champs **27** 16 Bb 53
Amfreville-les-Champs **76** 15 Ae 50
Amfreville-sous-les-Monts **27** 16 Bb 53
Amfreville-sur-Iton **27** 31 Ba 54
Amfroipret **59** 9 De 47
Amiens **80** 17 Cb 49
Amifontaine **02** 19 Df 52
Amigny **50** 12 Ye 54
Amigny-Rouy **02** 18 Db 51
Amillis **77** 34 Da 56
Amilly **28** 49 Bc 58
Amilly **45** 50 Ce 61
Amions **42** 93 Ea 73
Amirat **06** 134 Ge 85
Ammerschwihr **68** 56 Hb 60
Ammerzwiller **68** 71 Ha 62
Amné **72** 47 Zf 60
Amnéville **57** 22 Ga 53
Amoncourt **70** 70 Ga 62
Amondans **25** 84 Ga 66
Amorots-Succos **64** 137 Yf 88
Amou **40** 123 Zb 87
Ampilly-les-Bordes **21** 68 Ed 63
Ampilly-le-Sec **21** 68 Ed 62
Amplepuis **69** 93 Eb 73
Amplier **62** 7 Cc 48
Ampoigné **53** 46 Zb 62
Amponville **77** 50 Cd 59
Ampriani **2B** 159 Kc 95
Ampuis **69** 106 Ee 76
Ampus **83** 147 Gc 87
Amuré **79** 87 Zc 71
Amy **60** 18 Ce 51
Anais **16** 88 Ab 74
Anais **17** 86 Za 71
Anan **31** 140 Ae 88
Ance **64** 137 Zb 90
Anceaumeville **76** 15 Ba 51
Anceins **61** 31 Ad 55
Ancelle **05** 120 Gb 81
Ancemont **55** 37 Fc 54
Ancenis **44** 60 Ye 64
Ancerville **55** 36 Fa 57
Ancerville **57** 38 Gc 54
Ancerviller **54** 39 Gf 57
Ancey **21** 68 Ee 65
Anchamps **08** 20 Ee 49
Anché **37** 62 Ab 66
Anché **86** 88 Ab 70
Anchenoncourt-et-Chazel **70** 55 Ga 61
Ancienville **02** 34 Db 53
Ancier **70** 69 Fd 64
Ancinnes **72** 47 Ab 58
Ancizan **65** 150 Ac 91
Ancizes-Comps, Les **63** 91 Ce 73
Ancône **26** 118 Ee 81
Ancourt **76** 6 Bb 49
Ancourteville-sur-Héricourt **76** 15 Ad 50
Ancretteville-sur-Mer **76** 15 Ad 50
Ancteville **50** 28 Yd 54
Anctoville **14** 29 Zb 54
Ancy **69** 94 Ed 74
Ancy-le-Franc **89** 67 Eb 62
Ancy-le-Libre **89** 67 Ea 62
Ancy-sur-Moselle **57** 38 Ga 54
Andainville **80** 16 Be 49
Andance **07** 106 Ee 77
Andancette **26** 106 Ee 77
Andard **49** 61 Zd 64
Andé **27** 16 Bb 53
Andechy **80** 17 Ce 50
Andel **22** 27 Xc 58
Andelain **02** 18 Dc 51
Andelaroche **03** 93 De 71
Andelarre **70** 70 Ga 63
Andelarrot **70** 70 Ga 63
Andelat **15** 104 Da 78
Andelot-Blancheville **52** 54 Fb 59
Andelot-en-Montagne **39** 84 Ff 67
Andelot-Morval **39** 83 Fc 70
Andelu **78** 32 Be 55
Andelys, Les **27** 16 Bc 53
Andernay **55** 36 Ef 56
Andernos-les-Bains **33** 110 Yf 80
Anderny **54** 21 Ff 52
Andert-et-Condon **01** 95 Fd 74
Andeville **60** 17 Ca 53
Andigné **49** 61 Zb 63
Andillac **81** 127 Bf 85
Andilly **17** 86 Yf 71
Andilly **54** 37 Ff 56
Andilly **74** 96 Ga 72
Andilly **95** 33 Cb 54
Andilly-en-Bassigny **52** 54 Fd 61
Andiran **47** 125 Ab 84
Andlau **67** 56 Hc 58
Andoins **64** 138 Ze 89
Andolsheim **68** 57 Hc 60
Andon **06** 134 Ge 86
Andonville **45** 49 Ca 59
Andornay **70** 71 Gd 63
Andorra La Vella **(AND)** 152 Bd 93
Andouillé **53** 46 Zb 59
Andouque (Gaulène) **81** 128 Cc 84
Andouville-Neuville **35** 45 Yc 59
Andrein **64** 137 Za 88
Andres **62** 3 Bf 42
Andrest **65** 138 Aa 89
Andrésy **78** 33 Ca 55
Andrezé **49** 61 Za 65
Andrezel **77** 34 Ce 57
Andrézieux-Bouthéon **42** 105 Eb 75
Andryes **89** 67 Dc 63
Anduze **30** 130 Df 84
Anères **65** 139 Ac 90
Anet **28** 32 Bc 55
Anetz **44** 60 Yf 64
Angaïs **64** 138 Ze 89
Angé **41** 64 Bb 65
Angeac-Champagne **16** 99 Ze 75
Angeac-Charente **16** 99 Zf 75
Angecourt **08** 20 Ef 51
Angeduc **16** 99 Zf 76
Angely **89** 67 Ea 63
Angeot **90** 71 Ha 62
Angers **49** 61 Zc 64
Angerville **91** 49 Bf 59
Angerville-Bailleul **76** 15 Ac 50
Angerville-la-Campagne **27** 31 Ba 55
Angerville-la-Martel **76** 15 Ad 50
Angerville-l'Orcher **76** 14 Ab 51
Angervilliers **91** 33 Ca 57
Angeville **82** 126 Ba 84
Angevillers **57** 22 Ga 52
Angey **50** 28 Yd 56
Angicourt **60** 17 Cd 53
Angiens **76** 15 Ae 49
Angirey **70** 70 Fe 64
Angivillers **60** 17 Cd 52
Anglade **33** 99 Zc 77
Anglards-de-Saint-Flour **15** 116 Da 79
Anglards-de-Salers **15** 103 Cc 77
Anglars **12** 115 Cc 81
Anglars **12** 115 Ce 81
Anglars **12** 115 Ce 82
Anglars **46** 114 Bf 80
Anglars-Juillac **46** 113 Bb 82
Anglars-Nozac **46** 113 Bc 80
Anglars-Saint-Félix **12** 115 Cb 82
Anglefort **01** 95 Fe 73
Anglemont **88** 56 Ge 58
Angles **04** 134 Gd 85
Anglès **81** 142 Cd 87
Angles **85** 74 Yd 70
Angles, Les **65** 138 Aa 90
Angles, Les **66** 153 Ca 93
Anglesqueville-la-Bras-Long **76** 15 Ae 50
Anglesqueville-l'Esneval **76** 14 Ab 51
Angles-sur-Corrèze, Les **19** 102 Be 77
Angles-sur-l'Anglin **86** 77 Af 68
Anglet **64** 122 Yc 88
Angliers **17** 86 Za 71
Angliers **86** 76 Aa 67
Anglure **51** 35 De 57
Anglure-sous-Dun **71** 94 Ec 71
Angluzelles **51** 35 Df 57
Angoisse **24** 101 Ba 76
Angomont **54** 39 Gf 57
Angos **65** 139 Aa 89
Angoulême **16** 100 Aa 75
Angoulins **17** 86 Yf 72
Angoumé **40** 123 Yf 86
Angous **64** 137 Zb 89
Angoustrine-Villeneuve-des-Escaldes **66** 153 Bf 94
Angoville **14** 29 Zd 55
Angoville-au-Plain **50** 12 Ye 52
Angoville-sur-Ay **50** 12 Yc 53
Angresse **40** 122 Yd 87
Angrie **49** 61 Za 63
Anguerny **14** 13 Zd 53
Anguilcourt-le-Sart **02** 18 Dc 50
Angy **60** 17 Cb 53
Anhiers **59** 8 Da 46
Aniane **34** 129 Dd 86
Aniche **59** 9 Db 46
Anisy **14** 13 Zd 53
Anizy-le-Château **02** 18 Dc 51
Anjeux **70** 55 Gb 61
Anjou **38** 106 Ef 76
Anjouin **36** 64 Be 65
Anjoutey **90** 71 Gf 62
Anla **65** 139 Ad 90
Anlezy **58** 81 Dd 67
Anlhiac **24** 101 Ba 77
Annay **58** 66 Cf 63
Annay **62** 8 Cf 46
Annay-la-Côte **89** 67 Df 63
Annay-sur-Serein **89** 67 Df 62
Annebault **14** 14 Aa 53
Annecy **74** 96 Ga 73
Annelles **08** 20 Ec 52
Annemasse **74** 96 Gb 71
Annéot **89** 67 Df 63
Annepont **17** 87 Zc 73
Annequin **62** 8 Ce 45
Annesse-et-Beaulieu **24** 100 Ad 78
Annet-sur-Marne **77** 33 Ce 55
Anneux **59** 8 Da 48
Anneville-Ambourville **76** 15 Af 52
Annéville-la-Prairie **52** 53 Fa 59
Anneville-sur-Mer **50** 12 Yc 54
Anneville-sur-Scie **76** 15 Ba 49
Anneyron **26** 106 Ef 77
Annezay **17** 87 Zb 69
Annezin **62** 8 Cd 45
Annœulin **59** 8 Cf 45
Annoire **39** 83 Fb 67
Annois **02** 18 Db 50
Annoisin-Chatelans **38** 95 Fb 74
Annoix **18** 79 Cd 67
Annonay **07** 106 Ed 77
Annonville **52** 54 Fb 58
Annot **04** 134 Gd 85
Annouville-Vilmesnil **76** 15 Ac 50
Annoux **89** 67 Ea 63
Annoville **50** 28 Yc 55
Anor **59** 9 Ea 49
Anos **64** 138 Ze 88
Anost **65** 139 Aa 88
Anost **71** 81 Ea 66
Anould **88** 56 Gf 59
Anoux **54** 21 Ff 53
Anoye **64** 138 Zf 88
Anquetierville **76** 15 Ad 51
Anrosey **52** 54 Fe 61
Ansacq **60** 17 Cc 52
Ansac-sur-Vienne **16** 88 Ad 73
Ansan **32** 125 Ae 86
Ansauville **54** 37 Fe 56
Ansauvillers **60** 17 Cc 51
Anse **69** 94 Ee 73
Anserville **60** 17 Cb 53
Ansignan **66** 153 Cd 92
Ansouis **84** 132 Fc 86
Anstaing **59** 8 Db 45
Antagnac **47** 111 Aa 82
Anterrieux **15** 116 Da 79
Anteuil **25** 71 Gd 64
Antezant-la-Chapelle **17** 87 Zd 73
Anthé **47** 113 Af 82
Anthelupt **54** 38 Gc 57
Anthenay **51** 35 De 54
Antheny **08** 19 Eb 49
Anthéor **83** 148 Gf 88
Antheuil **21** 68 Ee 65
Antheuil-Portes **60** 17 Ce 52
Anthien **58** 67 De 65

162 (F) **Aast — Anthien**

Anthon **38** 95 Fb 74
Antibes **06** 134 Ha 87
Antichan **65** 139 Ad 91
Antichan-de-Frontignes **31** 139 Ae 91
Antignac **15** 103 Cd 76
Antignac **17** 99 Zc 75
Antignac **31** 151 Ad 92
Antigny **85** 75 Zb 69
Antigny **86** 77 Af 69
Antilly **57** 38 Gb 53
Antilly **60** 34 Cf 54
Antin **65** 139 Ab 89
Antisanti **2B** 159 Kc 95
Antist **65** 139 Aa 90
Antogny **37** 77 Ad 67
Antoigné **49** 62 Zf 66
Antoigny **61** 29 Zd 57
Antoingt **63** 104 Db 75
Antonaves **05** 133 Fe 83
Antonne-et-Trigonant **24** 101 Ae 77
Antony **92** 33 Cb 56
Antorpe **25** 70 Fe 65
Antraigues-sur-Volane **07** 118 Ec 80
Antrain **35** 28 Yd 58
Antran **86** 77 Ad 67
Antras **09** 151 Af 91
Antras **09** 152 Bd 91
Antras **32** 125 Ac 86
Antrenas **48** 116 Db 81
Antugnac **11** 153 Cb 91
Antully **71** 82 Ec 67
Anvéville **76** 15 Ae 50
Anville **16** 87 Zf 74
Anvin **62** 7 Cb 46
Any-Martin-Rieux **02** 19 Eb 49
Anzat-le-Luguet **63** 104 Da 77
Anzeling **57** 22 Gc 53
Anzême **23** 90 Bf 71
Anzex **47** 112 Aa 83
Anzin **59** 9 Dd 46
Anzin **62** 8 Cd 47
Anzy-le-Duc **71** 93 Ea 71
Aoste **38** 107 Fd 75
Aougny **51** 35 De 53
Aoury **57** 38 Gc 54
Aouste **08** 19 Eb 50
Aouste-sur-Sye **26** 118 Fd 80
Aouze **88** 54 Ff 58
Apach **57** 22 Gc 52
Apchat **63** 104 Da 76
Apchon **15** 103 Ce 77
Appelle **81** 141 Bf 87
Appenai-sous-Bellême **61** 48 Ad 58
Appenans **25** 71 Gd 64
Appenwihr **68** 57 Hc 60
Appeville **50** 12 Yd 53
Appeville-Annebault **27** 15 Ad 53
Appietto **2A** 158 Ie 96
Appilly **60** 18 Da 51
Appoigny **89** 51 Dd 61
Apprieu **38** 107 Fd 76
Appy **09** 153 Be 92
Apremont **01** 95 Fe 71
Apremont **08** 20 Ef 53
Apremont **60** 17 Cd 53
Apremont **70** 69 Fd 64
Apremont **85** 74 Yb 68
Apremont-la-Forêt **55** 37 Fd 55
Apremont-sur-Allier **18** 80 Da 67
Aprey **52** 69 Fb 62
Apt **84** 132 Fc 85
Arabaux **09** 141 Bd 91
Arâches **74** 97 Gd 72
Aragnouet **65** 150 Ab 92
Aragon **11** 142 Cb 89
Aramits **64** 137 Zb 90
Aramon **30** 131 Ee 85
Aranc **01** 95 Fd 73
Arandon **38** 107 Fc 74
Araujuzon **64** 137 Zb 88
Araules **43** 105 Eb 78
Araux **64** 137 Zb 88
Arbanats **33** 111 Zd 80
Arbas **31** 140 Af 91
Arbellara **2A** 159 If 98
Arbent **01** 95 Fe 71
Arbéost **65** 138 Ze 91
Arbignieu **01** 95 Fd 74
Arbigny-sous-Varennes **52** 54 Fd 61
Arbin **73** 108 Ga 75
Arbis **33** 111 Ze 80
Arblade-le-Bas **32** 124 Ze 86
Arblade-le-Haut **32** 124 Zf 86
Arbois **39** 84 Fe 67
Arbon **31** 139 Ae 90
Arbonne **64** 136 Yc 88
Arbonne-la-Forêt **77** 50 Cd 58
Arboras **34** 129 Dc 86
Arbori **2A** 158 Ie 96
Arbot **52** 53 Fa 61
Arboucave **40** 124 Zd 87
Arbouet-Sussaute **64** 137 Yf 88
Arbourse **58** 66 Db 65
Arboussols **66** 153 Cc 93
Arbresle, L' **69** 94 Ed 74
Arbrissel **35** 45 Ye 61
Arbus **64** 138 Zc 89
Arbusigny **74** 96 Gb 72
Arcachon **33** 110 Ye 81
Arçais **79** 87 Zb 71
Arcambal **46** 114 Bd 82
Arcangues **64** 136 Yc 88
Arçay **18** 79 Cc 67
Arçay **86** 76 Aa 67
Arceau **21** 69 Fb 64
Arcenant **21** 68 Ef 66
Arc-en-Barrois **52** 53 Fa 61
Arcens **07** 118 Eb 79
Arces **17** 98 Za 75
Arces-Dilo **89** 52 Dd 60
Arc-et-Senans **25** 84 Fe 66
Arcey **21** 68 Ee 65
Arcey **25** 71 Gd 63
Archail **04** 133 Gc 84
Archamps **74** 96 Ga 72
Archelange **39** 69 Fd 66
Arches **15** 103 Cb 77
Arches **88** 55 Gd 60
Archettes **88** 55 Gd 60
Archiac **17** 99 Ze 75
Archignac **24** 101 Bb 78
Archignat **03** 91 Cc 70
Archigny **86** 76 Ad 69
Archingeay **17** 87 Zb 73
Archon **02** 19 Ea 50
Arcins **33** 99 Zb 78
Arcis-le-Ponsart **51** 19 De 53
Arcis-sur-Aube **10** 35 Ea 57
Arcizac-Adour **65** 138 Aa 90
Arcizac-ez-Angles **65** 138 Aa 90
Arcizans-Avant **65** 138 Zf 91
Arcizans-Dessus **65** 138 Zf 91
Arc-lès-Gray **70** 69 Fd 64
Arcomps **18** 79 Cc 68
Arçon **25** 84 Gc 67
Arcon **42** 93 Df 72
Arconcey **21** 68 Ec 65
Arçonnay **72** 47 Aa 58
Arconsat **63** 93 De 73
Arconville **10** 53 Ee 60
Arcs, Les **83** 148 Gc 88
Arc-sous-Cicon **25** 84 Gc 66
Arc-sous-Montenot **25** 84 Ga 67
Arc-sur-Tille **21** 69 Fb 64
Arcy-Sainte-Restitue **02** 18 Dc 53
Arcy-sur-Cure **89** 67 De 63
Ardelles **28** 31 Bb 57
Ardelu **28** 49 Bf 58
Ardenais **18** 79 Cc 69
Ardenay-sur-Mérize **72** 47 Ac 61
Ardentes **36** 78 Be 68
Ardes **63** 104 Da 76
Ardeuil-et-Montfauxelles **08** 20 Ee 53
Ardiège **31** 139 Ad 90
Ardilleux **79** 88 Zf 72
Ardillières **17** 86 Za 72
Ardin **79** 75 Zc 70
Ardizas **32** 126 Ba 86
Ardoix **07** 106 Ee 77
Ardon **39** 84 Ff 68
Ardon **45** 64 Bf 62
Ardouval **76** 16 Bb 50
Ardres **62** 3 Bf 43
Aregno **2B** 156 If 93
Areines **41** 48 Ba 62
Aren **64** 137 Zb 89
Arengosse **40** 123 Zb 84
Arenthon **74** 96 Gb 72
Arès **33** 110 Yf 80
Aresches **39** 84 Ff 67
Aressy **64** 138 Ze 89
Arette **64** 137 Zb 90
Arette-Pierre-Saint-Martin **64** 137 Zb 91
Arfeuille-Châtain **23** 91 Cc 72
Arfeuilles **03** 92 De 72
Arfons **81** 141 Cb 88
Argagnon **64** 137 Zb 88
Arganchy **14** 13 Zb 53
Argançon **10** 53 Ed 59
Argancy **57** 38 Gb 53
Argein **09** 151 Af 91
Argelès **65** 139 Ab 90
Argelès-Gazost **65** 138 Zf 90
Argelès-sur-Mer **66** 154 Da 93
Argeliers **11** 142 Cf 89
Argelliers **34** 130 De 86
Argelos **40** 123 Zc 87
Argelos **64** 138 Zd 88
Argelouse **40** 111 Zc 82
Argences **14** 30 Zf 54
Argens-Minervois **11** 142 Ce 89
Argentan **61** 30 Zf 56
Argentat **19** 102 Bf 78
Argentenay **89** 67 Ea 62
Argenteuil **95** 33 Cb 55
Argenteuil-sur-Armançon **89** 67 Ea 62
Argentière-la-Bessée, l' **05** 121 Gd 80
Argentières **77** 34 Cf 57
Argentine **73** 108 Gb 76
Argenton **47** 112 Aa 82
Argenton-Château **79** 75 Zd 67
Argenton-l'Église **79** 76 Ze 66
Argenton-Notre-Dame **53** 46 Zc 62
Argenton-sur-Creuse **36** 78 Bd 69
Argentré **53** 46 Zc 60
Argentré-du-Plessis **35** 45 Yf 60
Argent-sur-Sauldre **18** 65 Cc 63
Argenvières **18** 66 Da 66
Argenvilliers **28** 48 Af 59
Argers **51** 36 Ef 54
Arget **64** 124 Zc 87
Argiésans **90** 71 Ge 63
Argillières **70** 69 Fd 62
Argilliers **30** 131 Ec 85
Argilly **21** 83 Fa 66
Argis **01** 95 Fc 73
Argiusta-Moriccio **2A** 159 Ka 98
Argœuves **80** 7 Cb 49
Argol **29** 24 Ve 59
Argonay **74** 96 Ga 73
Argouges **50** 28 Yd 57
Argoules **80** 7 Be 46
Argueil **76** 16 Bd 51
Arguel **25** 70 Ga 65
Arguel **80** 16 Be 49
Arguenos **31** 139 Ae 91
Argut-Dessous **31** 151 Ae 91
Argy **36** 78 Bc 67
Arhansus **64** 137 Yf 89
Ariès-Espénan **65** 139 Ad 89
Arifat **81** 128 Cc 86
Arignac **09** 152 Bd 91
Arinthod **39** 95 Fd 70
Arith **73** 96 Ga 74
Arjuzanx **40** 123 Za 84
Arlanc **63** 105 De 76
Arlay **39** 83 Fd 68
Arlebosc **07** 106 Ed 78
Arles **13** 131 Ed 86
Arles-sur-Tech **66** 154 Cd 94
Arlet **43** 104 Dc 78
Arleuf **58** 81 Ea 66
Arleux **59** 8 Da 47
Arleux-en-Gohelle **62** 8 Cf 46
Arlos **31** 151 Ae 91
Armaillé **49** 60 Yf 62
Armancourt **80** 17 Ce 50
Armaucourt **54** 38 Gb 56
Armbouts-Cappel **59** 3 Cc 43
Armeau **89** 51 Db 60
Armendarits **64** 137 Ye 89
Armentières **59** 4 Cf 44
Armentières-en-Brie **77** 34 Da 55
Armentières-sur-Avre **27** 31 Ae 56
Armentières-sur-Ourcq **02** 34 Dc 53
Armentieux **32** 139 Aa 87
Armes **58** 67 Dd 64
Armillac **47** 112 Ac 81
Armissan **11** 143 Da 89
Armix **01** 95 Fd 73
Armous-et-Cau **32** 125 Ab 87
Armoy **74** 96 Gd 70
Arnac **15** 103 Cb 78
Arnac-la-Poste **87** 90 Bc 71
Arnac-Pompadour **19** 101 Bc 76
Arnac-sur-Dourdou **12** 129 Cf 86
Arnage **72** 47 Ab 61
Arnancourt **52** 53 Ef 58
Arnas **69** 94 Ee 72
Arnas, Les **69** 94 Ed 73
Arnaud-Guilhem **31** 140 Af 90
Arnave **09** 152 Bd 91
Arnaville **54** 38 Ga 54
Arnay-le-Duc **21** 67 Ec 66
Arnayon **26** 119 Fb 82
Arnay-sous-Vitteaux **21** 68 Ec 64
Arné **65** 139 Ad 89
Arnéguy **64** 137 Ye 90
Arnèke **59** 3 Cc 43
Arnicourt **08** 19 Ec 51
Arnières-sur-Iton **27** 31 Ba 55
Arnos **64** 138 Zc 89
Arnouville-lès-Gonesse **95** 33 Cc 55
Arnouville-lès-Mantes **78** 32 Be 55
Aroffe **88** 55 Ff 58
Aromas **39** 95 Fc 71
Aroz **70** 70 Ga 63
Arpaillargues-et-Aureillac **30** 131 Ec 84
Arpajon **91** 33 Cb 57
Arpajon-sur-Cère **15** 115 Cc 79
Arpavon **26** 119 Fb 82
Arpenans **70** 70 Gc 63
Arpheuilles **18** 79 Cd 68
Arpheuilles **36** 78 Bb 67
Arpheuilles-Saint-Priest **03** 91 Ce 71
Arphy **30** 129 Dd 84
Arquenay **53** 46 Zc 61
Arques **11** 153 Cc 91
Arques **12** 115 Ce 83
Arques **62** 3 Cb 44
Arques, les **46** 113 Bb 81
Arques-la-Bataille **76** 16 Ba 49
Arquettes-en-Val **11** 142 Cd 90
Arquèves **80** 7 Cc 48
Arquian **58** 66 Cf 63
Arracourt **54** 38 Gd 56
Arradon **56** 58 Xb 63
Arraincourt **57** 38 Gd 55
Arrancy-sur-Crusne **55** 21 Fd 52
Arrans **21** 68 Eb 62
Arras **62** 8 Ce 47
Arras-en-Lavedan **65** 138 Zf 91
Arras-sur-Rhône **07** 106 Ee 78
Arrast-Larrebieu **64** 137 Zb 89
Arraute-Charritte **64** 137 Yf 88
Array-et-Han **54** 38 Gb 55
Arrayou-Lahitte **65** 138 Aa 90
Arre **30** 129 Dd 85
Arreau **65** 150 Ac 91
Arrelles **10** 52 Eb 60
Arrembécourt **10** 52 Ed 57
Arrènes **23** 90 Bd 72
Arrens-Marsous **65** 138 Ze 91
Arrentès-de-Corcieux **88** 56 Gf 60
Arrentières **10** 53 Ee 59
Arrest **80** 6 Bd 48
Arreux **08** 20 Ed 50
Arriance **57** 38 Gd 54
Arricau-Bordes **64** 138 Zf 88
Arrien **09** 151 Ba 91
Arrigas **30** 129 Dc 85
Arrigny **51** 36 Ee 57
Arro **2A** 158 Ie 96
Arrodets **65** 139 Ab 90
Arrodets-ez-Angles **65** 138 Aa 90
Arromanches-les-Bains **14** 13 Zc 52
Arronnes **03** 92 Dd 72
Arronville **95** 33 Ca 53
Arros **64** 137 Yf 89
Arros-de-Nay **64** 138 Ze 89
Arrosès **64** 124 Zf 87
Arrou **28** 48 Ba 60
Arrouède **32** 139 Ad 88
Arrout **09** 151 Ba 91
Arry **57** 38 Ga 54
Arry **80** 7 Be 47
Ars **16** 87 Zd 75
Ars **23** 90 Ca 72
Arsac **33** 99 Zb 79
Arsac-en-Velay **43** 117 Df 79
Arsague **40** 123 Zb 87
Arsans **70** 69 Fd 64
Ars-en-Ré **17** 86 Yc 71
Ars-Laquenexy **57** 38 Gb 54
Ars-les-Favets **63** 91 Ce 71
Arsonval **10** 53 Ed 59
Ars-sur-Formans **01** 94 Ee 73
Ars-sur-Moselle **57** 38 Ga 54
Arsure-Arsurette **39** 84 Ga 68
Arsures, Les **39** 84 Fe 67
Arsy **60** 17 Ce 52
Artagnan **65** 138 Aa 88
Artaise-le-Vivier **08** 20 Ef 51
Artaix **71** 93 Ea 71
Artalens-Souin **65** 138 Zf 91
Artannes-sur-Indre **37** 63 Ad 65
Artannes-sur-Thouet **49** 62 Zf 65
Artas **38** 107 Fa 75
Artassenx **40** 124 Zd 85
Artemare **01** 95 Fe 73
Artemps **02** 18 Db 50
Artenay **45** 49 Bf 60
Arthaz-Pont-Notre-Dame **74** 96 Gb 72
Arthel **58** 66 Dc 65
Arthenac **17** 99 Ze 75
Arthenas **39** 83 Fd 69
Arthès **81** 128 Cb 85
Arthez-d'Armagnac **40** 124 Ze 85
Arthez-d'Asson **64** 138 Ze 90
Arthez-de-Béarn **64** 138 Zc 88
Arthezé **72** 47 Zf 62
Arthies **95** 32 Be 54
Arthon **36** 78 Be 68
Arthon-en-Retz **44** 59 Ya 66
Arthonnay **89** 52 Eb 61
Arthun **42** 93 Ea 74
Artigat **09** 140 Bc 90
Artignosc-sur-Verdon **83** 133 Ga 86
Artigue **31** 151 Ad 92
Artigueloutan **64** 138 Ze 89
Artiguelouve **64** 138 Zd 89
Artiguemy **65** 139 Ab 90
Artigues **09** 153 Ca 92
Artigues **11** 153 Cb 92
Artigues **47** 125 Ac 84
Artigues **65** 138 Aa 90
Artigues **83** 147 Fe 87
Artigues-de-Lussac, les **33** 99 Zf 79
Artigues-près-Bordeaux **33** 111 Zd 79
Artins **41** 63 Ae 62
Artix **09** 141 Bd 90
Artix **64** 138 Zc 88
Artolsheim **67** 57 Hd 59
Artonges **02** 34 Dd 55
Artres **59** 9 Dd 47
Art-sur-Meurthe **54** 38 Gb 57
Artzenheim **68** 57 Hd 60
Arudy **64** 138 Zd 90
Arue **40** 124 Zd 84
Arvant **43** 104 Db 76
Arvert **17** 86 Yf 74
Arveyres **33** 111 Ze 79
Arvieu **12** 128 Cd 83
Arvieux **05** 121 Ge 80
Arvigna **09** 141 Be 90
Arvillard **73** 108 Ga 76
Arville **41** 48 Af 60
Arville **77** 50 Cd 59
Arvillers **80** 17 Cd 50
Arx **40** 125 Aa 84
Arzacq-Arraziguet **64** 124 Zd 87
Arzal **56** 59 Xd 63
Arzano **29** 42 Wd 61
Arzay **38** 107 Fa 76
Arzembouy **58** 66 Dc 65
Arzenc-d'Apcher **48** 116 Da 79
Arzenc-de-Randon **48** 117 Dd 81
Arzens **11** 141 Cb 89
Arzillières-Neuville **51** 52 Ed 57
Arzon **56** 58 Xa 63
Arzviller **57** 39 Ha 56
Asasp-Arros **64** 137 Zc 90
Ascain **64** 136 Yc 88
Ascarat **64** 137 Ye 89
Aschères-le-Marché **45** 49 Ca 60
Asco **2B** 156 Ka 94
Ascou **09** 153 Bf 92
Ascoux **45** 50 Cb 60
Ascros **06** 134 Ha 85
Asfeld **08** 19 Ea 52
Aslonnes **86** 76 Ac 70
Asnan **58** 67 Dd 65
Asnans-Beauvoisin **39** 83 Fc 67
Asnelles **14** 13 Zc 52
Asnières **27** 14 Ac 53
Asnières-en-Bessin **14** 13 Za 52
Asnières-en-Montagne **21** 68 Eb 62
Asnières-la-Giraud **17** 87 Zc 73
Asnières-lès-Dijon **21** 69 Fa 64
Asnières-sous-Bois **89** 67 Dd 64
Asnières-sur-Blour **86** 89 Ae 72
Asnières-sur-Nouère **16** 88 Aa 74
Asnières-sur-Oise **95** 33 Cc 54
Asnières-sur-Saône **01** 94 Ef 70
Asnières-sur-Seine **92** 33 Cb 55
Asnières-sur-Vègre **72** 47 Ze 61
Asnois **58** 67 Dd 64
Asnois **86** 88 Ac 72
Aspach **57** 39 Gf 57
Aspach **68** 71 Hb 63
Aspach-le-Bas **68** 71 Ha 62
Aspach-le-Haut **68** 71 Ha 62
Aspères **30** 130 Ea 86
Aspet **31** 139 Ae 90
Aspin-Aure **65** 139 Ac 91
Aspiran **34** 143 Dc 87
Aspremont **05** 119 Fe 82
Aspremont **06** 135 Hb 86
Aspres, Les **61** 31 Ad 56
Aspres-lès-Corps **05** 120 Ff 80
Aspres-sur-Buech **05** 119 Fe 81
Aspret-Sarrat **31** 139 Ae 90
Asprières **12** 114 Ca 81
Asque **65** 139 Ab 90
Asques **33** 99 Zd 79
Asques **82** 126 Af 85
Asquins **89** 67 De 64
Assac **81** 128 Cc 85
Assainvillers **80** 17 Cd 51
Assais-les-Jumeaux **79** 76 Zf 68
Assas **34** 130 Df 86
Assat **64** 138 Ze 89
Assay **37** 62 Ab 66
Assé-le-Bérenger **53** 46 Ze 60
Assé-le-Boisne **72** 47 Zf 59
Assé-le-Riboul **72** 47 Aa 59
Assenay **10** 52 Ea 59
Assencières **10** 52 Eb 58
Assenoncourt **57** 39 Ge 56
Assérac **44** 59 Xd 64
Assevillers **80** 18 Ce 49
Assier **46** 114 Bf 80
Assieu **38** 106 Ef 76
Assignan **34** 142 Cf 88
Assigny **18** 66 Ce 64
Assigny **76** 6 Bb 49
Assis-sur-Serre **02** 18 Dd 50
Asson **64** 138 Ze 90
Asswiller **67** 39 Hb 55
Astaffort **47** 125 Ad 84
Astaillac **19** 114 Be 79
Asté **65** 139 Ab 90
Aste **65** 150 Ze 91
Aste-Béon **64** 138 Zd 90
Astillé **53** 46 Za 61
Astis **64** 138 Zd 88
Aston **09** 152 Bd 92
Astugue **65** 138 Aa 90
Athée **21** 69 Fc 65
Athée **53** 46 Za 61
Athée-sur-Cher **37** 63 Af 65
Athesans-Étroitefontaine **70** 70 Gd 63
Athie **21** 68 Eb 63
Athie **89** 67 Df 63
Athienville **54** 38 Gc 56
Athies **62** 8 Cf 47
Athies **80** 18 Cf 49
Athies-sous-Laon **02** 19 De 51
Athis **51** 35 Ea 54
Athis-de-l'Orne **61** 29 Zd 56
Athis-Mons **91** 33 Cc 56
Athos-Aspis **64** 137 Za 88
Athose **25** 84 Gb 66
Attainville **95** 33 Cc 54
Attancourt **52** 53 Ef 57
Attaques, Les **62** 3 Bf 43
Attenschwiller **68** 72 Hc 63
Attiches **59** 8 Da 45
Attichy **60** 18 Da 52
Attignat **01** 95 Fa 71
Attignat-Oncin **73** 107 Fe 75
Attignéville **88** 54 Fe 58
Attigny **08** 20 Ed 52
Attilloncourt **57** 38 Gc 56
Attilly **02** 18 Db 49
Attin **62** 7 Be 46
Atton **54** 38 Ga 55
Attray **45** 50 Ca 60
Attricourt **70** 69 Fc 64
Atur **24** 101 Ae 78
Aubagnan **40** 124 Zd 86
Aubagne **13** 146 Fd 89
Aubaine **21** 68 Ee 66
Aubais **30** 130 Ea 86
Aubarède **65** 139 Ab 89
Aubas **24** 101 Bb 78
Aubazines **19** 102 Be 77
Aube **57** 38 Gc 54
Aube **61** 31 Ad 56
Aubenas **07** 118 Ec 81
Aubenas-les-Alpes **04** 132 Fe 85
Aubencheul-au-Bac **59** 8 Da 47
Aubencheul-aux-Bois **02** 8 Db 48
Aubenton **02** 19 Eb 49
Aubepierre-Ozouer-le-Repos **77** 34 Cf 57
Aubepierre-sur-Aube **52** 53 Ef 61
Aubépin, L' **39** 83 Fc 70
Auberchicourt **59** 8 Db 47
Aubercourt **80** 17 Cd 50
Aubergenville **78** 32 Bf 55
Aubérive **51** 36 Ec 53
Auberive **52** 69 Fa 62
Auberives-sur-Varèze **38** 106 Ee 76
Aubermersnil-Beaumais **76** 15 Ba 49
Aubers **59** 8 Ce 45
Aubertin **64** 138 Zd 89
Auberville **14** 14 Zf 53
Auberville-la-Campagne **76** 15 Ad 51
Auberville-la-Manuel **76** 15 Ad 49
Auberville-la-Renault **76** 14 Ac 50
Aubervilliers **93** 33 Cc 55
Aubeterre **10** 52 Ea 58
Aubeterre-sur-Dronne **16** 100 Ab 77
Aubeville **16** 100 Zf 76
Aubevoye **27** 32 Bb 53
Aubiac **33** 111 Ze 82
Aubiac **47** 125 Ad 84
Aubiat **63** 91 Db 73
Aubie-et-Espessas **33** 99 Zd 78
Aubière **63** 92 Da 74
Aubiers, Les **79** 75 Zc 67
Aubiet **32** 125 Ae 87
Aubignan **84** 131 Fa 84
Aubignas **07** 118 Ed 81
Aubigné **35** 45 Yc 59
Aubigné **49** 61 Zd 65
Aubigné **79** 87 Zf 72
Aubigné-Racan **72** 62 Ab 62
Aubignosc **04** 133 Ff 84
Aubigny **03** 80 Db 68
Aubigny **14** 30 Ze 55
Aubigny **79** 76 Zf 68
Aubigny **80** 17 Cc 49
Aubigny **85** 74 Yd 69
Aubigny-au-Bac **59** 8 Da 47
Aubigny-aux-Kaisnes **02** 18 Da 50
Aubigny-en-Artois **62** 8 Cd 46
Aubigny-en-Laonnais **02** 19 De 52
Aubigny-en-Plaine **21** 69 Fb 66
Aubigny-la-Ronce **21** 82 Ed 67
Aubigny-les-Pothées **08** 20 Ec 50
Aubigny-lès-Sombernon **21** 68 Ed 65
Aubigny-sur-Nère **18** 65 Cc 64
Aubilly **51** 35 Df 53
Aubin **12** 115 Cb 81
Aubin **64** 138 Zd 88
Aubinges **18** 65 Cd 65
Aubin-Saint-Vaast **62** 7 Bf 46
Auboncourt-Vauzelles **08** 20 Ec 51
Aubonne **25** 84 Gc 66
Aubord **30** 130 Eb 86
Auboué **54** 38 Ff 53
Aubous **64** 124 Zf 87
Aubréville **55** 36 Fa 54
Aubrives **08** 20 Ee 48
Aubrometz **62** 7 Cb 47
Aubry-du-Hainaut **59** 9 Dc 46
Aubry-le-Panthou **61** 30 Ab 55
Aubure **68** 56 Hb 59
Aubussargues **30** 130 Eb 84
Aubusson **23** 91 Cb 73
Aubusson **61** 29 Zc 56
Aubvillers **80** 17 Cc 50
Auby **59** 8 Da 46
Aucaleuc **22** 27 Xf 58
Aucamville **31** 126 Bc 87
Aucamville **82** 126 Bb 86
Aucazein **09** 151 Af 91
Aucelon **26** 119 Fc 81
Aucey-la-Plaine **50** 28 Yd 57
Auch **32** 125 Ad 87
Auchel **62** 8 Cc 45
Auchonvillers **80** 8 Cd 48
Auchy **59** 8 Db 46
Auchy-au-Bois **62** 7 Cc 45
Auchy-la-Montagne **60** 17 Ca 51
Auchy-lès-Hesdin **62** 7 Ca 46
Auchy-les-Mines **62** 8 Ce 45
Aucun **65** 138 Ze 91
Audaux **64** 137 Zb 88
Audelange **39** 69 Fd 66
Audeloncourt **52** 54 Fd 60
Audembert **62** 3 Be 43
Auderville **50** 12 Ya 50
Audes **03** 79 Cd 70
Audeux **25** 70 Ff 65
Audeville **45** 50 Cb 59
Audierne **29** 41 Vc 60
Audignicourt **02** 18 Da 52
Audignon **40** 124 Zc 86
Audigny **02** 19 Dd 49
Audincourt **25** 71 Gf 64
Audincthun **62** 7 Ca 45
Audinghen **62** 2 Bd 43
Audin-le-Tiche **57** 22 Ff 52
Audon **40** 123 Zb 86
Audouville-la-Hubert **50** 12 Ye 52
Audrehem **62** 3 Bf 44
Audressein **09** 151 Ba 91
Audresselles **62** 2 Bd 44
Audrieu **14** 13 Zc 53
Audrix **24** 113 Af 79
Audruicq **62** 3 Ca 43
Audun-le-Roman **54** 21 Ff 52
Auenheim **67** 40 Ia 56
Auffargis **78** 32 Bf 56
Auffay **76** 15 Ba 50
Aufferville **77** 50 Cd 59
Auffreville-Brasseuil **78** 32 Be 55
Auflance **08** 21 Fb 51
Auga **64** 138 Zd 88
Auge **08** 19 Eb 49
Augé **16** 87 Ze 73
Auge **23** 91 Cb 71
Augé **79** 75 Ze 70
Augea **39** 83 Fc 69
Augerans **39** 83 Fd 66
Augères **23** 90 Be 72
Augerolles **63** 93 Dd 74
Auger-Saint-Vincent **60** 34 Ce 53
Augers-en-Brie **77** 34 Dc 56
Augerville-la-Rivière **45** 50 Cc 59
Augicourt **70** 70 Ff 62
Augignac **24** 101 Ae 75
Augirein **09** 151 Af 91
Augisey **39** 83 Fd 69
Augnat **63** 104 Db 76
Augnax **32** 125 Ae 86
Augne **87** 90 Be 74
Augny **57** 38 Ga 54
Auguaise **61** 31 Ad 56
Augy **02** 18 Dd 52
Augy **89** 67 Dd 62
Augy-sur-Aubois **18** 80 Cf 68
Aujac **17** 87 Zd 73
Aujac **30** 117 Ea 82
Aujac **30** 131 Ed 83
Aujan-Mournède **32** 139 Ad 88
Aujargues **30** 130 Ea 86
Aujeurres **52** 69 Fb 62
Aujols **46** 114 Bd 82
Aulas **30** 129 Dd 85
Aulhat-Saint-Privat **63** 104 Db 75
Aullène **2A** 159 Ka 98
Aulnat **63** 103 Cd 75
Aulnay **10** 53 Ec 58
Aulnay **17** 87 Zd 72
Aulnay **86** 76 Aa 67
Aulnay-l'Aître **51** 36 Ed 56
Aulnay-la-Rivière **45** 50 Cc 59
Aulnay-sous-Bois **93** 33 Cd 55
Aulnay-sur-Iton **27** 31 Ba 55
Aulnay-sur-Marne **51** 35 Eb 54
Aulnay-sur-Mauldre **78** 32 Bf 55
Aulnois **88** 54 Fe 59
Aulnois-en-Perthois **55** 37 Fa 57
Aulnois-sous-Laon **02** 19 Dd 51
Aulnois-sur-Seille **57** 38 Gb 55
Aulnoy **77** 34 Da 55
Aulnoye-Aymeries **59** 9 Df 47
Aulnoy-lez-Valenciennes **59** 9 Dd 46
Aulnoy-sur-Aube **52** 53 Fa 61
Aulon **23** 90 Be 72
Aulon **31** 140 Ae 89
Aulon **65** 150 Ab 91
Ault **80** 6 Bc 48
Aulus-les-Bains **09** 152 Bc 92
Aulx-lès-Cromary **70** 70 Ga 64
Aumagne **17** 87 Zd 73
Aumale **76** 16 Be 50
Aumâtre **80** 7 Be 49
Auménancourt **51** 19 Ea 52
Aumerval **62** 7 Cc 45
Aumes **34** 143 Dc 88
Aumessas **30** 129 Dd 85
Aumetz **57** 22 Ff 52
Aumeville-Lestre **50** 12 Ye 51
Aumont **39** 83 Fd 67
Aumont **60** 17 Cd 53
Aumont **80** 16 Bf 49
Aumont-Aubrac **48** 116 Db 80
Aumur **39** 83 Fc 66
Aunac **16** 88 Ab 73
Aunat **11** 153 Ca 92
Aunay-en-Bazois **58** 81 De 66
Aunay-les-Bois **61** 31 Ab 57
Aunay-sous-Auneau **28** 49 Be 58
Aunay-sous-Crécy **28** 32 Bb 56
Aunay-sur-Odon **14** 29 Zc 54
Auneau **28** 32 Be 58
Auneuil **60** 17 Bf 52
Aunou-le-Faucon **61** 30 Aa 56
Auppegard **76** 15 Ba 49
Aups **83** 147 Gb 87
Auquainville **14** 30 Ab 54
Auquemesnil **76** 6 Bb 49
Auradé **32** 140 Ba 87
Auradou **47** 113 Ae 82
Auray **56** 43 Xa 63
Aure **08** 20 Ed 53
Aurec-sur-Loire **43** 105 Eb 76
Aureil **87** 90 Bc 74
Aureilhan **40** 110 Ye 83
Aureilhan **65** 138 Aa 89
Aureille **13** 131 Ef 86
Aurel **26** 119 Fb 80
Aurel **84** 132 Fc 84
Aurelle-Verlac **12** 116 Da 81
Aurensan **32** 124 Ze 87
Aurensan **65** 138 Aa 89
Aureville **31** 140 Bc 88
Auriac **11** 153 Cc 91
Auriac **19** 103 Ca 77
Auriac **64** 138 Ze 88
Auriac-du-Périgord **24** 101 Ba 78
Auriac-Lagast **12** 128 Cd 84
Auriac-l'Église **15** 104 Da 77
Auriac-sur-Dropt **47** 112 Ab 81
Auriac-sur-Vendinelle **31** 141 Be 87
Auribail **31** 140 Bc 88
Auribeau **06** 134 Gf 87
Auribeau **84** 132 Fc 85
Aurice **40** 124 Zc 86
Auriébat **65** 138 Aa 88
Aurières **63** 104 Cf 74
Aurignac **31** 140 Af 89
Aurillac **15** 115 Cc 79

Anthon — Aurillac (F) **163**

Aurimont **32** 126 Ae 87
Aurin **31** 141 Be 87
Auriol **13** 146 Fd 88
Auriolles **33** 112 Aa 80
Aurions-Idernes **64** 138 Zf 87
Auris **38** 108 Ga 78
Aurons **13** 132 Fa 86
Auros **33** 111 Zf 82
Aurouër **03** 80 Db 68
Auroux **48** 117 De 80
Aussac **16** 88 Ab 74
Aussac **81** 127 Ca 85
Ausseing **31** 140 Ba 90
Aussevielle **64** 138 Zd 88
Aussillon **81** 142 Cc 88
Aussois **73** 109 Ge 77
Aussonce **08** 19 Eb 52
Aussonne **31** 126 Bb 86
Aussos **32** 139 Ad 88
Aussurucq **64** 137 Za 90
Autainville **41** 49 Bc 61
Autechaux-Roide **25** 70 Gc 64
Autechaux-Roide **25** 71 Ge 64
Autels, Les **02** 19 Eb 50
Autels-Villevillon, Les **28** 48 Ba 59
Auterive **31** 140 Bc 88
Auterive **82** 126 Af 85
Auterrive **64** 137 Yf 88
Autet **70** 69 Fe 63
Auteuil **60** 17 Ca 52
Auteuil **78** 32 Be 55
Autevielle-Saint-Martin-Bideren **64** 137 Za 88
Authe **08** 20 Ef 52
Autheuil **28** 49 Bb 61
Autheuil **61** 31 Ae 57
Autheuil-Authouillet **27** 32 Bb 54
Autheuil-en-Valois **60** 34 Da 53
Autheux **80** 7 Cb 48
Authevernes **27** 16 Bd 53
Authezat **63** 104 Db 75
Authie **80** 8 Cb 48
Authieule **80** 7 Cc 48
Authieux, Les **27** 31 Af 54
Authieux, Les **27** 32 Bb 55
Authieux, Les **76** 15 Ba 52
Authieux-du-Puits, Les **61** 30 Ab 56
Authieux-Papion, Les **14** 30 Aa 54
Authieux-Ratiéville **76** 15 Ba 51
Authieux-sur-Calonne, les **14** 14 Ab 53
Authiou **58** 66 Dc 65
Authoison **70** 70 Ga 64
Authon **04** 133 Ga 83
Authon **41** 63 Af 63
Authon-du-Perche **28** 48 Af 59
Authon-Ebéon **17** 87 Zd 73
Authon-la-Plaine **91** 49 Bf 58
Authou **27** 15 Ae 53
Authuille **80** 8 Ce 48
Authume **39** 69 Fd 66
Authumes **71** 83 Fb 67
Autichamp **26** 118 Ef 80
Autignac **34** 143 Db 88
Autigny **76** 15 Af 50
Autigny-la-Tour **88** 54 Fe 58
Autigny-le-Grand **52** 54 Fa 58
Autigny-le-Petit **52** 54 Fa 58
Autingues **62** 3 Bf 42
Autoire **46** 114 Be 79
Autoreille **70** 70 Fe 64
Autouillet **78** 32 Be 55
Autrac **43** 104 Da 77
Autrans **38** 107 Fd 77
Autrèche **37** 63 Ba 63
Autrechêne **90** 71 Gf 63
Autrêches **60** 18 Da 52
Autrécourt-sur-Aire **55** 37 Fa 54
Autremencourt **02** 19 De 50
Autrepierre **54** 39 Ge 57
Autreppes **02** 19 Df 49
Autretot **76** 15 Ae 51
Autreville **02** 18 Db 51
Autreville **88** 54 Ff 58
Autréville-Saint-Lambert **55** 20 Fa 51
Autreville-sur-la-Renne **52** 53 Ef 60
Autreville-sur-Moselle **54** 38 Ga 56
Autrey **54** 38 Ga 57
Autrey **88** 56 Ge 59
Autrey-lès-Cerre **70** 70 Gc 63
Autrey-lès-Gray **70** 69 Fc 64
Autricourt **21** 53 Ed 61
Autruche **08** 20 Ef 52
Autruy-sur-Juine **45** 50 Ca 59
Autry **08** 20 Ef 53
Autry-Issards **03** 80 Da 69
Autry-le-Châtel **45** 65 Cd 63
Autun **71** 82 Eb 67
Auty **82** 126 Bc 83
Auvare **06** 134 Gf 85
Auve **51** 36 Ee 54
Auvernaux **91** 33 Cc 57
Auvers **43** 116 Dc 79
Auvers **50** 12 Ye 53
Auverse **49** 63 Aa 63
Auvers-le-Hamon **72** 46 Zd 61
Auvers-Saint-Georges **91** 50 Cb 58
Auvers-sous-Montfaucon **72** 47 Zf 61
Auvers-sur-Oise **95** 33 Ca 54
Auvet-et-la-Chapelotte **70** 69 Fd 64
Auvillar **82** 126 Af 84
Auvillars **14** 14 Aa 53
Auvillars-sur-Saône **21** 83 Fa 66
Auvillers-les-Forges **08** 19 Ec 49
Auvilliers **76** 16 Bd 50
Auvilliers-en-Gâtinais **45** 50 Cc 61
Auxais **50** 12 Ye 53
Auxange **39** 69 Fd 65
Aux-Aussat **32** 139 Ab 88
Auxelles-Bas **90** 71 Ge 62
Auxelles-Haut **90** 71 Ge 62
Auxerre **89** 67 Dd 62
Auxey-Duresses **21** 82 Ee 67
Auxi-le-Château **62** 7 Ca 47
Auxon **10** 52 Df 60
Auxon **70** 70 Gb 62
Auxon-Dessous **25** 70 Ff 65
Auxon-Dessus **25** 70 Ff 65
Auxonne **21** 69 Fc 65
Auxy **45** 50 Cc 60
Auxy **71** 82 Ec 67
Auzainvilliers **88** 54 Ff 59
Auzances **23** 91 Cd 72
Auzas **31** 140 Af 89
Auzat **09** 152 Bc 92
Auzat-sur-Allier **63** 104 Db 76
Auzay **85** 75 Za 70
Auzebosc **76** 15 Ae 51
Auzelles **63** 104 Dd 75
Auzérals, Les **81** 127 Be 85
Auzers **15** 103 Cc 77
Auzet **04** 133 Gb 83
Auzeville-Tolosane **31** 140 Bc 87
Auzielle **31** 141 Bd 87
Auzits **12** 115 Cb 81
Auzon **43** 104 Dc 76
Auzouer-en-Touraine **37** 63 Af 63
Auzouville-Auberbosc **76** 15 Ad 51
Auzouville-sur-Ry **76** 16 Bb 52
Auzouville-sur-Saâne **76** 15 Af 50
Availles-en-Châtellerault **86** 77 Ad 68
Availles-Limouzine **86** 89 Ad 72
Availles-sur-Seiche **35** 45 Ye 61
Availles-Thouarsais **79** 76 Zf 67
Avajan **65** 150 Ac 91
Avallon **89** 67 Df 64
Avançon **05** 120 Gb 81
Avançon **08** 19 Eb 52
Avanne-Aveney **25** 70 Ff 65
Avant-lès-Marcilly **10** 52 Dd 58
Avant-lès-Ramerupt **10** 52 Eb 58
Avanton **86** 76 Ab 69
Avapessa **2B** 156 If 93
Avaray **41** 64 Bd 62
Avaux **08** 19 Ea 52
Aveize **69** 94 Ec 74
Aveizieux **42** 106 Ec 75
Avelanges **21** 69 Fa 63
Avelesges **80** 16 Bf 49
Avelin **59** 8 Da 45
Aveluy **80** 8 Cd 48
Avenas **69** 94 Ed 71
Avenay **14** 29 Zd 54
Avenay-Val-d'Or **51** 35 Ea 54
Aveney, Avanne- **25** 70 Ff 65
Avenières, Les **38** 107 Fd 75
Avensac **32** 126 Af 86
Avensan **33** 98 Zb 78
Aventignan **65** 139 Ad 90
Averan **65** 138 Aa 90
Averdoingt **62** 7 Cb 46
Averdon **41** 64 Bb 62
Avermes **03** 80 Db 69
Avernes **95** 32 Bf 54
Avernes-Saint-Gourgon **61** 30 Ab 55
Avernes-sous-Exmes **61** 30 Ab 56
Avéron-Bergelle **32** 124 Aa 86
Averton **53** 47 Ze 59
Avesnelles **59** 9 Df 48
Avesnes **62** 7 Bf 45
Avesnes-Chaussoy **80** 16 Bf 49
Avesnes-en-Bray **76** 16 Be 52
Avesnes-en-Saosnois **72** 47 Ac 59
Avesnes-en-Val **76** 6 Bc 49
Avesnes-le-Comte **62** 8 Cd 47
Avesnes-le-Sec **59** 9 Dc 47
Avesnes-sur-Helpe **59** 9 Df 48
Avessac **44** 59 Ya 63
Avessé **72** 47 Ze 61
Aveux **65** 139 Ad 90
Avezac-Prat-Lahitte **65** 139 Ac 90
Avezan **32** 126 Ae 85
Avèze **30** 129 Dd 85
Avèze **63** 103 Cd 75
Avezé **72** 48 Ae 59
Aviernoz **74** 96 Gb 73
Avignon **84** 131 Ee 85
Avignonet **38** 119 Fe 79
Avignonet-Lauragais **31** 141 Be 88
Avignon-lès-Saint-Claude **39** 96 Ff 70
Avillers **54** 21 Fe 53
Avillers **88** 55 Gb 59
Avillers-Sainte-Croix **55** 37 Fe 54
Avilley **25** 70 Gb 64
Avilly-Saint-Léonard **60** 33 Cd 53
Avion **62** 8 Ce 46
Avioth **55** 21 Fc 51
Aviré **49** 61 Zb 62
Avirey-Lingey **10** 52 Eb 60
Aviron **27** 31 Ba 54
Avize **51** 35 Ea 55
Avocourt **55** 37 Fa 53
Avoine **37** 62 Ab 65
Avoine **61** 30 Zf 56
Avoise **72** 47 Ze 61
Avolsheim **67** 40 Hc 57
Avon **77** 50 Ce 58
Avon **79** 76 Zf 70
Avondance **62** 7 Ca 46
Avon-la-Pèze **10** 52 Dd 58
Avon-les-Roches **37** 62 Ac 66
Avord **18** 79 Cd 66
Avosnes **21** 68 Ed 64
Avot **21** 69 Fa 63
Avoudrey **25** 70 Gc 66
Avrainville **54** 38 Ff 56
Avrainville **88** 55 Gb 58
Avrainville **91** 33 Cb 57
Avranches **50** 28 Yd 56
Avranville **88** 54 Fd 58
Avrechy **60** 17 Cc 52
Avrée **58** 81 Df 68
Avremesnil **76** 15 Af 49
Avressieux **73** 107 Fe 75
Avreuil **10** 52 Ea 60
Avricourt **54** 39 Ge 57
Avricourt **57** 39 Ge 57
Avricourt **60** 18 Cf 51
Avrieux **73** 109 Ge 77
Avrigney-Virey **70** 70 Fe 65
Avril **54** 22 Ff 53
Avrillé **49** 61 Zc 64
Avrillé **85** 74 Yc 70
Avrillé-les-Ponceaux **37** 62 Ab 64
Avrilly **03** 93 Df 70
Avrilly **27** 31 Ba 55
Avrilly **61** 29 Zc 57
Avril-sur-Loire **58** 80 Dc 68
Avroult **62** 3 Ca 44
Avy **17** 99 Zc 75
Awoingt **59** 9 Db 48
Axat **11** 153 Cb 92
Axiat **09** 153 Be 92
Ax-les-Thermes **09** 153 Bf 92
Ay **51** 35 Ea 54
Ayat-sur-Sioule **63** 92 Cf 72
Aydat **63** 104 Cf 75
Aydie **64** 124 Zf 87
Aydius **64** 138 Zc 90
Aydoilles **88** 55 Gd 59
Ayen **19** 101 Bb 77
Ayencourt **80** 17 Cd 51
Ayette **62** 8 Ce 47
Ayguatébia **66** 153 Cb 93
Ayguemorte-les-Graves **33** 111 Zd 80
Ayguesvives **31** 141 Bd 88
Ayguetinte **32** 125 Ac 85
Ayherre **64** 137 Ye 88
Ayn **73** 107 Fe 75
Aynac **46** 114 Bf 80
Aynans, Les **70** 70 Gc 63
Ayrens **15** 115 Cb 79
Ayron **86** 76 Aa 69
Ayros-Arbouix **65** 138 Zf 90
Ayssènes **12** 128 Ce 84
Ay-sur-Moselle **57** 22 Gb 53
Aytré **17** 86 Yf 72
Ayvelles, Les **08** 20 Ee 50
Ayzac-Ost **65** 138 Zf 90
Ayzieu **32** 124 Zf 85
Azannes-et-Soumazannes **55** 21 Fc 53
Azas **31** 127 Be 86
Azat-Châtenet **23** 90 Be 72
Azat-le-Riz **87** 89 Ba 71
Azay-le-Brulé **79** 75 Ze 70
Azay-le-Ferron **36** 77 Ba 67
Azay-le-Rideau **37** 63 Ac 65
Azay-sur-Cher **37** 63 Af 64
Azay-sur-Indre **37** 63 Af 65
Azay-sur-Thouet **79** 75 Zd 69
Azé **41** 48 Af 61
Azé **71** 82 Ee 70
Azelot **54** 38 Gb 57
Azerables **23** 90 Bc 70
Azerailles **54** 56 Gd 58
Azerat **24** 101 Ba 78
Azérat **43** 104 Dc 76
Azereix **65** 138 Zf 89
Azet **65** 150 Ac 92
Azeville **50** 12 Ye 52
Azillanet **34** 142 Ce 89
Azille **11** 142 Cd 89
Azilone-Ampaza **2A** 159 Ka 97
Azincourt **62** 7 Ca 46
Azolette **69** 94 Ec 71
Azoudange **57** 39 Ge 56
Azur **40** 123 Ye 86
Azy **18** 65 Ce 65
Azy-le-Vif **58** 80 Db 68
Azy-sur-Marne **02** 34 Dc 54
Azzana **2A** 158 If 96

B

Baâlon **55** 21 Fb 52
Baâlons **08** 20 Ed 51
Babeau-Bouldoux **34** 142 Cf 88
Babœuf **60** 18 Da 51
Baby **77** 51 Dc 58
Baccarat **54** 56 Ge 58
Baccon **45** 49 Bd 61
Bach **46** 114 Be 82
Bachant **59** 9 Df 47
Bachas **31** 140 Af 89
Bachellerie, La **24** 101 Ba 78
Bachivillers **60** 16 Bf 53
Bachos **31** 151 Ad 91
Bachy **59** 8 Db 45
Bacilly **50** 28 Yd 56
Baconnes **51** 35 Ec 54
Baconnière, La **53** 46 Za 59
Bacouel **60** 17 Cc 51
Bacouel-sur-Selle **80** 17 Cb 49
Bacourt **57** 38 Gc 55
Bacquepuis **27** 31 Ba 54
Bacqueville **27** 16 Bc 53
Bacqueville-en-Caux **76** 15 Ba 50
Badailhac **15** 115 Cd 79
Badaroux **48** 116 Db 82
Badaroux **48** 116 Dd 81
Badecon-le-Pin **36** 78 Bd 69
Badefols-d'Ans **24** 101 Bb 77
Badefols-sur-Dordogne **24** 113 Ae 79
Baden **56** 58 Xa 63
Badménil-aux-Bois **88** 55 Gd 59
Badonviller **54** 39 Gf 57
Badonvilliers-Gérauvilliers **55** 37 Fd 57
Baerendorf **67** 39 Ha 55
Baerenthal **57** 40 Hd 55
Baffe, La **88** 55 Gd 60
Baffie **63** 105 De 76
Bagard **30** 130 Ea 84
Bagas **33** 111 Zf 81
Bagat-en-Quercy **46** 113 Bb 82
Bâgé-la-Ville **01** 94 Ef 71
Bâgé-le-Châtel **01** 94 Ef 71
Bagert **09** 140 Ba 90
Bages **11** 143 Cf 90
Bages **66** 154 Cf 93
Bagnols **69** 94 Ed 73
Bagnac-sur-Célé **46** 114 Ca 80
Bagneaux **89** 52 Dd 59
Bagneaux-sur-Loing **77** 50 Ce 59
Bagnères-de-Bigorre **65** 139 Aa 90
Bagnères-de-Luchon **31** 151 Ad 92
Bagneux **02** 18 Db 52
Bagneux **03** 80 Db 69
Bagneux **36** 64 Be 65
Bagneux **51** 35 De 57
Bagneux **54** 37 Ff 57
Bagneux **92** 33 Cb 56
Bagneux-la-Fosse **10** 52 Eb 61
Bagnizeau **17** 87 Ze 73
Bagnoles **11** 142 Cc 89
Bagnoles-de-l'Orne **61** 29 Zd 57
Bagnols **63** 103 Cd 76
Bagnols-en-Forêt **83** 148 Ge 87
Bagnols-les-Bains **48** 117 Dd 81
Bagnols-sur-Cèze **30** 131 Ed 84
Bagnot **21** 83 Fa 66
Baguer-Morvan **35** 28 Yb 57
Baguer-Pican **35** 28 Yb 57
Baho **66** 154 Cf 92
Bahus **40** 124 Zd 86
Baigneaux **28** 49 Bd 58
Baigneaux **28** 49 Be 60
Baigneaux **33** 111 Ze 80
Baigneaux **41** 64 Bb 62
Baignes **70** 70 Ga 63
Baignes-Sainte-Radegonde **16** 99 Ze 76
Baigneux-les-Juifs **21** 68 Ed 63
Baignolet **28** 49 Bd 59
Baigts **40** 123 Zb 86
Baigts-de-Béarn **64** 123 Za 87
Baillargues **34** 130 Ea 87
Baillé **35** 45 Yd 58
Bailleau-Armenonville **28** 32 Bd 57
Bailleau-le-Pin **28** 49 Bc 58
Bailleau-l'Evêque **28** 49 Bc 58
Baillestavy **66** 154 Cd 93
Baillet-en-France **95** 33 Cb 54
Bailleul **59** 4 Ce 44
Bailleul **61** 30 Zf 56
Bailleul **80** 7 Bf 48
Bailleul, le **72** 47 Zf 62
Bailleul-aux-Cornailles **62** 7 Cc 46
Bailleul-la-Vallée **27** 14 Ac 53
Bailleul-le-Soc **60** 17 Cd 52
Bailleul-lès-Pernes **62** 7 Cc 45
Bailleulmont **62** 8 Cd 47
Bailleul-Neuville **76** 16 Bc 50
Bailleul-Sir-Berthoult **62** 8 Cf 46
Bailleul-sur-Thérain **60** 17 Cb 52
Bailleval **60** 17 Cc 52
Baillolet **76** 16 Bc 50
Baillou **41** 48 Af 61
Bailly **60** 18 Cf 52
Bailly **78** 33 Ca 55
Bailly-aux-Forges **52** 53 Ef 58
Bailly-en-Rivière **76** 6 Bb 49
Bailly-le-Franc **10** 53 Ed 57
Bailly-Romainvilliers **77** 34 Ce 55
Baincthun **62** 3 Bd 44
Bain-de-Bretagne **35** 45 Yb 61
Bainghen **62** 3 Bf 44
Bains **43** 117 De 78
Bains-de-Molitg, les **66** 153 Cc 93
Bains-les-Bains **88** 55 Gb 61
Bains-sur-Oust **35** 44 Xf 62
Bainville-aux-Miroirs **54** 55 Gb 58
Bainville-aux-Saules **88** 55 Ga 59
Bainville-sur-Madon **54** 38 Ga 57
Bairols **06** 134 Ha 85
Bais **35** 45 Ye 60
Bais **53** 46 Zd 59
Baisieux **59** 8 Db 45
Baives **59** 10 Eb 48
Baix **07** 118 Ee 80
Baixas **66** 154 Ce 92
Baizieux **80** 8 Cd 49
Baizil, Le **51** 35 De 55
Bajonnette **32** 125 Ae 86
Bajus **62** 8 Cc 46
Balacet **09** 151 Af 91
Baladou **46** 114 Bd 79
Balagny-sur-Thérain **60** 17 Cc 53
Balaguères **09** 140 Ba 91
Balaguier-d'Olt **12** 114 Bf 81
Balaguier-sur-Rance **12** 128 Cd 85
Balaiseaux **39** 83 Fc 67
Balaives-et-Butz **08** 20 Ee 50
Balan **01** 95 Fa 74
Balanod **39** 83 Fc 70
Balansun **64** 137 Zb 88
Balanzac **17** 86 Za 74
Balaruc-les-Bains **34** 143 De 88
Balaruc-le-Vieux **34** 144 De 88
Balâtre **80** 18 Cf 50
Balazé **35** 45 Ye 59
Balazuc **07** 118 Ec 81
Balbigny **42** 93 Eb 74
Balbins **38** 107 Fb 76
Balbronn **67** 39 Hc 57
Baldenheim **67** 57 Hd 59
Baldersheim **68** 56 Hc 62
Baleine, La **50** 28 Ye 55
Baleix **64** 138 Zf 88
Balesmes-sur-Marne **52** 69 Fc 62
Balesta **31** 139 Ad 89
Baleyssagues **47** 112 Aa 80
Balgau **68** 57 Hd 61
Balignac **82** 126 Af 85
Balignicourt **10** 53 Ec 57
Balines **27** 31 Af 56
Balinghem **62** 3 Bf 43
Baliracq-Maumusson **64** 124 Ze 87
Baliros **64** 138 Ze 89
Balizac **33** 111 Zd 82
Ballainvilliers **91** 33 Cb 56
Ballaison **74** 96 Gb 71
Ballancourt-sur-Essonne **91** 33 Cc 57
Ballan-Miré **37** 63 Ad 65
Ballans **17** 87 Ze 74
Ballay **08** 20 Ee 52
Ballée **53** 46 Zd 61
Balleroy **14** 13 Zb 53
Ballersdorf **68** 71 Ha 63
Ballon **17** 86 Za 72
Ballon **72** 47 Ab 59
Ballons **26** 132 Fd 83
Ballore **71** 82 Ec 69
Ballots **53** 45 Yf 61
Balloy **77** 51 Da 58
Balma **31** 127 Bd 87
Balme, La **73** 107 Fe 74
Balme-d'Epy, La **39** 95 Fc 70
Balme-de-Sillingy, la **74** 96 Ga 73
Balme-de-Thuy, La **74** 96 Gb 73
Balme-les-Grottes, La **01** 95 Fc 73
Balmont **74** 96 Ga 74
Balnot-la-Grange **10** 52 Eb 61
Balnot-sur-Laignes **10** 53 Ec 60
Balogna **2A** 158 Ie 95
Balot **21** 68 Ec 62
Balsac **12** 115 Cc 82
Balschwiller **68** 71 Ha 62
Balsièges **48** 116 Dc 82
Baltzenheim **68** 57 Hd 60
Balzac **16** 88 Aa 74
Bambecque **59** 4 Cd 43
Bambiderstroff **57** 38 Gd 54
Banassac **48** 116 Db 82
Banca **64** 136 Yd 90
Bancigny **02** 19 Ea 50
Bancourt **62** 8 Cf 48
Ban-de-Laveline **88** 56 Ha 59
Ban-de-Sapt **88** 56 Ha 58
Bandol **83** 147 Fe 90
Baneins **01** 94 Ef 72
Baneuil **24** 112 Ae 79
Banios **65** 139 Ab 90
Banize **23** 90 Bf 73
Bannalec **29** 42 Wb 61
Bannans **25** 84 Gb 67
Bannay **18** 66 Cf 64
Bannay **51** 35 De 55
Bannay **57** 38 Gc 54
Banne **07** 117 Ea 82
Bannegon **18** 79 Ce 68
Bannes **46** 114 Bf 80
Bannes **51** 35 Df 56
Bannes **52** 54 Fc 61
Bannes **53** 46 Zd 61
Banneville-la-Campagne **14** 14 Ze 53
Banneville-sur-Ajon **14** 29 Zc 54
Bannières **81** 127 Be 87
Bannoncourt **55** 37 Fd 55
Bannost-Villegagnon **77** 34 Db 56
Banogne-Recouvrance **08** 19 Ea 51
Banon **04** 132 Fd 84
Banos **40** 124 Zc 86
Bans **39** 83 Fd 67
Ban-Saint-Martin, Le **57** 38 Ga 54
Bansat **63** 104 Dc 76
Ban-sur-Meurthe **88** 56 Gf 60
Bantanges **71** 83 Fa 69
Banteux **59** 8 Db 48
Banthelu **95** 32 Be 54
Banthéville **55** 20 Fa 52
Bantigny **59** 8 Cb 47
Bantouzelle **59** 8 Db 48
Bantzenheim **68** 57 Hd 62
Banvillars **90** 71 Ge 63
Banville **14** 13 Zd 53
Banvou **61** 29 Zc 57
Banyuls-dels-Aspres **66** 154 Cf 93
Banyuls-sur-Mer **66** 154 Da 94
Baon **89** 52 Ea 61
Baons-le-Comte **76** 15 Ae 51
Bapaume **62** 8 Cf 48
Baracé **49** 61 Zd 63
Baraigne **11** 141 Be 89
Baraize **36** 78 Bd 70
Baralle **62** 8 Da 47
Baraqueville **12** 128 Cc 83
Barastre **62** 8 Cf 48
Baratier **05** 121 Gc 81
Barbachen **65** 139 Aa 88
Barbaggio **2B** 157 Kc 92
Barbaira **11** 142 Cd 89
Barbas **54** 39 Gf 57
Barbaste **47** 125 Ab 83
Barbâtre **85** 73 Xe 67
Barbazan **31** 139 Ad 90
Barbazan-Debat **65** 139 Aa 89
Barbazan-Dessus **65** 139 Aa 90
Barbechat **44** 60 Ye 65
Barbe-Chat **44** 61 Yf 64
Barben, la **13** 132 Fb 87
Barbentane **13** 131 Ee 85
Barberey-Saint-Sulpice **10** 52 Ea 58
Barberier **03** 92 Db 71
Barbery **14** 29 Zd 54
Barbery **60** 33 Ce 53
Barbeville **14** 13 Zb 52
Barbey **77** 51 Da 58
Barbey-Seroux **88** 56 Gf 60
Barbezières **16** 87 Zf 73
Barbezieux-Saint-Hilaire **16** 99 Zf 76
Barbières **26** 119 Fa 79
Barbirey-sur-Ouche **21** 68 Ee 65
Barbizon **77** 50 Cd 58
Barbonne-Fayel **51** 35 De 57
Barbonville **54** 38 Gc 57
Barboux, Le **25** 71 Ge 66
Barbuise **10** 35 Dd 57
Barby **08** 19 Eb 51
Barc **27** 31 Ae 54
Barcarès, Le **66** 154 Da 92
Barcelonne **26** 118 Fa 79
Barcelonne-du-Gers **32** 124 Ze 86
Barcelonnette **04** 121 Gd 82
Barchain **57** 39 Gf 56
Barcillonnette **05** 120 Ff 82
Barcugnan **32** 139 Ac 88
Barcus **64** 137 Zb 89
Barcy **77** 34 Cf 54
Bard **42** 105 Ea 75
Barde, La **17** 99 Zf 78
Bardigues **82** 126 Af 84
Bard-le-Régulier **21** 68 Eb 66
Bard-lès-Epoisses **21** 67 Eb 63
Bard-lès-Pesmes **70** 69 Fd 65
Bardon, Le **45** 49 Bd 61
Bardos **64** 137 Ye 88
Bardou **24** 112 Ae 80
Bardouville **76** 15 Af 52
Barèges **65** 150 Aa 91
Bareilles **65** 150 Aa 92
Bareilles **65** 151 Ac 91
Barembach **67** 56 Hb 58
Baren **31** 151 Ad 91
Barentin **76** 15 Af 51
Barenton **50** 29 Zb 57
Barenton-Bugny **02** 19 Dd 51
Barenton-Cel **02** 19 Dd 51
Barenton-sur-Serre **02** 19 De 50
Barésia-sur-l'Ain **39** 83 Fe 69
Barfleur **50** 12 Ye 50
Bargème **83** 134 Gd 86
Bargemon **83** 134 Gd 87
Barges **21** 69 Fa 65
Barges **43** 117 Df 79
Barges **70** 54 Ff 61
Bargny **60** 34 Cf 53
Barie **33** 111 Zf 81
Barils, Les **27** 31 Ae 56
Barinque **64** 138 Ze 88
Barisis **02** 18 Dc 51
Barizey **71** 82 Ee 68
Barjac **09** 140 Ba 90
Barjac **30** 131 Ec 83
Barjac **48** 116 Dc 81
Barjols **83** 147 Ga 87
Barjon **21** 68 Ef 63
Barjouville **28** 49 Bc 58
Bar-le-Duc **55** 37 Fb 56
Barles **04** 133 Gb 83
Bar-lès-Buzancy **08** 20 Ef 52
Barlest **65** 138 Zf 90
Barleux **80** 18 Cf 49
Barlieu **18** 65 Cd 64
Barlin **62** 8 Cd 46
Barly **62** 8 Cd 47
Barly **80** 7 Cb 47
Barnay-Dessous **71** 82 Ec 66
Barnaye **26** 119 Fc 81
Barneville **14** 14 Ab 52
Barneville-Carteret **50** 12 Yb 52
Barneville-sur-Seine **27** 15 Af 52
Baroche-sous-Lucé, La **61** 29 Zc 57
Baromesnil **76** 6 Bc 49
Baron **30** 130 Eb 84
Baron **33** 111 Ze 80
Baron **60** 33 Ce 53
Baron **71** 82 Eb 70
Baron-sur-Odon **14** 29 Zd 54
Baronville **57** 38 Gd 55
Barou-en-Auge **14** 30 Zf 55
Baroville **10** 53 Ee 59
Barp, Le **33** 110 Zb 81
Barquet **27** 31 Af 54
Barr **67** 57 Hc 58
Barrais-Bussolles **03** 93 De 71
Barran **32** 125 Ac 87
Barrancoueu **65** 150 Ac 91
Barras **04** 133 Ga 84
Barraute-Camu **64** 137 Za 88
Barre **81** 128 Ce 86
Barre, la **39** 69 Fe 66
Barre, la **70** 70 Gb 64
Barre, la **87** 89 Ba 73
Barre-de-Monts, La **85** 73 Xf 67
Barre-des-Cévennes **48** 130 Dd 83
Barre-de-Semilly, La **50** 29 Yf 54
Barre-en-Ouche, la **27** 31 Ad 55
Barrême **04** 133 Gc 85
Barret **16** 99 Ze 76
Barretaine **39** 83 Fe 68
Barret-le-Bas **05** 132 Fe 83
Barrettali **2B** 157 Kc 91
Barriac-les-Bosquets **15** 103 Cb 78
Barro **16** 88 Ab 73
Barrou **37** 77 Ae 67
Barroux, Le **84** 132 Fa 84
Barry-d'Islemade **82** 126 Bb 84
Bars **24** 101 Ba 78
Bars **32** 139 Ab 87
Barsac **33** 111 Ze 81
Barst **57** 39 Gf 54
Bar-sur-Aube **10** 53 Ee 59
Bar-sur-Loup, Le **06** 134 Gf 86
Bar-sur-Seine **10** 53 Ec 60
Bart **25** 71 Ge 64
Bartenheim **68** 72 Hc 63
Bartenheim-la-Chaussée **68** 72 Hd 63
Bartès **65** 138 Zf 90
Barthe **65** 139 Ac 89
Barthe-de-Neste, La **65** 139 Ac 90
Bartherans **25** 84 Ff 66
Barthes, Les **82** 126 Ba 84
Barville **27** 31 Ac 54
Barville **61** 30 Ac 58
Barville **88** 54 Fe 58
Barville, Cany- **76** 15 Ad 50
Barville-en-Gâtinais **45** 50 Cc 60
Barzan **17** 98 Za 75
Barzun **64** 138 Zf 89
Barzy-en-Thiérache **02** 9 De 48
Barzy-sur-Marne **02** 34 Dd 54
Bascons **40** 124 Zd 86
Bascous **32** 125 Aa 86
Bas-en-Basset **43** 105 Ea 77
Bas-et-Lezat **63** 92 Db 72
Baslieux **54** 21 Fe 52
Baslieux-lès-Fismes **51** 19 De 53
Baslieux-sous-Châtillon **51** 35 De 54
Basly **14** 13 Zd 53
Bassac **16** 87 Zf 75
Bassan **34** 143 Db 88
Bassanne **33** 111 Zf 81
Bassée, la **59** 8 Ce 45
Basse-Ham **57** 22 Gb 52
Bassemberg **67** 56 Hb 58
Basseneville **14** 14 Zf 53
Bassens **33** 111 Zc 79
Bassens **73** 108 Ff 75
Bassercles **40** 124 Zc 87
Basse-Rentgen **57** 22 Gb 51
Basses **86** 76 Aa 66
Basse-sur-le-Rupt **88** 56 Ge 61
Basseux **62** 8 Cd 47
Bassevelle **77** 34 Db 55
Bassignac **15** 103 Cc 77
Bassignac-le-Bas **19** 102 Bf 78
Bassignac-le-Haut **19** 102 Ca 77
Bassigney **70** 55 Gb 62
Bassillac **24** 101 Ae 77
Bassing **57** 39 Ge 55
Bassoles-Aulers **02** 18 Dc 51
Bassoncourt **52** 54 Fd 60
Bassou **89** 51 Dd 61
Bassoues **32** 125 Ab 87
Bassu **51** 36 Ee 56
Bassuet **51** 36 Ee 56
Bassussarry **64** 136 Yc 88
Bassy **74** 96 Fe 73
Bastanès **64** 137 Zb 88
Bastelica **2A** 159 Ka 96
Bastelicaccia **2A** 158 If 97
Bastennes **40** 123 Zb 87
Bastia **2B** 157 Kc 92
Bastide, La **66** 154 Cd 93
Bastide, La **83** 134 Gd 86
Bastide-Blanche, La **83** 147 Fe 87
Bastide-Blanche, la **83** 148 Gd 89
Bastide-de-Besplas, La **09** 140 Bb 90
Bastide-de-Bousignac, La **09** 141 Bf 90
Bastide-de-Lordat, La **09** 141 Be 90
Bastide-d'Engras, La **30** 131 Ec 84
Bastide-de-Sérou, La **09** 140 Bc 90
Bastide-des-Jourdans, La **84** 132 Fd 86
Bastide-du-Salat, La **09** 140 Af 90
Bastide-l'Evêque, la **12** 114 Ca 82
Bastide-Pradines, La **12** 129 Da 84
Bastide-Puylaurent, La **48** 117 Df 81
Bastide-Solages, La **12** 128 Cd 85

164 (F) Aurimont — Bastide-Solages, La

Bonchamp-lès-Laval **53** 46 Zb 60
Boncour **02** 19 Df 51
Boncourt **27** 32 Bb 54
Boncourt **54** 37 Fe 53
Boncourt-le-Bois **21** 69 Ef 66
Boncourt-sur-Meuse **55** 37 Fd 56
Bondaroy **45** 50 Cb 59
Bondeval **25** 71 Gf 64
Bondigoux **31** 127 Bd 85
Bondons, Les **48** 117 Dd 82
Bondoufle **91** 33 Cc 57
Bondues **59** 4 Da 44
Bondy **93** 33 Cc 55
Bon-Encontre **47** 125 Ad 83
Bongheat **63** 92 Dc 74
Bonhomme, le **68** 56 Ha 59
Bonifacio **2A** 160 Kb 100
Bonin **58** 67 Df 65
Bonlier **60** 17 Ca 52
Bonlieu **39** 84 Ff 69
Bonlieu-sur-Roubion **26** 118 Ef 81
Bonloc **64** 137 Ye 88
Bonnac **09** 141 Bd 90
Bonnac **15** 104 Da 77
Bonnac-la-Côte **87** 89 Bb 73
Bonnard **89** 51 Dd 61
Bonnat **23** 90 Bf 71
Bonnaud **39** 83 Fc 69
Bonnay **25** 70 Ga 65
Bonnay **71** 82 Ed 69
Bonnay **80** 8 Cc 49
Bonne **74** 96 Gb 72
Bonnebosq **14** 14 Aa 53
Bonnecourt **52** 54 Fc 61
Bonnée **45** 65 Cc 62
Bonnefamille **38** 107 Fa 75
Bonnefoi **61** 31 Ad 56
Bonnefond **19** 102 Bf 75
Bonnefont **65** 139 Ac 89
Bonnefontaine **39** 84 Fe 68
Bonnegarde **40** 123 Zb 87
Bonneil **02** 34 Dc 54
Bonnelles **78** 33 Ca 57
Bonnemain **35** 28 Yb 58
Bonnemaison **14** 29 Zc 54
Bonnemazon **65** 139 Ab 90
Bonnencontre **21** 83 Fa 66
Bonneœil **14** 29 Zd 55
Bonnes **16** 100 Aa 77
Bonnes **86** 77 Ad 69
Bonnesvalyn **02** 34 Db 54
Bonnet **55** 37 Fc 57
Bonnétable **72** 47 Ac 59
Bonnétage **25** 71 Ge 65
Bonnetan **33** 111 Zd 80
Bonneuil **16** 99 Zf 75
Bonneuil **36** 89 Bb 70
Bonneuil-en-Valois **60** 18 Cf 53
Bonneuil-les-Eaux **60** 17 Cb 51
Bonneuil-Matours **86** 77 Ad 68
Bonneuil-sur-Marne **94** 33 Cd 56
Bonneval **28** 49 Bc 59
Bonneval **43** 105 De 77
Bonneval-sur-Arc **73** 109 Ha 76
Bonnevaux **25** 84 Gb 68
Bonnevaux **30** 117 Ea 82
Bonnevaux **74** 97 Ge 71
Bonnevaux-le-Prieuré **25** 70 Gb 66
Bonneveau **41** 48 Ae 62
Bonnevent-Velloreille **70** 70 Ff 64
Bonneville **16** 88 Ze 73
Bonneville **74** 96 Gc 72
Bonneville **80** 7 Cb 48
Bonneville, La **50** 12 Yd 52
Bonneville-Aptot **27** 15 Ae 53
Bonneville-et-Saint-Avit-de-Fumadières **24** 112 Aa 79
Bonneville-la-Louvet **14** 14 Ac 53
Bonneville-sur-Iton, la **27** 31 Ba 55
Bonnières **60** 16 Bf 51
Bonnières **62** 7 Cb 47
Bonnières-sur-Seine **78** 32 Bd 54
Bonnieux **84** 132 Fb 86
Bonningues-lès-Ardres **62** 7 Cc 45
Bonningues-lès-Calais **62** 3 Be 43
Bonnœuvre **44** 60 Ye 63
Bonnut **64** 123 Zb 87
Bonny-sur-Loire **45** 66 Cf 63
Bono **56** 43 Xa 63
Bonrepos **65** 139 Ac 89
Bonrepos-Riquet **31** 127 Bd 86
Bonrepos-sur-Aussonnelle **31** 140 Ba 87
Bonsecours **76** 15 Ba 52
Bons-en-Chablais **74** 96 Gc 71
Bonsmoulins **61** 31 Ad 57
Bonson **42** 105 Eb 75
Bonsons **06** 135 Hb 85
Bons-Tassilly **14** 30 Ze 55
Bonvillaret **73** 108 Gb 75
Bonville **54** 38 Gd 57
Bonviller **54** 38 Gc 57
Bonvillers **60** 17 Cb 53
Bonvillers **60** 17 Cc 51
Bonvillet **88** 55 Ga 60
Bony **02** 8 Db 49
Bonzac **33** 99 Ze 78
Bonzée-en-Woëvre **55** 37 Fd 54
Boofzheim **67** 57 He 58
Boos **76** 15 Bb 52
Dootzheim **67** 57 Hd 59
Boqueho **22** 26 Xa 58
Boran-sur-Oise **60** 33 Cc 53
Borce **64** 137 Zc 91
Bordeaux **33** 111 Zc 79
Bordeaux-en-Gâtinais **45** 50 Cd 60
Bordeaux-Saint-Clair **76** 14 Ab 50
Bordères **64** 138 Ze 89
Bordères-et-Lamensans **40** 124 Zd 86
Bordères-Louron **65** 150 Ac 91
Bordères-sur-l'Echez **65** 138 Aa 89
Bordes **64** 138 Ze 89
Bordes **65** 139 Ab 89
Bordes, Les **36** 78 Bf 67
Bordes, Les **45** 65 Cc 62
Bordes, Les **71** 83 Fa 67
Bordes, Les **89** 51 Dc 60
Bordes-Aumont, Les **10** 52 Ea 59
Bordes-de-Rivière **31** 139 Ad 90
Bordes-du-Ba **64** 123 Yf 87
Bordes-sur-Arize, Les **09** 140 Bc 90
Bordes-sur-Lez, Lles **09** 151 Ba 91
Bordezac **30** 130 Ea 83
Bords **17** 87 Zb 73
Bord-Saint-Georges **23** 91 Cb 71
Borée **07** 117 Eb 79
Boresse-et-Marton **17** 99 Zf 77
Borest **60** 33 Ce 53
Borey **70** 70 Gc 63
Borgo **2B** 157 Kd 93
Bormes-les-Mimosas **83** 147 Gc 90
Born, le **31** 127 Bd 85
Born, le **48** 116 Dd 81
Bornambusc **76** 14 Ac 51
Bornay **39** 83 Fd 69
Borne **43** 105 De 78
Bornel **60** 33 Cb 53
Boron **90** 71 Ha 63
Borre **59** 4 Cd 44
Borrèze **24** 113 Bc 79
Bors-de-Baignes **16** 99 Ze 77
Bors-de-Montmoreau **16** 100 Ab 76
Bort-les-Orgues **19** 103 Cc 76
Bort-l'Étang **63** 92 Dc 74
Borville **54** 55 Gc 58
Bosc, le **09** 152 Bc 91
Bosc, Le **34** 129 Dc 86
Boscamnant **17** 99 Zf 77
Bosc-Bénard-Commin **27** 15 Af 53
Bosc-Bénard-Crescy **27** 15 Ae 53
Bosc-Bérenger **76** 16 Bb 51
Bosc-Bordel **76** 16 Bc 51
Bosc-Edeline **76** 16 Bc 51
Bosc-Guérard-Saint-Adrien **76** 15 Ba 51
Bosc-Hyons **76** 16 Bd 52
Bosc-le-Hard **76** 15 Bb 51
Bosc-Mesnil **76** 16 Bc 50
Bosc-Renoult, Le **61** 30 Ab 55
Bosc-Renoult-en-Ouche **27** 31 Ae 55
Bosc-Renoult-en-Roumois **27** 15 Ae 53
Bosc-Roger-en-Roumois, Le **27** 15 Af 53
Bosc-Roger-sur-Buchy **76** 16 Bc 51
Bosdarros **64** 138 Zd 89
Bosgouet **27** 15 Af 52
Bosguérard-de-Marcouville **27** 15 Af 53
Bosjean **71** 83 Fc 68
Bosmont-sur-Serre **02** 19 Df 50
Bosnormand **27** 15 Af 53
Bosquel **80** 17 Cb 50
Bosquentin **27** 16 Bd 52
Bosrobert **27** 15 Ae 53
Bosroger **23** 91 Cb 73
Bossay-sur-Claise **37** 77 Af 68
Bosse, La **25** 71 Gd 66
Bosse, La **72** 48 Ad 60
Bosse-de-Bretagne, La **35** 45 Yc 61
Bossée **37** 63 Ae 66
Bossendorf **67** 40 Hd 56
Bosset **24** 112 Ac 79
Bosseval-et-Briancourt **08** 20 Ef 50
Bossey **74** 95 Ga 72
Bossieu **38** 107 Fa 76
Bossugan **33** 111 Zf 80
Bossus-lès-Rumigny **08** 19 Eb 49
Bost **03** 92 Cf 70
Bost **03** 92 Dd 71
Bostens **40** 124 Zd 85
Bosville **76** 15 Ae 50
Botans **90** 71 Gf 63
Botmeur **29** 25 Wa 58
Botsorhel **29** 25 Wc 57
Bottereaux, Les **27** 31 Ae 55
Botz-en-Mauges **49** 61 Za 65
Bou **45** 49 Ca 61
Bouafle **78** 32 Bf 55
Bouafles **27** 16 Bc 53
Bouan **09** 152 Bd 92
Bouaye **44** 60 Yb 66
Boubers-lès-Hesmond **62** 7 Be 46
Boubers-sur-Canche **62** 7 Cb 47
Boubiers **60** 16 Bf 53
Boucagnères **32** 139 Ad 87
Boucau **64** 122 Yd 87
Bouc-Bel-Air **13** 146 Fc 88
Boucé **03** 92 Dc 71
Boucé **61** 30 Zf 57
Bouchage **38** 107 Fd 74
Bouchage, Le **16** 88 Ac 72
Bouchain **59** 9 Db 47
Bouchamps-lès-Craon **53** 46 Za 62
Bouchaud, Le **03** 93 Df 71
Bouchavesnes-Bergen **80** 8 Cf 49
Bouchemaine **49** 61 Zc 64
Boucheporn **57** 38 Gd 54
Bouchet, Le **74** 96 Gc 74
Bouchet, Le **86** 76 Aa 67
Bouchet, Le **86** 76 Ab 68
Bouchet-Saint-Nicolas, Le **43** 117 De 79
Bouchevilliers **27** 16 Be 52
Bouchoir **80** 17 Ce 50
Bouchon **80** 7 Ca 48
Bouchon-sur-Saulx, Le **55** 37 Fb 57
Bouchoux, les **39** 96 Fe 71
Bouchy-Saint-Genest **51** 34 Dd 57
Boucieu-le-Roi **07** 106 Ee 78
Bouclans **25** 70 Gb 65
Boucoiran **30** 130 Eb 84
Bouconville **08** 20 Ee 53
Bouconvillers **60** 32 Bf 53
Bouconville-sur-Madt **55** 37 Fe 55
Bouconville-Vauclair **02** 19 De 52
Boudes **63** 103 Db 76
Boudeville **76** 15 Af 50
Boudou **82** 126 Ba 84
Boudrac **31** 139 Ad 89
Boudreville **21** 53 Ee 61
Boudy-de-Beauregard **47** 112 Ae 81
Bouée **44** 59 Ya 65
Boueilh-Boueilho-Lasque **64** 124 Ze 87
Bouelles **76** 16 Bc 50
Bouër **72** 48 Ad 60
Bouère **53** 46 Zd 61
Bouessay **53** 46 Zd 61
Bouesse **36** 78 Be 69
Bouëx **16** 100 Ab 75
Bouëxière, La **35** 45 Yd 59
Bouffémont **95** 33 Cb 54
Boufféré **85** 74 Yd 67
Bouffignereux **02** 19 Df 52
Boufflers **80** 7 Ca 47
Bougainville **80** 17 Ca 49
Bougarber **64** 138 Zd 88
Bougé-Chambalud **38** 106 Ef 77
Bouges-le-Château **36** 78 Be 66
Bougey **70** 70 Ff 62
Bouglainval **28** 32 Bd 57
Bougligny **77** 50 Cd 59
Bouglon **47** 112 Aa 82
Bougneau **17** 99 Zc 75
Bougnon **70** 70 Ga 62
Bougon **79** 76 Zf 70
Bougue **40** 124 Zd 85
Bouguenais **44** 60 Yc 65
Bougy **14** 29 Zc 54
Bougy-lez-Neuville **45** 49 Ca 60
Bouhans **71** 83 Fb 68
Bouhanset-et-Feurg **70** 69 Fd 64
Bouhans-lès-Lure **70** 70 Gc 62
Bouhans-lès-Montbozon **70** 70 Gb 64
Bouhet **17** 86 Za 72
Bouhey **21** 68 Ee 65
Bouhy **58** 66 Da 64
Bouilh-Devant **65** 139 Ab 89
Bouilhonnac **11** 142 Cc 89
Bouilh-Péreuilh **65** 139 Ab 89
Bouillac **12** 114 Ca 81
Bouillac **24** 113 Af 80
Bouillac **82** 126 Ba 85
Bouilladise, La **13** 146 Fd 88
Bouillancourt-en-Séry **80** 6 Bd 49
Bouillancourt-la-Bataille **80** 17 Cd 50
Bouillancy **60** 34 Cf 54
Bouilland **21** 68 Ee 66
Bouillargues **30** 131 Ec 86
Bouille, la **76** 15 Af 52
Bouillé-Courdault **85** 75 Zb 70
Bouillé-Loretz **79** 62 Ze 66
Bouillé-Ménard **49** 46 Za 62
Bouillé-Saint-Paul **79** 75 Zd 66
Bouillie, La **22** 27 Xd 57
Bouillon **64** 138 Zc 88
Bouillonville **54** 37 Ff 55
Bouilly **10** 52 Df 59
Bouilly **51** 35 Df 53
Bouilly-en-Gâtinais **45** 50 Cb 60
Bouin **79** 88 Zf 72
Bouin **85** 59 Xf 67
Bouin Plumoisin **62** 7 Bf 46
Bouisse **11** 142 Cc 91
Bouix **21** 53 Ec 61
Boujailles **25** 84 Ga 67
Boujan-sur-Libron **34** 143 Db 88
Boulages **10** 35 Df 57
Boulaincourt **88** 55 Ga 58
Boulancourt **77** 50 Cc 59
Boulange **57** 22 Ff 52
Boulaur **32** 139 Ae 87
Boulaye, La **71** 81 Ea 68
Boulay-les-Barres **45** 49 Be 61
Boulay-les-Ifs **53** 47 Zf 58
Boulay-Morin, Le **27** 31 Bb 54
Boulay-Moselle **57** 38 Gc 53
Boulazac **24** 101 Ae 77
Boulbon **13** 131 Ee 85
Boule-d'Amont **66** 154 Cd 93
Bouleternère **66** 154 Cd 93
Bouleurs-le-Mont **77** 34 Cf 55
Bouleuse **51** 35 Df 53
Bouliac **33** 111 Zc 80
Boulieu-lès-Annonay **07** 106 Ed 77
Bouligneux **01** 94 Ef 72
Bouligney **70** 55 Gb 61
Bouligny **55** 21 Fe 53
Boulin **65** 139 Aa 89
Boullarre **60** 34 Da 54
Boullay-les-Deux-Églises **28** 32 Bb 57
Boullay-les-Troux **91** 33 Ca 56
Boullay-Mivoye, Le **28** 32 Bc 57
Boullay-Thierry, Le **28** 32 Bc 57
Boulleret **18** 66 Cf 64
Boulleville **27** 14 Ac 52
Bouloc **31** 126 Bc 86
Bouloc **82** 113 Ba 83
Boulogne **85** 74 Ye 68
Boulogne-Billancourt **92** 33 Cb 55
Boulogne-la-Grasse **60** 17 Ce 51
Boulogne-sur-Gesse **31** 139 Ad 89
Boulogne-sur-Helpe **59** 9 Df 48
Boulogne-sur-Mer **62** 2 Bd 44
Bouloire **72** 48 Ad 61
Boulon **14** 29 Zd 54
Boulot **70** 70 Ff 64
Boulou, le **66** 154 Ce 93
Boult **70** 70 Ga 64
Boult-au-Bois **08** 20 Ef 52
Boult-sur-Suippe **51** 19 Ea 52
Boulvé, Le **46** 113 Ba 82
Boulzicourt **08** 20 Ee 50
Boumourt **64** 138 Zc 89
Bouniagues **24** 112 Ad 80
Boupère, Le **85** 75 Za 68
Bouquehault **62** 3 Bf 43
Bouquelon **27** 15 Ac 52
Bouquemaison **80** 7 Cc 47
Bouquemont **55** 37 Fc 55
Bouquet **30** 130 Eb 84
Bouquetot **27** 15 Ae 52
Bouqueval **95** 33 Cc 54
Bouranton **10** 52 Eb 59
Bouray-sur-Juine **91** 50 Cb 57
Bourbach-le-Bas **68** 71 Ha 62
Bourbach-le-Haut **68** 56 Ha 62
Bourberain **21** 69 Fb 64
Bourbévelle **70** 55 Ff 61
Bourbon-Lancy **71** 81 De 69
Bourbon-l'Archambault **03** 80 Da 69
Bourbonne-les-Bains **52** 54 Fe 61
Bourboule, La **63** 103 Ce 75
Bourbourg **59** 3 Cb 43
Bourbriac **22** 26 We 58
Bourcefranc-le-Chapus **17** 86 Yf 73
Bourcia **39** 95 Fc 70
Bourcq **08** 20 Ed 52
Bourdainville **76** 15 Af 50
Bourdalat **40** 124 Ze 85
Bourdeau **73** 108 Ff 74
Bourdeaux **26** 119 Fa 81
Bourdeilles **24** 100 Ad 77
Bourdeix, Le **24** 100 Ad 75
Bourdelles **33** 111 Aa 81
Bourdet, Le **79** 87 Zc 71
Bourdic **30** 131 Eb 85
Bourdinière-Saint-Loup, La **28** 49 Bc 59
Bourdon **80** 7 Ca 49
Bourdonnay **57** 39 Ge 56
Bourdonné **78** 32 Bd 56
Bourdons-sur-Rognon **52** 54 Fc 60
Bourecq **62** 7 Cc 45
Bouresches **02** 34 Db 54
Bouresse **86** 88 Ad 70
Bouret-sur-Canche **62** 7 Cb 47
Boureuilles **55** 36 Fa 53
Bourg **33** 99 Zc 78
Bourg **52** 69 Fb 62
Bourg, Le **46** 114 Bf 80
Bourg-Achard **27** 15 Ae 52
Bourgaltroff **57** 39 Ge 55
Bourganeuf **23** 90 Be 73
Bourg-Archambault **86** 89 Ba 70
Bourg-Argental **42** 106 Ed 77
Bourgbarré **35** 45 Yc 61
Bourg-Beaudouin **27** 16 Bb 52
Bourg-Blanc **29** 24 Vd 57
Bourg-Bruche **67** 56 Ha 58
Bourg-Charente **16** 87 Ze 74
Bourg-de-Bigorre **65** 139 Ab 90
Bourg-de-Péage **26** 107 Fa 78
Bourg-des-Comptes **35** 45 Yb 61
Bourg-de-Sirod **39** 84 Ff 68
Bourg-des-Maisons **24** 100 Ac 76
Bourg-de-Thizy **69** 93 Eb 72
Bourg-de-Visa **82** 126 Af 83
Bourg-d'Hem, Le **23** 90 Be 71
Bourg-d'Iré, Le **49** 61 Za 62
Bourg-d'Oisans, Le **38** 108 Ga 78
Bourg-d'Oueil **31** 151 Ac 91
Bourg-du-Bost **24** 100 Ab 77
Bourg-Dun **76** 15 Af 49
Bourgeauville **14** 14 Aa 53
Bourg-en-Bresse **01** 95 Fb 71
Bourges **18** 79 Cc 66
Bourg-et-Comin **02** 19 De 52
Bourget-du-Lac, Le **73** 108 Ff 75
Bourget-en-Huile **73** 108 Gb 76
Bourg-Fidèle **08** 20 Ed 49
Bourgheim **67** 57 Hc 58
Bourghelles **59** 8 Db 45
Bourg-Lastic **63** 103 Cd 75
Bourg-le-Comte **71** 93 Df 71
Bourg-le-Roi **72** 47 Aa 58
Bourg-lès-Valence **26** 118 Ef 79
Bourg-l'Evêque **49** 45 Yf 62
Bourg-Madame **66** 153 Bf 94
Bourgneuf **17** 86 Yf 72
Bourgneuf **73** 108 Gb 75
Bourgneuf-en-Mauges **49** 61 Za 65
Bourgneuf-en-Retz **44** 59 Ya 66
Bourgneuf-la-Forêt, Le **53** 46 Za 60
Bourgogne **51** 19 Ea 52
Bourgoin-Jallieu **38** 107 Fb 75
Bourgon **53** 45 Yf 60
Bourgonce, La **88** 56 Ge 59
Bourgougnague **47** 112 Ac 81
Bourg-Saint-Andéol **07** 118 Ed 82
Bourg-Saint-Bernard **31** 127 Be 87
Bourg-Saint-Christophe **01** 95 Fa 73
Bourg-Sainte-Marie **52** 54 Fd 59
Bourg-Saint-Léonard, Le **61** 30 Aa 56
Bourg-Saint-Maurice **73** 109 Ge 75
Bourgthéroulde-Infreville **27** 14 Af 53
Bourguébus **14** 30 Ze 54
Bourgueil **37** 62 Aa 65
Bourguenolles **50** 28 Ye 56
Bourguet, Le **83** 134 Gd 86
Bourguignon **25** 71 Ge 64
Bourguignon-lès-Conflans **70** 70 Ga 62
Bourguignon-lès-la-Charité **70** 70 Ff 64
Bourguignon-lès-Morey **70** 69 Fe 62
Bourguignons **10** 53 Ec 60
Bourgvilain **71** 94 Ed 70
Bourideys **33** 111 Zd 82
Bouriège **11** 141 Ca 91
Bourigeole **11** 141 Ca 91
Bourisp **65** 150 Ac 92
Bourlens **47** 113 Af 82
Bourlon **62** 8 Da 47
Bourmont **52** 54 Fd 59
Bournainville-Faverolles **27** 31 Ac 54
Bournan **37** 77 Ae 66
Bournand **86** 62 Aa 66
Bournazel **12** 115 Cb 82
Bournazel **81** 127 Bf 84
Bourneau **85** 75 Zb 69
Bournel **47** 112 Ae 81
Bourneville **27** 15 Ad 52
Bournezeau **85** 74 Ye 69
Bourniquel **24** 113 Ae 80
Bournois **25** 70 Gc 64
Bournoncle-Saint-Pierre **43** 104 Db 76
Bournonville **62** 3 Bf 44
Bournos **64** 138 Zd 88
Bourogne **90** 71 Gf 63
Bourran **47** 112 Ac 82
Bourré **41** 64 Bb 64
Bourréac **65** 138 Aa 90
Bourret **82** 126 Ba 85
Bourriot-Bergonce **40** 124 Ze 84
Bourron-Marlotte **77** 50 Ce 58
Bourrou **24** 100 Ad 78
Bourrouillan **32** 124 Zf 86
Bours **62** 7 Cb 46
Bours **65** 138 Aa 89
Boursault **51** 35 Df 54
Boursay **41** 48 Af 60
Bourscheid **57** 39 Hb 56
Bourseul **22** 27 Xe 58
Bourseville **80** 6 Bd 48
Boursières **70** 70 Ga 63
Boursies **59** 8 Da 48
Boursin **62** 3 Be 44
Boursonne **60** 34 Da 53
Bourth **27** 31 Ae 56
Bourthes **62** 7 Bf 45
Bourville **76** 15 Ae 50
Boury-en-Vexin **60** 16 Be 53
Bousbach **57** 39 Gf 54
Bousbecque **59** 4 Da 44
Bouscat, le **33** 111 Zc 79
Bousies **59** 9 Dd 48
Bousignies **59** 9 Dc 46
Bousignies-sur-Roc **59** 10 Eb 47
Bousquet, Le **11** 153 Ca 92
Bousquet-d'Orb, Le **34** 129 Da 86
Boussac **12** 128 Cc 83
Boussac **12** 128 Cf 85
Boussac **23** 90 Cb 70
Boussac **46** 114 Bf 81
Boussac, La **35** 28 Yc 57
Boussac-Bourg **23** 91 Cb 70
Boussagues **34** 129 Da 87
Boussan **31** 140 Af 89
Boussay **37** 77 Af 67
Boussay **44** 60 Ye 66
Bousse **57** 22 Gb 53
Bousse **72** 47 Zf 62
Bousselange **71** 83 Fb 67
Boussenac **09** 152 Bc 91
Boussenois **21** 69 Fb 63
Boussens **31** 140 Af 89
Bousseraucourt **70** 55 Ff 61
Boussès **47** 125 Aa 84
Bousseviller **57** 39 Hc 54
Boussey **21** 68 Ed 64
Boussicourt **80** 17 Cd 50
Boussières **25** 70 Ff 66
Boussières **59** 9 Df 47
Boussières-en-Cambrésis **59** 9 Dc 47
Boussois **59** 9 Ea 47
Boussoulet **43** 105 Ea 78
Boussy **74** 96 Ff 73
Boussy-Saint-Antoine **91** 33 Cd 56
Boust **57** 22 Gb 52
Boustroff **57** 38 Gd 54
Boutancourt **08** 20 Ee 50
Boutavent **60** 16 Be 51
Bout-du-Pont-de-Larn **81** 142 Cc 88
Bouteille, La **02** 19 Df 49
Boutenac **11** 142 Ce 90
Boutenac-Touvent **17** 99 Zb 76
Boutencourt **60** 16 Bf 53
Boutervilliers **91** 50 Ca 58
Bouteville **16** 99 Zf 75
Boutiers-Saint-Trojan **16** 87 Ze 74
Boutigny **77** 34 Cf 55
Boutigny-Prouais **28** 32 Bd 56
Boutigny-sur-Essonne **91** 50 Cc 58
Bouttencourt **80** 6 Bd 49
Boutteville **50** 12 Ye 52
Boutx **31** 151 Ae 91
Bouvaincourt-sur-Bresle **80** 6 Bc 48
Bouvancourt **51** 19 Df 52
Bouvante(-le-Bas) **26** 119 Fb 79
Bouvellemont **08** 20 Ed 51
Bouverans **25** 84 Gb 67
Bouvesse-Quirieu **38** 95 Fc 74
Bouvières **26** 119 Fb 81
Bouvignies **59** 8 Db 46
Bouvigny **62** 8 Ce 46
Bouville **28** 49 Bc 59
Bouville **76** 15 Af 51
Bouville **91** 50 Cb 58
Bouvincourt-en-Vermandois **80** 18 Da 49
Bouvines **59** 8 Db 45
Bouvresse **60** 16 Be 51
Bouvron **44** 59 Ya 64
Bouvron **54** 37 Ff 56
Bouxières-aux-Bois **88** 55 Gb 59
Bouxières-aux-Chênes **54** 38 Gb 56
Bouxières-aux-Dames **54** 38 Gb 56
Bouxières-sous-Froidmont **54** 38 Ga 55
Boux-sous-Salmaise **21** 68 Ed 64
Bouxurulles **88** 55 Gb 58
Bouxwiller **67** 40 Hc 55
Bouxwiller **68** 72 Hb 63
Bouy **51** 35 Ec 54
Bouy-Luxembourg **10** 52 Eb 58
Bouyssou, Le **46** 114 Bf 80
Bouy-sur-Orvin **10** 51 Dc 58
Bouzais **18** 79 Cc 68
Bouzancourt **52** 53 Ef 59
Bouzanville **54** 55 Ga 58
Bouze-lès-Beaume **21** 82 Ee 66
Bouzel **63** 92 Db 74
Bouzemont **88** 55 Gb 59
Bouzic **24** 113 Bb 80
Bouziès **46** 114 Bd 82
Bouzigues **34** 144 Dd 88
Bouzillé **49** 60 Yf 65
Bouzin **31** 140 Af 89
Bouzincourt **80** 8 Cd 48
Bouzon-Gellenave **32** 124 Aa 86
Bouzonville **57** 22 Gd 53
Bouzonville-aux-Bois **45** 50 Cb 60
Bouzy **51** 35 Ea 54
Bouzy-la-Forêt **45** 50 Cc 61
Bovée-sur-Barboure **55** 37 Fd 57
Bovel **35** 44 Ya 61
Bovelles **80** 17 Ca 49
Boves **80** 17 Cc 49
Boviolles **55** 37 Fc 57
Boyardville **17** 86 Ye 73
Boyaval **62** 7 Cb 46
Boyelles **62** 8 Ce 47
Boyer **42** 93 Eb 72
Boyer **71** 82 Ef 69
Boyeux-Saint-Jérôme **01** 95 Fc 72
Boynes **45** 50 Cc 60
Boyon **06** 134 Ha 85
Boz **01** 94 Ef 70
Bozas **07** 106 Ed 78
Bozel **73** 109 Gd 76
Bozouls **12** 115 Ce 82
Brabant-le-Roi **55** 36 Ef 55
Brabant-sur-Meuse **55** 21 Fb 53
Brach **33** 98 Za 78
Brachay **52** 53 Fa 58
Brachy **76** 15 Af 50
Bracieux **41** 64 Bd 63
Bracon **39** 84 Ff 67
Bracquemont **76** 6 Ba 49
Bracquetuit **76** 15 Ba 50
Bradiancourt **76** 16 Bc 51
Braffais **50** 28 Ye 56
Bragassargues **30** 130 Ea 85
Bragayrac **31** 140 Ba 88
Bragelogne-Beauvoir **10** 52 Eb 61
Bragny-sur-Saône **71** 83 Fa 67
Brahic **07** 117 Ea 82
Braillans **25** 70 Ga 65
Brailly-Cornehotte **80** 7 Bf 47
Brain **21** 68 Ed 64
Brainans **39** 83 Fd 67
Braine **02** 18 Dd 52
Brains **44** 60 Yb 65
Brains-sur-les-Marches **53** 43 Ye 61
Brain-sur-Allonnes **49** 62 Aa 65
Brain-sur-l'Authion **49** 61 Zd 64
Brain-sur-Longuenée **49** 61 Zb 63
Brain-sur-Vilaine **35** 44 Ya 62
Brainville **50** 28 Yd 54
Brainville **54** 37 Fe 54
Brainville-sur-Meuse **52** 54 Fd 59
Braize **03** 79 Cd 69
Bralleville **54** 55 Gb 58
Bram **11** 141 Ca 89
Bramans **73** 109 Ge 77
Brametot **76** 15 Af 50
Bramevaque **65** 139 Ad 91
Bran **17** 99 Ze 76
Branceilles **19** 102 Be 78
Branches **89** 51 Dc 61
Brancourt-en-Laonnois **02** 18 Dc 51
Brancourt-le-Grand **02** 9 Dc 49
Brandérion **56** 43 We 62
Brandeville **55** 21 Fb 52
Brando **2B** 157 Kc 92
Brandon **71** 94 Ed 70
Brandonnet **12** 114 Ca 82
Brandonvillers **51** 52 Ed 57
Branges **71** 83 Fb 69
Brangues **38** 107 Fd 74
Brannay **89** 51 Da 59
Branne **25** 70 Gc 64
Branne **33** 111 Ze 80
Brannens **33** 111 Zf 81
Branoux-les-Taillades **30** 130 Df 83
Brans **39** 69 Fd 65
Bransat **03** 92 Db 71
Branscourt **51** 19 De 53
Bransles **77** 51 Cf 60
Brantes **84** 132 Fb 83
Brantes **84** 132 Fc 83
Brantigny **88** 55 Gb 58
Brantôme **24** 100 Ad 76
Branville **14** 14 Aa 53
Branville-Hague **50** 12 Yb 51
Bras **83** 147 Ff 88
Brasc **12** 128 Cd 85
Bras-d'Asse **04** 133 Ga 85
Brasles **02** 34 Dc 54
Braslou **37** 76 Ac 67
Brasparts **29** 25 Wa 59
Brassac **09** 152 Bd 91
Brassac **81** 128 Cd 87
Brassac **82** 126 Af 83
Brassac-les-Mines **63** 104 Dc 76
Brassempouy **40** 123 Zb 87
Brasseuse **60** 17 Ce 53
Bras-sur-Meuse **55** 37 Fc 53
Brassy **58** 67 Df 65
Brassy **80** 17 Ca 50
Bratte **54** 38 Gb 56
Braud-et-Saint-Louis **33** 99 Zc 77
Brauvilliers **55** 37 Fa 57
Braux **04** 134 Ge 85
Braux **10** 53 Ec 58
Braux **21** 68 Ec 64
Braux-le-Châtel **52** 53 Ef 60
Braux-Saint-Rémy **51** 36 Ef 54
Brax **31** 126 Bb 87
Brax **47** 125 Ad 83
Bray **27** 31 Af 54
Bray **71** 82 Ee 69
Bray-Dunes **59** 4 Cd 42
Braye **02** 18 Dc 52
Braye-en-Laonnais **02** 19 Dd 52
Braye-en-Thiérache **02** 19 Df 50
Bray-en-Val **45** 50 Cc 62
Braye-sous-Faye **37** 76 Ac 67
Braye-sur-Maulne **37** 62 Ab 63
Bray-et-Lû **95** 32 Bd 54
Bray-lès-Mareuil **80** 7 Bf 48
Bray-sur-Seine **77** 51 Db 58
Bray-sur-Somme **80** 8 Ce 49
Brazey-en-Morvan **21** 68 Eb 65
Brazey-en-Plaine **21** 69 Fb 66
Bréal-sous-Montfort **35** 44 Ya 60
Bréal-sous-Vitré **35** 45 Yf 60
Bréançon **95** 33 Ca 54
Bréau **77** 34 Cf 57
Bréau-et-Salagosse **30** 129 Dd 85
Bréauté **76** 14 Ac 51
Brebières **62** 8 Da 46
Brebotte **90** 71 Gf 63
Brécé **35** 45 Yd 60
Brecé **53** 46 Zb 58
Brécey **50** 28 Yf 56
Brech **56** 43 Xa 62
Bréchamps **28** 32 Bd 56
Bréchaumont **68** 71 Ha 62
Brectouville **50** 29 Yf 54
Brécy **02** 34 Dc 54
Brécy **18** 65 Cd 66
Brécy-Brières **08** 20 Ee 53
Brède, La **33** 111 Zc 80
Brée **53** 46 Zc 60
Bréel **61** 29 Zd 56
Brée-les-Bains, la **17** 86 Yd 72
Brégnier-Cordon **01** 107 Fd 75
Brégy **60** 34 Cf 54
Bréhain **57** 38 Gd 55
Bréhain-la-Ville **54** 21 Ff 52
Bréhal **50** 28 Yc 55
Bréhand **22** 27 Xc 58
Bréhéville **55** 21 Fb 52
Breidenbach **57** 39 Hc 54
Breil **49** 62 Aa 64
Breille-les-Pins, La **49** 62 Aa 64
Breil-sur-Mérize, Le **72** 47 Ac 61
Breil-sur-Roya **06** 135 Hd 85
Breistroff-la-Grande **57** 22 Gb 52
Breitenau **67** 56 Hb 59
Breitenbach **67** 56 Hb 58
Breitenbach-Haut-Rhin **68** 56 Ha 60
Brélidy **22** 26 We 57
Bréménil **54** 39 Gf 57

Bonchamp-lès-Laval — Bréménil (F) **167**

Brémoncourt **54** 55 Gc 58
Bremondans **25** 70 Gc 65
Brémontier-Merval **76** 16 Bd 51
Brémoy **14** 29 Zb 55
Brem-sur-Mer **85** 73 Yb 69
Brémur-et-Vaurois **21** 68 Ed 62
Bren **26** 106 Ef 78
Brenac **11** 153 Ca 91
Brenas **34** 129 Db 87
Brenat **63** 104 Db 75
Brénaz **01** 95 Fc 73
Brénaz **01** 95 Fe 73
Brenelle **02** 18 Dd 52
Brengues **46** 114 Be 81
Brennes **52** 69 Fb 62
Brennilis **29** 25 Wa 58
Brénod **01** 95 Fd 72
Brenon **83** 134 Gd 86
Brenouille **60** 17 Cd 53
Brenoux **48** 116 Dd 82
Brens **01** 95 Fe 74
Brenthonne **74** 96 Gc 71
Breny **02** 34 Dc 53
Bréole, La **04** 120 Gb 82
Brères **25** 84 Ff 66
Bréry **39** 83 Fd 68
Bresdon **17** 87 Zf 73
Bréseux, Les **25** 71 Ge 65
Bresilley **70** 69 Fd 65
Bresle **80** 8 Cd 49
Bresles **60** 17 Cb 52
Bresnay **03** 80 Db 70
Bresolettes **61** 31 Ad 57
Bresse, la **88** 56 Gf 60
Bresse-sur-Grosne **71** 82 Ee 69
Bressey-sur-Tille **21** 69 Fb 65
Bressolles **01** 95 Fa 73
Bressolles **03** 80 Db 69
Bressols **82** 126 Bc 85
Bresson **38** 107 Fe 78
Bressuire **79** 75 Zd 67
Brest **29** 24 Vd 58
Brestot **27** 15 Ae 52
Bretagne **36** 78 Be 67
Bretagne **90** 71 Gf 63
Bretagne-d'Armagnac **32** 125 Aa 85
Bretagne-de-Marsan **40** 124 Zd 85
Bretagnolles **27** 32 Bc 55
Breteau **45** 66 Cf 62
Bréteil **35** 44 Ya 60
Bretenière **21** 69 Fa 65
Bretenière, la **25** 70 Gb 64
Bretenière, la **39** 69 Fe 66
Bretenières **39** 83 Fd 67
Bretenoux **46** 114 Bf 79
Breteuil **27** 31 Af 56
Breteuil **60** 17 Cb 51
Bréthel **61** 31 Ad 56
Brethenay **52** 54 Fa 60
Bretigney-Notre-Dame **25** 70 Gb 65
Bretignolles **79** 75 Zc 67
Brétignolles-sur-Mer **85** 73 Ya 69
Brétigny **21** 69 Fa 64
Brétigny **27** 15 Ae 53
Brétigny **60** 18 Da 51
Brétigny-sur-Orge **91** 33 Cb 57
Bretoncelles **61** 48 Af 58
Bretonnière, La **85** 74 Ye 70
Bretonvillers **25** 71 Gd 65
Brette-les-Pins **72** 47 Ac 61
Bretten **68** 71 Ha 62
Brettes **16** 88 Aa 72
Bretteville **50** 12 Yc 51
Bretteville-du-Grand-Caux **76** 14 Ac 50
Bretteville-l'Orgueilleuse **14** 13 Zc 53
Bretteville-Saint-Laurent **76** 15 Af 50
Bretteville-sur-Ay **50** 12 Yc 53
Bretteville-sur-Dives **14** 30 Zf 54
Bretteville-sur-Laize **14** 30 Ze 54
Bretteville-sur-Odon **14** 13 Zd 53
Brettnach **57** 22 Gd 53
Bretx **31** 126 Bb 86
Breuches **70** 70 Gb 62
Breugnon **58** 66 Dc 64
Breuil **51** 19 De 53
Breuil **80** 18 Cf 50
Breuil, Le **03** 93 Dd 71
Breuil, Le **51** 35 Dd 55
Breuil, Le **69** 94 Ed 73
Breuil, Le **71** 82 Ec 68
Breuilaufa **87** 89 Ba 72
Breuil-Barret **85** 75 Zb 69
Breuil-Bernard, Le **79** 75 Zc 68
Breuil-Bois-Robert **78** 32 Be 55
Breuil-Coiffaud, Le **79** 88 Aa 72
Breuil-en-Auge, Le **14** 14 Ab 53
Breuil-en-Bessin, Le **14** 13 Za 53
Breuilh **24** 101 Ae 78
Breuil-la-Réorte **17** 87 Zb 72
Breuil-le-Sec **60** 17 Cc 52
Breuillet **17** 86 Yf 74
Breuillet **91** 33 Cb 57
Breuil-le-Vert **60** 17 Cc 52
Breuil-Magné **17** 86 Za 73
Breuilpont **27** 32 Bc 55
Breuil-sous-Argenton, Le **79** 75 Zd 67
Breuil-sur-Couze, le **63** 103 Db 76
Breurey-lès-Faverney **70** 70 Ga 62
Breuschwickersheim **67** 40 Hd 57
Breuvannes-en-Bassigny **52** 54 Fd 60
Breuvery-sur-Coole **51** 35 Eb 55
Breuville **50** 12 Yb 51
Breux **55** 21 Fc 51
Breux-Jouy **91** 33 Cb 57
Breux-sur-Avre **27** 31 Ba 56
Brévainville **41** 49 Bb 61
Bréval **78** 32 Bd 55
Brévands **50** 12 Ye 53
Brevans **39** 83 Fd 66
Brévedent, Le **14** 14 Ab 53
Bréviaires, Les **78** 32 Be 56
Brévière, La **14** 30 Ab 55
Bréville **14** 14 Ze 53
Bréville **16** 87 Ze 74
Brévillers **62** 7 Ca 46
Brévillers **80** 7 Cc 47
Bréville-sur-Mer **50** 28 Yc 55
Brevilliers **70** 71 Ge 63
Brévilly **08** 20 Fa 51
Bréxent-Enocq **62** 7 Be 45
Brey-et-Maison-du-Bois **25** 84 Gb 68
Brézé **49** 62 Zf 65
Brézilhac **11** 141 Ca 90
Brézins **38** 107 Fb 76
Brezolles **28** 31 Ba 56
Brezons **15** 115 Ce 79
Briançon **05** 121 Gd 79
Briançonnet **06** 134 Ge 85
Brianny **21** 68 Ec 64
Briant **71** 93 Ea 71
Briare **45** 66 Ce 63
Briarres-sur-Essonne **45** 50 Cc 59
Briastre **59** 9 Dc 47
Briatexte **81** 127 Bf 86
Briaucourt **52** 54 Fb 59
Briaucourt **70** 55 Gb 62
Bricon **52** 53 Ef 60
Bricquebec **50** 12 Yc 52
Bricquebosq **50** 12 Yb 51
Bricqueville-sur-Mer **50** 28 Yc 55
Bricy **45** 49 Be 61
Brides-les-Bains **73** 109 Gd 76
Bridoire, la **73** 107 Fe 75
Bridoré **37** 77 Ba 66
Brie **02** 18 Dc 51
Brie **09** 141 Bd 89
Brie **16** 88 Ab 74
Brie **35** 45 Yc 61
Brie **79** 76 Zf 67
Brie **80** 18 Cf 49
Briec **29** 42 Vf 60
Brie-Comte-Robert **77** 33 Cd 56
Brié-et-Angonnes **38** 108 Fe 78
Brielles **35** 45 Yf 60
Briel-sur-Barse **10** 53 Ec 59
Brienne **71** 83 Fa 69
Brienne-la-Vieille **10** 53 Ed 58
Brienne-le-Château **10** 53 Ed 58
Brienne-sur-Aisne **08** 19 Ea 52
Briennon **42** 93 Ea 72
Brienon-sur-Armançon **89** 52 Dd 61
Brières-les-Scellés **91** 50 Ca 58
Brie-sous-Archiac **17** 99 Ze 76
Brie-sous-Barbezieux **16** 100 Zf 76
Brie-sous-Matha **17** 87 Ze 74
Brie-sous-Mortagne **17** 99 Zb 76
Brieuil **79** 88 Zf 71
Brieulles-sur-Bar **08** 20 Ef 52
Brieulles-sur-Meuse **55** 21 Fb 52
Brieux **61** 30 Zf 55
Brièves-Charensac **43** 105 Df 78
Briey **54** 22 Ff 53
Briffons **63** 103 Cd 74
Brignac **34** 129 Dc 87
Brignac **56** 44 Xd 60
Brignac-la-Plaine **19** 101 Bc 77
Brignais **69** 106 Ee 75
Brignancourt **95** 32 Bf 54
Brigné **49** 61 Zd 65
Brignemont **31** 126 Af 86
Brignogan-Plage **29** 24 Ve 56
Brignoles **83** 147 Ga 88
Brignon, Le **43** 117 Df 79
Brigue, La **06** 135 Hd 84
Brigueil-le-Chantre **86** 77 Ba 70
Brigueuil **16** 89 Af 73
Briis-sous-Forges **91** 33 Ca 57
Brillac **16** 89 Ae 72
Brillanne, La **04** 133 Ff 85
Brillecourt **10** 53 Ec 58
Brillevast **50** 12 Yd 51
Brillon **59** 9 Db 46
Brillon-en-Barrois **55** 36 Fa 56
Brimeux **62** 7 Be 46
Brimont **51** 19 Ea 52
Brinay **18** 65 Ca 65
Brinay **58** 81 De 66
Brinckheim **68** 72 Hc 63
Brindas **69** 94 Ee 74
Bringolo **22** 26 Xa 57
Brinon-sur-Beuvron **58** 67 Dc 65
Brinon-sur-Sauldre **18** 65 Cb 63
Brin-sur-Seille **54** 38 Gc 56
Briod **39** 83 Fd 69
Briollay **49** 61 Zc 63
Brion **01** 95 Fd 72
Brion **36** 78 Be 67
Brion **38** 107 Fb 77
Brion **48** 116 Da 80
Brion **49** 62 Zf 64
Brion **63** 104 Cf 76
Brion **71** 81 Eb 67
Brion **86** 88 Ac 70
Brion **89** 51 Dc 61
Brionne **27** 15 Ae 53
Brionne, la **23** 90 Be 72
Brion-près-Thouet **79** 76 Ze 66
Brion-sur-Ource **21** 53 Ed 61
Briord **01** 95 Fc 74
Briosne-lès-Sables **72** 47 Ac 59
Briot **60** 16 Bf 51
Briou **41** 49 Bc 62
Brioude **43** 104 Dc 77
Brioux-sur-Boutonne **79** 87 Ze 72
Briouze **61** 29 Zd 56
Briquemesnil-Floxicourt **80** 17 Ca 49
Briquenay **08** 20 Ef 52
Briscous **64** 136 Yd 88
Brison-Saint-Innocent **73** 96 Ff 74
Brissac **34** 130 De 85
Brissac-Quincé **49** 61 Zd 64
Brissarthe **49** 61 Zd 62
Brissay-Choigny **02** 18 Dc 50
Brissy-Hamégicourt **02** 18 Dc 50
Brive-la-Gaillarde **19** 102 Bd 78
Brives **36** 78 Bf 67
Brives **72** 48 Ad 62
Brives-sur-Charente **17** 87 Zd 74
Brix **50** 12 Yc 51
Brixey-aux-Chanoines **55** 54 Fe 58
Brizambourg **17** 87 Zd 74
Brizay **37** 62 Ac 66
Brizeaux **55** 36 Fa 54
Brizon **74** 96 Gc 72
Broc **49** 62 Ab 63
Broc, Le **06** 134 Ha 86
Broc, Le **63** 104 Db 75
Brocas **40** 123 Zb 86
Brocas **40** 124 Zc 84
Brochon **21** 68 Ef 65
Brocourt **80** 16 Be 49
Broglie **27** 31 Ad 54
Brognard **25** 71 Gf 63
Brognon **08** 19 Eb 49
Brognon **21** 69 Fb 64
Broin **21** 83 Fa 66
Broindon **21** 69 Fa 65
Broissanc **07** 106 Ee 77
Broissia **39** 95 Fc 70
Brombos **60** 16 Bf 51
Bromeilles **45** 50 Cc 59
Brommat **12** 115 Ce 80
Bromont-Lamothe **63** 91 Ce 73
Bron **69** 94 Ef 74
Bronvaux **57** 38 Ga 53
Broons **22** 44 Xe 59
Broque, la **67** 56 Hb 58
Broquiers **60** 16 Be 50
Broquiès **12** 128 Ce 84
Brossac **16** 99 Zf 77
Brossay **49** 62 Ze 66
Brosse-Montceaux, La **77** 51 Da 58
Brosses **89** 67 De 63
Brosville **27** 31 Ba 54
Brotte-lès-Luxeuil **70** 70 Gc 62
Brotte-lès-Ray **70** 69 Fe 63
Brou **28** 48 Bb 59
Brouains **50** 29 Za 56
Brouay **14** 13 Zc 53
Brouchaud **24** 101 Af 77
Brouchy **80** 18 Da 50
Brouck **57** 38 Gd 54
Brouckerque **59** 3 Cb 43
Brouderdorff **57** 39 Ha 56
Broué **28** 32 Bd 56
Brouennes **55** 21 Fb 51
Brouilh-Monbert, Le **32** 125 Ac 86
Brouilla **66** 154 Cf 93
Brouillet **51** 35 De 53
Brouqueyran **33** 111 Ze 82
Brousse **23** 91 Cc 73
Brousse **63** 104 Dc 75
Brousse **81** 127 Ca 86
Brousse, La **17** 87 Zd 73
Brousse, La **63** 92 Da 73
Brousse-le-Château **12** 128 Cd 85
Brousses-et-Villaret **11** 142 Cb 88
Broussey-en-Blois **55** 37 Fd 57
Broussey-en-Woëvre **55** 37 Fe 56
Broussy-le-Grand **51** 35 Df 56
Broussy-le-Petit **51** 35 De 56
Brou-sur-Chantereine **77** 33 Cd 55
Broût-Vernet **03** 92 Db 71
Brouvelieures **88** 56 Ge 59
Brouville **54** 56 Ge 57
Brouviller **57** 39 Ha 56
Brouy **91** 50 Cb 59
Brouzet-lès-Alès **30** 130 Eb 84
Brouzet-lès-Quissac **30** 130 Df 85
Brouzils, Les **85** 74 Ye 67
Broxeele **59** 3 Cb 43
Broye **71** 82 Eb 67
Broye-Aubigney-Montseugny **70** 69 Fd 65
Broye-les-Loups-et-Verfontaine **70** 69 Fc 64
Broyes **51** 35 De 56
Broyes **60** 17 Cc 51
Brû **88** 56 Ge 58
Bruailles **71** 83 Fb 69
Bruay-la-Bussière **62** 8 Cd 46
Bruay-sur-l'Escaut **59** 9 Dd 46
Brucamps **80** 7 Ca 48
Bruch **47** 125 Ac 83
Brucheville **50** 12 Ye 52
Brucourt **14** 14 Zf 53
Bruc-sur-Aff **35** 44 Xf 62
Brue-Auriac **83** 147 Ff 87
Bruebach **68** 72 Hc 62
Brueil-en-Vexin **78** 32 Be 54
Bruère-Allichamps **18** 79 Cc 68
Bruère-sur-Loir, La **72** 62 Ac 63
Bruffière, La **85** 60 Ye 66
Brugairolles **11** 141 Ca 90
Brugeron, Le **63** 105 De 74
Bruges-Capbis-Mifaget **64** 138 Ze 90
Brugheas **03** 92 Dc 72
Brugnac **47** 112 Ac 82
Brugny-Vaudancourt **51** 35 Df 55
Bruguière, La **30** 129 Dc 85
Bruguière, La **30** 131 Ec 84
Bruguières **31** 126 Bc 86
Bruille-lez-Marchiennes **59** 8 Db 46
Bruille-Saint-Amand **59** 9 Dd 46
Bruis **05** 119 Fd 82
Brûlain **79** 87 Ze 71
Brulais, Les **35** 44 Xf 61
Brulange **57** 38 Gd 55
Brûlatte-Saint-Isle, La **53** 46 Za 60
Bruley **54** 37 Ff 56
Brullemail **61** 31 Ab 57
Brullioles **69** 94 Ec 74
Brûlon **72** 47 Ze 61
Brumath **67** 40 He 56
Brumetz **02** 34 Da 54
Brunehamel **02** 19 Eb 50
Brunelles **28** 48 Af 59
Brunembert **62** 3 Bf 44
Brunémont **59** 8 Da 47
Brunet **04** 133 Ga 85
Bruniquel **82** 127 Bd 84
Brunoy **91** 33 Cc 56
Brunstatt **68** 72 Hb 62
Brunville **76** 6 Bb 49
Brunvillers-la-Motte **60** 17 Cc 51
Brusc, Le **83** 147 Fe 90
Brusque **12** 129 Cf 86
Brusquet, Le **04** 133 Gb 83
Brussey **70** 70 Fe 65
Brussieu **69** 94 Ed 74
Brusson **51** 36 Ee 56
Brusvily **22** 27 Xf 58
Brutelles **80** 6 Bd 48
Bruville **54** 37 Ff 54
Brux **86** 88 Ab 71
Bruxières-sous-les-Côtes **55** 37 Fe 55
Bruyères **88** 56 Ge 59
Bruyères-et-Montbérault **02** 19 De 51
Bruyères-le-Châtel **91** 33 Cb 57
Bruyères-sur-Fère **02** 34 Dc 53
Bruyères-sur-Oise **95** 33 Cb 54
Bruz **35** 45 Yb 60
Bry **59** 9 De 47
Bryas **62** 7 Cb 46
Bû **28** 32 Bc 56
Buais **50** 29 Za 57
Buanes **40** 124 Zd 86
Bubertré **61** 31 Ad 57
Bubry **56** 43 We 61
Buc **78** 33 Ca 56
Buc **90** 71 Ge 63
Bucamps **60** 17 Cb 51
Bucey-en-Othe **10** 52 Df 59
Bucey-lès-Gy **70** 70 Ff 64
Bucey-les-Traves **70** 70 Ff 63
Buchelay **78** 32 Bd 55
Buchères **10** 52 Ea 59
Buchy **57** 38 Gb 55
Buchy **76** 16 Bc 51
Bucilly **02** 19 Ea 49
Bucquoy **62** 8 Ce 48
Bucy-le-Long **02** 18 Dc 52
Bucy-le-Roy **45** 49 Bf 60
Bucy-lès-Cerny **02** 18 Dd 51
Bucy-lès-Pierrepont **02** 19 Df 51
Bucy-Saint-Liphard **45** 49 Be 61
Budelière **23** 91 Cc 71
Buding **57** 22 Gb 52
Budos **33** 111 Zd 81
Bué **18** 66 Ce 65
Bueil **27** 32 Bc 55
Bueil-en-Touraine **37** 63 Ad 63
Buellas **01** 95 Fa 71
Buethwiller **68** 71 Ha 63
Buffard **25** 84 Fe 66
Buffières **71** 94 Ed 70
Buffignécourt **70** 70 Ga 62
Buffon **21** 68 Eb 63
Bugarach **11** 153 Cc 91
Bugeat **19** 102 Bf 75
Bugnein **64** 137 Zb 88
Bugnicourt **59** 8 Db 47
Bugnières **52** 53 Fa 61
Bugny **25** 84 Gc 66
Bugue, Le **24** 113 Af 79
Buhl **67** 40 Hf 55
Buhl **68** 56 Hb 61
Buhl-Lorraine **57** 39 Ha 56
Buhy **95** 32 Be 53
Buicourt **60** 16 Be 51
Buigny-l'Abbé **80** 7 Bf 48
Buigny-lès-Gamaches **80** 6 Bd 48
Buigny-Saint-Maclou **80** 7 Be 48
Buire **02** 19 Ea 49
Buire-au-Bois **62** 7 Ca 47
Buire-Courcelles **80** 18 Da 49
Buire-le-Sec **62** 7 Be 46
Buire-sur-l'Ancre **80** 8 Cd 49
Buironfosse **02** 9 Df 49
Buis, Le **87** 89 Bb 72
Buis-les-Baronnies **26** 132 Fb 83
Buissard **05** 120 Ga 81
Buisse, La **38** 107 Fd 77
Buisson **84** 131 Fa 83
Buisson, Le **48** 116 Db 81
Buisson, Le **51** 36 Ee 56
Buisson, Le **84** 118 Ee 83
Buissoncourt **54** 38 Gc 56
Buisson-de-Cadouin, le **24** 113 Af 79
Buis-sur-Damville **27** 31 Ba 56
Buissy **62** 8 Da 47
Bujaleuf **87** 90 Bd 74
Bulainville **28** 49 Bd 59
Bulan **65** 139 Ab 90
Bulat-Pestivien **22** 26 We 58
Bulcy **58** 66 Da 65
Buléon **56** 43 Xb 61
Bulgnéville **88** 54 Ff 59
Bulhon **63** 92 Dc 73
Bulle **25** 84 Gb 67
Bullecourt **62** 8 Cf 47
Bulles **60** 17 Cc 52
Bulligny **54** 37 Ff 57
Bullion **78** 32 Bf 57
Bullou **28** 48 Bb 59
Bully **42** 93 Ea 73
Bully **76** 16 Bc 50
Bully-les-Mines **62** 8 Ce 46
Bulson **08** 20 Ef 51
Bult **88** 55 Gd 59
Bun **65** 138 Zf 91
Buncey **21** 68 Ed 62
Buneville **62** 7 Cc 47
Buno-Bonnevaux **91** 50 Cc 58
Bunus **64** 137 Yf 89
Bunzac **16** 88 Ac 74
Buoux **84** 132 Fc 85
Burbach **67** 39 Ha 55
Burbanche, La **01** 95 Fd 73
Burbure **62** 8 Cc 45
Burcy **14** 29 Zb 55
Burcy **77** 50 Cd 59
Burdignes **42** 106 Ed 77
Burdignin **74** 96 Gc 71
Bure **55** 54 Fc 57
Buré **61** 30 Ac 57
Bure-les-Templiers **21** 68 Ef 62
Burelles **02** 19 Df 50
Bures **54** 38 Gd 56
Bures **61** 30 Ac 57
Bures-en-Bray **76** 16 Bb 50
Bures-sur-Yvette **91** 33 Ca 56
Buret, le **53** 46 Zc 61
Burey **27** 31 Af 55
Burey-en-Vaux **55** 37 Fe 57
Burey-la-Côte **55** 54 Fe 57
Burg **65** 139 Ab 89
Burgalays **31** 151 Ad 91
Burgaronne **64** 137 Za 88
Burgaud, Le **31** 126 Ba 86
Burgille **25** 70 Fe 65
Burgnac **87** 89 Ba 74
Burgy **71** 82 Ee 70
Burie **17** 87 Zd 74
Buriville **54** 39 Ge 57
Burlats **81** 128 Cb 87
Burlioncourt **57** 38 Gd 55
Burnand **71** 82 Ed 69
Burnevillers **25** 71 Ha 65
Burnhaupt-le-Bas **68** 71 Ha 62
Burnhaupt-le-Haut **68** 71 Ha 62
Buros **64** 138 Ze 88
Burosse-Mendousse **64** 138 Ze 87
Burret **09** 152 Bc 91
Bursard **61** 30 Ab 57
Burthecourt-aux-Chênes **54** 38 Gb 57
Burtoncourt **57** 22 Gc 53
Bury **60** 17 Cc 53
Burzet **07** 117 Eb 80
Burzy **71** 82 Ed 69
Bus **62** 8 Cf 48
Buschwiller **68** 72 Hd 63
Busigny **59** 9 Dc 48
Bus-la-Mésière **80** 17 Ce 51
Bus-lès-Artois **80** 8 Cd 48
Busloup **41** 48 Ba 61
Busnes **62** 8 Cd 45
Busque **81** 127 Bf 86
Bussac **24** 100 Ad 77
Bussac-Forêt **17** 99 Zd 77
Bussac-sur-Charente **17** 87 Zc 74
Bus-Saint-Rémy **27** 32 Bd 54
Bussang **88** 56 Gf 61
Busseau, Le **79** 75 Zc 69
Busseaut **21** 68 Ed 62
Busséol **63** 104 Db 74
Busserotte-et-Montenaille **21** 68 Ef 63
Busset **03** 92 Dd 72
Bussiares **02** 34 Db 54
Bussière, La **23** 91 Cd 72
Bussière, La **45** 66 Ce 62
Bussière, La **86** 77 Ae 69
Bussière-Badil **24** 100 Ad 75
Bussière-Boffy **87** 89 Af 72
Bussière-Dunoise **23** 90 Be 71
Bussière-Galant **87** 101 Ba 75
Bussière-Poitevine **87** 89 Af 71
Bussières **21** 68 Ef 63
Bussières **42** 93 Eb 74
Bussières **63** 91 Cd 72
Bussières **70** 70 Ff 64
Bussières **71** 94 Ee 71
Bussières **77** 34 Db 55
Bussières **89** 67 Ea 64
Bussière-Saint-Georges **23** 91 Ca 70
Bussières-et-Pruns **63** 92 Db 72
Bussière-sur-Ouche, La **21** 68 Ee 65
Busson **52** 54 Fc 59
Bussu **80** 8 Cf 49
Bussunarits-Sarrasquette **64** 137 Ye 90
Bussus-Bussuel **80** 7 Bf 48
Bussy **18** 79 Cd 67
Bussy **60** 18 Cf 51
Bussy-Albieux **42** 93 Ea 74
Bussy-en-Othe **89** 51 Dd 60
Bussy-la-Pesle **21** 68 Ee 64
Bussy-la-Pesle **58** 66 Dc 65
Bussy-le-Château **51** 36 Ed 54
Bussy-le-Grand **21** 68 Ed 63
Bussy-le-Repos **51** 36 Ee 55
Bussy-le-Repos **89** 51 Db 60
Bussy-lès-Daours **80** 17 Cc 49
Bussy-lès-Poix **80** 17 Ca 50
Bussy-Lettrée **51** 35 Eb 56
Bussy-Saint-Georges **77** 33 Ce 55
Bust **67** 39 Hb 55
Bustanico **2B** 159 Kb 95
Bustince-Iriberry **64** 137 Ye 89
Bû-sur-Rouvres, Le **14** 30 Ze 54
Buswiller **67** 40 Hd 56
Busy **25** 70 Ff 65
Butgnéville **55** 37 Fe 54
Buthiers **70** 70 Ga 64
Buthiers **77** 50 Cc 59
Butot **76** 15 Ba 51
Butot-Vénesville **76** 15 Ad 50
Butry-sur-Oise **95** 33 Cb 54
Butteaux **89** 52 De 61
Butten **67** 39 Hb 55
Buverchy **80** 18 Cf 50
Buvilly **39** 83 Fe 67
Buvin **38** 107 Fd 75
Buxerette, La **36** 78 Be 70
Buxerolles **21** 68 Ef 62
Buxerolles **86** 76 Ac 69
Buxeuil **10** 53 Ec 60
Buxeuil **36** 64 Be 66
Buxeuil **86** 77 Ae 67
Buxières-d'Aillac **36** 78 Be 69
Buxières-lès-Clefmont **52** 54 Fc 60
Buxières-les-Mines **03** 80 Cf 70
Buxières-lès-Villiers **52** 53 Fa 60
Buxières-sous-Montaigut **63** 91 Cf 71
Buxières-sur-Arce **10** 53 Ec 60
Buxy **71** 82 Ee 68
Buysscheure **59** 3 Cc 44
Buzan **09** 151 Af 91
Buzançais **36** 78 Bc 67
Buzancy **02** 18 Dc 53
Buzancy **08** 20 Ef 52
Buzeins **12** 116 Cf 82
Buzet-sur-Baïse **47** 112 Ab 83
Buzet-sur-Tarn **31** 127 Bd 86
Buziet **64** 138 Zd 90
Buzignargues **34** 130 Ea 86
Buzon **65** 139 Aa 88
Buzy **55** 37 Fe 53
Buzy **64** 138 Zd 90
By **25** 84 Ff 66
Byans-sur-Doubs **25** 70 Ff 66

C

Cabanac **65** 139 Ab 89
Cabanac-et-Villagrains **33** 111 Zc 81
Cabanac-Séguenville **31** 126 Ba 86
Cabanès **12** 128 Cb 83
Cabanès **81** 127 Bf 86
Cabanes-de-Fleury, Les **11** 143 Db 89
Cabanial, Le **31** 141 Bf 87
Cabannes **13** 131 Ef 85
Cabannes **81** 128 Ce 86
Cabannes, les **09** 152 Be 92
Cabannes, Les **81** 127 Bf 84
Cabara **33** 111 Zf 80
Cabariot **17** 86 Za 73
Cabas-Loumassès **32** 139 Ad 88
Cabasse **83** 147 Gb 88
Cabestany **66** 154 Cf 92
Cabidos **64** 124 Zd 87
Cabourg **14** 14 Zf 53
Cabrerets **46** 114 Bd 81
Cabrerolles **34** 143 Da 87
Cabrespine **11** 142 Cc 88
Cabrières **30** 130 Ec 85
Cabrières **34** 143 Dc 87
Cabrières **84** 132 Fa 85
Cabrières-d'Aigues **84** 132 Fc 86
Cabriès **13** 146 Fc 88
Cabris **06** 134 Gf 86
Cachan **94** 33 Cb 56
Cachen **40** 124 Zd 84
Cachy **80** 17 Cc 49
Cadalen **81** 127 Bf 85
Cadarcet **09** 140 Bd 90
Cadarsac **33** 111 Ze 79
Cadaujac **33** 111 Zc 80
Cadéac **65** 150 Ac 91
Cadeilhan **32** 125 Ae 86
Cadeillan **32** 140 Af 88
Caden **56** 59 Xe 63
Cadenet **84** 132 Fc 86
Caderousse **84** 131 Ee 84
Cadière, La **30** 130 De 85
Cadière-d'Azur, La **83** 147 Fe 89
Cadillac **33** 111 Ze 81
Cadillac-en-Fronsadais **33** 99 Zd 79
Cadillon **64** 138 Zf 87
Cadix **81** 128 Cc 85
Cadix **81** 141 Bf 87
Cadolive **13** 146 Fd 88
Cadours **31** 126 Ba 86
Cadrieu **46** 114 Bf 82
Caen **14** 13 Zd 53
Caëstre **59** 4 Cd 44
Caffiers **62** 3 Be 43
Cagnac-les-Mines **81** 127 Ca 85
Cagnano **2B** 157 Kc 91
Cagnes-sur-Mer **06** 134 Ha 86
Cagnicourt **62** 8 Cf 47
Cagnoncles **59** 9 Db 47
Cagnotte **40** 123 Yf 87
Cagny **14** 30 Ze 54
Cagny **80** 17 Cc 49
Cahagnes **14** 29 Zb 54
Cahagnolles **14** 13 Zb 54
Cahaignes **27** 32 Bd 53
Cahan **61** 29 Zd 55
Caharet **65** 139 Ab 90
Cahon **80** 7 Be 48
Cahors **46** 113 Bc 82
Cahus **46** 114 Bf 79
Cahuzac **11** 141 Bf 89
Cahuzac **47** 112 Ad 81
Cahuzac **81** 141 Ca 88
Cahuzac-sur-Adour **32** 124 Zf 87
Cahuzac-sur-Vère **81** 127 Bf 85
Caignac **31** 141 Be 89
Cailhau **11** 141 Ca 90
Cailhavel **11** 141 Ca 90
Caillac **46** 113 Bc 82
Caillavet **32** 125 Ac 86
Caille **06** 134 Ge 86
Caillère-Saint-Hilaire, La **85** 75 Za 69
Cailleville **76** 15 Ae 49
Caillouël **02** 18 Da 51
Caillouet-Orgeville **27** 32 Bb 54
Cailly **76** 16 Bb 51
Cailly-sur-Eure **27** 31 Bb 54
Cairanne **84** 118 Ee 83
Cairon **14** 13 Zd 53
Caisargues **30** 131 Ec 86
Caisnes **60** 18 Da 51
Caix **80** 17 Cd 50
Caixas **66** 154 Ce 93
Caixon **65** 138 Aa 88
Cajarc **46** 114 Bf 82
Calacuccia **2B** 159 Ka 94
Calais **62** 3 Bf 43
Calamane **46** 115 Bc 81
Calan **56** 42 We 61
Calanhel **22** 25 Wd 58
Calavanté **65** 139 Ab 89
Calcatoggio **2A** 158 Ie 96
Calce **66** 154 Ce 92
Calenzana **2B** 156 If 93
Calès **46** 114 Bd 80
Calignac **47** 125 Ac 84
Caligny **61** 29 Zc 56
Callac **22** 25 Wd 58
Callas **83** 134 Gd 87
Callen **40** 111 Zd 83
Callengeville **76** 16 Bd 49
Calleville **27** 15 Ae 53
Calleville-les-Deux-Eglises **76** 15 Ba 50
Callian **32** 125 Ab 87
Callian **83** 134 Ge 87
Calmeilles **66** 154 Ce 93
Calmels-et-le-Viala **12** 128 Ce 85
Calmette, La **30** 130 Eb 85
Calmont **12** 128 Cd 83
Calmont **31** 141 Bd 89
Calmoutier **70** 70 Gb 63
Caloire **42** 105 Eb 76
Calonges **47** 112 Ab 82
Calonne-Ricouart **62** 8 Cd 46
Calonne-sur-la-Lys **62** 8 Cd 45
Calorguen **22** 27 Xf 58
Calotterie, La **62** 7 Be 46
Caluire-et-Cuire **69** 94 Ef 74
Calvi **2B** 156 Ie 93
Calviac **46** 114 Ca 79
Calviac-en-Périgord **24** 113 Bb 79
Calvignac **46** 114 Be 82
Calvinet **15** 115 Cc 80
Calvisson **30** 130 Eb 86
Calzan **09** 141 Be 90
Camalès **65** 138 Aa 88
Camarade **09** 140 Bb 90
Camaret-sur-Aigues **84** 118 Ee 83
Camaret-sur-Mer **29** 24 Vc 59
Camarsac **33** 111 Zd 80
Cambayrac **46** 113 Bb 82
Cambe, la **14** 13 Yf 52
Cambernard **31** 140 Bb 88
Cambernon **50** 28 Yd 54
Cambes **33** 111 Zd 80
Cambes **46** 114 Bf 81
Cambes **47** 112 Ab 81
Cambes-en-Plaine **14** 13 Zd 53
Cambia **2B** 157 Kb 94
Cambiac **31** 141 Be 88
Cambieure **11** 141 Ca 90
Camblain-Châtelain **62** 7 Cc 46
Camblain-l'Abbé **62** 8 Cd 46
Cambligneul **62** 8 Cd 46
Cambo-les-Bains **64** 136 Yd 88
Cambon **81** 128 Cb 85
Cambon-du-Temple **81** 128 Cc 85
Cambon-lès-Lavaur **81** 141 Bf 87
Camboulazet **12** 128 Cc 83
Camboulit **46** 114 Bf 81
Cambounès **81** 142 Cc 87
Cambounet-sur-le-Sor **81** 141 Ca 87

168 (F) **Brémoncourt — Cambounet-sur-le-Sor**

Ceyssat 63 92 Cf 74
Ceyssat 63 104 Db 74
Ceyzériat 01 95 Fb 72
Ceyzérieu 01 95 Fe 74
Cézac 33 99 Zd 78
Cézac 46 113 Bc 82
Cezais 85 75 Zb 69
Cézan 32 125 Ad 86
Cezay 42 93 Df 74
Cézens 15 115 Cf 79
Cézia 39 95 Fd 70
Cézy 89 51 Dc 61
Chabanais 16 89 Ae 73
Chabanne 63 104 Da 75
Chabanne, La 03 93 De 72
Chabanne, La 63 103 Ce 75
Chabanne, La 63 105 Df 75
Chabestan 05 120 Fe 82
Chabeuil 26 118 Fa 79
Chablis 89 67 De 62
Chabottes 05 120 Gb 81
Chabournay 86 76 Ab 68
Chabrac 16 89 Ae 73
Chabreloche 63 93 De 73
Chabrignac 19 101 Bc 77
Chabrillan 26 118 Ef 80
Chabris 36 64 Bd 65
Chacé 49 62 Zf 65
Chacenay 10 53 Ed 60
Chacrise 02 18 Dc 53
Chadeleuf 63 104 Db 75
Chadenac 17 99 Zd 75
Chadron 43 117 Df 79
Chaffois 25 84 Gb 67
Chagey 70 71 Ge 63
Chagnolet 17 86 Yf 71
Chagny 08 20 Ee 51
Chagny 71 82 Ee 67
Chahaignes 72 63 Ad 62
Chahains 61 30 Zf 57
Chaignay 21 69 Fa 64
Chaignes 27 32 Bc 54
Chaillac 36 78 Bb 70
Chaillac-sur-Vienne 87 89 Af 73
Chailland 53 46 Za 59
Chaillé-les-Marais 85 74 Yf 70
Chailles 41 64 Bb 63
Chaillé-sous-les-Ormeaux 85 74 Yd 69
Chaillevette 17 86 Yf 74
Chaillevois 02 18 Dd 51
Chailley 89 52 De 60
Chaillon 55 37 Fd 55
Chailloué 61 30 Ab 57
Chailly-en-Bière 77 50 Cd 58
Chailly-en-Brie 77 34 Da 56
Chailly-en-Gâtinais 45 50 Cd 61
Chailly-lès-Ennery 57 38 Gb 53
Chailly-sur-Armançon 21 68 Ec 65
Chainaz-les-Frasses 74 96 Ff 74
Chaînée-des-Coupis 39 83 Fc 67
Chaingy 45 49 Be 61
Chaintré 71 94 Ee 71
Chaintreaux 77 51 Ce 59
Chaintrix-Bierges 51 35 Ea 55
Chaise, La 10 53 Ed 58
Chaise-Baudouin, la 50 28 Ye 56
Chaise-Dieu, La 43 105 De 77
Chaise-Dieu-du-Theil 27 31 Ae 56
Chaises, Les 28 31 Ba 57
Chaix 85 75 Za 70
Chaize-Giraud, La 85 73 Yb 69
Chaize-le-Vicomte, La 85 74 Ye 68
Chalabre 11 141 Ca 91
Chalagnac 24 100 Ae 78
Chalain-d'Uzore 42 105 Ea 74
Chalaines 55 37 Fe 57
Chalain-le-Comtal 42 105 Eb 75
Chalais 16 100 Aa 77
Chalais 36 77 Bb 69
Chalais 86 76 Aa 67
Chalamont 01 95 Fb 73
Chalampé 68 57 Hd 62
Chalancey 52 69 Fa 62
Chalancon 26 119 Fc 81
Chalandray 86 76 Zf 69
Chalandry 02 19 Dd 50
Chalandry-Elaire 08 20 Ee 50
Chalange, Le 61 31 Ab 57
Chalard, Le 87 101 Ba 75
Chalautre-la-Grande 77 34 Dc 57
Chalautre-la-Reposte 77 51 Da 58
Chalaux 58 67 Df 65
Chaleins 01 94 Ee 72
Chaleix 24 101 Af 75
Chalencon 07 118 Ed 79
Chalesmes-Grand, les 39 84 Ga 68
Chalesmes-Petit, les 39 84 Ga 68
Châlette-sur-Loing 45 50 Ce 60
Chalette-sur-Voire 10 53 Ec 58
Chaley 01 95 Fd 73
Chalèze 25 70 Ga 65
Chalezeule 25 70 Ga 65
Chaliers 15 116 Db 79
Chaligny 54 38 Ga 57
Chalinargues 15 104 Cf 78
Chalindrey 52 69 Fc 62
Chalivoy-Milon 18 79 Ce 67
Challain-la-Potherie 49 61 Yf 63
Challans 85 73 Ya 67
Challement 58 67 Dd 65
Challerange 08 20 Ee 53
Challes 01 95 Fc 72
Challes 72 47 Ac 61
Challes-les-Eaux 73 108 Ff 75
Challet 28 32 Bc 57
Challex 01 96 Ef 71
Challignac 16 99 Zf 76
Challonges 74 96 Ff 72
Challuy 58 80 Da 67
Chalmaison 77 51 Db 58
Chalmazel 42 105 Df 74
Chalmoux 71 81 Df 69
Châlons-en-Champagne 51 36 Ec 55
Chalon, le 26 107 Fa 78
Chalonnes-sous-le-Lude 49 62 Ab 63
Chalonnes-sur-Loire 49 61 Zb 64
Châlons-sur-Marne = Châlons-en-Champagne 51 36 Ec 55
Châlons-sur-Vesle 51 19 Df 53
Chalon-sur-Saône 71 82 Ef 68
Châlonvillars-Mandrevillars 70 71 Ge 63
Chalo-Saint-Mars 91 50 Ca 58
Chalou-Moulineux 91 49 Ca 58
Chalus 63 103 Db 76
Chalvignac 15 103 Cb 77
Chalvraines 52 54 Fc 59
Chamadelle 33 99 Zf 78
Chamagne 88 55 Gb 58
Chamagnieu 38 107 Fa 74
Chamalières 63 92 Da 74
Chamalières-sur-Loire 43 105 Df 77
Chamaloc 26 119 Fc 80
Chamant 60 33 Cd 53
Chamarande 91 50 Cb 57
Chamarandes-Choignes 52 54 Fb 60
Chamaret 26 118 Ef 82
Chamba, La 42 93 De 74
Chambain 21 68 Ef 62
Chambeire 21 69 Fb 65
Chambellay 49 61 Zb 62
Chambeon 42 105 Eb 74
Chambérat 03 79 Cc 70
Chamberaud 23 90 Ca 72
Chamberet 19 102 Be 75
Chambéria 39 83 Fd 70
Chambéry 73 108 Ff 75
Chambeugle 89 51 Da 61
Chambezon 43 104 Db 76
Chambilly 71 93 Ea 71
Chamblac 27 31 Ad 55
Chamblanc 21 83 Fa 66
Chambles 42 105 Eb 76
Chamblet 03 91 Ce 70
Chambley-Bussières 54 37 Ff 54
Chambly 60 33 Cb 53
Chambœuf 21 68 Ef 65
Chambœuf 42 105 Eb 75
Chambois 61 30 Aa 56
Chambolle-Musigny 21 68 Ef 65
Chambon 17 86 Za 72
Chambon 18 79 Cb 68
Chambon 37 77 Ae 67
Chambon, le 07 117 Eb 80
Chambon, le 30 117 Df 82
Chambonas 07 117 Ea 82
Chambon-Feugerolles, Le 42 105 Eb 76
Chambon-la-Forêt 45 50 Cb 60
Chambon-le-Château 48 117 Dd 79
Chambon-Sainte-Croix 23 90 Be 70
Chambon-sur-Cisse 41 64 Bb 63
Chambon-sur-Dolore 63 105 Dd 76
Chambon-sur-Lac 63 104 Cf 75
Chambon-sur-Lignon, Le 43 105 Eb 78
Chambon-sur-Voueize 23 91 Cc 71
Chamborand 23 90 Bd 72
Chambord 27 31 Ad 55
Chambord 41 64 Bd 63
Chamborêt 87 89 Ba 72
Chamborigaud 30 130 Df 83
Chambornay-lès-Bellevaux 70 70 Ga 64
Chambornay-lès-Pins 70 70 Ff 64
Chambors 60 16 Be 53
Chambost-Allières 69 94 Ec 72
Chambost-Longessaigne 69 94 Ec 74
Chamboulive 19 102 Be 76
Chambourcy 78 33 Ca 55
Chambourg-sur-Indre 37 63 Af 65
Chambray 27 32 Bb 54
Chambray-lès-Tours 37 63 Ae 64
Chambrecy 51 35 De 53
Chambres, Les 50 28 Yd 56
Chambretaud 85 75 Za 67
Chambroncourt 52 54 Fc 58
Chambry 02 19 Dd 51
Chambry 77 34 Cf 54
Chaméane 63 104 Dc 75
Chamelet 69 94 Ed 73
Chamery 51 35 Df 53
Chamesey 25 71 Gd 65
Chamesol 25 71 Gf 64
Chamesson 21 68 Ed 62
Chameyrat 19 102 Be 78
Chamigny 77 34 Da 55
Chamilly 71 82 Ee 67
Chammes 53 46 Zd 60
Chamole 39 84 Fe 67
Chamonix-Mont-Blanc 74 97 Gf 73
Chamouillac 17 99 Zd 77
Chamouille 02 19 De 52
Chamouilley 52 36 Fa 57
Chamousset 73 108 Gb 75
Chamoux 89 67 Dd 64
Chamoy 10 52 Df 60
Champagnac 15 103 Cc 76
Champagnac 17 99 Zd 76
Champagnac-de-Belair 24 101 Ae 76
Champagnac-la-Noaille 19 102 Ca 77
Champagnac-la-Prune 19 102 Bf 77
Champagnac-la-Rivière 87 89 Af 74
Champagnac-le-Vieux 43 104 Dd 76
Champagnat 23 91 Cb 72
Champagnat 71 83 Fc 70
Champagnat-le-Jeune 63 104 Dc 76
Champagne 07 106 Ee 77
Champagne 07 117 Eb 80
Champagne 17 86 Za 73
Champagne 28 32 Bd 56
Champagne 39 83 Fc 70
Champagné 72 47 Ac 60
Champagne-au-Mont-d'Or 69 94 Ee 74
Champagne-en-Valromey 01 95 Fe 73
Champagne-le-Sec 86 88 Ab 71
Champagné-les-Marais 85 74 Yf 70
Champagne-Mouton 16 88 Ac 73
Champagné-Saint-Hilaire 86 88 Ab 71
Champagne-sur-Oise 95 33 Cb 54
Champagne-sur-Seine 77 51 Ce 58
Champagne-sur-Vingeanne 21 69 Fc 64
Champagne-Vigny 16 100 Aa 75
Champagney 25 70 Ff 65
Champagney 39 69 Fd 65
Champagney 70 71 Ge 62
Champagnier 38 107 Fe 78
Champagnole 39 84 Ff 68
Champagnolles 17 99 Zc 75
Champagny 21 68 Ee 64
Champagny-en-Vanoise 73 109 Ge 76
Champagny-sous-Uxelles 71 82 Ee 69
Champallement 58 67 Dc 65
Champanges 74 96 Gd 70
Champaubert 51 35 De 55
Champcella 05 121 Gd 80
Champcenest 77 34 Db 56
Champcerie 61 30 Ze 56
Champcervon 50 28 Yd 56
Champcevinel 24 101 Ae 77
Champcevrais 89 66 Cf 62
Champcey 50 28 Yd 56
Champclause 43 105 Eb 78
Champcueil 91 50 Cc 57
Champ-de-la-Pierre, le 61 30 Ze 57
Champdeniers-Saint-Denis 79 75 Zd 70
Champdeuil 77 33 Ce 57
Champdieu 42 105 Ea 75
Champdivers 39 83 Fc 66
Champ-d'Oiseau 21 68 Ec 63
Champdolent 17 87 Zb 73
Champ-Dolent 27 31 Ba 55
Champdor 01 95 Fd 72
Champdôtre 21 69 Fa 65
Champdray 88 56 Ge 60
Champ-du-Boult 14 29 Yf 56
Champeau 21 67 Ea 65
Champeaux 35 45 Ye 60
Champeaux 77 34 Ce 57
Champeaux, Les 61 30 Aa 55
Champeaux-et-la-Chapelle-Pommier 24 100 Ad 76
Champeaux-sur-Sarthe 61 30 Ac 57
Champeix 63 104 Da 75
Champenard 27 32 Bc 54
Champenoise, La 36 78 Be 67
Champenoux 54 38 Gc 56
Champéon 53 46 Zc 58
Champétières 63 105 De 75
Champey 70 71 Ge 63
Champey-sur-Moselle 54 38 Ga 55
Champfleur 72 47 Aa 58
Champfleury 10 35 Ea 57
Champfleury 51 35 Ea 53
Champfrémont 53 47 Zf 58
Champfromier 01 95 Fe 71
Champgénéteux 53 46 Zd 59
Champguyon 51 34 Dd 56
Champ-Haut 61 30 Ab 56
Champhol 28 32 Bd 58
Champien 80 18 Cf 50
Champier 38 107 Fb 76
Champigné 49 61 Zc 63
Champignelles 89 66 Da 62
Champigneul-Champagne 51 35 Eb 55
Champigneulles 54 38 Ga 56
Champigneulles-en-Bassigny 52 54 Fd 60
Champigneul-sur-Vence 08 20 Ed 50
Champignolles 21 82 Ed 66
Champignolles 27 31 Ae 55
Champignol-lez-Mondeville 10 53 Ee 60
Champigny 89 51 Da 59
Champigny-en-Beauce 41 64 Bb 62
Champigny-la-Futelaye 27 32 Bb 55
Champigny-le-Sec 86 76 Aa 68
Champigny-lès-Langres 52 54 Fc 61
Champigny-sous-Varennes 52 54 Fd 61
Champigny-sur-Aube 10 35 Ea 57
Champigny-sur-Marne 94 33 Cd 56
Champigny-sur-Veude 37 76 Ab 66
Champillet 36 79 Ca 69
Champillon 51 35 Df 54
Champis 07 118 Ee 79
Champlan 91 33 Cb 56
Champlat-et-Boujacourt 51 35 Df 54
Champ-Laurent 73 108 Gb 75
Champlay 89 51 Dc 61
Champlecy 71 82 Eb 70
Champ-le-Duc 88 56 Ge 59
Champlemy 58 66 Dc 65
Champlin 08 19 Ec 49
Champlin 58 66 Dc 65
Champlitte 70 69 Fd 63
Champlive 25 70 Gb 65
Champlost 89 52 De 60
Champmillon 16 100 Aa 75
Champmotteux 91 50 Cb 58
Champnétery 87 90 Bd 74
Champneuville 55 21 Fb 53
Champniers 16 88 Ab 74
Champniers 86 88 Ac 71
Champoléon 05 120 Gb 80
Champoly 42 93 Df 73
Champosoult 61 30 Ab 55
Champougny 55 37 Fe 57
Champoux 25 70 Ga 64
Champrenault 21 68 Ee 64
Champrepus 50 28 Ye 56
Champrond-en-Gâtine 28 48 Ba 58
Champrond-en-Perchet 28 48 Af 59
Champrougier 39 83 Fd 67
Champs 02 18 Db 51
Champs 61 31 Ad 57
Champs 63 92 Da 72
Champsac 87 89 Af 74
Champ-Saint-Père, Le 85 74 Ye 69
Champsanglard 23 90 Bf 71
Champs-de-Losque, le 50 12 Ye 53
Champsecret 61 29 Zc 57
Champseru 28 49 Bd 58
Champsevraine 52 69 Fd 62
Champs-Géraux, les 22 27 Ya 58
Champs-Romain 24 101 Ae 75
Champs-sur-Tarentaine-Marchal 15 103 Cd 76
Champs-sur-Yonne 89 67 Dd 62
Champ-sur-Barse 10 53 Ec 59
Champ-sur-Drac 38 107 Fe 78
Champ-sur-Layon, le 49 61 Zc 65
Champtercier 04 133 Ga 84
Champteussé-sur-Baconne 49 61 Zc 63
Champtoceaux 49 60 Ye 65
Champtocé-sur-Loire 49 61 Za 64
Champtonnay 70 69 Fe 64
Champvallon 89 51 Dc 61
Champvans 70 69 Fd 64
Champvans-les-Moulins 25 70 Ff 65
Champvert 58 81 Dd 67
Champvoisy 51 35 Dd 54
Champvoux 58 66 Da 66
Chamrousse 38 108 Ff 78
Chamvres 89 51 Dc 61
Chanac-les-Mines 19 102 Be 78
Chanaleilles 43 116 Dc 79
Chanas 38 106 Ef 77
Chanat-la-Mouteyre 63 92 Da 74
Chanay 01 95 Fe 73
Chanaz 73 95 Fe 74
Chancé 35 45 Yd 60
Chanceaux 21 68 Ee 63
Chanceaux-près-Loches 37 63 Af 66
Chanceaux-sur-Choisille 37 63 Ae 64
Chancelade 24 100 Ad 77
Chancenay 52 36 Ef 56
Chancey 70 69 Fe 65
Chancia 39 95 Fd 70
Chandai 61 31 Ae 56
Chandolas 07 117 Eb 82
Chandon 42 93 Eb 72
Chanéac 07 117 Eb 79
Chaneins 01 94 Ef 72
Changé 53 46 Zb 60
Change 71 82 Ed 67
Changé 72 47 Ab 61
Change, Le 24 101 Af 77
Changey 52 54 Fc 61
Changis-sur-Marne 77 34 Da 55
Changy 42 93 Df 72
Changy 51 36 Ee 56
Changy 71 93 Eb 70
Chaniat 43 104 Dc 77
Chaniers 17 87 Zc 74
Channay 21 52 Ec 61
Channay-sur-Lathan 37 62 Ab 64
Channes 10 52 Eb 61
Chanonat 63 104 Da 74
Chanos-Curson 26 106 Ef 78
Chanousse 05 119 Fd 82
Chanoy 52 54 Fb 61
Chanoz-Châtenay 01 94 Fa 71
Chanteau 45 49 Bf 61
Chantecoq 45 51 Cf 60
Chantecorps 79 76 Zf 70
Chanteheux 54 38 Gd 57
Chantelle 03 92 Da 71
Chanteloup 27 31 Ba 55
Chanteloup 27 32 Bb 54
Chanteloup 35 45 Yc 61
Chanteloup 50 28 Yd 55
Chanteloup 77 33 Ce 55
Chanteloup 79 75 Zc 68
Chanteloup-les-Bois 49 61 Zb 66
Chanteloup-les-Vignes 78 33 Ca 55
Chanteloube 38 120 Ff 79
Chantemerle 51 35 Dd 57
Chantemerle-les-Blés 26 106 Ef 78
Chantemerle-lès-Grignan 26 118 Ee 82
Chantenay-Saint-Imbert 58 80 Db 68
Chantenay-Villedieu 72 47 Zf 61
Chantepie 35 45 Yc 60
Chanteraine 55 37 Fc 56
Chantes 70 70 Ff 63
Chantesse 38 107 Fc 77
Chanteuges 43 104 Dd 78
Chantillac 16 99 Ze 77
Chantilly 60 33 Cc 53
Chantôme, Eguzon- 36 78 Bd 70
Chantonnay 85 74 Yf 68
Chantraine 88 55 Gc 59
Chantraines 52 54 Fb 59
Chantrans 25 84 Ga 66
Chantrigné 53 46 Zc 58
Chanu 61 29 Zb 56
Chanville 57 38 Gc 54
Chanzeaux 49 61 Zc 65
Chaon 41 65 Ca 63
Chaouilley 54 55 Ga 58
Chaource 10 52 Ea 60
Chaourse 02 19 Ea 50
Chapaize 71 82 Ee 69
Chapdes-Beaufort 63 92 Cf 73
Chapdeuil, Le 24 100 Ab 77
Chapeau 03 81 Dd 70
Chapelaine 51 35 Ea 56
Chapelaude, La 03 79 Cd 70
Chapelle, La 03 92 Dd 72
Chapelle, La 08 20 Fa 50
Chapelle, La 27 15 Ac 53
Chapelle, La 36 78 Be 70
Chapelle, La 56 44 Xd 61
Chapelle, La 73 108 Gb 76
Chapelle-Achard, la 85 74 Yc 69
Chapelle-Agnon, la 63 105 Dd 75
Chapelle-Anthenaise, la 53 46 Zb 60
Chapelle-Aubareil, la 24 101 Bb 78
Chapelle-au-Mans, La 71 81 Df 69
Chapelle-au-Moine 61 29 Zc 56
Chapelle-au-Riboul, La 53 46 Zd 59
Chapelle-aux-Bois, la 88 55 Gc 60
Chapelle-aux-Brocs, la 19 102 Bd 78
Chapelle-aux-Chasses, La 03 81 Dd 68
Chapelle-aux-Choux, La 72 62 Ab 63
Chapelle-aux-Filtzméens, La 35 45 Yb 58
Chapelle-aux-Naux, La 37 62 Ac 65
Chapelle-Baloue, La 23 90 Bd 70
Chapelle-Basse-Mer, La 44 60 Yd 65
Chapelle-Bâton, La 79 75 Ze 70
Chapelle-Bâton, La 86 88 Ac 71
Chapelle-Bertin, La 43 105 Dd 77
Chapelle-Bertrand, La 79 76 Ze 69
Chapelle-Biche, La 61 29 Zc 56
Chapelle-Blanche 73 108 Ga 76
Chapelle-Blanche, La 22 44 Xf 59
Chapelle-Blanche-Saint-Martin, La 37 63 Ae 66
Chapelle-Bonnin 86 76 Aa 69
Chapelle-Bouëxic, La 35 44 Ya 62
Chapelle-Cécelin, La 50 28 Yf 56
Chapelle-Chaussée, La 35 44 Ya 59
Chapelle-Craonnaise, La 53 46 Za 61
Chapelle-d'Abondance 74 97 Ge 71
Chapelle-d'Alagnon, La 15 104 Cf 78
Chapelle-d'Aligné, La 72 62 Ze 62
Chapelle-d'Andaine, La 61 29 Zd 57
Chapelle-d'Angillon, la 18 65 Cc 64
Chapelle-d'Armentières, La 59 4 Cf 44
Chapelle-d'Aunainville, La 28 49 Be 58
Chapelle-d'Aurec, La 43 105 Eb 77
Chapelle-de-Bragny, La 71 82 Ee 69
Chapelle-de-Guinchay, La 71 94 Ee 71
Chapelle-de-la-Tour, La 38 107 Fc 75
Chapelle-de-Mardore, La 69 94 Ec 72
Chapelle-des-Bois 25 84 Ga 69
Chapelle-des-Fougeretz, La 35 45 Yb 59
Chapelle-des-Marais, la 44 59 Xe 64
Chapelle-des-Pots, La 17 87 Zc 74
Chapelle-de-Surieu, La 38 106 Ef 76
Chapelle-devant-Bruyères, La 88 56 Ge 59
Chapelle-d'Huin 25 84 Gb 67
Chapelle-du-Bard, La 38 108 Ga 76
Chapelle-du-Bois, la 72 48 Ad 59
Chapelle-du-Bois-des-Faulx, la 27 31 Ba 54
Chapelle-du-Bourgay, la 76 15 Ba 50
Chapelle-du-Châtelard, La 01 94 Fa 72
Chapelle-du-Fest, la 50 29 Za 54
Chapelle-du-Genêt, La 49 61 Yf 65
Chapelle-du-Lou, La 35 44 Ya 59
Chapelle-du-Mont-de-France, La 71 94 Ed 70
Chapelle-du-Mont-du-Chat, La 73 96 Ff 74
Chapelle-du-Noyer, La 28 49 Bb 60
Chapelle-Enchérie, La 41 48 Bb 62
Chapelle-Engerbold, La 14 29 Zc 55
Chapelle-en-Lafaye, La 42 105 Df 76
Chapelle-en-Serval, La 60 33 Cd 54
Chapelle-en-Valgaudémar, la 05 120 Gb 80
Chapelle-en-Vercors, La 26 119 Fc 79
Chapelle-en-Vexin, La 95 32 Be 53
Chapelle-Erbrée, La 35 45 Yf 60
Chapelle-Faucher, La 24 101 Ae 76
Chapelle-Felcourt, La 51 36 Ee 54
Chapelle-Forainvilliers, La 28 32 Bd 56
Chapelle-Fortin, La 28 31 Af 57
Chapelle-Gaceline, La 56 44 Xf 62
Chapelle-Gaudin, La 79 75 Zd 67
Chapelle-Gaugain, La 72 48 Ae 62
Chapelle-Gauthier, La 27 31 Ac 55
Chapelle-Gauthier, La 77 34 Cf 57
Chapelle-Geneste, La 43 105 De 76
Chapelle-Glain, La 44 60 Ye 63
Chapelle-Gonaguet, La 24 100 Ad 77
Chapelle-Grésignac, La 24 100 Ac 76
Chapelle-Guillaume, La 28 48 Af 60
Chapelle-Hareng, La 27 30 Ac 54
Chapelle-Haute-Grue, La 14 30 Aa 55
Chapelle-Hermier, La 85 74 Yb 68
Chapelle-Heulin, La 44 60 Yd 65
Chapelle-Hugon, La 18 80 Cf 67
Chapelle-Hullin, La 49 45 Yf 62
Chapelle-Hurlay, La 51 35 Dd 54
Chapelle-Iger, La 77 34 Cf 57
Chapelle-Janson, La 35 45 Yf 58
Chapelle-la-Reine, La 77 50 Cd 59
Chapelle-Lasson, La 51 35 Df 57
Chapelle-Launay, La 44 59 Ya 64
Chapelle-Laurent, La 15 104 Db 77
Chapelle-lès-Luxeuil, La 70 70 Gc 62
Chapelle-Marcousse, La 63 104 Da 76
Chapelle-Montabourlet, La 24 100 Ac 76
Chapelle-Montbrandeix, La 87 101 Af 75
Chapelle-Monthodon, La 02 35 Dd 54
Chapelle-Montligeon, La 61 31 Ad 58
Chapelle-Montlinard, La 18 66 Cf 66
Chapelle-Montmartin, La 41 64 Be 65
Chapelle-Montmoreau, La 24 100 Ad 76
Chapelle-Moulière, La 86 76 Ad 69
Chapelle-Moutils, La 77 34 Dc 56
Chapelle-Naude, La 71 83 Fb 69
Chapelle-Neuve, La 22 25 Wd 58
Chapelle-Neuve, La 56 43 Xa 61
Chapelle-Onzerain, La 45 49 Bd 60
Chapelle-Orthemale, la 36 78 Bc 67
Chapelle-Pouilloux, La 79 88 Aa 72
Chapelle-près-Sées, La 61 30 Aa 57
Chapelle-Rablais, La 77 51 Cf 57
Chapelle-Rainsouin, La 53 46 Zc 60
Chapelle-Rambaud, La 74 96 Gb 72
Chapelle-Réanville, La 27 32 Bc 54
Chapelle-Rousselin, La 49 61 Zb 65
Chapelle-Royale 28 48 Ba 60
Chapelle-Saint-André, La 58 66 Dc 64
Chapelle-Saint-Aubert, La 35 45 Ye 59
Chapelle-Saint-Aubin, La 72 47 Aa 60
Chapelle-Saint-Étienne, La 79 75 Zc 68
Chapelle-Saint-Florent, La 49 60 Yf 65
Chapelle-Saint-Fray, La 72 47 Aa 60
Chapelle-Saint-Géraud, La 19 102 Bf 78
Chapelle-Saint-Jean, La 24 101 Ba 77
Chapelle-Saint-Laurent, La 79 75 Zd 68
Chapelle-Saint-Luc, la 10 52 Ea 59
Chapelle-Saint-Martial, La 23 90 Bf 72
Chapelle-Saint-Martin-en-Plaine, La 41 64 Bc 62
Chapelle-Saint-Maurice 74 96 Ga 74
Chapelle-Saint-Mesmin, La 45 49 Be 61
Chapelle-Saint-Quillain, la 70 70 Fe 64
Chapelle-Saint-Rémy, La 72 47 Ab 70
Chapelle-Saint-Sauveur, la 44 61 Zb 64
Chapelle-Saint-Sauveur, La 71 83 Fb 67
Chapelle-Saint-Sépulcre, La 45 51 Cf 60
Chapelle-Saint-Sulpice, La 77 34 Db 57
Chapelle-Saint-Ursin, La 18 79 Cb 66
Chapelles-Bourbon, Les 77 34 Cf 56
Chapelle-Souëf, La 61 48 Ad 59
Chapelle-sous-Brancion, La 71 82 Ee 69
Chapelle-sous-Orbais, La 51 35 De 55
Chapelle-sous-Uchon, La 71 82 Eb 68
Chapelle-Spinasse 19 102 Ca 76
Chapelle-sur-Aveyron, La 45 51 Cf 61
Chapelle-sur-Chézy, La 02 34 Dc 55
Chapelle-sur-Coise, La 69 106 Ec 75
Chapelle-sur-Dun, La 71 93 Eb 71
Chapelle-sur-Dun, La 76 15 Af 49
Chapelle-sur-Erdre, La 44 60 Yc 65
Chapelle-sur-Loire, La 37 62 Ab 65
Chapelle-sur-Oreuse, La 89 51 Db 59
Chapelle-sur-Oudon, La 49 61 Zb 62
Chapelle-sur-Usson, La 63 104 Dc 76
Chapelle-Taillefert, La 23 90 Be 72
Chapelle-Thècle, La 71 83 Fa 69
Chapelle-Thémer, La 85 75 Za 69
Chapelle-Thireuil, La 79 75 Zc 69
Chapelle-Thouarault, La 35 44 Ya 60
Chapelle-Urée, La 50 28 Yf 57
Chapelle-Vallon 10 52 Ea 58
Chapelle-Vaupelteigne, La 89 52 De 61
Chapelle-Vendômoise, La 41 64 Bb 63
Chapelle-Vicomtesse, La 41 48 Ba 61
Chapelle-Viel, La 61 31 Ad 56
Chapelle-Villars, La 42 106 Ee 76
Chapelle-Viviers 86 77 Ae 70
Chapelle-Voland 39 84 Fc 68
Chapelle-Yvon, La 14 30 Ac 54
Chapelon 45 50 Cd 60
Chapelotte, La 18 65 Cd 64
Chapet 78 32 Bf 55
Chaplaine 51 36 Ec 57
Chapois 39 84 Ff 67
Chaponost 69 94 Ee 74
Chappes 03 92 Cf 70
Chappes 08 19 Eb 51
Chappes 10 52 Eb 59
Chappes 63 92 Db 73
Chaptelat 87 89 Bb 73
Chaptuzat 63 92 Db 72
Charancieu 38 107 Fd 75
Charancin 01 95 Fd 73
Charannat 16 100 Ab 76
Charantonnay 38 107 Fa 75
Charavines 38 107 Fd 76
Charbillac, Bénévent-et- 05 120 Ga 80
Charbogne 08 20 Ed 51
Charbonnat 71 81 Ea 68
Charbonnières 28 48 Af 59

170 F Ceyssat — Charbonnières

Chevannes 91 33 Cc 57
Chevannes-Changy 58 66 Dc 65
Chevennes 02 19 De 50
Chevennes 21 68 Ef 66
Chevenon 58 80 Db 67
Chevenoz 74 96 Gd 71
Cheverny 41 64 Bc 64
Cheveuges-St.-Aignan 08 20 Ef 50
Chevières 08 20 Ef 52
Chevigney 25 70 Gc 66
Chevigney 70 69 Fd 65
Chevigney-sur-l'Ognon 25 70 Ff 65
Chevigny 21 69 Fa 65
Chevigny 39 69 Fc 65
Chevigny-en-Valière 21 82 Ef 67
Chevigny-Saint-Sauveur 21 69 Fa 65
Chevillard 01 95 Fd 72
Chevillé 72 47 Ze 61
Chevillon 52 37 Fa 57
Chevillon 89 51 Db 61
Chevillon-sur-Huillard 45 50 Cd 61
Chevilly 45 49 Be 60
Chevinay 69 94 Ed 74
Chevincourt 60 18 Cf 51
Cheviré-le-Rouge 49 62 Ze 63
Chevrainvilliers 77 50 Cd 59
Chevreaux 39 83 Fc 69
Chevregny 02 19 Dd 52
Chèvremont 90 71 Gf 63
Chèvrerie, La 16 88 Aa 72
Chevresis-Monceau 02 19 Dd 50
Chevreuse 78 33 Ca 56
Chèvreville 50 29 Yf 57
Chèvreville 60 34 Ce 54
Chevrier 74 96 Ff 72
Chevrières 38 107 Fb 77
Chevrières 42 106 Ec 75
Chevrières 60 17 Ce 52
Chevroches 58 67 Dd 64
Chevrolière, La 44 60 Yc 66
Chevrotaine 39 84 Ff 69
Chevroux 01 94 Ee 70
Chevroz 25 70 Ga 65
Chevru 77 34 Db 56
Chevry 01 96 Ga 71
Chevry 50 28 Yf 55
Chevry-Cossigny 77 33 Cd 56
Chevry-en-Sereine 77 51 Cf 59
Chevry-sous-le-Bignon 45 51 Cf 60
Chey 79 88 Zf 71
Cheylade 15 103 Ce 77
Cheylard, Le 07 118 Ec 79
Cheylard-l'Évêque 48 117 De 81
Cheyssieu 38 106 Ef 76
Chezal-Benoît 18 79 Ca 68
Chèze 65 150 Zf 91
Chèze, La 22 43 Xc 60
Chézeaux 52 54 Fd 61
Chezelle 03 92 Da 71
Chezelle 03 92 Db 72
Chezelles 36 78 Bd 67
Chezelles 37 76 Ac 66
Chézeneuve 38 107 Fb 75
Chézery-Forens 01 96 Ff 71
Chézy 03 80 Dc 69
Chézy-en-Orxois 02 34 Db 54
Chézy-sur-Marne 02 34 Dc 55
Chiatra 2B 159 Kc 95
Chiché 79 75 Zd 68
Chicheboville 14 30 Ze 54
Chichée 89 67 Df 62
Chichery 89 51 Dd 61
Chichey 51 35 De 56
Chichilianne 38 119 Fd 80
Chicourt 57 38 Gd 55
Chiddes 58 81 Df 67
Chiddes 71 82 Ed 70
Chidrac 63 104 Da 75
Chierry 02 34 Dc 54
Chieulles 57 38 Gb 54
Chigné 49 63 Aa 63
Chigny 02 19 De 49
Chigny-les-Roses 51 35 Ea 54
Chigy 89 51 Dc 59
Chilhac 43 104 Dc 78
Chillac 16 99 Zf 76
Chille 39 83 Fd 68
Chilleurs-aux-Bois 45 50 Ca 60
Chillou, Le 79 76 Zf 68
Chilly 08 20 Ec 49
Chilly 74 96 Ff 73
Chilly 80 17 Ce 50
Chilly-le-Vignoble 39 83 Fd 69
Chilly-Mazarin 91 33 Cb 56
Chilly-sur-Salins 39 84 Ff 67
Chimilin 38 107 Fd 75
Chindrieux 73 96 Ff 74
Chinon 37 62 Ab 66
Chipilly 80 17 Cd 49
Chirac 16 89 Ad 73
Chirac 48 116 Db 81
Chirac-Bellevue 19 103 Cd 76
Chirassimont 42 93 Eb 73
Chirat-l'Église 03 92 Da 71
Chiré-en-Montreuil 86 76 Aa 69
Chirens 38 107 Fd 76
Chirmont 80 17 Cc 50
Chirols 07 117 Eb 80
Chiroubles 69 94 Ed 71
Chiry-Ourscamps 60 18 Cf 51
Chis 65 139 Aa 89
Chisa 2B 159 Kb 97
Chissay-en-Touraine 41 63 Ba 64
Chisseaux 37 63 Ba 65
Chisséria 39 95 Fd 70
Chissey-en-Morvan 71 81 Eb 66
Chissey-lès-Mâcon 71 82 Ee 69
Chissey-sur-Loue 39 83 Fe 66
Chitenay 41 64 Bc 64
Chitray 36 78 Bc 69
Chitry 89 67 De 62
Chitry-les-Mines 58 67 Dd 65
Chivres 21 83 Fa 67
Chivres-en-Laonnais 02 19 Df 51
Chivres-Val 02 18 Dc 52
Chivy-lès-Étouvelles 02 19 Dd 51
Chizé 79 87 Zd 72
Chouain 14 13 Zc 53
Chocques 62 8 Cd 45
Choilley-Dardenay 52 69 Fc 63
Choisel 78 33 Ca 56
Choiseul 52 54 Fd 60
Choisey 39 83 Fc 66
Choisies 59 9 Ea 47
Choisy 74 96 Ga 73
Choisy-au-Bac 60 18 Cf 52
Choisy-en-Brie 77 34 Db 56
Choisy-la-Victoire 60 17 Cd 52
Choisy-le-Roi 94 33 Cc 56
Cholet 49 61 Za 66
Cholonge 38 120 Fe 78
Choloy-Ménillot 54 37 Fe 57
Chomelix 43 105 De 77
Chomérac 07 118 Ed 80
Chomette, La 43 104 Dc 77
Chonas-l'Amballan 38 106 Ee 76
Chooz 08 10 Ee 48
Choqueuse-les-Bénards 60 17 Ca 51
Chorance 38 107 Fc 78
Chorey 21 82 Ef 66
Chorges 05 120 Gb 81
Chouday 36 79 Ca 67
Chougny 58 81 De 66
Chouilly 51 35 Ea 54
Chouppes 86 76 Aa 68
Chourgnac 24 101 Ba 77
Choussy 41 64 Bc 64
Chouvigny 03 92 Da 72
Choux 39 95 Fe 71
Choux, Les 45 65 Ce 62
Chouy 02 34 Db 53
Chouzé-sur-Loire 37 62 Aa 65
Chouzy-sur-Cisse 41 64 Bb 63
Choye 70 70 Fe 64
Chuelles 45 51 Cf 60
Chuffilly-Roche 08 20 Ed 52
Chuignes 80 17 Ce 49
Chuignolles 80 17 Ce 49
Chuisnes 28 48 Bb 58
Chusclan 30 131 Ee 84
Chuzelles 38 106 Ef 75
Ciadoux 31 139 Ae 89
Ciamannacce 2A 159 Ka 97
Ciboure 64 136 Yb 88
Cideville 76 15 Af 51
Ciel 71 83 Fa 67
Cier-de-Luchon 31 151 Ad 91
Cier-de-Rivière 31 139 Ad 90
Cierges 02 35 Dd 53
Cierges-sous-Montfaucon 55 20 Fa 53
Cierp-Gaud 31 151 Ad 91
Cierrey 27 32 Bb 54
Cierzac 17 99 Ze 75
Cieurac 46 114 Bc 79
Cieurac 46 114 Bd 82
Cieutat 65 139 Ab 90
Cieux 87 89 Ba 73
Ciez 58 66 Da 64
Cigogné 37 63 Af 65
Cilly 02 19 Df 50
Cinais 37 62 Ab 66
Cindré 03 92 Dd 71
Cinq-Mars-la-Pile 37 63 Ac 64
Cinqueux 60 17 Cd 53
Cintegabelle 31 141 Bd 89
Cintheaux 14 30 Ze 54
Cintray 27 31 Af 56
Cintray 28 49 Bc 58
Cintré 35 44 Ya 60
Cintrey 70 69 Fe 62
Ciotat, La 13 146 Fd 89
Cipières 06 134 Gf 86
Ciral 61 30 Zf 58
Ciran 37 77 Af 66
Circourt 88 55 Gb 59
Circourt-sur-Mouzon 88 54 Fe 59
Cirès 31 151 Ad 91
Cires-lès-Mello 60 17 Cc 53
Cirey 70 70 Ga 64
Cirey-lès-Mareilles 52 54 Fb 59
Cirey-lès-Pontailler 21 69 Fb 65
Cirey-sur-Blaise 52 53 Ef 58
Cirey-sur-Vezouze 54 39 Gf 57
Cirfontaines-en-Azois 52 53 Ef 60
Cirfontaines-en-Ornois 52 54 Fc 58
Ciron 36 77 Bb 69
Ciry-le-Noble 71 82 Eb 69
Ciry-Salsogne 02 18 Dc 52
Cisai-Saint-Aubin 61 30 Ac 56
Cisery 89 67 Ea 63
Cissac-Médoc 33 98 Zb 77
Cissé 86 76 Ab 69
Cisternes-la-Forêt 63 91 Ce 74
Cistrières 43 105 Dd 77
Citerne 80 7 Be 49
Citers 70 70 Gc 62
Citey 70 70 Fe 64
Citou 11 142 Cd 88
Citry 77 34 Db 55
Civaux 86 77 Ad 70
Civens 42 93 Eb 73
Civières 27 32 Bd 53
Civrac-de-Blaye 33 99 Zd 78
Civrac-de-Dordogne 33 111 Zf 80
Civrac-en-Médoc 33 98 Za 76
Civray 18 79 Cb 67
Civray 86 88 Ab 72
Civray-de-Touraine 37 63 Ba 65
Civray-sur-Esves 37 77 Ae 66
Civrenne 36 79 Ca 68
Civrieux 01 94 Ef 73
Civrieux-d'Azergues 69 94 Ee 73
Civry 28 49 Bc 60
Civry-en-Montagne 21 68 Ed 65
Civry-la-Forêt 78 32 Bd 55
Cizancourt 80 8 Cf 49
Cizay-la-Madeleine 49 62 Ze 65
Cize 01 95 Fc 71
Cize 39 84 Ff 64
Cizely 58 81 Dc 67
Cizos 65 139 Ac 89
Clacy-et-Thierret 02 19 Dd 51
Cladech 24 113 Af 81
Cladech 24 113 Ba 80
Claira 66 154 Cf 92
Clairac 47 112 Ac 82
Clairefontaine-en-Yvelines 78 32 Bf 57
Clairefougère 61 29 Zb 56
Clairegoutte 70 71 Gd 63
Clairfayts 59 10 Ea 48
Clairfontaine 02 9 Df 49
Clairmarais 62 3 Cb 44
Clairoix 60 18 Cf 52
Clairvaux-d'Aveyron 12 115 Cc 82
Clairvaux-les-Lacs 39 84 Fe 69
Clairy-Saulchoix 80 17 Cb 49
Clais 76 16 Bc 50
Claix 16 100 Aa 75
Claix 38 107 Fe 78
Clam 17 99 Zd 76
Clamanges 51 35 Ea 56
Clamart 92 33 Cb 56
Clamecy 02 18 Dc 52
Clamecy 58 67 Dd 64
Clamensane 04 120 Ga 83
Clamerey 21 68 Ec 64
Clamour 58 80 Da 66
Clans 06 134 Hb 84
Clans 70 70 Ga 63
Clansayes 26 118 Ee 82
Claon, Le 55 36 Ef 54
Claouey 33 110 Ye 80
Clapier, Le 12 129 Db 86
Clapiers 34 130 Cf 87
Clara 66 153 Cc 93
Clarac 31 139 Ad 90
Clarac 65 139 Ab 89
Claracq 64 138 Ze 87
Clarafond 74 96 Ff 72
Clarbec 14 14 Aa 53
Clarens 65 139 Ac 90
Clarensac 30 130 Eb 86
Claret 04 120 Ff 82
Claret 34 130 Df 85
Clarques 62 3 Cb 45
Clary 59 9 Dc 48
Classun 40 124 Zd 86
Clastres 02 18 Db 50
Clasville 76 15 Ad 50
Clat, Le 11 153 Cb 92
Claudon 88 55 Ga 60
Claunay 86 76 Ab 67
Claux, Le 15 103 Ce 78
Clavans-en-Haut-Oisans 38 108 Ga 78
Claveisolles 69 94 Ec 72
Claveyson 26 106 Ef 77
Clavière 36 78 Be 68
Clavières 15 116 Db 79
Claviers 83 134 Gd 87
Claville 27 31 Ba 54
Claville-Motteville 76 15 Bb 51
Clavy-Warby 08 20 Ed 50
Claye, La 85 74 Ye 70
Clayes 35 44 Ya 59
Claye-Souilly 77 33 Ce 55
Clayes-sous-Bois, Les 78 32 Bf 56
Clayette, La 71 93 Eb 71
Clayeures 54 55 Gc 58
Clécy 14 29 Zd 55
Cléden-Cap-Sizun 29 41 Vc 60
Cléden-Poher 29 42 Wb 59
Cléder 29 25 Vf 57
Clèdes 40 124 Zd 87
Cleebourg 67 40 Hf 54
Clefcy 88 56 Gf 59
Clefmont 52 54 Fd 60
Clefs 49 62 Zf 63
Clefs, Les 74 96 Gb 73
Cléguer 56 42 Wd 61
Cléguérec 56 43 Wf 60
Clelles-en-Trièves 38 119 Fd 80
Clémencey 21 68 Ef 65
Clémensat 63 92 Da 74
Clémensat 63 104 Da 75
Clémery 54 38 Gb 55
Clémont 18 65 Cb 63
Clénay 21 69 Fa 64
Clenleu 62 7 Bf 45
Cléon 76 15 Ba 53
Cleon-d'Andran 26 118 Ef 81
Cleppé 42 93 Eb 74
Clérac 17 99 Ze 77
Cléré-du-Bois 36 77 Ba 67
Cléré-les-Pins 37 62 Ac 64
Clères 76 15 Ba 51
Cléré-sur-Layon 49 61 Zd 66
Clérey 10 52 Eb 59
Clérey-la-Côte 88 54 Fe 58
Clérey-sur-Brénon 54 55 Ga 57
Clergoux 19 102 Bf 77
Clérieux 26 106 Ef 78
Clérimois, Les 89 51 Dc 59
Clerjus, Le 88 55 Gb 61
Clerlande 63 92 Db 73
Clermain 71 94 Ed 70
Clermont 09 140 Bb 90
Clermont 40 123 Za 87
Clermont 60 17 Cc 52
Clermont 74 96 Ff 73
Clermont-Créans 72 62 Zf 62
Clermont-de-Beauregard 24 112 Ad 79
Clermont-d'Excideuil 24 101 Ba 76
Clermont-en-Argonne 55 36 Fa 54
Clermont-Ferrand 63 92 Da 74
Clermont-le-Fort 31 140 Bc 88
Clermont-lès-Fermes 02 19 Df 50
Clermont-l'Hérault 34 129 Dc 87
Clermont-Pouyguillès 32 139 Ad 88
Clermont-Savès 32 126 Ba 87
Clermont-Soubiran 47 126 Ae 84
Clermont-sur-Lauquet 11 142 Cc 90
Cléron 25 84 Ga 66
Clerques 62 3 Bf 43
Clerval 25 70 Gc 64
Cléry 21 69 Fd 65
Cléry 73 108 Gb 75
Cléry-en-Vexin 95 32 Bf 54
Cléry-Grand 55 21 Fa 52
Cléry-Petit 55 21 Fb 52
Cléry-Saint-André 45 49 Be 62
Cléry-sur-Somme 80 8 Cf 49
Clesles 51 35 De 57
Clessé 79 75 Zd 68
Clessy 71 81 Ea 69
Cléty 62 3 Cb 45
Cleurie 88 56 Gd 60
Cleuville 76 15 Ad 50
Cléville 14 30 Zf 54
Cléville 76 15 Ad 51
Clévilliers 28 32 Bc 57
Cleyrac 33 111 Zf 80
Cleyzieu 01 95 Fc 73
Clézentaine 88 55 Gd 58
Clichy 92 33 Cb 55
Climbach 67 40 Hf 54
Clinchamp 52 54 Fc 59
Clinchamps-sur-Orne 14 29 Zd 54
Clion 17 99 Zc 76
Clion 36 77 Bb 67
Cliousclat 26 118 Ef 80
Cliponville 76 15 Ad 50
Clisse, La 17 87 Zb 74
Clisson 44 60 Ye 66
Clitourps 50 12 Yd 51
Clohars-Carnoët 29 42 Wc 62
Clohars-Fouesnant 29 42 Vf 61
Cloître-Pleyben, Le 29 42 Wa 59
Cloître-Saint-Thégonnec 29 25 Wb 58
Clomot 21 68 Ec 65
Clonaz-sur-Varèze 38 106 Ee 76
Clos-Fontaine 77 34 Da 57
Clouange 57 22 Ga 53
Cloué 86 76 Aa 70
Clouzeaux, Les 85 74 Yc 69
Cloyes-sur-le-Loir 28 48 Bb 61
Cloyes-sur-Marne 51 52 Ed 57
Clucy 39 84 Ff 67
Clugnat 23 91 Ca 71
Cluis 36 78 Be 69
Clumanc 04 133 Gc 84
Cluny 71 82 Ed 70
Clusaz, la 74 96 Gc 73
Cluse, La 05 120 Ff 81
Cluse-et-Mijoux, la 25 84 Gc 67
Cluses 74 97 Gd 72
Clussais 79 88 Aa 71
Clux 71 83 Fb 67
Coadut 22 26 We 57
Coaraze 06 135 Hb 85
Coarraze 64 138 Ze 89
Coatascorn 22 26 We 56
Coat-Méal 29 24 Vc 57
Coatréven 22 26 We 56
Cobonne 26 119 Fa 80
Cobrieux 59 8 Db 45
Cochère, La 61 30 Aa 56
Cocherel 77 34 Da 54
Cocheren 57 39 Gf 54
Coclois 10 52 Ec 58
Cocquerel 80 7 Bf 48
Cocumont 47 112 Aa 82
Cocurès 48 117 Dd 82
Codognan 30 130 Eb 86
Codolet 30 131 Ee 84
Coëtlogon 22 44 Xc 60
Coëtmieux 22 27 Xd 58
Cœuvres-et-Valsery 02 18 Da 52
Coëx 85 73 Yb 68
Coffery 77 34 Db 56
Coggia 2A 158 Ie 96
Coglès 35 28 Yd 58
Cogna 39 84 Fe 69
Cognac 16 87 Ze 74
Cognac-la-Forêt 87 89 Ba 73
Cognat-Lyonne 03 92 Db 72
Cogners 72 48 Ad 61
Cognet 38 119 Fe 79
Cognières 70 70 Gb 64
Cognin-les-Gorges 38 107 Fc 77
Cognocoli-Monticchi 2A 158 If 98
Cogny 18 79 Cd 67
Cogny 69 94 Ed 73
Cogolin 83 148 Gd 89
Cohade 43 104 Dc 76
Cohiniac 22 26 Xa 58
Cohons 52 69 Fc 62
Coiffy-le-Bas 52 54 Fe 61
Coiffy-le-Haut 52 54 Fe 61
Coigneux 80 8 Cd 48
Coignières 78 32 Bf 56
Coigny 50 12 Yd 53
Coimères 33 111 Ze 82
Coinces 45 49 Be 60
Coinches 88 56 Ha 59
Coincourt 54 38 Gd 56
Coincy 02 34 Dc 54
Coincy 57 38 Gb 54
Coings 36 78 Be 67
Coingt 02 19 Ea 50
Coin-lès-Cuvry 57 38 Ga 54
Coin-sur-Seille 57 38 Ga 54
Coirac 33 111 Ze 80
Coise 69 106 Ec 75
Coiserette 39 96 Ff 70
Coisevaux 70 71 Ge 63
Coisia 39 95 Fd 71
Coisy 80 7 Cb 49
Coivert 17 87 Zd 72
Coivrel 60 17 Cd 51
Coizard-Joches 51 35 Df 56
Colayrac-Saint-Cirq 47 125 Ad 83
Colembert 62 3 Be 44
Coligny 01 95 Fc 70
Colincamps 80 8 Cd 48
Collan 89 52 Df 61
Collancelle, La 58 67 Dd 65
Collandres 15 103 Cd 77
Collandres-Quincarnon 27 31 Af 55
Collanges 63 104 Db 76
Collat 43 105 Dd 77
Collégien 77 33 Ce 55
Collemiers 89 51 Db 60
Collonges-au-Mont-d'Or 69 94 Ee 74
Colleret 59 10 Ea 47
Collet-de-Dèze, Le 48 130 Df 83
Colletot 27 15 Ad 52
Colleville 76 15 Ac 50
Colleville-Montgomery 14 14 Ze 53
Colleville-sur-Mer 14 13 Za 52
Collias 30 131 Ec 85
Colligny 57 38 Gb 54
Colline-Beaumont 62 7 Be 46
Collinée 22 44 Xc 59
Collioure 66 154 Da 93
Collobrières 83 147 Gb 89
Collonge-en-Charollais 71 82 Ed 69
Collonge-la-Madeleine 71 82 Ed 67
Collonges 01 96 Ff 72
Collonges-la-Rouge 19 102 Bd 78
Collonges-lès-Bevy 21 68 Ef 65
Collonges-lès-Premières 21 69 Fa 65
Collonges-sous-Salève 74 95 Ga 72
Collongues 06 134 Gf 85
Collongues 65 139 Aa 89
Collorec 29 25 Wa 59
Collorgues 30 130 Eb 84
Colmar 68 56 Hc 60
Colmars 04 134 Gd 83
Colmen 57 22 Gd 52
Colmesnil-Manneville 76 15 Ba 49
Colmey 54 21 Fd 52
Colmier-le-Bas 52 68 Ef 62
Colmier-le-Haut 52 68 Ef 62
Colognac 30 130 De 84
Cologne 32 126 Af 86
Colombe 38 107 Fc 76
Colombe, La 41 49 Bc 61
Colombe, La 50 28 Ye 55
Colombé-la-Fosse 10 53 Ee 59
Colombé-le-Sec 10 53 Ee 59
Colombe-lès-Vesoul 70 70 Gb 63
Colombelles 14 14 Ze 53
Colombes 92 33 Cb 55
Colombey-lès-Choiseul 52 54 Fd 60
Colombey-les-Deux-Églises 52 53 Ef 59
Colombier 03 91 Ce 71
Colombier 21 68 Ee 65
Colombier 24 112 Ad 80
Colombier 42 106 Ed 77
Colombier, Le 18 79 Cd 67
Colombier-en-Brionnais 71 94 Eb 70
Colombières-sur-Orb 34 143 Da 87
Colombier-Fontaine 25 71 Ge 64
Colombier-le-Cardinal 07 106 Ee 77
Colombier-le-Jeune 07 118 Ee 78
Colombier-le-Vieux 07 106 Ee 78
Colombiers 17 87 Zc 75
Colombiers 34 143 Da 89
Colombiers 61 30 Aa 58
Colombiers 86 76 Ab 68
Colombier-Saugnieu 69 107 Fa 74
Colombiers-du-Plessis 53 46 Za 58
Colombiers-sur-Seulles 14 13 Zc 53
Colombiès 12 115 Cc 82
Colomby 50 12 Yd 52
Colomby-sur-Thaon 14 13 Zd 53
Colomiers 31 126 Bc 87
Colomieu 01 95 Fd 74
Colonard-Corubert 61 48 Ad 58
Colondannes 23 90 Bd 71
Colonne 39 83 Fd 67
Colonzelle 26 118 Ef 82
Colpo 56 43 Xa 62
Colroy-la-Grande 88 56 Ha 59
Colroy-la-Roche 67 56 Hb 58
Coltainville 28 49 Bd 58
Coltines 15 104 Cf 78
Coly 24 101 Bb 78
Combaillaux 34 130 De 86
Combas 30 130 Ea 85
Combeaufontaine 70 70 Ff 62
Combefa 81 127 Ca 84
Comberanche-et-Epeluche 24 100 Ab 77
Comberjon 70 70 Gb 63
Comberouger 82 126 Ba 85
Combertault 21 82 Ef 67
Combes 34 143 Da 87
Combiers 16 100 Ac 76
Comblanchien 21 82 Ee 66
Combles 80 8 Cf 48
Combles-en-Barrois 55 36 Fa 56
Comblessac 35 44 Xf 61
Combleux 45 49 Bf 61
Comblot 61 48 Ad 58
Combloux 74 97 Gd 73
Combon 27 31 Af 54
Combourg 35 28 Yb 58
Combourtillé 35 45 Ye 59
Combovin 26 119 Fa 79
Combrailles 63 91 Cd 73
Combrand 79 75 Zb 67
Combray 14 29 Zd 55
Combray, Illiers- 28 48 Bb 59
Combre 42 93 Eb 72
Combrée 49 61 Yf 62
Combres 28 48 Ba 59
Combressol 19 103 Cb 76
Combres-sous-les-Côtes 55 37 Fd 54
Combret 12 128 Ce 85
Combreux 45 50 Cb 61
Combrimont 88 56 Ha 59
Combrit 29 41 Vf 61
Combronde 63 92 Da 73
Combs-la-Ville 77 33 Cd 57
Comelle, La 71 81 Ea 67
Comiac 46 114 Bf 79
Comigne 11 142 Cd 90
Comines 59 4 Da 44
Commana 29 25 Wa 58
Commarin 21 68 Ed 65
Commeaux 61 30 Zf 56
Commelle 42 93 Ea 73
Commenailles 39 83 Fc 68
Commenchon 02 18 Db 51
Commensacq 40 123 Zb 83
Commentry 03 91 Ce 71
Commeny 95 32 Bf 54
Commequiers 85 73 Ya 68
Commer 53 46 Zc 59
Commercy 55 37 Fd 56
Commerveil 72 47 Ac 59
Commes 14 13 Zb 52
Communailles-en-Montagne 39 84 Ga 68
Communay 69 106 Ef 75
Compains 63 104 Cf 76
Compainville 76 16 Bd 50
Compans 77 33 Ce 55
Compas, Le 23 91 Cc 73
Compertrix 51 36 Ec 55
Compeyre 12 129 Da 84
Compiègne 60 18 Ce 52
Compigny 89 51 Db 58
Compolibat 12 115 Cb 82
Compôte, La 73 108 Ga 74
Comprégnac 12 129 Cf 84
Compreignac 87 89 Bb 73
Comps 26 119 Fa 81
Comps 30 131 Ed 85
Comps 33 99 Zc 78
Comps-la-Grand-Ville 12 128 Cd 83
Comps-sur-Artuby 83 134 Gd 86
Comté, La 62 8 Cd 46
Comus 11 153 Bf 92
Conan 41 64 Bb 62
Conand 01 95 Fc 73
Conat 66 153 Cc 93
Conca 2A 159 Kc 98
Concarneau 29 42 Wa 61
Concevreux 02 19 De 52
Concèze 19 101 Bc 76
Conches 77 33 Ce 55
Conches-en-Ouche 27 31 Af 55
Conchez-de-Béarn 64 124 Ze 87
Conchil-le-Temple 62 6 Bd 46
Conchy-les-Pots 60 17 Ce 51
Conchy-sur-Canche 62 7 Cb 47
Concorès 46 113 Bc 81
Concots 46 114 Bd 82
Concoules 30 117 Df 82
Concourson-sur-Layon 49 61 Zd 65
Concremiers 36 77 Ba 69
Concressault 18 65 Cd 64
Concriers 41 64 Bc 62
Condac 16 88 Ab 72
Condamine 01 95 Fd 72
Condamine 39 83 Fc 69
Condamine-Châtelard, La 04 121 Ge 82
Condat 15 103 Ce 76
Condat 46 114 Bd 79
Condat-en-Combraille 63 91 Cd 73
Condat-lès-Montboissier 63 104 Dd 75
Condat-sur-Ganaveix 19 102 Bd 76
Condat-sur-Trincou 24 101 Ae 76
Condat-sur-Vézère 24 101 Bb 78
Condat-sur-Vienne 87 89 Bb 74
Condeau 61 48 Af 58
Condécourt 95 32 Bf 54
Condé-Folie 80 7 Ca 48
Condeissiat 01 94 Fa 72
Condé-lès-Autry 08 20 Ef 53
Condé-lès-Herpy 08 19 Eb 51
Condé-Northen 57 38 Gc 54
Condéon 16 99 Zf 76
Condes 39 95 Fd 70
Condes 52 54 Fa 60
Condé-Sainte-Libiaire 77 34 Cf 55
Condé-sur-Aisne 02 18 Dc 52
Condé-sur-Huisne 61 48 Af 58
Condé-sur-Ifs 14 30 Zf 54
Condé-sur-Iton 27 31 Af 56
Condé-sur-l'Escaut 59 9 Dd 46
Condé-sur-Marne 51 35 Eb 54
Condé-sur-Noireau 14 29 Zc 55
Condé-sur-Risle 27 15 Ad 53
Condé-sur-Sarthe 61 47 Aa 58
Condé-sur-Suippe 02 19 Df 52
Condé-sur-Vesgre 78 32 Bd 56
Condé-sur-Vire 50 29 Yf 54
Condette 62 2 Bd 45
Condezaygues 47 113 Af 82
Condom 32 125 Ac 85
Condom-d'Aubrac 12 115 Cf 81
Condorcet 26 119 Fb 82
Condren 02 18 Db 51
Condrieu 69 106 Ee 76
Conflandey 70 70 Ga 62
Conflans-en-Jarny 54 37 Ff 54
Conflans-Sainte-Honorine 78 33 Ca 54
Conflans-sur-Anille 72 48 Ae 61
Conflans-sur-Lanterne 70 55 Gb 62
Conflans-sur-Loing 45 50 Ce 61
Conflans-sur-Seine 51 35 De 57
Confolens 16 89 Ae 72
Confolent-Port-Dieu 19 103 Cc 75
Confracourt 70 70 Ff 62
Confrançon 01 94 Fa 71
Congénies 30 130 Ea 86
Congerville-Thionville 91 49 Bf 58
Congé-sur-Orne 72 47 Ab 59
Congis-sur-Thérouanne 77 34 Cf 54
Congrier 53 45 Yf 62
Congy 51 35 De 55
Conie-Molitard 28 49 Bc 60
Conilhac-Corbières 11 142 Ce 89
Conilhac-de-la-Montagne 11 141 Cb 91
Conjoux 73 96 Fe 74
Conlie 72 47 Zf 60
Conliège 39 83 Fd 69
Connac 12 128 Cd 84
Connangles 43 105 Dd 77
Connantray-Vaurefroy 51 35 Ea 56
Connantre 51 35 Df 56
Connaux 30 131 Ed 84
Conne-de-Labarde 24 112 Ad 80
Connelles 27 16 Bb 53
Connerré 72 47 Ad 60
Connezac 24 100 Ad 75
Connigis 02 34 Dd 54
Conquereuil 44 60 Yb 63
Conques 12 115 Cc 81
Conques-sur-Orbiel 11 142 Cc 89
Conquet, Le 29 24 Vb 58
Consac 17 99 Zc 76
Conségudes 06 134 Ha 85
Consenvoye 55 21 Fb 53
Consigny 52 54 Fc 60
Cons-la-Grandville 54 21 Fe 52
Cons-Sainte-Colombe 74 96 Gb 74
Contalmaison 80 8 Ce 48
Contamine-Sarzin 74 96 Ff 72
Contamines-Montjoie, les 74 97 Ge 74
Contamine-sur-Arve 74 96 Gc 72
Contault 51 36 Ee 55
Contay 80 8 Cc 48
Conte 39 84 Ga 68
Contes 06 135 Hb 86
Contes 62 7 Bf 46
Contest 53 46 Zc 59
Conteville 14 30 Ze 54
Conteville 27 14 Ac 52
Conteville 60 17 Ca 51
Conteville 62 7 Cb 46
Conteville 76 16 Bd 50
Conteville 80 7 Ca 47
Conteville-lès-Boulogne 62 3 Be 44
Conthil 57 38 Ge 55
Contigné 49 61 Zc 62
Contigny 03 92 Db 70
Continvoir 37 62 Ab 64
Contoire 80 17 Cd 50
Contrazy 09 140 Bb 90
Contré 17 87 Ze 72
Contre 80 17 Ca 50
Contréglise 70 55 Ga 62

172 F Chevannes — Contréglise

Crocq, Le 60 17 Cb 51
Crochte 59 3 Cc 43
Crocicchia 2B 157 Kc 94
Crocq 23 91 Cc 73
Crocy 14 30 Zf 55
Crœttwiller 67 40 Ia 55
Croisances 43 117 Dd 79
Croisette 62 7 Cb 46
Croisette, La 74 96 Gb 72
Croisic, le 44 59 Xc 65
Croisille, La 27 31 Af 55
Croisilles 14 29 Zd 55
Croisilles 28 32 Bc 56
Croisilles 61 30 Ab 56
Croisilles 62 8 Cf 47
Croisille-sur-Briance, la 87 102 Bd 75
Croismare 54 38 Gd 57
Croissanville 14 30 Zf 54
Croissy-Beaubourg 77 33 Cd 56
Croissy-sur-Seine 78 33 Ca 55
Croissy-sur-Selle 60 17 Cb 51
Croisty, Le 56 42 Wd 60
Croisy 18 80 Ce 67
Croisy-sur-Andelle 76 16 Bc 52
Croisy-sur-Eure 27 32 Bc 54
Croix 59 4 Da 44
Croix 90 71 Gf 64
Croix, la 73 108 Ga 76
Croixanvec 56 43 Xa 60
Croix-au-Bois, La 08 20 Ee 52
Croix-aux-Mines, La 88 56 Ha 59
Croix-Avranchin, la 50 28 Yd 57
Croix-Blanche, La 47 112 Ae 83
Croix-Chapeau 17 86 Yf 72
Croix-Comtesse, La 17 87 Zd 72
Croixdalle 76 16 Bc 50
Croix-de-Vie, Saint-Gilles- 85 73 Ya 68
Croix-du-Perche, La 28 48 Ba 59
Croix-en-Brie, La 77 34 Da 57
Croix-en-Champagne, La 51 36 Ed 54
Croix-en-Ternois 62 7 Cb 46
Croix-en-Touraine, La 37 63 Af 64
Croix-Fonsommes 02 18 Dc 49
Croix-Hélléan, La 56 44 Xd 61
Croixille, La 53 45 Yf 59
Croix-Mare 76 15 Af 51
Croix-Moligneaux 80 18 Da 50
Croixrault 80 17 Bf 50
Croix-Saint-Leufroy, la 27 32 Bb 54
Croix-sur-Gartempe, la 87 89 Af 72
Croix-sur-Ourcq, la 02 34 Dc 53
Croix-sur-Roudoule, la 06 134 Gf 84
Croix-Valmer, La 83 148 Gd 89
Croizet-sur-Gand 42 93 Eb 73
Crollon 50 28 Yd 57
Cromac 87 89 Bb 70
Cromary 70 70 Ga 64
Cronat 71 81 De 68
Cronce 43 104 Dc 78
Cropte, La 53 46 Zd 61
Cropus 76 15 Ba 50
Cros 30 130 De 85
Cros 63 103 Cd 76
Cros, le 30 129 Dd 85
Cros, le 34 129 Dc 85
Cros, le 63 103 Ce 75
Cros, le 63 105 De 76
Cros-de-Montvert 15 103 Ca 78
Cros-de-Ronesque 15 115 Cd 79
Crosey-le-Grand 25 71 Gd 64
Crosey-le-Petit 25 70 Gc 64
Crosmières 72 62 Zf 62
Crosne 91 33 Cc 56
Crossac 44 59 Xe 64
Crosses 18 79 Cd 66
Crosville-la-Vieille 27 31 Af 54
Crosville-sur-Douve 50 12 Yd 52
Crosville-sur-Scie 76 15 Ba 50
Crotelles 37 63 Af 63
Crotenay 39 83 Fe 68
Croth 27 32 Bc 55
Crotoy, Le 80 6 Bd 47
Crots 05 120 Gc 81
Crottes-en-Pithiverais 45 50 Ca 60
Crottet 01 94 Ef 71
Crouay 14 13 Zb 53
Crouseilles 64 138 Zf 87
Croutelle 86 76 Ab 69
Croûtes, Les 10 52 Df 61
Croutoy 60 18 Da 52
Crouttes 61 30 Aa 55
Crouttes-sur-Marne 02 34 Db 55
Crouy 02 18 Dc 52
Crouy-en-Thelle 60 33 Cb 53
Crouy-Saint-Pierre 80 7 Ca 49
Crouy-sur-Cosson 41 64 Bd 63
Crouy-sur-Ourcq 77 34 Da 54
Crouzet, Le 25 84 Ga 68
Crouzet-Migette 25 84 Ga 67
Crouzille, La 63 91 Ce 71
Crouzilles 37 62 Ac 66
Crozant 23 90 Bd 70
Croze 23 92 Cb 74
Crozes-Hermitage 26 106 Ef 78
Crozet 01 96 Ga 71
Crozet 01 107 Fd 74
Crozet, le 01 95 Fb 70
Crozets, Les 39 84 Fe 70
Crozon 29 24 Vd 59
Crozon-sur-Vauvre 36 78 Bf 70
Cruas 07 118 Ee 81
Crucey 28 31 Ba 56
Crucheray 41 63 Ba 62
Cruet 73 108 Ga 75
Crugey 21 68 Ee 65
Crugny 51 19 De 53
Cruguel 56 43 Xc 61
Cruis 04 133 Ff 84
Crulai 61 31 Ae 56
Crupies 26 119 Fb 81
Crupilly 02 19 De 49
Cruscades 11 142 Ce 89
Cruseilles 74 96 Ga 72
Crusnes 54 21 Ff 52
Cruviers-Lascours 30 130 Eb 84
Crux-la-Ville 58 67 Dd 66
Cruzille 71 82 Ee 69
Cruzilles-lès-Mépillat 01 94 Ef 71
Cruzy 34 143 Cf 88
Cruzy-le-Châtel 89 52 Eb 61
Cry 89 68 Eb 62
Cubelles 43 116 Dd 78
Cubières 48 117 De 82
Cubières-sur-Cinable 11 153 Cc 91
Cubiérettes 48 117 De 82
Cubjac 24 101 Af 77
Cublac 19 101 Bb 78
Cublize 69 94 Ec 72
Cubnezais 33 99 Zd 78
Cubrial 25 70 Gc 64
Cubry 25 70 Gc 64
Cubry-lès-Faverney 70 55 Ga 62
Cubzac-les-Ponts 33 99 Zd 79
Cucharmoy 77 34 Db 57
Cuchery 51 35 De 54
Cucq 62 6 Bd 46
Cucugnan 11 154 Cd 91
Cucuron 84 132 Fc 86
Cudos 33 111 Ze 82
Cudot 89 51 Db 61
Cuébris 06 134 Ha 85
Cuélas 32 139 Ac 88
Cuers 83 147 Ga 89
Cuffies 02 18 Db 52
Cuffy 18 80 Da 67
Cugand 85 60 Ye 66
Cuges-les-Pins 13 146 Fe 89
Cugnaux 31 140 Bc 87
Cugney 70 69 Fe 64
Cugny 02 18 Da 50
Cuguen 35 28 Yc 58
Cuguron 31 139 Ad 90
Cuhon 86 76 Aa 68
Cuignères 60 17 Cc 52
Cuigy-en-Bray 60 16 Be 52
Cuillé 53 45 Yf 61
Cuinchy 62 8 Ce 45
Cuincy 59 8 Da 46
Cuing, Le 31 139 Ad 90
Cuinzier 42 93 Eb 72
Cuire, Caluire-et-, 69 94 Ef 74
Cuirieux 02 19 De 50
Cuiry-Housse 02 18 Dc 53
Cuiry-lès-Chaudardes 02 19 De 52
Cuiry-lès-Iviers 02 19 Ea 50
Cuis 51 35 Df 55
Cuiseaux 71 83 Fc 70
Cuise-la-Motte 60 18 Da 52
Cuiserey 21 69 Fb 64
Cuisery 71 83 Fa 69
Cuisia 39 83 Fc 69
Cuissai 61 30 Aa 58
Cuisy 55 21 Fb 53
Cuisy 77 33 Ce 54
Cuisy-en-Almont 02 18 Db 52
Culan 18 79 Cc 69
Culey-le-Patry 14 29 Zc 55
Culhat 63 92 Dc 73
Culin 38 107 Fb 75
Culles-les-Roches 71 82 Ed 69
Cully 14 13 Zc 53
Culmont 52 54 Fc 62
Culoz 01 95 Fe 73
Cult 70 69 Fe 65
Cultures 48 116 Dc 82
Cumières 51 35 Df 54
Cumières-le-Mort-Homme 55 21 Fb 53
Cumiès 11 141 Bf 89
Cumont 82 126 Af 85
Cunac 81 128 Cb 85
Cuncy-lès-Varzy 58 66 Dc 64
Cunèges 24 112 Ac 80
Cunel 55 20 Fa 52
Cunelières 90 71 Gf 63
Cunfin 10 53 Ee 60
Cunlhat 63 104 Dd 75
Cuon 49 62 Zf 64
Cuperly 51 36 Ec 54
Cuq 47 125 Ae 84
Cuq-Toulza 81 141 Bf 87
Cuqueron 64 138 Zc 89
Curac 16 100 Aa 77
Curan 12 128 Cf 83
Curbans 04 120 Ga 82
Curbigny 71 93 Eb 71
Curçay-sur-Dive 86 76 Zf 66
Curchy 80 18 Cf 50
Curciat-Dongalon 01 83 Fa 70
Curdin 71 81 Ea 69
Curel 04 132 Fd 83
Curel-Autigny 52 54 Fa 58
Curemonte 19 114 Be 79
Cures 72 47 Aa 60
Curey 50 28 Yd 57
Curgies 59 9 Dd 46
Curgy 71 82 Ec 67
Curienne 73 108 Ga 75
Curières 12 115 Cf 81
Curley 21 68 Ef 65
Curlu 80 8 Ce 49
Curmont 52 53 Ef 59
Curtafond 01 95 Fa 71
Curtil-Saint-Seine 21 68 Ef 64
Curtil-sous-Buffières 71 94 Ed 70
Curtil-sous-Burnand 71 82 Ed 69
Curtil-Vergy 21 68 Ef 65
Curvalle 81 128 Cd 85
Curverville 27 16 Bc 53
Curzay-sur-Vonne 86 76 Aa 70
Curzon 85 74 Ye 70
Cusance 25 70 Gc 65
Cuse-et-Adrisans 25 70 Gc 64
Cusey 52 69 Fc 63
Cussac 15 116 Cf 79
Cussac 33 99 Zb 78
Cussac 87 89 Af 74
Cussac-sur-Loire 43 117 Df 79
Cussangy 10 52 Ea 60
Cussay 37 77 Ae 66
Cusset 03 92 Dc 72
Cussey-les-Forges 21 69 Fa 63
Cussey-sur-Lison 25 84 Ff 66
Cussey-sur-l'Ognon 25 70 Ff 64
Cussy-en-Morvan 71 81 Ea 66
Cussy-la-Colonne 21 82 Ed 66
Cussy-le-Châtel 21 68 Ed 65
Cussy-les-Forges 89 67 Ea 64
Custines 54 38 Ga 56
Cutry 02 18 Db 52
Cutry 54 21 Fe 52
Cuts 60 18 Da 51
Cutting 57 39 Gf 55
Cuttoli-Corticchiato 2A 158 If 97
Cuttura 39 84 Fe 70
Cuve 70 55 Gb 61
Cuvergnon 60 34 Cf 53
Cuverville 14 14 Ze 53
Cuverville 27 16 Bc 53
Cuverville 76 14 Ab 50
Cuverville-sur-Yères 76 6 Bc 49
Cuves 50 28 Yf 56
Cuves 52 54 Fc 60
Cuvier 39 84 Ga 68
Cuvillers 59 8 Cb 47
Cuvilly 60 17 Ce 51
Cuvry 57 38 Ga 54
Cuxac-Cabardès 11 142 Cb 88
Cuxac-d'Aude 11 143 Cf 89
Cuy 60 18 Cf 51
Cuy 89 51 Db 59
Cuy-Saint-Fiacre 76 16 Be 51
Cuzac 46 114 Ca 81
Cuzance 46 114 Bd 79
Cuzieu 01 95 Fe 74
Cuzieu 42 105 Eb 75
Cuzion 36 78 Bd 70
Cuzorn 47 113 Af 81
Cuzy 71 81 Ea 68
Cys-la-Commune 02 19 Dd 52
Cysoing 59 8 Db 45

D

Dabo 57 39 Hb 57
Dachstein 67 40 Hd 57
Daglan 24 113 Bb 80
Dagny 77 34 Db 56
Dagny-Lambercy 02 19 Ea 50
Dagonville 55 37 Fc 56
Daguenière, La 49 61 Zd 64
Dahlenheim 67 40 Hd 57
Daignac 33 111 Ze 80
Daigny 08 20 Ef 50
Daillancourt 52 53 Ef 59
Daillecourt 52 54 Fd 60
Dainville 62 8 Cd 47
Dainville-Bertheléville 55 54 Fd 58
Daix 21 69 Ef 64
Dalem 57 22 Gd 53
Dalhain 57 38 Gd 55
Dalhunden 67 40 Hf 56
Dallon 02 18 Db 50
Dalou 09 141 Bd 90
Dalstein 57 22 Gc 53
Daluis 06 134 Ge 84
Damas-aux-Bois 88 55 Gc 58
Damas-et-Bettegney 88 55 Gb 59
Damazan 47 112 Ab 83
Dambach 67 40 Hd 54
Dambach-la-Ville 67 56 Hc 59
Dambenoît-lès-Colombe 70 70 Gc 62
Damblain 88 54 Fd 60
Damblainville 14 30 Zf 55
Dambron 28 49 Bf 60
Dameleviéres 54 38 Gc 57
Dame-Marie 27 31 Ba 56
Dame-Marie 61 48 Ad 58
Dame-Marie-les-Bois 37 63 Ba 63
Daméraucourt 60 16 Bf 50
Damerey 71 83 Ef 67
Damery 51 35 Df 54
Damery 80 17 Ce 50
Damgan 56 59 Xc 63
Damigni 61 47 Aa 58
Damloup 55 37 Fc 53
Dammard 02 34 Db 54
Dammarie 28 49 Bc 58
Dammarie-en-Puisaye 45 66 Cf 63
Dammarie-les-Lys 77 50 Cd 57
Dammarie-sur-Loing 45 66 Cf 62
Dammarie-sur-Saulx 55 37 Fb 57
Dammartin-en-Goële 77 33 Ce 54
Dammartin-en-Serve 78 32 Bd 55
Dammartin-les-Templiers 25 70 Gb 65
Dammartin-Marpain 39 69 Fd 65
Dammartin-sur-Meuse 52 54 Fd 61
Dammartin-sur-Tigeaux 77 34 Cf 56
Damousies 59 9 Ea 47
Damouzy 08 20 Ee 50
Dampierre 10 36 Ec 57
Dampierre 14 29 Za 54
Dampierre 52 54 Fc 61
Dampierre-au-Temple 51 36 Ec 54
Dampierre-en-Bray 76 16 Bd 51
Dampierre-en-Bresse 71 83 Fb 68
Dampierre-en-Burly 45 65 Cd 62
Dampierre-en-Crot 18 65 Cd 64
Dampierre-en-Graçay 18 64 Bf 65
Dampierre-en-Montagne 21 68 Ed 64
Dampierre-en-Yvelines 78 32 Bf 56
Dampierre-et-Flée 21 69 Fc 64
Dampierre-le-Château 51 36 Ee 54
Dampierre-les-Bois 25 71 Gf 63
Dampierre-lès-Conflans 70 55 Gb 61
Dampierre-Saint-Nicolas 76 16 Bb 49
Dampierre-sous-Bouhy 58 66 Da 64
Dampierre-sous-Brou 28 48 Ba 59
Dampierre-sur-Avre 28 31 Ba 56
Dampierre-sur-Boutonne 17 87 Zd 72
Dampierre-sur-Linotte 70 70 Gb 64
Dampierre-sur-Moivre 51 36 Ed 55
Dampierre-sur-Salon 70 69 Fe 63
Dampjoux 25 71 Ge 64
Dampleux 02 18 Da 53
Dampmart 77 33 Ce 55
Dampniat 19 102 Bd 78
Damprichard 25 71 Gf 65
Damps, Les 27 15 Bb 53
Dampsmesnil 27 32 Bd 53
Dampvalley-lès-Colombe 70 70 Gb 63
Dampvalley-Saint-Pancras 70 55 Gb 61
Dampvitoux 54 37 Ff 54
Damrécourt 52 54 Fd 61
Damville 27 31 Ba 55
Damvillers 55 21 Fc 52
Damvix 85 87 Zb 71
Dancé 42 93 Ea 73
Dancé 61 48 Ae 58
Dancevoir 52 53 Ef 61
Dancourt 76 16 Bd 49
Dancourt-Popincourt 80 17 Ce 50
Dancy 28 49 Bc 60
Danestal 14 14 Aa 53
Dangeau 28 49 Bb 59
Dangers 28 32 Bc 57
Dangé-Saint-Romain 86 77 Ad 67
Dangeul 72 47 Ab 59
Dangolsheim 67 40 Hc 57
Dangu 27 16 Be 53
Dangy 50 28 Ye 54
Danizy 02 18 Dc 50
Danjoutin 90 71 Gf 63
Danne-et-Quatre-Vents 57 39 Hb 56
Dannelbourg 57 39 Hb 56
Dannemarie 25 71 Gf 64
Dannemarie 68 71 Ha 63
Dannemarie 78 32 Bd 56
Dannemarie-sur-Crète 25 70 Ff 65
Dannemoine 89 52 Df 61
Dannemois 91 50 Cc 58
Dannes 62 6 Bd 45
Dannevoux 55 21 Fb 53
Danvou-la-Ferrière 14 29 Zb 55
Danzé 41 48 Ba 61
Daon 53 46 Zc 62
Daoulas 29 24 Ve 58
Daours 80 17 Cc 49
Darazac 19 102 Ca 77
Darbonnay 39 83 Fd 68
Darbres 07 118 Ed 81
Darcey 21 68 Ed 63
Darclilly 69 94 Ee 74
Dardenac 33 111 Ze 80
Dardez 27 31 Bb 54
Dareizé 69 94 Ec 73
Dargies 60 17 Bf 50
Dargnies 80 6 Bd 48
Dargoire 42 106 Ed 75
Darmannes 52 54 Fb 59
Darmont 55 37 Fe 53
Darnac 87 89 Af 71
Darnétal 76 15 Ba 52
Darnets 19 102 Ca 76
Darney 88 55 Ga 60
Darney-aux-Chênes 88 54 Fe 59
Darnieulles 88 55 Gc 59
Darois 21 68 Ef 64
Darvault 77 50 Ce 59
Darvoy 45 50 Ca 61
Dasle 25 71 Gf 64
Daubensand 67 57 He 58
Daubeuf-la-Campagne 27 31 Ba 53
Daubeuf-près-Vatteville 27 16 Bb 53
Daubeuf-Serville 76 15 Ac 50
Daubèze 33 111 Zf 80
Dauendorf 67 40 Hd 55
Daufage 48 117 De 81
Daumazan-sur-Arize 09 140 Bb 90
Daumeray 49 61 Zd 62
Dauphin 04 133 Fe 85
Dausse 47 113 Af 82
Daux 31 126 Bb 86
Dauzat-sur-Vodable 63 104 Da 76
Davayat 63 92 Da 73
Davayé 71 94 Ee 71
Davejean 11 154 Cd 91
Davenescourt 80 17 Cd 50
Davézieux 07 106 Ee 77
Davignac 19 102 Ca 76
Davrey 10 52 Df 60
Davron 78 32 Bf 55
Dax 40 123 Yf 86
Deauville 14 14 Aa 52
Deaux 30 130 Ea 84
Débats-Rivière-d'Orpra 42 93 Df 74
Decazeville 12 115 Cb 81
Déchy 59 8 Da 46
Décines-Charpieu 69 94 Ef 74
Decize 58 80 Dc 68
Dégagnac 46 113 Bb 80
Degré 72 47 Aa 60
Dehault 72 48 Ad 59
Dehlingen 67 39 Hb 55
Deinvillers 88 55 Gd 58
Déjointes 18 80 Cf 66
Delain 70 69 Fd 63
Delettes 62 7 Cb 45
Delincourt 60 16 Be 53
Delle 90 71 Gf 63
Delme 57 38 Gc 55
Delouze-Rosières 55 37 Fd 57
Déluge, Le 60 17 Ca 53
Delut 55 21 Fd 52
Deluz 25 70 Gb 65
Demandolx 04 134 Gd 85
Demange-aux-Eaux 55 37 Fc 57
Demangevelle 70 55 Ga 61
Demie, La 70 70 Gb 63
Demigny 71 82 Ef 67
Démouville 14 14 Ze 53
Dému 32 125 Ab 86
Démuin 80 17 Cd 50
Denain 59 9 Dc 46
Dénat 81 128 Cb 85
Denazé 53 46 Za 61
Deneé 49 61 Zc 64
Dénestanville 76 15 Ba 50
Deneuille-lès-Chantelle 03 92 Da 71
Deneuille-les-Mines 03 91 Ce 70
Deneuvre 54 56 Ge 58
Denèvre 70 25 Fd 63
Dénezé-sous-Doué 49 62 Ze 65
Dénezé-sous-le-Lude 49 63 Aa 63
Denezières 39 84 Fe 69
Denguin 64 138 Zc 89
Denice 69 94 Ed 73
Denier 62 8 Cc 46
Denipaire 88 56 Gf 58
Dennebrœucq 62 7 Ca 45
Denneville 50 12 Yc 53
Dennevy 71 82 Ed 67
Denney 90 71 Gf 63
Denonville 28 49 Be 58
Denting 57 38 Gd 53
Déols 36 78 Be 67
Derbamont 88 55 Gb 59
Dercé 86 76 Ab 67
Dercy 02 19 De 50
Dernacueillette 11 154 Cd 91
Dernancourt 80 8 Cd 49
Derval 44 60 Yb 63
Désaignes 07 118 Ed 79
Désandans 25 71 Ge 63
Descartes 37 77 Ae 67
Deschaux, Le 39 83 Fd 67
Désert, Le 14 29 Zb 55
Désertines 03 91 Cd 70
Désertines 53 29 Za 58
Déserts, Les 73 108 Ga 75
Déservillers 25 84 Ga 66
Desges 43 116 Dc 78
Designy 74 96 Ff 73
Desmonts 45 50 Cd 59
Desnes 39 83 Fc 68
Dessenheim 68 57 Hc 61
Dessia 39 95 Fd 70
Destord 88 55 Gd 59
Destrousse, La 13 146 Fd 88
Destry 57 38 Gd 55
Desvres 62 3 Be 44
Détain-et-Bruant 21 68 Ee 65
Détrier 73 108 Ga 76
Détroit, Le 14 29 Zd 55
Dettey 71 81 Eb 68
Dettwiller 67 40 Hc 56
Deuillet 02 18 Dc 51
Deûlémont 59 4 Cf 44
Deux-Chaises 03 92 Da 70
Deux-Evailles 53 46 Zc 59
Deux-Fays, Les 39 83 Fc 67
Deux-Jumeaux 14 13 Za 52
Deuxville 54 38 Gc 57
Deux-Villes-Basse, Les, Les 08 21 Fb 51
Deux-Villes-Haute, Les, Les 08 21 Fb 51
Devay 58 81 Dd 68
Devecey 25 70 Ga 65
Devesset 07 106 Ec 78
Devèze 65 139 Ad 89
Deviat 16 100 Aa 76
Dévillac 47 113 Ae 81
Deville 08 20 Ee 49
Déville-lès-Rouen 76 15 Ba 52
Devise 80 18 Da 49
Devrouze 71 83 Fa 68
Deycimont 88 55 Gd 59
Deyme 31 141 Bd 88
Deyvillers 88 55 Gd 59
Dézert, Le 50 12 Yf 53
Dezize-lès-Maranges 71 82 Ed 67
D'Huison-Longueville 91 50 Cb 58
Dhuisy 77 34 Da 54
Dhuizel 02 19 Dd 52
Dhuizon 41 64 Bd 63
Diancey 21 68 Ec 65
Diane-Capelle 57 39 Gf 56
Diant 77 51 Cf 59
Diarville 54 55 Ga 58
Diconne 71 83 Fa 68
Dicy 89 51 Da 61
Didenheim 68 72 Hb 62
Die 26 119 Fc 80
Diebling 57 39 Gf 54
Diebolsheim 67 57 Hd 59
Diedendorf 67 39 Ha 55
Diedling 57 39 Ha 54
Dieffenbach-au-Val 67 56 Hb 59
Dieffenbach-lès-Wœrth 67 40 He 55
Dieffenthal 67 56 Hc 59
Diefmatten 68 71 Ha 62
Dième 69 94 Ec 73
Diemeringen 67 39 Hb 55
Diémoz 38 107 Fa 75
Diénay 21 69 Fa 63
Dienne 15 103 Ce 78
Dienné 86 77 Ad 70
Diennes-Aubigny 58 81 Dd 67
Dienville 10 53 Ed 58
Dieppe 76 6 Ba 49
Dierre 37 63 Af 64
Dierrey-Saint-Julien 10 52 De 59
Dierrey-Saint-Pierre 10 52 De 59
Diesen 57 38 Ge 53
Dietwiller 68 72 Hc 63
Dieudonné 60 17 Cb 53
Dieue-sur-Meuse 55 37 Fc 54
Dieulefit 26 119 Fa 81
Dieulivol 33 112 Aa 80
Dieulouard 54 38 Ga 55
Dieupentale 82 126 Bb 85
Dieuze 57 39 Ge 56
Diéval 62 7 Cb 46
Diffembach-lès-Hellimer 57 39 Gf 54
Diges 89 66 Dc 62
Digna 39 83 Fc 69
Dignac 16 100 Ab 75
Digne-d'Aval, La 11 141 Cb 90
Digne-les-Bains 04 133 Gb 84
Dignonville 88 55 Gd 59
Digny 28 31 Ba 57
Digny-Saint-Clair 74 96 Gb 73
Digoin 71 81 Df 70
Digosville 50 12 Yc 51
Digulleville 50 12 Ya 50
Dijon 21 69 Fa 65
Dimbsthal 67 39 Hc 56
Dimechaux 59 9 Ea 47
Dimont 59 9 Ea 47
Dinan 22 27 Xf 58
Dinard 35 27 Xf 57
Dinéault 29 41 Vf 59
Dingé 35 45 Yb 58
Dingsheim 67 40 Hd 57
Dinozé 88 55 Gc 60
Dinsac 87 89 Ba 71
Dinsheim 67 39 Hc 57
Dinteville 52 53 Ee 60
Dio 34 129 Db 87
Dionay 38 107 Fb 77
Dions 30 130 Eb 85
Diors 36 78 Be 68
Diou 03 81 De 69
Diou 36 79 Ca 66
Dirac 16 100 Ab 75
Dirinon 29 24 Ve 58
Dirol 58 67 Dd 65
Dissangis 89 67 Df 63
Dissay 86 76 Ac 68
Dissay-sous-Courcillon 72 63 Ac 63
Dissé-sous-Ballon 72 47 Ab 59
Dissé-sous-le-Lude 72 63 Aa 63
Distré 49 62 Zf 65
Distroff 57 22 Gb 52
Diusse 64 124 Ze 87
Divajeu 26 118 Fa 80
Dives 60 18 Cf 51
Dives-sur-Mer 14 14 Zf 53
Divion 62 8 Cd 46
Divonne-les-Bains 01 96 Ga 70
Dixmont 89 51 Dc 60
Dizimieu 38 107 Fb 74
Dizy 51 35 Df 54
Dizy-le-Gros 02 19 Ea 51
Doazit 40 123 Zc 86
Doazon 64 138 Zc 89
Docelles 88 55 Gd 60
Dodenom 57 22 Gb 52
Dœuil-sur-le-Mignon 17 87 Zc 72
Dognen 64 137 Zb 89
Dogneville 88 55 Gc 59
Dohem 62 3 Cb 45
Dohis 02 19 Ea 50
Doignies 59 8 Da 48
Doingt 80 18 Cf 49
Doissat 24 113 Ba 80
Doissin 38 107 Fc 76
Doix 85 75 Zb 70
Doizieux 42 106 Ed 76
Dolaincourt 88 54 Fe 58
Dolancourt 10 53 Ed 59
Dolcourt 54 55 Ff 58
Dol-de-Bretagne 35 28 Yb 57
Dole 39 83 Fd 66
Dolignon 02 19 Ea 50
Dolleren 68 56 Gf 62
Dollon 72 48 Ad 60
Dollot 89 51 Da 59
Dolmayrac 47 112 Ad 82
Dolo 22 27 Xe 58
Dolomieu 38 107 Fc 75
Dolus-d'Oléron 17 86 Ye 73
Dolus-le-Sec 37 63 Af 66
Dolus-le-sec 37 63 Af 66
Dolving 57 39 Ha 56
Domagné 35 45 Yd 60
Domaize 63 104 Dd 74
Domalain 35 45 Ye 61
Domancy 74 97 Gd 73
Domarin 38 107 Fb 75
Domart-en-Ponthieu 80 7 Ca 48
Domart-sur-la-Luce 80 17 Cc 50
Domats 89 51 Da 60
Domazan 30 131 Ed 85
Dombasle-devant-Darney 88 55 Ga 60
Dombasle-en-Argonne 55 37 Fb 54
Dombasle-en-Xaintois 88 55 Ff 59
Dombasle-sur-Meurthe 54 38 Gc 57
Domblain 52 53 Ef 58
Domblans 39 83 Fd 68
Dombras 55 21 Fc 52
Dombrot-le-Sec 88 55 Ff 60
Dombrot-sur-Vair 88 55 Ff 59
Domecy-sur-Cure 89 67 De 64
Doméliers 60 17 Ca 51
Domène 38 108 Ff 77
Domérat 03 91 Cd 70
Domesargues 30 130 Eb 84
Domesmont 80 7 Ca 48
Domessin 73 107 Fe 75
Domèvre-sous-Montfort 88 55 Ga 59
Domèvre-sur-Avière 88 55 Gc 59
Domèvre-sur-Durbion 88 55 Gc 59
Domeyrat 43 104 Dd 77
Domeyrot 23 91 Ca 71
Domezain-Berraute 64 137 Zb 89
Domfaing 88 56 Ge 59
Domfessel 67 39 Ha 55
Domfront 60 17 Cd 51
Domfront 61 29 Zc 57
Domfront-en-Champagne 72 47 Aa 60
Domgermain 54 37 Fe 57
Dominelais, La 35 45 Yb 62
Dominois 80 7 Bf 46
Domjean 50 29 Yf 55
Domjevin 54 39 Ge 57
Domjulien 88 55 Ff 59
Domléger-Longvillers 80 7 Ca 48
Dom-le-Mesnil 08 20 Ee 50
Domloup 35 45 Yc 60
Dommarie-Eulmont 54 55 Ga 58
Dommartemont 54 38 Gb 56
Dommartin 01 94 Ef 70
Dommartin 25 84 Gb 67
Dommartin 58 81 Df 66
Dommartin 69 94 Ee 74
Dommartin 80 17 Cc 50
Dommartin-aux-Bois 88 55 Gb 60
Dommartin-Dampierre 51 36 Ee 54
Dommartin-la-Chaussée 54 37 Ff 54
Dommartin-la-Montagne 55 37 Fd 54
Dommartin-le-Coq 10 53 Ec 57
Dommartin-le-Franc 52 53 Ef 58
Dommartin-le-Saint-Père 52 53 Ef 58
Dommartin-lès-Remiremont 88 56 Gd 61
Dommartin-lès-Toul 54 38 Ff 56
Dommartin-lès-Vallois 88 55 Ga 60
Dommartin-Lettrée 51 35 Eb 56
Dommartin-sous-Amance 54 38 Gb 56
Dommartin-sous-Hans 51 36 Ee 54
Dommartin-sur-Vraine 88 55 Ff 58
Dommartin-Varimont 51 36 Ee 55
Dommary-Baroncourt 55 21 Fe 53
Domme 24 113 Bb 80
Dommery 08 20 Ec 50
Dommiers 02 18 Db 52
Domnon-lès-Dieuze 57 39 Ge 55
Domont 95 33 Cb 54
Dompaire 88 55 Gb 59
Dompcevrin 55 37 Fc 55
Dompierre 59 9 Df 48
Dompierre 60 17 Cd 51
Dompierre 61 29 Zc 57
Dompierre 88 55 Gd 59
Dompierre-aux-Bois 55 37 Fd 55
Dompierre-Becquincourt 80 18 Ce 49
Dompierre-du-Chemin 35 45 Yf 59
Dompierre-en-Morvan 21 67 Eb 64
Dompierre-les-Églises 87 89 Bb 71
Dompierre-les-Ormes 71 94 Ec 70

174 (F) Crocq, Le — Dompierre-les-Ormes

E

Flacourt 78 32 Bd 55
Flacy 89 52 Dd 59
Flagey 25 84 Ga 66
Flagey 52 69 Fb 62
Flagey-Echézeaux 21 68 Ef 66
Flagey-lès-Auxonne 21 69 Fc 66
Flagnac 12 115 Cb 81
Flagney-Rigney 25 70 Gb 64
Flagy 70 70 Gb 62
Flagy 77 51 Cf 59
Flaignes-Havys 08 20 Ec 50
Flainval 54 38 Gc 57
Flamanville 50 12 Ya 51
Flamanville 76 15 Af 51
Flamengrie, La 02 9 Df 48
Flamengrie, La 59 9 De 47
Flamets-Frétils 76 16 Bd 50
Flammerans 21 69 Fc 65
Flammerécourt 52 53 Fa 58
Flancourt-Catelon 27 15 Ae 52
Flangebouche 25 70 Gc 66
Flassan 84 132 Fb 84
Flassans-sur-Issole 83 147 Gb 88
Flassigny 55 21 Fd 52
Flastroff 57 22 Gd 52
Flat 63 104 Db 75
Flaucourt 80 18 Cf 49
Flaugeac 24 112 Ac 80
Flaugnac 46 126 Bc 83
Flaujac-Poujols 46 114 Bc 82
Flaujagues 33 112 Aa 80
Flaumont-Waudrechies 59 9 Df 48
Flaux 30 131 Ed 84
Flavacourt 60 16 Be 52
Flaviac 07 118 Ee 80
Flavières 54 55 Ff 58
Flavignac 87 89 Ba 74
Flavignerot 21 68 Ef 65
Flavigny 18 80 Ce 67
Flavigny 51 35 Ea 55
Flavigny-le-Grand-et-Beaurain 02 19 Dd 49
Flavigny-sur-Moselle 54 38 Gb 57
Flavigny-sur-Ozerain 21 68 Ed 63
Flavin 12 128 Cd 83
Flavy-le-Martel 02 18 Db 50
Flavy-le-Meldeux 60 18 Da 50
Flaxieu 01 95 Fe 74
Flaxlanden 68 72 Hb 62
Flayat 23 91 Cc 74
Flayosc 83 147 Gc 87
Fléac 16 88 Aa 75
Fléac-sur-Seugne 17 99 Zc 75
Flèche, La 72 62 Zf 62
Fléchin 62 7 Cb 45
Fléchy 60 17 Cb 51
Flee 21 68 Eb 64
Flée 72 63 Ac 62
Fleigneux 08 20 Ef 50
Fleisheim 57 39 Ha 56
Fleix 86 77 Ae 69
Fleix, le 24 112 Ab 79
Fléré-la-Rivière 36 77 Ba 66
Flers 61 29 Zc 56
Flers 62 7 Cb 47
Flers 80 8 Ce 48
Flers-sur-Noye 80 17 Cb 50
Flesquières 59 8 Da 48
Flesselles 80 7 Cb 48
Flétrange 57 38 Gd 54
Flêtre 59 4 Cd 44
Fléty 58 81 Df 68
Fleurac 16 87 Zf 74
Fleurac 24 101 Ba 78
Fleurance 32 125 Ad 85
Fleurat 23 90 Be 71
Fleurbaix 62 4 Cf 45
Fleuré 61 30 Zf 56
Fleuré 86 77 Ad 70
Fleurey-lès-Faverney 70 70 Ga 62
Fleurey-lès-Lavoncourt 70 70 Fe 63
Fleurey-lès-Saint-Loup 70 55 Gb 61
Fleurey-sur-Ouche 21 68 Ef 65
Fleurie 69 94 Ee 71
Fleuriel 03 92 Db 71
Fleurieux-sur-l'Arbresle 69 94 Ed 74
Fleurtigné 35 45 Yf 58
Fleurville 71 82 Ee 70
Fleury 02 18 Da 53
Fleury 11 143 Da 89
Fleury 50 28 Ye 55
Fleury 57 38 Gb 54
Fleury 60 16 Bf 53
Fleury 62 7 Cb 46
Fleury 80 17 Ca 50
Fleury-en-Bière 77 50 Cd 58
Fleury-la-Forêt 27 16 Bd 52
Fleury-la-Montagne 71 93 Ea 71
Fleury-la-Rivière 51 35 Df 54
Fleury-la-Vallée 89 51 Dc 61
Fleury-les-Aubrais 45 49 Bf 61
Fleury-Mérogis 91 33 Cc 57
Fleury-sur-Andelle 27 16 Bc 52
Fleury-sur-Loire 58 80 Db 68
Fleury-sur-Orne 14 29 Zd 54
Fléville 08 20 Ef 53
Fléville-devant-Nancy 54 38 Gb 57
Fléville-Lixières 54 21 Fe 53
Flévy 57 22 Gb 53
Flexanville 78 32 Be 55
Flexbourg 67 39 Hc 57
Fley 71 82 Ed 68
Fleys 89 67 Df 62
Flez 58 67 Dd 64
Flez-Cuzy 58 67 Dd 64
Fligny 08 19 Eb 49
Flin 54 55 Gd 57
Flines-lez-Raches 59 8 Db 46
Flins-Neuve-Église 78 32 Bd 55
Flins-sur-Seine 78 32 Bf 55
Flipou 27 16 Bb 53
Flirey 54 37 Ff 55
Flixecourt 80 7 Ca 48
Flize 08 20 Ee 50
Flocellière, La 85 73 Yb 67
Flocellière, La 85 75 Za 68
Flocourt 57 38 Gc 55
Flocques 76 6 Bc 48
Flogny-la-Chapelle 89 52 Df 61
Floing 08 20 Ef 50
Floirac 17 99 Zb 76
Floirac 33 111 Zc 79
Floirac 46 114 Bd 79
Florac 48 116 Dd 83
Florac 48 117 De 80
Florange 57 22 Ga 53
Florémont 88 55 Gb 58
Florensac 34 143 Dc 88
Florent-en-Argonne 51 36 Ef 54
Florentia 39 95 Fc 70
Florentin 81 127 Ca 85
Florentin-la-Capelle 12 115 Cd 81
Floressas 46 113 Ba 82
Florimont 90 71 Ha 63
Florimont-Gaumier 24 113 Bb 80
Flotte, La 17 86 Ye 71
Flottemanville 50 12 Yd 52
Flottemanville-Hague 50 12 Yb 51
Floudès 33 111 Zf 81
Floure 11 142 Cc 89
Floursies 59 9 Df 47
Floyon 59 9 Df 48
Flumet 73 96 Gd 74
Fluquières 02 18 Da 50
Fluy 80 17 Ca 49
Foce 2A 160 Ka 99
Foce di Bilia 2A 158 If 99
Focicchia 2B 159 Kb 95
Foisches 08 10 Ee 48
Foissac 12 114 Bf 81
Foissiat 01 95 Fb 70
Foissy-lès-Vézelay 89 67 De 64
Foissy-sur-Vanne 89 51 Dd 59
Foix 09 141 Bd 91
Folcarde 31 141 Be 88
Folembray 02 18 Db 51
Folgensbourg 68 72 Hc 63
Folgoët, Le 29 24 Ve 57
Folie, La 14 13 Za 53
Folies 80 17 Ce 50
Folking 57 39 Gf 54
Follainville-Dennemont 78 32 Be 54
Folles 87 90 Bc 72
Folletière, La 76 15 Ae 51
Folletière-Abenon, La 14 30 Ac 55
Folleville 27 31 Ad 54
Folleville 27 31 Af 54
Folleville 80 17 Cc 50
Folligny 50 28 Yd 56
Folschviller 57 38 Ge 54
Fomerey 88 55 Gc 59
Fomperron 79 76 Zf 70
Fonbeauzard 31 126 Bc 86
Foncegrive 21 69 Fa 63
Fonches 80 18 Ce 50
Foncine-le-Bas 39 84 Gb 69
Foncine-le-Haut 39 84 Gb 69
Foncquevillers 62 8 Cd 48
Fondet 33 110 Zf 81
Fondettes 37 63 Ad 64
Fondremand 70 70 Ga 64
Fongrave 47 112 Ad 82
Fongueusemare 76 14 Ab 50
Fonroque 24 112 Ac 80
Fons 07 118 Ec 81
Fons 30 130 Eb 85
Fons 46 114 Bf 81
Fonsorbes 31 140 Bb 87
Fons-sur-Lussan 30 131 Eb 83
Fontain 25 70 Ga 65
Fontaine 10 53 Ee 59
Fontaine 27 32 Bb 56
Fontaine 38 107 Fd 77
Fontaine 90 71 Gf 63
Fontaine-au-Bois 59 9 Dd 48
Fontaine-au-Pire 59 9 Dc 48
Fontaine-Bellenger 27 32 Bb 53
Fontainebleau 77 50 Ce 58
Fontaine-Bonneleau 60 17 Ca 50
Fontainebrux 39 83 Fc 68
Fontaine-Châalis 60 33 Ce 53
Fontaine-Chalendray 17 87 Ze 73
Fontaine-Couverte 53 45 Yf 61
Fontaine-Denis-Nuisy 51 35 De 57
Fontaine-de-Vaucluse 84 132 Fa 85
Fontaine-en-Bray 76 16 Bc 50
Fontaine-en-Dormois 51 20 Ee 53
Fontaine-Fourches 77 51 Dc 58
Fontaine-Française 21 69 Fc 63
Fontaine-Guérin 49 62 Ze 64
Fontaine-Henry 14 13 Zd 53
Fontaine-Heudebourg 27 31 Bb 54
Fontaine-l'Abbé 27 31 Ae 54
Fontaine-la-Gaillarde 89 51 Dc 59
Fontaine-la-Guyon 28 49 Bb 58
Fontaine-la-Louvet 27 31 Ac 54
Fontaine-la-Mallet 76 14 Aa 51
Fontaine-la-Soret 27 31 Ae 54
Fontaine-Lavaganne 60 16 Bf 51
Fontaine-le-Bourg 76 15 Ba 51
Fontaine-le-Comte 86 76 Ab 69
Fontaine-le-Dun 76 15 Af 50
Fontaine-le-Pin 14 30 Ze 55
Fontaine-le-Port 77 50 Ce 58
Fontaine-le-Puits 73 108 Gc 76
Fontaine-les-Bassets 61 30 Aa 55
Fontaine-lès-Boulans 62 7 Cb 45
Fontaine-les-Cappy 80 18 Ce 49
Fontaine-lès-Clercs 02 18 Db 50
Fontaine-lès-Clerval 25 70 Gc 64
Fontaine-les-Côteaux 41 48 Ae 62
Fontaine-lès-Croisilles 62 8 Cf 47
Fontaine-lès-Dijon 21 69 Fa 64
Fontaine-le-Sec 80 7 Be 49
Fontaine-les-Grès 10 52 Df 58
Fontaine-lès-Hermans 62 7 Cc 45
Fontaine-lès-Luxeuil 70 55 Gb 61
Fontaine-les-Ribouts 28 32 Bb 57
Fontaine-lès-Vervins 02 19 Df 49
Fontaine-l'Etalon 62 7 Ca 47
Fontaine-Mâcon 10 51 Dd 58
Fontaine-Milon 49 62 Ze 64
Fontaine-Notre-Dame 02 18 Dc 49
Fontaine-Notre-Dame 59 8 Da 47
Fontaine-Raoul 41 48 Ba 61
Fontaines 71 82 Ee 67
Fontaines 85 75 Zb 70
Fontaines 89 51 Da 59
Fontaines 89 66 Db 62
Fontaines-Saint-Lucien 60 17 Ca 51
Fontaines-Saint-Martin, La 72 47 Ab 62
Fontaines-en-Duesmois 21 68 Ed 63
Fontaines-en-Sologne 41 64 Bd 63
Fontaine-Simon 28 31 Ba 57
Fontaines-les-Sèches 21 68 Ec 62
Fontaine-sous-Jouy 27 32 Bb 54
Fontaine-sous-Montdidier 80 17 Cd 51
Fontaine-sous-Préaux 76 15 Ba 52
Fontaines-Saint-Clair 55 21 Fb 52
Fontaines-Saint-Martin 69 94 Ef 73
Fontaines-sur-Marne 52 36 Fa 57
Fontaines-sur-Saône 69 94 Ef 74
Fontaine-sur-Ay 51 35 Ea 54
Fontaine-sur-Maye 80 7 Bf 47
Fontaine-Uterte 02 18 Dc 49
Fontains 77 34 Da 57
Fontan 06 135 Hd 84
Fontanès 30 130 Ea 86
Fontanès 34 130 Df 86
Fontanès 42 106 Ec 75
Fontanes 46 114 Bc 83
Fontanes 48 117 De 80
Fontanès-de-Sault 11 153 Ca 92
Fontanes-du-Causse 46 114 Bd 81
Fontanges 15 103 Cd 78
Fontangy 21 68 Ec 64
Fontanières 23 91 Cd 72
Fontanil-Cornillon 38 107 Fe 77
Fontannes 43 104 Dc 77
Fontannes 43 105 De 77
Fontannes 43 105 De 78
Fontans 48 116 Dc 80
Fontarèches 30 131 Ec 84
Fontclaireau 16 88 Ab 73
Fontcouverte 11 142 Ce 90
Fontcouverte 17 87 Zc 74
Fontcouverte 73 108 Gb 77
Fontelaye, La 76 15 Af 50
Fontenai-les-Louvets 61 30 Aa 57
Fontenailles 77 34 Cf 57
Fontenailles 89 66 Dc 63
Fontenai-sur-Orne 61 30 Zf 56
Fontenay 27 32 Bd 53
Fontenay 36 78 Be 66
Fontenay 50 29 Yf 57
Fontenay 71 82 Eb 70
Fontenay 76 14 Ab 51
Fontenay 88 55 Gd 59
Fontenay-de-Bossery 10 51 Dc 58
Fontenay-en-Parisis 95 33 Cc 54
Fontenay-le-Comte 85 75 Zb 70
Fontenay-le-Marmion 14 29 Zd 54
Fontenay-le-Pesnel 14 13 Zc 53
Fontenay-lès-Briis 91 33 Ca 57
Fontenay-le-Vicomte 91 33 Cc 57
Fontenay-Mauvoisin 78 32 Bd 55
Fontenay-près-Chablis 89 52 De 61
Fontenay-près-Vézelay 89 67 De 64
Fontenay-Saint-Père 78 32 Be 54
Fontenay-sous-Fouronnes 89 67 Dd 63
Fontenay-sur-Conie 28 49 Bd 60
Fontenay-sur-Eure 28 49 Bc 58
Fontenay-sur-Loing 45 50 Ce 60
Fontenay-sur-Mer 50 12 Ye 51
Fontenay-sur-Vègre 72 47 Ze 61
Fontenay-Torcy 60 16 Be 51
Fontenay-Trésigny 77 34 Cf 56
Fontenelle 02 9 Df 48
Fontenelle 21 69 Fc 63
Fontenelle 90 71 Gf 63
Fontenelle, La 35 28 Yd 58
Fontenelle, La 41 48 Ba 60
Fontenelle-en-Brie 02 34 Dc 55
Fontenelle-Montby 25 70 Gc 64
Fontenelles, Les 25 71 Ge 65
Fontenet 17 87 Zd 73
Fontenille 16 88 Aa 73
Fontenille 79 87 Zf 72
Fontenilles 31 140 Bb 87
Fontenois-la-Ville 70 55 Ga 61
Fontenois-lès-Montbozon 70 70 Gb 64
Fontenottes, Les 25 85 Gd 66
Fontenouilles 89 51 Da 61
Fontenoy 02 18 Db 52
Fontenoy 89 66 Db 63
Fontenoy-la-Joûte 54 55 Gd 58
Fontenoy-le-Château 88 55 Gb 61
Fontenoy-sur-Moselle 54 38 Ff 56
Fontenu 39 84 Fe 68
Fonteny 57 38 Gc 55
Fontès 34 143 Dc 87
Fontette 10 53 Ed 60
Fontevraud-l'Abbaye 49 62 Aa 65
Fontgombault 36 77 Af 68
Fontguenand 36 64 Bd 65
Fontienne 04 133 Fe 84
Fontiers-Cabardès 11 142 Cb 88
Fontjoncouse 11 142 Ce 90
Fontoy 57 22 Ff 52
Fontpédrouse 66 153 Cb 93
Fontrabiouse 66 153 Ca 93
Fontrailles 65 139 Ac 88
Font-Romeu 66 153 Ca 93
Fontvannes 10 52 Df 59
Fontvieille 13 131 Ee 86
Forbach 57 39 Gf 53
Forcalqueiret 83 147 Ga 88
Forcalquier 04 133 Fe 85
Forcé 53 46 Zb 60
Force, La 11 141 Ca 89
Force, la 24 112 Ac 79
Forcelles-Saint-Gorgon 54 55 Ga 58
Forcelles-sous-Gugney 54 55 Ga 58
Forceville 80 8 Cd 48
Forceville-en-Vimeu 80 7 Be 49
Forcey 52 54 Fc 60
Forciolo 2A 159 Ka 97
Forclaz, La 74 97 Gd 71
Foreste 02 18 Da 50
Forest-en-Cambrésis 59 9 Dd 48
Forestière, La 51 35 Dd 57
Forest-l'Abbaye 80 7 Be 47
Forest-Landerneau, La 29 24 Ve 58
Forest-Montiers 80 7 Be 47
Forest-Saint-Julien 05 120 Ga 81
Forest-sur-Marque 59 8 Db 45
Forêt, la 33 100 Aa 78
Forêt-Auvray, la 61 29 Zd 56
Forêt-de-Tessé, La 16 88 Aa 72
Forêt-du-Parc, la 27 32 Bb 55
Forêt-du-Temple, la 23 78 Bf 70
Forêt-Fouesnant, La 29 42 Wa 61
Forêt-la-Folie 27 16 Bd 53
Forêt-le-Roi, la 91 50 Ca 58
Forêt-Sainte-Croix, la 91 50 Cb 58
Forêt-sur-Sèvre, La 79 75 Zc 68
Forfry 77 34 Cf 54
Forge, la 88 56 Ge 60
Forges 17 86 Za 72
Forgès 19 102 Bf 78
Forges 49 62 Ze 65
Forges, les 49 61 Za 63
Forges, les 56 43 Xd 60
Forges, les 79 76 Zf 69
Forges, Les 88 55 Gc 59
Forges-la-Forêt 35 45 Ye 61
Forges-les-Bains 91 33 Ca 57
Forges-les-Eaux 76 16 Bd 51
Forges-sur-Meuse 55 21 Fb 53
Forie, La 63 105 De 75
Forléans 21 67 Eb 64
Formentin 14 14 Aa 53
Formerie 60 16 Be 51
Formigny 14 13 Za 52
Formiguères 66 153 Ca 93
Fors 79 87 Zd 71
Forstfeld 67 40 Ia 55
Forstheim 67 40 Hf 55
Fortan 41 48 Af 61
Fort-du-Plasne 39 84 Ff 69
Fortel-en-Artois 62 7 Cb 47
Forteresse, la 38 107 Fc 77
Fort-Louis 67 40 Ia 56
Fort-Mahon-Plage 80 6 Bd 46
Fort-Mardyck 59 3 Cb 42
Fort-Moville 27 14 Ac 53
Fortschwihr 68 57 Hc 60
Fos 31 151 Ae 91
Fos 34 143 Db 87
Fossat, le 09 140 Bc 89
Fossé 41 64 Bb 63
Fosse 66 153 Cc 92
Fossé, Le 76 16 Bd 51
Fosse-Corduan, la 10 52 Dd 58
Fosse-de-Tigné, la 49 61 Zd 65
Fossemagne 24 101 Af 78
Fossemanant 80 17 Cb 50
Fosses 95 33 Cd 54
Fosses, Les 79 87 Zd 72
Fossés-et-Baleyssac 33 112 Aa 81
Fosseuse 60 33 Cb 53
Fosseux 62 8 Cd 47
Fossieux 57 38 Gb 55
Fossoy 02 34 Dc 54
Fos-sur-Mer 13 145 Ef 88
Foucarmont 76 10 Bd 49
Foucart 76 15 Ad 51
Foucarville 50 12 Ye 52
Foucaucourt-en-Santerre 80 18 Ce 49
Foucaucourt-Hors-Nesle 80 7 Be 49
Foucaucourt-sur-Thabas 55 36 Fa 54
Fouchécourt 88 54 Ff 60
Foucherans 25 70 Ga 66
Foucherans 39 83 Fc 66
Fouchères 10 52 Eb 60
Fouchères 89 51 Da 59
Fouchères-aux-Bois 55 37 Fb 57
Foucherolles 45 51 Da 60
Fouchy 67 56 Hb 59
Foucrainville 27 32 Bb 55
Fouencamps 80 17 Cc 49
Fouesnant 29 42 Vf 61
Foufflin-Ricametz 62 7 Cc 46
Foug 54 37 Fe 56
Fougaron 31 140 Af 91
Fougax-et-Barrineuf 09 153 Bf 91
Fougeré 49 62 Zf 63
Fougeré 85 74 Ye 69
Fougères 35 45 Ye 58
Fougères-sur-Bièvres 41 64 Bc 64
Fougerêts, Les 56 44 Xe 62
Fougerolles 36 78 Bf 69
Fougerolles 70 55 Gc 61
Fougerolles-du-Plessis 53 29 Yf 58
Fougueyrolles 24 112 Ab 79
Fouillade, La 12 127 Ca 83
Fouilleuse 60 17 Cd 52
Fouillouse 05 120 Ga 82
Fouillouse, La 42 105 Eb 76
Fouilloux, Le 17 99 Zf 77
Fouilloy 60 16 Be 50
Fouilloy 80 17 Cd 49
Fouju 77 33 Ce 57
Foulain 52 54 Fb 60
Foulangues 60 17 Cb 53
Foulayronnes 47 125 Ad 83
Foulbec 27 15 Ac 52
Foulcrey 57 39 Gf 57
Fouleix 24 100 Ae 79
Foulenay 39 83 Fc 67
Fouligny 57 38 Gd 54
Foulognes 14 13 Zb 54
Fouquebrune 16 100 Ab 75
Fouquereuil 62 8 Cd 45
Fouquerolles 60 17 Cb 52
Fouquescourt 80 17 Ce 50
Fouqueure 16 88 Aa 73
Fouqueville 27 15 Af 53
Fouquières-lès-Béthune 62 8 Cd 45
Fouquières-les-Lens 62 8 Cf 46
Four 38 107 Fb 75
Fourane, La 31 140 Bc 89
Fouras 17 86 Yf 73
Fourchambault 58 80 Da 66
Fourches 14 30 Zf 55
Fourcigny 80 16 Be 50
Fourdrain 02 18 Dc 51
Fourdrinoy 80 17 Ca 49
Fourès 32 126 Ba 87
Fourg 25 84 Fe 66
Fourges 27 32 Bd 54
Fourgs, Les 25 84 Gc 67
Fourilles 03 92 Db 71
Fourmagnac 46 114 Bf 81
Fourmetot 27 15 Ad 52
Fourmies 59 9 Ea 48
Fournaudin 89 52 Dd 60
Fourneaux 42 93 Eb 73
Fourneaux 50 29 Yf 55
Fourneaux 73 109 Gd 77
Fourneaux-le-Val 14 30 Ze 55
Fournels 48 116 Da 80
Fournes-Cabardès 11 142 Cc 88
Fournes-en-Weppes 59 8 Cf 45
Fournet-Blancheroche 25 71 Ge 65
Fournets-Luisans 25 71 Gd 66
Fournival 60 17 Cc 52
Fournols 63 104 Dd 75
Fournoulès 15 115 Cb 80
Fouronnes 89 67 Dd 63
Fourques 30 131 Ed 86
Fourques 66 154 Ce 93
Fourques-sur-Garonne 47 112 Aa 82
Fourqueux 78 33 Ca 55
Fourquevaux 31 141 Bd 87
Fours 33 99 Zc 77
Fours 58 81 De 68
Fours-en-Vexin 27 32 Bd 53
Fourtou 11 153 Cc 91
Foussais-Payré 85 75 Zb 69
Foussemagne 90 71 Gf 63
Fousseret, Le 31 140 Ba 89
Foussignac 16 87 Zf 74
Fouzilhon 34 143 Db 88
Fox-Amphoux 83 147 Ga 87
Foye-Monjault, La 79 87 Zc 71
Fozières 34 129 Dc 86
Fozzano 2A 159 Ka 98
Fragnes 71 82 Ef 67
Fragny-en-Bresse 71 83 Fc 68
Frahier-et-Chatebier 70 71 Ge 63
Fraignot-et-Vesvrotte 21 68 Ef 63
Fraillicourt 08 19 Eb 50
Fraimbois 54 38 Gd 57
Frain 88 55 Ff 60
Frais 90 71 Gf 63
Fraisnes-en-Saintois 54 55 Ga 58
Fraisse 24 112 Ab 79
Fraisse-Cabardès 11 142 Cb 89
Fraissé-des-Corbières 11 154 Cf 91
Fraisse-sur-Agout 34 142 Ce 87
Fraissinet-de-Fourques 48 129 Dd 83
Fraissinet-de-Lozère 48 117 De 82
Fraize 88 56 Gf 59
Fralignes 10 53 Ec 60
Framboisière, La 28 31 Ba 57
Frambouhans 25 71 Ge 65
Framecourt 62 7 Cb 46
Framerville-Rainecourt 80 17 Ce 49
Framicourt 80 6 Be 49
Frampas 52 53 Ee 57
Francaltroff 57 39 Ge 55
Francarville 31 141 Be 87
Francastel 60 17 Ca 51
Françay 41 63 Ba 63
Francazal 31 140 Ba 90
Francazal 31 140 Bc 87
Francescas 47 125 Ac 84
Franchesse 03 80 Da 69
Francheval 08 20 Fa 50
Franchevelle 70 70 Gc 62
Francheville 21 68 Ef 64
Francheville 27 31 Af 56
Francheville 27 31 Bb 55
Francheville 39 83 Fd 67
Francheville 51 36 Ed 55
Francheville 54 38 Ff 56
Francheville 61 30 Zf 57
Francheville 69 94 Ee 74
Francheville, La 08 20 Ee 50
Franciens 74 96 Ff 72
Francières 60 17 Ce 52
Francières 80 7 Bf 48
Francillon 36 78 Bd 67
Francillon-sur-Roubion 26 119 Fa 81
Francilly-Selency 02 18 Db 49
Francin 73 108 Ga 76
Francon 31 140 Af 89
Franconville 54 55 Gc 57
Franconville 95 33 Cb 55
Francoulès 46 114 Bc 81
Francourt 70 69 Fe 63
Francourville 28 49 Bd 58
Francs 33 112 Zf 79
Francueil 37 63 Ba 65
Franey 25 70 Fe 65
Frangy 74 96 Ff 72
Franken 68 72 Hc 63
Franleu 80 6 Bd 48
Franois 25 70 Ff 65
Franquevielle 31 139 Ad 90
Franqueville 02 19 De 50
Franqueville 27 31 Ae 53
Franqueville 80 7 Ca 48
Franqueville-Saint-Pierre 76 15 Ba 52
Frans 01 94 Ee 73
Fransart 80 18 Ce 50
Fransèches 23 90 Ca 72
Fransu 80 7 Ca 48
Fransures 80 17 Cb 50
Franvillers 80 8 Cd 49
Franxault 21 83 Fb 66
Frapelle 88 56 Ha 59
Fraquelfing 57 39 Gf 57
Fraroz 39 84 Ga 68
Frasnay-Reugny 58 81 Dd 67
Frasne 25 84 Gb 67
Frasne 39 69 Fd 65
Frasnée, La 39 84 Fe 69
Frasne-le-Château 70 70 Ff 64
Frasnois, Le 39 84 Ff 69
Frasnoy 59 9 De 47
Frasseto 2A 159 Ka 97
Frausseilles 81 127 Bf 84
Fravaux 10 53 Ed 59
Fraysse, Le 81 128 Cc 85
Frayssinet 46 114 Bc 81
Frayssinet-le-Gélat 46 113 Ba 81
Frayssinhes 46 114 Bf 79
Frazé 28 48 Ba 59
Fréauville 76 16 Bc 49
Frebécourt 88 54 Fe 58
Frébuans 39 83 Fc 69
Frêche, Le 40 124 Ze 85
Fréchède 65 139 Ab 88
Fréchencourt 80 7 Cc 49
Fréchendets 65 139 Ab 90
Fréchet, Le 31 140 Af 89
Fréchou 47 125 Ab 84
Fréchou-Fréchet 65 139 Aa 89
Frécourt 52 54 Fc 61
Frédille 36 78 Bc 67
Frégimont 47 112 Ac 83
Frégouville 32 126 Af 87
Fréhel 22 27 Xd 57
Freigné 49 60 Yf 63
Freissinières 05 121 Gd 80
Freissinouse, La 05 120 Ga 81
Freistroff 57 22 Gc 53
Freix-Anglards 15 103 Cc 78
Fréjairolles 81 128 Cb 85
Fréjeville 81 127 Ca 87
Fréjus 83 148 Ge 88
Fréland 68 56 Hb 60
Frelinghien 59 4 Cf 44
Frémainville 95 32 Bf 54
Frémécourt 95 32 Bf 54
Fréménil 54 39 Ge 57
Frémery 57 38 Gc 55
Frémestroff 57 39 Ge 54
Frémicourt 62 8 Cf 48
Fremifontaine 88 43 Ge 59
Frémontiers 80 17 Ca 50
Frémonville 54 39 Gf 57
Frénaye, La 76 15 Ad 51
Frencq 62 7 Be 45
Frenelle-la-Grande 88 55 Ga 58
Frenelle-la-Petite 88 55 Ga 58
Frênes 61 29 Zb 56
Freneuse 76 15 Ba 53
Freneuse 78 32 Bd 54
Freneuse-sur-Risle 27 15 Ae 53
Freney 73 109 Gd 77
Freney-d'Oisans, Le 38 108 Ga 78
Fréniches 60 18 Da 50
Frénois 21 68 Ef 63
Frénouville 14 30 Ze 54
Frépillon 95 33 Cb 54
Fresles 76 16 Bc 50
Fresnaie-Fayel, La 61 30 Ab 56
Fresnais, La 35 28 Ya 57
Fresnay 10 53 Ee 59
Fresnaye-au-Sauvage, La 61 30 Ze 56
Fresnay-en-Retz 44 59 Ya 66
Fresnaye-sur-Chédouet, La 72 47 Ab 58
Fresnay-le-Comte 28 49 Bc 59
Fresnay-le-Gilmert 28 32 Bc 57
Fresnay-le-Long 76 15 Ba 51
Fresnay-le-Samson 61 30 Ab 55
Fresnay-l'Evêque 28 49 Be 59
Fresnay-sur-Sarthe 72 47 Aa 59
Fresne, Le 27 31 Af 55
Fresne, Le 51 36 Ed 55
Fresneaux-Montchevreuil 60 17 Ca 53
Fresne-Cauverville 27 15 Ac 53
Fresne-l'Archevêque 27 16 Bc 52
Fresne-Léguillon 60 16 Bf 53
Fresne-le-Plan 76 16 Bb 52
Fresne-Poret, Le 50 29 Zb 56
Fresnes 02 18 Dc 51
Fresnes 21 68 Ec 63
Fresnes 41 64 Bc 64
Fresnes 89 67 Df 62
Fresnes 94 33 Cb 56
Fresne-Saint-Mamès 70 70 Ff 63
Fresnes-au-Mont 55 37 Fc 55
Fresnes-en-Saulnois 57 38 Gc 55
Fresnes-en-Tardenois 02 34 Dd 54
Fresnes-en-Woëvre 55 37 Fd 54
Fresnes-lès-Montauban 62 8 Cf 46
Fresnes-lès-Reims 51 19 Ea 52
Fresnes-Mazancourt 80 18 Cf 49
Fresnes-sur-Apance 52 54 Ff 61
Fresnes-sur-Escaut 59 9 Dd 46
Fresnes-Tilloloy 80 7 Be 49
Fresneville 80 16 Be 49
Fresney 27 32 Bb 55
Fresney-le-Puceux 14 29 Zd 54
Fresney-le-Vieux 14 29 Zd 54
Fresnicourt 62 8 Cd 46
Fresnières 60 18 Ce 51
Fresnois-la-Montagne 54 21 Fd 52
Fresnoy 62 7 Ca 46
Fresnoy 80 16 Be 49
Fresnoy-au-Val 80 17 Ca 49
Fresnoy-en-Chaussée 80 17 Cd 50
Fresnoy-en-Gohelle 62 8 Cf 46
Fresnoy-en-Thelle 60 33 Cb 53
Fresnoy-Folny 76 16 Bc 49
Fresnoy-le-Château 10 52 Eb 59
Fresnoy-le-Grand 02 9 Dc 49
Fresnoy-le-Luat 60 33 Ce 53
Fresnoy-lès-Roye 80 17 Ce 50
Frespech 47 113 Ae 83
Fresquienne 76 15 Ba 51
Fressac 30 130 Df 85
Fressain 59 8 Db 47
Fressancourt 02 18 Dc 51
Fresse 70 71 Gd 61
Fresselines 23 90 Be 70
Fressenneville 80 6 Bd 48
Fresse-sur-Moselle 88 56 Ge 61
Fressies 59 8 Db 47
Fressin 62 7 Ca 46
Fressines 79 87 Ze 71
Frestoy, Le 60 17 Cd 51
Fresville 50 12 Yd 52
Fréterive 73 108 Gb 75
Fréteval 41 48 Bb 61
Fréthun 62 3 Be 43
Fretigney-et-Velloreille 70 70 Ff 64
Frétigny 28 48 Af 58
Fretin 59 8 Cf 45
Frétoy 77 34 Db 56
Frétoy-le-Château 60 18 Cf 51
Frette, La 71 83 Fa 69
Frettecuisse 80 7 Be 49
Frettemeule 80 6 Bd 48
Fretterans 71 83 Fb 67
Frette-sur-Seine, La 95 33 Cb 55
Fréty, Le 08 19 Eb 50
Freulleville 76 16 Bb 49
Frévent 62 7 Cb 47
Fréville 76 15 Ae 51
Fréville-du-Gâtinais 45 50 Cc 60
Frévillers 62 8 Cd 46
Freybouse 57 39 Ge 54
Freycenet-la-Cuche 43 117 Ea 79
Freycenet-la-Tour 43 117 Ea 79
Freychenet 09 152 Be 91
Freyming-Merlebach 57 39 Ge 54
Freyssenet 07 117 Eb 80
Freyssenet 07 118 Ed 80
Friaize 28 48 Ba 58
Friardel 14 30 Ac 55
Friaucourt 80 6 Bc 48
Fribourg 57 39 Gf 56
Fricamps 80 17 Bf 50
Frichemesnil 76 15 Ba 51
Fricourt 80 8 Ce 49
Fridefont 15 116 Da 79
Friedolsheim 67 40 Hc 56

Flacourt — Friedolsheim F 177

Frières-Faillouël **02** 18 Db 50
Friesen **68** 71 Ha 63
Friesenheim **67** 57 Hd 59
Frignicourt **51** 36 Ed 56
Frise **80** 8 Ce 49
Friville-Escarbotin **80** 6 Bd 48
Frizon **88** 55 Gc 59
Froberville **76** 14 Ab 50
Frocourt **60** 17 Ca 52
Frœningen **71** 71 Hb 62
Frœschwiller **67** 40 Hf 55
Froges **38** 108 Ef 77
Frohen-le-Grand **80** 7 Cb 47
Frohen-le-Petit **80** 7 Cb 47
Frohmuhl **67** 39 Hb 55
Froideconche **70** 55 Gc 62
Froidefontaine **90** 71 Gf 63
Froidestrées **02** 19 De 49
Froideterre **70** 71 Gd 61
Froidevaux **25** 71 Ge 65
Froidevelle **39** 83 Fc 68
Froidfond **85** 74 Yb 67
Froidmont-Cohartille **02** 19 De 50
Froidos **55** 36 Fa 54
Froissy **60** 17 Cb 51
Frôlois **21** 68 Ed 63
Frolois **54** 38 Ga 57
Fromelennes **08** 10 Ee 48
Fromelles **59** 8 Cf 45
Fromental **87** 90 Bc 72
Fromentières **51** 35 De 55
Fromeréville-les-Vallons **55** 37 Fb 54
Fromont **77** 50 Cd 59
Fromy **08** 21 Fb 51
Froncles **52** 54 Fa 59
Fronsac **31** 139 Ad 91
Fronsac **33** 111 Ze 79
Frontenac **33** 111 Zf 80
Frontenard **71** 83 Fa 67
Frontenas **69** 94 Ed 73
Frontenay-Rohan-Rohan **79** 87 Zc 71
Frontenex **73** 108 Gb 75
Frontignan **34** 144 De 88
Frontignan-de-Commignes **31** 139 Ad 91
Frontignan-Savès **31** 140 Af 88
Fronton **31** 126 Bc 85
Frontonas **38** 107 Fb 75
Fronville **52** 54 Fa 58
Frossay **44** 59 Ya 65
Frotey-lès-Lure **70** 71 Gd 63
Frotey-lès-Vesoul **70** 70 Gb 63
Frouard **54** 38 Ga 56
Frouville **95** 33 Ca 54
Frouzins **31** 140 Bb 87
Froville **54** 56 Gc 58
Froyelles **80** 7 Bf 47
Frozes **86** 76 Aa 69
Frucourt **80** 7 Bf 48
Frugères-les-Mines **43** 104 Db 76
Fruges **62** 7 Ca 45
Frugières-le-Pin **43** 104 Dc 77
Fruncé **28** 48 Bb 58
Fry **76** 16 Bd 51
Fuans **25** 71 Gd 66
Fublaines **77** 34 Cf 55
Fugeret, Le **04** 134 Gd 84
Fugerolles-du-Plessis **53** 29 Za 58
Fuilet, Le **49** 60 Yf 65
Fuilla **66** 153 Cc 93
Fuissé **71** 94 Ee 71
Fuligny **10** 53 Ee 58
Fulleren **68** 71 Ha 63
Fultot **76** 15 Ae 50
Fulvy **89** 67 Eb 62
Fumay **08** 10 Ee 49
Fumel **47** 113 Af 82
Fumichon **14** 30 Ac 53
Furchhausen **67** 39 Hc 56
Furdenheim **67** 40 Hd 57
Furiani **2B** 157 Kd 93
Furmeyer **05** 120 Ff 81
Fussey **21** 82 Ef 66
Fussy **18** 65 Cc 66
Fustérouau **32** 124 Aa 86
Fustignac **31** 140 Af 89
Futeau **55** 36 Fa 54
Fuveau **13** 146 Fd 88
Fyé **72** 47 Aa 59

G

Gaas **40** 123 Yf 87
Gabarnac **33** 111 Ze 81
Gabarret **40** 124 Aa 85
Gabaston **64** 138 Ze 88
Gabat **64** 137 Yf 88
Gabian **34** 143 Db 87
Gabillou **24** 101 Ba 77
Gabre **09** 140 Bc 90
Gabriac **12** 115 Ce 82
Gabriac **48** 130 De 83
Gabrias **48** 116 Dc 81
Gacé **61** 30 Ab 56
Gacilly, La **56** 44 Xf 62
Gâcogne **58** 67 Df 65
Gaconnière, La **17** 86 Ye 73
Gadancourt **95** 32 Bf 54
Gadencourt **27** 32 Bc 55
Gaël **35** 44 Xe 60
Gageac-et-Rouillac **24** 112 Ac 80
Gagnac-sur-Cère **46** 114 Bf 79
Gagnac-sur-Garonne **31** 126 Bc 86
Gagnières **30** 130 Ea 83
Gagny **93** 33 Cd 55
Gahard **35** 45 Yc 59
Gailhan **30** 130 Ea 85
Gaillac **81** 127 Bf 85
Gaillac-d'Aveyron **12** 116 Cf 82
Gaillac-Toulza **31** 140 Bc 89
Gaillagos **65** 138 Ze 91
Gaillan-en-Médoc **33** 98 Za 77
Gaillardbois-Cressenville **27** 16 Bc 52
Gaillarde, La **76** 15 Af 49
Gaillefontaine **76** 16 Bd 51
Gaillères **40** 124 Zd 85
Gaillon **27** 32 Bb 54
Gaillon-sur-Montcient **78** 32 Bf 54
Gainneville **76** 14 Ab 51
Gajac **33** 111 Ze 81
Gaja-et-Villedieu **11** 141 Cb 90
Gaja-la-Selve **11** 141 Bf 89

Gajan **09** 140 Ba 90
Gajan **30** 130 Eb 85
Gajoubert **87** 89 Ae 72
Galametz **62** 7 Ca 47
Galan **65** 139 Ac 89
Galapian **47** 112 Ac 83
Galargues **34** 130 Ea 86
Galéria **2B** 156 Id 94
Galey **09** 151 Af 91
Galfingue **68** 71 Hb 62
Galgan **12** 115 Cb 81
Galgon **33** 99 Ze 79
Galiax **32** 124 Aa 87
Galié **31** 139 Ad 91
Galinagues **11** 153 Ca 92
Gallardon **28** 32 Bc 57
Gallet, Le **60** 17 Ca 51
Galluis **78** 32 Be 56
Gamaches **80** 6 Bd 49
Gamaches-en-Vexin **27** 16 Bd 53
Gamarde-les-Bains **40** 123 Za 86
Gamarthe **64** 137 Yf 89
Gambais **78** 32 Be 56
Gambaiseuil **78** 32 Be 56
Gambsheim **67** 40 Hf 56
Gan **64** 138 Zd 89
Ganac **09** 152 Bd 91
Gancourt-Saint-Étienne **76** 16 Be 51
Gandelain **61** 30 Zf 58
Gandelu **02** 34 Db 54
Ganges **34** 130 De 85
Gannat **03** 92 Db 72
Gannay-sur-Loire **03** 81 Dd 68
Gannes **60** 17 Cc 51
Gans **33** 111 Zf 82
Gantet **80** 7 Bd 46
Ganzeville **76** 15 Ac 50
Gap **05** 120 Ga 81
Gapennes **80** 7 Bf 47
Gâprée **61** 31 Ab 57
Garac **31** 126 Ba 86
Garancières **78** 32 Be 56
Garancières-en-Beauce **28** 49 Bf 58
Garancières-en-Drouais **28** 32 Bb 56
Garanou **09** 152 Be 92
Garat **16** 100 Ab 75
Garcelles-Secqueville **14** 30 Ze 54
Garchizy **58** 80 Da 66
Garchy **58** 66 Da 65
Gardanne **13** 146 Fc 88
Garde, La **04** 134 Gd 85
Garde, La **38** 108 Ga 78
Garde, La **83** 147 Ga 90
Garde-Adhémar, La **26** 118 Ee 82
Gardefort **18** 66 Cf 65
Garde-Freinet, La **83** 148 Gc 89
Gardegan-et-Tourtirac **33** 111 Zf 79
Gardères **65** 138 Zf 89
Gardie **11** 142 Cb 90
Gardonne **24** 112 Ab 79
Gardouch **31** 141 Be 88
Garein **40** 124 Ze 84
Garencières **27** 32 Bb 55
Garennes-sur-Eure **27** 32 Bc 55
Garentreville **77** 50 Cd 59
Garéoult **83** 147 Ga 88
Gargantvilar **82** 126 Ba 85
Gargas **31** 126 Bc 86
Gargas **84** 132 Fc 85
Gargenville **78** 32 Be 55
Garges-lès-Gonesse **95** 33 Cc 55
Gargilesse-Dampierre **36** 78 Bd 69
Garidech **31** 127 Bd 86
Gariès **82** 126 Ba 86
Garigny **18** 80 Cf 66
Garin **31** 151 Ad 92
Garindein **64** 137 Za 89
Garlan **29** 25 Wb 57
Garlède-Mondebat **64** 138 Zd 87
Garlin **64** 124 Zf 87
Garn, Le **30** 131 Ec 83
Garnache, La **85** 73 Yb 67
Garnat-sur-Engièvre **03** 81 De 69
Garnay **28** 32 Bc 56
Garnerans **01** 94 Ef 71
Garons **30** 131 Ec 86
Garos **64** 138 Zd 87
Garravet **32** 140 Af 88
Garrebourg **57** 39 Hb 56
Garrey **40** 123 Za 86
Garrigues **30** 130 Eb 84
Garrigues **34** 130 Ea 86
Garrigues **81** 127 Be 86
Garrosse **40** 123 Za 84
Gars **06** 134 Ge 85
Gartempe **30** 90 Be 72
Gas **28** 32 Be 57
Gasny **27** 32 Bd 54
Gasques **82** 126 Af 84
Gassin **83** 148 Gd 89
Gast, Le **14** 29 Yf 56
Gastes **40** 110 Yf 83
Gastines **53** 45 Yf 61
Gastins **77** 34 Da 57
Gasville **28** 49 Bd 58
Gatey **39** 83 Fc 67
Gathemo **50** 29 Za 56
Gatteville-le-Phare **50** 12 Ye 50
Gatuzières **48** 129 Dc 83
Gaubertin **45** 50 Cc 60
Gaubretière, La **85** 74 Yf 67
Gauchin-Légal **62** 8 Cd 46
Gauchin-Verloingt **62** 7 Cb 46
Gauchy **02** 18 Db 50
Gauciel **27** 32 Bc 55
Gaud, Cierp- **31** 151 Ad 91
Gaudaine, La **28** 48 Af 59
Gaude, La **06** 134 Ha 86
Gaudechart **60** 16 Bf 51
Gaudent **65** 139 Ad 91
Gaudiempré **62** 8 Cd 47
Gaudiès **09** 141 Be 89
Gaudonville **32** 126 Af 85
Gaugeac **24** 113 Af 80
Gaujac **30** 131 Ec 84
Gaujac **32** 140 Af 88
Gaujac **47** 112 Aa 82
Gaujacq **40** 123 Za 86
Gaujan **32** 139 Ae 88
Gault-du-Perche, Le **41** 48 Af 60
Gault-Saint-Denis, Le **28** 49 Bc 59
Gault-Soigny, Le **51** 35 Dd 56

Gauré **31** 127 Bd 87
Gauriac **33** 99 Zc 78
Gauriaguet **33** 99 Zd 78
Gaussan **65** 139 Ac 89
Gausson **22** 43 Xb 59
Gauthérets, Les **71** 82 Eb 69
Gauville **61** 31 Ad 56
Gauville **80** 16 Be 50
Gauville-la-Campagne **27** 31 Ba 54
Gavaudun **47** 113 Af 81
Gavarnie **65** 150 Aa 92
Gavarret-sur-Aulouste **32** 125 Ad 86
Gavaudun **47** 113 Af 81
Gavignano **2B** 157 Kb 94
Gavisse **57** 22 Gb 52
Gavray **50** 28 Yd 55
Gâvre, le **44** 60 Yb 63
Gavrelle **62** 8 Cf 46
Gâvres **65** 45 Wd 62
Gavrus **14** 29 Zc 54
Gayan **65** 138 Aa 89
Gaye **51** 35 De 56
Gayon **64** 138 Ze 88
Gazave **65** 139 Ac 90
Gazéran **78** 32 Be 57
Gazost **65** 138 Aa 90
Géanges **21** 82 Ef 67
Geaune **40** 124 Zd 87
Geay **17** 87 Zb 73
Geay **79** 75 Ze 67
Gèdre **65** 150 Aa 92
Gée-Rivière **32** 124 Ze 86
Géfosse-Fontenay **14** 13 Yf 52
Gefosses **12** 10 Yc 54
Gehée **36** 78 Bd 66
Geishouse **68** 56 Ha 61
Geispitzen **68** 72 Hc 63
Geispolsheim **67** 40 Hd 57
Geiswasser **68** 57 Hf 61
Geiswiller **67** 40 Hc 56
Gélacourt **54** 56 Ge 58
Gélannes **10** 52 De 58
Gélaucourt **54** 55 Ff 58
Gellainville **28** 49 Bd 58
Gellenoncourt **54** 38 Gc 56
Gellin **25** 84 Gb 68
Geloux **40** 123 Ye 85
Geloux **40** 124 Ze 84
Gelucourt **57** 39 Ge 56
Gelvécourt-et-Adompt **88** 55 Gb 59
Gémages **61** 48 Af 59
Gemaingoutte **88** 56 Ha 59
Gemeaux **21** 69 Fa 64
Gémigny **45** 49 Be 61
Gémil **31** 127 Bd 86
Géminos **13** 146 Fd 89
Gemmelaincourt **88** 55 Ff 59
Gémonval **25** 71 Gd 63
Gémonville **54** 55 Ff 58
Gémozac **17** 99 Zb 75
Genac **16** 88 Aa 74
Genainville **95** 32 Be 54
Genas **69** 94 Ef 74
Genay **21** 68 Eb 63
Genay **69** 94 Ef 73
Gençay **86** 76 Ac 70
Gendreville **88** 54 Fe 59
Gendrey **39** 69 Fe 65
Gené **49** 61 Zb 63
Génébrières **82** 127 Bc 85
Genech **59** 8 Db 45
Génelard **71** 82 Ea 68
Générac **30** 131 Ec 86
Générac **33** 99 Zc 77
Générargues **30** 130 Df 84
Générest **65** 139 Ac 91
Generville **11** 141 Bf 89
Geneslay **61** 29 Zf 57
Genestelle **07** 118 Ec 80
Geneston **44** 60 Yc 66
Genête, La **71** 83 Fa 69
Genêtouze, La **17** 100 Zf 77
Génétouze, La **85** 74 Yc 68
Genêts **50** 28 Yd 56
Genettes, Les **61** 31 Ad 57
Geneuille **25** 70 Ff 65
Genevraie, La **61** 30 Ab 56
Genevraye, La **77** 50 Ce 59
Genevreuille **70** 70 Gc 62
Genevrey **70** 70 Gc 62
Genevrières **52** 69 Fd 62
Genevroye, La **52** 53 Fa 59
Geney **25** 71 Gd 64
Geneytouse, La **87** 90 Bc 74
Génicourt-sur-Meuse **55** 37 Fc 54
Genillé **37** 63 Ba 64
Génis **24** 101 Ba 77
Génissac **33** 111 Ze 79
Génissieux **26** 107 Fa 78
Genlis **21** 69 Fb 65
Gennes **25** 70 Ff 65
Gennes **49** 62 Ze 65
Gennes-Ivergny **62** 7 Ca 47
Gennes-sur-Glaize **53** 46 Zc 61
Gennes-sur-Seiche **35** 45 Yf 61
Genneteil **49** 63 Aa 63
Gennetines **03** 80 Dc 69
Genneton **79** 61 Zd 66
Genneville **14** 14 Ab 52
Gennevilliers **92** 33 Cb 55
Genod **39** 95 Fd 70
Génolhac **30** 117 Df 82
Genos **31** 139 Ae 90
Genos **65** 151 Ac 92
Genouillac **16** 88 Ad 73
Genouillac **23** 90 Bf 70
Genouillé **17** 87 Zc 72
Genouillé **86** 76 Ab 71
Genouilleux **01** 94 Ee 72
Genouilly **18** 79 Cc 66
Genouilly **71** 82 Ed 69
Gensac **33** 112 Aa 80
Gensac **65** 138 Aa 88
Gensac **82** 126 Af 85
Gensac-de-Boulogne **31** 139 Ad 89
Gensac-la-Pallue **16** 87 Ze 75
Gensac-sur-Garonne **31** 140 Ba 89
Genté **16** 99 Ze 75
Gentelles **80** 17 Cc 49
Gentilly **94** 33 Cc 56
Gentioux-Pigerolles **23** 90 Bf 74
Genvry **60** 18 Cf 51
Géovreisset **01** 95 Fd 71
Ger **50** 29 Zb 56

Ger **64** 138 Zf 89
Ger **65** 138 Zf 90
Geraise **39** 84 Ff 67
Gérardmer **88** 56 Gf 60
Géraudot **10** 52 Eb 59
Gerbaix **73** 107 Fe 75
Gerbamont **88** 56 Ge 60
Gerbécourt **57** 38 Gd 55
Gerbécourt-et-Haplemont **54** 55 Ga 58
Gerbépal **88** 56 Gf 60
Gerbécourt **57** 38 Gd 55
Gerberoy **60** 16 Bf 51
Gerbéviller **54** 56 Gd 58
Gercourt-et-Drillancourt **55** 21 Fb 53
Gercy **02** 19 Df 50
Gerde **65** 139 Ab 90
Gerderest **64** 138 Ze 88
Gère-Béleston **64** 138 Zd 90
Gergny **02** 19 Df 49
Gergueil **21** 68 Ee 65
Gergy **71** 82 Ef 67
Gerland **31** 83 Fa 67
Germ **65** 151 Ac 92
Germagnat **01** 95 Fc 71
Germagny **71** 82 Ed 68
Germaine **02** 18 Da 50
Germaine **51** 35 Ea 54
Germainville **28** 32 Bc 56
Germainvilliers **52** 54 Fd 60
Germay **52** 54 Fc 58
Germéfontaine **25** 70 Gc 65
Germenay **58** 67 Dd 65
Germignac **17** 99 Zd 75
Germigny **39** 83 Fa 66
Germigny **70** 69 Fd 64
Germignonville **28** 49 Be 59
Germigny **89** 52 De 61
Germigny-des-Prés **45** 50 Cb 61
Germigny-l'Évêque **77** 34 Cf 55
Germigny-l'Exempt **18** 80 Cf 67
Germigny-sous-Coulombs **77** 34 Da 54
Germigny-sur-Loire **58** 80 Da 66
Germinon **51** 35 Ea 55
Germiny **54** 38 Ga 57
Germisay **52** 54 Fc 58
Germolles-sur-Grosne **71** 94 Ed 71
Germond-Rouvre **79** 75 Zd 70
Germont **08** 20 Ef 52
Germonville **54** 55 Gb 58
Gernelle **08** 20 Ee 50
Gernicourt **02** 19 Df 52
Géronce **64** 137 Zb 89
Gerponville **76** 15 Ad 50
Gerrots **14** 14 Aa 53
Gerstheim **67** 57 He 58
Gertwiller **67** 57 Hc 58
Geruge **39** 83 Fd 69
Gerville **76** 14 Ab 50
Géry **55** 37 Fb 56
Gerzat **63** 92 Da 74
Gesnes **53** 46 Zc 60
Gesnes-le-Gandelin **72** 47 Aa 58
Gespunsart **08** 20 Ef 50
Gestas **64** 137 Za 88
Gesté **49** 60 Yf 66
Gestel **56** 42 Wd 62
Gestiès **09** 152 Bd 92
Gesvres **53** 47 Aa 58
Gétigné **44** 60 Ye 66
Gets, les **74** 97 Ge 72
Geu **65** 138 Zf 90
Geudertheim **67** 40 He 56
Géus-d'Arzacq **64** 138 Zc 88
Géus-d'Oloron **64** 137 Zb 89
Gévezé **35** 45 Yb 59
Gevigney-et-Mercey **70** 70 Ff 62
Geville **55** 37 Fe 56
Gevingey **39** 83 Fd 69
Gevresin **25** 84 Ga 67
Gevrey-Chambertin **21** 68 Ef 65
Gevrolles **21** 53 Ee 61
Gevry **39** 83 Fc 66
Gex **01** 96 Ga 71
Geyssans **26** 107 Fa 78
Gez **65** 138 Zf 90
Gézaincourt **80** 7 Cb 48
Gez-ez-Angles **65** 138 Aa 90
Gezier-et-Fontenelay **70** 70 Ff 64
Gézoncourt **54** 38 Ff 55
Ghisonaccia **2B** 159 Kc 96
Ghisoni **2B** 159 Kb 96
Ghissignies **59** 9 Dd 47
Ghyvelde **59** 4 Cd 42
Giat **63** 91 Cc 74
Gibeaumeix **54** 37 Fe 57
Gibel **31** 141 Be 89
Gibercourt **02** 18 Db 50
Giberville **14** 14 Ze 53
Gibles **71** 94 Ec 71
Gibourne **17** 87 Ze 73
Gibret **40** 123 Zb 86
Gicq, Le **17** 87 Ze 73
Gidy **45** 49 Bf 61
Giel-Gourteilles **61** 30 Ze 56
Gien **45** 65 Cd 62
Gien-sur-Cure **58** 67 Ea 66
Giettaz, La **73** 96 Gc 73
Gièvres **41** 64 Be 65
Giey-sur-Aujon **52** 53 Fa 61
Giez **74** 96 Gb 74
Giffaumont-Champaubert **51** 36 Ee 57
Gif-sur-Yvette **91** 33 Ca 56
Gigean **34** 144 De 88
Gignac **34** 129 Dd 87
Gignac **46** 102 Bc 78
Gignac **83** 146 Fd 88
Gignac-la-Nerthe **13** 146 Fb 88
Gignat **63** 103 Db 76
Gignéville **88** 55 Ff 60
Gigney **88** 55 Gb 59
Gigny **39** 83 Fc 70
Gigny **89** 68 Ef 61
Gigny-Bussy **51** 52 Ed 57
Gigny-sur-Saône **71** 82 Ef 69
Gigondas **84** 131 Ef 83
Gigors **04** 120 Ga 82
Gigors-et-Lozeron **26** 118 Ef 80
Gigouzac **46** 113 Bc 81
Gijounet **81** 128 Cd 86
Gildwiller **68** 71 Ha 62
Gilette **06** 134 Ha 85
Gilhac-et-Bruzac **07** 118 Ed 80
Gilhoc-sur-Ormèze **07** 118 Ee 79

Gillancourt **52** 53 Ef 60
Gillaumé **52** 54 Fc 58
Gilles **78** 32 Bd 55
Gilley **25** 84 Gc 66
Gilley **52** 69 Fd 62
Gillois **39** 84 Ga 68
Gillonnay **38** 107 Fc 76
Gilly-lès-Cîteaux **21** 68 Ef 65
Gilly-sur-Isère **73** 108 Gc 75
Gilly-sur-Loire **71** 81 De 69
Gilocourt **60** 18 Cf 53
Gimat **82** 126 Af 86
Gimbrède **32** 125 Ae 84
Gimeaux **63** 92 Da 73
Gimel-les-Cascades **19** 102 Bf 77
Gimeux **16** 87 Zd 75
Gimont **32** 126 Af 87
Gimouille **58** 80 Da 67
Ginai **61** 30 Ab 56
Ginals **82** 127 Bf 83
Ginasservis **83** 133 Ff 86
Ginchy **80** 8 Cf 48
Gincla **11** 153 Cb 92
Gindou **46** 113 Bb 80
Ginestas **11** 142 Cf 89
Ginestet **24** 112 Ac 79
Gingsheim **67** 40 Hd 56
Ginouillac **46** 114 Bd 80
Gintrac **46** 114 Be 79
Giocatojo **2B** 157 Kc 94
Gionges **51** 35 Df 55
Giou-de-Mamou **15** 115 Cd 79
Gioux **23** 90 Ca 75
Gipcy **03** 80 Da 69
Girancourt **88** 55 Gb 60
Giraumont **54** 37 Ff 54
Giraumont **60** 18 Cf 52
Girauvoisin **55** 37 Fd 56
Gircourt-lès-Viéville **88** 55 Gb 58
Girecourt-sur-Durbion **88** 55 Gd 59
Girefontaine **70** 55 Gb 61
Giremoutiers **77** 34 Da 55
Girgols **15** 103 Cc 78
Giriviller **54** 55 Gc 58
Girmont **88** 55 Gd 59
Girmont-Val-d'Ajol **88** 55 Gd 61
Girolles **45** 50 Ce 60
Girolles **89** 67 Df 63
Giromagny **90** 71 Ge 62
Giron **01** 95 Fe 71
Gironcourt-sur-Vraine **88** 55 Ff 59
Girondelle **08** 20 Ec 49
Gironde-sur-Dropt **33** 111 Zf 81
Gironville **77** 50 Cd 59
Gironville-sous-les-Côtes **55** 37 Fe 56
Gironville-sur-Essonne **91** 50 Cb 58
Girouard, Le **85** 74 Yc 69
Giroussens **81** 127 Be 86
Giroux **36** 78 Bf 66
Giry **58** 66 Dc 65
Gisay-la-Coudre **27** 31 Ad 55
Giscaro **32** 126 Af 87
Giscos **33** 111 Ze 83
Gisors **27** 16 Be 53
Gissac **12** 128 Cf 85
Gissey-le-Vieil **21** 68 Ec 65
Gissey-sous-Flavigny **21** 68 Ed 63
Gissey-sur-Ouche **21** 68 Ee 65
Gisy-les-Nobles **89** 51 Db 59
Giuncaggio **2B** 159 Kc 95
Giuncheto **2A** 160 If 99
Givardon **18** 80 Cd 67
Givarlais **03** 79 Cd 70
Givenchy **62** 8 Ce 45
Givenchy-en-Gohelle **62** 8 Ce 46
Givenchy-le-Noble **62** 8 Cd 47
Giverny **27** 32 Bd 54
Giverville **27** 31 Ad 53
Givet **08** 10 Ee 48
Givonne **08** 20 Ef 50
Givors **69** 106 Ee 75
Givraines **45** 50 Cc 60
Givrand **85** 73 Ya 68
Givrauval **55** 37 Fb 56
Givre, Le **85** 74 Yd 70
Givrezac **17** 99 Zc 75
Givron **08** 19 Eb 51
Givry **08** 20 Ed 52
Givry **71** 82 Ee 68
Givry **89** 67 De 63
Givry-en-Argonne **51** 36 Ef 55
Givry-lès-Loisy **51** 35 Df 55
Gizaucourt **51** 36 Ee 54
Gizay **86** 76 Ac 70
Gizeux **37** 62 Ab 64
Gizia **39** 83 Fc 69
Gizy **02** 19 De 51
Glacerie, La **50** 12 Yc 51
Glageon **59** 10 Ea 48
Glaignes **60** 18 Cf 53
Glaine-Montaigut **63** 92 Dc 74
Glaire **08** 20 Ef 50
Glaizil, Le **05** 120 Ff 80
Glamondans **25** 70 Gb 65
Gland **02** 34 Dc 54
Gland **89** 67 Eb 62
Glandage **26** 119 Fd 80
Glandelles **77** 50 Ce 59
Glandon **87** 101 Bb 76
Glanes **46** 114 Bf 79
Glanges **87** 102 Bc 74
Glannes **51** 36 Ed 56
Glanon **21** 83 Fa 66
Glanville **14** 14 Aa 53
Glatens **82** 126 Af 85
Glatigny **50** 12 Yc 53
Glatigny **57** 38 Gc 54
Glatigny **60** 16 Bf 51
Glay **25** 71 Gf 64
Gléné **63** 92 Dc 74
Glénac **56** 44 Xf 62
Glénat **15** 115 Cb 79
Glénay **79** 75 Ze 68
Glénic **23** 90 Bf 71
Glennes **02** 19 De 52
Glénouze **86** 76 Zf 67
Glère **25** 71 Gf 64
Gleizé **69** 94 Ee 72
Gleizin **38** 108 Ga 76
Glicourt **76** 6 Bb 49
Glisolles **27** 31 Ba 55
Glisy **80** 17 Cc 49
Glomel **22** 42 Wd 59
Glonville **54** 56 Ge 58
Glorianes **66** 154 Cd 93
Glos **14** 30 Ab 54
Glos-la-Ferrière **61** 31 Ad 55

Glos-sur-Risle **27** 15 Ae 53
Gluiras **07** 118 Ed 79
Glun **07** 118 Ee 78
Glux-en-Glenne **58** 81 Ea 67
Goas **82** 126 Af 86
Godefroy, La **50** 28 Ye 56
Godenvillers **60** 17 Cd 51
Goderville **76** 14 Ac 51
Godewaersvelde **59** 4 Cd 44
Godisson **41** 30 Ab 56
Godoncourt **88** 55 Ff 61
Gœrlingen **67** 39 Ha 56
Gœrsdorf **67** 40 He 55
Gœs **64** 138 Zc 89
Gœtzenbruck **57** 39 Hc 55
Gogney **54** 39 Gf 57
Gognies-Chaussée **59** 9 Df 46
Gohannière, La **50** 29 Ye 56
Gohory **28** 48 Bb 60
Goin **57** 38 Gb 55
Goincourt **60** 17 Ca 52
Golancourt **60** 18 Da 50
Golbey **88** 55 Gc 59
Goldbach-Altenbach **68** 56 Ha 61
Golfech **82** 126 Af 84
Golinhac **12** 115 Cd 81
Golleville **50** 12 Yc 52
Gombergean **41** 63 Ba 63
Gomelange **57** 22 Gc 53
Gomené **22** 44 Xd 59
Gomer **64** 138 Ze 89
Gometz-la-Ville **91** 33 Ca 56
Gometz-le-Châtel **91** 33 Ca 56
Gomiécourt **62** 8 Ce 48
Gommecourt **62** 8 Cd 48
Gommecourt **78** 32 Bd 54
Gommegnies **59** 9 De 47
Gommeénecourt **22** 26 Wf 57
Gommerville **28** 49 Bf 58
Gommerville **76** 14 Ac 51
Gomméville **21** 53 Ec 61
Gomont **08** 19 Ea 51
Goncelin **38** 108 Ff 76
Goncourt **52** 54 Fd 59
Gondecourt **59** 8 Cf 45
Gondenans-les-Moulins **25** 70 Gc 64
Gondenans-Montby **25** 70 Gc 64
Gondeville **16** 87 Zf 74
Gondrecourt-Aix **54** 21 Fe 53
Gondrecourt-le-Château **55** 54 Fd 57
Gondreville **45** 50 Cc 60
Gondreville **54** 38 Ff 56
Gondreville **60** 34 Cf 53
Gondrexange **57** 39 Gf 56
Gondrexon **54** 39 Ge 57
Gondrin **32** 125 Ab 85
Gonds, Les **17** 87 Zc 74
Gonesse **93** 33 Cc 55
Gonez **65** 139 Ab 89
Gonfaron **83** 147 Gb 89
Gonfreville **50** 12 Yc 53
Gonfreville-Caillot **76** 15 Ac 51
Gonfreville-l'Orcher **76** 14 Ab 51
Gonfrière, La **61** 31 Ac 56
Gonnehem **62** 8 Cd 45
Gonnelieu **59** 8 Da 48
Gonnetot **76** 15 Af 50
Gonneville **50** 12 Yd 51
Gonneville-en-Auge **14** 14 Ze 53
Gonneville-la-Mallet **76** 14 Ab 51
Gonneville-sur-Honfleur **14** 14 Ab 52
Gonneville-sur-Mer **14** 14 Zf 53
Gonneville-sur-Scie **76** 15 Ba 50
Gonsans **25** 70 Gb 65
Gontaud-de-Nogaret **47** 112 Ab 82
Gonterie-Boulouneix, La **24** 100 Ad 76
Gonzeville **76** 15 Ae 50
Goos **40** 123 Za 86
Gorbio **06** 135 Hc 86
Gorcy **54** 21 Fe 51
Gordes **84** 132 Fb 85
Gorenflos **80** 7 Ca 48
Gorges **44** 60 Ye 66
Gorges **50** 12 Yd 53
Gorges **80** 7 Cb 48
Gorgue, La **59** 4 Ce 45
Gorhey **88** 55 Gb 59
Gorre **87** 89 Af 74
Gorrevod **01** 94 Ee 70
Gorron **53** 46 Zb 58
Gorses **46** 114 Ca 80
Gorvello, Le **56** 59 Xc 63
Gorze **57** 38 Ga 54
Gosné **35** 45 Yd 59
Gosselming **57** 39 Ha 56
Gottenhouse **67** 39 Hc 56
Gottesheim **67** 40 Hc 56
Gouaix **77** 51 Db 58
Goualade **33** 111 Zf 83
Gouarec **22** 43 We 59
Gouaux **65** 150 Ac 91
Gouaux-de-Larboust **31** 151 Ac 92
Gouaux-de-Luchon **31** 151 Ad 91
Gouberville **50** 12 Ye 50
Gouchaupré **76** 6 Bb 49
Goudargues **30** 131 Ec 83
Goudelancourt-lès-Berrieux **02** 19 Df 52
Goudelancourt-lès-Pierrepont **02** 19 Df 50
Goudelin **22** 26 Wf 57
Goudet **43** 117 Df 79
Goudex **31** 140 Af 88
Goudon **65** 139 Ab 89
Goudourville **82** 126 Af 84
Gouesnach **29** 41 Vf 61
Gouesnière, La **35** 27 Ya 57
Gouesnou **29** 24 Vd 58
Gouex **86** 89 Ae 70
Gougenheim **67** 40 Hd 56
Gouhelans **25** 70 Gc 64
Gouhenans **70** 70 Gc 63
Gouillons **28** 49 Bf 58
Gouise **03** 92 Dc 70
Goujounac **46** 113 Bb 81
Goulafrière, La **27** 30 Ac 55
Goulet **61** 30 Ze 57
Goulien **29** 41 Vc 60
Goulier **09** 152 Bd 92

Goulles **19** 102 Ca 78
Goulles, Les **21** 53 Ef 61
Gouloux **58** 67 Ea 65
Goult **84** 132 Fb 85
Goulven **29** 24 Ve 57
Goupillières **14** 29 Zd 54
Goupillières **27** 31 Ae 54
Goupillières **78** 32 Be 55
Gouray, Le **22** 44 Xd 59
Gourbera **40** 123 Yf 86
Gourbit **09** 152 Bd 91
Gourchelles **60** 16 Be 50
Gourdan-Polignan **31** 139 Ad 90
Gourdièges **15** 116 Cf 79
Gourdon **06** 134 Gf 86
Gourdon **07** 118 Ec 80
Gourdon **46** 113 Bc 80
Gourdon **71** 82 Ec 69
Gourdon-Murat **19** 102 Bf 75
Gourfaleur **50** 29 Yf 54
Gourgançon **51** 35 Ea 56
Gourgé **79** 76 Ze 68
Gourgeon **70** 70 Ff 62
Gourgue **65** 139 Ab 90
Gourhel **56** 44 Xd 61
Gourin **56** 42 Wc 60
Gourlizon **29** 41 Ve 60
Gournay **36** 78 Be 69
Gournay **79** 88 Zf 72
Gournay-en-Bray **76** 16 Be 52
Gournay-le-Guérin **27** 31 Ae 56
Gournay-sur-Aronde **60** 17 Ce 52
Gours **33** 100 Aa 79
Gourvieille **11** 141 Be 88
Gourvillette **17** 87 Ze 73
Goussaintcourt **55** 54 Fe 58
Goussainville **28** 32 Bd 56
Goussainville **95** 33 Cc 54
Goussancourt **02** 35 De 53
Gousse **40** 123 Za 86
Goussonville **78** 32 Be 55
Goutelle, La **63** 91 Ce 73
Goutevernisse **31** 140 Bb 89
Goutrens **12** 115 Cc 82
Gout-Rossignol **24** 100 Ac 76
Gouts **40** 123 Zb 86
Gouttières **27** 31 Ae 54
Gouttières **63** 91 Ce 72
Goutz **32** 125 Ae 86
Gouvello, La **56** 43 Wf 59
Gouves **62** 8 Cd 47
Gouvets **50** 29 Yf 55
Gouvieux **60** 33 Cc 53
Gouville **27** 31 Af 55
Gouville-sur-Mer **50** 28 Yc 54
Goux **32** 124 Zf 87
Goux **39** 83 Fd 66
Goux-lès-Dambelin **25** 71 Ge 64
Goux-les-Usiers **25** 84 Gb 67
Goux-sous-Landet **25** 84 Ff 66
Gouy **02** 8 Db 48
Gouy **76** 15 Ba 52
Gouy-en-Artois **62** 8 Cd 47
Gouy-en-Ternois **62** 7 Cc 47
Gouy-les-Groseillers **60** 17 Cb 51
Gouy-Saint-André **62** 7 Bf 46
Gouy-Servins **62** 8 Cd 46
Gouy-sous-Bellonne **62** 8 Da 47
Gouzangrez **95** 32 Bf 54
Gouzeaucourt **59** 8 Da 48
Gouzens **31** 140 Bb 89
Gouzon **23** 91 Cb 71
Goven **35** 44 Ya 60
Goviller **54** 55 Ga 57
Goxwiller **67** 57 Hc 58
Goyencourt **80** 17 Ce 50
Goyrans **31** 140 Bc 88
Grabels **34** 144 De 87
Graçay **18** 64 Bf 66
Grâces **22** 26 We 57
Grâce-Uzel **22** 43 Xb 59
Gradignan **33** 111 Zc 80
Graffigny-Chemin **52** 54 Fd 59
Gragnague **31** 127 Bd 86
Graignes **50** 12 Ye 53
Grailhen **65** 150 Ac 91
Graimbouville **76** 14 Ab 51
Graincourt-lès-Havrincourt **62** 8 Da 48
Grainville **27** 16 Bc 52
Grainville-Langannerie **14** 30 Ze 54
Grainville-la-Teinturière **76** 15 Ad 50
Grainville-sur-Odon **14** 29 Zc 54
Grainville-sur-Ry **76** 16 Bb 52
Grainville-Ymauville **76** 15 Ac 51
Grais, Le **61** 29 Ze 57
Graissac **12** 115 Ce 80
Graissessac **34** 129 Da 86
Graix **42** 106 Ed 76
Gramat **46** 114 Be 80
Gramazie **11** 141 Ca 90
Grambois **84** 132 Fd 86
Grammond **42** 106 Ec 75
Grammont **70** 71 Gd 63
Gramond **12** 128 Cc 83
Gramont **82** 126 Ae 85
Granace **2A** 160 Ka 99
Grancey-le-Château-Neuvelle **21** 69 Fa 62
Grancey-sur-Durce **21** 53 Ed 60
Grand-Abergement, Le **01** 95 Fe 72
Grand-Auverné **44** 60 Ye 63
Grand-Bord, Le **18** 79 Cc 69
Grand-Bornand, le **74** 96 Gc 73
Grand-Bourg, Le **23** 90 Bd 72
Grand-Brassac **24** 101 Ac 77
Grand-Camp **27** 31 Ad 54
Grand-Camp **76** 15 Ad 51
Grandcamp-Maisy **14** 13 Yf 52
Grand-Celland **50** 28 Ye 56
Grandchain **27** 31 Ad 54
Grandchamp **08** 20 Ec 51
Grand-Champ **56** 43 Xa 62
Grandchamp **72** 47 Ab 59
Grandchamp **89** 66 Da 62
Grandchamp-le-Château **14** 30 Aa 54
Grandchamps-des-Fontaines **44** 60 Yc 64
Grand-Charmont **25** 71 Ge 63
Grand-Combe, La **30** 116 Ea 83
Grand'Combe-Châteleu **25** 85 Gd 66
Grand'Combe-des-Bois **25** 71 Ge 66
Grand-Corent **01** 95 Fc 71
Grand-Couronne **76** 15 Ba 52
Grandcourt **80** 8 Ce 48
Grand-Croix, La **42** 106 Ed 76
Grandecourt **70** 70 Ff 63
Grande-Fosse, La **88** 55 Gb 60
Grande-Fosse, La **88** 56 Ha 58
Grande-Motte, La **34** 144 Ea 87
Grande-Paroisse, La **77** 51 Cf 58
Grande-Résie, la **70** 69 Fd 65
Grandes-Armoises, Les **08** 20 Ef 51
Grandes-Chapelles, Les **10** 52 Ea 58
Grandes-Loges, Les **51** 35 Eb 54
Grandes-Ventes, Les **76** 16 Bb 50
Grande-Synthe **59** 3 Cb 42
Grande-Verrière, La **71** 81 Ea 67
Grandeyrolles **63** 104 Da 75
Grand-Failly **54** 21 Fd 52
Grandfontaine **25** 70 Ff 65
Grandfontaine **67** 39 Ha 57
Grandfontaine-sur-Creuse **25** 70 Gc 65
Grand-Fougeray **35** 45 Yb 62
Grandfresnoy **60** 17 Cd 52
Grandham **08** 20 Ef 53
Grandjean **17** 87 Zc 73
Grand'Landes **85** 74 Yc 68
Grand-Laviers **80** 7 Be 48
Grand-Lemps, le **38** 107 Fc 76
Grand-Lucé, Le **72** 47 Ac 61
Grandlup-et-Fay **02** 19 De 51
Grand-Madieu, Le **16** 88 Ac 73
Grandmesnil **14** 30 Aa 55
Grand-Piquey, le **33** 110 Ye 80
Grandpré **08** 20 Ef 52
Grand-Pressigny, Le **37** 77 Ae 67
Grandpuits-Bailly-Carrois **77** 34 Cf 57
Grand-Quevilly, Le **76** 15 Ba 52
Grandrieu **48** 117 Dd 80
Grandrieux **02** 19 Eb 50
Grandrif **63** 105 De 75
Grandris **69** 94 Ec 72
Grand-Rozoy **02** 18 Dc 53
Grandrû **60** 18 Da 51
Grand-Rullecourt **62** 8 Cc 47
Grandrupt **88** 56 Ha 58
Grandrupt-de-Bains **88** 55 Gb 60
Grandsaigne **19** 102 Bf 76
Grands-Chézeaux, Les **87** 90 Bc 70
Grand-Serre, Le **26** 107 Fa 77
Grand-Vabre **12** 115 Cc 81
Grandval **63** 105 Dd 75
Grandvals **48** 116 Da 80
Grandvaux **71** 82 Eb 69
Grandvelle-et-le-Perrenot **70** 70 Ff 63
Grand-Verly **02** 9 Dd 49
Grand-Village-Plage, Le **17** 86 Ye 73
Grandville **10** 35 Eb 57
Grandville, La **08** 20 Ee 50
Grandvillers **88** 56 Ge 59
Grandvilliers **27** 31 Ba 56
Grandvilliers **60** 16 Bf 50
Grâne **26** 118 Ef 80
Granès **11** 153 Cb 91
Grange, La **25** 71 Ge 65
Grange-de-Vaivre **39** 84 Ff 66
Grange-l'Évêque **10** 52 Df 59
Grangermont **45** 50 Cc 59
Granges **71** 82 Ee 68
Granges-d'Ans **24** 101 Ba 77
Granges-Gontardes, Les **26** 118 Ee 82
Granges-la-Ville **70** 71 Gd 63
Granges-le-Bourg **70** 71 Gd 63
Granges-le-Roi, Les **91** 49 Ca 57
Granges-les-Beaumont **26** 106 Ef 78
Granges-Narboz **25** 84 Gb 67
Granges-sur-Aube **51** 35 Df 57
Granges-sur-Lot **47** 112 Ac 82
Granges-sur-Vologne **88** 56 Ge 60
Grangettes, Les **25** 84 Gb 68
Grangues **14** 14 Zf 53
Granier **73** 109 Gd 75
Granieu **38** 107 Fd 75
Grans **13** 146 Fa 87
Granville **50** 28 Yc 55
Granzay-Gript **79** 87 Zd 71
Gras **07** 118 Ed 82
Gras, Les **25** 85 Gd 66
Grassac **16** 100 Ac 75
Grasse **06** 134 Gf 87
Grassendorf **67** 40 Hd 56
Grateloup **47** 112 Ac 82
Gratens **31** 140 Ba 89
Gratentour **31** 126 Bc 86
Gratibus **80** 17 Cd 50
Gratot **50** 28 Yd 54
Gratreuil **51** 20 Ee 53
Grattepanche **80** 17 Cb 50
Gratteris, le **25** 70 Ga 65
Grattery **70** 70 Ga 62
Grau-d'Agde, le **34** 143 Dc 89
Grau-du-Roi, Le **30** 144 Ea 87
Graulges, les **24** 100 Ac 76
Graulhet **81** 127 Bf 86
Grauves **51** 35 Df 55
Graval **76** 16 Bd 50
Grave, La **05** 108 Gb 78
Gravelines **59** 3 Ca 43
Gravelle, La **53** 46 Yf 60
Gravelotte **57** 38 Ga 54
Graverie, La **14** 29 Za 55
Graveron-Sémerville **27** 31 Af 54
Graves **16** 87 Zf 75
Graveson **13** 131 Ee 85
Gravières **07** 117 Ea 82
Gravigny **27** 31 Ba 54
Gravon **77** 51 Da 58
Gray **70** 69 Fd 64
Grayan-et-l'Hôpital **33** 98 Yf 76
Graye-et-Charnay **39** 83 Fc 70
Graye-sur-Mer **14** 13 Zd 53
Gray-la-Ville **70** 70 Fe 64
Grayssas **47** 126 Af 84
Grazac **31** 140 Bc 89
Grazac **43** 105 Eb 77
Grazac **81** 127 Bd 85
Grazay **53** 46 Zd 59
Gréalou **46** 114 Bf 81
Gréasque **13** 146 Fd 88
Grebault-Mesnil **80** 7 Be 48
Grécourt **80** 18 Cf 50
Gredisans **39** 69 Fd 66
Grée-Saint-Laurent, Le **56** 44 Xd 61
Gréez-sur-Roc **72** 48 Ae 60
Greffeil **11** 142 Cc 90
Grèges **76** 6 Ba 49
Grémecey **57** 38 Gc 56
Grémevillers **60** 16 Bf 51
Gremilly **55** 21 Fc 53
Grémonville **76** 15 Ae 50
Grenade **31** 126 Bb 86
Grenade-sur-l'Adour **40** 124 Zd 86
Grenand-lès-Sombernon **21** 68 Ee 65
Grenant **52** 69 Fd 62
Grenay **38** 107 Fa 75
Grenay **62** 8 Ce 46
Grendelbruch **67** 39 Hb 57
Greneville-en-Beauce **45** 50 Ca 59
Grenier-Montgon **43** 104 Db 77
Gréning **57** 39 Gf 55
Grenoble **38** 107 Fe 77
Grenois **58** 67 Dd 65
Grentheville **14** 30 Ze 54
Grentzingen **68** 72 Hb 63
Greny **76** 6 Bb 49
Gréolières **06** 134 Gf 86
Gréoux-les-Bains **04** 133 Ff 86
Grépiac **31** 140 Bc 88
Grès, Le **31** 126 Ba 86
Grésigny-Sainte-Reine **21** 68 Ed 63
Gresin **73** 107 Fe 75
Gresse-en-Vercors **38** 119 Fd 79
Gressey **78** 32 Bd 56
Gresswiller **67** 39 Hc 57
Gressy **77** 33 Ce 55
Grésy-sur-Aix **73** 96 Ff 74
Grésy-sur-Isère **73** 108 Gb 75
Gretz-Armainvilliers **77** 33 Ce 56
Greucourt **70** 70 Ff 63
Greuville **76** 15 Af 50
Greux **88** 54 Fe 58
Grève-sur-Mignon, La **17** 87 Zb 71
Gréville-Hague **50** 12 Yb 50
Grévillers **62** 8 Ce 48
Grevilly **71** 82 Ee 69
Grez **60** 16 Bf 51
Grez, Le **72** 47 Zf 59
Grézac **17** 98 Za 75
Grézels **46** 113 Ba 82
Grez-en-Bouère **53** 46 Zc 61
Grèzes **24** 101 Bc 78
Grèzes **43** 116 Dc 79
Grèzes **46** 114 Be 81
Grèzes **48** 116 Dc 81
Grèzes, les **46** 113 Bb 82
Grézet-Cavagnan **47** 112 Aa 82
Grézian **65** 150 Ac 91
Grézieu-le-Marché **69** 106 Ec 75
Grézieux-le-Fromental **42** 105 Ea 75
Grézillac **33** 111 Ze 80
Grézillé **49** 61 Zd 65
Grez-Neuville **49** 61 Zb 63
Grézolles **42** 93 Df 73
Grez-sur-Loing **77** 50 Ce 59
Gricourt **02** 18 Db 49
Grièges **01** 94 Ef 71
Gries **67** 40 He 56
Griesbach-au-Val **68** 56 Hb 60
Griesheim-près-Molsheim **67** 40 Hd 57
Griesheim-sur-Souffel **67** 40 Hd 57
Grignan **26** 117 Ef 82
Grigneuseville **76** 15 Bb 51
Grignols **24** 100 Ad 78
Grignols **33** 111 Zf 82
Grignon **21** 68 Ec 63
Grignon **73** 108 Gc 75
Grignoncourt **88** 55 Ff 61
Grigny **62** 7 Bf 45
Grigny **62** 7 Ca 46
Grigny **69** 106 Ee 75
Grigny **91** 33 Cc 57
Grigonnais, La **44** 60 Yb 63
Grillon **84** 118 Ef 82
Grilly **01** 96 Ha 71
Grimaucourt-en-Woëvre **55** 37 Fd 53
Grimaucourt-près-Sampigny **55** 37 Fc 56
Grimaud **83** 148 Gd 89
Grimaudière, La **86** 76 Aa 68
Grimault **89** 67 Df 63
Grimbosq **14** 29 Zd 54
Grimesnil **50** 28 Yd 55
Grimonviller **54** 55 Ga 58
Grincourt-lès-Pas **62** 8 Cd 47
Grindorff **57** 22 Gd 52
Gripperie-Saint-Symphorien, La **17** 86 Za 74
Gripport **54** 55 Gb 58
Griscourt **54** 38 Ga 55
Griselles **21** 53 Ec 61
Griselles **45** 51 Ce 60
Grisolles **02** 34 Dc 54
Grisolles **82** 126 Bb 86
Grisy-les-Plâtres **95** 33 Ca 54
Grisy-Suisnes **77** 33 Ce 56
Grisy-sur-Seine **77** 51 Db 58
Grives **24** 113 Ba 80
Grivesnes **80** 17 Cc 50
Grivillers **80** 17 Ce 51
Grivy-Loisy **08** 20 Ed 52
Groffliers **62** 6 Bd 46
Groise, la **59** 9 De 48
Groises **18** 66 Ce 65
Groissiat **01** 95 Fd 71
Groisy **74** 96 Gb 72
Groix **56** 42 Wd 63
Groléjac **24** 113 Bb 80
Gron **89** 51 Db 60
Gronard **02** 19 Df 50
Grosbliederstroff **57** 39 Ha 53
Grosbois-en-Montagne **21** 68 Ed 65
Grosbois-lès-Tichey **21** 83 Fb 66
Grosbreuil **85** 74 Yc 69
Gros-Chastang **19** 102 Bf 77
Groseilliers, Les **79** 75 Zd 69
Groslay **95** 33 Cc 55
Groslée **01** 95 Fd 74
Grosley-sur-Risle **27** 31 Ae 54
Grosmagny **90** 71 Gf 62
Grosne **90** 71 Gf 63
Grospierres **07** 117 Eb 82
Grosrouvre **78** 32 Be 56
Grosrouvres **54** 37 Ff 55
Grossa **2A** 158 If 99
Grosseto-Prugna **2A** 159 If 97
Grossœuvre **27** 31 Bb 55
Grossouvre **18** 80 Cf 67
Grostenquin **57** 39 Ge 55
Gros-Theil, Le **27** 15 Af 53
Grosville **50** 12 Yb 51
Grouches-Luchuel **80** 7 Cc 47
Grougis **02** 9 Dd 49
Groutte, La **18** 79 Cd 68
Grozon **39** 83 Fe 67
Gruchet **76** 15 Af 50
Gruchet-le-Valasse **76** 15 Ac 51
Gruchet-Saint-Siméon **76** 15 Af 50
Grues **85** 74 Ye 70
Gruey-lès-Surance **88** 55 Gb 60
Gruffy **74** 96 Ga 74
Grugé-l'Hôpital **49** 45 Yf 62
Grugies **02** 18 Db 50
Grugny **76** 15 Ba 51
Gruissan **11** 143 Da 90
Grumesnil **76** 16 Be 51
Grun **24** 100 Ad 78
Grundviller **57** 39 Gf 54
Gruny **80** 18 Ce 50
Grury **71** 81 Df 68
Gruson **59** 8 Db 45
Grusse **39** 83 Fd 69
Grussenheim **68** 57 Hc 60
Gruyères **08** 20 Ed 50
Gua, Le **17** 86 Za 74
Gua, Le **38** 107 Fd 78
Guagno **2A** 159 If 95
Guainville **28** 32 Bc 55
Guarguale **2A** 158 If 97
Guchen **65** 150 Ac 91
Gudas **09** 141 Be 90
Gudmont-Villiers **52** 54 Fa 58
Guebenhouse **57** 39 Gf 54
Gueberschwihr **68** 56 Hb 60
Guébestroff **57** 39 Ge 55
Guéblange-lès-Dieuze **57** 39 Ge 56
Guébling **57** 39 Ge 55
Guebwiller **68** 56 Hb 61
Guécélard **72** 47 Aa 61
Gué-d'Alleré, Le **17** 86 Za 71
Gué-de-la-Chaîne, le **61** 48 Ad 58
Gué-de-Longroi, le **28** 49 Be 57
Guédéniau, Le **49** 62 Zf 64
Gué-de-Velluire, Le **85** 75 Zb 70
Gué-d'Hossus **08** 10 Ed 49
Guégon **56** 43 Xc 61
Guéhébert **50** 28 Yd 55
Guéhenno **56** 43 Xc 61
Gueltas **56** 43 Wf 60
Gueltas **56** 43 Xb 60
Guémappe **62** 8 Cf 47
Guémar **68** 56 Hc 59
Guémené-Penfao **44** 60 Yb 63
Guéméné-sur-Scorff **56** 43 We 60
Guemps **62** 3 Bf 43
Guénange **57** 22 Gb 53
Guengat **29** 41 Ve 60
Guenroc **22** 44 Xf 59
Guenrouet **44** 59 Ya 63
Guenviller **57** 39 Ge 54
Guêprei **61** 30 Zf 56
Guer **56** 44 Xf 61
Guérande **44** 59 Xd 65
Guérard **77** 34 Cf 56
Guerbigny **80** 17 Ce 50
Guerche, la **37** 77 Ae 67
Guerche-de-Bretagne, La **35** 45 Ye 61
Guerche-sur-l'Aubois, la **18** 80 Cf 67
Guercheville **77** 50 Cd 59
Guerchy **89** 51 Dc 61
Guéreins **01** 94 Ef 72
Guéret **23** 90 Bf 72
Guerfand **71** 83 Fa 68
Guérigny **58** 80 Db 66
Guérin **47** 112 Aa 82
Guerinière, La **85** 59 Xe 67
Guerlesquin **29** 25 Wc 57
Guermange **57** 39 Ge 56
Guermantes **77** 33 Ce 55
Guern **56** 43 Wf 60
Guernanville **27** 31 Af 55
Guerno, Le **56** 59 Xd 63
Guerny **27** 16 Be 53
Guéroulde, La **27** 31 Af 56
Guerpont **55** 37 Fb 56
Guerquesalles **61** 30 Ab 55
Guerreaux, Les **71** 81 Df 69
Guerting **57** 38 Gd 53
Guerville **76** 6 Bd 49
Guerville **78** 32 Be 55
Gueschart **80** 7 Bf 47
Guesnain **59** 8 Da 46
Guesnes **86** 76 Aa 67
Guessling-Hémering **57** 38 Ge 54
Guéthary **64** 136 Yc 88
Gueudecourt **80** 8 Cf 48
Gueugnon **71** 81 Ea 69
Gueures **76** 15 Af 49
Gueutteville **76** 15 Ba 51
Gueutteville-les-Grès **76** 15 Ae 49
Gueux **51** 19 Df 53
Guevenatten **68** 71 Ha 62
Guewenheim **68** 71 Ha 62
Gueytes-et-Labastide **11** 141 Ca 90
Gugnécourt **88** 55 Gd 59
Gugney **54** 55 Ga 58
Gugney-aux-Aulx **88** 55 Gb 59
Guiberville **50** 29 Za 55
Guichainville **27** 31 Bb 55
Guiche, La **71** 82 Ec 69
Guichen **35** 44 Yb 61
Guiclan **29** 25 Wa 57
Guidel **56** 42 Wd 62
Guierche, la **72** 47 Ab 60
Guignecourt **60** 17 Ca 52
Guignemicourt **80** 17 Cb 49
Guignen **35** 44 Ya 61
Guignes **77** 34 Ce 57
Guigneville **45** 50 Cb 59
Guigneville-sur-Essonne **91** 50 Cc 58
Guignicourt **02** 19 Df 52
Guignicourt-sur-Vence **08** 20 Ed 50
Guigny **62** 7 Bf 46
Guilers **29** 24 Vc 58
Guiler-sur-Goyen **29** 41 Vd 60
Guilherand **07** 118 Ef 79
Guillac **33** 111 Ze 80
Guillaucourt **80** 17 Cd 49
Guillaumes **06** 134 Gf 84
Guillemont **80** 8 Ce 48
Guillermie, La **03** 93 Dd 73
Guillerval **91** 50 Ca 58
Guillestre **05** 121 Gd 81
Guilleville **28** 49 Be 59
Guilliers **56** 44 Xd 60
Guilligomarc'h **29** 42 Wd 61
Guillon **89** 67 Ea 63
Guillon-les-Bains **25** 70 Gc 65
Guillonville **28** 49 Bd 60
Guillos **33** 111 Zc 81
Guilly **36** 78 Be 66
Guilly **45** 65 Cb 62
Guilmécourt **76** 6 Bb 49
Guilvinec **29** 41 Ve 62
Guimaëc **29** 25 Wb 56
Guimiliau **29** 25 Wa 58
Guimps **16** 99 Ze 76
Guinarthe-Parentis **64** 137 Za 88
Guincaggio **2B** 159 Kc 95
Guincourt **08** 20 Ed 51
Guindrecourt-aux-Ormes **52** 53 Fa 58
Guindrecourt-sur-Blaise **52** 53 Ef 59
Guinecourt **62** 7 Cb 46
Guînes **62** 3 Bf 43
Guingamp **22** 26 Wf 57
Guinglange **57** 38 Gd 54
Guinkirchen **57** 22 Gc 53
Guinzeling **57** 39 Gf 55
Guipavas **29** 24 Vd 58
Guipel **35** 45 Yb 59
Guipronvel **29** 24 Vc 57
Guipry **35** 44 Ya 62
Guipy **58** 67 Dd 65
Guiry-en-Vexin **95** 32 Bf 54
Guiscard **60** 18 Da 51
Guiscriff **56** 42 Wc 60
Guise **02** 19 Dd 49
Guiseniers **27** 16 Bc 53
Guissény **29** 24 Vd 57
Guisy **62** 7 Bf 46
Guitalens **81** 127 Ca 87
Guitera-les-Bains **2A** 159 Ka 97
Guitinières **17** 99 Zc 76
Guîtres **33** 99 Ze 78
Guitry **27** 16 Bd 53
Guitté **22** 44 Xf 59
Guivry **02** 18 Da 51
Guizancourt **80** 17 Bf 50
Guizancourt **80** 18 Da 50
Guizerix **65** 139 Ac 89
Gujan-Mestras **33** 110 Yf 81
Gumbrechtshoffen **67** 40 Hd 55
Gumery **10** 51 Dc 58
Gumiane-Haut **26** 119 Fb 81
Gumières **42** 105 Df 75
Gumond **19** 101 Bc 78
Gumond **19** 102 Bf 77
Gundershoffen **67** 40 Hd 55
Gundolsheim **68** 56 Hb 61
Gungwiller **67** 39 Ha 55
Gunsbach **68** 56 Hb 60
Gunstett **67** 40 He 55
Guntzviller **57** 39 Ha 56
Guny **02** 18 Db 51
Guran **31** 151 Ad 91
Gurcy-le-Châtel **77** 51 Da 58
Gurgy **89** 51 Dd 61
Gurgy-la-Ville **21** 53 Ef 61
Gurgy-le-Château **21** 68 Ef 62
Gurs **64** 137 Zb 89
Gurunhuel **22** 26 We 57
Gury **60** 18 Ce 51
Gussainville **55** 37 Fe 53
Gussignies **59** 9 De 46
Guyancourt **78** 33 Ca 56
Guyans-Durnes **25** 70 Gb 66
Guyans-Vennes **25** 71 Gd 66
Guyencourt **02** 19 Df 52
Guyencourt-Saulcourt **80** 8 Da 49
Guyencourt-sur-Noye **80** 17 Cc 50
Guyonnière, La **85** 74 Yd 67
Guyonnière, la **85** 74 Ye 67
Guyonvelle **52** 54 Fe 61
Guzargues **34** 130 Df 86
Gy **70** 70 Fe 64
Gye **54** 37 Ff 57
Gy-en-Sologne **41** 64 Bd 64
Gyé-sur-Seine **10** 53 Ec 60
Gy-les-Nonains **45** 51 Cf 61
Gy-l'Évêque **89** 67 Dd 62

H

Habarcq **62** 8 Cd 47
Habas **40** 123 Za 87
Habère-Lullin **74** 96 Gc 71
Habère-Poche **74** 96 Gc 71
Habit, l' **27** 32 Bc 55
Hablainville **54** 39 Ge 57
Habloville **61** 30 Ze 56
Haboudange **57** 38 Gd 55
Habsheim **68** 72 Hc 62
Hachan **65** 139 Ac 89
Hâcourt **52** 54 Fd 60
Hacqueville **27** 16 Bd 53
Hadancourt-le-Haut-Clocher **60** 32 Bf 53
Hadigny-les-Verrières **88** 55 Gc 59
Hadol **88** 55 Gc 60
Hadonville-lès-Lachaussée **55** 37 Fe 54
Haegen **67** 39 Hc 56
Hagécourt **88** 55 Ga 59
Hagedet **65** 138 Zf 87
Hagen **57** 22 Gb 51
Hagenbach **68** 71 Ha 63
Hagenthal-le-Bas **68** 72 Hc 63
Hagenthal-le-Haut **68** 72 Hc 63
Haget **32** 139 Aa 88
Hagetaubin **64** 123 Zc 87
Hagetmau **40** 124 Zc 87
Hagéville **54** 37 Ff 54
Hagnéville-et-Roncourt **88** 54 Fe 59
Hagnicourt **08** 20 Ed 51
Hagondange **57** 22 Gb 53
Haguenau **67** 40 He 56
Haie-Fouassière, La **44** 60 Yd 66
Haies, Les **69** 106 Ee 76
Haigneville **54** 55 Gc 58
Haillainville **88** 55 Gc 58
Haillan, le **33** 111 Zb 79
Hailles **80** 17 Cc 50
Haillicourt **62** 8 Cd 46
Haimps **17** 87 Ze 73
Haims **86** 77 Af 69
Hainvillers **60** 17 Ce 51
Haironville **55** 36 Fa 56
Haisnes **62** 8 Ce 45
Haleine **61** 29 Zd 57
Hale-Menneresse, La **59** 9 Dd 48
Halinghen **62** 7 Be 45
Hallencourt **80** 7 Bf 48
Hallennes-lez-Haubourdin **59** 8 Cf 45
Hallering **57** 38 Gd 54
Halles-sous-les-Côtes **55** 20 Fa 52
Hallignicourt **52** 36 Ef 57
Hallines **62** 3 Cb 44
Hallivillers **80** 16 Bf 49
Hallivillers **80** 17 Cb 50
Hallotière, La **76** 16 Bc 51
Halloville **54** 39 Gf 57
Halloy **60** 16 Bf 51
Halloy **62** 7 Cc 48
Halloy-lès-Pernois **80** 7 Cb 48
Hallu **80** 18 Ce 50
Halluin **59** 4 Da 44
Halsou **64** 136 Yd 88
Halstroff **57** 22 Gc 52
Ham **08** 10 Ee 48
Ham **80** 18 Da 50
Ham, le **50** 12 Yd 52
Ham, le **53** 46 Zd 58
Hamars **14** 29 Zc 55
Hambach **57** 39 Ha 54
Hambers **53** 46 Zd 59
Hamblain-les-Prés **62** 8 Cf 47
Hambye **50** 28 Ye 55
Hamel **59** 8 Da 47
Hamel, Le **60** 17 Bf 51
Hamel, Le **80** 17 Cd 49
Hamelet **80** 17 Cd 49
Hamelet, Le **80** 7 Be 47
Hamelin **50** 28 Ye 57
Hamelincourt **62** 8 Ce 47
Ham-en-Artois **62** 7 Cc 45
Hames-Boucres **62** 3 Be 43
Ham-les-Moines **08** 20 Ed 50
Hammeville **54** 55 Ga 57
Hamonville **54** 37 Fe 56
Hampigny **10** 53 Ed 58
Hampont **57** 38 Gd 55
Ham-sous-Varsberg **57** 38 Gd 53
Hanc **79** 88 Zf 72
Hanches **28** 32 Bd 57
Hancourt **80** 18 Da 49
Han-devant-Pierrepont **55** 21 Fe 52
Handschuheim **67** 40 Hd 57
Hangard **80** 17 Cd 50
Hangenbieten **67** 40 Hd 57
Hangest-en-Santerre **80** 17 Cd 50
Hangest-sur-Somme **80** 7 Ca 49
Hangviller **57** 39 Hb 56
Han-lès-Juvigny **55** 21 Fb 52
Hannaches **60** 16 Be 51
Hannapes **02** 9 Dd 49
Hannappes **08** 19 Eb 50
Hannescamps **62** 8 Cd 47
Hannocourt **57** 38 Gc 55
Hannogne-Saint-Martin **08** 20 Ee 50
Hannogne-Saint-Rémy **08** 19 Ea 51
Hannonville-sous-les-Côtes **55** 37 Fd 54
Hannonville-Suzémont **54** 37 Ff 54
Hanouard, Le **76** 15 Ad 50
Hans **51** 36 Ee 54
Han-sur-Meuse **55** 37 Fd 55
Han-sur-Nied **57** 38 Gc 55
Hantay **59** 8 Cf 45
Hanvec **29** 24 Vf 58
Hanviller **57** 39 Hc 54
Hanvoile **60** 16 Bf 51
Haplincourt **62** 8 Cf 48
Happencourt-Bray **02** 18 Db 50
Happonvilliers **28** 48 Ba 59
Haramont **02** 18 Da 53
Haraucourt **08** 20 Ef 51
Haraucourt **54** 38 Gc 56
Haraucourt-sur-Seille **57** 38 Gd 56
Haravesnes **62** 7 Ca 47
Haravilliers **95** 33 Ca 53
Harbonnières **80** 17 Ce 49
Harbouey **54** 39 Gf 57
Harcanville **76** 15 Ae 50
Harchéchamp **88** 54 Fe 58
Harcigny **02** 19 Df 50
Harcourt **27** 31 Ae 53
Harcy **08** 20 Ed 49
Hardancourt **88** 55 Gd 58
Hardanges **53** 46 Ze 58
Hardecourt-aux-Bois **80** 8 Ce 49
Hardencourt-Cocherel **27** 32 Bb 54
Hardifort **59** 4 Cc 44
Hardinghen **62** 3 Be 44
Hardinvast **50** 12 Yc 51
Hardivillers **60** 17 Cb 51
Hardivillers-en-Vexin **60** 16 Bf 53
Hardoye, la **08** 19 Eb 50
Hardricourt **78** 32 Bf 54
Harengère, La **27** 15 Ba 53
Haréville **88** 55 Ga 59
Harfleur **76** 14 Ab 51
Hargarten-aux-Mines **57** 22 Gd 53
Hargeville **78** 32 Be 55
Hargicourt **02** 8 Db 49
Hargicourt **80** 17 Cd 50
Hargnies **08** 10 Ee 48
Hargnies **59** 9 Df 47
Harly **02** 18 Dc 49
Harmonville **88** 54 Ff 58
Harmoye, La **22** 26 Xa 58
Harnes **62** 8 Cf 46
Harol **88** 55 Gb 60
Haroué **54** 55 Gb 58
Harpich **57** 38 Gd 55
Harponville **80** 8 Cd 48
Harquency **27** 16 Bc 53
Harreberg **57** 39 Hb 56
Harréville-les-Chanteurs **52** 54 Fd 59

Goulles — Harréville-lès-Chanteurs (F) **179**

Lespourcy 64 138 Zf 88
Lespugue 31 139 Ae 89
Lesquerde 66 154 Cd 92
Lesquielles-Saint-Germain 02 19 Dd 49
Lesquin 59 8 Da 45
Lessac 16 89 Ae 72
Lessard-en-Bresse 71 83 Fa 68
Lessard-et-le-Chêne 14 30 Aa 54
Lessard-le-National 71 82 Ef 67
Lessay 50 12 Yc 53
Lesse 57 38 Gd 55
Lessy 57 38 Ga 54
Lestanville 76 15 Af 50
Lestards 19 102 Bf 75
Lestelle-Bétharram 64 138 Ze 90
Lestelle-de-Saint-Martory 31 140 Af 90
Lesterps 16 89 Ae 72
Lestiac 33 111 Zd 80
Lestiou 41 64 Bd 62
Lestrade-et-Thouels 12 128 Cd 84
Lestre 50 12 Ye 51
Lestrem 62 8 Ce 45
Létanne 08 20 Fa 51
Lételon 03 79 Cd 69
Lethuin 28 49 Bf 58
Letia 2A 158 If 95
Létra 69 94 Ed 73
Létricourt 54 38 Gb 55
Letteguives 27 16 Bb 52
Leubringhen 62 3 Be 43
Leuc 11 142 Cb 90
Leucamp 15 115 Cd 80
Leucate 11 154 Da 91
Leuchey 52 69 Fb 62
Leudeville 91 33 Cb 57
Leudon-en-Brie 77 34 Db 56
Leuglay 21 68 Ee 62
Leugny 86 76 Aa 68
Leugny 86 77 Ae 67
Leugny 89 66 Dc 62
Leuhan 29 42 Wb 60
Leuilly-sous-Coucy 02 18 Dc 52
Leulinghem 62 3 Ca 44
Leulinghen 62 3 Be 43
Leurville 52 54 Fc 59
Leury 02 18 Dc 52
Leutenheim 67 40 Ia 55
Leuville-sur-Orge 91 33 Cb 57
Leuvrigny 51 35 De 54
Leuy, Le 40 123 Zc 86
Leuze 02 19 Ea 49
Levainville 28 49 Be 58
Leval 59 9 Df 47
Levaré 53 46 Za 58
Levécourt 52 54 Fd 60
Levens 06 135 Hb 85
Levergies 02 18 Db 49
Levernois 21 82 Ef 66
Lèves 28 49 Bc 58
Lèves-et-Thoumeyragues, Les 33 112 Ab 80
Levesville-la-Chenard 28 49 Be 59
Levet 18 79 Cc 67
Levie 2A 159 Ka 98
Levier 25 84 Ga 67
Lévignac 31 126 Bb 86
Lévignac-de-Guyenne 47 112 Ab 81
Lévignacq 40 123 Ye 84
Lévignen 60 34 Cf 53
Lévigny 10 53 Ee 59
Levis 89 66 Db 63
Lévis-Saint-Nom 78 32 Bf 56
Levoncourt 55 37 Fc 56
Levoncourt 68 71 Hb 64
Levroux 36 78 Bd 67
Lewarde 59 8 Db 46
Lexy 54 21 Fe 52
Ley 57 38 Gd 56
Leychert 09 152 Be 91
Leyme 46 114 Bf 80
Leymen 68 72 Hc 63
Leyment 01 95 Fb 73
Leynes 71 94 Ee 71
Leynhac 15 115 Cb 80
Leyr 54 38 Gb 56
Leyrat 23 91 Cb 70
Leyrieu 38 95 Fb 74
Leyritz-Moncassin 47 112 Ab 82
Leyvaux 15 104 Da 77
Leyviller 57 39 Gf 54
Lez 31 151 Ae 91
Lézan 30 130 Ea 84
Lézardrieux 22 26 Wf 56
Lézat-sur-Lèze 09 140 Bc 89
Lezay 79 88 Zf 71
Lezennes 59 8 Da 45
Lezéville 52 54 Fc 58
Lezey 57 38 Gd 56
Lez-Fontaine 59 10 Ea 47
Lézignac-Durand 16 88 Ad 74
Lézignan 65 138 Zf 90
Lézignan-Corbières 11 142 Ce 89
Lézignan-la-Cèbe 34 143 Dc 88
Lézigné 49 62 Ze 63
Lézigneux 42 105 Ea 75
Lézinnes 89 67 Ea 62
Lezoux 63 92 Dc 74
Lhéraule 60 16 Bf 52
Lherm 31 140 Bb 88
Lherm 46 113 Bb 81
Lhéry 51 35 De 53
Lhommaizé 86 77 Ad 70
Lhomme 72 63 Ad 62
Lhôpital 01 95 Fd 72
Lhor 57 39 Gf 55
Lhospitalet 46 113 Bc 82
Lhoumois 79 76 Zf 68
Lhuis 01 95 Fd 74
Lhuître 10 35 Eb 57
Lhuys 02 18 Dd 53
Liac 65 138 Aa 88
Liancourt 60 17 Cc 52
Liancourt-Fosse 80 18 Ce 50
Liancourt-Saint-Pierre 60 16 Bf 53
Liart 08 19 Ec 50
Lias 32 140 Ba 87
Lias-d'Armagnac 32 124 Zf 85
Liausson 34 129 Dc 87
Libares 65 139 Ac 89
Libercourt 62 8 Cf 46
Libermont 60 18 Cf 50
Libos, Monsempron- 47 113 Af 82
Libourne 33 111 Ze 79
Licey-sur-Vingeanne 21 69 Fc 64
Lichans-Sunhars 64 137 Za 90
Lichères 16 88 Ab 73
Lichères-près-Aigremont 89 67 Df 62
Lichères-sur-Yonne 89 67 Dd 63
Lichos 64 137 Zb 89
Lichtenberg 67 40 Hc 55
Licourt 80 18 Cf 50
Licq-Athérey 64 137 Za 90
Licques 62 3 Bf 43
Licy-Clignon 02 34 Db 54
Lidrezing 57 39 Ge 55
Liebenswiller 68 72 Hc 63
Liebsdorf 68 71 Hb 64
Liederschiedt 57 40 Hc 54
Lieffrans 70 70 Ff 63
Liège, Le 37 63 Ba 65
Liéhon 57 38 Gb 54
Liencourt 62 7 Cc 47
Lièpvre 68 56 Hb 59
Liéramont 80 8 Da 49
Liercourt 80 7 Bf 48
Lières 62 7 Cc 45
Liergues 69 94 Ed 73
Liernais 21 68 Eb 65
Liernolles 03 93 De 70
Lierval 02 19 Dd 52
Lierville 60 32 Bf 53
Lies 65 139 Ab 90
Liesle 25 84 Fe 66
Liesse-Notre-Dame 02 19 De 51
Liessies 59 10 Ea 48
Liesville-sur-Douve 50 12 Ye 52
Liettres 62 7 Cc 45
Lieuche 06 134 Ha 84
Lieucourt 70 69 Fd 64
Lieurac 09 141 Be 91
Lieuran-Cabrières 34 143 Dc 87
Lieuran-lès-Béziers 34 143 Db 88
Lieurey 27 15 Ad 53
Lieuron 35 44 Ya 61
Lieusaint 50 12 Yd 52
Lieusaint 77 33 Cd 57
Lieu-Saint-Amand 59 9 Dc 47
Lieutadès 15 116 Cf 79
Lieuvillers 60 17 Cd 52
Lièvans 70 70 Gc 63
Liévin 62 8 Ce 46
Liez 02 18 Db 50
Liez 85 75 Zb 70
Liézey 88 56 Ge 60
Liffol-le-Grand 88 54 Fd 59
Liffol-le-Petit 52 54 Fd 59
Liffré 35 45 Yd 59
Ligescourt 80 7 Bf 47
Liginiac 19 103 Cb 76
Liglet 86 77 Ba 69
Lignac 36 77 Bb 70
Lignairolles 11 141 Bf 90
Lignan 34 143 Db 88
Lignan-de-Bazas 33 111 Ze 82
Lignan-de-Bordeaux 33 111 Zd 80
Ligné 16 88 Aa 73
Ligné 44 60 Yd 64
Lignères 61 30 Ab 56
Lignères-Orgères 53 30 Ze 57
Lignereuil 62 8 Cd 47
Lignerolles 03 91 Cd 71
Lignerolles 21 53 Ef 61
Lignerolles 27 32 Bb 55
Lignerolles 36 79 Ca 70
Lignerolles 61 31 Ad 57
Lignéville 88 55 Ff 59
Ligneyrac 19 102 Bd 78
Lignières 10 52 Df 61
Lignières 18 79 Cb 68
Lignières 41 48 Bb 61
Lignières 80 17 Cd 50
Lignières-Châtelain 80 16 Bf 50
Lignières-de-Touraine 37 62 Ac 65
Lignières-en-Vimeu 80 16 Bd 49
Lignières-Sonneville 16 99 Ze 75
Lignières-sur-Aire 55 37 Fc 56
Lignol 56 43 We 60
Lignol-le-Château 10 53 Ee 59
Lignon 51 52 Ed 57
Lignorelles 89 52 De 61
Lignou 61 29 Zd 56
Ligny-en-Barrois 55 37 Fb 56
Ligny-en-Brionnais 71 93 Eb 71
Ligny-Haucourt 59 9 Dc 48
Ligny-le-Châtel 89 52 De 61
Ligny-le-Ribault 45 64 Be 62
Ligny-lès-Aire 62 7 Cc 45
Ligny-Saint-Flochel 62 7 Cc 46
Ligny-sur-Canche 62 7 Cb 47
Ligny-Thiolly 62 8 Ce 48
Ligré 37 62 Ab 66
Ligron 72 47 Aa 62
Ligsdorf 68 72 Hb 64
Ligueil 37 77 Ae 66
Ligueux 33 112 Ab 80
Ligugé 86 76 Ab 69
Lihons 80 17 Ce 50
Lihus 60 17 Ca 51
Lilhac 31 140 Ae 89
Lille 59 8 Da 45
Lillebonne 76 15 Ad 51
Lillemer 35 27 Ya 57
Lillers 62 8 Cc 45
Lilly 27 16 Bd 52
Limans 04 132 Fe 85
Limanton 58 81 De 67
Limas 69 94 Ee 73
Limbrassac 09 141 Bf 90
Limé 02 18 Dd 53
Limendous 64 138 Ze 89
Limeray 37 63 Ba 64
Limersheim 67 57 Hd 58
Limerzel 56 59 Xd 63
Limésy 76 15 Af 51
Limetz-Villez 78 32 Bd 54
Limeuil 24 113 Af 79
Limeux 18 79 Ca 66
Limeux 80 7 Be 48
Limeyrat 24 101 Af 78
Limey-Remenauville 54 37 Ff 55
Limoges 87 89 Bb 74
Limoges-Fourches 77 33 Ce 57
Limogne-en-Quercy 46 114 Be 82
Limoise 03 80 Da 68
Limon 58 80 Dc 67
Limonest 69 94 Ee 74
Limons 63 92 Dc 73
Limont-Fontaine 59 9 Df 47
Limony 07 106 Ee 76
Limours 91 33 Ca 57
Limousis 11 142 Cc 89
Limoux 11 142 Cb 90
Limouzinière, La 44 74 Yc 67
Limpiville 76 15 Ad 50
Linac 46 114 Ca 81
Linard 23 90 Bf 70
Linards 87 90 Bd 74
Linars 16 88 Aa 75
Linas 91 33 Cb 57
Linay 08 21 Fb 51
Linazay 86 88 Ab 71
Lindebeuf 76 15 Af 50
Lindois, Le 16 88 Ad 74
Lindre-Basse 57 39 Ge 56
Lindre-Haute 57 39 Ge 56
Lindry 89 66 Dc 62
Lingé 36 77 Ba 68
Lingeard 50 29 Yf 56
Lingèvres 14 13 Zb 53
Linghem 62 7 Cc 45
Lingolsheim 67 40 He 57
Lingreville 50 28 Yc 55
Linguizetta 2B 159 Kc 95
Linières-Bouton 49 62 Aa 64
Liniers 86 77 Ad 69
Liniez 36 78 Be 66
Linsdorf 68 72 Hc 63
Linselles 59 4 Da 44
Linthal 68 56 Ha 61
Linthelles 51 35 De 56
Linthes 51 35 Df 56
Lintot 76 15 Ad 51
Lintot-les-Bois 76 15 Ba 50
Linxe 40 123 Ye 85
Liny-devant-Dun 55 21 Fb 52
Linzeux 62 7 Cb 46
Liocourt 57 38 Gc 55
Liomer 80 16 Be 49
Lion-d'Angers, Le 49 61 Zb 63
Lion-devant-Dun 55 21 Fb 52
Lion-en-Beauce 45 49 Bf 60
Lion-en-Sullias 45 65 Cc 62
Lion-sur-Mer 14 14 Ze 53
Liorac-sur-Louyre 24 112 Ad 79
Liouc 30 130 Df 85
Liourdres 19 114 Be 79
Lioux 84 132 Fb 85
Lioux-les-Monges 23 91 Cc 73
Liposthey 40 110 Za 83
Lipsheim 67 40 Hd 57
Lirac 30 131 Ee 84
Lire 49 60 Yf 65
Lironcourt 88 55 Ff 61
Lironville 54 37 Ff 55
Liry 08 20 Ed 53
Lisbourg 62 7 Cb 45
Lisieux 14 30 Ab 54
Lisle 24 100 Ad 77
Lisle 41 48 Ba 61
Lisle-en-Barrois 55 36 Fa 55
Lisle-en-Rigault 55 36 Fa 56
Lisle-sur-Tarn 81 127 Be 85
Lislet 02 19 Ea 50
Lison 14 13 Yf 53
Lisores 14 30 Ab 55
Lisors 27 16 Bc 52
Lissac 09 141 Bd 89
Lissac 19 102 Ca 75
Lissac 43 105 De 78
Lissac-et-Mouret 46 114 Bf 81
Lissac-sur-Couze 19 102 Bc 78
Lissay-Lochy 18 79 Cc 67
Lisse-en-Champagne 51 36 Ed 56
Lisses 91 33 Cc 57
Lisseuil 63 92 Cf 72
Lissey 55 21 Fc 52
Lissieu 69 94 Ee 73
Lissy 77 33 Ce 57
Listrac-de-Durèze 33 112 Aa 80
Listrac-Médoc 33 98 Zb 78
Lit-et-Mixe 40 123 Ye 84
Lithaire 50 12 Yd 53
Litteau 14 13 Za 54
Littenheim 67 40 Hc 56
Litz 60 17 Cb 52
Livaie 61 30 Zf 57
Livarot 14 30 Aa 54
Liverdun 54 38 Ga 56
Liverdy-en-Brie 77 33 Ce 56
Livernon 46 114 Bf 81
Livet 53 46 Zd 60
Livet-en-Saosnois 72 47 Ab 58
Livet-et-Gavet 38 108 Ff 78
Livet-sur-Authou 27 15 Ad 53
Livilliers 95 33 Ca 54
Livinhac-le-Haut 12 115 Cb 81
Livinière, La 34 142 Cd 89
Livré 53 47 Za 61
Livré-sur-Changeon 35 45 Yd 59
Livron 64 138 Zf 89
Livron-sur-Drôme 26 118 Ef 80
Livry 14 29 Zb 54
Livry 58 80 Da 68
Livry-Gargan 93 33 Cd 55
Livry-Louvercy 51 35 Eb 54
Livry-sur-Seine 77 50 Ce 57
Lixhausen 67 40 Hd 56
Lixheim 57 39 Ha 56
Lixing-lès-Rouhling 57 39 Ha 54
Lixing-lès-Saint-Avold 57 39 Ge 54
Lixy 89 51 Da 59
Lizac 82 126 Bb 84
Lizant 86 88 Ab 72
Lizeray 36 78 Bf 67
Lizières 23 90 Bd 71
Lizine 25 84 Ga 66
Lizines 77 51 Db 57
Lizio 56 44 Xc 61
Lizos 65 139 Aa 89
Lizy 02 18 Dc 51
Lizy-sur-Ourcq 77 34 Da 54
Llagonne, La 66 153 Ca 93
Llo 66 153 Ca 94
Llupia 66 154 Ce 93
Lobsann 67 40 Hf 55
Locarn 22 25 Wd 59
Loc-Brévalaire 29 24 Vd 57
Loc-Eguiner 29 25 Vf 58
Loc-Eguiner-Saint-Thégonnec 29 25 Wa 58
Loc-Envel 22 26 We 57
Loc-Guénolé 29 42 Wa 59
Loches 37 77 Af 66
Loches-sur-Durce 10 53 Ed 60
Loché-sur-Indrois 37 77 Bb 66
Locheur, Le 14 29 Zc 54
Lochwiller 67 39 Hc 56
Locmalo 56 43 We 60
Locmaria 56 43 Wf 63
Locmaria-Berrien 29 25 Wb 58
Locmaria-Grand-Champ 56 43 Xb 62
Locmaria-Plouzané 29 24 Vc 58
Locmariaquer 56 58 Xa 63
Locmélar 29 24 Ve 57
Locmélar 29 25 Vf 58
Locminé 56 43 Xa 61
Locmiquelic 56 42 Wd 62
Locoal-Mendon 56 43 Wf 62
Locon 62 8 Cd 45
Loconville 60 16 Bf 53
Locqueltas 56 43 Xa 62
Locquénolé 29 25 Wa 57
Locquignol 59 9 De 47
Locquirec 29 25 Wc 56
Locronan 29 41 Ve 60
Loctudy 29 41 Ve 61
Locunolé 29 42 Wd 61
Loddes 03 93 De 71
Lodes 31 139 Ae 89
Lodève 34 129 Db 86
Lods 25 84 Gb 66
Loechle 68 72 Hc 63
Lœuilley 70 69 Fc 64
Lœuilly 80 17 Cb 50
Loge, La 62 7 Ca 46
Loge-aux-Chèvres, La 10 53 Ec 59
Loge-Fougereuse 85 75 Zb 69
Logelheim 68 57 Hc 60
Loge-Pomblin, La 10 52 Ea 60
Loges, les 14 29 Zb 54
Loges, Les 52 69 Fd 62
Loges, les 76 14 Ab 50
Loges-en-Josas, Les 78 33 Ca 56
Loges-Marchis, Les 50 28 Yf 57
Loges-Margueron, Les 10 52 Ea 60
Loges-Saulces, Les 14 30 Ze 55
Loges-sur-Brécey, Les 50 28 Yf 56
Logny-Bogny 08 20 Ec 50
Logny-lès-Aubenton 02 19 Eb 50
Logrian-Florian 30 130 Ea 85
Logron 28 48 Bb 60
Loguivy 22 26 Wf 56
Loguivy-Plougras 22 25 Wd 57
Lohéac 35 44 Ya 61
Lohitzun-Oyhercq 64 137 Za 89
Lohr 67 39 Hb 55
Lohuec 22 25 Wc 58
Loigné-sur-Mayenne 53 46 Zb 61
Loigny-la-Bataille 28 49 Be 60
Loiré 17 86 Za 71
Loire-les-Marais 17 86 Za 73
Loiré-sur-Nie 17 87 Ze 73
Loire-sur-Rhône 69 106 Ee 75
Loiron 53 46 Za 60
Loisail 61 31 Ad 57
Loisey-Culey 55 37 Fb 56
Loisia 39 83 Fc 70
Loisieux 73 107 Fe 75
Loisin 74 96 Gb 71
Loison-sur-Créquoise 62 7 Be 46
Loisy 54 38 Ga 55
Loisy 71 83 Fa 69
Loisy-en-Brie 51 35 Df 55
Loisy-sur-Marne 51 36 Ed 56
Loivre 51 19 Df 52
Loix 17 86 Yd 71
Lolif 50 28 Yd 56
Lolme 24 113 Af 80
Lombard 25 84 Ff 66
Lombard 39 83 Fd 68
Lombers 81 127 Ca 86
Lombez 32 140 Af 88
Lombia 64 138 Zf 89
Lombrès 65 139 Ad 90
Lombreuil 45 50 Cd 61
Lombron 72 47 Ac 60
Lomme 59 4 Cf 45
Lommerange 57 22 Ff 53
Lommoye 78 32 Bd 55
Lomné 65 139 Ab 90
Lomont 70 71 Gd 63
Lomont-sur-Crête 25 70 Gc 64
Lompnas 01 95 Fd 74
Lompnieu 01 95 Fd 73
Lompret 59 4 Cf 44
Lonçon 64 138 Zd 88
Londe, La 76 15 Af 53
Londe-les-Maures, La 83 147 Gb 90
Londigny 16 88 Aa 72
Long 80 7 Bf 48
Longages 31 140 Bb 88
Longaulnay 35 45 Ya 59
Longavesnes 80 8 Da 49
Longchamp 21 69 Fb 65
Longchamp 52 54 Fc 60
Longchamp 88 55 Gd 59
Longchamps 27 16 Bd 52
Longchamps-sur-Aire 55 37 Fb 55
Longchamp-sur-Aujon 10 53 Ef 60
Longchaumois 39 84 Ff 70
Longcochon 39 84 Ga 68
Longeault 21 69 Fb 65
Longeau-Percey 52 69 Fb 62
Longeaux 55 37 Fc 57
Longechaux 25 70 Gc 65
Longechenal 38 107 Fc 76
Longecombe 01 95 Fd 73
Longecourt-en-Plaine 21 69 Fa 65
Longepierre 71 83 Fb 67
Longeron, Le 49 74 Yf 66
Longes 69 106 Ee 76
Longessaigne 69 94 Ec 74
Longevelle 70 70 Gc 63
Longevelle-lès-Russey 25 71 Gd 65
Longevelle-sur-Doubs 25 71 Gd 64
Longèves 17 86 Za 71
Longèves 85 75 Za 70
Longeville 25 84 Gb 66
Longeville-en-Barrois 55 37 Fb 56
Longevilles-Hautes 25 84 Gc 68
Longevilles-Mont-d'Or 25 84 Gb 68
Longeville-sur-la-Laines 52 53 Ee 58
Longeville-sur-Mer 85 74 Yd 70
Longeville-sur-Mogne 10 52 Ea 60
Longfossé 62 3 Be 45
Longine, la 70 55 Gd 61
Longjumeau 91 33 Cb 56
Longlaville 54 21 Fe 51
Longmesnil 76 16 Bd 51
Longnes 72 47 Zf 60
Longnes 78 32 Bd 55
Longny-au-Perche 61 31 Ae 57
Longpont 02 18 Db 53
Longpont-sur-Orge 91 33 Cb 57
Longpré-les-Corps-Saints 80 7 Bf 48
Longpré-le-Sec 10 53 Ed 59
Longraye 14 13 Zb 54
Longré 16 88 Zf 72
Longroy 76 6 Bd 49
Longsols 10 52 Eb 58
Longueau 80 17 Cc 49
Longuefuye 53 46 Zc 61
Longueil 76 15 Af 49
Longueil-Annel 60 18 Cf 52
Longueil-Sainte-Marie 60 17 Ce 52
Longué-Jumelles 49 62 Zf 64
Longuenesse 62 3 Cb 44
Longuenoë 61 30 Zf 57
Longuerue 76 16 Bb 51
Longuesse 95 32 Bf 54
Longues-sur-Mer 14 13 Zb 52
Longueval 80 8 Ce 48
Longueval-Barbonval 02 19 Dd 52
Longueville 47 112 Ab 82
Longueville 50 28 Yc 55
Longueville 62 3 Bf 44
Longueville 77 34 Db 57
Longueville, La 59 9 Df 47
Longueville-sur-Aube 10 35 Df 57
Longueville-sur-Scie 76 15 Ba 50
Longuevillette 80 7 Cb 48
Longuyon 54 21 Fd 52
Longvic 21 69 Fa 65
Longville-lès-Metz 57 38 Ga 54
Longville-lès-Saint-Avold 57 38 Gd 54
Longvillers 14 29 Zc 54
Longvillers 62 7 Be 45
Longvilliers 78 32 Bf 57
Longwé 08 20 Ee 52
Longwy 54 21 Fe 51
Longwy-sur-le-Doubs 39 83 Fc 67
Lonlay-l'Abbaye 61 29 Zb 57
Lonlay-le-Tesson 61 29 Zd 57
Lonnes 16 88 Aa 73
Lonny 08 20 Ed 50
Lonrai 61 47 Aa 58
Lons 64 138 Zd 89
Lons-le-Saunier 39 83 Fd 68
Lonzac 17 99 Zd 75
Looberghe 59 3 Cb 43
Loon-Plage 59 3 Cb 42
Loos 59 8 Da 45
Loos-en-Gohelle 62 8 Ce 46
Looze 89 51 Dc 61
Lopérec 29 25 Vf 59
Lopigna 2A 158 If 96
Loqueffret 29 25 Wa 59
Lor 02 19 Ea 51
Loray 25 71 Gd 66
Lorcières 15 116 Db 79
Lorcy 45 50 Cd 60
Lordat 09 153 Be 92
Loré 61 29 Zc 58
Lorentzen 67 39 Hb 55
Loreto-di-Casinca 2B 157 Kc 94
Loreto-di-Tallano 2A 159 Ka 98
Lorette 42 106 Ed 75
Loreur, Le 50 28 Yd 55
Loreux 41 64 Be 64
Lorey 54 55 Gb 57
Lorey, Le 50 28 Ye 54
Lorges 41 49 Bc 62
Lorgies 62 8 Ce 45
Lorgues 83 147 Gc 87
Lorient 33 111 Zd 80
Lorient 56 42 Wd 62
Loriges 03 92 Dc 71
Lorignac 17 99 Zb 76
Lorigné 79 88 Aa 72
Loriol-du-Comtat 84 131 Fa 84
Loriol-sur-Drôme 26 118 Ee 80
Lorlanges 43 104 Db 77
Lorleau 27 16 Bd 52
Lormaison 60 17 Ca 53
Lormaye 28 32 Bd 57
Lormes 58 67 De 65
Lormont 33 111 Zc 79
Lornay 74 96 Ff 73
Loromontzey 54 55 Gc 58
Loroux, Le 35 45 Yf 58
Loroux-Bottereau, Le 44 60 Yd 65
Lorp-Sentaraille 09 140 Ba 90
Lorquin 57 39 Gf 56
Lorrez-le-Bocage 77 51 Cf 59
Lorris 45 50 Cd 61
Lorry-lès-Metz 57 38 Ga 54
Lorry-Mardigny 57 38 Ga 55
Lortet 65 139 Ac 90
Loscouët-sur-Meu 22 44 Xe 59
Losne 21 83 Fb 66
Losse 40 124 Zf 84
Lostanges 19 102 Be 78
Lostroff 57 39 Gf 55
Lothey 29 42 Vf 59
Lottinghen 62 3 Bf 44
Louailles 72 46 Ze 62
Louannec 22 26 Wd 56
Louans 37 63 Ae 65
Louan-Villegruis-Fontaine 77 34 Dc 57
Louargat 22 26 Wd 57
Louâtre 02 18 Db 53
Loubajac 65 138 Zf 90
Loubaresse 15 116 Db 79
Loubaut 09 140 Bb 89
Loubédat 32 124 Aa 86
Loubejac 24 113 Ba 81
Loubens 09 141 Bd 90
Loubens 33 111 Zf 81
Loubens-Lauragais 31 141 Be 87
Loubers 81 127 Bf 84
Loubès-Bernac 47 112 Ab 80
Loubeyrat 63 92 Da 73
Loubière, La 12 115 Ce 82
Loubières 09 141 Bd 90
Loubigné 79 88 Zf 72
Loubillé 79 88 Zf 72
Loubressac 46 114 Be 79
Loucé 61 30 Zf 56
Loucelles 14 13 Zc 53
Louchats 33 111 Zc 81
Louches 62 3 Ca 43
Louchy-Montfand 03 92 Db 71
Loucrup 65 138 Aa 90
Loudéac 22 43 Xb 59
Loudenvielle 65 150 Ac 92
Loudes 43 105 De 78
Loudet 31 139 Ad 90
Loudrefing 57 39 Gf 55
Lou-du-Lac, Le 35 44 Ya 59
Loudun 86 76 Aa 66
Loué 72 47 Zf 61
Louer 40 123 Za 86
Louesme 21 53 Ee 61
Louestault 37 63 Ad 63
Loueuse 60 16 Be 51
Louey 65 138 Aa 89
Lougé-sur-Maire 61 30 Ze 56
Lougratte 47 112 Ad 81
Lougres 25 71 Ge 64
Louhans 71 82 Fb 69
Louhossoa 64 136 Yd 89
Louignac 19 101 Bb 77
Louin 79 76 Ze 68
Louisfert 44 60 Yd 62
Louit 65 139 Aa 89
Loulans-Verchamp 70 70 Gb 64
Loulay 17 87 Zc 72
Loulle 39 84 Ff 68
Loupe, La 28 48 Ba 58
Loupeigne 02 18 Dd 53
Loupershouse 57 39 Gf 54
Loupes 33 111 Zd 80
Loupfougères 53 46 Zd 58
Loupia 11 141 Ca 90
Loupiac 33 111 Ze 81
Loupiac 46 113 Ba 81
Loupiac 46 114 Bc 80
Loupiac 46 114 Bf 82
Loupiac 81 127 Be 86
Loupiac-de-la-Réole 33 111 Zf 81
Loupian 34 143 Dd 88
Louplande 72 47 Aa 61
Loupmont 55 37 Fe 55
Louppy-le-Château 55 36 Fa 55
Louppy-sur-Chée 55 37 Fa 55
Louppy-sur-Loisin 55 21 Fd 52
Louptière-Thénard, La 10 51 Dc 58
Lourches 59 9 Dc 47
Lourde 31 139 Ad 91
Lourdes 65 138 Zf 90
Lourdios-Ichere 64 137 Zb 90
Lourdoueix-Saint-Michel 36 78 Be 70
Lourdoueix-Saint-Pierre 23 78 Be 70
Lourenties 64 138 Zf 89
Loures-Barousse 65 139 Ad 90
Louresse-Rochemenier 49 61 Ze 65
Lourmais 35 28 Yb 58
Lourmarin 84 132 Fc 86
Lournand 71 82 Ed 70
Lourouer-Saint-Laurent 36 79 Ca 69
Louroux, Le 37 63 Ae 66
Louroux-Béconnais, Le 49 61 Za 63
Louroux-Bourbonnais 03 80 Cf 69
Louroux-de-Beaune 03 92 Cf 71
Louroux-de-Bouble 03 92 Cf 71
Louroux-Hodement 03 79 Ce 70
Lourquen 40 123 Zb 86
Lourties-Monbrun 32 139 Ad 88
Loury 45 50 Ca 61
Louslitges 32 125 Aa 87
Loussous-Débat 32 124 Aa 87
Loutehel 35 44 Xf 61
Loutzviller 57 39 Hc 54
Louvagny 14 30 Zf 55
Louvaines 49 61 Zb 62
Louvatange 39 69 Fe 65
Louveciennes 78 33 Ca 55
Louvemont 52 36 Ef 57
Louvencourt 80 8 Cd 48
Louvenne 39 83 Fc 70
Louvergny 08 20 Ee 51
Louverné 53 46 Zb 60
Louverot, Le 39 83 Fd 68
Louversey 27 31 Af 55
Louvetot 76 15 Ae 51
Louvie-Juzon 64 138 Zd 90
Louvières 14 13 Za 52
Louvières 52 54 Fb 60
Louvières-en-Auge 61 30 Aa 55
Louviers 27 15 Ba 53
Louvie-Soubiron 64 138 Zd 90
Louvigné 53 46 Zc 60
Louvigné-de-Bais 35 45 Ye 60
Louvigné-du-Désert 35 28 Yf 58
Louvignies 59 9 Dd 47
Louvigny 14 13 Zd 54
Louvigny 57 38 Gb 55
Louvigny 64 138 Zd 87
Louvigny 72 47 Ab 58
Louville-la-Chenard 28 49 Be 59
Louvilliers-en-Drouais 28 32 Bb 56
Louvilliers-lès-Perche 28 31 Ba 57
Louvois 51 35 Ea 54
Louvrechy 80 17 Cc 50
Louvres 95 33 Cd 54
Louvroil 59 9 Df 47
Louye 27 32 Bb 56
Louzac-Saint-André 16 87 Zd 74
Louze 52 53 Ee 58
Louzignac 17 87 Ze 73
Louzy 79 76 Ze 66
Lovagny 74 96 Ga 73
Loyat 56 44 Xd 61
Loye, La 39 83 Fd 66
Loye-sur-Arnon 18 79 Cc 69
Loyettes 01 95 Fb 74
Lozay 17 87 Zc 72
Loze 82 127 Be 83
Lozinghem 62 8 Cd 45
Lozon 50 12 Ye 54
Lozzi 2B 156 Ka 94
Luant 36 78 Bd 68
Luart, Le 72 48 Ad 60
Lubbon 40 124 Zf 84
Lubécourt 57 38 Gd 55
Lubersac 19 101 Bc 76
Lubey 54 21 Ff 53
Lubilhac 43 104 Db 77
Lubine 88 56 Ha 59
Lublé 37 62 Ab 63
Lubret-Saint Luc 65 139 Ab 89
Luby-Betmont 65 139 Ab 89
Luc 12 115 Cd 83
Luc 48 117 Df 81
Luc 65 139 Ab 90
Luc, Le 83 147 Gb 88

Lespourcy — Luc, Le (F) 183

Mareuil-le-Port **51** 35 De 54
Mareuil-lès-Meaux **77** 34 Cf 55
Mareuil-sur-Ay **51** 35 Ea 54
Mareuil-sur-Cher **41** 64 Bb 65
Mareuil-sur-Lay-Dissais **85** 71 Ye 69
Mareuil-sur-Ourcq **60** 34 Da 54
Marey **88** 55 Ff 60
Marey-lès-Fussey **21** 82 Ef 66
Marey-sur-Tille **21** 69 Fa 63
Marfaux **51** 35 Df 54
Marfontaine **02** 19 De 50
Margaux **33** 99 Zb 78
Margency **95** 33 Cb 55
Margerides **19** 103 Cc 76
Margerie-Chantagret **42** 105 Ea 75
Margerie-Hancourt **51** 52 Ed 57
Margès **26** 106 Fa 78
Margival **02** 18 Dc 52
Margnès, le **81** 128 Cd 87
Margny **08** 21 Fc 51
Margny **51** 35 Dd 55
Margny-aux-Cerises **60** 18 Cf 50
Margny-lès-Compiègne **60** 18 Ce 52
Margny-sur-Matz **60** 18 Ce 51
Margon **28** 48 Ae 58
Margouët-Meymes **32** 125 Aa 86
Margueray **50** 28 Yf 55
Marguerittes **30** 131 Ec 85
Margueron **33** 112 Ab 80
Marguestau **32** 124 Zf 85
Margut **08** 21 Fb 51
Mariac **07** 118 Ec 79
Maricourt **80** 8 Ce 49
Marie **06** 134 Ha 84
Marieulles **57** 38 Ga 54
Marieux **80** 7 Cc 48
Marignac **17** 99 Zd 75
Marignac **31** 151 Ad 91
Marignac **82** 126 Af 85
Marignac-en-Diois **26** 119 Fc 80
Marignac-Lasclares **31** 140 Ba 89
Marignac-Laspeyres **31** 140 Af 89
Marignana **2A** 158 Ie 95
Marignane **13** 146 Fb 88
Marigna-sur-Valouse **39** 83 Fd 70
Marigné **49** 61 Za 65
Marigné **49** 61 Zc 62
Marigné-Laillé **72** 47 Ac 62
Marigné-Peuton **53** 46 Zb 61
Marignier **74** 96 Gd 72
Marignieu **01** 95 Fe 74
Marigny **03** 80 Db 69
Marigny **39** 84 Fe 68
Marigny **50** 28 Ye 54
Marigny **51** 35 Df 57
Marigny **71** 82 Ec 68
Marigny **79** 87 Zd 71
Marigny-Brizay **86** 76 Ab 68
Marigny-Chémereau **86** 76 Ab 70
Marigny-en-Orxois **02** 34 Db 54
Marigny-le-Cahouët **21** 68 Ec 64
Marigny-le-Châtel **10** 52 De 58
Marigny-l'Eglise **58** 67 Df 64
Marigny-lès-Reullée **21** 82 Ef 66
Marigny-les-Usages **45** 49 Ca 61
Marigny-Marmande **37** 77 Ac 67
Marigny-Saint-Marcel **74** 96 Ff 74
Marigny-sur-Yonne **58** 67 Dd 65
Marillac-le-Franc **16** 88 Ac 74
Marillais, le **49** 61 Yf 64
Marillet **85** 75 Zc 69
Marimbault **33** 111 Ze 82
Marimont-lès-Bénestroff **57** 39 Ge 55
Marines **95** 32 Bf 54
Maringes **42** 106 Ec 75
Maringues **63** 92 Db 73
Mariol **03** 92 Dc 72
Marions **33** 111 Zf 82
Marizy **71** 82 Ec 69
Marizy-Sainte-Geneviève **02** 34 Db 53
Marizy-Saint-Mard **02** 34 Db 53
Marle **02** 19 De 50
Marlemont **08** 20 Ec 50
Marlenheim **67** 40 Hc 57
Marlens **74** 96 Gc 74
Marlers **80** 16 Bf 50
Marles-en-Brie **77** 34 Cf 56
Marles-sur-Canche **62** 7 Be 46
Marlhes **42** 106 Ec 77
Marliac **31** 140 Bc 89
Marliens **21** 69 Fa 65
Marlieux **01** 94 Fa 72
Marlioz **74** 96 Ga 72
Marlotte, Bourron- **77** 50 Ce 58
Marly **57** 36 Ga 54
Marly **59** 9 Dd 46
Marly-Gomont **02** 19 De 49
Marly-la-Ville **95** 33 Cd 54
Marly-le-Roi **78** 33 Ca 55
Marly-sous-Issy **71** 81 Df 68
Marly-sur-Arroux **71** 81 Ea 69
Marmagne **18** 79 Cb 66
Marmagne **21** 68 Ec 63
Marmagne **71** 82 Ec 67
Marmande **47** 112 Aa 81
Marmanhac **15** 115 Cc 78
Marmeaux **89** 67 Ea 63
Marminiac **46** 113 Bb 81
Marmont-Pachas **47** 125 Ad 84
Marmouillé **61** 30 Ab 56
Marmoutier **67** 39 Hc 56
Marnac **24** 113 Ba 79
Marnand **69** 93 Eb 72
Marnans **38** 107 Fb 77
Marnaves **81** 127 Bf 84
Marnay **70** 70 Fe 65
Marnay **71** 82 Ef 68
Marnay **86** 76 Ac 70
Marnay-sur-Marne **52** 54 Fb 60
Marnay-sur-Seine **10** 34 Dd 57
Marnaz **74** 96 Gd 72
Marne, la **44** 60 Yb 67
Marnefer **61** 31 Ad 55
Marnes **79** 76 Zf 67
Marnézia **39** 83 Fd 69
Marnhagues-et-Latour **12** 129 Da 85
Marnoz **39** 84 Ff 67
Marœuil **62** 8 Ce 47
Maroilles **59** 9 De 48
Marolle-en-Sologne, La **41** 64 Be 63
Marolles **14** 30 Ac 54
Marolles **41** 64 Bb 63
Marolles **51** 36 Ed 56
Marolles **60** 34 Da 53
Marolles-en-Beauce **91** 50 Cb 58
Marolles-en-Brie **77** 34 Da 56
Marolles-en-Brie **94** 33 Cd 56
Marolles-en-Hurepoix **91** 33 Cb 57
Marolles-lès-Bailly **10** 53 Ec 59
Marolles-lès-Braults **72** 47 Ab 59
Marolles-les-Buis **28** 48 Af 58
Marolles-lès-Saint-Calais **72** 48 Ae 61
Marolles-sous-Lignières **10** 52 Df 61
Marolles-sur-Seine **77** 51 Da 58
Marollette **72** 47 Ac 58
Marols **42** 105 Ea 76
Maromme **76** 15 Ba 52
Mâron **36** 78 Bf 68
Maron **54** 38 Ga 57
Maroncourt **88** 55 Ga 59
Marpaps **40** 123 Zb 87
Marpent **59** 10 Ea 47
Marpiré **35** 45 Yd 60
Marquaix **80** 8 Da 49
Marquay **24** 113 Ba 79
Marquefave **31** 140 Bb 89
Marqueglise **60** 17 Ce 51
Marquein **11** 141 Be 89
Marquerie **65** 139 Ab 89
Marques **76** 16 Be 50
Marquette-en-Ostrevent **59** 8 Db 47
Marquigny **08** 20 Ee 51
Marquillies **59** 8 Cf 45
Marquion **62** 8 Da 47
Marquise **62** 3 Be 44
Marquivillers **80** 17 Ce 50
Marquixanes **66** 153 Cc 93
Marray **37** 63 Ae 63
Marre **55** 37 Fb 53
Marre, La **39** 83 Fe 68
Mars **07** 117 Eb 78
Mars **30** 129 Dd 85
Mars **42** 93 Eb 72
Mars, Les **23** 91 Cc 73
Marsa **11** 153 Ca 92
Marsac **23** 90 Bd 72
Marsac **65** 138 Aa 89
Marsac **82** 126 Ae 85
Marsac-en-Livradois **63** 105 De 76
Marsac-sur-Don **44** 60 Yb 63
Marsac-sur-l'Isle **24** 100 Ad 77
Marsainvilliers **45** 50 Cb 59
Marsais **17** 87 Zc 72
Marsais-Sainte-Radégonde **85** 75 Za 69
Marsal **57** 38 Gd 56
Marsal **81** 128 Cb 85
Marsalès **24** 113 Af 80
Marsan **32** 125 Ae 87
Marsaneix **24** 101 Ae 78
Marsangis **51** 35 Df 57
Marsangy **89** 51 Db 60
Marsannay-la-Côte **21** 68 Ef 65
Marsannay-le-Bois **21** 69 Fa 64
Marsanne **26** 118 Ef 81
Marsas **33** 99 Zd 78
Marsas **65** 139 Ab 90
Marsat **63** 92 Da 73
Marsaz **26** 106 Ef 78
Marseillan **32** 139 Ab 88
Marseillan **34** 143 Dd 88
Marseillan **65** 139 Ab 89
Marseille **13** 146 Fc 89
Marseille-en-Beauvaisis **60** 16 Bf 51
Marseilles-lès-Aubigny **18** 80 Da 66
Marseillette **11** 142 Cd 89
Marsillargues **34** 130 Ea 87
Marsilly **17** 86 Yf 71
Marsilly **57** 38 Gb 54
Mars-la-Tour **54** 37 Ff 54
Marsolan **32** 125 Ad 85
Marson **51** 36 Ed 55
Marsonnas **01** 94 Fa 70
Marson-sur-Barboure **55** 37 Fc 57
Marspich **57** 22 Ga 52
Marssac-sur-Tarn **81** 127 Ca 85
Mars-sous-Bourcq **08** 20 Ed 52
Mars-sur-Allier **58** 80 Da 67
Martagny **27** 16 Bd 52
Martailly-lès-Brancion **71** 82 Ee 69
Martainneville **80** 6 Bc 48
Martainneville **80** 7 Be 48
Martainville **14** 29 Zd 55
Martainville **27** 14 Ac 53
Martainville-Epreville **76** 16 Bb 52
Martaizé **86** 76 Aa 67
Martel **46** 114 Bd 79
Marthemont **54** 38 Ga 57
Marthille **57** 38 Gd 55
Marthomis **34** 142 Ce 88
Marthon **16** 100 Ac 75
Martiel **12** 114 Bf 82
Martigargues **30** 130 Eb 84
Martignas **33** 99 Fe 70
Martignas-sur-Jalle **33** 110 Zb 79
Martignat **01** 95 Fd 71
Martigné-Briand **49** 61 Zd 65
Martigné-Ferchaud **35** 45 Ye 62
Martigné-sur-Mayenne **53** 46 Zc 59
Martigny **02** 19 Ea 49
Martigny **50** 28 Yf 57
Martigny **76** 15 Ba 49
Martigny-Courpierre **02** 19 De 52
Martigny-le-Comte **71** 82 Eb 69
Martigny-les-Bains **88** 54 Fe 60
Martigny-lès-Gerbonvaux **88** 54 Fe 58
Martigny-sur-l'Ante **14** 30 Ze 55
Martigues **13** 146 Fa 88
Martillac **33** 111 Zc 80
Martincamp **76** 16 Bc 50
Martincourt **54** 38 Ff 55
Martincourt **60** 16 Bf 51
Martincourt-sur-Meuse **55** 21 Fb 51
Martin-Église **76** 16 Ba 49
Martinet **85** 74 Yb 68
Martinet, Le **30** 130 Ea 83
Martinet, Le **85** 75 Zb 68
Martinpuich **62** 8 Ce 48
Martinvast **50** 12 Yc 51
Martinvelle **88** 55 Ga 61
Martizay **36** 77 Ba 68
Martot **27** 15 Ba 53
Martragny **14** 13 Zc 53
Martre, La **83** 134 Gd 86
Martres **33** 111 Ze 80
Martres-de-Rivière **31** 139 Ad 90
Martres-sur-Morge **63** 92 Db 73
Martres-Tolosane **31** 140 Ba 89
Martrin **12** 128 Cd 85
Martrois **21** 68 Ed 65
Martyre, La **29** 25 Vf 58
Martys, Les **11** 142 Cb 88
Maruéjols-lès-Gardon **30** 130 Ea 84
Marval **87** 101 Ae 75
Marvaux-Vieux **08** 20 Ee 53
Marvejols **48** 116 Db 81
Marvelise **25** 71 Gd 63
Marville **55** 21 Fd 52
Marville-Moutiers-Brûlé **28** 32 Bc 56
Mary **71** 82 Ec 69
Mary-sur-Marne **77** 34 Da 54
Marzan **56** 59 Xe 63
Marzens **81** 127 Bf 87
Marzy **58** 80 Da 67
Mas, Le **06** 134 Gf 85
Mas, Le **48** 117 Df 81
Mas-Blanc-des-Alpilles **13** 131 Ee 86
Mas-Cabardès **11** 142 Cc 88
Mascaraàs-Haron **64** 124 Ze 87
Mascaras **32** 139 Ab 87
Mascaras **65** 139 Ab 89
Mascarville **31** 141 Be 87
Masclat **46** 113 Bc 79
Mas-d'Artige, le **23** 91 Cb 74
Mas-d'Auvignon **32** 125 Ad 85
Mas-d'Azil, le **09** 140 Bc 90
Mas-de-Cours **11** 142 Cc 90
Mas-de-Londres **34** 130 De 86
Mas-de-Tence, Le **43** 106 Ec 78
Masevaux **68** 71 Gf 62
Mas-Grenier **82** 126 Bb 85
Maslacq **64** 137 Zb 88
Masléon **87** 90 Bd 74
Maslives **41** 64 Bc 63
Masnau-Massuguiès, Le **81** 128 Cd 86
Masnières **59** 8 Db 48
Masny **59** 8 Db 46
Masos, Les **66** 153 Cc 93
Masparraute **64** 137 Yf 88
Maspie-Lalonquère-luillacq **64** 138 Zf 88
Masquières **47** 113 Ba 82
Massac **11** 154 Cd 91
Massac **17** 87 Ze 73
Massac-Séran **81** 127 Bf 87
Massaguel **81** 141 Ca 88
Mas-Saint-Chély **48** 129 Dc 83
Mas-Saintes-Puelles **11** 141 Bf 89
Massais **79** 75 Zd 66
Massals **81** 128 Cd 85
Massanes **30** 130 Ea 84
Massangis **89** 67 Df 63
Massat **09** 152 Bc 91
Massay **18** 65 Bf 66
Massegros, Le **48** 129 Db 83
Masseilles **33** 111 Zf 82
Massels **47** 113 Af 83
Massérac **44** 59 Ya 62
Masseret **19** 102 Bd 75
Massiac **15** 104 Db 77
Massieu **38** 107 Fd 76
Massiges **51** 36 Ee 53
Massignac **16** 88 Ad 74
Massignieu-de-Rives **01** 95 Fe 74
Massigny **74** 96 Ff 74
Massigny-lès-Semur **21** 68 Ec 63
Massigny-lès-Vitteaux **21** 68 Ed 64
Massillargues **30** 130 Ea 84
Massilly **71** 82 Ee 70
Massingy **21** 53 Ed 61
Massingy **74** 96 Ff 74
Massognes **86** 76 Aa 68
Massoins **06** 134 Ha 85
Massoulès **47** 113 Af 82
Massugas **33** 112 Aa 80
Massy **71** 82 Ed 70
Massy **76** 16 Bc 50
Massy **91** 33 Cb 56
Mastaing **59** 9 Db 47
Matafelon-Granges **01** 95 Fd 71
Matelles, Les **34** 130 De 86
Matemale **66** 153 Ca 93
Matha **17** 87 Ze 73
Mathaux **10** 53 Ec 58
Mathay **25** 71 Ge 64
Mathenay **39** 83 Fe 67
Mathes, Les **17** 86 Yf 74
Mathey **25** 71 Ge 64
Mathieu **14** 13 Zd 53
Mathons **52** 53 Fa 58
Mathonville **76** 16 Bb 50
Matignicourt-Goncourt **51** 36 Ee 56
Matignon **22** 27 Xe 57
Matigny **80** 18 Da 50
Matougues **51** 35 Eb 55
Matour **71** 94 Ec 71
Matra **2B** 159 Kc 95
Matringhem **62** 7 Ca 45
Mattaincourt **88** 55 Ga 59
Mattexey **54** 55 Gd 58
Matton-et-Clémency **08** 21 Fb 51
Matzenheim **67** 57 Hd 58
Maubec **82** 126 Af 86
Maubec **84** 132 Fa 85
Maubert-Fontaine **08** 20 Ec 49
Maubeuge **59** 9 Df 47
Maubourguet **65** 138 Aa 88
Mauchamps **91** 33 Cb 57
Maucomble **76** 16 Bb 50
Maucor **64** 138 Ze 88
Maucourt **60** 17 Ce 50
Maucourt-sur-Orne **55** 21 Fd 53
Maudétour-en-Vexin **95** 32 Be 54
Mauguio **34** 144 Ea 87
Maulan **55** 37 Fb 56
Maulay **86** 76 Ab 67
Maulde **59** 9 Dc 45
Maule **78** 32 Bf 55
Mauléon **79** 75 Zb 67
Mauléon-Barousse **65** 139 Ad 91
Mauléon-d'Armagnac **32** 124 Zf 85
Mauléon-Licharre **64** 137 Za 89
Maulers **60** 17 Ca 51
Maulette **78** 32 Bd 56
Maulévrier **49** 75 Zb 66
Maulévrier-Sainte-Gertrude **76** 15 Ae 51
Maulichères **32** 124 Zf 86
Maumusson **44** 60 Yf 64
Maumusson **82** 126 Af 85
Maumusson-Laguian **32** 126 Zf 87
Maupas **10** 52 Ea 60
Maupas **32** 124 Zf 85
Mauperthuis **77** 34 Da 56
Maupertuis **50** 28 Ye 55
Maupertus-sur-Mer **50** 12 Yd 50
Mauprévoir **86** 88 Ad 71
Mauquenchy **76** 16 Bc 51
Mauran **31** 140 Ba 89
Maurecourt **78** 33 Ca 55
Maure-de-Bretagne **35** 44 Ya 61
Mauregard **77** 33 Cd 54
Mauregny-en-Haye **02** 19 De 51
Maureilhan **34** 143 Da 88
Maureillas-las-Illas **66** 154 Ce 94
Mauremont **31** 141 Be 88
Maurens **24** 112 Ac 79
Maurens **31** 141 Be 88
Maurens **32** 126 Af 87
Maurepas **78** 32 Bf 56
Maurepas **80** 8 Cf 49
Mauressac **31** 140 Bc 89
Mauressargues **30** 130 Ea 85
Maureville **31** 141 Be 87
Mauriac **15** 103 Cc 77
Mauriac **33** 111 Zf 80
Mauries **40** 124 Ze 87
Maurines **15** 116 Da 79
Maurois **59** 9 Dc 48
Mauron **56** 44 Xe 60
Mauroux **32** 126 Ae 85
Mauroux **46** 113 Ba 82
Maurrin **40** 124 Zd 86
Maurs **15** 115 Cb 80
Maurupt-le-Montois **51** 36 Ef 56
Maury **66** 154 Cd 92
Mausoléo **2B** 156 Ka 93
Maussac **19** 103 Ca 76
Maussane-les-Alpilles **13** 131 Ee 86
Maussans **70** 70 Gb 64
Mauvages **55** 37 Fd 57
Mauvaisin **31** 141 Bd 88
Mauves **07** 106 Ec 75
Mauves-sur-Huisne **61** 48 Ad 58
Mauves-sur-Loire **44** 60 Yd 65
Mauvezin **31** 140 Af 88
Mauvezin **32** 126 Af 86
Mauvezin **65** 139 Ab 90
Mauvezin-d'Armagnac **40** 124 Zf 85
Mauvezin-de-Prat **09** 140 Af 90
Mauvezin-de-Sainte-Croix **09** 140 Bb 90
Mauvières **36** 77 Ba 69
Mauvilly **21** 68 Ee 62
Maux **58** 81 De 66
Mauzac **31** 140 Bb 88
Mauzac-et-Grand-Castang **24** 113 Ae 79
Mauzens-et-Miremont **24** 101 Af 79
Mauzé-sur-le-Mignon **79** 87 Zb 71
Mauzé-Thouarsais **79** 75 Ze 67
Mauzun **63** 104 Dc 74
Maves **41** 64 Bc 62
Mavilly-Mandelot **21** 82 Ee 66
Maxe, La **57** 38 Gb 53
Maxent **35** 44 Xf 61
Maxéville **54** 38 Ga 56
Maxey-sur-Meuse **88** 54 Fe 58
Maxey-sur-Vaise **55** 37 Fe 57
Maxilly-Petite-Rive **74** 97 Gd 70
Maxilly-sur-Lac **74** 97 Gd 70
Maxilly-sur-Saône **21** 69 Fc 65
Maxou **46** 113 Bc 81
Maxstadt **57** 39 Ge 54
Mayac **24** 101 Af 77
May-en-Multien **77** 34 Da 54
Mayenne **53** 46 Zc 59
Mayet **72** 62 Ab 62
Mayet-d'Ecole, Le **03** 92 Db 72
Mayet-de-Montagne, Le **03** 92 De 72
Maylis **40** 123 Zb 86
Maynal **39** 83 Fc 69
Mayons, Les **83** 147 Gc 89
Mayot **02** 18 Dc 50
Mayran **12** 115 Cc 82
Mayrègne **31** 151 Ad 91
Mayres **07** 118 Ea 79
Mayres **63** 105 De 76
Mayres-Savel **38** 119 Fe 79
Mayreville **11** 141 Bf 89
Mayrinhac-Lentour **46** 114 Be 80
Mayronnes **11** 142 Cd 90
May-sur-Evre, Le **49** 61 Za 66
May-sur-Orne **14** 29 Zd 54
Mazamet **81** 142 Cc 88
Mazan **84** 132 Fa 84
Mazangé **41** 48 Af 62
Mazauges **83** 147 Ff 88
Mazaye **63** 91 Cf 74
Mazé **49** 62 Ze 64
Mazeau, Le **85** 75 Zb 70
Mazeirat **23** 90 Bf 72
Mazeley **88** 55 Gc 59
Mazères **09** 141 Be 89
Mazères **33** 111 Ze 82
Mazères **47** 113 Ba 82
Mazeres **65** 124 Zf 87
Mazères-de-Neste **65** 139 Ad 90
Mazères-Lezons **64** 138 Zd 89
Mazères-sur-Salat **31** 140 Af 90
Mazerier **03** 92 Db 72
Mazerny **08** 20 Ed 51
Mazerolles **16** 88 Ad 74
Mazerolles **17** 99 Zc 75
Mazerolles **40** 124 Zd 85
Mazerolles **64** 138 Zd 88
Mazerolles **65** 139 Ab 88
Mazerolles **86** 77 Ae 70
Mazerolles-du-Razès **11** 141 Ca 90
Mazerolles-le-Salin **25** 70 Ff 65
Mazerulles **54** 38 Gc 56
Mazet-Saint-Voy **43** 105 Eb 78
Mazeuil **86** 76 Aa 68
Mazeyrat-Aurouze **43** 104 Dd 77
Mazeyrolles **24** 113 Ba 80
Mazière-aux-Bons-Hommes, La **23** 91 Cc 73
Mazières **16** 88 Ad 73
Mazières-de-Touraine **37** 62 Ac 64
Mazières-en-Gâtine **79** 75 Ze 69
Mazières-en-Mauges **49** 61 Zb 66
Mazille **71** 94 Ed 70
Mazingarbe **62** 8 Ce 46
Mazinghem **62** 7 Cc 45
Mazinghien **59** 9 Dd 48
Mazion **33** 99 Zc 78
Mazirat **03** 91 Cd 71
Mazirot **88** 55 Ga 59
Mazis, Le **80** 16 Be 49
Mazoires **63** 104 Da 76
Mazouau **65** 139 Ac 90
Mazuby **11** 153 Ca 92
Mazures, Les **08** 20 Ed 49
Mazzola **2B** 159 Kb 95
Méasnes **23** 78 Be 70
Meaucé **28** 48 Ba 58
Méaudre **38** 107 Fd 78
Méaugon, La **22** 26 Xb 57
Meaulne **03** 79 Cd 69
Méaulte **80** 8 Cd 49
Méautis **50** 12 Ye 53
Meaux **77** 34 Cf 55
Meaux-la-Montagne **69** 94 Ec 72
Meauzac **82** 126 Bb 84
Mecé **35** 45 Ye 59
Mechmont **46** 113 Bc 81
Mécleuves **57** 38 Gb 54
Mecquignies **59** 9 De 47
Mécrin **55** 37 Fd 56
Médan **78** 32 Bf 55
Medavy **61** 30 Aa 56
Medeyrolles **63** 105 De 76
Médière **25** 71 Gd 64
Médillac **16** 100 Aa 77
Médis **17** 86 Za 75
Médonville **88** 54 Fe 59
Médréac **35** 44 Xf 59
Mée **53** 46 Za 62
Mée, le **28** 49 Bc 61
Mée-sur-Seine, le **77** 33 Cd 57
Mégange **57** 22 Gc 53
Megève **74** 97 Gd 73
Mégevette **74** 96 Gd 71
Megrit **22** 27 Xe 58
Méharicourt **80** 17 Ce 50
Méharin **64** 137 Yf 89
Méhers **41** 64 Bc 65
Méhoncourt **54** 38 Gc 57
Méhoudin **61** 29 Zd 57
Mehun-sur-Yéyre **18** 79 Cb 66
Meignanne, La **49** 61 Zc 63
Meigné **49** 62 Ze 65
Meigné-le-Vicomte **49** 62 Ab 63
Meigneux **77** 51 Da 57
Meigneux **80** 16 Bf 50
Meilars **29** 41 Vd 60
Meilhac **87** 89 Ba 74
Meilhan **32** 139 Ae 88
Meilhan-sur-Garonne **47** 112 Aa 81
Meilhards **19** 102 Bd 75
Meilhaud **63** 104 Da 75
Meillac **35** 28 Yb 58
Meillant **18** 79 Cd 68
Meillard **03** 92 Db 70
Meillard, Le **80** 7 Cb 47
Meilleraie-Tillay, La **85** 75 Za 68
Meilleray **77** 34 Dc 56
Meilleraye-de-Bretagne, La **44** 60 Yd 63
Meillers **03** 80 Da 69
Meillon **64** 138 Ze 89
Meillonas **01** 95 Fc 71
Meilly-sur-Rouvres **21** 68 Ed 65
Meisenthal **57** 39 Hc 55
Meistratzheim **67** 57 Hd 58
Meix, Le **21** 68 Ef 63
Meix, Le **21** 83 Fb 66
Meix-Saint-Epoing, Le **51** 35 Dd 56
Meix-Tiercelin, Le **51** 36 Ec 57
Méjanel, le **12** 116 Cf 83
Méjannes-le-Clap **30** 131 Ec 83
Méjannes-lès-Alès **30** 130 Ea 84
Mela **2A** 159 Ka 98
Mela **2A** 160 Kb 99
Mélamare **76** 15 Ac 51
Melay **49** 61 Zb 65
Melay **52** 54 Fe 61
Melay **71** 93 Ea 71
Mélecey **70** 70 Gc 63
Melesse **35** 45 Yb 59
Mêle-sur-Sarthe, Le **61** 30 Ac 57
Melgven **29** 42 Wa 61
Mélicocq **60** 18 Cf 52
Mélicourt **27** 31 Ad 55
Méligny-le-Grand **55** 37 Fc 56
Méligny-le-Petit **55** 37 Fc 57
Melin **70** 70 Fe 62
Melincourt **70** 55 Ga 61
Mélisey **70** 71 Gd 62
Mélisey **89** 52 Ea 61
Meljac **12** 128 Cc 84
Mellac **29** 42 Wc 61
Mellé **35** 28 Ye 58
Melle **79** 87 Zf 71
Mellecey **71** 82 Ee 68
Melleran **79** 88 Zf 72
Melleray **72** 48 Ae 60
Melleroy **45** 51 Cf 61
Melles **31** 151 Ae 91
Melleville **76** 6 Bc 49
Mellionnec **22** 43 We 59
Mello **60** 17 Cc 53
Meloisey **21** 82 Ee 66
Melrand **56** 43 Wf 61
Melsheim **67** 40 Hd 56
Melun **77** 33 Cd 57
Membrey **70** 69 Fe 63
Membrolles **41** 49 Bc 61
Membrolle-sur-Choisille, La **37** 63 Ad 64
Membrolle-sur-Longuenée, La **49** 61 Zb 63
Méménil **88** 55 Gd 59
Memmelshoffen **67** 40 Hf 55
Mémont, Le **25** 71 Ge 66
Menades **89** 67 De 64
Ménarmont **88** 55 Gd 58
Ménars **41** 64 Bc 63
Menat **63** 92 Cf 72
Menaucourt **55** 37 Fc 57
Mencas **62** 7 Ca 45
Menchhoffen **67** 40 Hc 55
Mende **48** 116 Dd 81
Mendionde **64** 137 Ye 88
Menditte **64** 137 Za 90
Mendive **64** 137 Yf 90
Ménéac **56** 44 Xd 60
Ménebres **84** 132 Fb 85
Ménerval **76** 16 Bd 51
Menesble **21** 68 Ef 62
Méneslies **80** 6 Bd 48
Ménesplet **24** 100 Aa 78
Menesqueville **27** 16 Bc 52
Ménestérol, Momtpon- **24** 100 Aa 78
Menestreau **58** 66 Db 64
Ménestreau-en-Villette **45** 65 Ca 62
Menet **15** 103 Cd 77
Menetou-Couture **18** 80 Cf 66
Menetou-Râtel **18** 66 Ce 64
Menetou-Salon **18** 65 Cc 65
Menetou-sur-Nahon **36** 64 Bd 65
Ménétréol-sous-Sancerre **18** 66 Cf 65
Ménétréols-sous-Vatan **36** 78 Bf 66
Ménétréol-sur-Sauldre **18** 65 Cb 64
Ménetreuil **71** 83 Fa 69
Ménétreux-le-Pitois **21** 68 Ec 63
Ménétrol **63** 92 Da 73
Menétru-le-Vignoble **39** 83 Fd 68
Menétrux-en-Joux **39** 84 Ff 69
Ménévillers **60** 17 Cd 51
Menglon **26** 119 Fc 81
Ménière, La **61** 30 Ac 57
Ménigoute **79** 76 Zf 70
Ménil **53** 46 Zb 62
Ménil, le **88** 55 Gb 60
Ménil, Le **88** 55 Gc 60
Ménil, le **88** 56 Ge 61
Ménil, Le **88** 56 Gf 58
Ménil-Annelles **08** 20 Ec 52
Ménil-aux-Bois **55** 37 Fc 56
Ménil-Bérard, Le **61** 31 Ad 56
Ménil-Broût, Le **61** 30 Ab 58
Ménil-Ciboult, Le **61** 29 Zb 56
Ménil-de-Briouze, Le **61** 29 Zd 56
Ménil-de-Senones **88** 56 Gf 58
Ménil-en-Xaintois **88** 55 Ff 59
Ménil-Erreux **61** 30 Ab 57
Ménil-Froger **61** 30 Ab 56
Ménil-Gondouin **61** 30 Ze 56
Ménil-Guyon, Le **61** 31 Ab 57
Ménil-Hermei **61** 30 Ze 56
Ménil-Hubert-en-Exmes **61** 30 Ab 56
Ménil-Hubert-sur-Orne **61** 29 Zd 55
Ménil-Jean **61** 30 Ze 56
Ménil-la-Horgne **55** 37 Fd 56
Ménil-la-Tour **54** 37 Ff 56
Ménil-Lépinois **08** 19 Eb 52
Menilles **27** 32 Bc 54
Ménil-Scelleur, Le **61** 30 Zf 57
Ménil-sur-Belvitte **88** 56 Ge 58
Ménil-sur-Saulx **55** 37 Fb 57
Ménil-Vicomte, Le **61** 30 Ab 56
Ménil-Vin **61** 30 Ze 55
Ménitré, La **49** 62 Ze 64
Mennecy **91** 33 Cc 57
Mennessis **02** 18 Db 50
Mennetou-sur-Cher **41** 64 Bf 65
Menneval **27** 31 Ad 54
Menneville **02** 19 Ea 52
Menneville **62** 3 Bf 44
Mennevret **02** 9 Dd 49
Mennouveaux **52** 54 Fc 60
Ménoire **19** 102 Be 78
Menomblet **85** 75 Zb 68
Menoncourt **90** 71 Gf 62
Ménonval **76** 16 Bc 50
Menotey **39** 69 Fd 66
Menou **58** 66 Db 64
Ménouville **95** 33 Ca 54
Menoux **70** 70 Ga 62
Menoux, Le **36** 78 Bd 69
Mensignac **24** 100 Ad 77
Menskirch **57** 22 Gc 53
Mentheville **76** 15 Ac 50
Menthonnex-en-Bornes **74** 96 Gb 72
Menthonnex-sous-Clermont **74** 96 Ff 73
Menthon-Saint-Bernard **74** 96 Gb 73
Mentières **15** 104 Da 78
Menton **06** 135 Hc 86
Mentque **62** 3 Ca 44
Menucourt **95** 32 Bf 54
Menus, les **61** 31 Af 57
Menville **31** 126 Bb 86
Méobecq **36** 78 Bc 68
Méon **49** 62 Aa 64
Méounes-lès-Montrieux **83** 147 Ff 89
Mépieu **38** 95 Fc 74
Mer **41** 64 Bd 62
Méracq **64** 138 Zd 87
Méral **53** 46 Za 61
Méras **09** 140 Bb 89
Mercatel **62** 8 Ce 47
Mercenac **09** 140 Ba 90
Merceuil **21** 82 Ef 67
Mercey **27** 32 Bc 54
Mercey-le-Grand **25** 69 Fe 65
Mercey-sur-Saône **70** 69 Fe 63
Mercin-et-Vaux **02** 18 Db 52
Merckeghem **59** 3 Cb 43
Merck-Saint-Liévin **62** 7 Ca 45
Mercœur **19** 102 Bf 78
Mercœur **43** 104 Db 77
Mercuer **07** 118 Ec 81
Mercuès **46** 114 Bc 82
Mercurey **71** 82 Ee 67
Mercurol **26** 106 Ef 78
Mercury **73** 108 Gc 74
Mercus-Garrabet **09** 152 Bd 91
Mercy **03** 81 Dd 70
Mercy **89** 52 Dd 60
Mercy-le-Bas **54** 21 Fe 52
Mercy-le-Haut **54** 21 Fe 52
Merdrignac **22** 44 Xd 59
Méré **78** 32 Be 56
Méré **89** 52 De 61
Méreau **18** 65 Ca 66
Méréaucourt **80** 16 Bf 50
Méréglise **28** 48 Bb 59

Mareuil-le-Port — Méréglise (F) **185**

Mérélessart **80** 7 Bf 49
Mérens **32** 125 Ad 86
Mérens-les-Vals **09** 153 Bf 93
Mérenvielle **31** 126 Ba 87
Mereuil **05** 119 Fe 82
Méréville **54** 38 Ga 57
Méréville **91** 50 Ca 59
Merey **27** 31 Bc 55
Mérey-sous-Montrond **25** 70 Ga 66
Merey-Vieilley **25** 70 Ga 65
Merfy **51** 19 Df 53
Mergey **10** 52 Ea 58
Meria **2B** 157 Kc 91
Mérial **11** 153 Bf 92
Méribel-les-Allues **73** 109 Gd 76
Méricourt **62** 8 Cf 46
Méricourt **78** 32 Bd 54
Méricourt-en-Vimeu **80** 16 Bf 49
Méricourt-l'Abbé **80** 8 Cd 49
Méricourt-sur-Somme **80** 17 Ce 49
Mériel **95** 33 Cb 54
Mérifons **34** 129 Db 87
Mérignac **16** 87 Zf 74
Merignac **17** 99 Ze 77
Mérignac **33** 111 Zc 80
Mérignas **33** 111 Zf 80
Mérignat **01** 95 Fc 72
Mérignies **59** 8 Da 45
Mérigny **36** 77 Af 69
Mérilheu **65** 139 Ab 90
Mérillac **22** 44 Xd 59
Mérinchal **23** 91 Cc 73
Mérindol **84** 132 Fb 86
Mérindol-les-Oliviers **26** 132 Fa 83
Mérinville **45** 51 Cf 60
Méritein **64** 137 Zb 89
Merkwiller-Pechelbronn **67** 40 He 55
Merlatière, La **85** 74 Ye 68
Merlaut **51** 36 Ee 56
Merle **42** 105 Ea 76
Merléac **22** 43 Xa 59
Merlebach, Freyming- **57** 39 Ge 54
Merlerault, Le **61** 30 Ab 56
Merles **82** 126 Af 84
Merles-sur-Loison **55** 21 Fc 52
Merlevenez **56** 43 We 62
Merlieux-et-Fouquerolles **02** 18 Dd 51
Merlimont **62** 6 Bd 46
Merlines **19** 103 Cc 75
Mernel **35** 44 Ya 61
Mérobert **91** 49 Ca 58
Mérona **39** 83 Fd 69
Mérouville **28** 49 Bf 59
Meroux-Moval **90** 71 Gf 63
Merpins **16** 87 Zd 74
Merrey **52** 54 Fd 60
Merrey-sur-Arce **10** 53 Ec 60
Merri **61** 30 Zf 55
Merris **59** 4 Cd 44
Merry-la-Vallée **89** 66 Db 62
Merry-Sec **89** 67 Dc 63
Merry-sur-Yonne **89** 67 Dd 63
Merschweiler **57** 22 Gc 52
Mers-les-Bains **80** 6 Bc 48
Mers-sur-Indre **36** 78 Bf 69
Mersuay **70** 70 Ga 62
Merten **57** 22 Ge 53
Mertrud **52** 53 Ef 58
Mertzen **68** 71 Ha 63
Mertzwiller **67** 40 He 55
Méru **60** 17 Ca 53
Merval **02** 19 De 52
Mervans **71** 83 Fb 68
Mervent **85** 75 Zb 69
Mervilla **31** 140 Bc 87
Merville **31** 126 Bb 86
Merville **59** 4 Cd 45
Merville-Franceville-Plage **14** 14 Ze 53
Merviller **54** 56 Ge 58
Mervilliers, Allaines- **28** 49 Be 59
Merxheim **68** 56 Hb 61
Méry **73** 108 Ff 75
Méry-Corbon **14** 30 Zf 54
Méry-ès-Bois **18** 65 Cc 65
Méry-la-Bataille **60** 17 Cd 51
Méry-Prémecy **51** 35 Df 53
Méry-sur-Cher **18** 65 Bf 65
Méry-sur-Oise **95** 33 Cb 54
Méry-sur-Seine **10** 52 Df 57
Merzer, Le **22** 26 Wf 57
Mésandans **25** 70 Gc 64
Mésanger **44** 60 Ye 64
Mésangueville **76** 16 Bd 51
Mesbrecourt-Richecourt **02** 18 Dd 50
Meschers-sur-Gironde **17** 98 Za 75
Mescoules **24** 112 Ac 80
Mesge, Le **80** 7 Ca 49
Mesgrigny **10** 52 Df 58
Mésigny **74** 96 Ga 73
Meslan **56** 42 Wd 61
Mesland **41** 63 Ba 63
Meslay **14** 29 Zd 55
Meslay **41** 48 Ba 62
Meslay-du-Maine **53** 46 Zc 61
Meslay-le-Grenet **28** 49 Bc 58
Meslay-le-Vidame **28** 49 Bc 59
Meslières **25** 71 Gf 64
Meslin **22** 27 Xc 58
Mesmay **25** 84 Ff 66
Mesmont **08** 20 Ec 51
Mesmont **21** 68 Ee 65
Mesnac **16** 87 Zd 74
Mesnard-la-Barotière **85** 74 Yf 67
Mesnay **39** 84 Fe 67
Mesneux, Les **51** 35 Df 53
Mesnières-en-Bray **76** 16 Bc 50
Mesnil **80** 8 Cd 48
Mesnil, Le **50** 12 Yb 52
Mesnil-Adelée, Le **50** 29 Yf 56
Mesnil-Amand, Le **50** 28 Yd 55
Mesnil-Amelot, Le **77** 33 Cd 54
Mesnil-Amey, Le **50** 28 Ye 54
Mesnil-Angot, Le **50** 12 Ye 53
Mesnil-Aubert, Le **50** 28 Yd 55
Mesnil-Aubry, Le **95** 33 Cc 54
Mesnil-au-Grain, Le **14** 29 Zc 54
Mesnil-au-Val, Le **50** 12 Yc 51
Mesnil-Auzouf, Le **14** 29 Zb 55
Mesnil-Benoist, Le **14** 29 Za 55
Mesnil-Bœufs, Le **50** 28 Yf 57
Mesnil-Bruntel **80** 18 Cf 49
Mesnil-Caussois, Le **14** 29 Yf 55
Mesnil-Clinchamps **14** 29 Za 55
Mesnil-Conteville, Le **60** 17 Ca 50
Mesnil-Domqueur **80** 7 Ca 48
Mesnil-Durand, le **14** 30 Aa 54
Mesnil-Durdent, Le **76** 15 Ae 50
Mesnil-en-Arrouaise **80** 8 Cf 48
Mesnil-en-Thelle, Le **60** 33 Cb 53
Mesnil-en-Vallée, Le **49** 61 Za 64
Mesnil-Esnard, Le **76** 15 Ba 52
Mesnil-Eudes, Le **14** 30 Ab 54
Mesnil-Eury, le **50** 12 Ye 54
Mesnil-Follemprise **76** 16 Bb 50
Mesnil-Fuguet, Le **27** 31 Ba 54
Mesnil-Garnier, Le **50** 28 Ye 55
Mesnil-Germain, Le **14** 30 Ab 54
Mesnil-Gilbert, Le **50** 29 Yf 56
Mesnil-Guillaume, Le **14** 30 Ab 54
Mesnil-Hardray, Le **27** 31 Af 55
Mesnil-Hermann, Le **50** 28 Yf 54
Mesnil-Jourdain, Les **27** 31 Ba 53
Mesnil-la-Comtesse **10** 52 Eb 57
Mesnillard, Le **50** 29 Yf 57
Mesnil-le-Petit **80** 18 Cf 50
Mesnil-le-Roi, Le **78** 33 Ca 55
Mesnil-Lettre **10** 52 Eb 58
Mesnil-Lieubray, Le **76** 16 Bd 51
Mesnil-Mauger **76** 16 Bd 50
Mesnil-Mauger, le **14** 30 Aa 54
Mesnil-Opac, Le **50** 29 Yf 54
Mesnil-Ozenne, Le **50** 28 Ye 57
Mesnil-Panneville **76** 15 Af 51
Mesnil-Patry, Le **14** 13 Zc 53
Mesnil-Rainfray, Le **50** 29 Yf 56
Mesnil-Raoul **76** 16 Bb 52
Mesnil-Raoult, Le **50** 29 Yf 54
Mesnil-Réaume, le **76** 6 Bc 49
Mesnil-Robert, Le **14** 29 Za 55
Mesnil-Rogues **50** 28 Yd 55
Mesnil-Rousset **27** 31 Ad 55
Mesnil-Rouxelin, Le **50** 13 Yf 54
Mesnil-Saint-Denis, Le **78** 32 Bf 56
Mesnil-Saint-Firmin, Le **60** 17 Cc 51
Mesnil-Saint-Georges **80** 17 Cd 51
Mesnil-Saint-Laurent **02** 18 Dc 50
Mesnil-Saint-Loup **10** 52 De 59
Mesnil-Sellières **10** 52 Eb 58
Mesnil-Simon, Le **14** 30 Aa 54
Mesnil-Simon, Le **28** 32 Bd 55
Mesnil-sous-Jumièges, Les **76** 15 Af 52
Mesnil-sous-Vienne **27** 16 Bd 52
Mesnils-sur-Madon **54** 55 Gb 58
Mesnil-sur-Blangy, Le **14** 14 Ab 53
Mesnil-sur-Bulles, Le **60** 17 Cc 52
Mesnil-sur-l'Estrée **27** 32 Bb 56
Mesnil-sur-Oger, Le **51** 35 Ea 55
Mesnil-Thébault, Le **50** 28 Ye 57
Mesnil-Theribus, Le **60** 16 Bf 53
Mesnil-Thomas, Le **28** 31 Ba 57
Mesnil-Tôve, Le **50** 29 Yf 56
Mesnil-Véneron, Le **50** 12 Yf 53
Mesnil-Verclives **27** 16 Bc 53
Mesnil-Vigot, Le **50** 12 Ye 54
Mesnil-Villeman, Le **50** 28 Ye 55
Mesnil-Villement, Le **14** 29 Zd 55
Mesnois **39** 83 Fe 69
Mesnuls, Les **78** 32 Bf 56
Mespaul **29** 25 Vf 57
Mesplède **64** 137 Zc 88
Mesples **03** 79 Cc 70
Mespuits **91** 50 Cb 58
Mesquer **44** 59 Xd 64
Messac **17** 99 Ze 76
Messac **35** 44 Yb 62
Messanges **21** 68 Ef 66
Messanges **40** 122 Yd 86
Messas **45** 49 Bd 62
Messé **79** 88 Aa 71
Messei **61** 29 Zc 56
Messein **54** 38 Ga 57
Messeix **63** 103 Cd 75
Messemé **86** 76 Ab 66
Messery **74** 96 Gb 70
Messey-sur-Grosne **71** 82 Ee 69
Messia-sur-Sorne **39** 83 Fd 69
Messigny-et-Vantoux **21** 69 Fa 64
Messimy **69** 94 Ee 74
Messimy-sur-Saône **01** 94 Ee 72
Messincourt **08** 20 Fa 50
Messon **10** 52 Df 59
Messy **77** 33 Ce 55
Mesterrieux **33** 111 Zf 81
Mestes **19** 103 Cb 75
Mesves-sur-Loire **58** 66 Cf 65
Mesvres **71** 82 Eb 67
Métabief **25** 84 Gc 68
Métairies, Les **16** 87 Zf 74
Météren **59** 4 Ce 44
Méthamis **84** 132 Fb 84
Métigny **80** 7 Bf 49
Metting **57** 39 Hb 56
Mettray **37** 63 Ad 64
Metz **57** 38 Gb 54
Metz-en-Couture **62** 8 Da 48
Metzeral **68** 56 Ha 60
Metzeresche **57** 22 Gb 53
Metzervisse **57** 22 Gb 53
Metzing **57** 39 Gf 54
Metz-le-Comte **58** 67 Dd 64
Metz-Robert **10** 52 Ea 60
Metz-Tessy **74** 96 Ga 73
Meucon **56** 43 Xb 62
Meudon **92** 33 Cb 56
Meuilley **21** 68 Ef 66
Meulan **78** 32 Bf 54
Meulers **76** 16 Bb 49
Meulles **14** 30 Ac 55
Meulson **21** 68 Ee 62
Meunet-Planches **36** 78 Bf 67
Meunet-sur-Vatan **36** 78 Bf 66
Meung-sur-Loire **45** 49 Be 62
Meurcé **72** 47 Ab 59
Meurchin **62** 8 Cf 45
Meurcourt **70** 70 Gb 62
Meurdraquière, La **50** 28 Yd 55
Meures **52** 53 Fa 59
Meurival **02** 19 De 52
Meursanges **21** 82 Ef 67
Meursault **21** 82 Ee 67
Meurville **10** 53 Ed 59
Meusnes **41** 64 Bd 65
Meussia **39** 84 Fe 70
Meuvaines **14** 13 Zc 53
Meux **17** 99 Zd 76
Meux, Le **60** 17 Ce 52
Meuzac **87** 102 Bc 75
Mévoisins **28** 32 Bd 57
Mévouillon **26** 132 Fc 83
Meximieux **01** 95 Fb 73
Mexy **54** 21 Fe 52
Mey **57** 38 Gb 54
Meyenheim **68** 56 Hc 61
Meylan **38** 107 Fe 77
Meymac **19** 103 Ca 75
Meynes **30** 131 Ed 85
Meyragues **13** 146 Fd 87
Meyrals **24** 113 Ba 79
Meyrannes **30** 130 Eb 83
Meyras **07** 117 Eb 80
Meyreuil **13** 146 Fc 87
Meyrié **38** 107 Fb 75
Meyrieu-les-Étangs **38** 107 Fb 75
Meyrieux-Trouet **73** 107 Fe 75
Meyrignac-l'Eglise **19** 102 Bf 76
Meyronne **46** 114 Bd 79
Meyronnes **04** 121 Ge 82
Meyrueis **48** 129 Dc 83
Meys **69** 94 Ec 74
Meyssac **19** 102 Be 78
Meyssiès **38** 106 Fa 76
Meyze, La **87** 101 Bb 75
Meyzieu **69** 94 Fa 74
Mézangers **53** 46 Zd 59
Mèze **34** 143 Dd 88
Mézel **04** 133 Gb 84
Mezel **63** 92 Db 74
Mézens **81** 127 Bd 86
Mézeray **72** 47 Zf 62
Mézères **43** 105 Ea 78
Mézériat **01** 94 Fa 71
Mézerolles **80** 7 Cb 47
Mézerville **11** 141 Be 89
Mézidon-Canon **14** 30 Zf 54
Mézier, Charleville- **08** 20 Ee 50
Mézière, La **35** 45 Yb 59
Mézières **45** 49 Bf 60
Mézières **72** 47 Ab 59
Mézières-au-Perche **28** 49 Bb 59
Mézières-en-Brenne **36** 77 Bb 68
Mézières-en-Drouais **28** 32 Bc 56
Mézières-en-Santerre **80** 17 Cd 50
Mézières-en-Vexin **27** 32 Bd 53
Mézières-lez-Clery **45** 49 Be 62
Mézières-sous-Lavardin **72** 47 Aa 60
Mézières-sur-Couesnon **35** 45 Yd 59
Mézières-sur-Issoire **87** 89 Af 72
Mézières-sur-Oise **02** 18 Dc 50
Mézières-sur-Seine **78** 32 Be 55
Mézilhac **07** 118 Ec 80
Mézilles **89** 66 Db 62
Méziré **90** 71 Gf 63
Mézos **40** 123 Ye 84
Mézy **02** 34 Dd 54
Mézy-sur-Seine **78** 32 Bf 54
Mhère **58** 67 Df 65
Mialet **24** 101 Af 75
Mialet **30** 130 Df 84
Mialos **64** 138 Zd 88
Miannay **80** 7 Be 48
Michaugues **58** 67 Dd 65
Michelbach **68** 71 Ha 62
Michelbach-le-Bas **68** 72 Hc 63
Michelbach-le-Haut **68** 72 Hc 63
Michery **89** 51 Db 59
Midrevaux **88** 54 Fd 58
Mièges **39** 84 Ga 68
Miélan **32** 139 Ab 88
Miellin **70** 56 Ge 62
Miermaigne **28** 48 Af 59
Miers **46** 114 Be 79
Miéry **39** 83 Fe 68
Mietesheim **67** 40 Hd 55
Mieussy **74** 96 Gd 72
Mieuxcé **61** 47 Aa 58
Migé **89** 67 Dd 62
Migennes **89** 51 Dd 61
Miginiac **19** 102 Bf 77
Miglos **09** 152 Bd 92
Mignafans, Sénargent- **70** 71 Gd 63
Mignaloux-Beauvoir **86** 76 Ac 69
Mignavillers **70** 71 Gd 63
Migné **36** 78 Bb 68
Migné-Auxances **86** 76 Ab 69
Mignères **45** 50 Cd 60
Mignerette **45** 50 Cd 60
Mignéville **54** 39 Ge 57
Mignières **28** 49 Bc 58
Mignovillard **39** 84 Ga 68
Migny **36** 79 Ca 66
Migré **17** 87 Zc 72
Migron **17** 87 Zd 74
Mijanès **09** 153 Ca 92
Milesse, La **72** 47 Aa 60
Milhac **46** 113 Bc 80
Milhac-d'Auberoche **24** 101 Af 78
Milhac-de-Nontron **24** 101 Ae 76
Milhars **81** 127 Bf 84
Milhas **31** 139 Ae 91
Milhaud **30** 130 Eb 86
Milhavet **81** 127 Ca 84
Milizac **29** 24 Vc 58
Millac **86** 89 Ae 71
Millam **59** 3 Cb 43
Millançay **41** 64 Be 64
Millas **66** 154 Ce 92
Millau **12** 129 Da 84
Millay **58** 81 Ea 67
Millebosc **76** 6 Bc 49
Millemont **78** 32 Be 56
Millencourt **80** 8 Cd 48
Millencourt-en-Ponthieu **80** 7 Bf 48
Millery **21** 68 Eb 63
Millery **54** 38 Ga 56
Millery **69** 106 Ee 75
Millevaches **19** 102 Ca 75
Millières **50** 12 Yd 53
Millières **52** 54 Fc 60
Milly **50** 29 Yf 57
Milly-la-Forêt **91** 50 Cc 58
Milly-Lamartine **71** 94 Ee 70
Milly-sur-Bradon **55** 21 Fb 52
Milly-sur-Thérain **60** 17 Bf 51
Milon-la-Chapelle **78** 33 Ca 56
Mimbaste **40** 123 Za 87
Mimet **13** 146 Fd 88
Mimeure **21** 68 Ec 66
Mimizan **40** 110 Ye 83
Minaucourt-le-Mesnil-lès-Hurlus **51** 36 Ee 53
Minerve **34** 142 Ce 88
Mingot **65** 139 Ab 88
Mingoval **62** 8 Cd 46
Miniac-Morvan **35** 27 Ya 57
Miniac-sous-Bécherel **35** 44 Ya 59
Minihic-sur-Rance, Le **35** 27 Xf 57
Minihy-Tréguier **22** 26 We 56
Minorville **54** 37 Ff 56
Minot **21** 68 Ef 62
Minversheim **67** 40 Hd 56
Minzac **24** 100 Aa 79
Minzier **74** 96 Ff 72
Miolles **81** 128 Cd 85
Mionnay **01** 94 Ef 73
Mions **69** 106 Ef 75
Mios **33** 110 Za 81
Miossens-Lanusse **64** 138 Ze 88
Mirabeau **04** 133 Ga 84
Mirabeau **84** 132 Fd 86
Mirabel **07** 118 Ec 81
Mirabel **82** 126 Bc 84
Mirabel-aux-Baronnies **26** 132 Fa 83
Mirabel-et-Blacons **26** 119 Fa 80
Miradoux **32** 125 Ae 85
Miramas **13** 145 Fa 87
Mirambeau **17** 99 Zc 76
Mirambeau **31** 140 Af 88
Miramont-d'Astarac **32** 139 Ac 87
Miramont-de-Comminges **31** 139 Ae 90
Miramont-de-Guyenne **47** 112 Ac 81
Miramont-de-Quercy **82** 126 Ba 83
Miramont-Latour **32** 125 Ae 86
Miramont-Sensacq **40** 124 Ze 87
Mirande **32** 139 Ac 87
Mirandol-Bourgnounac **81** 127 Ca 84
Mirannes **32** 125 Ac 87
Miraumont **80** 8 Ce 48
Miraval-Cabardès **11** 142 Cc 88
Mirbel **52** 53 Fa 59
Miré **49** 46 Zd 62
Mirebeau **21** 69 Fb 64
Mirebeau **86** 76 Ab 68
Mirebel **39** 84 Fe 68
Mirecourt **88** 55 Ga 59
Mirefleurs **63** 104 Db 74
Miremont **31** 140 Bc 88
Miremont **63** 91 Ce 73
Mirepeisset **11** 142 Cf 89
Mirepeix **64** 138 Ze 89
Mirepoix **09** 141 Bf 90
Mirepoix **32** 125 Ae 86
Mirepoix-sur-Tarn **31** 127 Bd 86
Mireval **34** 144 De 87
Miribel **01** 94 Ef 74
Miribel **26** 107 Fa 77
Miribel-Lanchâtre **38** 119 Fd 79
Miribel-les-Echelles **38** 107 Fe 76
Mirmande **26** 118 Ef 80
Miroir, Le **71** 83 Fc 69
Mirvaux **80** 7 Cc 48
Mirville **76** 15 Ac 51
Miscon **26** 119 Fd 81
Miserey **27** 32 Bb 54
Miserey-Salines **25** 70 Ff 65
Misérieux **01** 94 Ee 73
Misery **80** 18 Cf 49
Missé **79** 76 Ze 67
Missècle **81** 127 Bf 86
Missègre **11** 142 Cc 91
Missery **21** 68 Ec 65
Missillac **44** 59 Xf 64
Missiriac **56** 44 Xd 61
Misson **40** 123 Za 87
Missy **14** 29 Zc 54
Missy-aux-Bois **02** 18 Db 52
Missy-lès-Pierrepont **02** 19 De 51
Missy-sur-Aisne **02** 18 Dc 52
Misy-sur-Yonne **77** 51 Da 58
Mitry-Mory **77** 33 Cd 55
Mittainville **78** 32 Bd 56
Mittainvilliers **28** 49 Bb 58
Mittelbergheim **67** 57 Hc 58
Mittelbronn **57** 39 Hb 56
Mittelhausbergen **67** 40 He 57
Mittelhausen **67** 40 Hd 56
Mittelschaeffolsheim **67** 40 Hd 56
Mittelwihr **68** 56 Hb 60
Mittersheim **57** 39 Gf 55
Mittlach **68** 56 Ha 61
Mittois **14** 30 Aa 54
Mitzach **68** 56 Ha 61
Mizérieux **42** 93 Eb 74
Mizoën **38** 108 Ga 78
Mobecq **50** 12 Yc 53
Moca-Croce **2A** 159 Ka 98
Modane **73** 109 Gd 77
Modène **84** 132 Fa 84
Moëlan-sur-Mer **29** 42 Wc 62
Moëres, Les **59** 4 Cd 42
Mœrnach **68** 71 Hb 63
Moëslains **52** 36 Ef 57
Mœurs-Verdey **51** 35 De 56
Mœuvres **59** 8 Da 48
Moëze **17** 86 Yf 73
Moffans-et-Vacheresse **70** 71 Gd 63
Mogeville **55** 21 Fd 53
Mogneneins **01** 94 Ee 72
Mognéville **55** 36 Fa 56
Mogneville **60** 17 Cc 53
Mogues **08** 21 Fb 51
Mohon **56** 44 Xc 60
Moidieu-Détourbe **38** 106 Fa 75
Moigné **35** 45 Yb 60
Moigny-sur-École **91** 50 Cc 58
Moimay **70** 70 Gc 63
Moineville **54** 38 Ff 53
Moings **17** 99 Zd 76
Moinville-la-Jeulin **28** 49 Be 58
Moirans **38** 107 Fd 77
Moirans-en-Montagne **39** 84 Fe 70
Moirax **47** 112 Ac 81
Moirax **47** 125 Ad 84
Moiremont **51** 36 Ef 54
Moirey-Flabas-Crépion **55** 21 Fc 53
Moiron **39** 83 Fd 69
Moiry **08** 21 Fb 51
Moisdon-la-Rivière **44** 60 Yd 63
Moisenay **77** 33 Ce 57
Moislains **80** 8 Cf 49
Moissac **82** 126 Ba 84
Moissac-Bellevue **83** 147 Ga 87
Moissac-Vallée-Française **48** 130 De 84
Moissat **63** 92 Dc 74
Moisselles **95** 33 Cc 54
Moissey **39** 69 Fd 65
Moissieu-sur-Dolon **38** 106 Ef 76
Moisson **78** 32 Bd 54
Moissy-Cramayel **77** 33 Cd 57
Moissy-Moulinot **58** 67 De 65
Moisville **27** 31 Ba 55
Moisy **41** 49 Bd 61
Moïta **2B** 159 Kc 95
Moitiers-d'Allonne, Les **50** 12 Yb 52
Moitiers-en-Bauptois **50** 12 Yd 52
Moitron **21** 68 Ee 62
Moitron-sur-Sarthe **72** 47 Aa 59
Moivre **51** 36 Ed 55
Molac **56** 44 Xd 62
Molagnies **76** 16 Be 51
Molain **02** 9 Dd 48
Molain **39** 84 Fe 68
Molamboz **39** 83 Fe 67
Molandier **11** 141 Be 89
Molas **31** 139 Ae 88
Molay **39** 83 Fc 66
Molay **70** 69 Fe 62
Môlay **89** 67 Df 62
Molay-Littry, Le **14** 13 Za 53
Môle, La **83** 148 Gc 89
Moléans **28** 49 Bc 60
Molèdes **15** 104 Da 77
Molère **65** 139 Ab 90
Molesmes **21** 53 Ec 61
Molesmes **89** 66 Dc 63
Molezon **48** 130 De 83
Moliens **60** 16 Be 50
Molières **24** 113 Ae 80
Molières **46** 114 Bf 80
Molières **82** 126 Bc 83
Molières, Les **91** 33 Ca 56
Molières-sur-Ceze **30** 130 Ea 83
Moliets-et-Maa **40** 122 Yd 85
Molinchart **02** 18 Dd 51
Molinet **03** 81 Df 70
Molineuf **41** 64 Bb 63
Molinges **39** 95 Fe 70
Molinghem **62** 7 Cc 45
Molinons **89** 51 Dd 59
Molinot **21** 82 Ed 66
Molins-sur-Aube **10** 53 Ec 58
Mollans **70** 70 Gc 63
Mollans-sur-Ouvèze **26** 132 Fb 83
Mollau **68** 56 Gf 61
Mollégès **13** 131 Ef 86
Molles **03** 92 Dd 72
Molleville **11** 141 Bf 89
Molliens-au-Bois **80** 7 Cc 49
Molliens-Dreuil **80** 17 Ca 49
Mollkirch **67** 39 Hc 57
Molompize **15** 104 Da 77
Molosmes **89** 52 Ea 61
Moloy **21** 68 Ef 63
Molphey **21** 67 Eb 64
Molpré **39** 84 Ga 68
Molring **57** 39 Ge 55
Molsheim **67** 40 Hc 57
Moltifao **2B** 157 Ka 94
Molunes, Les **39** 96 Ff 70
Momas **64** 138 Zd 88
Mombrier **33** 99 Zc 78
Momères **65** 138 Aa 89
Momerstroff **57** 38 Gd 53
Mommenheim **67** 40 Hd 56
Momuy **40** 123 Zc 87
Momy **64** 138 Zf 88
Monacia-d'Aullène **2A** 160 Ka 99
Monacia-d'Orezza **2B** 157 Kc 94
Monaco **(MC)** 135 Hc 86
Monampteuil **02** 19 Dd 52
Monassut-Audiracq **64** 138 Ze 88
Monastère, Le **12** 115 Cd 82
Monastier-Pin-Moriès, Le **48** 116 Db 81
Monastier-sur-Gazeille, Le **43** 117 Df 79
Monay **39** 83 Fd 67
Monbahus **47** 112 Ad 81
Monbalen **47** 112 Ae 83
Monbardon **32** 139 Ae 88
Monbazillac **24** 112 Ac 80
Monbéqui **82** 126 Bb 85
Monblanc **32** 140 Af 88
Monbrun **32** 126 Ba 87
Moncale **2B** 156 If 93
Moncassin **32** 139 Ac 88
Moncaup **31** 139 Ae 91
Moncaup **64** 138 Zf 88
Moncaut **47** 125 Ac 84
Moncayolle-Larrory-Mendibieu **64** 137 Za 89
Monceau-le-Neuf **02** 19 Dd 50
Monceau-lès-Leups **02** 18 Dc 50
Monceau-le-Waast **02** 19 De 51
Monceau-Saint-Waast **59** 9 Df 47
Monceau-sur-Oise **02** 19 De 49
Monceaux **19** 102 Bf 75
Monceaux **60** 17 Cd 53
Monceaux **61** 31 Ae 58
Monceaux, les **14** 30 Aa 54
Monceaux-en-Bessin **14** 13 Zb 53
Monceaux-l'Abbaye **60** 16 Be 51
Monceaux-le-Comte **58** 67 Dd 65
Monceaux-sur-Dordogne **19** 102 Bf 78
Moncé-en-Belin **72** 47 Ab 61
Moncé-en-Saosnois **72** 47 Ac 59
Moncelle, La **08** 20 Ef 50
Moncel-lès-Lunéville **54** 38 Gd 57
Moncel-sur-Seille **54** 38 Gc 56
Moncel-sur-Vair **88** 54 Fe 58
Moncetz-l'Abbaye **51** 52 Ed 57
Moncetz-Longevas **51** 36 Ec 55
Moncey **25** 70 Ga 64
Monchaux-Soreng **76** 6 Bd 49
Monchaux-sur-Écaillon **59** 9 Dc 47
Moncheaux **59** 8 Da 46
Moncheaux-lès-Frévent **62** 7 Cc 47
Monchecourt **59** 8 Db 47
Monchel-sur-Canche **62** 7 Cb 47
Moncheux **57** 38 Gc 55
Monchiet **62** 8 Cd 47
Monchy-au-Bois **62** 8 Cd 47
Monchy-Breton **62** 7 Cb 46
Monchy-Cayeux **62** 7 Cb 46
Monchy-Humières **60** 17 Ce 52
Monchy-le-Preux **62** 8 Cf 47
Monchy-Saint-Eloy **60** 17 Cc 53
Monchy-sur-Eu **76** 6 Bc 48
Moncla **64** 124 Ze 87
Monclar **32** 124 Zf 85
Monclar **47** 112 Ad 82
Monclar-de-Quercy **82** 127 Bd 85
Monclar-sur-Losse **32** 139 Ab 87
Moncley **25** 70 Ff 65
Moncontour **22** 26 Xc 58
Moncontour **86** 76 Zf 67
Moncourt **57** 38 Gd 56
Moncoutant **79** 75 Zc 68
Moncrabeau **47** 125 Ac 84
Moncy **61** 29 Zb 56
Mondavezan **31** 140 Ba 89
Mondelange **57** 22 Gb 53
Mondement-Montgivroux **51** 35 De 56
Mondescourt **60** 18 Da 51
Mondevert **35** 45 Yf 60
Mondeville **14** 14 Ze 53
Mondeville **91** 50 Cc 58
Mondicourt **62** 7 Cc 47
Mondigny **08** 20 Ed 50
Mondilhan **31** 139 Ae 89
Mondion **86** 76 Ac 67
Mondon **25** 70 Gb 64
Mondonville **31** 126 Bb 86
Mondonville-Saint-Jean **28** 49 Be 58
Mondoubleau **41** 48 Af 61
Mondouzil **31** 127 Bd 87
Mondragon **84** 131 Ee 83
Mondrainville **14** 29 Zc 54
Mondrepuis **02** 9 Ea 49
Mondreville **77** 50 Cd 60
Mondreville **78** 32 Bd 55
Monein **64** 138 Zc 89
Monès **31** 140 Ba 88
Monesple **09** 140 Bc 90
Monestier **03** 92 Da 71
Monestier **07** 106 Ed 77
Monestier **24** 112 Ab 80
Monestier, Le **63** 105 De 75
Monestier-d'Ambel **38** 120 Ff 80
Monestier-de-Clermont **38** 119 Fd 79
Monestier-du-Percy **38** 119 Fd 80
Monestier-Merlines **19** 103 Cc 75
Monestier-Port-Dieu **19** 103 Cc 76
Monestiés **81** 127 Ca 84
Monestrol **31** 141 Be 89
Monétay-sur-Allier **03** 92 Db 70
Monétay-sur-Loire **03** 81 De 70
Monéteau **89** 51 Dd 61
Monfaucon **24** 100 Ad 78
Monfaucon **24** 112 Ab 79
Monfaucon **65** 139 Aa 88
Monferran-Plavès **32** 139 Ad 88
Monferran-Savès **32** 126 Af 87
Monflanquin **47** 113 Ae 81
Monfort **32** 126 Ae 86
Mongaillard **47** 125 Ab 83
Mongausy **32** 140 Ae 87
Monget **40** 124 Zc 87
Monguilhem **32** 124 Ze 85
Monheurt **47** 112 Ab 82
Monhoudou **72** 47 Ab 59
Monistrol-d'Allier **43** 117 Dd 79
Monistrol-sur-Loire **43** 105 Eb 77
Monlaur-Bernet **32** 139 Ad 88
Monléon-Magnoac **65** 139 Ad 89
Monlet **43** 105 De 77
Monlezun **32** 139 Ab 87
Monlezun-d'Armagnac **32** 124 Zf 86
Monmadalès **24** 112 Ad 80
Monmarvès **24** 112 Ad 80
Monnai **61** 30 Ac 55
Monnaie **37** 63 Ae 64
Monneren **57** 22 Gc 52
Monnerie-le-Montel, La **63** 93 Dd 73
Monnerville **91** 50 Ca 58
Monnes **02** 34 Db 54
Monnetay **39** 83 Fd 70
Monnetier-Mornex **74** 96 Gb 72
Monnet-la-Ville **39** 84 Fe 68
Monneville **60** 32 Bf 53
Monnières **39** 83 Fc 66
Monnières **44** 60 Yd 66
Monoblet **30** 130 Df 85
Monpardiac **32** 139 Ab 88
Monpazier **24** 113 Af 80
Monpezat **64** 138 Zf 87
Monprimblanc **33** 111 Ze 81
Mons **16** 88 Zf 73
Mons **17** 87 Zd 74
Mons **30** 130 Eb 84
Mons **31** 127 Bd 87
Mons **34** 143 Cf 87
Mons **63** 92 Dc 72
Mons **83** 134 Ge 86
Mons, Le **63** 105 De 75
Monsac **24** 112 Ae 80
Monsaguel **24** 112 Ad 80
Mons-Boubert **80** 7 Be 48
Monsec **24** 100 Ad 76
Monségur **33** 112 Aa 81
Monségur **40** 124 Zc 87
Monségur **47** 113 Af 82
Monségur **64** 138 Zf 88
Monselie, Le **15** 103 Cd 77
Monsempron-Libos **47** 113 Af 82
Mons-en-Barœul **59** 4 Da 45
Mons-en-Laonnais **02** 18 Dd 51
Mons-en-Montois **77** 51 Da 58
Mons-en-Pévèle **59** 8 Da 46
Monsireigne **85** 75 Za 68
Monsols **69** 94 Ed 71
Monsteroux-Milieu **38** 106 Ef 76
Monsures **80** 17 Cb 50
Monswiller **67** 39 Hc 56
Mont **64** 137 Zc 88
Mont, le **63** 104 Cf 75
Mont, le **70** 71 Ge 62
Mont, le **88** 56 Ha 58
Montabard **61** 30 Zf 56
Montabon **72** 62 Ac 62
Montabots **50** 28 Yf 55
Montacher-Villegardin **89** 51 Da 59
Montadet **32** 140 Af 88
Montady **34** 143 Da 89
Montagagne **09** 140 Bc 91
Montagnac **04** 133 Ga 86
Montagnac **30** 130 Ea 85
Montagnac **34** 143 Dc 88

186 (F) Mérélessart — Montagnac

Montagnac-d'Auberoche 24 101 Af 77
Montagnac-la-Crempse 24 100 Ad 79
Montagnac-sur-Auvignon 47 125 Ac 84
Montagnac-sur-Lède 47 113 Af 81
Montagna-le-Reconduit 39 83 Fc 70
Montagna-le-Templier 39 95 Fc 70
Montagnat 01 95 Fb 72
Montagne 33 111 Zf 79
Montagne 38 107 Fb 78
Montagne, La 44 60 Yb 65
Montagne-Fayel 80 17 Bf 49
Montagney 70 69 Fe 65
Montagnieu 01 95 Fc 74
Montagnieu 38 107 Fc 75
Montagnol 12 129 Da 85
Montagnole 73 108 Ff 75
Montagny 42 93 Eb 72
Montagny 69 106 Ee 75
Montagny 73 109 Gd 76
Montagny-en-Vexin 60 32 Be 53
Montagny-lès-Beaune 21 82 Ef 67
Montagny-lès-Buxy 71 82 Ee 68
Montagny-lès-Seurre 21 83 Fb 66
Montagny-près-Louhans 71 83 Fb 69
Montagny-Sainte-Félicité 60 33 Ce 54
Montagny-sur-Grosne 71 94 Ed 70
Montagrier 24 100 Ac 77
Montagudet 82 126 Ba 83
Montagut 64 124 Zc 87
Montaignac-Saint-Hippolyte 19 102 Ca 76
Montaigou-la-Brisette 50 12 Yd 51
Montaigu 02 19 Df 51
Montaigu 39 83 Fd 69
Montaigu 85 74 Ye 67
Montaigu-de-Quercy 82 113 Ba 82
Montaiguët-en-Forez 03 93 De 71
Montaigu-le-Blin 03 92 Dd 71
Montaigu-les-Bois 50 28 Ye 55
Montaigut 03 91 Ce 71
Montaigut-le-Blanc 23 90 Be 72
Montaigut-le-Blanc 63 104 Da 75
Montaigut-sur-Save 31 126 Bb 86
Montaillé 72 48 Ae 61
Montailleur 73 108 Gb 75
Montaillou 09 153 Bf 92
Montaimont 73 108 Gc 76
Montain 39 83 Fd 68
Montain 82 126 Ba 85
Montainville 28 49 Bd 59
Montainville 78 32 Bf 55
Montalba-le-Château 66 154 Cd 92
Montalembert 79 88 Aa 72
Montalet-le-Bois 78 32 Be 54
Montalieu-Vercieu 38 95 Fc 74
Montalzat 82 127 Bc 83
Montambert 58 81 De 68
Montamel 46 113 Bc 81
Montamisé 86 76 Ac 69
Montamy 14 29 Zb 55
Montanay 69 94 Ef 73
Montancy 25 71 Ha 64
Montandon 25 71 Gf 65
Montanel 50 28 Yd 58
Montaner 64 138 Zf 88
Montans 81 127 Bf 85
Montapas 58 81 Dd 66
Montardit 09 140 Bb 90
Montardon 64 138 Zd 88
Montaren-et-Saint-Médiers 30 131 Ec 84
Montargis 45 50 Ce 61
Montarlot 77 51 Cf 58
Montarlot-lès-Rioz 70 70 Ga 64
Montarnaud 34 144 De 87
Montaron 58 81 De 67
Montastruc 47 112 Ad 82
Montastruc 65 139 Ac 89
Montastruc 82 126 Bb 84
Montastruc-la-Conseillère 31 127 Bd 86
Montat, Le 46 113 Bc 82
Montataire 60 17 Cc 53
Montauban 26 132 Fd 83
Montauban 35 44 Xf 59
Montauban 82 126 Bc 84
Montauban-de-Picardie 80 8 Ce 48
Montaud 34 130 Df 86
Montaud 38 107 Fd 77
Montaudin 53 46 Yf 58
Montaulieu 26 119 Fb 82
Montaulin 10 52 Eb 59
Montaure 27 15 Ba 53
Montauriol 11 141 Bf 89
Montauriol 47 112 Ad 81
Montauriol 66 154 Ce 93
Montauroux 83 134 Ge 87
Montaut 09 140 Ba 90
Montaut 24 112 Ad 80
Montaut 31 140 Bb 90
Montaut 32 139 Ac 88
Montaut 40 123 Zc 86
Montaut 47 112 Ae 81
Montaut 64 138 Ze 90
Montaut-les-Créneaux 32 125 Ad 86
Montautour 35 45 Yf 59
Montauville 54 38 Ga 55
Montay 59 9 Dd 48
Montayral 47 113 Af 82
Montazeau 24 112 Aa 79
Montazels 11 153 Cb 91
Montbard 21 68 Ec 63
Montbarla 82 126 Ba 83
Montbarrey 39 83 Fd 66
Montbarrois 45 50 Cc 60
Montbartier 82 126 Bb 85
Montbazens 12 115 Cb 82
Montbazin 34 144 De 87
Montbazon 37 63 Ae 65
Montbel 09 141 Bf 91
Montbel 48 117 De 81
Montbéliard 25 71 Ge 63
Montbéliardot 25 71 Gd 65
Montbellet 71 82 Ee 70
Montbenoît 25 84 Gc 67
Mont-Bernanchon 62 8 Cd 45
Montbernard 31 139 Ae 89
Montberon 31 126 Bc 86
Montbert 44 60 Yd 66
Montberthault 21 67 Ea 64
Mont-Bertrand 14 29 Za 55
Montbeton 82 126 Bb 84
Montbeugny 03 81 Dc 69
Montbizot 72 47 Ab 60
Montblainville 55 20 Fa 53
Montblanc 34 143 Dc 88
Montboillon 70 70 Ff 64
Montboissier 28 49 Bc 59
Montbolo 66 154 Cd 94
Mont-Bonvillers 54 21 Ff 53
Montboucher-sur-Jabron 26 118 Ee 81
Montboudif 15 103 Ce 76
Montbouton 90 71 Gf 64
Montbouy 45 51 Ce 61
Montboyer 16 100 Aa 77
Montbozon 70 70 Gb 64
Montbrand 05 119 Fe 81
Montbras 55 37 Fe 57
Montbray 50 29 Yf 55
Montbré 51 35 Ea 53
Montbrehain 02 9 Dc 49
Montbrisan 26 118 Fa 82
Montbrison 42 105 Ea 75
Montbron 16 100 Ad 75
Montbronn 57 39 Hb 54
Montbrun 46 114 Bf 81
Montbrun 48 116 Dd 83
Montbrun-Bocage 31 140 Bb 90
Montbrun-des-Corbières 11 142 Ce 89
Montbrun-Lauragais 31 141 Bd 88
Montbrun-les-Bains 26 132 Fc 83
Montcabrier 46 113 Ba 81
Montcabrier 81 127 Be 87
Montcaret 24 112 Aa 79
Montcarra 38 107 Fc 75
Mont-Cauvaire 76 15 Ba 51
Montcavrel 62 7 Be 45
Montceau 38 107 Fc 75
Montceau-et-Echarnant 21 82 Ed 66
Montceau-les-Mines 71 82 Ec 68
Montceaux 01 94 Ee 72
Montceaux 77 34 Cf 55
Montceaux-lès-Provins 77 34 Dc 56
Montceaux-lès-Vaudes 10 52 Ea 60
Montceaux-l'Etoile 71 93 Ea 70
Montceaux-Ragny 71 82 Ef 69
Montcel 63 92 Da 72
Montcel 73 96 Ff 74
Montcenis 71 82 Ec 68
Montcet 01 95 Fa 71
Montcey 70 70 Gb 63
Montchaboud 38 107 Fe 78
Montchâlons 02 19 De 51
Montchamp 14 29 Zb 55
Montchamp 15 104 Db 78
Montchanin 71 82 Ec 68
Montcharvot 52 54 Fe 61
Montchaton 50 28 Yd 54
Montchaude 16 99 Ze 76
Montchauvet 14 29 Zb 55
Montchauvet 78 32 Bd 55
Montchenu 26 106 Fa 77
Montcheutin 08 20 Ee 53
Montchevrel 61 30 Ac 57
Montchevrier 36 78 Be 70
Montclar 11 142 Cb 90
Montclar 12 128 Cd 85
Montclard 43 104 Dd 77
Montclar-de-Comminges 31 140 Ba 89
Montclar-Lauragais 31 141 Be 88
Montclar-sur-Gervanne 26 119 Fa 80
Montcléra 46 113 Bb 81
Montclus 05 119 Fe 82
Montclus 30 131 Ec 83
Montcombroux-les-Mines 03 93 De 70
Montcony 71 83 Fb 68
Montcorbon 45 51 Da 61
Montcornet 02 19 Ea 50
Montcornet 08 20 Ed 49
Montcourt 70 55 Ff 61
Montcoy 71 83 Fa 68
Montcresson 45 50 Ce 61
Montcuit 50 12 Yd 54
Montcuq 46 113 Bb 82
Montcusel 39 95 Fd 70
Montcy-Notre-Dame 08 20 Ee 50
Montdardier 30 129 Dd 85
Mont-d'Astarac 32 139 Ad 89
Mont-Dauphin 05 121 Gd 80
Montdauphin 77 34 Dc 55
Mont-de-Laval 25 71 Gd 65
Mont-de-Marrast 32 139 Ac 88
Mont-de-Marsan 40 124 Zd 85
Mont-devant-Sassey 55 21 Fa 52
Montdidier 57 39 Ge 55
Montdidier 80 17 Cd 51
Mont-Disse 64 124 Zf 87
Mont-Dol 35 28 Yb 57
Montdoré 70 55 Ga 61
Mont-Dore, Le 63 103 Ce 75
Mont-d'Origny 68 18 Dd 49
Montdoumerc 46 127 Bd 83
Montdragon 81 127 Ca 86
Monte 2B 157 Kc 94
Monteaux 41 63 Ba 64
Montebourg 50 12 Yd 52
Monte-Carlo (MC) 135 Hc 86
Montech 82 126 Bb 85
Montécheroux 25 71 Ge 64
Montéglin, Laragne- 05 120 Fe 38
Montegrosso 2B 156 If 93
Montégut 40 124 Ze 85
Montégut-Arros 32 139 Ab 88
Montégut-Bourjac 31 140 Ba 89
Montégut-en-Couserans 09 140 Ba 91
Montégut-Lauragais 31 141 Bf 88
Montégut-Plantaurel 09 140 Bd 90
Montégut-Savès 32 140 Af 88
Monteignet-sur-l'Andelot 03 92 Db 72
Monteil 15 103 Cc 78
Monteil, Le 15 103 Cc 77
Monteil, Le 43 104 Db 77
Monteil, Le 43 105 Df 78
Monteil, Le 43 117 De 79
Monteil-au-Vicomte, La 23 90 Bf 73
Monteille 14 30 Aa 54
Monteils 12 127 Bf 83
Monteils 12 128 Cc 83
Monteils 12 128 Cd 85
Monteils 30 130 Eb 84
Monteils 30 131 Ec 83
Monteils 82 127 Bd 83
Montel-de-Gelat 63 91 Cd 73
Montéléger 26 118 Ef 79
Montélier 26 118 Fa 79
Montélimar 26 118 Ee 81
Montellier, Le 01 95 Fa 73
Montels 09 140 Bc 90
Montels 34 143 Da 89
Montels 81 127 Bf 85
Montembœuf 16 88 Ad 74
Montenach 57 22 Gc 52
Montenay 53 46 Za 59
Montendre 17 99 Zd 77
Montendry 73 108 Gb 75
Montenescourt 62 8 Cd 47
Monteneuf 56 44 Xe 61
Montenils 77 34 Dc 55
Montenois 25 71 Ge 64
Montenoison 58 66 Dc 65
Montenoy 54 38 Gb 56
Montépilloy 60 33 Ce 53
Montépreux 51 35 Ea 56
Monterblanc 56 43 Xb 62
Montereau 45 50 Cd 61
Montereau-Faut-Yonne 77 51 Cf 58
Montereau-sur-le-Jard 77 33 Ce 57
Monterfil 35 44 Ya 60
Montérolier 76 16 Bc 51
Monterrein 56 44 Xd 61
Montertelot 56 44 Xd 61
Montescot 66 154 Cf 93
Montescourt-Lizerolles 02 18 Db 50
Montespan 31 140 Af 90
Montesquieu 47 125 Ac 83
Montesquieu 66 154 Cf 93
Montesquieu 82 126 Ba 83
Montesquieu-Avantès 09 140 Bb 90
Montesquieu-Lauragais 31 141 Bd 88
Montesquieu-Volvestre 31 140 Bb 89
Montesquiou 32 125 Ab 87
Montessaux 70 71 Gd 62
Montestruc-sur-Gers 32 125 Ad 86
Montet, Le 03 92 Da 70
Mont-et-Marré 58 81 Dd 66
Monteton 47 112 Ab 81
Monteux 84 131 Ef 84
Montévrain 77 33 Ce 55
Monteynard 38 119 Fe 79
Montfa 09 140 Bb 90
Montfalcon 38 107 Fb 77
Montfarville 50 12 Ye 51
Montfaucon 25 70 Ga 65
Montfaucon 30 131 Ee 84
Montfaucon 46 114 Bd 80
Montfaucon 49 60 Yf 66
Montfaucon 55 20 Fa 53
Montfaucon-en-Velay 43 105 Eb 77
Montfermeil 93 33 Cd 55
Montfermier 82 126 Bc 83
Montfermy 63 91 Ce 73
Montferrand 11 141 Be 88
Montferrand-du-Périgord 24 113 Af 80
Montferrand-la-Fare 26 119 Fc 82
Montferrand-le-Château 25 70 Ff 65
Montferrat 38 107 Fd 76
Montferrat 83 148 Gc 87
Montferrer 66 154 Cd 94
Montferrier 09 152 Be 91
Montferrier 34 130 Cf 87
Montfey 10 52 Df 60
Montfiquet 14 13 Za 53
Montfleur 39 95 Fc 71
Montflours 53 46 Zb 60
Montflovin 25 84 Gc 67
Montfort 04 133 Ff 84
Montfort 25 84 Ff 66
Montfort 35 44 Ya 60
Montfort 49 62 Ze 65
Montfort 64 137 Za 88
Montfort 73 108 Ff 75
Montfort-l'Amaury 78 32 Be 56
Montfort-le-Gesnois 72 47 Ac 60
Montfort-sur-Argens 83 147 Ga 88
Montfort-sur-Boulzane 11 153 Cb 92
Montfort-sur-Risle 27 15 Ad 53
Montfranc 12 128 Cd 85
Montfrin 30 131 Ed 85
Montfroc 26 132 Fd 83
Montfuron 04 132 Fe 85
Montgaillard 09 152 Bd 91
Montgaillard 11 154 Cd 91
Montgaillard 65 138 Aa 90
Montgaillard 81 127 Bd 85
Montgaillard 82 126 Af 85
Montgaillard-de-Salies 31 140 Af 90
Montgaillard-Lauragais 31 141 Be 88
Montgaillard-sur-Save 31 139 Ae 89
Montgardin 05 120 Gb 81
Montgardon 50 12 Yc 53
Montgaroult 61 30 Zf 56
Montgauch 09 140 Ba 90
Montgaudry 61 47 Ac 58
Montgazin 31 140 Bb 89
Montgeard 31 141 Bd 89
Montgé-en-Goële 77 33 Ce 54
Montgellafrey 73 108 Gb 76
Montgenèvre 05 120 Ge 79
Montgenost 51 35 Dd 57
Montgérain 60 17 Cd 51
Montgermont 35 45 Yb 60
Montgeron 91 33 Cc 56
Montgeroult 95 32 Ca 54
Montgesoye 25 84 Gb 66
Montgesty 46 113 Bb 81
Montgey 81 141 Bf 87
Montgibaud 19 102 Bc 75
Montgilbert 73 108 Gb 75
Montgirod 73 109 Gd 75
Montgiscard 31 141 Bd 88
Montgivray 36 78 Bf 69
Montgobert 02 18 Da 53
Montgon 08 20 Ee 51
Montgothier 50 28 Ye 57
Montgradail 11 141 Ca 90
Montgras 31 140 Ba 88
Montgreleix 15 103 Cf 76
Montguers 26 132 Fc 83
Montgueux 10 52 Df 59
Montguillon 49 61 Zb 62
Montguyon 17 99 Ze 77
Monthairons, Les 55 37 Fc 54
Montharville 28 49 Bb 59
Monthault 35 28 Ye 57
Monthaut 11 141 Ca 90
Monthelie 21 82 Ee 67
Monthelon 51 35 Df 55
Monthelon 71 81 Eb 67
Monthenault 02 19 De 52
Montheries 52 53 Ef 59
Montherlant 60 17 Ca 53
Monthermé 08 20 Ee 49
Monthiers 02 34 Db 54
Monthieux 01 94 Ef 73
Monthion 73 108 Gc 75
Monthodon 37 63 Af 63
Monthoiron 86 77 Ad 68
Monthois 08 20 Ee 53
Montholier 39 83 Fd 67
Monthou-sur-Bièvre 41 64 Bb 64
Monthou-sur-Cher 41 64 Bb 64
Monthuchon 50 28 Yd 54
Monthurel 02 34 Dd 54
Monthureux-le-Sec 88 55 Ga 59
Monthureux-sur-Saône 88 55 Ff 60
Monthyon 77 34 Cf 54
Montiargues 30 130 Eb 85
Monticello 2B 156 If 93
Montièramey 10 52 Eb 59
Montierchaume 36 78 Be 67
Montier-en-Der 52 53 Ee 58
Montier-en-l'Isle 10 53 Ed 59
Montiêr-les-Bains, Le 05 120 Gd 79
Montiers 60 17 Cd 51
Montiers-sur-Saulx 55 37 Fb 57
Monties 32 139 Ae 88
Montignac 24 101 Ba 78
Montignac 33 111 Ze 80
Montignac 65 139 Aa 89
Montignac-Charente 16 88 Aa 74
Montignac-de-Lauzun 47 112 Ac 81
Montignac-le-Coq 16 100 Ab 76
Montignac-Toupinerie 47 112 Ac 81
Montigné 16 88 Zf 74
Montigné-le-Brillant 53 46 Zb 61
Montigné-lès-Rairies 49 62 Ze 63
Montigné-sur-Moine 49 60 Yf 66
Montigny 14 29 Zc 54
Montigny 18 65 Ce 65
Montigny 45 50 Ca 60
Montigny 50 28 Yf 57
Montigny 54 39 Ge 57
Montigny 76 15 Af 52
Montigny-aux-Amognes 58 80 Db 66
Montigny-devant-Sassey 55 21 Fa 52
Montigny-en-Arrouaise 02 18 Dc 49
Montigny-en-Cambrésis 59 9 Dc 48
Montigny-en-Gohelle 62 8 Cf 46
Montigny-en-Morvan 58 67 Df 66
Montigny-en-Ostrevent 59 8 Db 46
Montigny-l'Allier 02 34 Da 54
Montigny-la-Resle 89 52 De 61
Montigny-le-Bretonneux 78 33 Ca 56
Montigny-le-Chartif 28 48 Ba 59
Montigny-le-Franc 02 19 Df 50
Montigny-le-Gannelon 28 48 Bb 60
Montigny-le-Guesdier 77 51 Db 58
Montigny-Lencoup 77 51 Da 58
Montigny-Lengrain 02 18 Da 52
Montigny-lès-Arsures 39 84 Fe 67
Montigny-lès-Cherlieu 70 70 Fe 62
Montigny-lès-Condé 02 34 Dd 55
Montigny-lès-Cormeilles 95 33 Cb 55
Montigny-les-Jongleurs 80 7 Ca 47
Montigny-lès-Metz 57 38 Ga 54
Montigny-les-Monts 10 52 Df 60
Montigny-lès-Vaucouleurs 55 37 Fd 57
Montigny-lès-Vesoul 70 70 Ga 63
Montigny-Montfort 21 68 Ec 63
Montigny-Mornay-Villeneuve-sur-Vingeanne 21 69 Fc 63
Montigny-Saint-Barthélemy 21 68 Eb 64
Montigny-sous-Marle 02 19 De 50
Montigny-sur-Armançon 21 68 Ec 64
Montigny-sur-Aube 21 53 Ee 61
Montigny-sur-Avre 28 31 Ba 56
Montigny-sur-Canne 58 81 Dd 67
Montigny-sur-Chiers 54 21 Fd 52
Montigny-sur-Crécy 02 19 Dd 50
Montigny-sur-l'Ain 39 84 Fe 68
Montigny-sur-l'Hallue 80 7 Cc 49
Montigny-sur-Loing 77 50 Ce 58
Montigny-sur-Meuse 08 10 Ee 48
Montigny-sur-Vence 08 20 Ed 51
Montigny-sur-Vesle 51 19 De 53
Montilliers 49 61 Zc 65
Montillot 89 67 De 63
Montilly 03 80 Db 69
Montilly-sur-Noireau 61 29 Zc 56
Montils 17 87 Zc 75
Montils, Les 41 64 Bb 64
Montipouret 36 78 Bf 69
Montirat 11 142 Cc 89
Montirat 81 127 Ca 84
Montireau 28 48 Ba 58
Montiron 32 126 Af 87
Montivilliers 76 14 Ab 51
Montjardin 11 141 Ca 91
Montjaux 12 129 Cf 84
Montjavoult 60 16 Be 53
Montjay 05 119 Fd 82
Montjay 71 83 Fb 68
Montjean 16 88 Aa 72
Montjean 53 46 Za 61
Montjean-sur-Loire 49 61 Za 64
Montjoi 11 142 Cc 91
Montjoi 82 126 Af 83
Montjoie-en-Couserans 09 140 Ba 90
Montjoie-le-Château 25 71 Gf 64
Montjoie-Saint-Martin 50 28 Ye 57
Montjoire 31 127 Bd 86
Montjoux 26 119 Fa 81
Montjoyer 26 118 Ef 82
Montjustin 04 132 Fd 85
Montjustin-et-Velotte 70 70 Gc 63
Montlandon 28 48 Ba 58
Montlaur 11 142 Cd 90
Montlaur 12 128 Cf 85
Montlaur 31 141 Bd 88
Montlaur-en-Diois 26 119 Fc 81
Mont-Laurent 08 20 Ec 52
Montlaux 04 133 Ff 84
Montlauzun 46 113 Bb 83
Montlay-en-Auxois 21 68 Eb 64
Montlebon 25 85 Gd 66
Mont-lès-Lamarche 88 54 Fe 60
Mont-lès-Neufchâteau 88 54 Fd 58
Mont-l'Etroit 54 54 Fe 57
Mont-le-Vernois 70 70 Ga 63
Montlevicq 36 79 Ca 69
Mont-le-Vignoble 54 37 Ff 57
Montlevon 02 34 Dd 55
Montlhéry 91 33 Cb 57
Montliard 45 50 Cc 60
Montlieu-la-Garde 17 99 Ze 77
Montlignon 95 33 Cb 54
Montliot-et-Courcelles 21 53 Ed 61
Montlivault 41 64 Bc 63
Montlognon 60 33 Ce 54
Montloué 02 19 Ea 50
Montlouis 18 79 Cb 68
Mont-Louis 66 153 Ca 93
Montlouis-sur-Loire 37 63 Ae 64
Montluçon 03 91 Cd 70
Montluel 01 94 Fa 73
Montmachoux 77 51 Cf 59
Montmacq 60 18 Cf 52
Montmahoux 25 84 Ga 67
Montmain 21 83 Fa 66
Montmain 76 16 Bb 52
Montmançon 21 69 Fc 64
Montmarault 03 92 Cf 71
Montmarlon 39 84 Ff 67
Montmartin 60 17 Ce 52
Montmartin-en-Graignes 50 13 Yf 53
Montmartin-le-Haut 10 53 Ed 59
Montmartin-sur-Mer 50 28 Yc 55
Montmaur 05 120 Ff 81
Montmaur-en-Diois 26 119 Fc 80
Montmaurin 31 139 Ad 89
Montmédy 55 21 Fc 51
Montmeillant 08 19 Ec 50
Montmelard 71 94 Ec 71
Montmelas-Saint-Sorlin 69 94 Ed 72
Montmélian 73 108 Ga 75
Montmerle-sur-Saône 01 94 Ee 72
Montmerrei 61 30 Aa 57
Montmeyan 83 147 Ga 87
Montmeyran 26 118 Ef 80
Montmin 74 96 Gb 74
Montmirail 51 34 Dd 55
Montmirail 72 48 Ae 60
Montmiral 26 107 Fa 78
Montmirat 30 130 Ea 85
Montmirey-la-Ville 39 69 Fd 65
Montmirey-le-Château 39 69 Fd 65
Montmoreau-Saint-Cybard 16 100 Aa 76
Montmorency 95 33 Cb 55
Montmorency-Beaufort 10 53 Ed 58
Montmorillon 86 77 Af 70
Montmorin 05 119 Fd 82
Montmorin 63 104 Dc 74
Montmorot 39 83 Fd 68
Montmort 71 81 Ea 68
Montmort-Lucy 51 35 De 55
Montmotier 88 55 Gb 61
Montmoyen 21 68 Ee 62
Montmurat 15 115 Cb 81
Montner 66 154 Cf 92
Mont-Notre-Dame 02 19 Dd 53
Montoillot 21 68 Ed 65
Montoir-de-Bretagne 44 59 Xf 65
Montoire-sur-le-Loir 41 63 Af 62
Montois-la-Montagne 57 22 Ga 53
Montoison 26 118 Ef 80
Montoldre 03 92 Dc 71
Montolieu 11 142 Cb 89
Montolivet 77 34 Dc 56
Montonvillers 80 7 Cb 49
Montord 03 92 Db 71
Mont-Ormel 61 30 Aa 55
Montory 64 137 Zb 90
Montot 21 69 Fb 66
Montot 70 25 Fd 63
Montot-sur-Rognon 52 54 Fb 59
Montouliers 34 142 Cf 89
Montoulieu 09 152 Bd 91
Montoulieu 34 130 De 85
Montoulieu-Saint-Bernard 31 140 Af 89
Montournais 85 75 Zb 68
Montours 35 28 Ye 58
Montourtier 53 46 Zc 59
Montoussé 65 139 Ac 90
Montoussin 31 140 Ba 89
Montoy-Flanville 57 38 Gb 54
Montpaon 12 129 Da 85
Montpascal 73 108 Gc 76
Montpellier 34 144 Df 87
Montpellier-de-Médillan 17 87 Zb 75
Montpensier 63 92 Db 72
Montperreux 25 84 Gc 68
Montpeyroux 12 115 Ce 81
Montpeyroux 24 112 Aa 79
Montpeyroux 63 104 Db 75
Montpezat 04 133 Ga 86
Montpezat 30 130 Ea 85
Montpézat 32 140 Af 88
Montpezat 47 112 Ad 82
Montpezat-de-Quercy 82 127 Bc 83
Montpezat-sous-Bauzon 07 117 Eb 80
Montpinchon 50 28 Ye 54
Montpinçon 14 30 Aa 55
Montpitol 31 127 Bd 86
Montplonne 55 37 Fb 56
Montpollin 49 62 Zf 63
Montpon-Ménestérol 24 100 Aa 78
Montpont-en-Bresse 71 83 Fb 69
Montpothier 10 34 Dd 57
Montpouillan 47 112 Aa 82
Montrabé 31 127 Bd 87
Montracol 01 95 Fa 71
Montrastruc-Savès 31 140 Ba 88
Montravers 79 75 Zb 68
Montréal 07 117 Eb 81
Montréal 11 141 Ca 89
Montréal 32 125 Ab 85
Montréal 89 67 Ea 63
Montréal-la-Cluse 01 95 Fd 71
Montrécourt 59 9 Dc 47
Montredon 46 115 Cb 81
Montredon-des-Corbières 11 143 Cf 89
Montredon-Labessonié 81 128 Cb 86
Montregard 43 106 Ec 78
Montréjeau 31 139 Ad 90
Montrelais 44 61 Za 64
Montrem 24 100 Ad 78
Montrésor 37 63 Bb 66
Montret 71 83 Fa 68
Montreuil 28 32 Bc 56
Montreuil 62 7 Be 46
Montreuil 85 75 Za 70
Montreuil 93 33 Cc 55
Montreuil-au-Houlme 61 30 Ze 56
Montreuil-aux-Lions 02 34 Db 54
Montreuil-Bellay 49 62 Zf 66
Montreuil-Bonnin 86 76 Aa 69
Montreuil-des-Landes 35 45 Ye 59
Montreuil-en-Auge 14 14 Aa 53
Montreuil-en-Caux 76 15 Ba 51
Montreuil-en-Touraine 37 63 Af 64
Montreuil-Juigné 49 61 Zc 63
Montreuil-la-Cambe 61 30 Aa 55
Montreuil-l'Argillé 27 31 Ac 55
Montreuil-le-Chétif 72 47 Zf 59
Montreuil-le-Gast 35 45 Yb 59
Montreuil-le-Henri 72 48 Ad 61
Montreuillon 58 67 De 65
Montreuil-Poulay 53 46 Zc 58
Montreuil-sous-Pérouse 35 45 Ye 60
Montreuil-sur-Barse 10 52 Eb 59
Montreuil-sur-Blaise 52 53 Ef 58
Montreuil-sur-Brêche 60 17 Cb 51
Montreuil-sur-Epte 95 32 Be 53
Montreuil-sur-Ille 35 45 Yc 59
Montreuil-sur-Loir 49 61 Zd 63
Montreuil-sur-Lozon 50 12 Ye 54
Montreuil-sur-Maine 49 61 Zb 63
Montreuil-sur-Thérain 60 17 Cb 52
Montreuil-sur-Thonnance 52 54 Fb 58
Montreux 54 39 Gf 57
Montreux-Château 90 71 Gf 63
Montreux-Jeune 68 71 Ha 63
Montreux-Vieux 68 71 Ha 63
Montrevault 49 60 Yf 65
Montrevel 38 107 Fc 76
Montrevel 39 83 Fd 70
Montrevel-en-Bresse 01 95 Fa 71
Montrichard 41 63 Bb 64
Montricher-Albanne 73 108 Gc 77
Montricoux 82 127 Bd 84
Montrieux-en-Sologne 41 64 Be 63
Montrigaud 26 107 Fa 77
Montriond 74 97 Ge 71
Montrodat 48 116 Db 81
Montrollet 16 89 Af 73
Montrol-Sénard 87 89 Af 72
Montromant 69 106 Ed 74
Montrond 05 119 Fe 82
Montrond 39 84 Fe 68
Montrond-le-Château 25 70 Ga 66
Montrond-les-Bains 42 105 Eb 75
Montrosier 81 127 Bf 84
Montrottier 69 94 Ec 74
Montroty 76 16 Bd 52
Montrouge 92 33 Cb 56
Montrouveau 41 63 Ae 62
Montroy 17 86 Yf 72
Montrozier 12 115 Ce 82
Montry 77 34 Ce 55
Monts 37 63 Ad 65
Monts 60 33 Ca 53
Mont-Saint-Adrien, la 60 17 Ca 52
Mont-Saint-Aignan 76 15 Ba 52
Mont-Saint-Éloi 62 8 Ce 46
Mont-Saint-Jean 02 19 Eb 50
Mont-Saint-Jean 21 68 Ec 65
Mont-Saint-Jean 72 47 Zf 59
Mont-Saint-Martin 02 19 Dd 53
Mont-Saint-Martin 08 20 Ed 52
Mont-Saint-Martin 38 107 Fe 77
Mont-Saint-Martin 54 21 Fe 51
Mont-Saint-Michel, le 50 28 Yc 57
Mont-Saint-Père 02 34 Dc 54
Mont-Saint-Rémy 08 20 Ec 52
Mont-Saint-Sulpice 89 52 Dd 61
Mont-Saint-Vincent 71 82 Ec 69
Montsalès 12 114 Bf 82
Montsalier 04 132 Fd 84
Montsalvy 15 115 Cd 80
Montsapey 73 108 Gc 75
Montsauche-les-Settons 58 67 Ea 65
Montsaugeon 52 69 Fb 63
Montsaunès 31 140 Af 90
Mont-Saxonnex 74 96 Gc 72
Montsec 55 37 Fe 55
Montsecret 61 29 Zb 56
Montségur 09 153 Be 91
Montségur-sur-Lauzon 26 118 Ef 82
Montselgues 07 117 Ea 81
Monts-en-Bessin 14 29 Zc 54
Monts-en-Ternois 62 7 Cc 47
Montséret 11 142 Ce 90
Montsérie 65 139 Ac 90
Montseron 09 140 Bb 90
Montseveroux 38 106 Ef 76

Montagnac-d'Auberoche — Montseveroux (F) 187

P

Petite-Rosselle **57** 39 Gf 53
Petites-Armoises, Les **08** 20 Ee 51
Petites-Loges, Les **51** 35 Eb 54
Petite-Verrière, La **71** 81 Ea 66
Petit-Failly **54** 21 Fd 52
Petit-Fayt **59** 9 De 48
Petit-Fougeray, Le **35** 45 Yc 61
Petit-Landau **68** 71 Hd 62
Petit-Mars **44** 60 Yd 64
Petit-Mesnil **10** 53 Ed 58
Petitmont **54** 39 Gf 57
Petit-Noir **39** 83 Fc 67
Petit-Palais-et-Cornemps **33** 99 Zf 79
Petit-Pressigny, Le **37** 77 Af 67
Petit-Quevilly, Le **76** 15 Ba 52
Petit-Réderching **57** 39 Hb 54
Petit-Tenquin **57** 39 Gf 55
Petit-Verly **02** 9 Dd 49
Petiville **14** 14 Ze 53
Petiville **76** 15 Ad 52
Petosse **85** 75 Za 70
Petreto-Bicchisano **2A** 159 If 98
Pettoncourt **57** 38 Gc 56
Pettonville **54** 39 Ge 57
Peujard **33** 99 Zd 78
Peumérit **29** 41 Ve 61
Peumerit-Quintin **22** 26 We 58
Peuplingues **62** 3 Be 43
Peuton **53** 46 Zb 61
Peuvillers **55** 21 Fc 52
Peux-et-Couffouleux **12** 128 Cf 86
Pévange **57** 38 Gd 55
Pévy **51** 19 Df 53
Pexiora **11** 141 Ca 89
Pexonne **54** 56 Gf 58
Pey **40** 123 Ye 87
Peymeinade **06** 134 Gf 87
Peynier **13** 146 Fd 88
Peypin **13** 146 Fd 88
Peypin-d'Aigues **84** 132 Fd 86
Peyrabout **23** 90 Bf 72
Peyrat, Le **09** 153 Bf 91
Peyrat-de-Bellac **87** 89 Ba 72
Peyrat-la-Nonière **23** 91 Cb 72
Peyrat-le-Château **87** 90 Be 74
Peyratte, La **79** 76 Zf 68
Peyraube **65** 139 Ab 89
Peyre **40** 124 Zc 87
Peyrecave **32** 126 Ae 85
Peyrefitte-du-Razès **11** 141 Ca 90
Peyrefitte-sur-l'Hers **11** 141 Be 89
Peyregoux **81** 128 Cb 86
Peyrehorade **40** 123 Yf 87
Peyreleau **12** 129 Db 83
Peyrelevade **19** 90 Ca 75
Peyrelongue-Abos **64** 138 Zf 88
Peyrens **11** 141 Bf 88
Peyrestortes **66** 154 Cf 92
Peyret-Saint-André **65** 139 Ad 89
Peyriac-de-Mer **11** 143 Cf 90
Peyriac-Minervois **11** 142 Cd 89
Peyriat **01** 95 Fd 72
Peyrière **47** 112 Ab 81
Peyrieu **01** 107 Fe 74
Peyrilhac **87** 89 Ba 73
Peyrillac-et-Millac **24** 113 Bc 79
Peyrilles **46** 113 Bc 81
Peyrins **26** 106 Fa 78
Peyrissac **19** 102 Be 75
Peyrissas **31** 140 Af 89
Peyrole **81** 127 Bf 86
Peyroles **30** 130 Df 84
Peyrolles **11** 153 Cb 91
Peyrolles-en-Provence **13** 132 Fd 87
Peyroud **07** 106 Ee 77
Peyroules **04** 134 Gd 86
Peyrouse **65** 138 Zf 90
Peyrouzet **31** 140 Af 89
Peyruis **04** 133 Ff 84
Peyrun **65** 139 Ab 89
Peyrus **26** 119 Fa 79
Peyrusse **15** 104 Da 77
Peyrusse-Grande **32** 125 Ab 87
Peyrusse-le-Roc **12** 114 Ca 82
Peyrusse-Massas **32** 125 Ad 86
Peyrusse-Vieille **32** 125 Ab 87
Peyssies **31** 140 Bb 89
Peyzac-le-Moustier **24** 101 Ba 79
Peyzieux-sur-Saône **01** 94 Ee 72
Pézarches **77** 34 Cf 56
Pezé-le-Robert **72** 47 Zf 59
Pézenas **34** 143 Dc 88
Pézènes-les-Mines **34** 143 Db 87
Pezens **11** 142 Cb 89
Pezou **41** 48 Ba 61
Pezuls **24** 113 Ae 79
Pézy **28** 49 Bd 59
Pfaffenheim **68** 56 Hb 61
Pfaffenhoffen **67** 40 Hd 55
Pfalzweyer **67** 39 Hb 56
Pfastatt **68** 71 Hb 62
Pfettisheim **67** 40 Hd 56
Pfirt = Ferrette **68** 72 Hb 63
Pfulgriesheim **67** 40 Hd 57
Phaffans **90** 71 Gf 63
Phalempin **59** 8 Da 45
Phalsbourg **57** 39 Hb 56
Philippsbourg **57** 40 Hd 55
Philondenx **40** 124 Zd 87
Phlin **54** 38 Gb 55
Pia **66** 154 Cf 92
Piacé **72** 47 Aa 59
Piana **2A** 158 Id 95
Pianello **2B** 157 Kb 93
Pianello **2B** 159 Kc 95
Pian-Médoc, Le **33** 99 Zc 79
Piano **2B** 157 Kc 94
Pianotolli-Caldarello **2A** 160 Kb 100
Piards, Les **39** 84 Ff 70
Piazzali **2B** 159 Kc 95
Piazzole **2B** 157 Kc 94
Piblange **57** 22 Gc 53
Pibrac **31** 126 Bb 87
Picarreau **39** 84 Fe 68
Picauville **50** 12 Yd 52
Pichanges **21** 69 Fa 64
Picherande **63** 103 Ce 76
Picquigny **80** 7 Ca 49
Pied-de-Borne **48** 117 Df 82
Piedicorte-di-Gaggio **2B** 159 Kc 95
Piedicroce **2B** 157 Kc 94
Piedigriggio **2B** 157 Kb 94
Piedipartino **2B** 157 Kc 94
Pie d'Orezza **2B** 157 Kc 94
Piégon **26** 132 Fa 83
Piégros-la-Clastre **26** 119 Fa 80
Piégut **04** 120 Ga 82
Piégut-Pluviers **24** 101 Ae 75
Piencourt **27** 30 Ac 54
Piennes **54** 21 Fe 53
Piennes **80** 17 Cd 51
Pierlas **06** 134 Ha 84
Pierre-Bénite **69** 94 Ee 74
Pierre-Buffière **87** 89 Bc 74
Pierre-Châtel **38** 119 Fe 79
Pierreclos **71** 94 Ee 71
Pierrecourt **70** 69 Fd 63
Pierrecourt **76** 16 Bd 49
Pierre-de-Bresse **71** 83 Fb 67
Pierrefeu **06** 134 Ha 85
Pierrefeu-du-Var **83** 147 Ga 89
Pierrefiche **12** 115 Cd 80
Pierrefiche **12** 116 Cf 82
Pierrefiche **12** 129 Db 84
Pierrefiche **48** 117 De 80
Pierrefitte **19** 102 Bd 76
Pierrefitte **23** 90 Bf 72
Pierrefitte **23** 91 Cb 72
Pierrefitte **79** 75 Ze 67
Pierrefitte **88** 55 Gb 59
Pierrefitte-en-Auge **14** 14 Ab 53
Pierrefitte-en-Beauvaisis **60** 16 Bf 52
Pierrefitte-en-Cinglais **14** 29 Zd 55
Pierrefitte-lès-Bois **45** 65 Ce 63
Pierrefitte-Nestalas **65** 138 Zf 91
Pierrefitte-sur-Aire **55** 37 Fb 55
Pierrefitte-sur-Loire **03** 81 De 69
Pierrefitte-sur-Sauldre **41** 65 Ca 63
Pierrefitte-sur-Seine **93** 33 Cc 55
Pierrefonds **60** 18 Cf 52
Pierrefontaine-lès-Blamont **25** 71 Gf 64
Pierrefontaine-les-Varans **25** 71 Gd 65
Pierrefort **15** 115 Cf 79
Pierregot **80** 7 Cc 48
Pierre-la-Treiche **54** 38 Ff 57
Pierrelatte **26** 118 Ee 82
Pierrelaye **95** 33 Ca 54
Pierre-Levée **77** 34 Da 55
Pierrelongue **26** 132 Fb 83
Pierremande **02** 18 Db 51
Pierremont **62** 7 Cb 46
Pierre-Morains **51** 35 Ea 55
Pierre-Percée **54** 56 Gf 58
Pierre-Perthuis **89** 67 De 64
Pierrepont **02** 19 De 51
Pierrepont **14** 30 Ze 55
Pierrepont **54** 21 Fe 52
Pierrepont-sur-Avre **80** 17 Cd 50
Pierrepont-sur-l'Arentèle **88** 55 Gd 59
Pierrerue **04** 133 Ff 85
Pierrerue **34** 143 Cf 88
Pierres **14** 29 Zb 55
Pierres **28** 32 Bd 57
Pierreval **76** 16 Bb 51
Pierrevert **04** 133 Fe 86
Pierreville **50** 12 Yb 52
Pierreville **54** 38 Ga 57
Pierrevillers **57** 22 Ga 53
Pierric **44** 60 Yb 62
Pierroton **33** 110 Zb 80
Pierry **51** 35 Df 54
Pietracorbara **2B** 157 Kc 91
Pietra-di-Verde **2B** 159 Kc 95
Pietralba **2B** 157 Kb 93
Pietraserena **2B** 159 Kc 95
Pietricaggio **2B** 159 Kc 95
Pietrosella **2A** 158 If 97
Pietroso **2B** 159 Kb 96
Piets-Plasence-Moustrou **64** 124 Zc 87
Pieusse **11** 142 Cb 90
Pieux, Les **50** 12 Yb 51
Pieve **2B** 156 Ie 94
Pieve **2B** 157 Kb 93
Piffonds **89** 51 Da 60
Pigna **2B** 156 If 93
Pignan **34** 144 De 87
Pignans **83** 147 Gb 89
Pignicourt **02** 19 Ea 52
Pignols **63** 104 Db 75
Pigny **18** 65 Cc 65
Pihem **62** 3 Cb 44
Pihen-lès-Guînes **62** 3 Be 43
Pila-Canale **2A** 158 If 98
Pillac **16** 100 Ab 77
Pillemoine **39** 84 Ff 68
Pilles, Les **26** 119 Fb 82
Pillon **55** 21 Fd 52
Pimbo **40** 124 Zd 87
Pimelles **89** 52 Eb 61
Pimprez **60** 18 Cf 51
Pin **70** 70 Ff 65
Pin, Le **03** 93 Df 70
Pin, Le **14** 14 Ac 53
Pin, Le **17** 99 Ze 77
Pin, Le **30** 131 Ed 84
Pin, le **36** 78 Bd 69
Pin, Le **38** 107 Fc 76
Pin, Le **39** 83 Fd 68
Pin, le **44** 59 Xe 64
Pin, Le **44** 60 Yf 63
Pin, Le **77** 33 Cd 55
Pin, Le **79** 75 Zc 67
Pin, Le **82** 126 Af 84
Pinas **65** 139 Ac 90
Pin-au-Haras, Le **61** 30 Aa 56
Pinay **42** 93 Ea 73
Pin-Balma **31** 127 Bd 87
Pincé **72** 46 Zd 62
Pindères **47** 111 Aa 83
Pindray **86** 77 Ae 70
Pineaux, Les **85** 74 Ye 69
Pinel-Hauterive **47** 112 Ad 82
Pin-en-Mauges, Le **49** 61 Za 65
Pinet **34** 143 Dd 88
Pineuilh **33** 112 Ab 80
Piney **10** 52 Ec 58
Pin-la-Garenne, Le **61** 48 Ad 58
Pin-Murelet, Le **31** 140 Ba 88
Pino **2B** 157 Kc 91
Pinols **43** 104 Dc 78
Pinon **02** 18 Dc 52
Pinsac **46** 114 Bd 79
Pinsaguel **31** 140 Bc 87
Pins-Justaret **31** 140 Bc 88
Pinsot **38** 108 Ga 76
Pintac **65** 138 Zf 89
Pinterville **27** 31 Bb 53
Pintheville **55** 37 Fd 54
Pinthières, les **28** 32 Bd 56
Piobetta **2B** 157 Kc 94
Pioggiola **2B** 156 Ka 93
Piolenc **84** 118 Ee 83
Pionnat **23** 90 Ca 71
Pionsat **63** 91 Ce 72
Pioussay **79** 88 Aa 72
Pipriac **35** 44 Ya 62
Piquecos **82** 126 Bb 84
Pirajoux **01** 95 Fb 70
Piré-sur-Seiche **35** 45 Yd 60
Pirey **25** 70 Ff 65
Piriac-sur-Mer **44** 59 Xc 64
Pirmil **72** 47 Zf 61
Pirou **50** 12 Yc 53
Pis **32** 125 Ae 86
Pis **32** 139 Ac 87
Pisany **17** 87 Zb 74
Piseux **27** 31 Af 56
Pisieu **38** 106 Fa 76
Pisseleu **60** 17 Ca 51
Pisseloup **52** 54 Fe 62
Pisseure, La **70** 55 Gb 61
Pissos **40** 110 Zb 83
Pissotte **85** 75 Zb 70
Pissy **80** 17 Ca 49
Pissy-Pôville **76** 15 Af 51
Pisy **89** 67 Ea 63
Pithiviers **45** 50 Cb 59
Pithiviers-le-Vieil **45** 50 Cb 60
Pithon **02** 18 Da 50
Pîtres **27** 16 Bb 53
Pittefaux **62** 3 Be 44
Pizay **01** 95 Fa 73
Pizieux **72** 47 Ac 59
Pizou, Le **24** 100 Aa 78
Pla, Le **09** 153 Ca 92
Plabennec **29** 24 Vd 57
Placé **53** 46 Zb 59
Places, les **27** 30 Ac 54
Placey **25** 70 Ff 65
Plachy-Buyon **80** 17 Cb 50
Placy **14** 29 Zd 55
Placy-Montaigu **50** 29 Za 54
Plagne **01** 95 Fe 71
Plagne **31** 140 Ba 90
Plagne, La **73** 109 Ge 75
Plagnole **31** 140 Ba 88
Plaigne **11** 141 Be 89
Plailly **60** 33 Cd 54
Plaimbois-du-Miroir **25** 71 Gd 65
Plaimbois-Vennes **25** 71 Gd 65
Plaine **67** 56 Ha 58
Plaine, La **49** 61 Zc 66
Plaine-de-Walsch **57** 39 Ha 56
Plaine Haute **22** 26 Xa 58
Plaines-Saint-Lange **10** 53 Ec 61
Plaine-sur-Mer, La **44** 59 Xe 66
Plainfaing **88** 56 Ha 59
Plainfaing, Le **88** 56 Gf 60
Plainoiseau **39** 83 Fd 68
Plainpalais, La **73** 108 Ga 75
Plains-et-Grands-Essarts, Les **25** 71 Gf 65
Plaintel **22** 26 Xb 58
Plainval **60** 17 Cc 51
Plainville **27** 31 Ad 54
Plainville **60** 17 Cc 51
Plaisance **12** 128 Cd 85
Plaisance **32** 124 Aa 87
Plaisance **86** 89 Af 71
Plaisance-du-Touch **31** 140 Bb 87
Plaisia **39** 83 Fd 69
Plaisians **26** 132 Fb 83
Plaisir **78** 32 Bf 56
Plaissan **34** 143 Dd 87
Plaizac **16** 87 Zf 74
Plan **38** 107 Fc 77
Plan, Le **31** 140 Ba 90
Plan, Le **83** 134 Gd 87
Planay **21** 68 Ec 62
Planche, La **44** 60 Yd 66
Plancher-Bas **70** 71 Ge 62
Plancher-les-Mines **70** 71 Ge 62
Planches **61** 30 Ac 56
Planches-en-Montagne, les **39** 84 Gb 69
Planches-près-Arbois, Les **39** 84 Fe 67
Plancoët **22** 27 Xe 57
Plancy-l'Abbaye **10** 35 Df 57
Plan-d'Aups **83** 146 Fe 88
Plan-de-Baix **26** 119 Fa 80
Plan-de-Cuques **13** 146 Fc 88
Plan-d'Orgon **13** 131 Ef 86
Planès **66** 153 Ca 94
Planey, Le **73** 109 Gd 75
Planèzes **66** 154 Cd 92
Planfoy **42** 106 Ec 76
Planguenoual **22** 27 Xc 57
Planioles **46** 114 Ca 81
Planois, Le **71** 83 Fc 68
Planquay, le **27** 30 Ac 54
Planquery **14** 13 Za 54
Planques **62** 7 Ca 46
Planrupt **52** 53 Ee 57
Plans, Les **30** 130 Eb 84
Plans, Les **34** 129 Db 86
Plantay, Le **01** 95 Fa 72
Plantiers, les **30** 130 De 84
Plantis, le **61** 31 Ac 57
Planty **10** 52 Dd 59
Planzolles **07** 117 Ea 82
Plasne **39** 83 Fe 68
Plasnes **27** 31 Ad 54
Plassac **17** 99 Zc 76
Plassac **33** 99 Zc 78
Plassac-Rouffiac **16** 100 Aa 75
Plassay **17** 87 Zb 74
Plateau-d'Assy **74** 97 Ge 73
Plats **07** 118 Ee 78
Plaudren **56** 43 Xb 62
Plauzat **63** 104 Db 75
Plavilla **11** 141 Bf 90
Plazac **24** 101 Ba 78
Pleaux **15** 103 Cb 78
Plébouille **22** 27 Xe 57
Pléchâtel **35** 45 Yb 61
Plédéliac **22** 27 Xd 58
Plédran **22** 26 Xb 58
Pléguien **22** 26 Xa 57
Pléhédel **22** 26 Xa 56
Pleine-Fougères **35** 28 Yc 57
Pleine-Selve **02** 18 Dd 50
Pleine-Selve **33** 99 Zc 77
Pleine-Sève **76** 15 Ae 50
Pleines-Œuvres **14** 29 Za 55
Plélan-le-Grand **35** 44 Xf 61
Plélan-le-Petit **22** 27 Xe 58
Plélauff **22** 43 We 59
Plélo **22** 26 Xa 57
Plémet **22** 43 Xc 59
Plémy **22** 43 Xb 58
Plenée-Jugon **22** 27 Xd 58
Pléneuf-Val-André **22** 27 Xc 57
Plénise **39** 84 Ga 68
Plerguer **35** 28 Ya 57
Plerin **22** 26 Xb 57
Plerneuf **22** 26 Xa 57
Plescop **56** 43 Xa 62
Plesder **35** 27 Ya 58
Plésidy **22** 26 Wf 58
Pleslin-Trigavou **22** 27 Xf 57
Plessala **22** 43 Xc 59
Plessé **44** 59 Ya 63
Plessier, Le **80** 17 Cc 50
Plessier-Huleu, Le **02** 18 Dc 53
Plessier-sur-Bulles, Le **60** 17 Cb 51
Plessier-sur-Saint-Just, Le **60** 17 Cc 51
Plessis-Balisson **22** 27 Xf 57
Plessis-Barbuise **10** 35 Dd 57
Plessis-Belleville, Le **60** 33 Ce 54
Plessis-Brion, Le **60** 18 Cf 52
Plessis-Cornefroy, Le **60** 18 Ce 53
Plessis-de-Roye **60** 18 Cf 51
Plessis-Dorin, Le **41** 48 Af 60
Plessis-Feu-Aussoux, Le **77** 34 Da 56
Plessis-Gassot, Le **95** 33 Cc 54
Plessis-Grammoire, Les **49** 61 Zd 64
Plessis-Grimoult, Le **14** 29 Zc 55
Plessis-Grohan, Le **27** 31 Ba 55
Plessis-Hébert, Le **27** 32 Bc 55
Plessis-Lastelle, Le **50** 12 Yd 53
Plessis-l'Echelle, Le **41** 49 Bc 62
Plessis-l'Evêque, Le **77** 34 Ce 54
Plessis-Luzarches, Le **95** 33 Cc 54
Plessis-Macé, Le **49** 61 Zb 63
Plessis-Pâté, Le **91** 33 Cb 57
Plessis-Placy, Le **77** 34 Cf 54
Plessis-Robinson, Le **92** 33 Cb 56
Plessis-Saint-Benoist **91** 49 Ca 58
Plessis-Sainte-Opportune, Le **27** 31 Af 54
Plessis-Saint-Jean **89** 51 Db 58
Plestan **22** 27 Xd 58
Plestin-les-Gréves **22** 25 Wc 57
Pleubian **22** 26 Wf 55
Pleucadeuc **56** 44 Xd 62
Pleudaniel **22** 26 Wf 56
Pleudihen-sur-Rance **22** 27 Ya 57
Pleugriffet **56** 43 Xb 61
Pleugueneuc **35** 27 Ya 58
Pleumartin **86** 77 Ae 68
Pleumeleuc **35** 44 Ya 59
Pleumeur-Bodou **22** 25 Wc 56
Pleumeur-Gautier **22** 26 Wf 56
Pleure **39** 83 Fc 67
Pleurs **51** 35 Df 56
Pleurtuit **35** 27 Xf 57
Pleuven **29** 42 Vf 61
Pleuvezain **88** 55 Ff 58
Pleuville **16** 88 Ac 72
Pléven **22** 27 Xe 58
Plévin **22** 42 Wc 59
Pleyben **29** 42 Wa 59
Pleyber-Christ **29** 25 Wa 57
Pliboux **79** 88 Aa 71
Plichancourt **51** 36 Ee 56
Plieux **32** 125 Ae 85
Plivot **51** 35 Ea 54
Plobannalec **29** 41 Ve 62
Plobsheim **67** 57 He 58
Ploemel **56** 43 Wf 63
Ploemeur **56** 42 Wd 62
Ploërdut **56** 43 We 60
Ploeren **56** 43 Xa 63
Ploërmel **56** 44 Xd 61
Plœuc-sur-Lié **22** 26 Xb 58
Ploéven **29** 41 Ve 60
Ploëzal **22** 26 We 56
Plogastel-Saint-Germain **29** 41 Ve 61
Plogoff **29** 41 Vc 60
Plogonnec **29** 41 Ve 60
Plomb **50** 28 Ye 56
Plombières-les-Bains **88** 55 Gc 61
Plombières-lès-Dijon **21** 68 Ef 64
Plomelin **29** 41 Vf 61
Plomeur **29** 41 Ve 61
Plomion **02** 19 Ea 50
Plomodiern **29** 41 Ve 59
Ploneis **29** 41 Ve 60
Plonéour-Lanvern **29** 41 Ve 61
Plonévez-Porzay **29** 41 Ve 60
Plorec-sur-Arguenon **22** 27 Xe 58
Plouagat **22** 26 Xa 57
Plouaret **22** 25 Wd 57
Plouarzel **29** 24 Vb 58
Plouasne **22** 44 Xf 59
Plouay **56** 42 We 61
Ploubalay **22** 27 Xf 57
Ploubazlanec **22** 26 Wf 56
Ploubezre **22** 25 Wd 56
Ploudalmézeau **29** 24 Vc 57
Ploudaniel **29** 24 Ve 57
Ploudiry **29** 25 Vf 58
Plouëc-du-Trieux **22** 26 We 56
Plouédern **29** 24 Ve 58
Plouégat-Guérand **29** 25 Wb 57
Plouégat-Moysan **29** 25 Wc 57
Plouénan **29** 25 Wa 57
Plouër-sur-Rance **22** 27 Ya 57
Plouescat **29** 25 Vf 57
Plouézec **22** 26 Xa 56
Plouézoch **29** 25 Wb 57
Ploufragan **22** 26 Xb 58
Plougar **29** 25 Vf 57
Plougasnou **29** 25 Wb 56
Plougastel-Daoulas **29** 24 Vd 58
Plougonvelin **29** 24 Vb 58
Plougonven **29** 25 Wb 57
Plougonver **22** 26 Wd 58
Plougoulm **29** 25 Vf 56
Plougoumelen **56** 43 Xa 63
Plougourvest **29** 25 Vf 57
Plougras **22** 25 Wc 57
Plougrescant **22** 26 We 55
Plouguenast **22** 43 Xb 59
Plouguer, Carhaix- **29** 42 Wc 59
Plouguerneau **29** 24 Vd 57
Plouguernével **22** 43 We 59
Plouguiel **22** 26 We 56
Plouguin **29** 24 Vc 57
Plouha **22** 26 Xa 56
Plouharnel **56** 58 Wf 63
Plouhinec **29** 41 Vc 60
Plouhinec **56** 43 We 62
Plouider **29** 24 Ve 57
Plouigneau **29** 25 Wb 57
Plouisy **22** 26 We 57
Ploulec'h **22** 25 Wd 56
Ploumagoar **22** 26 We 57
Ploumanac'h **22** 25 Wd 56
Ploumilliau **22** 25 Wc 56
Ploumoguer **29** 24 Vb 58
Plounéour-Menez **29** 25 Wa 58
Plounéour-Trez **29** 24 Ve 57
Plounérin **22** 25 Wc 57
Plounéventer **29** 24 Ve 57
Plounévez-du-Faou **29** 42 Wb 59
Plounévézel **29** 25 Wc 59
Plounevez-Lochrist **29** 24 Ve 57
Plounevez-Moëdec **22** 25 Wd 57
Plounévez-Quintin **22** 43 We 59
Plourac'h **22** 25 Wc 58
Plouray **56** 42 Wd 60
Plourhan **22** 26 Xa 57
Plourin **29** 24 Vb 57
Plourin-lès-Morlaix **29** 25 Wb 57
Plourivo **22** 26 Wf 56
Plouvain **62** 8 Cf 47
Plouvara **22** 26 Xa 57
Plouvien **29** 24 Vd 57
Plouvorn **29** 25 Vf 57
Plouyé **29** 25 Wb 59
Plouzané **29** 24 Vc 58
Plouzélambre **22** 25 Wc 57
Plouzévédé **29** 25 Vf 57
Plovan **29** 41 Vd 61
Ployart-et-Vaurseine **02** 19 De 52
Ployron, Le **60** 17 Cd 51
Plozévet **29** 41 Vd 61
Pluduno **22** 27 Xe 57
Plufur **22** 25 Wc 57
Pluguffan **29** 41 Ve 61
Pluherlin **56** 44 Xd 62
Plumaudan **22** 44 Xf 58
Plumaugat **22** 44 Xe 59
Plumelec **56** 43 Xc 61
Pluméliau **56** 43 Xa 61
Plumelin **56** 43 Xa 61
Plumergat **56** 43 Xa 62
Plumetot **14** 14 Zd 53
Plumieux **22** 43 Xc 60
Plumont **39** 69 Fe 66
Plurien **22** 27 Xd 57
Plusquellec **22** 25 Wd 58
Plussulien **22** 43 Wf 59
Pluvault **21** 69 Fa 65
Pluvet **21** 69 Fa 65
Pluvigner **56** 43 Wf 62
Pluzunet **22** 26 Wd 57
Pocancy **51** 35 Ea 55
Pocé-les-Bois **35** 45 Ye 60
Podensac **33** 111 Zd 81
Poë-Sigillat, Le **26** 119 Fb 82
Poët, Le **05** 120 Gc 81
Poët, Le **05** 133 Ff 83
Poët-Célard, Le **26** 119 Fa 81
Poët-Laval, Le **26** 118 Fa 81
Pœuilly **80** 18 Da 49
Poey-de-Lescar **64** 138 Zd 88
Poey-d'Oloron **64** 137 Zb 89
Poëzat **03** 92 Db 72
Poggio-di-Nazza **2B** 159 Kb 96
Poggio-di-Venaco **2B** 159 Kb 95
Poggio-d'Oletta **2B** 157 Kc 93
Poggiolo **2A** 158 If 95
Poggio-Marinaccio **2B** 157 Kc 94
Poggio-Mezzana **2B** 157 Kd 94
Pogny **51** 36 Ec 55
Poids-de-Fiole **39** 83 Fd 69
Poigny **77** 34 Db 57
Poigny-la-Forêt **78** 32 Be 56
Poil **58** 81 Ea 67
Poilcourt-Sydney **08** 19 Ea 52
Poilhes **34** 143 Da 89
Poillé-sur-Vègre **72** 46 Ze 61
Poilley **35** 29 Ye 58
Poilley **50** 28 Ye 57
Poilly **51** 35 De 53
Poilly-lez-Gien **45** 65 Cd 62
Poilly-sur-Serein **89** 67 Df 62
Poilly-sur-Tholon **89** 51 Dc 61
Poinçon-lès-Larrey **21** 53 Ec 61
Poinçonnet, Le **36** 78 Be 68
Poincy **77** 34 Cf 55
Poinsenot **52** 69 Fa 62
Poinson-lès-Fayl **52** 69 Fd 62
Poinson-lès-Grancey **52** 68 Ef 62
Poinson-lès-Nogent **52** 54 Fc 61
Pointel **61** 29 Zd 56
Pointis-de-Rivière **31** 139 Ad 90
Pointis-Inard **31** 139 Ae 90
Pointre **39** 69 Fd 65
Pointvillers **25** 84 Ff 66
Poinville **28** 49 Bf 59
Poiré-sur-Velluire, Le **85** 75 Za 70
Poiré-sur-Vie, Le **85** 74 Yc 68
Poiseul **52** 54 Fc 61
Poiseul-la-Grange **21** 68 Ee 63
Poiseul-la-Ville-et-Laperrière **21** 68 Ee 63
Poiseul-lès-Saulx **21** 68 Ef 63
Poiseux **58** 80 Db 66
Poiseux **58** 81 Df 67
Poislay, Le **41** 48 Ba 60
Poisoux **39** 95 Fc 70
Poisson **71** 93 Ea 70
Poissons **52** 54 Fb 58
Poissy **78** 33 Ca 55
Poisvilliers **28** 32 Bc 57
Poitevinière, La **49** 61 Za 65
Poitiers **86** 76 Ac 69
Poivres **10** 35 Eb 56
Poix **51** 36 Ed 55
Poix-de-Picardie **80** 17 Bf 50
Poix-du-Nord **59** 9 Dd 47
Poix-Terron **08** 20 Ed 51
Poizat, Le **01** 95 Fe 72
Polaincourt-et-Clairefontaine **70** 55 Ga 61
Polastron **31** 140 Af 89
Polastron **32** 140 Af 87
Poléon **17** 87 Zb 72
Polhay **60** 16 Bf 51
Poliénas **38** 107 Fc 77
Polignac **17** 99 Ze 77
Polignac **43** 105 Df 78
Poligné **35** 45 Yb 61
Poligny **05** 120 Ga 80
Poligny **10** 53 Ec 59
Poligny **39** 83 Fe 67
Poligny **77** 50 Ce 59
Polincove **62** 3 Ca 43
Polisot **10** 53 Ec 60
Polisy **10** 53 Ec 60
Pollestres **66** 154 Cf 93
Polliat **01** 95 Fa 71
Pollieu **01** 95 Fe 74
Pollionnay **69** 94 Ed 74
Polminhac **15** 115 Cd 79
Polveroso **2B** 157 Kc 94
Pomacle **51** 19 Ea 52
Pomarède **46** 113 Bb 81
Pomarez **40** 123 Za 87
Pomas **11** 142 Cb 90
Pomayrols **12** 116 Da 82
Pomerol **33** 111 Ze 79
Pomérols **34** 143 Dd 88
Pomeys **69** 106 Ec 75
Pommard **21** 82 Ee 66
Pommera **62** 7 Cc 47
Pommeraie-sur-Sèvre, La **85** 75 Zb 67
Pommeraye, La **49** 61 Za 64
Pommeret **22** 26 Xc 58
Pommereuil **59** 9 Dd 48
Pommereux **76** 16 Bd 51
Pommeréval **76** 16 Bb 50
Pommerieux **53** 46 Za 62
Pommérieux **57** 38 Gb 55
Pommerit-Jaudy **22** 26 We 56
Pommerit-le-Vicomte **22** 26 Wf 57
Pommerol **26** 119 Fc 82
Pommeuse **77** 34 Da 56
Pommevic **82** 126 Af 84
Pommier **62** 8 Cd 47
Pommiers **02** 18 Db 52
Pommiers **30** 129 Dd 85
Pommiers **36** 78 Bd 69
Pommiers **42** 93 Ea 74
Pommiers **69** 94 Ee 73
Pommiers-la-Placette **38** 107 Fd 77
Pommiers-Moulons **17** 99 Zd 77
Pommieur-de-Beaurepaire **38** 107 Fa 76
Pomoy **70** 70 Gc 63
Pompaire **79** 76 Ze 69
Pompéjac **33** 111 Zd 82
Pompertuzat **31** 141 Bd 88
Pompey **54** 38 Ga 56
Pompiac **32** 140 Ba 87
Pompidou, Le **48** 130 Dd 83
Pompierre **88** 54 Fe 59
Pompierre-sur-Doubs **25** 71 Gd 64
Pompiey **47** 125 Ab 83
Pompignan **30** 130 Df 85
Pompignan **82** 126 Bb 86
Pompogne **47** 112 Aa 83
Pomponne **77** 33 Ce 55
Pomport **24** 112 Ac 80
Pomps **64** 138 Zc 88
Poncé-sur-le-Loir **72** 63 Ad 62
Poncey-lès-Athée **21** 69 Fc 65
Ponchel, Le **62** 7 Ca 47
Ponches-Estruval **80** 7 Bf 47
Ponchon **60** 17 Cb 52
Poncin **01** 95 Fc 72
Poncins **42** 93 Ea 74
Pondaurat **33** 111 Zf 81
Pondy, Le **18** 79 Cd 68
Ponlat-Taillebourg **31** 139 Ad 90
Pons **17** 99 Zc 75
Ponsan-Soubiran **32** 139 Ac 88
Ponsas **26** 106 Ef 78
Ponson-Debat-Pouts **64** 138 Zf 89
Ponson-Dessus **64** 138 Zf 89
Ponsonnas **38** 120 Fe 79
Pont, le **21** 69 Fa 65
Pontacq **64** 138 Zf 89
Pontailler-sur-Saône **21** 69 Fc 65
Pontaix **26** 119 Fb 80
Pont-à-Marcq **59** 8 Da 45
Pont-à-Mousson **54** 38 Ga 55
Pont-Arcy **02** 19 Dd 52
Pontarion **23** 90 Bf 73
Pontarlier **25** 84 Gc 67
Pontarmé **60** 33 Cd 54
Pontaubert **89** 67 Df 64
Pont-Audemer **27** 15 Ad 52
Pontault-Combault **77** 33 Cd 56
Pontaumur **63** 91 Ce 73
Pont-Authou **27** 15 Ae 53
Pont-Aven **29** 42 Wb 61
Pont-à-Vendin **62** 8 Cf 46
Pontavert **02** 19 De 52
Pont-Bellanger **14** 29 Za 55
Pontcarré **77** 33 Ce 56
Pontcey **70** 70 Ga 63
Pontchardon **61** 30 Ab 55
Pontcharra **38** 108 Ga 76
Pontcharra-sur-Turdine **69** 94 Ec 73
Pontcharraud **23** 91 Cb 73
Pontchâteau **44** 59 Xf 64
Pont-Chrétien-Chabenet **36** 78 Bc 69
Pontcirq **46** 113 Bb 81
Pont-Croix **29** 41 Vd 60
Pont-d'Ain **01** 95 Fc 72
Pont-de-Barret **26** 118 Fa 81
Pont-de-Beauvoisin, Le **73** 107 Fe 75
Pont-de-Buis-lès-Quimerch **29** 25 Vf 59
Pont-de-Chéruy **38** 95 Fb 74
Pont-de-Claix, Le **38** 107 Fe 78
Pont-de-Labeaume **07** 117 Eb 81
Pont-de-l'Arche **27** 15 Ba 53
Pont-de-l'Isère **26** 118 Ef 78
Pont-de-Metz **80** 17 Cb 49
Pont-de-Montvert, Le **48** 117 De 82
Pont-de-Planches, Le **70** 70 Ff 63
Pont-de-Poitte **39** 83 Fe 69
Pont-de-Roide **25** 71 Ge 64
Pont-de-Ruan **37** 63 Ad 65
Pont-de-Salars **12** 128 Ce 83
Pont-de-Vaux **01** 82 Ef 70
Pont-de-Veyle **01** 94 Ef 71
Pont-d'Héry **39** 84 Ff 67
Pont-d'Ouilly **14** 29 Zd 55
Pont-du-Bois **70** 55 Ga 61
Pont-du-Casse **47** 125 Ae 83
Pont-du-Château **63** 92 Db 74

Petite-Rosselle — Pont-du-Château (F) **191**

Q

Rogerville **76** 14 Ab 51
Rogéville **54** 38 Ff 56
Roggenhouse **68** 57 Hc 61
Rogliano **2B** 157 Kc 91
Rogna **39** 95 Fe 71
Rognac **13** 146 Fb 88
Rognaix **73** 108 Gc 75
Rognes **13** 132 Fc 86
Rognonas **13** 131 Ee 85
Rogny **02** 19 De 50
Rogny-les-Sept-Écluses **89** 66 Cf 62
Rogues **30** 129 Dd 85
Rogy **80** 17 Cb 50
Rohaire **28** 31 Af 56
Rohan **56** 43 Xb 60
Rohrbach-lès-Bitche **57** 39 Hb 54
Rohrwiller **67** 40 Hf 56
Roiffé **86** 62 Aa 66
Roiffieux **07** 106 Ed 77
Roiglise **80** 18 Cf 50
Roilly **21** 68 Ec 64
Roinville **28** 49 Be 58
Roinville **91** 33 Ca 57
Roinvilliers **91** 50 Cb 58
Roisel **80** 8 Da 49
Roises, Les **55** 54 Fd 58
Roissard **38** 119 Fd 79
Roissy-en-Brie **77** 33 Cd 56
Roissy-en-France **95** 33 Cd 54
Roiville **61** 30 Ab 55
Roizy **08** 19 Eb 52
Rolampont **52** 54 Fb 61
Rolbing **57** 39 Hc 53
Rollainville **88** 54 Fe 58
Rollancourt **62** 7 Ca 46
Rolleboise **78** 32 Bd 54
Rolleville **76** 14 Ab 51
Rollot **80** 17 Cd 51
Rom **79** 88 Aa 71
Romagnat **63** 92 Da 74
Romagne **33** 111 Ze 80
Romagné **35** 45 Ye 58
Romagne **86** 88 Ab 71
Romagne, La **08** 19 Eb 50
Romagne, La **49** 61 Yf 66
Romagne-Gesnes **55** 20 Fa 53
Romagne-sous-les-Côtes **55** 21 Fc 53
Romagnieu **38** 107 Fd 75
Romagny **50** 29 Za 57
Romagny **68** 71 Ha 63
Romain **25** 70 Gc 64
Romain **39** 69 Fe 65
Romain **51** 19 De 52
Romain **54** 38 Gc 57
Romain-aux-Bois **88** 54 Fe 60
Romain-sur-Meuse **52** 54 Fd 59
Romainville **93** 33 Cc 55
Roman **27** 31 Ba 55
Romange **39** 69 Fd 66
Romans **01** 94 Fa 72
Romans **79** 75 Ze 70
Romans-sur-Isère **26** 106 Fa 78
Romanswiller **67** 39 Hc 57
Romazières **17** 87 Ze 73
Romazy **35** 45 Yd 58
Rombach-le-Franc **68** 56 Hb 59
Rombas **57** 22 Ga 53
Rombies-et-Marchipont **59** 9 Dd 46
Romegoux **17** 87 Zb 73
Romelfing **57** 39 Ha 55
Romenay **71** 83 Fa 69
Romeny-sur-Marne **02** 34 Dc 55
Romeries **59** 9 Dd 47
Romery **51** 35 Df 54
Romescamps **60** 16 Be 50
Romestaing **47** 111 Aa 82
Romeyer **26** 119 Fc 80
Romigny **51** 35 De 53
Romiguières **34** 129 Db 86
Romillé **35** 44 Ya 59
Romilly **41** 48 Ba 61
Romilly-la-Puthenaye **27** 31 Af 54
Romilly-sur-Aigre **28** 49 Bb 61
Romilly-sur-Andelle **27** 16 Bb 52
Romilly-sur-Seine **10** 52 De 57
Romont **88** 55 Gd 58
Romorantin-Lanthenay **41** 64 Be 64
Rompon **07** 118 Ee 80
Rônai **61** 30 Zf 56
Ronce-les-Bains **17** 86 Yf 74
Roncenay-Authenay, Le **27** 31 Ba 55
Roncey **50** 28 Ye 55
Ronchamp **70** 71 Gd 62
Ronchaux **25** 84 Ff 66
Ronchères **02** 35 Dd 54
Roncherolles-en-Bray **76** 16 Bc 51
Roncherolles-sur-le-Vivier **76** 15 Bb 52
Ronchin **59** 8 Da 45
Ronchois **76** 16 Bd 50
Roncourt **57** 38 Ga 53
Roncq **59** 4 Da 44
Ronde, La **17** 87 Zb 71
Rondefontaine **25** 84 Gb 68
Ronde-Haye, La **50** 12 Yd 54
Ronel **81** 128 Cb 86
Ronfeugerai **61** 29 Zd 56
Rongères **03** 92 Dc 71
Ronnet **03** 91 Ce 71
Ronquerolles **95** 33 Cb 53
Ronsenac **16** 100 Ab 76
Ronssoy **80** 8 Da 49
Rontalon **69** 106 Ed 75
Rontignon **64** 138 Zd 89
Ronvaux **55** 37 Fd 54
Roost-Warendin **59** 8 Da 46
Roppe **90** 71 Gf 62
Roppenheim **67** 40 Ia 55
Roppentzwiller **68** 72 Hb 63
Roppeviller **57** 40 Hd 54
Roque-Alrice, la **84** 132 Fa 84
Roque-Baignard, la **14** 14 Aa 53
Roquebillière **06** 135 Hb 84
Roquebrun **34** 143 Da 88
Roquebrune **06** 135 Hc 86
Roquebrune **32** 125 Ab 86
Roquebrune **33** 112 Aa 81
Roquebrune-sur-Argens **83** 148 Gd 88
Roquebrussanne, La **83** 147 Ff 88
Roquecor **82** 113 Af 83
Roquecourbe **81** 128 Cb 87
Roquecourbe-Minervois **11** 142 Cd 89
Roque-d'Anthéron, La **13** 132 Fb 86
Roquedur **30** 130 Dd 85
Roque-Esclapon, La **83** 134 Gd 86
Roquefère **11** 128 Cc 88
Roquefeuil **11** 153 Bf 92
Roquefixade **09** 152 Be 91
Roquefort **32** 125 Ad 86
Roquefort **40** 124 Ze 84
Roquefort **47** 125 Ad 83
Roquefort-de-Sault **11** 153 Cb 92
Roquefort-des-Corbières **11** 143 Cf 91
Roquefort-la-Bédoule **13** 146 Fd 89
Roquefort-les-Pins **06** 134 Ha 86
Roquefort-sur-Garonne **31** 140 Af 90
Roquefort-sur-Soulzon **12** 129 Cf 85
Roquelaure **32** 125 Ad 86
Roquelaure-Saint-Aubin **32** 126 Af 86
Roquemaure **30** 131 Ee 84
Roquemaure **81** 127 Bd 86
Roquepine **32** 125 Ac 85
Roqueredonde **34** 129 Db 86
Roques **31** 127 Be 87
Roques **32** 125 Ab 85
Roque-Sainte-Marguerite, La **12** 129 Db 84
Roquesérière **31** 127 Bd 86
Roquessels **34** 143 Db 87
Roquesteron **06** 134 Ha 85
Roque-sur-Cèze, La **30** 131 Ed 83
Roque-sur-Pernes **84** 132 Fa 85
Roquetaillade **11** 141 Cb 91
Roquetoire **62** 3 Cc 44
Roquette, La **12** 115 Cd 82
Roquette, La **12** 129 Dc 85
Roquette, La **27** 16 Bc 53
Roquettes **31** 140 Bc 88
Roquette-sur-Signane, La **06** 134 Gf 87
Roquette-sur-Var, La **06** 135 Hb 85
Roquevaire **13** 146 Fd 88
Roquevidal **81** 127 Bf 87
Roquiague **64** 137 Za 89
Roquille, La **33** 112 Ab 80
Rorbach-lès-Dieuze **57** 39 Gf 55
Rosans **05** 119 Fc 82
Rosay **39** 83 Fc 69
Rosay **51** 36 Ee 56
Rosay **76** 16 Bb 50
Rosay **78** 32 Be 55
Rosay-sur-Lieure **27** 16 Bc 52
Rosazia **2A** 158 If 96
Rosbruck **57** 39 Gf 53
Roscanvel **29** 24 Vc 59
Roschwihr **68** 56 Hc 59
Roscoff **29** 25 Wa 56
Rosel **14** 13 Zd 53
Rosenau **68** 72 Hd 63
Rosenwiller **67** 39 Hc 56
Rosenwiller **67** 39 Hc 57
Roset-Fluans **25** 70 Fe 66
Rosey **70** 70 Ga 63
Rosey **71** 82 Ee 68
Rosheim **67** 40 Hc 57
Rosière, La **70** 55 Gd 61
Rosières **07** 117 Eb 82
Rosières **43** 105 Df 78
Rosières **60** 33 Ce 53
Rosières-aux-Salines **54** 38 Gc 57
Rosières-en-Haye **54** 38 Ff 56
Rosières-en-Santerre **80** 17 Ce 50
Rosières-près-Troyes **10** 52 Ea 59
Rosières-sur-Barbèche **25** 71 Gd 65
Rosières-sur-Mance **70** 54 Fe 61
Rosiers, Les **49** 62 Ze 64
Rosiers-d'Egletons **19** 102 Ca 76
Rosiers-de-Juillac **19** 101 Bb 77
Rosis **34** 129 Da 87
Rosnay **36** 77 Bb 68
Rosnay **85** 74 Ye 69
Rosnay-l'Hôpital **10** 53 Ec 58
Rosnoën **29** 24 Ve 59
Rosny-sous-Bois **93** 33 Cd 55
Rosny-sur-Seine **78** 32 Bd 55
Rosoy **60** 17 Cd 52
Rosoy-en-Multien **60** 34 Cf 54
Rosoy-le-Vieil **45** 51 Cf 60
Rospez **22** 26 Wd 56
Rospigliani **2B** 159 Kb 95
Rosporden **29** 42 Wb 61
Rossay-sur-Lieure **27** 16 Be 52
Rosselange **57** 22 Ga 53
Rossfeld **67** 57 Hd 58
Rossillon **01** 95 Fd 74
Rosteig **67** 39 Hc 55
Rostrenen **22** 43 We 59
Rosult **59** 9 Dc 46
Rosureux **25** 71 Ge 65
Rotalier **39** 83 Fc 69
Rotangy **60** 17 Ca 51
Rothau **67** 56 Hb 58
Rothbach **67** 40 Hd 55
Rotherens **73** 108 Ga 76
Rothière, La **10** 53 Ed 58
Rothois **60** 17 Bf 51
Rothonay **39** 83 Fd 69
Rots **14** 13 Zd 53
Rott **67** 40 Hf 54
Rottelsheim **67** 40 He 56
Rottier **26** 119 Fc 82
Rouairoux **81** 142 Cd 88
Rouans **44** 59 Ya 65
Rouaudière, La **53** 45 Ye 62
Roubaix **59** 4 Db 44
Roubia **11** 142 Ce 89
Roubion **06** 134 Ha 84
Roucourt **59** 8 Da 46
Roucy **02** 19 De 52
Rouécourt **52** 53 Fa 59
Rouède **31** 140 Af 90
Rouellé **61** 29 Zb 57
Rouelles **52** 69 Fa 62
Rouen **76** 15 Ba 52
Rouessé-Fontaine **72** 47 Aa 59
Rouessé-Vassé **72** 47 Zd 60
Rouet **34** 130 De 86
Rouez **72** 47 Zf 60
Rouffach **68** 56 Hb 61
Rouffange **39** 69 Fe 65
Rouffiac **17** 87 Zd 74
Rouffiac **81** 127 Ca 85
Rouffiac-d'Aude **11** 142 Cb 90
Rouffiac-des-Corbières **11** 154 Cd 91
Rouffiac-Tolosan **31** 127 Bd 87
Rouffignac **17** 99 Zd 76
Rouffignac-de-Sigoulès **24** 112 Ac 80
Rouffignac-Saint-Cernin-de-Reilhac **24** 101 Af 78
Rouffigny **50** 28 Ye 56
Rouffilhac **46** 113 Bc 80
Rouffy **51** 35 Ea 55
Rougé **44** 45 Yd 62
Rouge, La **61** 48 Ae 59
Rougefay **62** 7 Cb 47
Rougegoutte **90** 71 Gf 62
Rougemont **21** 68 Eb 62
Rougemont **25** 70 Gc 63
Rougemontiers **27** 15 Ae 52
Rougemont-le-Château **90** 71 Gf 62
Rougemontot **25** 70 Gb 64
Rougeou **41** 64 Bd 64
Rouge-Perriers **27** 31 Af 54
Rougeries **02** 19 De 50
Rouges-Eaux, Les **88** 56 Ge 59
Rouget, Le **15** 115 Cb 79
Rougeux **52** 69 Fd 62
Rougier **83** 147 Ff 88
Rougnac **16** 100 Ac 75
Rougnat **23** 91 Cd 72
Rougon **04** 133 Gc 86
Rouhe **25** 84 Ff 66
Rouhling **57** 39 Ha 54
Rouillac **16** 88 Zf 74
Rouillac **22** 44 Xd 59
Rouillé **86** 76 Aa 70
Rouillon **72** 47 Aa 61
Rouilly **77** 34 Db 57
Rouilly-Sacey **10** 52 Eb 58
Rouilly-Saint-Loup **10** 52 Ea 59
Roujan **34** 143 Db 87
Roulans **25** 70 Gb 65
Roulier, Le **88** 55 Gc 60
Roulier, Le **88** 55 Gd 59
Roullens **11** 142 Cb 90
Roullet-Saint-Estèphe **16** 100 Aa 75
Roullours **14** 29 Za 56
Roumagne **47** 112 Ac 81
Roumare **76** 15 Af 51
Rou-Marson **49** 62 Zf 65
Roumazières-Loubert **16** 88 Ad 73
Roumégoux **15** 115 Cb 79
Roumégoux **81** 128 Cb 86
Roumengoux **09** 141 Bf 90
Roumens **31** 141 Bf 88
Roumoules **04** 133 Ga 85
Rountzenheim **67** 40 Hf 56
Roupeldange **57** 22 Gc 53
Rouperroux **61** 30 Zf 57
Rouperroux-le-Coquet **72** 47 Ac 59
Roupy **02** 18 Db 50
Roure **06** 134 Ha 84
Rouret, Le **06** 134 Ha 86
Roussac **87** 89 Bb 72
Roussas **26** 118 Ee 82
Roussay **49** 60 Yf 66
Roussayrolles **81** 127 Be 84
Rousselloy **60** 17 Cc 53
Roussenac **12** 115 Cb 82
Roussent **62** 7 Be 46
Rousses **48** 129 Dd 83
Rousses, les **39** 84 Ga 70
Rousset **05** 120 Gb 82
Rousset **13** 146 Fd 88
Rousset, Le **71** 82 Ec 69
Rousset-les-Vignes **26** 119 Fa 82
Roussière, La **27** 31 Ad 55
Roussieux **26** 119 Fc 82
Roussillon **38** 106 Ee 76
Roussillon **84** 132 Fb 85
Roussillon-en-Morvan **71** 81 Ea 66
Roussines **16** 88 Ad 74
Roussines **36** 78 Bc 70
Rousson **89** 51 Db 60
Roussy-le-Village **57** 22 Gb 51
Routelle **25** 70 Ff 65
Routes **76** 15 Ae 50
Routier **11** 141 Ca 90
Routot **27** 15 Ae 52
Rouvenac **11** 153 Ca 91
Rouves **54** 38 Gb 55
Rouville **60** 34 Cf 53
Rouville **76** 15 Ac 51
Rouvillers **60** 17 Cd 52
Rouvray **21** 67 Ea 64
Rouvray **21** 82 Ed 66
Rouvray **27** 32 Bb 54
Rouvray **89** 52 De 61
Rouvray-Catillon **76** 16 Bc 51
Rouvray-Saint-Denis **28** 49 Bf 59
Rouvray-Sainte-Croix **45** 49 Be 60
Rouvray-Saint-Florentin **28** 49 Bd 59
Rouvre **79** 75 Zd 70
Rouvrel **80** 17 Cc 50
Rouvres **14** 30 Ze 54
Rouvres **28** 32 Bc 55
Rouvres **60** 34 Da 54
Rouvres **77** 33 Ce 54
Rouvres-en-Plaine **21** 69 Fa 65
Rouvres-en-Woëvre **55** 37 Fe 53
Rouvres-en-Xaintois **88** 55 Ga 59
Rouvres-la-Chétive **88** 54 Fe 59
Rouvres-les-Bois **36** 78 Bc 66
Rouvres-les-Vignes **10** 53 Ee 59
Rouvres-Saint-Jean **45** 50 Cb 59
Rouvres-sous-Meilly **21** 68 Ed 65
Rouvrois-sur-Meuse **55** 37 Fd 55
Rouvrois-sur-Othain **55** 21 Fd 52
Rouvroy **02** 18 Db 49
Rouvroy **62** 8 Cf 46
Rouvroy-en-Santerre **80** 17 Ce 50
Rouvroy-les-Merles **60** 17 Cc 51
Rouvroy-Ripont **51** 36 Ee 53
Rouvroy-sur-Audry **08** 20 Ec 50
Rouvroy-sur-Marne **52** 54 Fa 58
Rouvroy-sur-serre **02** 19 Eb 50
Rouxeville **50** 29 Za 54
Rouxière, La **44** 60 Yf 64
Rouxmesnil-Bouteilles **76** 6 Ba 49
Rouy **58** 81 Dd 66
Rouy-le-Grand **80** 18 Cf 50
Rouy-le-Petit **80** 18 Cf 50
Rouze **09** 153 Ca 92
Rouzède **16** 88 Ad 74
Rouziers **15** 115 Cb 80
Rouziers-de-Touraine **37** 63 Ad 63
Rove, Le **13** 146 Fb 88
Roville-aux-Chênes **88** 55 Gd 58
Roville-devant-Bayon **54** 55 Gb 58
Rovon **38** 107 Fc 77
Royan **17** 86 Yf 75
Royas **38** 107 Fa 75
Royat **63** 92 Da 74
Royaucourt **60** 17 Cd 51
Royaucourt-et-Chailvet **02** 18 Dd 51
Royaumeix **54** 37 Ff 56
Roy-Boissy **60** 16 Bf 51
Roybon **38** 107 Fb 77
Roye **70** 71 Gd 61
Roye **80** 18 Ce 50
Royer **71** 82 Ee 69
Royère-de-Vassivière **23** 90 Bf 73
Roye-sur-Matz **60** 17 Ce 51
Roynac **26** 118 Ef 81
Royon **62** 7 Be 46
Royville **76** 15 Af 50
Rozay-en-Brie **77** 34 Cf 56
Rozel, le **50** 12 Yb 52
Rozelay **71** 82 Eb 69
Rozelieures **54** 55 Gc 58
Rozérieulles **57** 38 Ga 54
Rozerotte **88** 55 Ga 59
Rozès **32** 125 Ac 86
Rozet-Saint-Albin **02** 34 Db 53
Rozier, Le **12** 129 Db 83
Rozier-Côtes-d'Aurec **42** 105 Ea 76
Rozier-en-Donzy **42** 93 Eb 74
Rozières-en-Beauce **45** 49 Be 61
Rozières-sur-Crise **02** 18 Dc 53
Rozières-sur-Mouzon **88** 54 Fe 60
Roziers-Saint-Georges **87** 90 Bd 74
Roz-Landrieux **35** 28 Yb 57
Rozoy-Bellevalle **02** 34 Dc 55
Rozoy-sur-Serre **02** 19 Ea 50
Roz-sur-Couesnon **35** 28 Yc 57
Ruages **58** 67 De 65
Ruan **45** 49 Bf 60
Ruan-sur-Egvonne **41** 48 Ba 60
Ruaudin **72** 47 Ab 61
Rubécourt **08** 20 Fa 50
Rubelles **77** 33 Ce 57
Rubempré **80** 7 Cc 48
Rubercy **14** 13 Za 53
Rubescourt **80** 17 Cd 51
Rubigny **08** 19 Eb 50
Rubrouck **59** 3 Cc 43
Ruca **22** 27 Xe 57
Ruch **33** 111 Zf 80
Ruchère, La **38** 108 Fe 76
Rucqueville **14** 13 Zc 53
Rudeau-Ladosse **24** 100 Ad 76
Rudelle **46** 114 Bf 80
Rue **80** 6 Bd 47
Ruederbach **68** 71 Hb 63
Rueil-la-Gadelière **28** 31 Af 56
Rueil-Malmaison **92** 33 Cb 55
Ruelisheim **68** 56 Hc 62
Ruelle-sur-Touvre **16** 88 Ab 74
Rue-Saint-Pierre, la **60** 17 Cb 52
Rue-Saint-Pierre, la **76** 16 Bb 51
Rues-des-Vignes, Les **59** 8 Db 48
Ruesnes **59** 9 Dd 47
Rueyres **46** 114 Bf 80
Ruffec **16** 88 Ab 72
Ruffec **36** 77 Bb 69
Ruffey-le-Château **25** 70 Fe 65
Ruffey-lès-Beaune **21** 82 Ef 66
Ruffey-lès-Echirey **21** 69 Fa 64
Ruffey-sur-Seille **39** 83 Fc 68
Ruffiac **56** 44 Xe 62
Ruffieu **01** 95 Fd 73
Ruffieux **73** 96 Ff 73
Ruffigné **44** 45 Yd 62
Rugles **27** 31 Ae 56
Rugney **88** 55 Gb 58
Rugny **89** 52 Ea 61
Ruhans **70** 70 Ga 64
Ruillé-en-Champagne **72** 47 Zf 60
Ruillé-Froid-Fonds **53** 46 Zc 61
Ruillé-le-Gravelais **53** 46 Za 60
Ruillé-sur-Loir **72** 63 Ad 62
Ruisseauville **62** 7 Ca 46
Ruitz **62** 8 Cd 46
Rullac-Saint-Cirq **12** 128 Cc 84
Rully **60** 17 Ce 53
Rully **71** 82 Ee 67
Rumaucourt **62** 8 Da 47
Rumegies **59** 9 Dc 46
Rumersheim-le-Haut **68** 57 Hd 61
Rumesnil **14** 14 Aa 53
Rumigny **08** 19 Eb 50
Rumigny **80** 17 Cb 50
Rumilly **62** 7 Ca 45
Rumilly **74** 96 Ff 73
Rumilly-en-Cambrésis **59** 8 Db 48
Rumilly-lès-Vaudes **10** 52 Eb 60
Ruminghem **62** 3 Ca 43
Rumont **55** 37 Fb 56
Rumont **77** 50 Cd 59
Rungis **94** 33 Cc 56
Ruoms **07** 118 Ec 82
Rupéreux **77** 34 Dc 57
Ruppes **88** 54 Fe 58
Rupt **52** 54 Fa 58
Rupt-aux-Nonains **55** 36 Fa 56
Rupt-en-Woëvre **55** 37 Fc 54
Rupt-sur-Moselle **88** 56 Gd 61
Rupt-sur-Othain **55** 21 Fd 52
Rupt-sur-Saône **70** 70 Ff 63
Rurange-lès-Thionville **57** 22 Gb 53
Rurey **25** 84 Ga 66
Rusio **2B** 157 Kb 94
Russ **67** 39 Hb 57
Russey, Le **25** 71 Ge 65
Russy **14** 13 Zb 52
Rustenhart **68** 57 Hc 61
Rustiques **11** 142 Cc 89
Rustrel **84** 132 Fc 85
Rutali **2B** 157 Kc 93
Ruvigny **10** 52 Eb 59
Ruy **38** 107 Fb 75
Ruyaulcourt **62** 8 Da 48
Ry **76** 16 Bc 52
Rye **39** 83 Fc 67
Ryes **14** 13 Zc 53

S

Saâcy-sur-Marne **77** 34 Db 55
Saales **67** 56 Ha 58
Saâne-Saint-Just **76** 15 Af 50
Saasenheim **67** 57 Hd 59
Sabadel-Latronquière **46** 114 Ca 80
Sabadel-Lauzès **46** 114 Bd 81
Sabaillan **32** 140 Ae 88
Sabalos **65** 139 Aa 89
Sabarat **09** 140 Bc 90
Sabarros **65** 139 Ac 89
Sabazan **32** 124 Aa 86
Sableau, le **85** 74 Za 70
Sables-d'Olonne, Les **85** 73 Yb 70
Sablé-sur-Sarthe **72** 46 Zd 61
Sablet **84** 131 Fa 83
Sablières **07** 117 Ea 81
Sablon **33** 99 Zf 78
Sablonceaux **17** 86 Za 74
Sablonnières **77** 34 Db 55
Sabonnères **31** 140 Ba 88
Sabotterie, La **08** 20 Ee 51
Sabres **40** 123 Zb 84
Saccourvielle **31** 151 Ad 92
Sacé **53** 46 Zb 59
Sacey **50** 28 Yd 57
Saché **37** 63 Ad 65
Sachin **62** 7 Cb 46
Sachy **08** 20 Fa 50
Sacierges-Saint-Martin **36** 78 Bc 70
Saclas **91** 50 Ca 58
Saclay **91** 33 Cb 56
Saconin-et-Breuil **02** 18 Db 52
Sacoué **65** 139 Ad 91
Sacq, Le **27** 31 Ba 55
Sacquenay **21** 69 Fb 63
Sacquenville **27** 31 Ba 54
Sacy **51** 35 Df 53
Sacy **89** 67 De 63
Sacy-le-Grand **60** 17 Cd 52
Sacy-le-Petit **60** 17 Cd 52
Sadeillan **32** 139 Ac 88
Sadillac **24** 112 Ac 80
Sadirac **33** 111 Zd 80
Sadournin **65** 139 Ac 89
Sadroc **19** 102 Bd 78
Saessolsheim **67** 40 Hd 56
Saffais **54** 38 Gb 57
Saffloz **39** 84 Ff 68
Saffré **44** 60 Yc 63
Saffres **21** 68 Ed 64
Sagelat **24** 113 Ba 80
Sagnat **23** 90 Bd 71
Sagnes-et-Gaudoulet **07** 117 Eb 80
Sagonne **18** 80 Ce 67
Sagy **71** 83 Fb 69
Sagy **95** 32 Bf 54
Sahorre **66** 153 Cc 93
Sahune **26** 119 Fb 82
Sahurs **76** 15 Af 52
Sai **61** 30 Aa 56
Saignes **15** 103 Cc 77
Saignes **46** 114 Be 80
Saigneville **80** 7 Be 48
Saignon **84** 132 Fc 85
Saiguède **31** 140 Ba 87
Sailhan **65** 150 Ac 92
Saillac **19** 102 Bd 78
Saillac **46** 114 Be 83
Saillagouset **66** 153 Ca 94
Saillans **26** 119 Fb 80
Saillans **33** 99 Ze 79
Saillant **63** 104 Da 75
Saillant **63** 105 Df 76
Saillenard **71** 83 Fc 68
Sailly **08** 21 Fb 51
Sailly **52** 54 Fb 58
Sailly **59** 4 Db 45
Sailly **59** 8 Cb 47
Sailly **62** 8 Ce 45
Sailly **71** 82 Ed 69
Sailly-Achâtel **57** 38 Gb 55
Sailly-au-Bois **62** 8 Cd 48
Sailly-en-Ostrevent **62** 8 Cf 47
Sailly-Flibeaucourt **80** 7 Be 47
Sailly-Laurette **80** 17 Cd 49
Sailly-le-Sec **80** 17 Cd 49
Sailly-Saillisel **80** 8 Cf 48
Sailly-sur-la-Lys **62** 4 Ce 45
Sail-sous-Couzan **42** 93 Df 74
Sain-Bel **69** 94 Ed 74
Saincaize-Meauce **58** 80 Da 67
Sainghin-en-Mélantois **59** 8 Da 45
Sainghin-en-Weppes **59** 8 Cf 45
Sainneville **76** 14 Ab 51
Sainpuits **89** 66 Db 63
Sains **35** 28 Yc 57
Sains **62** 7 Cb 46
Sains-du-Nord **59** 9 Ea 48
Sains-en-Amiénois **80** 17 Cb 50
Sains-en-Gohelle **62** 8 Cd 46
Sains-lès-Fressin **62** 7 Ca 46
Sains-lès-Marquion **62** 8 Da 47
Sains-lès-Pernes **62** 7 Cb 46
Sains-Morainvillers **60** 17 Cc 51
Sains-Richaumont **02** 19 De 49
Saint, Le **56** 42 Wc 60
Saint-Abit **64** 138 Ze 89
Saint-Acheul **80** 7 Ca 47
Saint-Adjutory **16** 88 Ac 74
Saint-Adrien **22** 26 Wf 56
Saint-Adrien **22** 26 Wf 58
Saint-Affrique **12** 128 Cf 85
Saint-Affrique-les-Montagnes **81** 141 Cb 87
Saint-Agathon **22** 26 Wf 57
Saint-Agil **41** 48 Af 60
Saint-Agnan **02** 35 Dd 54
Saint-Agnan **58** 67 Ea 65
Saint-Agnan **71** 81 Df 69
Saint-Agnan **81** 127 Be 86
Saint-Agnan **89** 51 Da 59
Saint-Agnan-de-Cernières **27** 31 Ad 55
Saint-Agnan-en-Vercors **26** 119 Fc 79
Saint-Agnan-le-Malherbe **14** 29 Zc 54
Saint-Agnan-sur-Erre **61** 48 Ae 59
Saint-Agnan-sur-Sarthe **61** 30 Ac 57
Saint-Agnant **17** 86 Za 73
Saint-Agnant-de-Versillat **23** 90 Bd 71
Saint-Agnant-près-Crocq **23** 91 Cc 74
Saint-Agnant-sous-les-Côtes **55** 37 Fd 55
Saint-Agnet **40** 124 Ze 87
Saint-Agnin-sur-Bion **38** 107 Fb 75
Saint-Agoulin **63** 92 Da 72
Saint-Agrève **07** 118 Ec 78
Saint-Aignan **08** 20 Ef 51
Saint-Aignan **33** 99 Ze 79
Saint-Aignan **41** 64 Bc 65
Saint-Aignan **82** 126 Ba 84
Saint-Aignan-de-Couptrain **53** 29 Ze 58
Saint-Aignan-de-Cramesnil **14** 30 Ze 54
Saint-Aignan-des-Gués **45** 50 Cb 61
Saint-Aignan-des-Noyers **18** 80 Ce 68
Saint-Aignan-Grandlieu **44** 60 Yc 66
Saint-Aignan-le-Jaillard **45** 65 Cc 62
Saint-Aignan-sur-Roë **53** 45 Yf 61
Saint-Aignan-sur-Ry **76** 16 Bc 51
Saint-Aigny **36** 77 Ba 69
Saint-Aigulin **17** 100 Zf 78
Saint-Ail **54** 38 Ff 53
Saint-Albain **71** 82 Ee 70
Saint-Alban **01** 95 Fc 72
Saint-Alban **22** 27 Xc 57
Saint-Alban-d'Ay **07** 106 Ed 77
Saint-Alban-de-Montbel **73** 107 Fe 75
Saint-Alban-de-Roche **38** 107 Fb 75
Saint-Alban-des-Hurtières **73** 108 Gb 76
Saint-Alban-des-Villards **73** 108 Gb 77
Saint-Alban-du-Rhône **38** 106 Ee 76
Saint-Alban-les-Eaux **42** 93 Df 72
Saint-Alban-Lessay **73** 108 Ff 75
Saint-Alban-sur-Limagnole **48** 116 Dc 80
Saint-Albin-de-Vaulserre **73** 107 Fe 75
Saint-Alexandre **30** 131 Ed 83
Saint-Algis **02** 19 De 49
Saint-Alpinien **23** 91 Cb 73
Saint-Alyre-d'Arlanc **63** 105 Dd 76
Saint-Alyre-ès-Montagne **63** 104 Cf 76
Saint-Amadou **09** 141 Be 90
Saint-Amancet **81** 141 Ca 88
Saint-Amand **23** 91 Cb 73
Saint-Amand **50** 29 Za 54
Saint-Amand **62** 8 Cd 48
Saint-Amand-de-Belvès **24** 113 Ba 80
Saint-Amand-de-Coly **24** 101 Bb 78
Saint-Amand-des-Hautes-Terres **27** 15 Af 53
Saint-Amand-de-Vergt **24** 100 Ae 79
Saint-Amand-en-Puisaye **58** 66 Da 63
Saint-Amandin **15** 103 Ce 76
Saint-Amand-le-Petit **87** 90 Be 74
Saint-Amand-les-Eaux **59** 9 Dc 46
Saint-Amand-Longpré **41** 63 Ba 62
Saint-Amand-Magnazeix **87** 89 Bc 71
Saint-Amand-Montrond **18** 79 Cd 68
Saint-Amand-sur-Fion **51** 36 Ed 56
Saint-Amand-sur-Ornain **55** 37 Fc 57
Saint-Amans **09** 141 Bd 90
Saint-Amans **11** 141 Bf 89
Saint-Amans **48** 116 Dc 81
Saint-Amans **82** 126 Bb 84
Saint-Amans **82** 126 Bc 83
Saint-Amans-de-Pellagal **82** 126 Ba 83
Saint-Amans-des-Cots **12** 115 Cd 80
Saint-Amans-du-Pech **82** 113 Af 83
Saint-Amans-Soult **81** 142 Cc 88
Saint-Amans-Valtoret **81** 142 Cc 88
Saint-Amant **16** 100 Aa 76
Saint-Amant-de-Boixe **16** 88 Aa 74
Saint-Amant-de-Bonnieure **16** 88 Ab 73
Saint-Amant-de-Graves **16** 99 Zf 75
Saint-Amant-de-Nouère **16** 88 Aa 74
Saint-Amant-Roche-Savine **63** 105 Dd 75
Saint-Amant-Tallende **63** 104 Da 74
Saint-Amarin **68** 56 Ha 61
Saint-Ambreuil **71** 82 Ef 68
Saint-Ambroix **18** 79 Ca 67
Saint-Ambroix **30** 130 Eb 83
Saint-Amé **88** 56 Ge 60
Saint-Amour **39** 83 Fc 70
Saint-Andelain **58** 66 Cf 65
Saint-Andéol **26** 106 Ef 78
Saint-Andéol **26** 119 Fb 80
Saint-Andéol **38** 119 Fd 79
Saint-Andéol-de-Berg **07** 118 Ed 81
Saint-Andéol-de-Clerguemort **48** 130 Df 83
Saint-Andéol-de-Fourchades **07** 117 Eb 79
Saint-Andéol-de-Vals **07** 118 Ec 80
Saint-Andeux **21** 67 Ea 64
Saint-Andiol **13** 131 Ef 85
Saint-André **31** 140 Af 89
Saint-André **32** 125 Ab 85
Saint-André **32** 140 Af 87
Saint-André **38** 107 Fc 78
Saint-André **59** 4 Da 44

194 (F) **Rogerville — Saint-André**

Saint-André **66** 154 Cf 93
Saint-André **73** 109 Gd 77
Saint-André **81** 127 Bf 87
Saint-André **81** 128 Cc 85
Saint-André-d'Allas **24** 113 Bb 79
Saint-André-d'Apchon **42** 93 Df 72
Saint-André-de-Bâgé **01** 94 Ef 71
Saint-André-de-Boëge **74** 96 Gc 71
Saint-André-de-Bohon **50** 12 Ye 53
Saint-André-de-Briouze **61** 29 Ze 56
Saint-André-de-Buèges **34** 130 Dd 85
Saint-André-de-Chalençon **43** 105 Df 77
Saint-André-de-Corcy **01** 94 Ef 73
Saint-André-de-Cruzières **07** 130 Eb 83
Saint-André-de-Cubzac **33** 99 Zd 79
Saint-André-de-Double **24** 100 Ab 78
Saint-André-de-la-Marche **49** 61 Za 66
Saint-André-de-Lancize **48** 130 De 83
Saint-André-de-l'Eure **27** 32 Bb 55
Saint-André-de-Lidon **17** 99 Zb 75
Saint-André-de-Majencoules **30** 130 De 84
Saint-André-d'Embrun **05** 121 Gd 81
Saint-André-de-Messei **61** 29 Zc 56
Saint-André-de-Najac **12** 127 Ca 83
Saint-André-de-Roquelongue **11** 142 Cf 90
Saint-André-de-Roquepertuis **30** 131 Ec 83
Saint-André-de-Sangonis **34** 129 Dd 87
Saint-André-des-Eaux **22** 44 Xf 58
Saint-André-des-Eaux **44** 59 Xe 65
Saint-André-de-Seignanx **40** 122 Yd 87
Saint-André-de-Valborgne **30** 130 De 84
Saint-André-de-Vézines **12** 129 Db 84
Saint-André-d'Hébertot **14** 14 Ab 53
Saint-André-d'Huiriat **01** 94 Ef 71
Saint-André-d'Olérargues **30** 131 Ec 84
Saint-André-du-Bois **33** 111 Ze 81
Saint-André-en-Barrois **55** 37 Fb 54
Saint-André-en-Bresse **71** 83 Fa 69
Saint-André-en-Morvan **58** 67 Df 64
Saint-André-en-Terre-Plaine **89** 67 Ea 64
Saint-André-en-Vivarais **07** 106 Ec 78
Saint-André-Farivillers **60** 17 Cb 51
Saint-André-Goule-d'Oie **85** 74 Ye 68
Saint-André-Lachamp **07** 117 Ea 81
Saint-André-la-Côte **69** 106 Ed 75
Saint-André-le-Bouchoux **01** 94 Fa 72
Saint-André-le-Coq **63** 92 Db 73
Saint-André-le-Désert **71** 82 Ed 70
Saint-André-le-Gaz **38** 107 Fd 75
Saint-André-le-Puy **42** 105 Eb 75
Saint-André-les-Alpes **04** 134 Gd 85
Saint-André-les-Vergers **10** 52 Ea 59
Saint-André-sur-Cailly **76** 16 Bb 51
Saint-André-sur-Orne **14** 29 Zd 54
Saint-André-sur-Sèvre **79** 75 Zb 68
Saint-André-sur-Vieux-Jonc **01** 94 Fa 72
Saint-André-Treize-Voies **85** 74 Yd 67
Saint-Androny **33** 99 Zc 77
Saint-Angeau **16** 88 Ab 73
Saint-Ange-et-Torçay **28** 31 Bb 57
Saint-Angel **03** 91 Ce 70
Saint-Angel **19** 103 Cb 75
Saint-Angel **63** 92 Cf 73
Saint-Ange-le-Vieil **77** 51 Cf 59
Saint-Anthème **63** 105 Df 75
Saint-Anthot **21** 68 Ed 65
Saint-Antoine **15** 115 Cc 80
Saint-Antoine **25** 84 Gc 68
Saint-Antoine **32** 126 Af 84
Saint-Antoine **33** 99 Zd 78
Saint-Antoine **38** 107 Fb 77
Saint-Antoine-Cumond **24** 100 Ab 77
Saint-Antoine-d'Auberoche **24** 101 Af 78
Saint-Antoine-de-Breuilh **24** 112 Aa 79
Saint-Antoine-de-Ficalba **47** 112 Ae 82
Saint-Antoine-du-Queyret **33** 112 Aa 80
Saint-Antoine-du-Rocher **37** 63 Ad 64
Saint-Antoine-la-Forêt **76** 15 Ac 51
Saint-Antoine-sur-l'Isle **33** 100 Aa 78
Saint-Antonin **06** 134 Gf 85
Saint-Antonin **32** 126 Ae 86
Saint-Antonin-de-Lacalm **81** 128 Cb 86
Saint-Antonin-de-Sommaire **27** 31 Ad 56
Saint-Antonin-du-Var **83** 147 Gb 87
Saint-Antonin-Noble-Val **82** 127 Be 84
Saint-Antonin-sur Bayon **13** 146 Fd 87
Saint-Aoustrille **36** 78 Bf 67
Saint-Août **36** 78 Bf 68
Saint-Apollinaire **05** 120 Gc 81
Saint-Apollinaire **21** 69 Fa 64
Saint-Apollinard **42** 106 Ed 76
Saint-Appolinaire-de-Rias **07** 118 Ed 79
Saint-Appolinard **38** 107 Fb 77
Saint-Aquilin **24** 100 Ac 77
Saint-Aquilin-de-Corbion **61** 31 Ad 57
Saint-Araille **31** 140 Af 88
Saint-Arailles **32** 125 Ac 87
Saint-Arcons-d'Allier **43** 104 Dd 78
Saint-Arcons-de-Barges **43** 117 Df 79
Saint-Armel **35** 45 Yc 60
Saint-Armel **56** 58 Xb 63
Saint-Armou **64** 138 Ze 88
Saint-Arnac **66** 154 Cd 92
Saint-Arnoult **14** 14 Aa 52
Saint-Arnoult **41** 63 Af 62
Saint-Arnoult **60** 16 Be 51
Saint-Arnoult **76** 15 Ae 51
Saint-Arnoult-des-Bois **28** 49 Bb 58
Saint-Arnoult-en-Yvelines **78** 32 Bf 57
Saint-Arroman **32** 139 Ad 88
Saint-Arroman **65** 139 Ac 90
Saint-Arroumex **82** 126 Af 85
Saint-Astier **24** 100 Ad 78
Saint-Astier **47** 112 Ab 80
Saint-Auban **06** 134 Ge 85
Saint-Auban-d'Oze **05** 120 Ff 81
Saint-Auban-sur-l'Ouvèze **26** 132 Fc 83
Saint-Aubert **59** 9 Dc 47
Saint-Aubert **61** 29 Ze 56
Saint-Aubin **02** 18 Db 51
Saint-Aubin **10** 51 Dd 58
Saint-Aubin **21** 82 Ee 67
Saint-Aubin **36** 79 Ca 67
Saint-Aubin **40** 123 Zb 86
Saint-Aubin **47** 113 Af 82
Saint-Aubin **56** 43 Xc 61
Saint-Aubin **59** 9 Df 47
Saint-Aubin **62** 7 Bd 46
Saint-Aubin **62** 8 Ce 47
Saint-Aubin **91** 33 Ca 56
Saint-Aubin-Celloville **76** 15 Ba 52
Saint-Aubin-Château-Neuf **89** 66 Db 62
Saint-Aubin-d'Appenai **61** 30 Ac 57
Saint-Aubin-d'Aubigné **35** 45 Yc 59
Saint-Aubin-de-Blaye **33** 99 Zc 77
Saint-Aubin-de-Bonneval **61** 30 Ac 55
Saint-Aubin-de-Branne **33** 111 Ze 80
Saint-Aubin-de-Cadelech **24** 112 Ac 80
Saint-Aubin-de-Courteraie **61** 30 Ac 57
Saint-Aubin-d'Ecrosville **27** 31 Af 54
Saint-Aubin-de-Lanquais **24** 112 Ad 80
Saint-Aubin-de-Locquenay **72** 47 Aa 59
Saint-Aubin-de-Luigné **49** 61 Zc 65
Saint-Aubin-de-Médoc **33** 111 Zb 79
Saint-Aubin-des-Bois **28** 49 Bc 58
Saint-Aubin-de-Scellon **27** 31 Ac 53
Saint-Aubin-des-Châteaux **44** 45 Yd 62
Saint-Aubin-des-Chaumes **58** 67 De 64
Saint-Aubin-des-Coudrais **72** 48 Ad 59
Saint-Aubin-des-Grois **61** 48 Ad 58
Saint-Aubin-des-Hayes **27** 31 Ae 54
Saint-Aubin-des-Landes **35** 45 Ye 60
Saint-Aubin-des-Ormeaux **85** 74 Yf 67
Saint-Aubin-des-Préaux **50** 28 Yc 56
Saint-Aubin-de-Terregatte **50** 28 Ye 57
Saint-Aubin-du-Cormier **35** 45 Yd 59
Saint-Aubin-du-Pavail **35** 45 Yd 60
Saint-Aubin-du-Perron **50** 12 Yd 54
Saint-Aubin-du-Plain **79** 75 Zd 67
Saint-Aubin-du-Thenney **27** 31 Ac 54
Saint-Aubin-du-Vieil-Evreux **27** 31 Bb 54
Saint-Aubin-en-Bray **60** 16 Bf 52
Saint-Aubin-en-Charollais **71** 81 Eb 70
Saint-Aubin-Epinay **76** 15 Bb 52
Saint-Aubin-Fosse-Louvain **53** 29 Zb 58
Saint-Aubin-la-Plaine **85** 74 Yf 69
Saint-Aubin-le-Cauf **76** 15 Bb 49
Saint-Aubin-le-Cloud **79** 75 Zd 69
Saint-Aubin-le-Dépeint **37** 62 Ac 63
Saint-Aubin-le-Guichard **27** 31 Ae 54
Saint-Aubin-le-Monial **03** 80 Da 69
Saint-Aubin-lès-Elbeuf **76** 15 Ba 53
Saint-Aubin-les-Forges **58** 66 Db 66
Saint-Aubin-le-Vertueux **27** 31 Ad 54
Saint-Aubin-Montenoy **80** 17 Ca 49
Saint-Aubin-Rivière **80** 16 Be 49
Saint-Aubin-Routot **76** 14 Ab 51
Saint-Aubin-sous-Erquery **60** 17 Cc 52
Saint-Aubin-sur-Aire **55** 37 Fc 56
Saint-Aubin-sur-Gaillon **27** 32 Bb 54
Saint-Aubin-sur-Loire **71** 81 De 69
Saint-Aubin-sur-Mer **14** 13 Zd 52
Saint-Aubin-sur-Mer **76** 15 Af 49
Saint-Aubin-sur-Quillebeuf **27** 15 Ad 52
Saint-Aubin-sur-Scie **76** 16 Ba 49
Saint-Aubin-sur-Yonne **89** 51 Dc 61
Saint-Augustin **17** 86 Yf 74
Saint-Augustin **19** 102 Bf 76
Saint-Augustin **77** 34 Da 56
Saint-Augustin-des-Bois **49** 61 Zb 64
Saint-Aulaire **19** 101 Bc 77
Saint-Aulais-la-Chapelle **16** 99 Zf 76
Saint-Aulaye **24** 100 Aa 77
Saint-Aunix-Lengros **32** 124 Aa 87
Saint-Aupre **38** 107 Fe 76
Saint-Austremoine **43** 104 Dc 78
Saint-Auvent **87** 89 Af 74
Saint-Avaugourd-des-Landes **85** 74 Yd 69
Saint-Avé **56** 43 Xb 62
Saint-Aventin **31** 151 Ad 92
Saint-Avertin **37** 63 Ae 64
Saint-Avit **16** 100 Aa 77
Saint-Avit **26** 106 Ef 77
Saint-Avit **40** 124 Zd 85
Saint-Avit **41** 48 Af 60
Saint-Avit **47** 112 Ab 81
Saint-Avit **63** 91 Cd 73
Saint-Avit **81** 141 Ca 87
Saint-Avit-de-Soulège **33** 112 Aa 80
Saint-Avit-de-Tardes **23** 91 Cb 73
Saint-Avit-de-Vialard **24** 113 Af 79
Saint-Avit-Frandat **32** 125 Ad 85
Saint-Avit-le-Pauvre **23** 90 Ca 73
Saint-Avit-les-Guespières **28** 49 Bb 59
Saint-Avit-Rivière **24** 113 Af 80
Saint-Avit-Saint-Nazaire **24** 112 Ab 79
Saint-Avit-Sénieur **24** 113 Ae 80
Saint-Avold **57** 39 Ge 54
Saint-Avre **73** 108 Gb 76
Saint-Ay **45** 49 Be 61
Saint-Aybert **59** 9 Dd 46
Saint-Babel **63** 104 Db 75
Saint-Baldoph **73** 108 Ff 75
Saint-Bandry **02** 18 Db 52
Saint-Baraing **39** 83 Fc 67
Saint-Barbant **87** 89 Af 71
Saint-Bard **23** 91 Cc 73
Saint-Bardoux **26** 106 Ef 78
Saint-Bardoux **26** 118 Ef 80
Saint-Barnabe **22** 26 Xa 57
Saint-Barnabé **22** 43 Xb 60
Saint-Barthélemy **38** 107 Fa 76
Saint-Barthélemy **40** 122 Ye 87
Saint-Barthélemy **50** 29 Za 56
Saint-Barthélemy **56** 43 Wf 61
Saint-Barthélemy **70** 71 Gd 61
Saint-Barthélemy **77** 34 Dc 56
Saint-Barthélemy-d'Agenais **47** 112 Ac 81
Saint-Barthélemy-d'Anjou **49** 61 Zd 64
Saint-Barthélemy-de-Bellegarde **24** 100 Ab 78
Saint-Barthélemy-de-Bussière **24** 101 Ae 75
Saint-Barthélemy-de-Vals **26** 106 Ef 78
Saint-Barthélemy-le-Pin **07** 118 Ed 79
Saint-Barthélemy-Lestra **42** 106 Eb 74
Saint-Barthélmy-de-Séchilienne **38** 108 Fe 78
Saint-Barthélmy-le-Plan **07** 106 Ee 78
Saint-Basile **07** 118 Ed 79
Saint-Baslemont **88** 55 Ff 60
Saint-Baudel **18** 79 Cb 67
Saint-Baudelle **53** 46 Zc 59
Saint-Baudille-de-la-Tour **38** 95 Fc 74
Saint-Baudille-et-Pipet **38** 119 Fe 80
Saint-Bauld **37** 63 Af 65
Saint-Baussant **54** 37 Fe 55
Saint-Bauzeil **09** 141 Bd 90
Saint-Bauzély **30** 130 Eb 85
Saint-Bauzile **48** 116 Dc 82
Saint-Bauzille-de-la-Sylve **34** 143 Dd 87
Saint-Bauzille-de-Montmel **34** 130 Df 86
Saint-Bauzille-de-Putois **34** 130 De 85
Saint-Bazile **87** 89 Ae 74
Saint-Bazile-de-la-Roche **19** 102 Bf 78
Saint-Bazile-de-Meyssac **19** 102 Be 78
Saint-Béat **31** 151 Ae 91
Saint-Beaulize **12** 129 Da 85
Saint-Beauzeil **82** 113 Af 82
Saint-Beauzile **81** 127 Be 84
Saint-Beauzire **43** 104 Db 77
Saint-Beauzire **63** 92 Db 73
Saint-Bénézet **30** 130 Ea 85
Saint-Bénigne **01** 82 Ee 70
Saint-Benin **59** 9 Dd 48
Saint-Benin-d'Azy **58** 80 Dc 67
Saint-Benin-de-Bois **58** 80 Dc 66
Saint-Benoist-sur-Mer **85** 74 Yd 70
Saint-Benoist-sur-Vanne **10** 52 De 59
Saint-Benoît **01** 107 Fd 74
Saint-Benoît **04** 134 Ge 85
Saint-Benoît **11** 141 Ca 90
Saint-Benoît **81** 127 Ca 84
Saint-Benoît **86** 76 Ac 69
Saint-Benoît-de-Frédefonds **81** 127 Ca 85
Saint-Benoît-des-Ombres **27** 15 Ad 53
Saint-Benoît-des-Ondes **35** 28 Ya 57
Saint-Benoît-d'Hébertot **14** 14 Ab 53
Saint-Benoît-du-Sault **36** 78 Bc 70
Saint-Benoît-en-Diois **26** 119 Fb 81
Saint-Benoît-la-Chipotte **88** 56 Ge 58
Saint-Benoît-la-Forêt **37** 62 Ab 65
Saint-Benoît-sur-Loire **45** 65 Cb 62
Saint-Benoît-sur-Seine **10** 52 Ea 58
Saint-Berain **43** 105 Dd 78
Saint-Bérain-sous-Sanvignes **71** 82 Eb 68
Saint-Bérain-sur-Dheune **71** 82 Ed 68
Saint-Bernard **01** 94 Ee 73
Saint-Bernard **21** 69 Fa 66
Saint-Bernard **38** 108 Ff 77
Saint-Bernard **57** 22 Gc 53
Saint-Bernard **68** 71 Hb 62
Saint-Béron **73** 107 Fe 75
Saint-Berthevin **53** 46 Zb 60
Saint-Berthevin-la-Tannière **53** 46 Za 58
Saint-Bertrand-de-Comminges **31** 139 Ad 90
Saint-Biez-en-Belin **72** 47 Ab 62
Saint-Bihy **22** 26 Xa 58
Saint-Blaise **06** 135 Hb 86
Saint-Blaise **74** 96 Ga 72
Saint-Blaise-du-Buis **38** 107 Fd 76
Saint-Blaise-la-Roche **67** 56 Ha 58
Saint-Blancard **32** 139 Ad 88
Saint-Blimont **80** 6 Bd 48
Saint-Blin-Semilly **52** 54 Fc 59
Saint-Boès **64** 123 Zb 87
Saint-Bohaire **41** 64 Bb 63
Saint-Boil **71** 82 Ee 69
Saint-Boingt **54** 55 Gc 58
Saint-Bois **01** 107 Fd 74
Saint-Bomer **28** 48 Ae 59
Saint-Bômer-les-Forges **61** 29 Zc 57
Saint-Bon **51** 34 Dc 56
Saint-Bonnet **05** 120 Ga 80
Saint-Bonnet **16** 99 Zf 76
Saint-Bonnet-Avalouze **19** 102 Bf 77
Saint-Bonnet-Briance **87** 90 Bc 74
Saint-Bonnet-de-Bellac **87** 89 Af 71
Saint-Bonnet-de-Chavagne **38** 107 Fb 78
Saint-Bonnet-de-Condat **15** 103 Ce 77
Saint-Bonnet-de-Cray **71** 93 Ea 71
Saint-Bonnet-de-Four **03** 92 Cf 71
Saint-Bonnet-de-Joux **71** 82 Ec 70
Saint-Bonnet-de-Montauroux **48** 117 De 80
Saint-Bonnet-de-Mure **69** 100 Fa 74
Saint-Bonnet-de-Rochefort **03** 92 Da 72
Saint-Bonnet-de-Salers **15** 103 Cc 78
Saint-Bonnet-des-Bruyères **69** 94 Ec 71
Saint-Bonnet-des-Quarts **42** 93 Df 72
Saint-Bonnet-de-Valclérieux **26** 107 Fa 77
Saint-Bonnet-de-Vieille-Vigne **71** 82 Eb 69
Saint-Bonnet-du-Gard **30** 131 Ed 85
Saint-Bonnet-Elvert **19** 102 Bf 78
Saint-Bonnet-en-Bresse **71** 83 Fb 67
Saint-Bonnet-la-Rivière **19** 101 Bc 77
Saint-Bonnet-le-Bourg **63** 105 Dd 76
Saint-Bonnet-le-Chastel **63** 105 Dd 76
Saint-Bonnet-le-Château **42** 105 Ea 76
Saint-Bonnet-le-Courreau **42** 105 Df 75
Saint-Bonnet-le-Froid **43** 106 Ec 78
Saint-Bonnet-l'Enfantier **19** 102 Bd 78
Saint-Bonnet-lès-Allier **63** 92 Db 74
Saint-Bonnet-les-Oules **42** 106 Ec 75
Saint-Bonnet-les-Tours-de-Merle **19** 102 Ca 78
Saint-Bonnet-le-Tvoncy **69** 94 Ec 72
Saint-Bonnet-près-Bort **19** 103 Cc 75
Saint-Bonnet-près-Orcival **63** 104 Cf 74
Saint-Bonnet-près-Riom **63** 92 Da 73
Saint-Bonnet-sur-Gironde **17** 99 Zc 76
Saint-Bonnet-Tison **03** 92 Da 71
Saint-Bonnet-Tronçais **03** 79 Ce 69
Saint-Bonnot **58** 66 Db 65
Saint-Bon-Tarentaise **73** 109 Gd 76
Saint-Boulze **18** 66 Cf 65
Saint-Brancher **89** 67 Df 64
Saint-Branchs **37** 63 Ae 65
Saint-Brandan **22** 26 Xa 58
Saint-Brès **30** 130 Eb 83
Saint-Brès **32** 125 Ae 86
Saint-Brès **34** 130 Ea 87
Saint-Bresson **30** 130 Dd 85
Saint-Bresson **70** 55 Gd 61
Saint-Breussou **46** 114 Bf 80
Saint-Brevin-les-Pins **44** 59 Xf 65
Saint-Briac-sur-Mer **35** 27 Xf 57
Saint-Brice **16** 87 Ze 74
Saint-Brice **33** 111 Zf 80
Saint-Brice **50** 28 Ye 56
Saint-Brice **53** 46 Zd 61
Saint-Brice **61** 29 Zc 57
Saint-Brice **77** 34 Db 57
Saint-Brice-Courcelles **51** 19 Df 53
Saint-Brice-de-Landelles **50** 28 Yf 57
Saint-Brice-en-Coglès **35** 45 Yd 58
Saint-Brice-sous-Forêt **95** 33 Cc 55
Saint-Brice-sous-Rânes **61** 30 Ze 56
Saint-Brice-sur-Vienne **87** 89 Af 73
Saint-Brieuc **22** 26 Xb 57
Saint-Brieuc-de-Hauron **56** 44 Xd 60
Saint-Brieuc-des-Iffs **35** 44 Ya 59
Saint-Bris-des-Bois **17** 87 Zd 74
Saint-Bris-le-Vineux **89** 67 Dd 62
Saint-Brisson **58** 67 Ea 65
Saint-Brisson-sur-Loire **45** 65 Ce 63
Saint-Broing **70** 69 Fe 64
Saint-Broing-les-Moines **21** 68 Ef 62
Saint-Broingt-le-Bois **52** 69 Fc 62
Saint-Broingt-les-Fosses **52** 69 Fb 62
Saint-Broladre **35** 28 Yc 57
Saint-Bueil **38** 107 Fe 76
Saint-Calais **72** 48 Ae 61
Saint-Calais-du-Désert **53** 30 Ze 58
Saint-Calez-en-Saosnois **72** 47 Ab 59
Saint-Cannat **13** 132 Fb 87
Saint-Caprais **03** 79 Ce 69
Saint-Caprais **18** 79 Cb 67
Saint-Caprais **32** 125 Ae 87
Saint-Caprais **46** 113 Ba 81
Saint-Caprais-de-Blaye **33** 99 Zc 77
Saint-Caprais-de-Bordeaux **33** 111 Zd 80
Saint-Caprais-de-Lerm **47** 125 Ae 83
Saint-Capraise-de-Lalinde **24** 112 Ad 79
Saint-Capraise-d'Eymet **24** 112 Ad 80
Saint-Caradec **22** 43 Xa 59
Saint-Caradec-Trégomel **56** 42 Wd 60
Saint-Carné **22** 27 Xf 58
Saint-Carreuc **22** 26 Xb 58
Saint-Cassien **24** 113 Af 80
Saint-Cassien **38** 107 Fd 76
Saint-Cassien **86** 76 Aa 67
Saint-Cassin **73** 108 Ff 75
Saint-Castin **64** 138 Ze 88
Saint-Cast-le-Guildo **22** 27 Xe 57
Saint-Célerin **72** 47 Ab 70
Saint-Cénéré **53** 46 Zc 60
Saint-Céols **18** 65 Cd 65
Saint-Céré **46** 114 Bf 79
Saint-Cernin **15** 103 Cc 78
Saint-Cernin **46** 114 Bd 81
Saint-Cernin-de-Labarde **24** 112 Ad 80
Saint-Cernin-de-Larche **19** 101 De 70
Saint-Cernin-de-l'Herm **24** 113 Ba 81
Saint-Cerques **74** 96 Gb 71
Saint-Césaire **17** 87 Zd 74
Saint-Césaire-de-Gauzignan **30** 130 Eb 84
Saint-Cézaire-sur-Siagne **06** 134 Ge 87
Saint-Cézert **31** 126 Bb 86
Saint-Chabrais **23** 91 Cb 72
Saint-Chaffrey **05** 120 Gd 79
Saint-Chamant **15** 103 Cc 78
Saint-Chamant **19** 102 Bf 78
Saint-Chamarand **46** 114 Bc 80
Saint-Chamas **13** 146 Fa 87
Saint-Chamassy **24** 113 Af 79
Saint-Chamond **42** 106 Ed 76
Saint-Chaptes **30** 130 Eb 85
Saint-Charles-la-Forêt **53** 46 Zc 61
Saint-Chartier **36** 78 Bf 69
Saint-Chef **38** 107 Fc 75
Saint-Chels **46** 114 Be 81
Saint-Chély-d'Apcher **48** 116 Db 80
Saint-Chély-d'Aubrac **12** 116 Cf 81
Saint-Chéron **91** 33 Ca 57
Saint-Chinian **34** 143 Cf 88
Saint-Christaud **31** 140 Ba 89
Saint-Christaud **32** 139 Ab 87
Saint-Christ-Briost **80** 18 Cf 49
Saint-Christo-en-Jarez **42** 106 Ec 75
Saint-Christol **07** 118 Ec 79
Saint-Christol **34** 130 Ea 86
Saint-Christol **84** 132 Fc 84
Saint-Christol-de-Rodières **30** 131 Ed 83
Saint-Christol-lès-Alès **30** 130 Ea 84
Saint-Christoly-de-Blaye **33** 99 Zc 78
Saint-Christoly-Médoc **33** 98 Zb 76
Saint-Christophe **03** 92 Dd 72
Saint-Christophe **16** 89 Af 72
Saint-Christophe **17** 86 Za 72
Saint-Christophe **23** 90 Be 72
Saint-Christophe **28** 49 Bc 60
Saint-Christophe **69** 94 Ed 71
Saint-Christophe **81** 127 Ca 84
Saint-Christophe **86** 76 Ac 67
Saint-Christophe-à-Berry **02** 18 Da 52
Saint-Christophe-d'Allier **43** 117 De 79
Saint-Christophe-de-Chaulieu **61** 29 Zb 56
Saint-Christophe-de-Double **33** 100 Aa 78
Saint-Christophe-des-Bardes **33** 111 Zf 79
Saint-Christophe-des-Bois **35** 45 Ye 59
Saint-Christophe-de-Valains **35** 45 Yd 58
Saint-Christophe-du-Bois **49** 61 Za 66
Saint-Christophe-du-Foc **50** 12 Yb 51
Saint-Christophe-du-Jambet **72** 47 Aa 59
Saint-Christophe-du-Ligneron **85** 73 Yb 68
Saint-Christophe-du-Luat **53** 46 Zd 60
Saint-Christophe-en-Bazelle **36** 64 Be 65
Saint-Christophe-en-Boucherie **36** 79 Ca 68
Saint-Christophe-en-Bresse **71** 83 Ef 68
Saint-Christophe-en-Brionnais **71** 93 Eb 71
Saint-Christophe-en-Champagne **72** 47 Zf 61
Saint-Christophe-en-Oisans **38** 120 Gb 79
Saint-Christophe-et-le-Laris **26** 107 Fa 77
Saint-Christophe-la-Couperie **49** 60 Ye 65
Saint-Christophe-la-Grotte **73** 107 Fe 76
Saint-Christophe-le-Chaudry **18** 79 Cc 69
Saint-Christophe-le-Jajolet **61** 30 Aa 57
Saint-Christophe-sur-Avre **27** 31 Ae 56
Saint-Christophe-sur-Condé **27** 15 Ad 53
Saint-Christophe-sur-Dolaison **43** 117 De 79
Saint-Christophe-sur-Giers **38** 107 Fe 76
Saint-Christophe-sur-le-Nais **37** 63 Ac 63
Saint-Christophe-sur-Roc **79** 75 Zd 70
Saint-Christophe-Vallon **12** 115 Cc 82
Saint-Cibard **33** 111 Zf 79
Saint-Cierge-sous-le-Cheylard **07** 118 Ec 79
Saint-Ciergues **52** 54 Fb 61
Saint-Ciers-Champagne **17** 99 Ze 76
Saint-Ciers-d'Abzac **33** 99 Ze 78
Saint-Ciers-de-Canesse **33** 99 Zc 78
Saint-Ciers-du-Taillon **17** 99 Zc 76
Saint-Ciers-sur-Bonnieure **16** 88 Ab 73
Saint-Ciers-sur-Gironde **33** 99 Zc 77
Saint-Cirgue **81** 128 Cc 85
Saint-Cirgues **43** 104 Dc 78
Saint-Cirgues **46** 114 Ca 80
Saint-Cirgues-de-Jordanne **15** 103 Cd 78
Saint-Cirgues-de-Malbert **15** 103 Cc 78
Saint-Cirgues-de-Prades **07** 117 Eb 81
Saint-Cirgues-la-Loutre **19** 102 Ca 78
Saint-Cirgues-sur-Couze **63** 104 Da 76
Saint-Cirice **82** 126 Af 84
Saint-Cirq **24** 113 Af 79
Saint-Cirq **82** 127 Bd 84
Saint-Cirq-Lapopie **46** 114 Be 82
Saint-Cirq-Madelon **46** 113 Bb 80
Saint-Cirq-Souillaguet **46** 114 Bc 80
Saint-Civran **36** 78 Bc 70
Saint-Clair **07** 106 Ee 77
Saint-Clair **46** 113 Bc 80
Saint-Clair **46** 114 Be 82
Saint-Clair **82** 126 Af 84
Saint-Clair **86** 76 Aa 67
Saint-Clair-d'Arcey **27** 31 Ae 54
Saint-Clair-de-Halouze **61** 29 Zc 56
Saint-Clair-de-la-Tour **38** 107 Fc 75
Saint-Clair-du-Rhône **38** 106 Ee 76
Saint-Clair-sur-Epte **95** 32 Be 53
Saint-Clair-sur-Galaure **38** 107 Fa 77
Saint-Clair-sur-l'Elle **50** 13 Yf 53
Saint-Clair-sur-les-Monts **76** 15 Ae 51
Saint-Clamens **32** 139 Ac 88
Saint-Clar **32** 125 Ae 85
Saint-Clar-de-Rivière **31** 140 Bb 88
Saint-Claud **16** 88 Ac 73
Saint-Claude **39** 96 Ff 70
Saint-Claude-de-Diray **41** 64 Bc 63
Saint-Clément **02** 19 Ea 50
Saint-Clément **03** 93 De 72
Saint-Clément **05** 121 Gd 81
Saint-Clément **07** 117 Eb 79
Saint-Clément **19** 102 Be 76
Saint-Clément **30** 130 Ea 86
Saint-Clément **54** 38 Gd 57
Saint-Clément **89** 51 Db 59
Saint-Clément-à-Arnes **08** 20 Ec 53
Saint-Clément-de-la-Place **49** 61 Zb 63
Saint-Clément-de-Régnat **63** 92 Db 73
Saint-Clément-de-Rivière **34** 130 Df 86
Saint-Clément-des-Baleines **17** 86 Yc 71
Saint-Clément-des-Levées **49** 62 Ze 65
Saint-Clément-de-Valorgue **63** 105 Df 76
Saint-Clément-de-Vers **69** 94 Ec 71
Saint-Clémentin **79** 75 Zc 67
Saint-Clément-les-Place **69** 94 Ec 74
Saint-Clément-Rancourdray **50** 29 Za 56
Saint-Clément-sur-Guye **71** 82 Ed 69
Saint-Clément-sur-Valsonne **69** 94 Ec 73
Saint-Clet **22** 26 Wf 57
Saint-Cloud **92** 33 Cb 55
Saint-Cloud-en-Dunois **28** 49 Bc 60
Saint-Colomban **44** 60 Yc 66
Saint-Colomban-des-Villards **73** 108 Gb 77
Saint-Colomb-de-Lauzun **47** 112 Ac 81
Saint-Côme **33** 111 Ze 82
Saint-Côme-de-Fresne **14** 13 Zc 52
Saint-Côme-d'Olt **12** 115 Ce 81
Saint-Côme-du-Mont **50** 12 Ye 52
Saint-Côme-et-Maruéjols **30** 130 Eb 86
Saint-Congard **56** 44 Xe 62
Saint-Connan **22** 26 Wf 58
Saint-Connec **22** 43 Xa 59
Saint-Constant **15** 115 Cb 80
Saint-Contest **14** 13 Zd 53
Saint-Corneille **72** 47 Ab 70

Saint-André — Saint-Corneille (F) 195

Saint-Hippolyte **17** 86 Za 73
Saint-Hippolyte **25** 71 Ge 65
Saint-Hippolyte **37** 77 Ba 66
Saint-Hippolyte **66** 154 Cf 92
Saint-Hippolyte **68** 56 Hc 59
Saint-Hippolyte-de-Caton **30** 130 Eb 84
Saint-Hippolyte-de-Montaigue **30** 131 Ec 84
Saint-Hippolyte-du-Fort **30** 130 Df 85
Saint-Hippolyte-le-Graveron **84** 132 Fa 84
Saint-Honoré **38** 120 Fe 79
Saint-Honoré **76** 15 Ba 50
Saint-Honoré-les-Bains **58** 81 Df 67
Saint-Hostien **43** 105 Ea 78
Saint-Hubert **57** 22 Gc 53
Saint-Huruge **71** 82 Ed 69
Saint-Hymer **14** 14 Ab 53
Saint-Hymetière **39** 95 Fd 70
Saint-Igeaux **22** 43 Wf 59
Saint-Igest **12** 114 Ca 82
Saint-Ignan **31** 139 Ae 90
Saint-Ignat **63** 92 Db 73
Saint-Igny-de-Roche **71** 93 Eb 71
Saint-Igny-de-Vers **69** 94 Ec 71
Saint-Illide **15** 103 Cb 78
Saint-Illiers-la-Ville **78** 32 Bd 55
Saint-Illiers-le-Bois **78** 32 Bd 55
Saint-Ilpize **43** 104 Dc 77
Saint-Imoges **51** 35 Df 54
Saintines **60** 17 Ce 53
Saint-Inglevert **62** 3 Be 43
Saint-Ismier **38** 108 Fe 77
Saint-Izaire **12** 128 Ce 85
Saint-Jacques **04** 133 Gc 85
Saint-Jacques-d'Aliermont **76** 16 Bb 49
Saint-Jacques-d'Ambur **63** 91 Ce 73
Saint-Jacques-de-la-Landes **35** 45 Yb 60
Saint-Jacques-de-Néhou **50** 12 Yc 52
Saint-Jacques-des-Arrêts **69** 94 Ed 71
Saint-Jacques-des-Blats **15** 103 Ce 78
Saint-Jacques-des-Guérets **41** 63 Ae 62
Saint-Jacques-de-Thouars **79** 76 Ze 67
Saint-Jacques-en-Valgodemard **05** 120 Ga 80
Saint-Jacques-sur-Darnetal **76** 16 Bb 52
Saint-Jacut-de-la-Mer **22** 27 Xe 57
Saint-Jacut-du-Mené **22** 44 Xd 59
Saint-Jacut-les-Pins **56** 44 Xe 62
Saint-Jal **19** 102 Bd 76
Saint-James **50** 28 Ye 57
Saint-Jammes **64** 138 Ze 88
Saint-Jans-Cappel **59** 4 Ce 44
Saint-Jean **27** 14 Ac 53
Saint-Jean **31** 127 Bc 87
Saint-Jean **54** 38 Ff 55
Saint-Jean-aux-Amognes **58** 80 Dc 66
Saint-Jean-aux-Bois **08** 19 Eb 50
Saint-Jean-aux-Bois **60** 18 Cf 52
Saint-Jean-Brévelay **56** 43 Xb 61
Saint-Jean-Cap-Ferrat **06** 135 Hb 86
Saint-Jean-Chambre **07** 118 Ed 79
Saint-Jean-d'Alcapiès **12** 129 Cf 85
Saint-Jean-d'Angély **17** 87 Zc 73
Saint-Jean-d'Angle **17** 86 Za 74
Saint-Jean-d'Arves **73** 108 Gb 77
Saint-Jean-d'Arvey **73** 108 Ff 75
Saint-Jean-d'Assé **72** 47 Aa 60
Saint-Jean-d'Aubrigoux **43** 105 De 76
Saint-Jean-d'Aulps **74** 97 Gd 71
Saint-Jean-de-Barrou **11** 154 Cf 91
Saint-Jean-de-Bassel **57** 39 Gf 56
Saint-Jean-de-Belleville **73** 108 Gc 76
Saint-Jean-de-Beugné **85** 74 Yf 69
Saint-Jean-de-Blaignac **33** 111 Zf 80
Saint-Jean-de-Bœuf **21** 68 Ee 65
Saint-Jean-de-Boiseau **44** 69 Yb 65
Saint-Jean-de-Bonneval **10** 52 Ea 59
Saint-Jean-de-Bournay **38** 107 Fa 76
Saint-Jean-de-Braye **45** 49 Bf 61
Saint-Jean-de-Buèges **34** 130 Dd 86
Saint-Jean-de-Ceyrargues **30** 130 Eb 84
Saint-Jean-de-Chevelu **73** 96 Fe 74
Saint-Jean-de-Cornies **34** 130 Ea 86
Saint-Jean-de-Couz **73** 108 Fe 76
Saint-Jean-de-Crieulon **30** 130 Df 85
Saint-Jean-de-Cuculles **34** 130 De 86
Saint-Jean-de-Daye **50** 13 Yf 53
Saint-Jean-de-Duras **47** 112 Ab 80
Saint-Jean-de-Folleville **76** 15 Ad 51
Saint-Jean-de-Fos **34** 129 Dd 86
Saint-Jean-de-Gonville **01** 96 Ff 71
Saint-Jean-de-la-Blaquière **34** 129 Dc 86
Saint-Jean-de-la-Croix **49** 61 Zc 64
Saint-Jean-de-la-Forêt **61** 48 Ad 58
Saint-Jean-de-la-Haize **50** 28 Yd 56
Saint-Jean-de-la-Motte **72** 62 Aa 62
Saint-Jean-de-la-Neuville **76** 15 Ac 51
Saint-Jean-de-la-Porte **73** 108 Ga 75
Saint-Jean-de-la-Rivière **50** 12 Yb 52
Saint-Jean-de-la-Ruelle **45** 49 Bf 61
Saint-Jean-de-Laur **46** 114 Bf 82
Saint-Jean-de-Lier **40** 123 Za 86
Saint-Jean-de-Linières **49** 61 Zc 64
Saint-Jean-de-Livet **14** 30 Ab 54
Saint-Jean-Delnous **12** 128 Cc 84
Saint-Jean-de-Losne **21** 83 Fb 66
Saint-Jean-de-Luz **64** 136 Yb 88
Saint-Jean-de-Marcel **81** 128 Cb 84
Saint-Jean-de-Marsacq **40** 123 Ye 87
Saint-Jean-de-Maruéjols-et-Avéjan **30** 130 Eb 83
Saint-Jean-de-Maurienne **73** 108 Gc 77
Saint-Jean-de-Minervois **34** 142 Ce 88
Saint-Jean-de-Moirans **38** 107 Fd 76
Saint-Jean-de-Monts **85** 73 Xf 68
Saint-Jean-de-Muzols **07** 106 Ee 78
Saint-Jean-de-Nay **43** 105 De 78
Saint-Jean-de-Niost **01** 95 Fb 74
Saint-Jean-de-Paracol **11** 153 Ca 91
Saint-Jean-de-Rebervilliers **28** 32 Bb 57
Saint-Jean-de-Rives **81** 127 Be 86
Saint-Jean-de-Sauves **86** 76 Aa 67
Saint-Jean-de-Savigny **50** 13 Za 53
Saint-Jean-des-Bois **61** 29 Zb 56
Saint-Jean-des-Champs **50** 28 Yd 56
Saint-Jean-des-Echelles **72** 48 Ae 60
Saint-Jean-de-Serres **30** 130 Ea 85
Saint-Jean-des-Essartiers **14** 29 Zb 54
Saint-Jean-de-Sixt **74** 96 Gc 73
Saint-Jean-des-Mauvrets **49** 61 Zd 64
Saint-Jean-des-Ollières **63** 104 Dc 75
Saint-Jean-d'Estissac **24** 100 Ad 78
Saint-Jean-des-Vignes **69** 94 Ee 73
Saint-Jean-de-Tholome **74** 96 Gc 72
Saint-Jean-de-Thurac **47** 125 Ae 84
Saint-Jean-de-Thurigneux **01** 94 Ef 73
Saint-Jean-de-Touslas **69** 106 Ed 75
Saint-Jean-d'Etreux **39** 95 Fc 70
Saint-Jean-de-Trézy **71** 82 Ed 67
Saint-Jean-de-Valériscle **30** 130 Ea 83
Saint-Jean-de-Vals **81** 128 Cb 86
Saint-Jean-devant-Possesse **51** 36 Ee 55
Saint-Jean-de-Vaulx **38** 107 Fe 78
Saint-Jean-de-Vaux **71** 82 Ee 68
Saint-Jean-de-Védas **34** 144 De 87
Saint-Jean-de-Verges **09** 141 Bd 90
Saint-Jean-d'Eyraud **24** 112 Ac 79
Saint-Jean-d'Herans **38** 119 Fe 79
Saint-Jean-d'Heurs **63** 92 Dc 74
Saint-Jean-d'Illac **33** 110 Zb 80
Saint-Jean-d'Ormont **88** 56 Gf 58
Saint-Jean-du-Bois **72** 47 Zf 61
Saint-Jean-du-Bouzet **82** 126 Af 85
Saint-Jean-du-Bruel **12** 129 Dc 84
Saint-Jean-du-Cardonnay **76** 15 Ba 51
Saint-Jean-du-Castillonnais **09** 151 Af 91
Saint-Jean-du-Corail **50** 29 Za 57
Saint-Jean-du-Doigt **29** 25 Wb 56
Saint-Jean-du-Falga **09** 141 Bd 90
Saint-Jean-du-Gard **30** 130 Df 84
Saint-Jean-du-Pin **30** 130 Ea 84
Saint-Jean-du-Thenney **27** 31 Ac 54
Saint-Jean-en-Royans **26** 119 Fb 78
Saint-Jean-en-Val **63** 104 Dc 75
Saint-Jean-Froidmentel **41** 48 Bb 61
Saint-Jean-Kerdaniel **22** 26 Wf 57
Saint-Jean-Kourtzerode **57** 39 Hb 56
Saint-Jean-la-Bussière **69** 93 Eb 73
Saint-Jean-Lachalm **43** 117 De 79
Saint-Jean-la-Fouillouse **48** 117 De 80
Saint-Jean-Lagineste **46** 114 Bf 80
Saint-Jean-la-Poterie **56** 59 Xf 63
Saint-Jean-Lasseille **66** 154 Cf 93
Saint-Jean-la-Vêtre **42** 93 De 74
Saint-Jean-le-Blanc **14** 29 Zc 55
Saint-Jean-le-Blanc **45** 49 Bf 61
Saint-Jean-le-Centenier **07** 118 Ed 81
Saint-Jean-le-Comtal **32** 125 Ad 87
Saint-Jean-lès-Buzy **55** 37 Fe 53
Saint-Jean-les-Deux-Jumeaux **77** 34 Da 55
Saint-Jean-Lespinasse **46** 114 Bf 79
Saint-Jean-le-Thomas **50** 28 Yc 56
Saint-Jean-le-Vieux **01** 95 Fc 72
Saint-Jean-le-Vieux **38** 108 Ef 77
Saint-Jean-le-Vieux **64** 137 Ye 89
Saint-Jean-Ligoure **87** 89 Bb 74
Saint-Jean-Mirabel **46** 114 Ca 81
Saint-Jeannet **04** 133 Ga 85
Saint-Jeannet **06** 134 Ha 86
Saint-Jean-Pied-de-Port **64** 137 Ye 89
Saint-Jean-Pierre-Fixte **28** 48 Ae 59
Saint-Jean-Pla-de-Corts **66** 154 Ce 93
Saint-Jean-Poudge **64** 138 Ze 87
Saint-Jean-Poutge **32** 125 Ac 86
Saint-Jean-Rohrbach **57** 39 Gf 54
Saint-Jean-Roure **07** 118 Ec 79
Saint-Jean-Saint-Germain **37** 77 Ba 66
Saint-Jean-Saint-Gervais **63** 104 Dc 76
Saint-Jean-Saint-Maurice-sur-Loire **42** 93 Ea 73
Saint-Jean-Saint Nicolas **05** 120 Gb 80
Saint-Jean-Saverne **67** 39 Hc 56
Saint-Jean-Soleymieux **42** 105 Ea 75
Saint-Jean-sur-Couesnon **35** 45 Yd 59
Saint-Jean-sur-Erve **53** 46 Zd 60
Saint-Jean-sur-Mayenne **53** 46 Zb 60
Saint-Jean-sur-Moivre **51** 36 Ed 55
Saint-Jean-sur-Reyssouze **01** 94 Fa 70
Saint-Jean-sur-Tourbe **51** 36 Ee 54
Saint-Jean-sur-Veyle **01** 94 Ef 71
Saint-Jean-sur-Vilaine **35** 45 Yd 60
Saint-Jean-Trolimon **29** 32 Ve 61
Saint-Jeanvrin **18** 79 Cb 69
Saint-Jeoire **74** 96 Gc 72
Saint-Jeoire-Prieuré **73** 108 Ff 75
Saint-Jeure-d'Andaure **07** 106 Ec 78
Saint-Jeure-d'Ay **07** 106 Ee 78
Saint-Jeures **43** 105 Eb 78
Saint-Joachim **44** 59 Xe 64
Saint-Jodard **42** 93 Ea 73
Saint-Joire **55** 37 Fc 57
Saint-Jores **50** 12 Yd 53
Saint-Jorioz **74** 96 Ga 74
Saint-Jory **31** 126 Bc 86
Saint-Jory-de-Chalais **24** 101 Af 76
Saint-Jory-las-Bloux **24** 101 Af 76
Saint-Joseph **42** 106 Ed 75
Saint-Joseph **44** 60 Yc 65
Saint-Joseph **50** 12 Yc 51
Saint-Joseph-de-Rivière **38** 107 Fe 76
Saint-Joseph-des-Bancs **07** 118 Ec 80
Saint-Josse **62** 7 Bd 46
Saint-Jouan-de-l'Isle **22** 44 Xf 59
Saint-Jouan-des-Guérets **35** 27 Ya 57
Saint-Jouin **14** 14 Zf 53
Saint-Jouin-Bruneval **76** 14 Aa 51
Saint-Jouin-de-Blavou **61** 47 Ac 58
Saint-Jouin-de-Marnes **79** 76 Zf 67
Saint-Jouin-de-Milly **79** 75 Zc 68
Saint-Jouvent **87** 89 Bb 73
Saint-Juan **25** 70 Gc 65
Saint-Judoce **22** 44 Ya 58
Saint-Juéry **12** 128 Ce 85
Saint-Juéry **48** 116 Da 80
Saint-Juéry **81** 128 Cb 85
Saint-Juire-Champgillon **85** 74 Yf 69
Saint-Julia **31** 141 Bf 88
Saint-Julien **21** 69 Fa 64
Saint-Julien **22** 26 Xb 58
Saint-Julien **22** 43 Xc 59
Saint-Julien **25** 71 Ge 65
Saint-Julien **31** 140 Ba 89
Saint-Julien **31** 140 Bc 89
Saint-Julien **39** 95 Fc 70
Saint-Julien **69** 94 Ed 72
Saint-Julien **81** 128 Cb 84
Saint-Julien **83** 133 Ff 86
Saint-Julien **88** 55 Ff 60
Saint-Julien-aux-Bois **19** 102 Ca 78
Saint-Julien-Beychevelle **33** 99 Zb 78
Saint-Julien-Boutières **07** 118 Ec 79
Saint-Julien-Chapteuil **43** 105 Ea 78
Saint-Julien-d'Ance **43** 105 Df 77
Saint-Julien-d'Armagnac **40** 124 Zf 85
Saint-Julien-d'Arpaon **48** 130 Dd 83
Saint-Julien-d'Asse **04** 133 Ga 85
Saint-Julien-de-Bourdeilles **24** 100 Ad 76
Saint-Julien-de-Brida **11** 141 Bf 90
Saint-Julien-de-Cassagnes **30** 130 Eb 83
Saint-Julien-de-Chédon **41** 64 Bb 65
Saint-Julien-de-Civry **71** 93 Eb 70
Saint-Julien-de-Concelles **44** 60 Yd 65
Saint-Julien-de-Copper **63** 104 Db 74
Saint-Julien-de-Crempse **24** 112 Ad 79
Saint-Julien-de-Gras-Capou **09** 141 Bf 90
Saint-Julien-de-Jonzy **71** 93 Ea 71
Saint-Julien-de-la-Liegue **27** 32 Bb 54
Saint-Julien-de-Lampon **24** 113 Bc 79
Saint-Julien-de-la-Nef **30** 130 De 85
Saint-Julien-de-l'Escap **17** 87 Zd 73
Saint-Julien-de-l'Herms **38** 107 Fa 76
Saint-Julien-de-Mailloc **14** 30 Ab 54
Saint-Julien-de-Peyrolas **30** 131 Ed 83
Saint-Julien-de-Raz **38** 107 Fd 76
Saint-Julien-des-Chazes **43** 104 Dd 78
Saint-Julien-des-Landes **85** 74 Yb 69
Saint-Julien-des-Points **48** 130 Df 83
Saint-Julien-de-Toursac **15** 115 Cb 80
Saint-Julien-de-Vouvantes **44** 60 Ye 63
Saint-Julien-d'Eymet **24** 112 Ac 80
Saint-Julien-d'Oddes **42** 93 Df 73
Saint-Julien-du-Pinet **43** 105 Ea 78
Saint-Julien-du-Puy **81** 127 Ca 86
Saint-Julien-du-Sault **89** 51 Db 60
Saint-Julien-du Serre **07** 118 Ec 81
Saint-Julien-du-Terroux **53** 29 Zd 58
Saint-Julien-du-Tournel **48** 117 De 82
Saint-Julien-du-Verdon **04** 134 Gd 85
Saint-Julien-en-Born **40** 123 Ye 84
Saint-Julien-en-Genevois **74** 95 Ga 72
Saint-Julien-en-Quint **26** 119 Fb 79
Saint-Julien-en-Saint-Alban **07** 118 Ee 80
Saint-Julien-en-Vercors **26** 107 Fc 78
Saint-Julien-Gaulène **81** 128 Cc 85
Saint-Julien-la-Geneste **63** 91 Ce 72
Saint-Julien-la-Genête **23** 91 Cc 72
Saint-Julien-l'Ars **86** 76 Ad 69
Saint-Julien-la-Vêtre **42** 93 De 74
Saint-Julien-le-Châtel **23** 91 Cb 72
Saint-Julien-le-Faucon **14** 30 Aa 54
Saint-Julien-le-Pèlerin **19** 102 Ca 78
Saint-Julien-le-Petit **87** 90 Be 74
Saint-Julien-le-Roux **07** 118 Ee 79
Saint-Julien-lès-Gorze **54** 37 Ff 54
Saint-Julien-lès-Metz **57** 38 Gb 54
Saint-Julien-lès-Montbéliard **70** 71 Ge 63
Saint-Julien-les-Rosiers **30** 130 Ea 83
Saint-Julien-les-Villas **10** 52 Ea 59
Saint-Julien-le-Vendômois **19** 101 Bb 76
Saint-Julien-Molhesabate **43** 106 Ec 77
Saint-Julien-Molins-Molette **42** 106 Ed 77
Saint-Julien-Mont-Denis **73** 108 Gc 77
Saint-Julien-Puy-Lavèze **63** 103 Ce 75
Saint-Julien-sous-les-Côtes **55** 37 Fd 56
Saint-Julien-sur-Bibost **69** 94 Ed 74
Saint-Julien-sur-Calonne **14** 14 Ab 53
Saint-Julien-sur-Cher **41** 64 Be 65
Saint-Julien-sur-Dheune **71** 82 Ed 68
Saint-Julien-sur-Reyssouze **01** 95 Fa 70
Saint-Julien-sur-Sarthe **61** 30 Ac 58
Saint-Julien-sur Veyle **01** 94 Ef 71
Saint-Julien-Vocance **07** 106 Ed 77
Saint-Junien **87** 89 Af 73
Saint-Junien-les-Combes **87** 89 Ba 72
Saint-Junier-la-Bregère **23** 90 Be 73
Saint-Jure **57** 38 Gb 55
Saint-Jurs **04** 133 Gb 85
Saint-Just **01** 95 Fb 71
Saint-Just **07** 131 Ed 83
Saint-Just **15** 116 Db 79
Saint-Just **18** 79 Cd 67
Saint-Just **24** 100 Ad 76
Saint-Just **34** 130 Ea 87
Saint-Just **35** 44 Ya 62
Saint-Just **63** 105 De 76
Saint-Just-Chaleyssin **38** 106 Ef 75
Saint-Just-de-Claix **38** 107 Fb 78
Saint-Just-en-Bas **42** 93 Df 74
Saint-Just-en-Brie **77** 34 Da 57
Saint-Just-en-Chaussée **60** 17 Cc 51
Saint-Just-en-Chevalet **42** 93 Df 73
Saint-Just-et-le-Bézu **11** 153 Cb 91
Saint-Just-et-Vacquières **30** 130 Eb 84
Saint-Just-Ibarre **64** 137 Yf 89
Saint-Justin **32** 139 Aa 88
Saint-Justin **40** 124 Ze 85
Saint-Just-la-Pendue **42** 93 Eb 73
Saint-Just-le-Martel **87** 90 Bc 73
Saint-Just-Luzac **17** 86 Yf 74
Saint-Just-Malmont **43** 105 Eb 77
Saint-Just-près-Brioude **43** 104 Dc 77
Saint-Just-Saint-Rambert **42** 105 Eb 76
Saint-Just-Sauvage **51** 35 De 57
Saint-Juvat **22** 44 Xf 58
Saint-Juvin **08** 20 Ef 52
Saint-Lachtencin **36** 78 Bc 67
Saint-Lager **69** 94 Ee 72
Saint-Lager-Bressac **07** 118 Ee 80
Saint-Lamain **39** 83 Fd 68
Saint-Lambert **08** 20 Ed 51
Saint-Lambert **14** 29 Zc 55
Saint-Lambert **78** 33 Ca 56
Saint-Lambert-du-Lattay **49** 61 Zc 65
Saint-Lambert-la-Potherie **49** 61 Zb 64
Saint-Lambert-sur-Dive **61** 30 Aa 56
Saint-Langis-lès-Mortagne **61** 31 Ad 57
Saint-Lanne **65** 124 Zf 87
Saint-Laon **86** 76 Zf 67
Saint-Lary **09** 151 Af 91
Saint-Lary **32** 125 Ad 86
Saint-Lary-Boujean **31** 139 Ae 89
Saint-Lary-Soulan **65** 150 Ab 92
Saint-Lattier **38** 107 Fb 78
Saint-Launeuc **22** 44 Xd 59
Saint-Laure **63** 92 Db 73
Saint-Lauren-le-Minier **30** 130 Dd 85
Saint-Laurent **08** 20 Ee 50
Saint-Laurent **18** 65 Cb 65
Saint-Laurent **22** 26 We 57
Saint-Laurent **22** 26 Xa 56
Saint-Laurent **22** 26 Xb 58
Saint-Laurent **22** 27 Xd 57
Saint-Laurent **23** 90 Bf 72
Saint-Laurent **31** 139 Ae 89
Saint-Laurent **33** 112 Aa 80
Saint-Laurent **47** 125 Ac 83
Saint-Laurent **56** 44 Xe 62
Saint-Laurent **58** 66 Cf 64
Saint-Laurent **62** 8 Cd 47
Saint-Laurent **74** 96 Gc 72
Saint-Laurent-Blagny **62** 8 Ce 47
Saint-Laurent-Bretagne **64** 138 Ze 88
Saint-Laurent-Chabreuges **43** 104 Dc 77
Saint-Laurent-d'Agny **69** 106 Ee 75
Saint-Laurent-d'Aigouze **30** 130 Eb 87
Saint-Laurent-d'Andenay **71** 82 Ed 68
Saint-Laurent-d'Arce **33** 99 Zd 78
Saint-Laurent-de-Belzagot **16** 100 Aa 76
Saint-Laurent-de-Brévedent **76** 14 Ab 51
Saint-Laurent-de-Carnols **30** 131 Ed 83
Saint-Laurent-de-Cerdans **66** 154 Cd 94
Saint-Laurent-de-Céris **16** 88 Ac 73
Saint-Laurent-de-Chamousset **69** 94 Ec 74
Saint-Laurent-de-Condel **14** 29 Zd 54
Saint-Laurent-de-Cuves **50** 28 Yf 56
Saint-Laurent-de-Gosse **40** 123 Ye 87
Saint-Laurent-de-Jourdes **86** 77 Ad 70
Saint-Laurent-de-la-Barrière **17** 87 Zb 72
Saint-Laurent-de-la-Cabrerisse **11** 142 Ce 90
Saint-Laurent-de-la-Plaine **49** 61 Zb 65
Saint-Laurent-de-la-Prée **17** 86 Yf 73
Saint-Laurent-de-la-Salanque **66** 154 Cf 92
Saint-Laurent-de-la-Salle **85** 75 Za 69
Saint-Laurent-de-Lévézou **12** 129 Cf 83
Saint-Laurent-de-Lin **37** 62 Ab 63
Saint Laurent-de-Mure **69** 106 Fa 74
Saint-Laurent-de-Muret **48** 116 Db 81
Saint-Laurent-de-Neste **65** 139 Ac 90
Saint-Laurent-des-Arbres **30** 131 Ee 84
Saint-Laurent-des-Autels **49** 60 Ye 65
Saint-Laurent-des-Bâtons **24** 113 Ae 79
Saint-Laurent-des-Bois **27** 32 Bb 55
Saint-Laurent-des-Bois **41** 49 Bc 61
Saint-Laurent-des-Combes **16** 100 Aa 76
Saint-Laurent-des-Combes **33** 111 Zf 79
Saint-Laurent-des-Hommes **24** 100 Ab 78
Saint-Laurent-des-Mortiers **53** 46 Zc 62
Saint-Laurent-des-Vignes **24** 112 Ac 80
Saint-Laurent-de-Terregatte **50** 28 Ye 57
Saint-Laurent-de-Trèves **48** 129 Dd 83
Saint-Laurent-de-Vaux **69** 106 Ed 74
Saint-Laurent-de-Veyrès **48** 116 Da 80
Saint-Laurent-d'Onay **26** 107 Fa 77
Saint-Laurent-du-Bois **33** 111 Zf 81
Saint-Laurent-du-Cros **05** 120 Ga 81
Saint-Laurent-du-Mottay **49** 61 Za 64
Saint-Laurent-du-Pape **07** 118 Ee 80
Saint-Laurent-du-Plan **33** 111 Zf 81
Saint-Laurent-du-Pont **38** 107 Fe 76
Saint-Laurent-du-Var **06** 135 Hb 86
Saint-Laurent-en-Beaumont **38** 120 Ff 79
Saint-Laurent-en-Brionnais **71** 93 Eb 71
Saint-Laurent-en-Caux **76** 15 Af 50
Saint-Laurent-en-Gâtines **37** 63 Ae 63
Saint-Laurent-en-Grandvaux **39** 84 Ff 69
Saint-Laurent-en-Royans **26** 107 Fb 78
Saint-Laurent-la-Conche **42** 105 Eb 74
Saint-Laurent-la-Gâtine **28** 32 Bd 56
Saint-Laurent-la-Roche **39** 83 Fd 69
Saint-Laurent-la-Vallée **24** 113 Ba 80
Saint-Laurent-la-Vernède **30** 131 Ec 84
Saint-Laurent-les-Églises **23** 90 Bc 73
Saint-Laurent-les-Tours **46** 114 Bf 79
Saint-Laurent-Lolmie **46** 113 Bb 83
Saint-Laurent-Nouan **41** 64 Bd 62
Saint-Laurent-sous-Coiron **07** 118 Ec 81
Saint-Laurent-sur-Gorre **87** 89 Af 74
Saint-Laurent-sur-Manoire **24** 101 Ae 78
Saint-Laurent-sur-Mer **14** 13 Za 52
Saint-Laurent-sur-Othain **55** 21 Fd 52
Saint-Laurent-sur-Saône **01** 94 Ef 71
Saint-Laurent-sur-Sèvre **85** 75 Za 67
Saint-Laurs **79** 75 Zc 69
Saint-Léger **06** 134 Ge 84
Saint-Léger **17** 99 Zc 75
Saint-Léger **47** 112 Ab 83
Saint-Léger **47** 113 Af 82
Saint-Léger **53** 46 Zd 60
Saint-Léger **62** 8 Cf 47
Saint-Léger **73** 108 Gb 76
Saint-Léger-aux-Bois **60** 18 Cf 52
Saint-Léger-aux-Bois **76** 16 Bd 49
Saint-Léger-Bridereix **23** 90 Bd 71
Saint-Léger-de-Balson **33** 111 Zd 82
Saint-Léger-de-Fougeret **58** 81 Df 66
Saint-Léger-de-la-Martinière **79** 87 Zf 71
Saint-Léger-de-Montbrillais **86** 62 Zf 66
Saint-Léger-de-Montbrun **79** 76 Zf 66
Saint-Léger-de-Peyre **48** 116 Db 81
Saint-Léger-de-Rôtes **27** 31 Ad 54
Saint-Léger-des-Aubées **28** 49 Be 58
Saint-Léger-des-Bois **49** 61 Zb 64
Saint-Léger-des-Prés **35** 45 Yc 58
Saint-Léger-des-Vignes **58** 80 Dc 67
Saint-Léger-du-Bois **71** 82 Ec 66
Saint-Léger-Dubosq **14** 14 Zf 53
Saint-Léger-du-Bourg-Denis **76** 15 Ba 52
Saint-Léger-du-Gennetey **27** 15 Ae 53
Saint-Léger-du-Malzieu **48** 116 Db 79
Saint-Léger-du-Ventoux **84** 132 Fb 83
Saint-Léger-en-Bray **60** 17 Ca 52
Saint-Léger-en-Yvelines **78** 32 Be 56
Saint-Léger-la-Montagne **87** 90 Bc 72
Saint-Léger-le-Guérétois **23** 90 Be 72
Saint-Léger-le-Petit **18** 80 Da 66
Saint-Léger-lès-Authie **80** 8 Cd 48
Saint-Léger-lès-Domart **80** 7 Ca 48
Saint-Léger-les-Melèzes **05** 120 Gb 81
Saint-Léger-lès-Paray **71** 81 Ea 70
Saint-Léger-les-Vignes **44** 60 Yb 66
Saint-Léger-Magnazeix **87** 89 Bb 71
Saint-Léger-près-Troyes **10** 52 Ea 59
Saint-Léger-sous-Beuvray **71** 81 Ea 67
Saint-Léger-sous-Brienne **10** 53 Ed 58
Saint-Léger-sous-Cholet **49** 61 Za 66
Saint-Léger-sous-la-Bussière **71** 94 Ed 71
Saint-Léger-sous-Margerie **10** 53 Ec 57
Saint-Léger-sur-Roanne **42** 93 Df 72
Saint-Léger-sur-Sarthe **61** 30 Ac 58
Saint-Léger-sur-Vouzance **03** 93 Df 70
Saint-Léger-Triey **21** 69 Fc 65
Saint-Léger-Vauban **89** 67 Ea 64
Saint-Léomer **86** 77 Af 70
Saint-Léon **03** 93 De 70
Saint-Léon **31** 141 Bd 88
Saint-Léon **33** 111 Ze 80
Saint-Léon **47** 112 Ab 83
Saint-Léonard **32** 125 Ae 85
Saint-Léonard **35** 28 Yb 57
Saint-Léonard **51** 35 Ea 53
Saint-Léonard **62** 2 Bd 44
Saint-Léonard **76** 14 Ac 50
Saint-Léonard **88** 56 Gf 59
Saint-Léonard-de-Noblat **87** 90 Bc 73
Saint-Léonard-des-Bois **72** 47 Zf 58
Saint-Léonard-des-Parcs **61** 31 Ab 57
Saint-Léonard-en-Beauce **41** 49 Bc 62
Saint-Léon-d'Issigeac **24** 112 Ae 80
Saint-Léons **12** 129 Cf 83
Saint-Léon-sur-l'Isle **24** 100 Ac 78
Saint-Léon-sur-Vézère **24** 101 Ba 78
Saint-Léopardin-d'Augy **03** 80 Da 68
Saint-Leu-d'Esserent **60** 33 Cc 53
Saint-Leu-la-Forêt **95** 33 Cb 54
Saint-Lézer **65** 138 Aa 88
Saint-Lézin **49** 61 Zb 65
Saint-Lieux-Lafenasse **81** 128 Cb 86
Saint-Lieux-lès-Lavour **81** 127 Be 86
Saint-Lin **79** 75 Ze 69
Saint-Lions **04** 133 Gc 85
Saint-Lizier **09** 140 Ba 90
Saint-Lizier-du-Planté **32** 140 Af 88
Saint-Lô **50** 29 Yf 54
Saint-Lô-d'Ourville **50** 12 Yc 52
Saint-Lon-les-Mines **40** 123 Yf 87
Saint-Lormel **22** 27 Xe 57
Saint-Lothain **39** 83 Fd 68
Saint-Loubauer **40** 124 Zd 86
Saint-Loube **32** 140 Af 88
Saint-Loubert **33** 111 Zf 82
Saint-Loubès **33** 111 Zd 79
Saint-Louet-sur-Seulles **14** 29 Zc 54
Saint-Louis **57** 39 Hb 56
Saint-Louis **68** 72 Hd 63
Saint-Louis-de-Montferrand **33** 99 Zc 79

198 (F) **Saint-Hippolyte — Saint-Louis-de-Montferrand**

Saint-Louis-et-Parahou **11** 153 Cb 91
Saint-Louis-la-Chaussée **68** 72 Hd 63
Saint-Louis-lès-Bitche **57** 39 Hc 54
Saint-Loup **03** 92 Dc 70
Saint-Loup **17** 87 Zb 73
Saint-Loup **23** 91 Cb 72
Saint-Loup **39** 83 Fb 66
Saint-Loup **41** 64 Bf 65
Saint-Loup **50** 28 Ye 57
Saint-Loup **51** 35 De 56
Saint-Loup **58** 66 Da 64
Saint-Loup **69** 94 Ec 73
Saint-Loup **82** 126 Af 84
Saint-Loup-Cammas **31** 126 Bc 86
Saint-Loup-Champagne **08** 19 Eb 52
Saint-Loup-de-Buffigny **10** 52 Dd 58
Saint-Loup-de-Fribois **14** 30 Aa 54
Saint-Loup-de-la-Salle **71** 82 Ef 67
Saint-Loup-des-Chaumes **18** 79 Cc 68
Saint-Loup-des-Vignes **45** 50 Cc 60
Saint-Loup-d'Ordon **89** 51 Db 60
Saint-Loup-du-Dorat **53** 46 Zd 61
Saint-Loup-du-Gast **53** 46 Zc 58
Saint-Loup-en-Comminges **31** 139 Ad 89
Saint-Loup-Hors **14** 13 Zb 53
Saint-Loup-Lamairé **79** 76 Zf 68
Saint-Loup-Nantouard **70** 69 Fe 64
Saint-Loup-sur-Aujon **52** 53 Fa 61
Saint-Loup-sur-Semouse **70** 55 Gb 61
Saint-Loup-Terrier **08** 20 Ed 51
Saint-Loyer-des-Champs **61** 30 Aa 56
Saint-Lubin-de-Cravant **28** 31 Ba 56
Saint-Lubin-de-la-Haye **28** 32 Bd 56
Saint-Lubin-des-Joncherets **28** 31 Bb 56
Saint-Lubin-en-Vergonnois **41** 64 Bb 63
Saint-Luc **27** 32 Bb 55
Saint-Lucien **28** 32 Bd 57
Saint-Lumier-en-Champagne **51** 36 Ed 56
Saint-Lumier-la-Populeuse **51** 36 Ee 56
Saint-Lumine-de-Clisson **44** 60 Yd 66
Saint-Lumine-de-Coutais **44** 60 Yb 66
Saint-Lunaire **35** 27 Xf 57
Saint-Luperce **28** 49 Bb 58
Saint-Lupicin **39** 95 Fe 70
Saint-Lupien **10** 52 De 58
Saint-Lyé **10** 52 Ea 58
Saint-Lyé-la-Forêt **45** 49 Bf 60
Saint-Lyphard **44** 59 Xe 64
Saint-Lys **31** 140 Bb 87
Saint-Macaire **33** 111 Ze 81
Saint-Macaire-du-Bois **49** 62 Ze 66
Saint-Macaire-en-Mauges **49** 61 Za 66
Saint-Maclou **27** 14 Ac 52
Saint-Maclou-de-Folleville **76** 15 Ba 50
Saint-Maclou-la-Brière **76** 15 Ac 51
Saint-Macoux **86** 88 Ab 72
Saint-Maden **22** 44 Xf 59
Saint-Magne **33** 111 Zc 81
Saint-Magne-de-Castillon **33** 111 Zf 79
Saint-Maigner **63** 91 Ce 72
Saint-Maigrin **17** 99 Ze 76
Saint-Maime **04** 133 Fe 85
Saint-Maixant **23** 91 Cb 73
Saint-Maixant **33** 111 Ze 81
Saint-Maixent **72** 48 Ad 60
Saint-Maixent-de-Beugné **79** 75 Zc 70
Saint-Maixent-l'École **79** 76 Ze 70
Saint-Maixent-sur-Vie **85** 73 Yb 68
Saint-Maixme-Hauterive **28** 31 Bb 57
Saint-Malo **35** 27 Xf 57
Saint-Malo **35** 45 Yc 62
Saint-Malo-de-Beignon **56** 44 Xf 61
Saint-Malo-de-Guersac **44** 59 Xe 64
Saint-Malo-de-la-Lande **50** 28 Yc 54
Saint-Malo-de-Phily **35** 44 Yb 61
Saint-Malo-des-Trois-Fontaines **56** 44 Xd 60
Saint-Malô-du-Bois **85** 75 Za 67
Saint-Malo-en-Donziois **58** 66 Db 65
Saint-Mamert **69** 94 Ed 71
Saint-Mamert-du-Gard **30** 130 Eb 85
Saint-Mamet **31** 151 Ad 92
Saint-Mamet-la-Salvetat **15** 115 Cb 79
Saint-Mammès **77** 51 Ce 58
Saint-Mandé-sur-Brédoire **17** 87 Ze 72
Saint-Mandrier-sur-Mer **83** 147 Ff 90
Saint-Manvieu-Bocage **14** 29 Za 56
Saint-Marc **15** 116 Db 79
Saint-Marc-à-Frongier **23** 90 Ca 73
Saint-Marcal **66** 154 Cd 93
Saint-Marc-à-Loubaud **23** 90 Bf 73
Saint-Marc-du-Cor **41** 48 Af 61
Saint-Marceau **08** 20 Ee 50
Saint-Marceau **72** 47 Aa 59
Saint-Marcel **01** 94 Ef 73
Saint-Marcel **08** 20 Ed 50
Saint-Marcel **27** 32 Bc 54
Saint-Marcel **36** 78 Bd 69
Saint-Marcel **54** 38 Ff 54
Saint-Marcel **56** 44 Xc 62
Saint-Marcel **70** 54 Ff 62
Saint-Marcel **71** 82 Ef 68
Saint-Marcel **73** 109 Gd 75
Saint-Marcel **81** 127 Ca 84
Saint-Marcel-Bel-Accueil **38** 107 Fb 75
Saint-Marcel-d'Ardèche **07** 118 Ed 83
Saint-Marcel-de-Careinet **30** 131 Ec 84
Saint-Marcel-de-Félines **42** 93 Eb 73
Saint-Marcel-du-Périgord **24** 112 Ae 79
Saint-Marcel-d'Urfé **42** 93 Df 73
Saint-Marcel-en-Marcillat **03** 91 Cd 72
Saint-Marcel-en-Murat **03** 92 Da 71
Saint-Marcelin-de-Cray **71** 82 Ed 69
Saint-Marcel l'Eclairé **69** 94 Ec 73
Saint-Marcel-lès-Annonay **07** 106 Ed 77
Saint-Marcel-lès-Sauzet **26** 118 Ee 81
Saint-Marcel-lès-Valence **26** 118 Ef 79
Saint-Marcellin **38** 107 Fb 78
Saint-Marcellin-en-Forez **42** 105 Ea 76
Saint-Marcel-Paulel **31** 127 Bd 87
Saint-Marcel-sur-Aude **11** 143 Cf 89
Saint-Marcet **31** 139 Ae 89
Saint-Marc-Jaumgarde **13** 146 Fd 87
Saint-Marc-la-Lande **79** 75 Zd 69
Saint-Marc-le-Blanc **35** 45 Yd 58
Saint-Marcory **24** 113 Af 80
Saint-Marcouf **14** 13 Za 53
Saint-Marcouf **50** 12 Ye 52
Saint-Marc-sur-Couesnon **35** 45 Yd 59
Saint-Marc-sur-Seine **21** 68 Ed 62
Saint-Mard **02** 19 Dd 52
Saint-Mard **17** 87 Zb 72
Saint-Mard **54** 38 Gb 57
Saint-Mard **77** 33 Ce 54
Saint-Mard **80** 17 Ce 50
Saint-Mard-de-Reno **61** 31 Ad 57
Saint-Mard-de-Vaux **71** 82 Ee 68
Saint-Mard-lès-Rouffy **51** 35 Ea 55
Saint-Mards **76** 15 Ba 50
Saint-Mards-de-Blacarville **27** 15 Ad 52
Saint-Mards-de-Fresne **27** 31 Ac 54
Saint-Mards-en-Othe **10** 52 De 59
Saint-Mard-sur-Auve **51** 36 Ee 54
Saint-Mard-sur-le-Mont **51** 36 Ef 55
Saint-Marie-de-Vatimesnil **27** 16 Bd 53
Saint-Marien **23** 79 Cb 70
Saint-Mariens **33** 99 Zd 78
Saint-Mars-de-Coutais **44** 60 Yb 66
Saint-Mars-de-Locquenay **72** 47 Ac 61
Saint-Mars-d'Ergenne **61** 29 Zb 57
Saint-Mars-d'Outillé **72** 47 Ac 61
Saint-Mars-du-Désert **44** 60 Yd 64
Saint-Mars-du-Désert **53** 47 Zf 59
Saint-Mars-la-Brière **72** 47 Ac 60
Saint-Mars-la-Jaille **44** 60 Ye 63
Saint-Mars-la-Réorthe **85** 75 Za 67
Saint-Mars-sur-Colmont **53** 46 Zb 58
Saint-Mars-sur-la-Futaie **53** 29 Yf 58
Saint-Mars-Vieux-Maisons **77** 34 Db 56
Saint-Martial **07** 117 Eb 79
Saint-Martial **15** 116 Da 79
Saint-Martial **16** 100 Aa 76
Saint-Martial **17** 87 Zd 72
Saint-Martial **30** 130 De 84
Saint-Martial **33** 111 Ze 81
Saint-Martial **33** 112 Ab 80
Saint-Martial-d'Albarède **24** 101 Ba 77
Saint-Martial-d'Artenset **24** 100 Ab 78
Saint-Martial-de-Gimel **19** 102 Bf 77
Saint-Martial-de-Nabirat **24** 113 Bb 80
Saint-Martial-de-Valette **24** 100 Ad 75
Saint-Martial-de-Vitaterne **17** 99 Zd 76
Saint-Martial-Entraygues **19** 102 Bf 78
Saint-Martial-le-Mont **23** 90 Ca 72
Saint-Martial-le-Vieux **23** 103 Cb 74
Saint-Martial-sur-Isop **87** 89 Af 72
Saint-Martial-sur-Né **17** 99 Zd 75
Saint-Martial-Viveyrol **24** 100 Ac 76
Saint-Martin **17** 86 Za 74
Saint-Martin **23** 90 Be 71
Saint-Martin **32** 139 Ac 87
Saint-Martin **32** 139 Ad 87
Saint-Martin **54** 39 Ge 57
Saint-Martin **56** 44 Xe 62
Saint-Martin **65** 138 Aa 90
Saint-Martin **66** 153 Cc 92
Saint-Martin **67** 56 Hb 58
Saint-Martin **81** 127 Bf 85
Saint-Martin **81** 127 Bf 86
Saint-Martin **81** 127 Ca 86
Saint-Martin **83** 147 Ff 87
Saint-Martin **83** 148 Gc 88
Saint-Martin **83** 148 Gd 88
Saint-Martin, Revest- **04** 133 Fe 84
Saint-Martin-au-Bosc **76** 16 Bd 49
Saint-Martin-au-Laërt **62** 3 Cb 44
Saint-Martin-aux-Arbres **76** 15 Af 51
Saint-Martin-aux-Bois **60** 17 Cd 51
Saint-Martin-aux-Buneaux **76** 15 Ad 49
Saint-Martin-aux-Champs **51** 36 Ec 56
Saint-Martin-aux-Chartrains **14** 14 Aa 53
Saint-Martin-Belle-Roche **71** 94 Ef 70
Saint-Martin-Bellevue **74** 96 Ga 73
Saint-Martin-Boulogne **62** 2 Bd 44
Saint-Martin-Cantalès **15** 103 Cb 78
Saint-Martin-Château **23** 90 Be 73
Saint-Martin-Chocquel **62** 3 Bf 44
Saint-Martin-Curton **47** 111 Aa 83
Saint-Martin-d'Abbat **45** 50 Cb 61
Saint-Martin-d'Ablois **51** 35 Df 54
Saint-Martin-d'Août **26** 106 Ef 77
Saint-Martin-d'Arberoue **64** 137 Ye 88
Saint-Martin-d'Arcé **49** 62 Zf 63
Saint-Martin-d'Ardèche **07** 131 Ed 83
Saint-Martin-d'Armagnac **32** 124 Zf 86
Saint-Martin-d'Arrossa **64** 136 Ye 89
Saint-Martin-d'Ary **17** 99 Ze 77
Saint-Martin-d'Aubigny **50** 12 Yd 54
Saint-Martin-d'Audouville **50** 12 Yd 51
Saint-Martin-d'Auxigny **18** 65 Cc 65
Saint-Martin-d'Auxy **71** 82 Ed 68
Saint-Martin-de-Bavel **01** 95 Fe 73
Saint-Martin-de-Beauville **47** 126 Ae 83
Saint-Martin-de-Belleville **73** 108 Gc 76
Saint-Martin-de-Bernegoue **79** 87 Zd 71
Saint-Martin-de-Bienfaite-la-Cressonnière **14** 30 Ac 54
Saint-Martin-de-Blagny **14** 13 Za 53
Saint-Martin-de-Bonfossé **50** 28 Yf 54
Saint-Martin-de-Bossenay **10** 52 De 58
Saint-Martin-de-Boubaux **48** 130 Df 83
Saint-Martin-de-Bréhal **50** 28 Yc 55
Saint-Martin-de-Bréthencourt **78** 49 Bf 57
Saint-Martin-de-Brômes **04** 133 Ff 86
Saint-Martin-de-Caralp **09** 141 Bd 91
Saint-Martin-de-Castillon **84** 132 Fd 85
Saint-Martin-de-Celles **38** 119 Fd 79
Saint-Martin-de-Cenilly **50** 28 Ye 55
Saint-Martin-de-Commune **71** 82 Ed 67
Saint-Martin-de-Connée **53** 47 Ze 59
Saint-Martin-de-Coux **17** 99 Zf 78
Saint-Martin-de-Crau **13** 131 Ee 87
Saint-Martin-d'Ecublei **61** 31 Ae 56
Saint-Martin-de-Fontenage **14** 29 Zd 54
Saint-Martin-de-Fraigneau **85** 75 Zb 70
Saint-Martin-de-Fressengeas **24** 101 Af 76
Saint-Martin-de-Fugères **43** 117 Df 79
Saint-Martin-de-Goyne **32** 125 Ad 84
Saint-Martin-de-Gurçon **24** 100 Aa 79
Saint-Martin-de-Hinx **40** 123 Ye 87
Saint-Martin-de-Juillers **17** 87 Zd 73
Saint-Martin-de-Jussac **87** 89 Af 73
Saint-Martin-de-la-Brasque **84** 132 Fd 86
Saint-Martin-de-la-Cluze **38** 119 Fd 79
Saint-Martin-de-la-Lieue **14** 30 Ab 54
Saint-Martin-de-la-Mer **21** 67 Eb 65
Saint-Martin-de-Lamps **36** 78 Bd 67
Saint-Martin-de-Landelles **50** 28 Yf 57
Saint-Martin-de-Lansuscle **48** 130 De 83
Saint-Martin-de-la-Place **49** 62 Zf 65
Saint-Martin-de-l'Arçon **34** 143 Cf 87
Saint-Martin-de-Laye **33** 99 Ze 78
Saint-Martin-de-Lenne **12** 116 Cf 82
Saint-Martin-de-Lerm **33** 111 Zf 81
Saint-Martin-de-Lixy **71** 93 Eb 71
Saint-Martin-de-Londres **34** 130 De 86
Saint-Martin-de-Mâcon **79** 76 Zf 66
Saint-Martin-de-Mailloc **14** 30 Ab 54
Saint-Martin-de-Mieux **14** 30 Ze 55
Saint-Martin-de-Nigelles **28** 32 Bd 57
Saint-Martin-d'Entraunes **06** 134 Ge 84
Saint-Martin-de-Queyrières **05** 120 Gd 79
Saint-Martin-de-Ré **17** 86 Yd 71
Saint-Martin-de-Ribérac **24** 100 Ac 77
Saint-Martin-de-Saint-Maixent **79** 76 Ze 70
Saint-Martin-de-Salencey **71** 82 Ed 69
Saint-Martin-de-Sallen **14** 29 Zc 55
Saint-Martin-de-Sanzay **79** 62 Ze 66
Saint-Martin-des-Besaces **14** 29 Za 54
Saint-Martin-des-Bois **41** 63 Ae 62
Saint-Martin-des-Bois **41** 63 Af 62
Saint-Martin-des-Champs **18** 66 Cf 66
Saint-Martin-des-Champs **29** 25 Wb 57
Saint-Martin-des-Champs **50** 28 Ye 57
Saint-Martin-des-Champs **77** 34 Dc 56
Saint-Martin-des-Champs **78** 32 Be 55
Saint-Martin-des-Champs **89** 66 Da 63
Saint-Martin-de-Seignanx **40** 122 Yd 87
Saint-Martin-des-Entrées **14** 13 Zb 53
Saint-Martin-de-Sescas **33** 111 Zf 81
Saint-Martin-des-Fontaines **85** 75 Za 69
Saint-Martin-des-Lais **03** 81 Dd 68
Saint-Martin-des-Landes **61** 30 Zf 57
Saint-Martin-des-Monts **72** 48 Ad 60
Saint-Martin-des-Noyers **85** 74 Ye 68
Saint-Martin-des-Olmes **63** 105 De 75
Saint-Martin-des-Pézerits **61** 31 Ac 57
Saint-Martin-des-Plains **63** 104 Db 76
Saint-Martin-des-Prés, L' **22** 43 Xa 59
Saint-Martin-des-Puits **11** 142 Cd 90
Saint-Martin-des-Tilleuls **85** 74 Yf 67
Saint-Martin-d'Estréaux **42** 93 De 71
Saint-Martin-de-Valgalgues **30** 130 Ea 84
Saint-Martin-de-Valmas **07** 118 Ec 79
Saint-Martin-de-Varreville **50** 12 Ye 52
Saint-Martin-de-Vers **46** 114 Bd 81
Saint-Martin-de-Villeréal **47** 113 Ae 81
Saint-Martin-de-Villereglan **11** 141 Cb 90
Saint-Martin-d'Hères **38** 107 Fe 78
Saint-Martin-d'Heuille **58** 80 Db 66
Saint-Martin-d'Ollières **63** 104 Dc 76
Saint-Martin-Don **14** 29 Za 55
Saint-Martin-d'Oney **40** 124 Zc 85
Saint-Martin-d'Ordon **89** 51 Db 60
Saint-Martin-d'Oydes **09** 140 Bc 90
Saint-Martin-du-Bec **76** 14 Ab 51
Saint-Martin-du-Bois **33** 99 Ze 78
Saint-Martin-du-Bois **49** 61 Zb 62
Saint-Martin-du-Boschet **77** 34 Dc 56
Saint-Martin-du-Clocher **16** 88 Aa 72
Saint-Martin-du-Fouilloux **49** 61 Zb 64
Saint-Martin-du-Fouilloux **79** 76 Zf 69
Saint-Martin-du-Frêne **01** 95 Fd 72
Saint-Martin-du-Lac **71** 93 Ea 71
Saint-Martin-du-Limet **53** 45 Yf 62
Saint-Martin-du-Manoir **76** 14 Ab 51
Saint-Martin-du-Mont **01** 95 Fb 72
Saint-Martin-du-Mont **21** 68 Ee 64
Saint-Martin-du-Mont **71** 83 Fb 69
Saint-Martin-du-Puy **33** 111 Zf 80
Saint-Martin-du-Puy **58** 67 Df 65
Saint-Martin-d'Uriage **38** 108 Ff 78
Saint-Martin-du-Tartre **71** 82 Ed 69
Saint-Martin-du-Tertre **89** 51 Db 59
Saint-Martin-du-Tertre **95** 33 Cc 54
Saint-Martin-du-Tilleul **27** 31 Ad 54
Saint-Martin-du-Var **06** 135 Hb 86
Saint-Martin-du-Vieux-Bellême **61** 48 Ad 58
Saint-Martin-du-Vivier **76** 15 Ba 52
Saint-Martin-en-Bière **77** 50 Cd 58
Saint-Martin-en-Bresse **71** 83 Fa 68
Saint-Martin-en-Campagne **76** 6 Bb 49
Saint-Martin-en-Gâtinois **71** 83 Fa 67
Saint-Martin-en-Haut **69** 106 Ed 75
Saint-Martin-en-Vercors **26** 107 Fc 78
Saint-Martin-Gimois **32** 140 Ae 87
Saint-Martinien **03** 91 Cc 70
Saint-Martin-Laboual **46** 114 Be 82
Saint-Martin-la-Campagne **27** 31 Ba 54
Saint-Martin-Lacaussade **33** 99 Zc 78
Saint-Martin-la-Garenne **78** 32 Be 54
Saint-Martin-l'Aiguillon **61** 30 Ze 57
Saint-Martin-Lalande **11** 141 Ca 89
Saint-Martin-la-Méanne **19** 102 Bf 77
Saint-Martin-la-Patrouille **71** 82 Ed 69
Saint-Martin-la-Plaine **42** 106 Ed 75
Saint-Martin-l'Ars **86** 88 Ad 71
Saint-Martin-Lars-en-Sainte-Hermine **85** 75 Za 69
Saint-Martin-la-Sauveté **42** 93 Df 74
Saint-Martin-l'Astier **24** 100 Ac 78
Saint-Martin-le-Châtel **01** 95 Fa 71
Saint-Martin-le-Gaillard **76** 6 Bc 49
Saint-Martin-le-Hébert **50** 12 Yc 51
Saint-Martin-le-Mault **87** 89 Bb 70
Saint-Martin-le-Nœud **60** 17 Ca 52
Saint-Martin-le-Pin **24** 100 Ad 75
Saint-Martin-le-Redon **46** 113 Ba 81
Saint-Martin-les-Eaux **04** 132 Fe 85
Saint-Martin-lès-Langres **52** 54 Fb 61
Saint-Martin-lès-Melles **79** 87 Ze 71
Saint-Martin-lès-Seyne **04** 120 Gb 82
Saint-Martin-Lestra **42** 94 Ec 74
Saint-Martin-le-Vieil **11** 141 Ca 89
Saint-Martin-le-Vieux **87** 89 Ba 74
Saint-Martin-l'Heureux **51** 20 Ec 53
Saint-Martin-l'Hortier **76** 16 Bc 50
Saint-Martin-Longueau **60** 17 Cd 52
Saint-Martin-Lys **11** 153 Cb 91
Saint-Martin-Osmonville **76** 16 Bb 51
Saint-Martin-Petit **47** 112 Aa 81
Saint-Martin-Rivière **02** 9 Dd 48
Saint-Martin-Saint-Firmin **27** 15 Ad 53
Saint-Martin-Sepert **19** 102 Bc 76
Saint-Martin-sous-Montaigu **71** 82 Ee 68
Saint-Martin-sous-Vigouroux **15** 115 Ce 79
Saint-Martin-sur-Armançon **89** 52 Ea 61
Saint-Martin-sur-Arve **74** 97 Gd 73
Saint-Martin-sur-Coieul **62** 8 Cf 47
Saint-Martin-sur-Ecaillon **59** 9 Dd 47
Saint-Martin-sur-la-Chambre **73** 108 Gb 76
Saint-Martin-sur-le-Pré **51** 35 Ec 55
Saint-Martin-sur-Nohain **58** 66 Cf 64
Saint-Martin-sur-Ocre **45** 65 Cd 63
Saint-Martin-sur-Ouanne **89** 51 Da 61
Saint-Martin-Terressus **23** 90 Bc 73
Saint-Martin-Valmeroux **15** 103 Cc 78
Saint-Martin-Vésubie **06** 135 Hb 84
Saint-Martory **31** 140 Af 90
Saint-Mary **16** 88 Ac 73
Saint-Mary-le-Plain **15** 104 Da 77
Saint-Masmes **51** 19 Eb 53
Saint-Mathieu **87** 89 Ae 74
Saint-Mathieu-de-Tréviers **34** 130 Df 86
Saint-Mathurin **85** 74 Yb 69
Saint-Mathurin-sur-Loire **49** 61 Ze 64
Saint-Matré **46** 113 Ba 82
Saint-Maudan **22** 43 Xb 60
Saint-Maudez **22** 27 Xe 58
Saint-Maugan **35** 44 Xf 60
Saint-Maulvis **80** 16 Bf 49
Saint-Maur **18** 79 Cb 69
Saint-Maur **32** 139 Ac 88
Saint-Maur **36** 78 Bd 68
Saint-Maur **39** 83 Fd 69
Saint-Maur **60** 16 Bf 51
Saint-Maur-des-Fossés **94** 33 Cc 56
Saint-Maurice **52** 54 Fc 61
Saint-Maurice **58** 81 Dd 66
Saint-Maurice **63** 104 Db 74
Saint-Maurice **67** 56 Hc 59
Saint-Maurice-aux-Forges **54** 39 Gf 57
Saint-Maurice-aux-Riches-Hommes **89** 51 Dd 58
Saint-Maurice-Colombier **25** 71 Gd 64
Saint-Maurice-Crillat **39** 84 Ff 69
Saint-Maurice-d'Ardèche **07** 118 Ec 81
Saint-Maurice-de-Beynost **01** 94 Ef 74
Saint-Maurice-de-Cazevieille **30** 130 Eb 84
Saint-Maurice-de-Gourdans **01** 95 Fb 74
Saint-Maurice-de-Lestapel **47** 112 Ad 81
Saint-Maurice-de-Lignon **43** 105 Ea 77
Saint-Maurice-de-Rémens **01** 95 Fb 73
Saint-Maurice-de-Rotherens **73** 107 Fe 75
Saint-Maurice-de-Satonnay **71** 94 Ee 70
Saint-Maurice-des-Champs **71** 82 Ed 69
Saint-Maurice-des-Lions **16** 89 Ae 73
Saint-Maurice-des-Noues **85** 75 Zb 69
Saint-Maurice-de-Tavernole **17** 99 Zd 76
Saint-Maurice-d'Etelan **76** 15 Ad 52
Saint-Maurice-de-Ventalon **48** 130 De 83
Saint-Maurice-d'Ibie **07** 118 Ec 81
Saint-Maurice-du-Désert **61** 29 Zd 57
Saint-Maurice-en-Cotentin **50** 12 Yb 52
Saint-Maurice-en-Gourgois **42** 105 Eb 76
Saint-Maurice-en-Quercy **46** 114 Bf 80
Saint-Maurice-en-Rivière **71** 83 Fa 67
Saint-Maurice-en-Trièves **38** 119 Fd 80
Saint-Maurice-en-Valgodemard **05** 120 Ga 80
Saint-Maurice-la-Clouère **86** 76 Ac 70
Saint-Maurice-la-Souterraine **23** 90 Bc 71
Saint-Maurice-les-Brousses **87** 89 Bb 74
Saint-Maurice-lès-Charencey **61** 31 Ae 57
Saint-Maurice-lès-Châteauneuf **71** 93 Eb 71
Saint-Maurice-lès-Couches **71** 82 Ed 67
Saint-Maurice-le-Vieil **89** 66 Dc 62
Saint-Maurice-l'Exil **38** 106 Ee 76
Saint-Maurice-Montcouronne **91** 33 Ca 57
Saint-Maurice-Navacelles **34** 129 Dd 85
Saint-Maurice-près-Crocq **23** 91 Cb 73
Saint-Maurice-près-Pionsat **63** 91 Cd 72
Saint-Maurice-Saint-Germain **28** 48 Ba 58
Saint-Maurice-sous-les-Côtes **55** 37 Fe 54
Saint-Maurice-sur-Adur **40** 124 Zd 86
Saint-Maurice-sur-Aveyron **45** 51 Cf 61
Saint-Maurice-sur-Dargoire **69** 106 Ed 75
Saint-Maurice-sur-Eygues **26** 131 Fa 83
Saint-Maurice-sur-Fessard **45** 50 Cd 61
Saint-Maurice-sur-Huisne **61** 48 Ae 58
Saint-Maurice-sur-Mortagne **88** 55 Gd 58
Saint-Maurice-sur-Moselle **88** 56 Ge 61
Saint-Maurice-sur-Vingeanne **21** 69 Fc 63
Saint-Maurice-Thizouaille **89** 51 Dc 62
Saint-Maurin **47** 126 Af 83
Saint-Maur-sur-le-Loir **28** 49 Bc 60
Saint-Max **54** 38 Gb 56
Saint-Maxent **80** 7 Be 48
Saint-Maximin **38** 108 Ga 76
Saint-Maximin **60** 33 Cc 53
Saint-Maximin-la-Sainte-Baume **83** 147 Ff 88
Saint-Maxire **79** 75 Zd 70
Saint-May **26** 119 Fb 82
Saint-Mayeux **22** 43 Wf 59
Saint-Mayme-de-Péreyrol **24** 100 Ad 78
Saint-Méard **87** 102 Bd 74
Saint-Méard-de-Drône **24** 100 Ac 77
Saint-Méard-de-Gurçon **24** 112 Ab 79
Saint-Médard **16** 99 Zf 75
Saint-Médard **17** 99 Zd 76
Saint-Médard **31** 140 Af 90
Saint-Médard **32** 139 Ac 88
Saint-Médard **36** 78 Bb 67
Saint-Médard **46** 113 Bb 81
Saint-Médard **57** 38 Gd 56
Saint-Médard **64** 124 Zc 87
Saint-Médard **79** 87 Ze 71
Saint-Médard-d'Aunis **17** 86 Za 72
Saint-Médard-de-Guizières **33** 99 Zf 78
Saint-Médard-de-Mussidan **24** 100 Ac 78
Saint-Médard-de-Presque **46** 114 Bf 79
Saint-Médard-d'Excideuil **24** 101 Ba 76
Saint-Médard-d'Eyrans **33** 111 Zc 80
Saint-Médard-en-Jalles **33** 111 Zb 79
Saint-Médard-la-Rochette **23** 91 Ca 72
Saint-Médard-Nicourby **46** 114 Ca 80
Saint-Médard-sur-Ille **35** 45 Yc 59
Saint-Médart **16** 87 Zf 73
Saint-Méen **29** 24 Ve 57
Saint-Méen-le-Grand **35** 44 Xe 59
Saint-Melaine-sur-Aubance **49** 61 Zd 64
Saint-Mélany **07** 117 Ea 81
Saint-Méloir **22** 27 Xe 58
Saint-Méloir-des-Ondes **35** 27 Ya 57
Saint-Même-le-Tenu **44** 59 Yb 66
Saint-Memmie **51** 36 Ec 55
Saint-Menge **88** 55 Ff 59
Saint-Menges **08** 20 Ef 50
Saint-Menoux **03** 80 Da 69
Saint-Merd-la-Breuille **23** 91 Cc 74
Saint-Merd-les-Oussines **19** 102 Ca 75
Saint-Méry **77** 34 Cf 57
Saint-Meslin-du-Bosc **27** 15 Af 53
Saint-Mesmes **77** 33 Ce 55
Saint-Mesmin **10** 52 Df 58
Saint-Mesmin **21** 68 Ed 64
Saint-Mesmin **24** 101 Bb 76
Saint-Mesmin **85** 75 Zb 68
Saint-Mexant **19** 102 Bd 78
Saint-Mézard **32** 125 Ad 84
Saint-M'Hervé **35** 45 Yf 59
Saint-M'Hervon **35** 44 Xf 59
Saint-Micaud **71** 82 Ed 68
Saint-Michel **02** 19 Ea 49
Saint-Michel **09** 140 Bd 90
Saint-Michel **16** 100 Aa 75
Saint-Michel **32** 139 Ac 88
Saint-Michel **34** 129 Dc 85
Saint-Michel **40** 123 Ye 85
Saint-Michel **45** 50 Cc 60
Saint-Michel **64** 137 Ye 90
Saint-Michel **82** 126 Af 84
Saint-Michel-Chef-Chef **44** 59 Xf 65
Saint-Michel-d'Aurence **07** 118 Ec 79
Saint-Michel-de-Bannières **46** 114 Be 79
Saint-Michel-de-Chabrillanoux **07** 118 Ed 79
Saint-Michel-de-Chaillol **05** 120 Ga 80
Saint-Michel-de-Chaillol **05** 120 Gb 80
Saint-Michel-de-Chavaignes **72** 48 Ad 60
Saint-Michel-de-Dèze **48** 130 Df 83
Saint-Michel-de-Double **24** 100 Ab 78
Saint-Michel-de-Feins **53** 46 Zc 62
Saint-Michel-de-Fronsac **33** 111 Ze 79
Saint-Michel-de-Lanès **11** 141 Be 89
Saint-Michel-de-Lapujade **33** 112 Aa 81
Saint-Michel-de-la-Roë **53** 45 Yf 61
Saint-Michel-de-Livet **14** 30 Aa 54
Saint-Michel-de-Llotes **66** 154 Cd 93
Saint-Michel-de-Maurienne **73** 108 Gc 77

Saint-Louis-et-Parahou — Saint-Michel-de-Maurienne (F) **199**

Saint-Rémy-au-Bois **62** 7 Bf 46
Saint-Rémy-aux-Bois **54** 55 Gc 58
Saint-Rémy-Blanzy **02** 18 Db 53
Saint-Rémy-Boscrocourt **76** 6 Bc 48
Saint-Rémy-Chaussée **59** 9 Df 47
Saint-Rémy-de-Blot **63** 92 Cf 72
Saint-Rémy-de-Chargnat **63** 104 Db 75
Saint-Rémy-de-Chaudes-Aigues **15** 116 Da 80
Saint-Rémy-de-Maurienne **73** 108 Gb 76
Saint-Rémy-de-Provence **13** 131 Ee 86
Saint-Rémy-des-Landes **50** 12 Yc 53
Saint-Rémy-des-Monts **72** 47 Ac 59
Saint-Rémy-du-Nord **59** 9 Df 47
Saint-Rémy-du-Plain **35** 45 Yc 58
Saint-Rémy-du-Val **72** 47 Ab 58
Saint-Rémy-en-Bouzemont-Saint-Genest-et-Isson **51** 52 Ed 57
Saint-Rémy-en-l'Eau **60** 17 Cc 52
Saint-Rémy-en-Mauges **49** 60 Yf 65
Saint-Rémy-en-Rollat **03** 92 Dc 71
Saint-Rémy-la-Calonne **55** 37 Fd 54
Saint-Rémy-la-Vanne **77** 34 Db 56
Saint-Rémy-la-Varenne **49** 61 Ze 64
Saint-Rémy-lès-Chevreuse **78** 33 Ca 56
Saint-Rémy-l'Honoré **78** 32 Bf 56
Saint-Rémy-sous-Barbuise **10** 52 Ea 58
Saint-Rémy-sous-Broyes **51** 35 De 56
Saint-Rémy-sur-Avre **28** 32 Bb 56
Saint-Rémy-sur-Bussy **51** 36 Ed 54
Saint-Rémy-sur-Creuse **86** 77 Ae 67
Saint-Rémy-sur-Durolle **63** 92 Dd 73
Saint-Renan **29** 24 Vc 58
Saint-Révérend **85** 73 Yb 68
Saint-Révérien **58** 67 Dd 65
Saint-Rieul **22** 27 Xd 58
Saint-Rimay **41** 63 Af 62
Saint-Riquier **80** 7 Bf 48
Saint-Riquier-en-Rivière **76** 16 Bd 49
Saint-Riquier-ès-Plains **76** 15 Ad 49
Saint-Rirand **42** 93 Df 72
Saint-Rivoal **29** 25 Wa 58
Saint-Robert **19** 101 Bb 77
Saint-Robert **47** 126 Ae 83
Saint-Roch **37** 63 Ad 64
Saint-Roch-sur-Ergenne **61** 29 Zb 57
Saint-Rogatien **17** 86 Yf 72
Saint-Romain **16** 100 Aa 77
Saint-Romain **21** 82 Ee 66
Saint-Romain **63** 105 Df 76
Saint-Romain **86** 88 Ac 71
Saint-Romain-de-Benet **17** 86 Za 74
Saint-Romain-de-Colbosc **76** 14 Ac 51
Saint-Romain-de-Lerps **07** 118 Ee 79
Saint-Romain-de-Monpazier **24** 113 Af 80
Saint-Romain-de-Popay **69** 94 Ed 74
Saint-Romain-de-Popey **69** 94 Ed 73
Saint-Romain-de-Surieu **38** 106 Ef 76
Saint-Romain-d'Urfé **42** 93 De 73
Saint-Romain-en-Jarez **42** 106 Ed 75
Saint-Romain-en-Viennois **84** 132 Fa 83
Saint-Romain-Lachalm **43** 106 Eb 77
Saint-Romain-la-Motte **42** 93 Df 72
Saint-Romain-la-Virvée **33** 99 Zd 79
Saint-Romain-le-Noble **47** 126 Ae 84
Saint-Romain-le-Preux **89** 51 Db 61
Saint-Romain-le-Puy **42** 105 Ea 75
Saint-Romain-les-Atheux **42** 106 Ec 76
Saint-Romain-sous-Gourdon **71** 82 Ec 69
Saint-Romain-sous-Versigny **71** 81 Eb 69
Saint-Romain-sur-Cher **41** 64 Bc 65
Saint-Romain-sur-Gironde **17** 99 Zb 76
Saint-Roman **26** 119 Fc 80
Saint-Roman-de-Codières **30** 130 De 85
Saint-Roman-de-Malegarde **84** 118 Ee 83
Saint-Romans-des-Champs **79** 87 Zd 71
Saint-Romans-lès-Melle **79** 87 Ze 71
Saint-Rome **31** 141 Be 88
Saint-Rome-de-Cernon **12** 129 Cf 84
Saint-Rome-de-Dolan **48** 129 Db 83
Saint-Rome-de-Tarn **12** 129 Cf 84
Saint-Romphaire **50** 29 Yf 54
Saint-Rustice **31** 126 Bc 86
Saintry-sur-Seine **91** 33 Cd 57
Saints **77** 34 Da 56
Saints **89** 66 Db 63
Saint-Saëns **76** 16 Bb 50
Saint-Saire **76** 16 Bc 50
Saint-Salvadour **19** 102 Be 76
Saint-Salvi-de-Carcavès **81** 128 Cd 86
Saint-Salvy **47** 112 Ac 83
Saint-Salvy-de-la-Balme **81** 128 Cc 87
Saint-Samson **14** 14 Zf 53
Saint-Samson **53** 30 Ze 58
Saint-Samson-de-Bonfossé **50** 29 Yf 54
Saint-Samson-de-la-Roque **27** 15 Ac 52
Saint-Samson-la-Poterie **60** 16 Be 51
Saint-Samson-sur-Rance **22** 27 Xf 58
Saint-Sandoux **63** 104 Da 75
Saint-Santin-Cantalès **15** 103 Cb 78
Saint-Sardos **47** 112 Ac 82
Saint-Sardos **82** 126 Ba 85
Saint-Satin-de-Maurs **12** 115 Cb 81
Saint-Satur **18** 66 Cf 64
Saint-Saturin-lès-Avignon **84** 131 Ef 85
Saint-Saturnin **15** 103 Ce 77
Saint-Saturnin **16** 88 Aa 75
Saint-Saturnin **18** 79 Cb 69
Saint-Saturnin **34** 129 Dc 86
Saint-Saturnin **48** 116 Db 82
Saint-Saturnin **51** 35 Df 57
Saint-Saturnin **63** 104 Da 75
Saint-Saturnin **72** 47 Aa 60
Saint-Saturnin-d'Apt **84** 132 Fc 85
Saint-Saturnin-de-Lenne **12** 116 Da 82
Saint-Saturnin-du-Bois **17** 87 Zb 72
Saint-Saturnin-du-Limet **53** 45 Yf 62
Saint-Saturnin-sur-Loire **49** 61 Zd 64
Saint-Saufflieu **80** 17 Cb 50
Saint-Saulge **58** 81 Dd 66
Saint-Saulve **59** 9 Dd 46
Saint-Saury **15** 114 Ca 79
Saint-Sauvant **17** 87 Zc 74
Saint-Sauvant **86** 76 Aa 70
Saint-Sauves-d'Auvergne **63** 103 Ce 75
Saint-Sauveur **21** 69 Fc 64
Saint-Sauveur **24** 112 Ad 79
Saint-Sauveur **29** 25 Wa 58
Saint-Sauveur **31** 126 Bc 86
Saint-Sauveur **33** 98 Za 77
Saint-Sauveur **54** 39 Gf 57
Saint-Sauveur **60** 18 Ce 53
Saint-Sauveur **70** 70 Gc 62
Saint-Sauveur **80** 7 Cb 49
Saint-Sauveur **86** 77 Ad 68
Saint-Sauveur, Caubon- **47** 112 Ab 81
Saint-Sauveur-d'Aunis **17** 86 Za 71
Saint-Sauveur-de-Bonnefossé **50** 28 Ye 54
Saint-Sauveur-de-Carrouges **61** 30 Zf 57
Saint-Sauveur-de-Cruzières **07** 130 Eb 83
Saint-Sauveur-de-Flée **49** 46 Zb 62
Saint-Sauveur-de-Ginestoux **48** 116 Dd 80
Saint-Sauveur-de-Landemont **49** 60 Ye 65
Saint-Sauveur-d'Emalleville **76** 14 Ab 51
Saint-Sauveur-de-Meilhan **47** 111 Zf 82
Saint-Sauveur-de-Peyre **48** 116 Db 81
Saint-Sauveur-de-Puynormand **33** 99 Zf 79
Saint-Sauveur-des-Landes **35** 45 Ye 58
Saint-Sauveur-des-Pourcils **30** 129 Dc 84
Saint-Sauveur-en-Puisaye **89** 66 Db 63
Saint-Sauveur-en-Rue **42** 106 Ec 77
Saint-Sauveur-Lalande **24** 100 Ab 79
Saint-Sauveur-la-Pommeraye **50** 28 Yd 55
Saint-Sauveur-la-Vallée **46** 114 Bd 81
Saint-Sauveur-Lendelin **50** 12 Yd 54
Saint-Sauveur-lès-Bray **77** 51 Db 58
Saint-Sauveur-le-Vicomte **50** 12 Yc 52
Saint-Sauveur-Marville **28** 32 Bb 57
Saint-Sauveur-sur-École **77** 50 Cd 58
Saint-Sauvier **03** 91 Cb 70
Saint-Sauvy **32** 126 Ae 86
Saint-Saveur **05** 121 Gd 81
Saint-Saveur-de-Montagut **07** 118 Ed 80
Saint-Saveur-en-Diois **26** 119 Fa 80
Saint-Saveur-Gouvernet **26** 119 Fc 82
Saint-Saveur-sur-Tinée **06** 134 Ha 84
Saint-Savin **33** 99 Zd 78
Saint-Savin **38** 107 Fb 75
Saint-Savin **65** 138 Zf 91
Saint-Savin **86** 77 Af 69
Saint-Savinien **17** 87 Zb 73
Saint-Saviol **86** 88 Ab 72
Saint-Savournin **13** 146 Fd 88
Saint-Sébastian **38** 120 Fe 79
Saint-Sébastien **23** 90 Bd 70
Saint-Sébastien-de-Morsent **27** 31 Ba 54
Saint-Sébastien-de-Raids **50** 12 Yd 53
Saint-Sébastien-sur-Loire **44** 60 Yc 65
Saint-Secondin **86** 88 Ac 71
Saint-Ségal **29** 42 Vf 59
Saint-Séglin **35** 44 Xf 61
Saint-Seine **58** 81 De 68
Saint-Seine-en-Bâche **21** 69 Fc 66
Saint-Seine-l'Abbaye **21** 68 Ee 64
Saint-Seine-sur-Vingeanne **21** 69 Fc 63
Saint-Selve **33** 111 Zd 80
Saint-Senier-de-Beuvron **50** 28 Ye 57
Saint-Senier-sous-Avranches **50** 28 Yd 56
Saint-Senoch **37** 77 Af 66
Saint-Senoux **35** 44 Yb 61
Saint-Sériès **34** 130 Ea 86
Saint-Sernin **07** 118 Ec 81
Saint-Sernin **11** 141 Be 89
Saint-Sernin **11** 141 Ca 91
Saint-Sernin **47** 112 Ab 80
Saint-Sernin-du-Bois **71** 82 Ec 67
Saint-Sernin-du-Plain **71** 82 Ed 67
Saint-Sernin-lès-Lavaur **81** 141 Bf 87
Saint-Sernin-sur-Rance **12** 128 Cd 85
Saint-Sérotin **89** 51 Da 59
Saint-Servais **22** 26 Wd 58
Saint-Servais **29** 25 Vf 57
Saint-Servant **56** 44 Xc 61
Saint-Setiers **19** 102 Ca 75
Saint-Seurin-de-Bourg **33** 99 Zc 78
Saint-Seurin-de-Cadourne **33** 98 Zb 77
Saint-Seurin-de-Cursac **33** 99 Zc 78
Saint-Seurin-de-Palenne **17** 99 Zc 75
Saint-Seurin-de-Prats **24** 112 Aa 79
Saint-Seurin-sur-l'Isle **33** 100 Zf 78
Saint-Sève **29** 25 Wa 57
Saint-Sève **33** 111 Zf 81
Saint-Sever **40** 124 Zc 86
Saint-Sever-Calvados **14** 29 Yf 55
Saint-Sever-de-Rustan **65** 139 Ab 88
Saint-Sever-de-Saintonge **17** 87 Zc 74
Saint-Séverin **16** 100 Ab 77
Saint-Séverin-sur-Boutonne **17** 87 Zd 72
Saints-Geosmes **52** 54 Fc 61
Saint-Siffren **30** 131 Ec 84
Saint-Sigismond **45** 49 Be 61
Saint-Sigismond **49** 61 Za 64
Saint-Sigismond **74** 97 Gd 72
Saint-Sigismond **85** 75 Zb 70
Saint-Sigismond-de-Clermont **17** 99 Zc 76
Saint-Silvain-Bas-le-Roc **23** 91 Cb 71
Saint-Silvain-Bellegarde **23** 91 Cb 73
Saint-Silvain-Montaigut **23** 90 Be 72
Saint-Silvain-Sous-Toulx **23** 91 Cb 71
Saint-Siméon **27** 15 Ad 53
Saint-Simeon **61** 29 Zb 58
Saint-Siméon **77** 34 Db 56
Saint-Simeux **16** 100 Zf 75
Saint-Simon **02** 18 Db 50
Saint-Simon **15** 115 Cc 79
Saint-Simon **46** 114 Bf 80
Saint-Simon-de-Bordes **17** 99 Zd 76
Saint-Simon-de-Pellouaille **17** 99 Zb 75
Saint-Sixt **74** 96 Gb 72
Saint-Sixte **42** 93 Df 74
Saint-Sixte **47** 126 Ae 84
Saint-Solve **19** 101 Bc 77
Saint-Sorlin **69** 106 Ed 75
Saint-Sorlin-d'Arves **73** 108 Gb 77
Saint-Sorlin-de-Cônac **17** 99 Zb 76
Saint-Sorlin-de-Morestel **38** 107 Fc 75
Saint-Sorlin-de-Vienne **38** 106 Ef 76
Saint-Sorlin-en-Bugey **01** 95 Fc 73
Saint-Sorlin-en-Valloire **26** 106 Ef 77
Saint-Sornin **03** 92 Da 70
Saint-Sornin **16** 88 Ac 74
Saint-Sornin **17** 86 Za 74
Saint-Sornin-la-Marche **87** 89 Af 71
Saint-Sornin-Lavolps **19** 101 Bc 76
Saint-Sornin-Leulac **87** 89 Bb 71
Saint-Soulan **32** 140 Af 87
Saint-Souplet **59** 9 Dd 48
Saint-Souplet-sur-Py **51** 20 Ec 53
Saint-Soupplets **77** 34 Ce 54
Saint-Sozy **46** 114 Bd 79
Saint-Stail **88** 56 Ha 58
Saint-Suliac **35** 27 Ya 57
Saint-Sulpice **01** 94 Fa 71
Saint-Sulpice **41** 64 Bb 63
Saint-Sulpice **46** 114 Be 81
Saint-Sulpice **49** 61 Zd 64
Saint-Sulpice **53** 46 Zb 61
Saint-Sulpice **58** 80 Dc 66
Saint-Sulpice **60** 17 Ca 52
Saint-Sulpice **63** 103 Cd 75
Saint-Sulpice **70** 70 Gc 63
Saint-Sulpice **73** 108 Ff 75
Saint-Sulpice **81** 127 Be 86
Saint-Sulpice-d'Arnoult **17** 86 Za 74
Saint-Sulpice-de-Cognac **16** 87 Zd 74
Saint-Sulpice-de-Faleyrens **33** 111 Ze 79
Saint-Sulpice-de-Favières **91** 33 Cb 57
Saint-Sulpice-de-Graimbouville **27** 15 Ac 52
Saint-Sulpice-de-Guilleragues **33** 112 Aa 81
Saint-Sulpice-de-Mareuil **24** 100 Ad 76
Saint-Sulpice-de-Pommiers **33** 111 Zf 80
Saint-Sulpice-de-Roumaghac **24** 100 Ac 77
Saint-Sulpice-de-Royan **17** 86 Yf 74
Saint-Sulpice-de-Ruffec **16** 88 Ab 73
Saint-Sulpice-des-Landes **35** 45 Yc 62
Saint-Sulpice-des-Landes **44** 60 Ye 63
Saint-Sulpice-des-Rivoires **38** 107 Fd 76
Saint-Sulpice-d'Excideuil **24** 101 Ba 76
Saint-Sulpice-en-Pareds **85** 75 Za 69
Saint-Sulpice-et-Cameyrac **33** 111 Zd 79
Saint-Sulpice-la-Forêt **35** 45 Yc 59
Saint-Sulpice-Laurière **87** 90 Bc 72
Saint-Sulpice-le-Dunois **23** 90 Be 71
Saint-Sulpice-le-Guérétois **23** 90 Be 71
Saint-Sulpice-les-Bois **19** 103 Ca 75
Saint-Sulpice-les-Champs **23** 90 Ca 73
Saint-Sulpice-les-Feuilles **87** 90 Bc 71
Saint-Sulpice-le-Verdon **85** 74 Yd 67
Saint-Sulpice-sur-Lèze **31** 140 Bb 89
Saint-Sulpice-sur-Risle **61** 31 Ad 56
Saint-Supplet **54** 21 Fe 52
Saint-Sylvain **14** 30 Ze 54
Saint-Sylvain **19** 102 Bf 77
Saint-Sylvain **76** 15 Ae 49
Saint-Sylvain-d'Anjou **49** 61 Zd 63
Saint-Sylvestre **07** 118 Ee 79
Saint-Sylvestre **74** 96 Ga 73
Saint-Sylvestre-Cappel **59** 4 Cd 44
Saint-Sylvestre-de-Cormeilles **27** 14 Ac 53
Saint-Sylvestre-Pragoulin **63** 92 Dc 72
Saint-Sylvestre-sur-Lot **47** 113 Ae 82
Saint-Symphorien **18** 79 Cb 68
Saint-Symphorien **27** 15 Ac 53
Saint-Symphorien **33** 111 Zd 82
Saint-Symphorien **48** 117 Dd 79
Saint-Symphorien **72** 47 Zf 60
Saint-Symphorien **79** 87 Zd 71
Saint-Symphorien-de-Lay **42** 93 Eb 73
Saint-Symphorien-de-Mahun **07** 106 Ec 78
Saint-Symphorien-de-Marmagne **71** 82 Eb 67
Saint-Symphorien-des-Bois **71** [illegible] Eb 71
Saint-Symphorien-des-Bruyeres **61** 31 Ad 56
Saint-Symphorien-des-Monts **50** 29 Za 57
Saint-Symphorien-de-Thénières **12** 115 Ce 80
Saint-Symphorien-d'Ozon **69** 106 Ef 75
Saint-Symphorien-le-Château **28** 32 Be 57
Saint-Symphorien-les-Ponceaux **37** 62 Ac 64
Saint-Symphorien-sous-Chomérac **07** 118 Ee 80
Saint-Symphorien-sur-Coise **69** 106 Ec 75
Saint-Symphorien-sur-Couze **87** 89 Bb 72
Saint-Symphorien-sur-Saône **21** 83 Fb 66
Saint-Thegonnec **29** 25 Wa 57
Saint-Thélo **22** 43 Xa 59
Saint-Théodorit **30** 130 Ea 85
Saint-Théoffrey **38** 120 Fe 79
Saint-Thibaud-de-Couz **73** 108 Ff 75
Saint-Thibault **02** 19 Dd 53
Saint-Thibault **10** 52 Ea 59
Saint-Thibault **21** 68 Ec 64
Saint-Thibault **60** 16 Bf 50
Saint-Thibéry **34** 143 Dc 88
Saint-Thiébaud **39** 84 Ff 67
Saint-Thiébault **52** 54 Fd 59
Saint-Thierry **51** 19 Df 53
Saint-Thois **29** 42 Wa 60
Saint-Thomas **02** 19 De 52
Saint-Thomas **31** 140 Ba 87
Saint-Thomas-de-Conac **17** 99 Zb 76
Saint-Thomas-de-Courceriers **53** 47 Ze 59
Saint-Thomas-en-Argonne **51** 36 Ef 53
Saint-Thomas-la-Garde **42** 105 Ea 75
Saint-Thomé **07** 118 Ed 81
Saint-Thonan **29** 24 Ve 58
Saint-Thual **35** 44 Ya 58
Saint-Thurial **35** 44 Ya 60
Saint-Thuriau **56** 43 Xa 60
Saint-Thurien **27** 15 Ad 52
Saint-Thurien **29** 42 Wc 61
Saint-Thurin **42** 93 Df 74
Saint-Tricat **62** 3 Be 43
Saint-Trimoël **22** 27 Xc 58
Saint-Trinit **84** 132 Fc 84
Saint-Trivier-de-Courtes **01** 83 Fa 70
Saint-Trivier-sur-Moignans **01** 94 Ef 72
Saint-Trojan **33** 99 Zc 78
Saint-Trojan-les-Bains **17** 86 Ye 73
Saint-Tropez **83** 148 Gd 89
Saint-Tugdual **56** 43 Wd 60
Saint-Tulle **04** 133 Fe 86
Saint-Ulphace **72** 48 Ae 60
Saint-Ulrich **68** 71 Ha 63
Saint-Uniac **35** 44 Xf 59
Saint-Urbain **29** 24 Ve 58
Saint-Urbain **85** 73 Xf 67
Saint-Urbain-Maconcourt **52** 54 Fb 58
Saint-Urcisse **47** 126 Ae 84
Saint-Urcisse **81** 127 Bd 85
Saint-Urcize **15** 116 Da 80
Saint-Ursin **50** 28 Yd 56
Saint-Usage **10** 53 Ed 60
Saint-Usage **21** 83 Fb 66
Saint-Usuge **71** 83 Fb 68
Saint-Utin **51** 52 Ed 57
Saint-Uze **26** 106 Ef 77
Saint-Vaas-sur-Seulles **14** 29 Zc 54
Saint-Vaast-de-Longmont **60** 17 Ce 53
Saint-Vaast-d'Equiqueville **76** 16 Bb 50
Saint-Vaast-Dieppedalle **76** 15 Ae 50
Saint-Vaast-du-Val **76** 15 Ba 50
Saint-Vaast-en-Auge **14** 14 Aa 53
Saint-Vaast-en-Cambrésis **59** 9 Dc 47
Saint-Vaast-en-Chaussée **80** 7 Cb 49
Saint-Vaast-la-Hougue **50** 12 Ye 51
Saint-Vaast-lès-Mello **60** 17 Cc 53
Saint-Vaize **17** 87 Zc 74
Saint-Valbert **70** 55 Gc 61
Saint-Valentin **36** 78 Bf 67
Saint-Valérien **85** 75 Za 69
Saint-Valérien **89** 51 Da 59
Saint-Valery **60** 16 Be 50
Saint-Valery-en-Caux **76** 15 Ae 49
Saint-Valery-sur-Somme **80** 6 Bd 47
Saint-Vallerin **71** 82 Ee 68
Saint-Vallier **16** 99 Zf 77
Saint-Vallier **26** 106 Ee 77
Saint-Vallier **71** 82 Ec 69
Saint-Vallier **88** 55 Gb 59
Saint-Vallier-de-Thiey **06** 134 Gf 86
Saint-Vallier-sur-Marne **52** 54 Fc 61
Saint-Varent **79** 76 Ze 67
Saint-Vaury **23** 90 Be 71
Saint-Venant **62** 8 Cd 45
Saint-Vénérand **43** 117 De 79
Saint-Vérain **58** 66 Da 64
Saint-Véran **05** 121 Gf 80
Saint-Vérand **38** 107 Fb 77
Saint-Vérand **69** 94 Ee 71
Saint-Vert **43** 104 Dd 76
Saint-Viance **19** 102 Bc 78
Saint-Viâtre **41** 64 Bf 63
Saint-Viaud **44** 59 Xf 65
Saint-Victeur **72** 47 Aa 59
Saint-Victoire **07** 106 Ee 78
Saint-Victor **03** 91 Cd 70
Saint-Victor **15** 103 Cb 78
Saint-Victor **19** 103 Cc 76
Saint-Victor **24** 100 Ac 77
Saint-Victor-de-Buthon **28** 48 Af 58
Saint-Victor-de-Chrétienville **27** 31 Ad 54
Saint-Victor-de-Maicap **30** 130 Eb 83
Saint-Victor-de-Morestel **38** 107 Fc 74
Saint-Victor-d'Epine **27** 15 Ad 53
Saint-Victor-de-Reno **61** 31 Ae 57
Saint-Victor-des Oules **30** 131 Ec 84
Saint-Victor-en-Marche **23** 90 Be 72
Saint-Victoret **13** 146 Fb 88
Saint-Victor-et-Melvieu **12** 128 Ce 84
Saint-Victor-l'Abbaye **76** 15 Ba 50
Saint-Victor-la-Coste **30** 131 Ed 84
Saint-Victor-la-Rivière **63** 104 Cf 75
Saint-Victor-Malescours **43** 105 Eb 77
Saint-Victor-Montvianeix **63** 93 Dd 73
Saint-Victor-Rouzaud **09** 141 Bd 90
Saint-Victor-sur-Arlanc **43** 105 De 76
Saint-Victor-sur-Avre **27** 31 Af 56
Saint-Victor-sur-Ouche **21** 68 Ee 65
Saint-Victor-sur-Rhins **42** 93 Eb 73
Saint-Victurnien **87** 89 Ba 73
Saint-Vidal **43** 105 De 78
Saint-Vigor **27** 32 Bb 54
Saint-Vigor-des-Mézerets **14** 29 Zc 55
Saint-Vigor-des-Monts **50** 29 Yf 55
Saint-Vigor-d'Ymonville **76** 14 Ac 51
Saint-Vigor-le-Grand **14** 13 Zb 53
Saint-Vincent **15** 103 Cd 77
Saint-Vincent **31** 141 Be 88
Saint-Vincent **43** 105 Df 78
Saint-Vincent **63** 104 Da 75
Saint-Vincent **64** 138 Zf 90
Saint-Vincent **82** 126 Bc 84
Saint-Vincent **82** 127 Bf 83
Saint-Vincent, Jonquières- **30** 131 Ed 85
Saint-Vincent-Bragny **71** 81 Ea 69
Saint-Vincent-Cramesnil **76** 14 Ac 51
Saint-Vincent-de-Barbeyrargues **34** 130 Df 86
Saint-Vincent-de-Boisset **42** 93 Ea 72
Saint-Vincent-de-Connezac **24** 100 Ac 78
Saint-Vincent-de-Cosse **24** 113 Ba 79
Saint-Vincent-de-Durfort **07** 118 Ed 80
Saint-Vincent-de-Lamontjoie **47** 125 Ad 84
Saint-Vincent-de-Paul **33** 99 Zd 79
Saint-Vincent-de-Paul **40** 123 Yf 86
Saint-Vincent-de-Pertignas **33** 111 Zf 80
Saint-Vincent-de-Reins **69** 94 Ec 72
Saint-Vincent-des-Bois **27** 32 Bc 54
Saint-Vincent-des-Landes **44** 60 Yd 63
Saint-Vincent-des-Prés **71** 82 Ed 70
Saint-Vincent-des-Prés **72** 47 Ac 59
Saint-Vincent-de-Tyrosse **40** 123 Ye 87
Saint-Vincent-d'Olargues **34** 142 Cf 87
Saint-Vincent-du-Boulay **27** 31 Ac 54
Saint-Vincent-du-Lorouër **72** 47 Ac 62
Saint-Vincent-du-Pendit **46** 114 Bf 79
Saint-Vincent-en-Bresse **71** 83 Fa 69
Saint-Vincent-Jalmoutiers **24** 100 Ab 77
Saint-Vincent-la-Châtre **79** 88 Zf 71
Saint-Vincent-la-Commanderie **26** 119 Fa 79
Saint-Vincent-les-Forts **04** 120 Gc 82
Saint-Vincent-Lespinasse **82** 126 Af 84
Saint-Vincent-Rive-d'Olt **46** 113 Bb 82
Saint-Vincent-Sterlanges **85** 74 Yf 68
Saint-Vincent-sur-Graon **85** 74 Yd 69
Saint-Vincent-sur-Jabron **04** 132 Fe 83
Saint-Vincent-sur-Jard **85** 74 Yc 70
Saint-Vincent-sur-l'Isle **24** 101 Af 77
Saint-Vincent-sur-Oust **56** 44 Xf 62
Saint-Vit **25** 70 Fe 65
Saint-Vital **73** 108 Gb 75
Saint-Vite **47** 113 Af 82
Saint-Vitte **18** 79 Cd 69
Saint-Vitte-sur-Briance **87** 102 Bd 75
Saint-Vivien **17** 86 Yf 72
Saint-Vivien **24** 100 Ad 77
Saint-Vivien **24** 112 Aa 79
Saint-Vivien-de-Blaye **33** 99 Zc 78
Saint-Vivien-de-Monségur **33** 112 Aa 81
Saint-Voir **03** 92 Dd 70
Saint-Vougay **29** 25 Vf 57
Saint-Vrain **51** 36 Ee 56
Saint-Vrain **91** 33 Cb 57
Saint-Vran **22** 44 Xd 59
Saint-Vulbas **01** 95 Fb 74
Saint-Waast **59** 9 De 47
Saint-Wandrille-Rançon **76** 15 Ae 51
Saint-Witz **95** 33 Cd 54
Saint-Xandre **17** 86 Yf 71
Saint-Yaguen **40** 123 Zb 85
Saint-Yan **71** 93 Ea 70
Saint-Ybard **19** 102 Bd 76
Saint-Ybars **09** 140 Bc 89
Saint-Yorre **03** 92 Dc 72
Saint-Yrieix-la-Montagne **23** 90 Ca 73
Saint-Yrieix-la-Perche **87** 101 Bb 75
Saint-Yrieix-le-Déjalat **19** 102 Bf 76
Saint-Yrieix-les-Bois **23** 90 Bf 72
Saint-Yrieix-sous-Aixe **87** 89 Ba 73
Saint-Yrieix-sur-Charente **16** 88 Aa 74
Saint-Ythaire **71** 82 Ed 69
Saint-Yvoine **63** 104 Db 75
Saint-Yvy **29** 42 Wa 61
Saint-Yzan-de-Soudiac **33** 99 Zd 78
Saint-Yzans-de-Médoc **33** 98 Zb 77
Saint-Zacharie **83** 146 Fe 88
Sainville **28** 49 Bf 58
Saires **86** 76 Ab 67
Saires-la-Verrerie **61** 29 Zd 56
Saissac **81** 141 Cb 88
Saisseval **80** 17 Ca 49
Saisy **71** 82 Ed 67
Saivres **79** 75 Ze 70
Saïx **81** 141 Cb 87
Saix **86** 62 Zf 66
Saix, Le **05** 120 Fe 82
Saizenay **39** 84 Ff 67
Saizerais **54** 38 Ga 56
Saizy **58** 67 De 64
Sajas **31** 140 Ba 88
Salagnac **24** 101 Bb 77
Salagnon **38** 107 Fc 75
Salans **39** 70 Fe 66
Salasc **34** 143 Db 87
Salaunes **33** 98 Zb 79
Salavas **07** 118 Ec 82
Salavre **01** 95 Fc 70
Salazac **30** 131 Ed 83
Salbert, Évette- **90** 71 Ge 62
Salbris **41** 65 Ca 64
Salces, Les **48** 114 Da 81
Saléchan **65** 139 Ad 91
Saleich **31** 140 Af 90
Saleignes **17** 87 Ze 72
Saleilles **66** 154 Cf 93
Salèlles **34** 129 Dc 86
Salelles, Les **07** 117 Ea 82
Salelles, Les **07** 118 Ec 82
Salelles, Les **48** 116 Db 82
Salency **60** 18 Da 51
Salenthal **67** 39 Hc 56
Saléon **05** 120 Fe 82
Salérans **05** 132 Fe 83
Salerm **31** 140 Ae 89
Salernes **83** 147 Gb 87
Salers **15** 103 Cc 78
Sales **74** 96 Ff 73
Salesches **59** 9 Dd 47
Salette-Fallavaux, la **38** 120 Ff 79
Salettes **26** 118 Ef 81
Salettes **43** 117 Df 79
Saleux **80** 17 Cb 49
Salice **2A** 158 If 96
Saliceto **2B** 157 Kb 94
Saliès **81** 127 Ca 85
Salies-de-Béarn **64** 137 Za 88
Salies-du-Salat **31** 140 Af 90
Salignac **04** 133 Ff 83
Salignac **33** 99 Zd 78
Salignac-de-Mirambeau **17** 99 Zd 76
Salignac-Eyvignes **24** 113 Bb 79
Salignac-sur-Charente **17** 87 Zd 74
Saligney **39** 69 Fd 65
Saligny **85** 74 Yd 68
Saligny **89** 51 Dc 59
Saligny-le-Vif **18** 80 Ce 66
Saligny-sur-Roudon **03** 81 De 70
Saligos **65** 150 Zf 91
Salindres **30** 130 Ea 83
Salinelles **30** 130 Ea 86
Salins **77** 51 Da 58
Salins-les-Bains **39** 84 Ff 67
Salins-les-Thermes **73** 109 Gd 76

Saint-Rémy-au-Bois — Salins-les-Thermes (F) **201**

Salives **21** 68 Ef 63
Sallagriffon **06** 134 Gf 85
Sallanches **74** 97 Gd 73
Sallaumines **62** 8 Cf 46
Salle, La **05** 120 Gd 79
Salle, La **71** 94 Ef 70
Salle, La **88** 56 Ge 59
Salleboeuf **33** 111 Zd 79
Sallèdes **63** 104 Db 75
Salle-de-Vihiers, la **49** 61 Zc 66
Salle-en-Beaumont, La **38** 120 Ff 79
Salle-et-Chapelle-Aubry **49** 61 Za 65
Sallèles-Cabardès **11** 142 Cc 89
Sallèles-d'Aude **11** 143 Cf 89
Sallen **14** 29 Zb 54
Sallenelles **14** 14 Ze 53
Sallenôves **74** 96 Ff 73
Sallertaine **85** 73 Ya 67
Salles **33** 110 Za 81
Salles **47** 113 Af 81
Salles **65** 138 Zf 90
Salles **79** 76 Zf 70
Salles **81** 127 Ca 84
Salles, les **30** 130 Dd 84
Salles, les **33** 112 Zf 79
Salles, Les **42** 93 De 73
Salles-Adour **65** 138 Aa 89
Salles-Arbuissonnas-en-Beaujolais **69** 94 Ed 72
Salles-Courbatiés **12** 114 Ca 82
Salles-Curan **12** 128 Ce 83
Salles-d'Angles **16** 99 Zd 75
Salles-d'Armagnac **32** 124 Zf 86
Salles-d'Aube **11** 143 Da 89
Salles-de-Barbezieux **16** 99 Zf 76
Salles-de-Belvès **24** 113 Af 80
Salles-de-Villefagnan **16** 88 Aa 73
Salles-du-Gardon, les **30** 130 Ea 83
Salles-et-Pratviel **31** 151 Ad 92
Salles-la-Source **12** 115 Cd 82
Salles-Lavalette **16** 100 Ab 76
Salles-Lavauguyon, Les **87** 89 Ae 74
Salles-Mongiscard **64** 137 Za 88
Sallespisse **64** 123 Zb 87
Salles-sous-Bois **26** 118 Ef 82
Salles-sur-Garonne **31** 140 Bb 89
Salles-sur-l'Hers **11** 141 Be 89
Salles-sur-Mer **17** 86 Yf 72
Salles-sur-Verdon, Les **83** 133 Gb 86
Salmagne **55** 37 Fb 56
Salmaise **21** 68 Ed 64
Salmbach **67** 40 Ia 55
Salmiech **12** 128 Cd 83
Salomé **59** 8 Cf 45
Salon **10** 35 Ea 57
Salon **24** 101 Ae 78
Salon-de-Provence **13** 132 Fa 87
Salon-la-Tour **19** 102 Bd 75
Salonnes **57** 38 Gd 56
Salornay-sur-Guye **71** 82 Ed 69
Salouël **80** 17 Cb 49
Salperwick **62** 3 Cb 44
Salsein **09** 151 Ba 91
Salses **66** 154 Cf 91
Salsigne **11** 142 Cc 89
Salt-en-Donzy **42** 93 Eb 74
Salvagnac **81** 127 Be 85
Salvagnac-Cajarc **12** 114 Bf 82
Salvetat-Belmontet, La **82** 127 Bd 85
Salvetat-Lauragais, La **31** 141 Be 87
Salvetat-Peyralès, La **12** 128 Cb 83
Salvetat-Saint-Gilles, la **31** 140 Bb 87
Salvetat-sur-Agout, La **34** 142 Ce 87
Salvezines **11** 153 Cb 92
Salviac **46** 113 Bb 80
Salvizinet **42** 93 Eb 73
Salza **11** 142 Cc 91
Salzuit **43** 104 Dc 77
Samadet **40** 124 Zd 87
Saman **31** 139 Ae 89
Samaran **65** 139 Ad 88
Samatan **32** 140 Af 88
Samazan **47** 112 Aa 82
Sambin **41** 64 Bb 64
Sambourg **89** 67 Ea 62
Saméon **59** 9 Db 46
Samer **62** 3 Be 45
Samerey **21** 83 Fc 66
Sames **64** 123 Yf 87
Sammarçolles **86** 76 Aa 66
Sammeron **77** 34 Da 55
Samoëns **74** 97 Ge 72
Samognat **01** 95 Fd 71
Samogneux **55** 21 Fc 53
Samois-sur-Seine **77** 50 Ce 58
Samonac **33** 99 Zc 78
Samoreau **77** 50 Ce 58
Samouillan **31** 140 Af 89
Samoussy **02** 19 De 51
Sampans **39** 69 Fc 66
Sampigny **55** 37 Fd 56
Sampigny-lès-Maranges **71** 82 Ed 67
Sampolo **2A** 159 Ka 97
Samson **25** 84 Ff 66
Samsons-Lion **64** 138 Zf 88
Sana **31** 140 Ba 89
Sanary-sur-Mer **83** 147 Fe 90
Sancé **71** 94 Ee 71
Sancergues **18** 66 Cf 66
Sancerre **18** 66 Cf 65
Sancey-le-Grand **25** 71 Gd 65
Sancey-le-Long **25** 71 Gd 65
Sancheville **28** 49 Bd 59
Sanchey **88** 55 Gc 59
Sancoins **18** 80 Cf 68
Sancourt **27** 16 Be 52
Sancourt **59** 8 Db 47
Sancourt **80** 18 Da 50
Sancy **54** 21 Ff 52
Sancy **77** 34 Cf 55
Sancy-les-Cheminots **02** 18 Dc 52
Sancy-lès-Provins **77** 34 Dc 56
Sand **67** 57 Hd 58
Sandarville **28** 49 Bc 58
Sandaucourt **88** 54 Ff 59
Sandillon **45** 49 Ca 61
Sandouville **76** 14 Ab 51
Sandrans **01** 94 Ef 72
Sangatte **62** 3 Be 43
San-Gavino-di-Tenda **2B** 157 Kb 93
Sangry-lès-Vigy **57** 38 Gb 53
Sangry-sur-Nied **57** 38 Gc 54
Sanguinet **40** 110 Yf 82
Sanilhac **07** 117 Eb 81
San Martino-di-Lota **2B** 157 Kc 92
Sannat **23** 91 Cc 72
Sannerville **14** 14 Ze 53
Sannes **84** 132 Fc 86
San Nicolao **2B** 157 Kd 94
Sansa **66** 153 Cb 93
Sansac-de-Marmiesse **15** 115 Cc 79
Sansac-Veinazès **15** 115 Cc 80
Sansan **32** 139 Ad 87
Sanssac-l'Eglise **43** 105 De 78
Sanssat **03** 92 Dc 71
Santa Lucia-di-Mercurio **2B** 159 Kb 95
Santa Lucia-di-Moriani **2B** 157 Kc 94
Santa Maria-di-Lota **2B** 157 Kc 92
Santa Maria-Figaniella **2A** 159 Ka 98
Santa Maria-Poggio **2B** 157 Kd 94
Santa Maria-Siché **2A** 159 If 97
Sant'Andréa **2A** 159 Ka 98
Sant'Andrea-di-Bozio **2B** 159 Kb 95
Sant'Andrea-di-Cotone **2B** 159 Kc 95
Sant'Andréa – d'Orcino **2A** 158 Ie 96
Santans **39** 83 Fe 66
Sant'Antonino **2B** 156 If 93
Santa Reparata-di-Balagna **2B** 156 If 93
Santa Reparata-di-Moriani **2B** 157 Kc 94
Santeau **45** 50 Ca 60
Santec **29** 25 Vf 56
Santenay **21** 82 Ee 67
Santenay **41** 63 Ba 63
Santeny **94** 33 Cd 56
Santes **59** 8 Cf 45
Santeuil **28** 49 Be 58
Santeuil **95** 32 Bf 54
Santigny **89** 67 Ea 63
Santilly **28** 49 Bf 60
Santilly **71** 82 Ee 69
Santilly-le-Vieux **28** 49 Bf 60
Sant Julià de Lòria **(AND)** 152 Bc 94
Santo Pietro-di-Tenda **2B** 157 Kb 93
Santo Pietro-di-Venaco **2B** 159 Kb 95
Santosse **21** 82 Ed 66
Santranges **18** 66 Ce 63
Sanvensa **12** 127 Ca 83
Sanvignes-les-Mines **71** 82 Eb 68
Sanxay **86** 76 Zf 70
Sanzay **79** 75 Zd 67
Sanzey **54** 37 Ff 56
Saon **14** 13 Za 53
Saône **25** 70 Ga 65
Saonnet **14** 13 Za 53
Saorge **06** 135 Hd 84
Saosnes **72** 47 Ab 59
Saou **26** 119 Fa 81
Sap, Le **61** 30 Ac 55
Sap-André, Le **61** 30 Ac 56
Sapignies **62** 8 Cf 48
Sapogne-et-Feuchères **08** 20 Ee 51
Sapogne-sur-Marche **08** 21 Fb 51
Sapois **39** 84 Ff 64
Sapois **88** 56 Ge 60
Saponay **02** 34 Dc 53
Saponcourt **70** 55 Ga 61
Sappey, le **74** 96 Ga 72
Sappey-en-Chartreuse **38** 107 Fe 77
Saramon **32** 139 Ae 87
Saran **45** 49 Bf 61
Saraz **25** 84 Ff 66
Sarbazan **40** 124 Ze 84
Sarcé **72** 62 Ab 62
Sarceaux **61** 30 Zf 56
Sarcelles **95** 33 Cc 55
Sarcenas **38** 107 Fe 77
Sarcey **52** 54 Fb 60
Sarcey **69** 94 Ed 73
Sarcos **32** 139 Ae 88
Sarcus **60** 16 Bf 50
Sarcy **51** 35 De 53
Sardan **30** 130 Ea 85
Sardent **23** 90 Bf 72
Sardieu **38** 107 Fb 76
Sardon **63** 92 Db 73
Sardy-lès-Epiry **58** 67 De 65
Sare **64** 136 Yc 89
Sargé-lès-le-Mans **72** 47 Ab 60
Sargé-sur-Braye **41** 48 Af 61
Sariac-Magnoac **65** 139 Ad 89
Sari-d'Orcino **2A** 158 If 96
Sarlabous **65** 139 Ab 90
Sarlande **24** 101 Ba 76
Sarlat-la-Canéda **24** 113 Bb 79
Sarliac-sur-l'Isle **24** 101 Af 77
Sarniguet **65** 138 Aa 89
Sarnois **60** 16 Bf 50
Saron-sur-Aube **51** 35 De 57
Sarp **65** 139 Ad 90
Sarpourenx **64** 137 Zb 88
Sarragachies **32** 124 Zf 86
Sarrageois **25** 84 Gb 68
Sarraguzan **32** 139 Ac 88
Sarralbe **57** 39 Ha 54
Sarraltroff **57** 39 Ha 56
Sarran **19** 102 Bf 76
Sarrance **64** 137 Zc 90
Sarrancolin **65** 139 Ac 91
Sarrant **32** 126 Af 86
Sarras **07** 106 Ee 77
Sarrazac **46** 102 Bd 78
Sarraziet **40** 124 Zd 86
Sarrealbe **57** 39 Ha 55
Sarrebourg **57** 39 Ha 56
Sarrecave **31** 139 Ad 89
Sarreguemines **57** 39 Ha 54
Sarremezan **31** 139 Ae 89
Sarre-Union **67** 39 Ha 55
Sarrewerden **67** 39 Ha 55
Sarrey **52** 54 Fc 60
Sarriac-Bigorre **65** 139 Aa 88
Sarrians **84** 131 Ef 84
Sarrigné **49** 61 Zd 64
Sarrogna **39** 83 Fd 70
Sarrola-Carcopino **2A** 158 If 96
Sarron **40** 124 Ze 87
Sarrouilles **65** 139 Aa 89
Sarroux **19** 103 Cc 76
Sarry **51** 36 Ec 55
Sarry **71** 93 Ea 71
Sarry **89** 67 Ea 63
Sars, Le **62** 8 Ce 48
Sars-le-Bois **62** 7 Cc 47
Sars-Poteries **59** 9 Ea 47
Sartène **2A** 160 If 99
Sartes **88** 54 Fe 59
Sartilly **50** 28 Yd 56
Sarton **62** 7 Cc 48
Sartrouville **78** 33 Cb 55
Sarzay **36** 78 Bf 69
Sarzeau **56** 58 Xb 63
Sasnières **41** 63 Af 62
Sassangy **71** 82 Ed 68
Sassay **41** 64 Bc 64
Sassegnies **59** 9 De 47
Sassenage **38** 107 Fd 77
Sassenay **71** 82 Ef 68
Sassetot-le-Malgardé **76** 15 Af 50
Sassetot-le-Mauconduit **76** 15 Ad 50
Sasseville **76** 15 Ae 50
Sassey **27** 32 Bb 54
Sassierges-Saint-Germain **36** 78 Bf 88
Sassis **65** 150 Zf 91
Sassy **14** 30 Zf 55
Sathonay-Camp **69** 94 Ef 74
Sathonay-Village **69** 94 Ef 74
Satillieu **07** 106 Ed 78
Satolas-et-Bonce **38** 107 Fa 74
Saturargues **34** 130 Ea 86
Saubion **40** 122 Yd 86
Saubole **64** 138 Zf 89
Saubrigues **40** 123 Ye 87
Saubusse **40** 123 Ye 87
Saucats **33** 111 Zc 81
Saucède **64** 137 Zb 89
Sauchy-Cauchy **62** 8 Da 47
Sauchy-Lestrée **62** 8 Da 47
Sauclières **12** 129 Dc 85
Saudemont **62** 8 Da 47
Saudoy **51** 35 De 56
Saudron **52** 54 Fb 58
Saudropt **55** 36 Fa 56
Saugeot **39** 84 Ff 69
Saugnacq-et-Muret **40** 110 Zb 82
Saugon **33** 99 Zc 77
Saugues **43** 116 Dd 79
Sauguis-Saint-Etienne **64** 137 Za 90
Saugy **18** 79 Ca 67
Saujac **12** 114 Bf 82
Saujon **17** 86 Za 74
Saulce, La **05** 120 Ga 82
Saulces-Champenoises **08** 20 Ed 52
Saulces-Monclin **08** 20 Ec 51
Saulce-sur-Rhône **26** 118 Ee 80
Saulcet **03** 92 Db 71
Saulchery **02** 34 Db 55
Saulchoy **62** 7 Be 46
Saulchoy, Le **60** 17 Ca 51
Saulcy **10** 53 Ef 59
Saulcy, Le **88** 56 Ha 58
Saulcy-sur-Meurthe **88** 56 Gf 59
Saules **25** 70 Gb 66
Saules **71** 82 Ee 69
Saulgé **86** 89 Af 70
Saulgé-l'Hôpital **49** 61 Zd 65
Saulges **53** 46 Zd 61
Saulgond **16** 89 Ae 73
Sauliac-cur-Célé **46** 114 Be 81
Saulieu **21** 67 Eb 65
Saulles **52** 69 Fd 62
Saulnay **36** 78 Bb 67
Saulnes **54** 20 Fe 51
Saulnières **28** 32 Bb 57
Saulnières **35** 45 Yc 61
Saulnot **70** 71 Gd 63
Saulny **57** 38 Ga 54
Saulon-la-Chapelle **21** 69 Ef 65
Saulon-la-Rue **21** 69 Fa 65
Saulsotte, La **10** 34 Dd 57
Sault **84** 132 Fc 84
Saultain **59** 9 Dd 46
Sault-Brénaz **01** 95 Fc 73
Sault-de-Navailles **64** 123 Zb 87
Sault-lès-Rethel **08** 20 Ec 52
Sault-Saint-Rémy **08** 19 Eb 52
Saulty **62** 8 Cd 47
Saulx **70** 70 Gb 62
Saulxerotte **54** 55 Ff 58
Saulx-le-Duc **21** 69 Fa 63
Saulx-les-Chartreux **91** 33 Cb 56
Saulx-Marchais **78** 32 Bf 55
Saulxures **67** 56 Ha 58
Saulxures-lès-Bulgnéville **88** 54 Fe 59
Saulxures-lès-Nancy **54** 38 Gb 56
Saulxures-lès-Vannes **54** 37 Fe 57
Saulxures-sur-Moselotte **88** 56 Ge 61
Saulzais-le-Potier **18** 79 Cd 69
Saulzet **03** 92 Db 72
Saulzet-le-Chaud **63** 104 Da 74
Saulzet-le-Froid **63** 104 Cf 75
Saulzoir **59** 9 Dc 47
Saumane **04** 132 Fe 84
Saumane **30** 130 De 84
Saumane-de-Vaucluse **84** 132 Fa 85
Sauméjan **47** 124 Zf 83
Saumeray **28** 49 Bb 59
Saumont **47** 125 Ac 84
Saumos **33** 98 Za 79
Saumur **49** 62 Zf 65
Saunay **37** 63 Af 63
Saunière, La **23** 90 Bf 72
Saunières **71** 83 Fa 67
Saurat **09** 152 Bd 91
Sauret-Besserve **63** 91 Ce 73
Saurier **63** 104 Da 75
Sausheim **68** 56 Hc 62
Saussan **34** 144 De 87
Saussay **28** 32 Bc 55
Saussay **76** 15 Af 51
Saussay, Le **28** 48 Bb 59
Saussaye, La **27** 15 Af 53
Saussay-la-Campagne **27** 16 Bd 53
Saussemesnil **50** 12 Yd 51
Saussenac **81** 128 Cb 85
Saussens **31** 141 Be 87
Sausses **04** 134 Ge 84
Sausset-les-Pins **13** 146 Fa 88
Sausseuzemare-en-Caux **76** 14 Ac 50
Saussey **21** 82 Ed 66
Saussey **50** 28 Yd 54
Saussignac **24** 112 Ab 80
Saussines **34** 130 Ea 86
Saussy **21** 68 Ef 64
Sautel **09** 141 Be 91
Sauternes **33** 111 Zd 81
Sauteyrargues **34** 130 Df 86
Sautron **44** 60 Yb 65
Sauvagère, La **61** 19 Zd 57
Sauvages, Les **69** 94 Ec 73
Sauvagnac **16** 88 Ad 74
Sauvagnas **47** 125 Ae 83
Sauvagnat **63** 91 Cd 74
Sauvagnat-Sainte-Marthe **63** 104 Db 75
Sauvagney **25** 70 Ff 65
Sauvagnon **64** 138 Zd 88
Sauvagny **03** 80 Ce 70
Sauvain **42** 105 Df 74
Sauvat **15** 103 Cc 77
Sauve **30** 130 Df 85
Sauve, La **33** 111 Ze 80
Sauvelade **64** 137 Zb 88
Sauverny **01** 96 Ha 71
Sauvessanges **63** 105 Df 76
Sauvetat, La **32** 125 Ad 85
Sauvetat, la **63** 104 Db 75
Sauvetat-de-Savères, La **47** 126 Ae 83
Sauvetat-du-Dropt, La **47** 112 Ac 81
Sauvetat-sur-Lède, La **47** 112 Ae 82
Sauveterre **30** 131 Ee 84
Sauveterre **32** 140 Af 88
Sauveterre **65** 139 Aa 88
Sauveterre **81** 142 Cd 88
Sauveterre **82** 126 Bb 83
Sauveterre-de-Béarn **64** 137 Za 88
Sauveterre-de-Comminges **31** 139 Ae 90
Sauveterre-de-Guyenne **33** 111 Zf 80
Sauveterre-de-Rouergue **12** 128 Cb 83
Sauveterre-la-Lémance **47** 113 Ba 81
Sauveterre-Saint-Denis **47** 125 Ae 84
Sauviac **32** 139 Ac 88
Sauviac **33** 111 Ze 82
Sauvian **34** 143 Db 89
Sauviat **63** 104 Dd 74
Sauviat-sur-Vige **87** 90 Bd 73
Sauvignac **16** 99 Zf 77
Sauvigney-lès-Gray **70** 69 Fe 64
Sauvigney-lès-Pesmes **70** 69 Fd 65
Sauvigny **55** 54 Fe 57
Sauvigny-le-Beuréal **89** 67 Ea 64
Sauvigny-le-Bois **89** 67 Df 63
Sauvigny-les-Bois **58** 80 Db 67
Sauville **08** 20 Ee 51
Sauville **88** 54 Fe 60
Sauvillers-Mongival **80** 17 Cc 50
Sauvimont **32** 140 Af 88
Sauvoy **55** 37 Fd 57
Saux **46** 113 Ba 82
Sauxillanges **63** 104 Dc 75
Sauze **06** 134 Ge 84
Sauze, Le **05** 120 Gb 82
Sauzelle **17** 86 Ye 73
Sauzelles **36** 77 Ba 69
Sauzet **26** 118 Ee 81
Sauzet **30** 130 Eb 84
Sauzet **46** 113 Bb 82
Sauzé-Vaussais **79** 88 Aa 72
Sauzière-Saint-Jean, La **81** 127 Bd 85
Sauzon **56** 58 We 64
Savarthès **31** 139 Ae 90
Savas **07** 106 Ee 77
Savas-Mépin **38** 107 Fa 76
Savasse **26** 118 Ee 81
Savenay **44** 59 Ya 64
Savenès **82** 126 Bb 86
Savennes **23** 90 Be 72
Savennes **63** 103 Cc 75
Savennières **49** 61 Zc 64
Saverdun **09** 141 Bd 89
Savères **31** 140 Ba 88
Saverne **67** 39 Hc 56
Saveuse **80** 17 Cb 49
Savianges **71** 82 Ed 68
Savières **10** 52 Df 58
Savigna **39** 83 Fd 70
Savignac **12** 114 Bf 82
Savignac **33** 111 Zf 81
Savignac-de-Duras **47** 112 Ab 80
Savignac-de-l'Isle **33** 99 Ze 79
Savignac-de-Miremont **24** 113 Af 79
Savignac-de-Nontron **24** 101 Ae 75
Savignac-les-Églises **24** 101 Af 77
Savignac-les-Ormeaux **09** 152 Be 92
Savignac-Mona **32** 140 Ba 88
Savignac-sur-Leyze **47** 113 Ae 82
Savignargues **30** 130 Ea 85
Savigné **86** 88 Ab 72
Savigné-l'Evêque **72** 47 Ab 60
Savigné-sous-le-Lude **72** 63 Aa 63
Savigné-sur-Lathan **37** 62 Ab 64
Savigneux **01** 94 Ef 73
Savigneux **42** 105 Ea 75
Savigneux **42** 106 Ec 75
Savignies **60** 16 Bf 52
Savigny **50** 28 Yd 54
Savigny **69** 94 Ed 74
Savigny **74** 96 Ff 72
Savigny **88** 55 Gb 58
Savigny-en-Revermont **71** 83 Fc 69
Savigny-en-Sancerre **18** 66 Ce 64
Savigny-en-Septaine **18** 79 Cd 66
Savigny-en-Terre-Plaine **89** 67 Ea 64
Savigny-en-Véron **37** 62 Aa 65
Savigny-lès-Beaume **21** 82 Ee 66
Savigny-le-Sec **21** 69 Fa 64
Savigny-le-Temple **77** 33 Cd 57
Savigny-Lévescault **86** 76 Ac 69
Savigny-le-Vieux **50** 29 Yf 57
Savigny-Poil-Fol **58** 81 Df 68
Savigny-sous-Faye **86** 76 Ab 67
Savigny-sous-Mâlain **21** 68 Ee 65
Savigny-sur-Aisne **08** 20 Ee 52
Savigny-sur-Ardres **51** 19 De 53
Savigny-sur-Clairis **89** 51 Da 60
Savigny-sur-Grosne **71** 82 Ee 69
Savigny-sur-Orge **91** 33 Cc 56
Savigny-sur-Seille **71** 83 Fa 69
Savilly **21** 82 Eb 66
Savines-le-Lac **05** 120 Gc 81
Savins **77** 51 Db 57
Savoillan **84** 132 Fc 83
Savoisy **21** 68 Ec 62
Savolles **21** 69 Fb 64
Savonnières **37** 63 Ad 64
Savonnières-devant-Bar **55** 37 Fb 56
Savonnières-en-Perthois **55** 37 Fa 57
Savonnières-en-Woëvre **55** 37 Fd 55
Savouges **21** 69 Fa 65
Savournon **05** 120 Fe 82
Savoyeux **70** 69 Fe 63
Savy **02** 18 Db 50
Savy-Berlette **62** 8 Cd 46
Saxel **74** 96 Gc 71
Saxi-Bourdon **58** 81 Dc 66
Saxon-Sion **54** 55 Ga 58
Sayat **63** 92 Da 74
Saze **30** 131 Ee 85
Sazeret **03** 92 Cf 70
Sazos **65** 150 Zf 91
Scaër **29** 42 Wb 60
Scata **2B** 157 Kc 94
Sceau-Saint-Angel **24** 101 Ae 76
Sceautres **07** 118 Ed 81
Sceaux **89** 67 Ea 63
Sceaux **92** 33 Cb 56
Sceaux-d'Anjou **49** 61 Zc 63
Sceaux-du-Gâtinais **45** 50 Cd 60
Sceaux-sur-Huisne **72** 48 Ad 60
Scey-Maisières **25** 84 Ga 66
Scey-sur-Saône-et-Saint-Albin **70** 70 Ff 62
Schaeffersheim **67** 57 Hd 58
Schaffhouse-près-Seltz **67** 40 Ia 55
Schaffhouse-sur-Zorn **67** 40 Hd 56
Schalbach **57** 39 Hb 56
Schalkendorf **67** 40 Hd 55
Scharrachbergheim-Irmstett **67** 40 Hc 57
Scheibenhard **67** 40 Ia 55
Scherlenheim **67** 40 Hd 56
Scherwiller **67** 56 Hc 59
Schillersdorf **67** 40 Hd 55
Schiltigheim **67** 40 He 57
Schirmeck **67** 56 Hb 58
Schirrheim **67** 40 Hf 56
Schirrhoffen **67** 40 Hf 56
Schleithal **67** 40 Ia 54
Schlierbach **68** 72 Hc 63
Schmittviller **57** 39 Hb 54
Schneckenbusch **57** 39 Ha 56
Schnersheim **67** 40 Hd 57
Schoenau **67** 57 Hd 59
Schœnbourg **67** 39 Hb 55
Schœneck **57** 39 Gf 53
Schœnenbourg **67** 40 Hf 55
Schopperten **67** 39 Ha 55
Schorbach **57** 39 Hc 54
Schweighouse-sur-Moder **67** 40 He 56
Schweighouse-Thann **68** 71 Ha 62
Schwenheim **67** 39 Hc 56
Schwerdorff **57** 22 Gd 52
Schweyen **57** 39 Hc 53
Schwindratzheim **67** 40 Hd 56
Schwoben **68** 72 Hb 63
Schwobsheim **67** 57 Hd 59
Sciecq **79** 75 Zd 70
Scientrier **74** 96 Gb 72
Scieurac-et-Flourès **32** 125 Ab 87
Sciez **74** 96 Gc 71
Scillé **79** 75 Zc 69
Scionzier **74** 96 Gd 72
Scolca **2B** 157 Kc 93
Scorbé-Clairvaux **86** 76 Ab 68
Scrignac **29** 25 Wb 58
Scrupt **51** 36 Ee 56
Scy-Chazelles **57** 38 Ga 54
Scye **70** 70 Ga 63
Séailles **32** 125 Aa 86
Séauve-sur-Semène, La **43** 105 Eb 77
Sébazac-Concourès **12** 115 Cd 82
Sébécourt **27** 31 Af 55
Sébeville **50** 12 Ye 52
Seboncourt **02** 9 Dc 49
Sébrazac **12** 115 Cd 81
Séby **64** 138 Zd 88
Séchault **08** 20 Ee 53
Sécheras **07** 106 Ee 78
Sécheval **08** 20 Ed 49
Séchilienne **38** 108 Fe 78
Séchin **25** 70 Gb 65
Seclin **59** 8 Da 45
Secondigné-sur-Belle **79** 87 Ze 72
Secondigny **79** 75 Zd 69
Secourt **57** 38 Gb 55
Secqueville-en-Bessin **14** 13 Zc 53
Sedan **08** 20 Ef 50
Séderon **26** 132 Fd 83
Sedze-Maubecq **64** 138 Zf 88
Sedzère **64** 138 Ze 88
Seebach **67** 40 Hf 55
Sées **61** 30 Ab 57
Séez **73** 109 Ge 75
Ségalas **47** 112 Ad 81
Ségalas **65** 139 Aa 88
Ségalassière, La **15** 115 Cb 79
Séglien **56** 43 Wf 60
Ségny **01** 96 Ga 71
Segonzac **16** 99 Ze 75
Segonzac **19** 101 Bb 77
Segonzac **24** 100 Ac 77
Ségos **32** 124 Ze 87
Segré **49** 61 Za 62
Ségrie **72** 47 Aa 59
Ségrie-Fontaine **61** 29 Zd 56
Ségry **36** 79 Ca 67
Séguinière, La **49** 61 Za 66
Ségur **12** 128 Cf 83
Ségur, Le **81** 127 Ca 84
Ségura **09** 141 Be 90
Séguret **84** 131 Fa 83
Ségur-le-Château **19** 101 Bb 76
Ségur-les-Villas **15** 103 Ce 77
Seich **65** 139 Ac 90
Seichamps **54** 38 Gb 56
Seichebrières **45** 50 Cb 61
Seicheprey **54** 37 Fe 55
Seiches-sur-le-Loir **49** 61 Zd 63
Seignalens **11** 141 Bf 90
Seigné **17** 87 Ze 73
Seignelay **89** 52 Dd 61
Seigneulles **55** 37 Fb 55
Seignosse **40** 122 Yd 86
Seigny **21** 68 Ec 63
Seigy **41** 64 Bc 65
Seilh **31** 126 Bc 86
Seilhac **19** 102 Be 76
Seillac **41** 63 Ba 63
Seillans **83** 134 Gd 87
Seillonnaz **01** 95 Fc 74
Seillons-Source-d'Argens **83** 147 Ff 87
Seine-Port **77** 33 Cd 57
Seingbouse **57** 39 Ge 54
Seissan **32** 139 Ad 88
Seix **09** 152 Bb 91
Selaincourt **54** 55 Ff 57
Sel-de-Bretagne, Le **35** 45 Yc 61
Selens **02** 18 Db 51
Sélestat **67** 57 Hc 59
Séligné **79** 87 Ze 72
Séligney **39** 83 Fd 67
Selle-Craonnaise, La **53** 45 Yf 61
Selle-en-Hermoy, La **45** 51 Cf 60
Selle-en-Luitré, La **35** 45 Yf 59
Selle-Guerchaise, La **35** 45 Yf 61
Selle-la-Forge, La **61** 29 Zc 56
Selles **27** 15 Ad 53
Selles **62** 3 Bf 44
Selles **70** 55 Ga 61
Selles-Saint-Denis **41** 64 Bf 64
Selles-sur-Cher **41** 64 Bd 65
Selles-sur-Nahon **36** 78 Bc 66
Selle-sur-le-Bied, La **45** 51 Cf 60
Sellières **39** 83 Fd 68
Selommes **41** 64 Bb 62
Seloncourt **25** 71 Gf 64
Selongey **21** 69 Fb 63
Selonnet **04** 120 Gb 82
Seltz **67** 40 Ia 55
Selve, La **02** 19 Ea 51
Selve, La **12** 128 Cd 84
Selvigny, Wallincourt- **59** 9 Dc 48
Sem **09** 152 Bd 92
Sémalens **81** 141 Ca 87
Semalle **61** 30 Aa 58
Semarey **21** 68 Ed 65
Sembadel **43** 105 De 77
Sembas **47** 112 Ad 83
Semblançay **37** 63 Ad 64
Sembleçay **36** 64 Be 65
Sembouès **32** 139 Aa 88
Séméac **65** 138 Aa 89
Séméacq-Blachon **64** 138 Zf 87
Semécourt **57** 38 Ga 53
Sémelay **58** 81 Df 67
Semens **33** 111 Ze 81
Sementron **89** 66 Dc 63
Sémeries **59** 9 Ea 48
Semerville **41** 49 Bc 61
Semezanges **21** 68 Ef 65
Sémézies-Cachan **32** 139 Ae 88
Semide **08** 20 Ed 52
Sémillac **17** 99 Zc 76
Semilly, Saint-Blin- **52** 54 Fc 59
Semmadon **70** 70 Ff 62
Semoine **10** 35 Ea 56
Semond **21** 68 Ed 62
Semons **38** 107 Fb 76
Semoussac **17** 99 Zc 76
Semoutiers-Montsaon **52** 53 Fa 60
Semoy **45** 49 Bf 61
Sempesserre **32** 125 Ad 84
Sempigny **60** 18 Da 51
Sempy **62** 7 Be 46
Semur-en-Auxois **21** 68 Ec 64
Semur-en-Brionnais **71** 93 Ea 71
Semussac **17** 98 Za 75
Semuy **08** 20 Ed 52
Sen, Le **40** 124 Zc 84
Sénac **65** 139 Ab 88
Senaide **88** 54 Fe 61
Senaillac-Latronquière **46** 114 Ca 80
Sénaillac-Lauzès **46** 114 Bd 81
Senailly **21** 68 Eb 63
Senan **89** 51 Dc 61
Senantes **28** 32 Bd 57
Senantes **60** 16 Be 52
Sénarens **31** 140 Af 88
Sénargent-Mignafans **70** 71 Gd 63
Senarpont **80** 16 Be 49
Sénas **13** 132 Fa 86
Senaux **81** 128 Cd 86
Sencenac-Puy-de-Fourches **24** 101 Ae 77
Senconac **09** 153 Be 92
Sendets **33** 111 Zf 82
Séné **56** 58 Xb 63
Sénéchas **30** 117 Ea 83
Sénergues **12** 115 Cc 81
Sénestis **47** 112 Ab 82
Séneujols **43** 117 De 79
Senez **04** 133 Gc 85
Sénézergues **15** 115 Cc 80
Sengouagnet **31** 139 Ae 91
Séniergues **46** 114 Bd 80
Senillé **86** 77 Ad 68
Seninghem **62** 3 Ca 43
Senlecques **62** 3 Bf 45
Senlis **60** 33 Cd 53
Senlis **62** 7 Ca 45
Senlis-le-Sec **80** 8 Cd 48
Senlisse **78** 32 Bf 56
Senneçay **18** 79 Cc 67
Sennecey-le-Grand **71** 82 Ef 69
Sennecey-lès-Dijon **21** 69 Fa 65
Sennely **45** 65 Ca 62

202 (F) **Salives — Sennely**

Tournemire **12** 129 Da 85
Tournemire **15** 103 Cc 78
Tournes **08** 20 Ed 50
Tournettes **83** 134 Ge 87
Tourneur, Le **14** 29 Zb 55
Tourneville **27** 31 Ba 54
Tournières **14** 13 Za 53
Tournissan **11** 142 Cd 90
Tournoisis **45** 49 Bd 60
Tournon **07** 118 Ec 81
Tournon **73** 108 Gb 75
Tournon-d'Agenais **47** 113 Af 82
Tournon-Saint-Pierre **37** 77 Af 68
Tournon-sur-Rhône **07** 106 Ef 78
Tournous-Darré **65** 139 Ac 89
Tournous-Devant **65** 139 Ac 89
Tournus **71** 82 Ef 69
Tourny **27** 32 Bd 53
Tourouvre **61** 31 Ad 57
Tourouzelle **11** 142 Ce 89
Tourreilles **11** 141 Cb 90
Tourreilles, les **31** 139 Ad 90
Tourrenquets **32** 125 Ae 86
Tourrette-Levens **06** 135 Hb 86
Tourrettes **83** 134 Ge 87
Tourriers **16** 88 Ab 74
Tours **37** 63 Ae 64
Tour-Saint-Gelin, La **37** 76 Ac 66
Tours-en-Savoie **73** 108 Gc 75
Tours-en-Vimeu **80** 7 Be 48
Tours-sur-Marne **51** 35 Ea 54
Tours-sur-Meymont **63** 104 Dd 74
Tour-sur-Jour **58** 80 Db 68
Tour-sur-Orb, La **34** 129 Da 87
Tourtenay **79** 76 Zf 66
Tourteron **08** 20 Ed 51
Tourtour **83** 147 Gb 87
Tourtouse **09** 140 Ba 90
Tourtrès **47** 112 Ac 81
Tourtrol **09** 141 Be 90
Tourves **83** 147 Ff 88
Tourville-en-Auge **14** 14 Ab 53
Tourville-la-Campagne **27** 15 Af 53
Tourville-la-Chapelle **76** 6 Bb 49
Tourville-la-Rivière **76** 15 Ba 53
Tourville-les-Ifs **76** 15 Ac 50
Tourville-sur-Arques **76** 15 Ba 49
Tourville-sur-Odon **14** 29 Zd 54
Tourville-sur-Pont-Audemer **27** 16 Ad 53
Tourville-sur-Sienne **50** 28 Yc 54
Toury **28** 49 Bf 59
Toury-Lurcy **58** 80 Dc 68
Tourzel-Ronzières **63** 104 Da 75
Toussaint **76** 15 Ac 50
Toussieu **69** 106 Ef 75
Toussieux **01** 94 Ee 73
Tousson **77** 50 Cc 58
Toussus-le-Noble **78** 33 Ca 56
Toutainville **27** 15 Ac 52
Toutenant **71** 83 Fa 67
Toutencourt **80** 7 Cc 48
Toutens **31** 141 Be 88
Toutlemonde **49** 61 Zb 66
Toutry **21** 67 Ea 63
Touvérac **16** 99 Ze 76
Touvet, Le **38** 108 Ff 76
Touville **27** 15 Ae 53
Touvois **44** 74 Yb 67
Touvre **16** 88 Ab 74
Touzac **16** 99 Zf 75
Touzac **46** 113 Ba 82
Tox **2B** 159 Kc 95
Toy-Viam **19** 102 Bf 75
Tracy-Bocage **14** 29 Zb 54
Tracy-le-Mont **60** 18 Da 52
Tracy-le-Val **60** 18 Da 52
Tracy-sur-Loire **58** 66 Cf 65
Tracy-sur-Mer **14** 13 Zc 52
Trades **69** 94 Ed 71
Traenheim **67** 40 Hc 57
Tragny **57** 38 Gc 55
Traînou **45** 50 Ca 61
Trait, Le **76** 15 Ae 52
Traize **73** 107 Fe 74
Tralaigues **63** 91 Cd 73
Tralonca **2B** 157 Kb 94
Tramain **22** 27 Xd 58
Tramayes **71** 94 Ed 71
Trambly **71** 94 Ed 71
Tramecourt **62** 7 Ca 46
Tramery **51** 35 De 53
Tramezaïgues **65** 150 Ab 92
Tramont-Emy **54** 55 Ff 58
Tramont-Lassus **54** 55 Ff 58
Tramont-Saint-André **54** 55 Ff 58
Tramoyes **01** 94 Ef 73
Tranche-sur-Mer, La **85** 74 Yd 70
Tranclière, La **01** 95 Fb 72
Trancrainville **28** 49 Bf 59
Trangé **72** 47 Aa 60
Tranger, Le **36** 78 Bb 67
Trannes **10** 53 Ed 59
Tranqueville-Graux **88** 54 Ff 58
Trans **35** 28 Yc 58
Trans **53** 46 Ze 59
Trans-en-Provence **83** 148 Gc 87
Translay, Le **80** 7 Be 49
Transloy, Le **62** 8 Cf 48
Trans-sur-Erdre **44** 60 Yd 64
Tranzault **36** 78 Bf 69
Trappes **78** 32 Bf 56
Trassanel **11** 142 Cc 88
Traubach-le-Bas **68** 71 Ha 63
Traubach-le-Haut **68** 71 Ha 62
Trausse **11** 142 Cd 89
Travaillan **84** 131 Ef 83
Travecy **02** 18 Dc 50
Traversères **32** 139 Ad 87
Travet, Le **81** 128 Cc 86
Trayes **79** 75 Zd 68
Tréal **56** 44 Xe 61
Tréauville **50** 12 Yb 51
Trébabu **29** 24 Vb 58
Treban **03** 92 Db 70
Tréban **81** 128 Cc 84
Trébas **81** 128 Cc 85
Trébédan **22** 27 Xf 58
Trèbes **11** 142 Cc 89
Trébeurden **22** 25 Wc 56
Trébons **65** 139 Aa 90
Trébons-de-Luchon **31** 151 Ad 92
Trébons-sur-la-Grasse **31** 141 Be 88
Trébrivan **22** 25 Wd 59
Trébry **22** 27 Xc 58
Tréclun **21** 69 Fa 65
Trécon **51** 35 Ea 55
Trédaniel **22** 26 Xc 58
Trédarzec **22** 26 We 56
Trédion **56** 43 Xc 62
Trédrez **22** 25 Wc 56
Tréduder **22** 25 Wc 57
Trefcon **02** 18 Da 49
Treffendel **35** 44 Xf 60
Treffiagat **29** 41 Ve 62
Treffieux **44** 60 Yc 63
Treffort **38** 119 Fd 79
Treffort-Cuisiat **01** 95 Fc 71
Treffrin **22** 25 Wc 59
Tréflaouénan **29** 25 Vf 57
Tréflévénez **29** 25 Vf 58
Tréflez **29** 24 Ve 57
Tréfols **51** 34 Dd 56
Tréfumel **22** 44 Xf 58
Trégarantec **29** 24 Ve 57
Trégarvan **29** 24 Ve 59
Trégastel **22** 25 Wd 56
Tréglamus **22** 26 We 57
Tréglonou **29** 24 Vc 57
Trégomeur **22** 26 Xa 57
Trégon **22** 27 Xe 57
Trégonneau **22** 26 Wf 57
Trégornan **22** 42 Wd 59
Trégourez **29** 42 Wa 60
Trégrom **22** 26 Wd 57
Tréguennec **29** 41 Ve 61
Trégueux **22** 26 Xb 58
Tréguidel **22** 26 Xa 57
Tréguier **22** 26 We 56
Trégunc **29** 42 Wa 61
Tréhorenteuc **56** 44 Xe 60
Tréhou, Le **29** 25 Vf 58
Treignac **19** 102 Be 75
Treignat **03** 91 Cc 70
Treilles **11** 154 Cf 91
Treilles-en-Gâtinais **45** 50 Cd 60
Treillières **44** 60 Yc 65
Treix **52** 54 Fb 60
Treize-Septiers **85** 74 Ye 67
Treize-Vents **85** 75 Za 67
Tréjouls **82** 126 Bb 83
Trélans **48** 116 Da 82
Trélazé **49** 61 Zd 64
Trélévern **22** 26 Wd 56
Trelins **42** 93 Ea 74
Trélissac **24** 101 Ae 77
Trélivan **22** 27 Xf 58
Trelly **50** 28 Yd 55
Trélon **59** 10 Ea 48
Trélou-sur-Marne **02** 35 Dd 54
Trémaouézan **29** 24 Ve 57
Trémargat **22** 26 We 59
Trémauville **76** 15 Ad 50
Tremblade, La **17** 86 Yf 74
Tremblay **35** 28 Yd 58
Tremblay, Le **27** 31 Af 54
Tremblay, Le **49** 61 Yf 62
Tremblay-en-France **93** 33 Cd 55
Tremblay-les-Villages **28** 32 Bc 57
Tremblay-sur-Mauldre, le **78** 32 Bf 56
Tremblecourt **54** 38 Ff 56
Tremblois, le **70** 69 Fd 64
Tremblois-lès-Carignan **08** 21 Fb 51
Tremblois-lès-Rocroi **08** 20 Ec 49
Tréméheuc **35** 28 Yb 58
Trémel **22** 25 Wc 57
Tréméloir **22** 26 Xa 57
Trémentines **49** 61 Zb 66
Tréméoc **29** 41 Ve 61
Tréméreuc **22** 27 Xf 57
Trémery **57** 22 Gb 53
Trémeur **22** 44 Xe 58
Tréméven **22** 26 Wf 56
Tréméven **29** 42 Wc 61
Tréminis **38** 119 Fe 80
Trémoins **70** 71 Ge 63
Trémolat **24** 113 Ae 79
Trémons **47** 113 Af 82
Trémont **49** 61 Zd 66
Trémont **61** 31 Ab 57
Trémont-sur-Saulx **55** 36 Fa 56
Trémonzey **88** 55 Gb 61
Trémorel **22** 44 Xe 59
Trémouille **15** 103 Ce 76
Trémouilles **12** 128 Cd 83
Trémouille-Saint-Loup **63** 103 Cd 76
Trémoulet **09** 141 Be 90
Trémuson **22** 26 Xa 57
Trenal **39** 83 Fc 69
Trensacq **40** 123 Zb 83
Trentels **47** 113 Af 82
Tréogan **29** 42 Wc 59
Tréon **28** 32 Bb 56
Tréouergat **29** 24 Vc 57
Trépail **51** 35 Eb 54
Tréport, Le **76** 6 Bc 48
Trépot **25** 70 Ga 65
Trept **38** 107 Fb 74
Trésauvaux **55** 37 Fd 54
Tresbœuf **35** 45 Yc 61
Trescault **62** 8 Da 48
Trescléoux **05** 119 Fe 82
Trésilley **70** 70 Ga 64
Treslon **51** 19 De 53
Tresnay **58** 80 Db 68
Trespoux-Rassiels **46** 113 Bc 82
Tresques **30** 131 Ed 84
Tressan **34** 143 Dc 87
Tressange **57** 22 Ff 52
Tressé **35** 27 Ya 58
Tresserre **66** 154 Ce 93
Tresses **33** 111 Zd 79
Tressignaux **22** 26 Xa 57
Tressin **59** 8 Db 45
Tresson **72** 48 Ad 61
Treteau **03** 92 Dd 70
Trétoire, la **77** 34 Db 55
Trets **13** 146 Fe 88
Treux **80** 8 Cd 49
Treuzy-Levelay **77** 51 Ce 59
Trévé **22** 43 Xb 59
Trévenans **90** 71 Gf 63
Tréveneuc **22** 26 Xa 57
Tréveray **55** 37 Fc 57
Trévérec **22** 26 Wf 57
Trévérien **35** 44 Ya 58
Trèves **30** 129 Dc 84
Trèves **69** 106 Ee 75
Trévien **81** 127 Ca 84
Trévières **14** 13 Za 53
Trévignin **73** 108 Ff 74
Trévillach **66** 154 Cd 92
Trévillers **25** 71 Gf 65
Trévilly **89** 67 Ea 63
Trévol **03** 80 Db 69
Trévou-Treguignec **22** 26 Wd 56
Trévoux **01** 94 Ee 73
Trévoux, le **29** 42 Wc 61
Trévron **22** 27 Xf 58
Trézelles **03** 93 Dd 71
Trézény **22** 26 Wd 56
Tréziers **11** 141 Bf 90
Trézilidé **29** 25 Vf 57
Trézioux **63** 104 Dc 74
Triac-Lautrait **16** 87 Zf 74
Triadou, Le **34** 130 Df 86
Triaize **85** 74 Ye 70
Tribehou **50** 12 Ye 53
Trichey **89** 52 Ea 61
Tricot **60** 17 Cd 51
Tricqueville **27** 15 Ac 52
Trie-Château **60** 16 Be 53
Trie-la-Ville **60** 16 Be 53
Triel-sur-Seine **78** 33 Ca 55
Triembach-au-Val **67** 56 Hb 58
Trie-sur-Baïse **65** 139 Ac 89
Trieux **54** 22 Ff 53
Trigance **83** 133 Gc 86
Trignac **44** 59 Xe 65
Trigny **51** 19 Df 53
Triguères **45** 51 Cf 61
Trilbardou **77** 34 Ce 55
Trilla **66** 154 Cd 92
Trilport **77** 34 Cf 55
Trimbach **67** 40 Ia 55
Trimer **35** 44 Ya 58
Trimouille, la **86** 77 Ba 70
Trinay **45** 49 Bf 60
Trinitat, La **15** 116 Cf 80
Trinité, La **06** 135 Hb 86
Trinité, La **27** 32 Bb 55
Trinité, La **50** 28 Ye 56
Trinité, La **73** 108 Ga 76
Trinité-de-Réville, La **27** 31 Ad 55
Trinité-des-Laitiers, La **61** 30 Ac 56
Trinité-du-Mont, La **76** 15 Ad 51
Trinité-Porhoët, La **56** 44 Xc 60
Trinité-sur-Mer, La **56** 58 Wf 63
Trinité-Surzur, La **56** 59 Xc 63
Triors **26** 107 Fa 78
Trioulou, Le **15** 115 Cb 80
Tripleville **41** 49 Bc 61
Triquerville **76** 15 Ad 51
Trith-Saint-Léger **59** 9 Dc 46
Tritteling **57** 38 Gd 54
Trivy **71** 94 Ec 70
Trizac **15** 103 Cd 77
Trizay **17** 86 Za 74
Trizay-Coutretot-Saint-Serge **28** 48 Af 59
Trizay-lès-Bonneval **28** 49 Bc 59
Troarn **14** 14 Ze 53
Troche **19** 102 Bc 76
Trochères **21** 69 Fb 64
Troësnes **02** 34 Db 53
Troguéry **22** 26 We 56
Trogues **37** 63 Ac 66
Trois-Domaines, Les **55** 37 Fb 55
Trois-Fonds **23** 91 Cb 71
Trois-Fontaines **51** 36 Ef 56
Troisfontaines **57** 39 Ha 56
Troisfontaines-la-Ville **52** 36 Fa 57
Troisgots **50** 29 Yf 54
Trois-Monts **14** 29 Zd 54
Trois-Moutiers, Les **86** 62 Aa 66
Trois-Palis **16** 100 Aa 75
Trois-Pierres, Les **76** 15 Ac 51
Trois-Puits **51** 35 Ea 53
Troissereux **60** 17 Ca 52
Troissy **51** 35 De 54
Trois-Vèvres **58** 80 Dc 67
Troisvilles **59** 9 Dc 48
Trois-Villes **64** 137 Za 90
Tromarey **70** 69 Fe 64
Tromborn **57** 22 Gd 53
Troncens **32** 139 Ab 88
Tronchet, Le **35** 28 Yb 58
Tronchet, Le **72** 47 Aa 59
Tronchoy **89** 52 Df 61
Tronchy **71** 83 Fa 68
Troncq, Le **27** 31 Af 53
Trondes **54** 37 Fe 56
Tronget **03** 80 Da 70
Tronquay, Le **14** 13 Zb 53
Tronquay, Le **27** 16 Be 52
Tronsanges **58** 80 Da 66
Tronville **54** 37 Ff 54
Tronville-en-Barrois **55** 37 Fb 56
Troo **41** 63 Ae 62
Trosly-Breuil **60** 18 Cf 52
Trosly-Loire **02** 18 Db 51
Trouans **10** 35 Eb 57
Troubat **65** 139 Ad 91
Trouhans **21** 69 Fb 66
Trouhaut **21** 68 Ee 64
Trouillas **66** 154 Ce 93
Trouley-Labarthe **65** 139 Ab 89
Troussencourt **60** 17 Cb 51
Troussey **55** 37 Fe 56
Troussures **60** 16 Bf 52
Trouville **76** 15 Ad 51
Trouville-la-Haule **27** 15 Ad 52
Trouville-sur-Mer **14** 14 Aa 52
Trouy **18** 79 Cc 66
Troyes **10** 52 Ea 59
Troyon **55** 37 Fc 54
Truchère, La **71** 82 Ef 69
Truchtersheim **67** 40 Hd 56
Trucy **02** 19 Dd 52
Trucy-l'Orgueilleux **58** 66 Dc 64
Trucy-sur-Yonne **89** 67 Dd 63
Truel, Le **12** 128 Ce 84
Trugny **21** 83 Fa 67
Truinas **26** 119 Fa 81
Trumilly **60** 18 Ce 53
Trun **61** 30 Aa 55
Trungy **14** 13 Zb 53
Truttemer-le-Grand **14** 29 Zb 56
Truttemer-le-Petit **14** 29 Zb 56
Truyes **37** 63 Af 65
Tubersent **62** 7 Be 45
Tuchan **11** 154 Ce 91
Tucquegnieux **54** 21 Ff 53
Tudeils **19** 102 Be 78
Tudelle **32** 125 Ab 86
Tuffé **72** 48 Ad 60
Tugéras **17** 99 Zd 76
Tugny-et-Pont **02** 18 Da 50
Tuilière, La **42** 93 De 73
Tulette **26** 118 Ee 83
Tulle **19** 102 Be 77
Tullins **38** 107 Fc 77
Tully **80** 6 Bd 48
Tupigny **02** 9 Dd 49
Tupin-et-Semons **69** 106 Ee 76
Turballe, La **44** 59 Xc 64
Turbie, La **06** 135 Hc 86
Turcey **21** 68 Ee 64
Turckheim **68** 56 Hb 60
Turenne **19** 102 Bd 78
Turgon **16** 88 Ac 73
Turgy **10** 52 Ea 60
Turny **89** 52 De 60
Turquant **49** 62 Aa 65
Turquestein-Blancrupt **57** 39 Ha 57
Turqueville **50** 12 Ye 52
Turriers **04** 120 Gb 82
Tursac **24** 113 Ba 79
Tusson **16** 88 Aa 73
Tuzaguet **65** 139 Ac 90
Tuzan, Le **33** 111 Zc 82
Tuzie **16** 88 Aa 73

U

Uberach **67** 40 Hd 55
Ubexy **88** 55 Gb 58
Ubraye **04** 134 Ge 85
Ucciani **2A** 159 If 96
Ucel **07** 118 Ec 81
Uchacq-et-Parentis **40** 124 Zc 85
Uchaud **30** 130 Eb 86
Uchaux **84** 118 Ee 83
Uchentein **09** 151 Ba 91
Uchizy **71** 82 Ef 69
Uchon **71** 82 Eb 68
Uckange **57** 22 Ga 53
Ueberstrass **68** 71 Ha 63
Uffheim **68** 72 Hc 63
Uffholtz **68** 56 Hb 62
Ugine **73** 96 Gc 74
Uglas **65** 139 Ac 90
Ugnouas **65** 139 Aa 88
Ugny **54** 21 Fe 52
Ugny-le-Gay **02** 18 Db 51
Ugny-l'Equipée **80** 18 Da 50
Ugny-sur-Meuse **55** 37 Fe 57
Uhart-Cize **64** 137 Ye 90
Uhart-Mixe **64** 137 Yf 89
Uhlwiller **67** 40 He 56
Uhrwiller **67** 40 Hd 55
Ulcot **79** 75 Zd 66
Ulis, Les **91** 33 Cb 56
Ully-Saint-Georges **60** 17 Cb 53
Ulmes, Les **49** 62 Ze 65
Umpeau **28** 49 Be 58
Unac **09** 152 Be 92
Uncey-le-Franc **21** 68 Ed 64
Unchair **51** 19 De 53
Ungersheim **68** 56 Hb 61
Unienville **10** 53 Ed 59
Unieux **42** 105 Eb 76
Union, l' **31** 126 Bc 87
Unlas **42** 105 Eb 75
Unverre **28** 48 Ba 59
Unzent **09** 141 Bd 89
Upaix **05** 120 Ff 83
Upie **26** 118 Ef 80
Urau **31** 140 Af 90
Urbalacone **2A** 159 If 97
Urbanya **66** 153 Cb 93
Urbeis **67** 56 Hb 59
Urbes **68** 56 Gf 61
Urbise **42** 93 Df 71
Urçay **03** 79 Cd 69
Urcel **02** 18 Dd 52
Urcerey **90** 71 Ge 63
Urciers **36** 79 Ca 69
Urcuit **64** 136 Yd 88
Urcy **21** 68 Ef 65
Urdens **32** 125 Ae 85
Urdès **64** 138 Zc 89
Urdos **64** 149 Zc 91
Urepel **64** 136 Yd 90
Urgons **40** 124 Zd 87
Urgosse **32** 124 Aa 86
Uriménil **88** 55 Gc 60
Urmatt **67** 39 Hb 57
Urou-et-Crennes **61** 30 Aa 56
Urrugne **64** 136 Yb 88
Urs **09** 152 Be 92
Urschenheim **68** 57 Hc 60
Urt **64** 123 Ye 88
Urtaca **2B** 157 Kb 93
Uruffe **54** 37 Fe 57
Urville **10** 53 Ed 59
Urville **14** 30 Ze 54
Urville **50** 12 Yd 52
Urville-Naqueville **50** 12 Yb 50
Urvillers **02** 18 Db 50
Ury **77** 50 Cd 58
Urzy **58** 80 Db 66
Us **95** 32 Bf 54
Usclas-d'Hérault **34** 143 Dc 87
Usines **74** 96 Ff 73
Ussac **19** 102 Bd 78
Ussat **09** 152 Bd 91
Usseau **79** 87 Zc 71
Usseau **86** 77 Ad 67
Ussel **15** 104 Cf 78
Ussel **19** 103 Cb 75
Ussel **46** 114 Bc 81
Ussel-d'Allier **03** 92 Db 71
Usson **63** 104 Dc 75
Usson-du-Poitou **86** 88 Ad 71
Usson-en-Forez **42** 105 Df 76
Ussy **14** 30 Ze 55
Ussy-sur-Marne **77** 34 Da 55
Ustaritz **64** 136 Yd 88
Ustou **09** 152 Bb 92
Utelle **06** 135 Hb 85
Uttenheim **67** 57 Hd 58
Uttenhoffen **67** 40 Hd 55
Uttwiller **67** 40 Hc 55
Uxeau **71** 81 Ea 69
Uxegney **88** 55 Gc 59
Uxelles **39** 84 Ff 69
Uxem **59** 4 Cc 42
Uza **40** 123 Ye 84
Uzan **64** 138 Zc 88
Uzay-le-Venon **18** 79 Cc 68
Uzech **46** 113 Bc 81
Uzein **64** 138 Zd 88
Uzel **22** 43 Xa 59
Uzelle **25** 70 Gc 64
Uzemain **88** 55 Gc 60
Uzer **07** 117 Eb 81
Uzer **65** 139 Ab 90
Uzès **30** 131 Ec 84
Uzeste **33** 111 Ze 82
Uzos **64** 138 Zd 89

V

Vaas **72** 62 Ab 63
Vabre **81** 128 Cc 86
Vabres **15** 104 Db 78
Vabres **30** 130 Df 84
Vabres-l'Abbaye **12** 128 Cf 85
Vabre-Tizac **12** 127 Ca 83
Vacherauville **55** 37 Fc 53
Vachères **04** 132 Fd 85
Vacheresse **74** 97 Ge 71
Vacheresse-et-la-Rouillie, La **88** 54 Fe 60
Vacherie, La **27** 31 Ae 54
Vacherie, La **27** 31 Ba 54
Vacognes-Neuilly **14** 29 Zc 54
Vacquerie **80** 7 Ca 48
Vacquerie-et-Saint-Martin-de-Castries, La **34** 129 Dc 86
Vacquerie-le-Boucq **62** 7 Cb 47
Vacqueriette-Erquières **62** 7 Ca 47
Vacqueville **54** 56 Ge 58
Vacqueyras **84** 131 Ef 84
Vacquières **34** 130 Df 85
Vacquiers **31** 126 Bc 86
Vadans **39** 83 Fe 67
Vadans **70** 69 Fd 64
Vadelaincourt **55** 37 Fb 54
Vadenay **51** 36 Ec 54
Vadencourt **02** 19 Dd 49
Vadencourt **80** 8 Cc 48
Vadonville **55** 37 Fd 56
Vagney **88** 56 Ge 60
Vahl-Ebersing **57** 39 Ge 54
Vahl-lès-Bénestroff **57** 39 Ge 55
Vahl-lès-Faulquemont **57** 38 Gd 54
Vaiges **53** 46 Zd 60
Vailhan **34** 143 Db 87
Vailhauquès **34** 130 De 86
Vailhourles **12** 114 Bf 83
Vaillac **46** 114 Bd 80
Vaillant **52** 69 Fa 62
Vailly **10** 52 Ea 58
Vailly **74** 96 Gd 71
Vailly-sur-Aisne **02** 18 Dd 52
Vailly-sur-Sauldre **18** 65 Cd 64
Vains **50** 28 Yd 56
Vairé **85** 73 Yb 69
Vaire-Arcier **25** 70 Ga 65
Vaire-le-Petit **25** 70 Ga 65
Vaire-sous-Corbie **80** 17 Cd 49
Vaires-sur-Marne **77** 33 Cd 55
Vaison-la-Romaine **84** 132 Fa 83
Vaissac **82** 127 Bd 84
Vaivre, La **70** 55 Gc 61
Vaivre-et-Montoille **70** 70 Ga 63
Val, Le **83** 147 Ga 88
Valady **12** 115 Cc 82
Valailles **27** 31 Ad 54
Valaire **41** 64 Bb 64
Val-André, Le **22** 27 Xc 57
Valanjou **49** 61 Zc 65
Valaurie **26** 118 Ee 82
Valavoire **04** 133 Ga 83
Valay **70** 69 Fd 65
Valbeleix **63** 104 Cf 76
Valbelle **04** 133 Ff 84
Valbois **55** 37 Fd 55
Valbonnais **38** 120 Ff 79
Valbonne **06** 134 Ha 87
Valcabrère **31** 139 Ad 90
Valcanville **50** 12 Ye 51
Valcebollère **66** 153 Ca 94
Valcivières **63** 105 De 75
Valdahon **25** 70 Gc 66
Val-d'Ajol, Le **88** 55 Gc 61
Valdampierre **60** 17 Ca 53
Val-d'Auzon **10** 53 Ec 58
Val-David, le **27** 32 Bb 55
Val-de-Bride **57** 39 Ge 55
Valdécie **50** 12 Yc 52
Val-de-Fier **74** 96 Ff 73
Val-de-Guéblange, le **57** 39 Gf 55
Val-de-Mercy **89** 67 Dd 62
Val-de-Meuse **52** 54 Fd 60
Val-de-Près **05** 120 Ge 79
Val-d'Epy **39** 95 Fc 70
Val-de-Reuil **27** 15 Bb 53
Valderiès **81** 128 Cb 84
Valderoue **06** 134 Ge 86
Val-de-Roulans **25** 70 Gb 64
Val-de-Saâne **76** 15 Af 50
Val-d'Esnoms **52** 69 Fb 62
Val-de-Vesle **51** 35 Eb 53
Val-de-Vière **51** 36 Ee 56
Valdieu-Lutran **68** 71 Ha 63
Val-d'Isère **73** 109 Gf 76
Valdivienne **86** 77 Ad 69
Val-d'Izé **35** 45 Ye 59
Valdoie **90** 71 Gf 62
Val-d'Ornain **55** 36 Fa 56
Val-d'Orvin **10** 52 Dd 58
Valdrôme **26** 119 Fd 81
Valdurenque **81** 142 Cb 87
Valeille **42** 105 Eb 74
Valeilles **82** 113 Af 82
Valeins **01** 94 Ef 72
Valempoulières **39** 84 Ff 68
Valençay **36** 64 Bd 66
Valence **16** 88 Ab 73
Valence **26** 118 Ef 79
Valence-d'Agen **82** 126 Af 84
Valence-d'Albigeois **81** 128 Cc 84
Valence-en-Brie **77** 51 Cf 58
Valence-sur-Baïse **32** 125 Ac 85
Valenciennes **59** 9 Dd 46
Valencin **38** 106 Fa 75
Valendcogne **38** 107 Fd 76
Valennes **72** 48 Ae 61
Valensole **04** 133 Ff 85
Valentigney **25** 71 Ge 64
Valentine **31** 139 Ae 90
Valenton **94** 33 Cc 56
Valergues **34** 130 Ea 87
Valernes **04** 133 Ff 83
Valescourt **60** 17 Cc 52
Valesvilles **31** 141 Bd 87
Val-et-Châtillon **54** 39 Gf 57
Valette **15** 103 Cd 77
Valette, La **38** 120 Ff 79
Valette-du-Var, La **83** 147 Ff 90
Valeuil **24** 100 Ad 77
Valezan **73** 109 Ge 75
Valff **67** 57 Hd 58
Valfin-sur-Valouse **39** 95 Fd 70
Valflaunès **34** 130 Df 86
Valfleury **42** 106 Ec 75
Valframbert **61** 47 Aa 58
Valfroicourt **88** 55 Ga 59
Valgorge **07** 117 Ea 81
Valhey **54** 38 Gc 56
Valhuon **62** 7 Cc 46
Valiergues **19** 103 Cb 76
Valignat **03** 92 Da 71
Valigny **03** 80 Ce 68
Valjouffrey **38** 120 Ga 79
Valjouze **15** 104 Da 78
Valla, La **42** 93 Df 74
Vallabrègues **30** 131 Ed 85
Vallabrix **30** 131 Ec 84
Valla-en-Gier, La **42** 106 Ed 76
Vallan **89** 67 Dd 62
Vallangoujard **95** 33 Ca 54
Vallans **79** 87 Zc 71
Vallant-Saint-Georges **10** 52 Df 58
Vallauris **06** 134 Ha 87
Valle, La **06** 134 Ha 84
Vallecalle **2B** 157 Kc 93
Valle-d'Alesani **2B** 159 Kc 95
Valle-di-Campoloro **2B** 159 Kd 95
Valle-di-Mezzana **2A** 158 Ie 96
Valle-di-Rostino **2B** 157 Kb 94
Valle-d'Orezza **2B** 157 Kc 94
Vallée, la **17** 86 Za 73
Vallée-au-Blé, la **02** 19 De 49
Vallée-Mulâtre, la **02** 9 Dd 48
Vallègue **31** 141 Be 88
Valleiry **74** 96 Ff 72
Vallenay **18** 79 Cc 68
Vallentigny **10** 53 Ed 58
Vallerange **57** 38 Ge 55
Vallérargues **30** 131 Ec 84
Valleraugue **30** 130 Dd 84
Vallères **37** 63 Ac 65
Valleret **52** 53 Fa 58
Vallereuil **24** 100 Ad 78
Vallerois-le-Bois **70** 70 Gb 63
Vallerois-Lorioz **70** 70 Ga 63
Valleroy **25** 70 Ga 64
Valleroy **52** 69 Fe 62
Valleroy **54** 38 Ff 53
Valleroy-aux-Saules **88** 55 Ga 59
Valleroy-le-Sec **88** 55 Ga 59
Vallery **89** 51 Da 59
Vallet **44** 60 Ye 66
Valletot **27** 15 Ad 52
Vallica **2B** 156 Ka 93
Vallière **23** 91 Cc 71
Vallières **10** 52 Ea 61
Vallières **23** 90 Ca 73
Vallières **74** 96 Ff 73
Vallières-les-Grandes **41** 63 Ba 64
Valliguières **30** 131 Ed 84
Valliquerville **76** 15 Ae 51
Valloire **73** 108 Gc 78
Vallois **54** 55 Gd 58
Vallois, Les **88** 55 Ga 60
Vallon-en-Sully **03** 79 Cd 69
Vallon-Pont-d'Arc **07** 118 Ec 82
Vallon-sur-Gée **72** 47 Zf 61
Vallorcine **74** 97 Gf 72
Vallouise **05** 120 Gc 79
Valmanya **66** 154 Cd 93
Valmascle **34** 143 Db 87
Valmeinier **73** 108 Gc 77
Valmestroff **57** 22 Gb 52
Valmigère **11** 142 Cc 91
Valmondois **95** 33 Cb 54
Valmont **76** 15 Ad 50
Valmunster **57** 22 Gd 53
Valmy **51** 36 Ee 54
Valognes **50** 12 Yd 51
Valojoulx **24** 101 Ba 78
Valonne **25** 71 Gd 64
Valoreille **25** 71 Ge 65
Valouse **26** 119 Fb 82
Valprionde **46** 113 Ba 82
Valprivas **43** 105 Ea 77
Valpuiseaux **91** 50 Cb 58
Valras-Plage **34** 143 Db 89
Valréas **84** 118 Ef 82
Valros **34** 143 Dc 88
Valroufié **46** 114 Bc 81
Vals **09** 141 Be 90
Val-Saint-Eloi, Le **70** 70 Gb 62
Val-Saint-Germain, Le **91** 33 Ca 57
Val-Saint-Père, Le **50** 28 Yd 57
Vals-des-Tilles **52** 69 Fa 62
Valsemé **14** 14 Aa 53
Valserres **05** 120 Ga 82
Vals-le-Chastel **43** 104 Dd 77
Vals-les-Bains **07** 118 Ec 81
Valsonne **69** 94 Ec 73
Vals-près-le-Puy **43** 105 Df 78
Valtin, le **88** 56 Ha 60
Valuéjols **15** 104 Cf 78
Valvignères **07** 118 Ed 82
Valzergues **12** 115 Cb 82
Valz-sous-Châteauneuf **63** 104 Dc 76
Vanault-le-Châtel **51** 36 Ee 55
Vanault-les-Dames **51** 36 Ee 55
Vançais **79** 88 Aa 71
Vancé **72** 48 Ad 62
Vancelle, La **67** 56 Hb 59
Vanclans **25** 84 Gc 66
Vandeins **01** 94 Fa 71
Vandelainville **54** 38 Ff 54
Vandelans **70** 70 Gb 64
Vandeléville **54** 55 Ff 58
Vandélicourt **60** 18 Ce 51
Vandenesse **58** 81 De 67
Vandenesse-en-Auxois **21** 68 Ed 65
Vandeuil **51** 19 De 53
Vandières **51** 35 De 54
Vandières **54** 38 Ga 55
Vandœuvre-lès-Nancy **54** 38 Gb 57
Vandoncourt **25** 71 Gf 64
Vandré **17** 87 Zb 72
Vandrimare **27** 16 Bc 52
Vandy **08** 20 Ee 52
Vanlay **10** 52 Ea 60

Tournemire — Vanlay (F) 205

Vic-Fezensac 32 125 Ab 86
Vichel-Nanteuil 02 34 Db 53
Vichères 28 48 Af 59
Vichy 03 92 Dc 72
Vic-la-Gardiole 34 144 De 88
Vic-le-Comte 63 104 Db 75
Vic-le-Fesq 30 130 Ea 85
Vico 2A 158 Ie 96
Vicogne, La 80 7 Cb 48
Vicomté, La 22 27 Ya 58
Vicq 03 92 Da 72
Vicq 52 54 Fd 61
Vicq 59 9 Dd 46
Vicq 78 32 Be 56
Vicq-d'Auribat 40 123 Za 86
Vicq-Exemplet 36 79 Ca 69
Vicq-sur-Breuilh 87 101 Bc 75
Vicq-sur-Gartempe 86 77 Af 68
Vicq-sur-Nahon 36 64 Bc 66
Vicques 14 30 Zf 55
Vic-sous-Thil 21 68 Eb 64
Vic-sur-Aisne 02 18 Da 52
Vic-sur-Cère 15 115 Cd 79
Vic-sur-Seille 57 38 Gd 56
Victot-Pontfol 14 30 Zf 54
Vidai 61 47 Ac 58
Vidaillac 46 114 Be 82
Vidaillat 23 90 Bf 73
Vidauban 83 147 Gc 88
Videcosville 50 12 Yd 51
Videix 87 89 Ae 74
Videlles 91 50 Cc 58
Vidou 65 139 Ab 89
Vidouville 50 29 Za 54
Vidouze 65 138 Zf 88
Vieil-Dampierre, Le 51 36 Ef 55
Vieil-Evreux, Le 27 32 Bb 54
Vieil-Hesdin 62 7 Ca 46
Vieille-Adour 65 139 Aa 90
Vieille-Brioude 43 104 Dc 77
Vieille-Chapelle 62 8 Ce 45
Vieille-Église 62 3 Ca 43
Vieille-Eglise-en-Yvelines 78 32 Bf 56
Vieille-Louron 65 150 Ac 91
Vieille-Loye, La 39 83 Fd 66
Vieille-Lyre, La 27 31 Ae 55
Vieille-Saint-Girons 40 123 Yd 85
Vieilles-Maisons-sur-Joudry 45 50 Cc 61
Vieillespesse 15 104 Da 76
Vieille-Toulouse 31 140 Bc 87
Vieillevie 15 115 Cc 81
Vieillevigne 31 141 Bd 88
Vieillevigne 44 74 Yd 67
Vieilley 25 70 Ga 64
Vieils-Maisons 02 34 Dc 55
Viel-Arcy 02 19 Dd 52
Viella 32 124 Zf 87
Vielle-Aure 65 150 Ab 92
Viellenave-d'Arthez 64 138 Zd 88
Viellenave-de-Navarrenx 64 137 Zb 88
Vielleñave-sur-Bidouze 64 137 Yf 88
Vielle-Saint-Girons 40 123 Ye 85
Viellesègure 64 137 Zb 88
Vielle-Soubiran 40 124 Ze 84
Vielle-Tursan 40 124 Zd 86
Vielmanay 58 66 Da 65
Vielmoulin 21 68 Ee 65
Vielmur-sur-Agout 81 127 Ca 87
Vielprat 43 117 Df 79
Viel-Saint-Remy 08 20 Ec 51
Vielverge 21 69 Fc 65
Vienne 38 106 Ef 75
Vienne-en-Arthies 95 32 Be 54
Vienne-en-Bessin 14 13 Zc 53
Vienne-en-Val 45 65 Ca 62
Vienne-la-Ville 51 36 Ef 53
Vienne-le-Château 51 36 Ef 53
Viens 84 132 Fd 85
Vienville 88 56 Gf 59
Viersat 23 91 Cc 71
Vierville 28 49 Bf 58
Vierville 50 12 Ye 52
Vierville-sur-Mer 14 13 Za 52
Vierzon 18 65 Ca 65
Vierzy 02 18 Db 53
Viesly 59 9 Dc 48
Viessoix 14 29 Zb 55
Viéthorey 25 70 Gc 64
Vieu 01 95 Fe 73
Vieu-d'Izenave 01 95 Fd 72
Vieugy 74 96 Ga 73
Vieure 03 80 Cf 70
Vieussan 34 143 Cf 87
Vieuvicq 28 48 Bb 59
Vieuvy 53 29 Za 58
Vieux 14 29 Zd 54
Vieux 81 127 Bf 85
Vieux-Berquin 59 4 Cd 44
Vieux-Boucau-les-Bains 40 122 Yd 86
Vieux-Bourg, Le 14 14 Ab 53
Vieux-Bourg, Le 22 26 Xa 56
Vieux-Bourg, Le 22 26 Xa 58
Vieux-Bourg, Le 22 43 Xb 59
Vieux-Cérier, Le 16 88 Ac 73
Vieux-Cerne, Le 85 73 Xf 67
Vieux-Champagne 77 34 Da 57
Vieux-Charmont 25 71 Ge 63
Vieux-Château 21 67 Ea 64
Vieux-Condé 59 9 Dd 46
Vieux-Ferrette 68 72 Hb 63
Vieux-Fumé 14 30 Zf 54
Vieux-lès-Asfeld 08 19 Ea 52
Vieux-Lixheim 57 39 Ha 56
Vieux-Manoir 76 16 Bb 51
Vieux-Marché, Le 22 25 Wd 57
Vieux-Mareuil 24 100 Ad 76
Vieux-Mesnil 59 9 Df 47
Vieux-Moulin 60 18 Cf 52
Vieux-Moulin 88 56 Ha 58
Vieux-Pont 14 30 Aa 54
Vieux-Pont 61 30 Zf 57
Vieux-Port 27 15 Ad 52
Vieux-Reng 59 10 Ea 46
Vieux-Rouen-sur-Bresle 76 16 Be 49
Vieux-Rue, La 76 16 Bb 51
Vieux-Ruffec 16 88 Ac 72
Vieux-Thann 68 56 Ha 62
Vieux-Vil 35 28 Yc 57
Vieux-Villez 27 32 Bb 53
Vieux-Vy-sur-Couesnon 35 45 Yd 58
Viévigne 21 69 Fb 64
Viéville 52 54 Fa 59
Viéville-en-Haye 54 38 Ff 55
Viévy 21 82 Ec 66
Vievy-le-Rayé 41 49 Bb 61
Viey 65 150 Aa 91
Vif 38 107 Fe 78
Viffort 02 34 Dc 55
Vigan, Le 30 129 Dd 85
Vigan, Le 46 113 Bc 80
Vigean, Le 15 103 Cc 77
Vigeant, Le 86 89 Ad 71
Vigen, Le 87 89 Bb 74
Vigeois 19 102 Bd 76
Viger 65 138 Zf 90
Vigeville 23 90 Ca 72
Viggianello 2A 159 If 98
Viglain 45 65 Cb 62
Vignacourt 80 7 Cb 48
Vignale 2B 157 Kc 93
Vignats 14 30 Zf 55
Vignau, le 40 124 Ze 86
Vignaux 31 126 Ba 86
Vigneaux, Les 05 121 Gd 80
Vignely 77 34 Ce 55
Vignemont 60 18 Ce 51
Vignes 64 138 Zd 87
Vignes 89 67 Ea 63
Vignes, Les 48 129 Db 83
Vignes-la-Côte 52 54 Fb 59
Vigneulles 54 38 Gc 57
Vigneulles-lès-Hattonchâtel 55 37 Fe 55
Vigneul-sous-Montmédy 55 21 Fb 51
Vigneux-de-Bretagne 44 60 Yb 65
Vigneux-Hocquet 02 19 Df 50
Vigneux-sur-Seine 91 33 Cc 56
Vignevieille 11 142 Cd 91
Vignieu 38 107 Fc 75
Vignoc 35 45 Yb 59
Vignol 58 67 De 64
Vignoles 21 82 Ef 66
Vignolles 16 99 Zf 75
Vignols 19 101 Bc 77
Vignonet 33 111 Zf 79
Vignory 52 53 Fa 59
Vignot 55 37 Fd 56
Vignoux-sous-les-Aix 18 65 Cc 65
Vignoux-sur-Barangeon 18 65 Cb 65
Vigny 57 38 Gb 55
Vigny 95 32 Bf 54
Vigoulant 36 79 Ca 70
Vigoulet-Auzil 31 140 Bc 87
Vigoux 36 78 Bc 69
Vigueron 82 126 Ba 85
Vigy 57 38 Gb 53
Vihiers 49 61 Zc 66
Vijon 36 79 Ca 70
Vilcey-sur-Trey 54 38 Ff 55
Vildé-Guingalan 22 27 Xf 58
Vildé-la-Marine 35 28 Ya 57
Vilette 78 32 Be 55
Vilhain, Le 03 80 Ce 69
Vilhonneur 16 88 Ac 74
Villabé 91 33 Cc 57
Villabon 18 79 Ce 66
Villac 24 101 Bb 77
Villacerf 10 52 Df 58
Villacourt 54 55 Gc 58
Villadin 10 52 De 59
Villafans 70 70 Gc 63
Village-Neuf 68 72 Hd 63
Villagrains 33 111 Zc 81
Villaines-en-Duesmois 21 68 Ed 62
Villaines-la-Gonais 72 48 Ad 60
Villaines-la-Juhel 53 47 Ze 58
Villaines-les-Prévôtes 21 68 Eb 63
Villaines-les-Rochers 37 63 Ad 65
Villaines-sous-Bois 95 33 Cc 54
Villaines-sous-Lucé 72 47 Ac 61
Villaines-sous-Malicorne 72 47 Zf 62
Villainville 76 14 Ab 50
Villalet 27 31 Ba 55
Villalier 11 142 Cc 89
Villamblain 45 49 Bd 60
Villamblard 24 100 Ad 78
Villamée 35 28 Ye 58
Villampuy 28 49 Bd 60
Villandraut 33 111 Zd 82
Villandry 37 63 Ad 65
Villanière 11 142 Cc 88
Villanova 2A 158 Ie 97
Villapourçon 58 81 Df 67
Villard 23 90 Be 71
Villard 23 90 Be 72
Villard 74 96 Gc 71
Villard, le 23 90 Bf 75
Villar-d'Arène 05 108 Gc 78
Villard-Bonnet 38 108 Ff 77
Villard-de-Lans 38 107 Fd 78
Villard-d'Héry 73 108 Ga 75
Villardebelle 11 142 Cc 90
Villard-Léger 73 108 Gb 75
Villard-Notre-Dame 38 108 Ga 78
Villardonnel 11 141 Cb 89
Villard-Reculas 38 108 Ga 78
Villard-Reymond 38 108 Ga 78
Villards, Les 42 105 Df 76
Villard-Saint-Christophe 38 120 Fe 79
Villard-Saint-Sauveur 39 96 Ff 70
Villard-Sallet 73 108 Ga 76
Villards-d'Héria 39 95 Fe 70
Villards-sur-Thônes, Les 74 96 Gc 73
Villard-sur-Bienne 39 84 Ff 70
Villard-sur-Doron 73 96 Gd 74
Villard-sur-l'Ain 39 84 Fe 68
Villarembert 73 108 Gb 77
Villar-en-Val 11 142 Cc 90
Villargent 70 70 Gc 63
Villargoix 21 68 Eb 65
Villariès 31 127 Bc 86
Villar-Loubière 05 120 Ga 80
Villarlurin 73 109 Gd 76
Villarodin-Bourget 73 109 Ge 77
Villaroger 73 109 Gf 75
Villaroux 73 108 Ga 76
Villars 24 101 Ac 76
Villars 24 101 Ae 76
Villars 28 49 Bd 59
Villars 84 132 Fc 85
Villars, Le 71 82 Ef 69
Villar-Saint-Anselme 11 142 Cb 90
Villars-en-Azois 52 53 Ee 60
Villars-en-Pons 17 99 Zc 75
Villars-et-Villenotte 21 68 Ec 63
Villars-Fontaine 21 68 Ef 66
Villars-le-Pautel 70 55 Ff 61
Villars-lès-Blamont 25 71 Gf 64
Villars-les-Bois 17 87 Zd 74
Villars-les-Dombes 01 94 Fa 73
Villars-le-Sec 90 71 Gf 64
Villars-Saint-Georges 25 70 Fe 66
Villars-sous-Ecot 25 71 Ge 64
Villars-sur-Var 06 134 Ha 85
Villarzel-Cabardès 11 142 Cc 89
Villarzel-du-Razès 11 141 Cb 90
Villasavary 11 141 Ca 89
Villate 31 140 Bc 88
Villaudric 31 126 Bc 86
Villavard 41 63 Af 62
Villaz 74 96 Gb 73
Ville 60 18 Cf 51
Villé 67 56 Hb 58
Villeau 28 49 Bd 59
Ville-au-Montois 54 21 Fe 52
Ville-au-Val 54 38 Ga 55
Ville-aux-Clercs, La 41 48 Ba 61
Villebadin 61 30 Aa 56
Villebarou 41 64 Bb 63
Villebaudon 50 28 Yf 55
Villebazy 11 142 Cb 90
Villebéon 77 51 Cf 59
Villebernier 49 62 Zf 65
Villeberny 21 68 Ed 64
Villebichot 21 69 Fa 66
Villeblevin 89 51 Da 59
Villebois 01 95 Fc 73
Villebois-Lavalette 16 100 Ab 76
Villebois-les-Pins 26 119 Fd 83
Villebon 28 48 Bb 58
Villebougis 89 51 Da 59
Villebourg 37 63 Ad 63
Villebout 41 48 Bb 61
Villebramar 47 112 Ac 81
Villebret 03 91 Cd 71
Villebrumier 82 126 Bc 85
Villecay-sur-Mad 54 38 Ff 54
Villecelin 18 79 Cb 68
Villecerf 77 51 Cf 59
Villechantria 39 95 Fc 70
Villechaud 58 66 Cf 64
Villechauve 41 63 Af 63
Villechenève 69 94 Ec 74
Villechétif 10 52 Ea 59
Villechétive 89 51 Dd 60
Villechien 50 29 Za 57
Villecien 89 51 Db 60
Villécloye 55 21 Fc 51
Villecomtal 12 115 Cd 81
Villecomtal-sur-Arros 32 139 Ab 88
Villecomte 21 69 Fa 63
Villeconin 91 50 Ca 57
Villecourt 80 18 Cf 50
Villecresnes 94 33 Cd 56
Villecroze 83 147 Gb 87
Villedaigne 11 142 Cf 89
Ville-Danet, La 35 44 Xe 60
Ville-de-Paraso 2B 156 If 93
Ville-devant-Chaumont 55 21 Fc 53
Villedieu 15 116 Da 78
Villedieu 21 53 Ec 61
Villedieu 84 131 Fa 83
Villedieu, La 17 87 Ze 72
Villedieu, La 23 90 Bf 74
Villedieu, La 48 116 Dd 80
Villedieu, Les 25 84 Gb 68
Villedieu-du-Clain, La 86 76 Ac 70
Ville-Dieu-du-Temple, La 82 126 Bb 84
Villedieu-en-Fontenette, la 70 70 Gb 62
Villedieu-la-Blouère 49 60 Yf 66
Villedieu-le-Château 41 63 Ad 62
Villedieu-les-Bailleul 61 30 Aa 56
Villedieu-les-Poêles 50 28 Ye 55
Villedieu-sur-Indre 36 78 Bd 67
Ville-di-Pietrabugno 2B 157 Kc 92
Villedômain 37 78 Bb 66
Villedômer 37 63 Af 63
Ville-Dommage 51 35 Df 53
Villedoux 17 86 Yf 71
Villedubert 11 142 Cc 89
Ville-du-Pont 25 84 Gc 66
Ville-en-Sallaz 74 96 Gc 72
Ville-en-Tardenois 51 35 De 53
Ville-en-Vermois 54 38 Gb 57
Ville-en-Woëvre 55 37 Fd 54
Ville-ès-Nonais, La 35 27 Ya 57
Villefagnan 16 88 Aa 72
Villefargeau 89 67 Dd 62
Villefavard 87 89 Bb 72
Villeferry 21 68 Ed 64
Villefloure 11 142 Cc 90
Villefollet 79 87 Ze 72
Villefontaine 38 107 Fa 75
Villefort 11 153 Ca 91
Villefort 48 117 Df 82
Villefranche 32 139 Ae 88
Villefranche 89 51 Da 61
Villefranche-d'Albigeois 81 128 Cc 85
Villefranche-d'Allier 03 92 Cf 70
Villefranche-de-Conflent 66 153 Cc 93
Villefranche-de-Lauragais 31 141 Be 88
Villefranche-de-Lonchat 24 100 Aa 79
Villefranche-de-Panat 12 128 Ce 84
Villefranche-de-Rouergue 12 114 Ca 82
Villefranche-du-Périgord 24 113 Ba 81
Villefranche-du-Queyran 47 112 Ab 83
Villefranche-le-Château 26 132 Fd 83
Villefranche-sur-Cher 41 64 Be 65
Villefranche-sur-Mer 06 135 Hb 86
Villefranche-sur-Saône 69 94 Ee 73
Villefrancœur 41 64 Bb 62
Villefrancon 70 70 Fe 64
Villefranque 64 136 Yd 88
Villefranque 65 138 Zf 88
Villegailhenc 11 142 Cc 89
Villegats 16 88 Ab 73
Villegats 27 32 Bc 54
Villegaudin 71 83 Fa 68
Villegenon 18 65 Cd 64
Villegly 11 142 Cc 89
Villegongis 36 78 Bd 67
Villegouge 33 99 Ze 79
Villegouin 36 78 Bc 67
Villegusien-le-Lac 52 69 Fb 62
Villeherviers 41 64 Be 64
Ville-Houdlémont 54 21 Fd 51
Villejésus 16 88 Aa 73
Villejoubert 16 88 Ab 74
Villejuif 94 33 Cc 56
Villejust 91 33 Cb 56
Ville-Langy 58 81 Dd 67
Villelaure 84 132 Fc 86
Ville-le-Marclet 80 7 Ca 48
Villelongue 65 138 Zf 91
Villelongue-d'Aube 11 141 Ca 90
Villelongue-de-la-Salanque 66 154 Cf 92
Villelongue-dels-Monts 66 154 Cf 93
Villeloup 10 52 Df 58
Villemade 82 126 Bb 84
Villemagne 11 142 Cd 90
Villemagne 34 129 Da 87
Villemain 79 88 Zf 72
Villemandeur 45 50 Ce 61
Villemanoche 89 51 Db 59
Villemardy 41 63 Bb 62
Villemaréchal 77 51 Cf 59
Villematier 31 127 Bd 86
Villemaur-sur-Vanne 10 52 De 59
Villembits 65 139 Ab 89
Villembray 60 16 Bf 52
Villemer 77 51 Ce 59
Villemer 89 51 Dc 61
Villemereuil 10 52 Ea 59
Villemeux-sur-Eure 28 32 Bc 56
Villemoiron 38 107 Fb 74
Villemoiron-en-Othe 10 52 De 59
Villemoisan 49 61 Za 64
Villemolaque 66 154 Ce 93
Villemontais 42 93 Df 73
Villemontoire 02 18 Dc 53
Villemorien 10 52 Eb 60
Villemorin 17 87 Ze 72
Villemort 86 77 Af 69
Villemotier 01 95 Fb 70
Villemoustaussou 11 142 Cc 89
Villemoutiers 45 50 Cd 61
Villemoyenne 02 34 Dd 53
Villemoyenne 02 34 Dd 55
Villemoyenne 10 52 Eb 59
Villemur 65 139 Ad 89
Villemurlin 45 65 Cb 62
Villemur-sur-Tarn 31 127 Bd 85
Villemus 04 132 Fe 85
Villenauxe-la-Grande 10 34 Dd 57
Villenauxe-la-Petite 77 51 Db 58
Villenave 40 123 Ye 87
Villenave 40 123 Zb 85
Villenave-de-Rions 33 111 Zd 80
Villenave-d'Ornon 33 111 Zc 80
Villenave-près-Béarn 65 138 Zf 88
Villenavotte 89 51 Db 59
Villeneuve 01 94 Ef 72
Villeneuve 01 96 Ga 71
Villeneuve 04 133 Ff 85
Villeneuve 09 151 Af 91
Villeneuve 12 114 Ca 82
Villeneuve 33 99 Zc 78
Villeneuve 63 103 Db 76
Villeneuve 77 50 Cd 60
Villeneuve, La 23 91 Cc 73
Villeneuve, La 71 81 Ea 69
Villeneuve-au-Châtelot, La 10 35 Dd 57
Villeneuve-au-Chemin 10 52 Df 60
Villeneuve-au-Chêne, La 10 53 Ec 59
Villeneuve-Bellenoye-et-la-Maize, la 70 70 Gb 62
Villeneuve-d'Allier 43 104 Dc 77
Villeneuve-d'Amont 25 84 Ga 67
Villeneuve-d'Ascq 59 8 Da 45
Villeneuve-d'Aval 39 84 Fe 67
Villeneuve-de-Berg 07 118 Ed 81
Villeneuve-de-Duras 47 112 Ab 80
Villeneuve-de-la-Raho 66 154 Cf 93
Villeneuve-de-Marsan 40 124 Ze 85
Villeneuve-de-Mézin 47 125 Ab 84
Villeneuve-d'Entraunes 06 134 Ge 84
Villeneuve-de-Rivière 31 139 Ad 90
Villeneuve-d'Olmes 09 153 Be 91
Villeneuve-du-Latou 09 140 Bc 89
Villeneuve-du-Paréage 09 141 Bd 90
Villeneuve-en-Chevrie, la 78 32 Bd 54
Villeneuve-en-Montagne 71 82 Ed 68
Villeneuve-Frouville 41 64 Bb 62
Villeneuve-l'Abbé 63 92 Db 73
Villeneuve-la-Comptal 11 141 Bf 89
Villeneuve-la-Comtesse 17 87 Zc 72
Villeneuve-la-Dondrage 89 51 Da 60
Villeneuve-la-Guyard 89 51 Da 58
Villeneuve-la-Lionne 51 34 Dc 56
Villeneuve-l'Archevêque 89 51 Dd 59
Villeneuve-la-Rivière 66 154 Ce 92
Villeneuve-Lécussan 31 139 Ac 90
Villeneuve-le-Roi 94 33 Cc 56
Villeneuve-lès-Avignon 30 131 Ee 85
Villeneuve-lès-Béziers 34 143 Db 89
Villeneuve-les-Bordes 77 51 Da 58
Villeneuve-les-Cerfs 63 92 Db 72
Villeneuve-lès-Charleville, La 51 35 De 56
Villeneuve-lès-Charnod 39 95 Fc 70
Villeneuve-les-Convers, La 21 68 Ed 63
Villeneuve-les-Corbières 11 154 Ce 91
Villeneuve-les-Genêts 89 66 Da 62
Villeneuve-lès-Lavaur 81 127 Be 87
Villeneuve-lès-Maguelonne 34 144 Df 87
Villeneuve-lès-Montréal 11 141 Ca 89
Villeneuve-les-Sablons 60 17 Ca 53
Villeneuve-Loubet 06 134 Ha 86
Villeneuve-Minervois 11 142 Cc 89
Villeneuve-Saint-Denis 77 34 Ce 56
Villeneuve-Saint-Georges 94 33 Cc 56
Villeneuve-Saint-Nicolas 28 49 Bd 59
Villeneuve-Saint-Salves 89 52 Dd 61
Villeneuve-Saint-Vistre-et-Villevotte 51 35 De 57
Villeneuve-sous-Charigny 21 68 Ec 64
Villeneuve-sous-Dammartin 77 33 Cd 54
Villeneuve-sous-Pymont 39 83 Fd 68
Villeneuve-sous-Thury, La 60 34 Da 54
Villeneuve-sur-Allier 03 80 Db 69
Villeneuve-sur-Auvers 91 50 Cb 58
Villeneuve-sur-Bellot 77 34 Dc 55
Villeneuve-sur-Cher 18 79 Cb 66
Villeneuve-sur-Conie 45 49 Bd 60
Villeneuve-sur-Fère 02 34 Dc 53
Villeneuve-sur-Lot 47 112 Ae 82
Villeneuve-sur-Verberie 60 17 Ce 53
Villeneuve-sur-Vère 81 127 Ca 84
Villeneuve-sur-Yonne 89 51 Db 60
Villeneuve-Tolosane 31 140 Bc 87
Villeneuvette 34 143 Dc 87
Villennes-sur-Seine 78 32 Bf 55
Villenouvelle 31 141 Be 88
Villenoy 77 34 Cf 55
Villentrois 36 64 Bc 65
Villeny 41 64 Be 63
Villeoin-Coulangé 37 63 Bb 66
Villepail 53 47 Ze 58
Villeparisis 77 33 Cd 55
Villeparois 70 70 Gb 63
Villeperdix 26 119 Fb 82
Villeperdue 37 63 Ad 65
Villeperrot 89 51 Db 59
Villepinte 11 141 Ca 89
Villepinte 93 33 Cd 55
Villeporcher 41 63 Af 63
Villepot 44 45 Ye 62
Villepreux 78 33 Ca 56
Villequier 76 15 Ae 51
Villequier-Aumont 02 18 Db 51
Villequiers 18 80 Ce 66
Viller 57 38 Gd 55
Villerable 41 63 Ba 62
Villerbon 41 64 Bc 63
Villeréal 47 113 Ae 81
Villereau 45 49 Bf 60
Villereau 59 9 De 47
Villerest 42 93 Ea 73
Villeret 02 8 Db 49
Villereversure 01 95 Fc 71
Villermain 41 49 Bd 61
Villeromain 41 63 Ba 62
Villeron 95 33 Cd 54
Villerouge-Termenès 11 142 Cd 91
Villeroy 77 33 Ce 55
Villeroy 80 7 Be 49
Villeroy 89 51 Db 59
Villeroy-sur-Authie 80 7 Ca 47
Villeroy-sur-Méholle 55 37 Fd 57
Villers 27 16 Bc 53
Villers 42 93 Eb 72
Villers 88 55 Gb 59
Villers-Agron-Aiguizy 02 35 De 54
Villers-Allerand 51 35 Ea 54
Villers-au-Bois 62 8 Ce 46
Villers-au-Flos 62 8 Cf 48
Villers-au-Tertre 59 8 Db 47
Villers-aux-Bois 51 35 Df 55
Villers-aux-Erables 80 17 Cd 50
Villers-aux-Nœuds 51 35 Ea 53
Villers-aux-Vents 55 36 Fa 55
Villers-Bocage 14 29 Zc 54
Villers-Bocage 80 7 Cb 48
Villers-Bouton 70 70 Ff 64
Villers-Bretonneux 80 17 Cd 49
Villers-Brûlin 62 8 Cd 46
Villers-Buzon 25 70 Ff 65
Villers-Campsart 80 16 Be 49
Villers-Canivet 14 30 Ze 55
Villers-Carbonnel 80 18 Cf 49
Villers-Cernay 08 20 Fa 50
Villers-Châtel 62 8 Cd 46
Villers-Chemin 70 70 Ff 64
Villers-Chief 25 70 Gc 65
Villers-Cotterêts 02 18 Da 53
Villers-devant-Dun 55 20 Fa 52
Villers-devant-le-Thour 08 19 Ea 51
Villers-devant-Mouzon 08 20 Fa 51
Villers-Ecalles 76 15 Af 51
Villers-en-Argonne 51 36 Ef 54
Villers-en-Arthies 95 32 Be 54
Villers-en-Haye 54 38 Ga 56
Villers-en-Ouche 61 31 Ac 55
Villers-en-Prayères 02 19 De 52
Villers-en-Vexin 27 16 Bd 53
Villerserine 39 83 Fd 67
Villersexel 70 70 Gc 63
Villers-Farlay 39 84 Fe 66
Villers-Faucon 80 8 Da 49
Villers-Franqueux 51 19 Df 53
Villers-Grélot 25 70 Gb 64
Villers-Guislain 59 8 Da 48
Villers-Hélon 02 18 Db 53
Villers-la-Chèvre 54 21 Fe 51
Villers-la-Combe 25 70 Gc 65
Villers-la-Faye 21 82 Ef 66
Villers-la-Montagne 54 21 Fe 52
Villers-la-Ville 70 70 Gc 63
Villers-le-Château 51 35 Eb 55
Villers-le-Lac 25 85 Ge 66
Villers-le-Pré 50 28 Yd 57
Villers-le-Rond 54 21 Fd 52
Villers-les-Bois 39 83 Fd 67
Villers-lès-Cagnicourt 62 8 Da 47
Villers-le-Sec 02 18 Dd 50
Villers-le-Sec 51 36 Ef 56
Villers-le-Sec 55 37 Fb 57
Villers-le-Sec 58 66 Dc 64
Villers-le-Sec 70 70 Gb 63
Villers-lès-Guise 02 19 De 49
Villers-lès-Luxeuil 70 70 Gb 62
Villers-lès-Mangiennes 55 21 Fd 52
Villers-lès-Moivrons 54 38 Gb 56
Villers-lès-Nancy 54 38 Ga 56
Villers-les-Ormes 36 78 Bd 67
Villers-les-Pots 21 69 Fc 65
Villers-lès-Roye 80 17 Ce 50
Villers-le-Tilleul 08 20 Ee 51
Villers-le-Tourneur 08 20 Ed 51
Villers-l'Hôpital 62 7 Cb 47
Villers-Marmery 51 35 Eb 54
Villers-Pater 70 70 Gb 64
Villers-Patras 21 53 Ed 61
Villers-Plouich 59 8 Da 48
Villers-Pol 59 9 Dd 47
Villers-Robert 39 83 Fd 67
Villers-Rotin 21 69 Fc 66
Villers-Saint-Barthélemy 60 16 Bf 52
Villers-Saint-Christophe 02 18 Da 50
Villers-Saint-Frambourg 60 17 Cd 53
Villers-Saint-Genest 60 34 Cf 54
Villers-Saint-Martin 25 70 Gc 64
Villers-Saint-Paul 60 17 Cc 53
Villers-Saint-Sépulcre 60 17 Cb 52
Villers-Sire-Nicole 59 9 Ea 46
Villers-Sir-Simon 62 8 Cc 47
Villers-sous-Ailly 80 7 Ca 48
Villers-sous-Chalamont 25 84 Ga 67
Villers-sous-Châtillon 51 35 De 54
Villers-sous-Foucarmont 76 16 Bd 49
Villers-sous-Montrond 25 70 Ga 66
Villers-sous-Pareid 55 37 Fe 54
Villers-sous-Prény 54 38 Ff 55
Villers-sous-Saint-Leu 60 33 Cc 53
Villers-Stoncourt 57 38 Gc 54
Villers-sur-Auchy 60 16 Be 52
Villers-sur-Authie 80 7 Be 47
Villers-sur-Bar 08 20 Ef 50
Villers-sur-Bonnières 60 16 Bf 51
Villers-sur-Coudun 60 18 Ce 52
Villers-sur-Fère 02 34 Dd 53
Villers-sur-le-Mont 08 20 Ee 50
Villers-sur-Mer 14 14 Zf 53
Villers-sur-Meuse 55 37 Fc 54
Villers-sur-Nied 57 38 Gd 55
Villers-sur-Port 70 70 Ga 62
Villers-sur-Saulnot 70 71 Gd 63
Villers-sur-Trie 60 16 Be 53
Villers-Tournelle 80 17 Cc 51
Villers-Vaudey 70 70 Fe 62
Villers-Vermont 60 16 Be 51
Villers-Vicomte 60 17 Cb 51
Villert 10 53 Ed 58
Villerupt 54 21 Ff 52
Villerville 14 14 Aa 52
Villery 10 52 Ea 59
Villes 01 95 Fe 72
Ville-Saint-Jacques 77 51 Cf 58
Ville-Savoye 02 19 Dd 53
Villeselve 60 18 Da 50
Villeseneux 51 35 Ea 55
Villesèque 46 113 Bb 82
Villesèque-des-Corbières 11 142 Cf 90
Villesèquelande 11 142 Cb 89
Villesiscle 11 141 Ca 89
Ville-sous-la-Ferté 10 53 Ee 60
Ville-sous-Orbais, La 51 35 De 55
Villespassans 34 143 Cf 88
Villespy 11 141 Ca 89
Ville-sur-Auzon 84 132 Fb 84
Ville-sur-Ancre 80 8 Cd 49
Ville-sur-Arce 10 53 Ec 60
Ville-sur-Cousances 55 37 Fb 54
Ville-sur-Illon 88 55 Gb 59
Ville-sur-Jarnioux 69 94 Ed 73
Ville-sur-Lumes 08 20 Ee 50
Ville-sur-Madon 54 55 Gb 58
Ville-sur-Saulx 55 36 Fa 56
Ville-sur-Terre 10 53 Ee 58
Ville-sur-Tourbe 51 36 Ee 53
Ville-sur-Yron 54 37 Ff 54
Villetelle 34 130 Ea 86
Villetelle, La 23 91 Cc 73
Villethierry 89 51 Da 59
Villeton 47 112 Ab 82
Villetoureix 24 100 Ac 77
Villetritouls 11 142 Cc 90
Villetrun 41 63 Ba 62
Villette, La 14 29 Zc 55
Villette-d'Anthon 38 95 Fa 74
Villette-de-Vienne 38 106 Ef 75
Villette-lès-Arbois 39 84 Fe 67
Villette-lès-Dole 39 83 Fd 66
Villettes 27 31 Ba 54
Villettes, Les 43 105 Eb 77
Villette-sur-Aube 10 35 Ea 57
Villeurbanne 69 94 Ef 74
Villevallier 89 51 Db 60
Villevaudé 77 33 Cd 55
Villevenard 51 35 De 56
Villevêque 49 61 Zd 63
Villeveyrac 34 143 Dd 88
Villevieux 39 83 Fc 68
Villevocance 07 106 Ed 77
Villevoques 45 50 Cd 60
Villexanton 41 64 Bc 62
Villexavier 17 99 Zd 76
Villey, Le 39 83 Fd 67
Villey-le-Sec 54 38 Ff 57
Villey-Saint-Etienne 54 38 Ff 56
Villey-sur-Tille 21 69 Fa 63
Villez-sur-le-Neubourg 27 31 Af 54
Villié-Morgon 69 94 Ee 72
Villiers 86 76 Aa 66
Villiers 86 76 Aa 68
Villiers 86 76 Ab 68
Villiers-Adam 95 33 Cb 54
Villiers-au-Bouin 37 62 Ab 63
Villiers-aux-Corneilles 51 35 De 57
Villiers-Charlemagne 53 46 Zb 61
Villiers-Couture 17 87 Zf 73
Villiers-en-Bois 79 87 Zd 72
Villiers-en-Désœuvre 27 32 Bc 55
Villiers-en-Lieu 52 36 Ef 56

Vic-Fezensac — Villiers-en-Lieu (F) **207**

→ Laufzeit 1998
© Falk-Verlag AG München
© Kartografie: GeoData
Printed in Germany · ISBN 3·575·22855·8 (8.)

Paris et sa banlieue · Kaart van Parijs en omgeving
Stadtumgebungskarten von Paris · Surrounding of Paris
Légende · Legende · Zeichenerklärung · Legend
1:80.000

CIRCULATION – VERKEER – VERKEHR – TRAFFIC

Autoroute – en construction
Autosnelweg – in aanleg
Autobahn – im Bau
Motorway – under construction

A 10 · **17** · 29

Numéro de route: Autoroute – Route nationale – Route départementale
Wegnummers: Autosnelweg – Nationalweg – Departementweg
Straßennummern: Autobahn – Nationalstraße – Departementstraße
Road numbers: Motorway – Nationale – Départementale

Route à chaussées séparées sans intersections
Autoweg met meer dan twee rijstroken zonder niveau-kruisingen
Mehrbahnige, kreuzungsfreie Autostraße
Highway with two lanes without crossing

E 54

Numéro de route européenne – Nom de l'autoroute
Europawegnummer – Naam van de autosnelweg
Europastraßen-Nummer – Name der Autobahn
Number of main European route – Name of motorway

Route à grande circulation – en construction
Weg voor interlokaal verkeer – in aanleg
Fernverkehrsstraße – im Bau
Trunk road – under construction

7 · 3 · 5 · 1,5 · 5

Distances sur autoroutes – sur autres routes en kms
Kilometeraanduiding op autosnelwegen – op overige wegen
Kilometrierung an Autobahnen – an sonstigen Straßen
Distances on motorways – on other roads in km

Route principale importante – Route principale
Belangrijke hoofdweg – Hoofdweg
Wichtige Hauptstraße – Hauptstraße
Important main road – Main road

Poste d'essence
Benzinestation
Tankstelle
Filling station

Route secondaire – Autres routes
Overige verharde wegen – Overige wegen
Nebenstraße – Sonstige Straßen
Secondary road – Other minor roads

Restaurant – Restaurant avec motel
Restaurant – Restaurant met motel
Rasthaus – Rasthaus mit Motel
Restaurant – Restaurant with motel

Route à quatre ou plusieurs voies
Weg met vier of meer rijstroken
Vier- oder mehrspurige Straße
Road with four or more lanes

Snack – WC pour personnes handicapées
Snackbar – Invaliden-WC
Kleinraststätte – Behinderten-WC
Snackbar – Disabled-WC

Signalisation sur le réseau autoroutier
Bewegwijzering in het autosnelwegnet
Wegweisung im Autobahnnetz
Signposting in motorway network

Rouen

Information – Parking
Information – Parkeerplaats
Touristinformation – Parkplatz
Information – Parking place

Signalisation à moyenne distance (villes se trouvant sur les plans 1:80.000)
Bewegwijzering naar nabijgelegen bestemmingen
(plaatsen liggen binnen kaartsectie 1:80.000)
Wegweisung zu Nahzielen (Orte liegen innerhalb des Kartenteils 1:80.000)
Signposting to local destinations (within the 1:80.000 section)

Vélizy-Ouest

Chemin de fer principal – Gare – Haltes
Belangrijke spoorweg – Station
Hauptbahn – Bahnhof – Haltestelle
Main railway – Station

Signalisation à grande distance
(villes se trouvant en dehors des plans 1:80.000 → voir plans 1:300.000)
Bewegwijzering naar veraf gelegen bestemmingen
(plaatsen liggen buiten kaartsectie 1:80.000 → kaartsectie 1:300.000)
Wegweisung zu Fernzielen
(Orte liegen außerhalb des Kartenteils 1:80.000 → Kartenteil 1:300.000)
Signposting to distant destinations (outside the 1:80.000 section → 1:300.000 section)

Soissons

Chemin de fer secondaire ou industriel
Lokale spoorweg – Industrielijn
Neben- oder Industriebahn
Other railway – Commercial railway

RER St-Ouen

Station de RER
RER-(Stadbaan-)station
RER-(S-Bahn-)Station
RER-(Rapid city railway-)station

Accès et sortie dans les deux directions
Op- en afrit voor elke rijrichting
Ein- und Ausfahrt für jede Fahrtrichtung
Acces and exit in all directions

Versailles-Ouest St-Germain-en-L.

Ⓜ 1 la Défense

Station terminus de Métro (en dehors de Paris)
Métro-(Ondergrondse spoorweg-)eindstation (alleen buiten Parijs)
Métro-(U-Bahn-)Endstation (nur außerhalb von Paris)
Métro-(Subway-)terminus (outside Paris only)

Seulement sortie dans une direction – accès en direction opposée
Alleen afrit in één rijrichting – oprit in de tegenovergestelde richting
Nur Ausfahrt in einer Fahrtrichtung – Einfahrt in der Gegenrichtung
Exit in one direction only – acces in opposite direction

Fresnes Versailles

Ⓟ RER

Parkings près de stations de RER ou de Métro
ou de « Portes » touchées par le périphérique parisien
Parkeerplaats nabij een RER-, of Métro-station
of knooppunt van de rondweg (Périphérique) rondom Parijs
Parkplatz nahe einer RER- oder Métro-Station
oder an Knoten der Ringautobahn (Périphérique) um Paris
Parking place near an RER or Métro station
or at junctions on the Paris orbital motorway (Périphérique)

Seulement sortie – Alleen afrit
Nur Ausfahrt – Exit only
Seulement accès – Alleen oprit
Nur Einfahrt – Acces only

Arcueil Villejuif

Ⓟ Ⓜ

Nom de la « Porte » touchée par le périphérique parisien
Benaming van de knooppunten in het bereik van de rondweg rondom Parijs
Name der Straßenknoten im Bereich der Ringautobahn um Paris
Names of road junctions on the Paris orbital motorways

Pte des Lilas

✈ ✈

Aéroport – Aérodrome
Luchthaven – Vliegveld
Flughafen – Flugplatz
Airport – Airfield

CURIOSITES – BEZIENSWAARDIGHEDEN – SEHENSWÜRDIGKEITEN – PLACES OF INTEREST

Château
Parc

Curiosités remarquables – Zeer bezienswaardig
Besonders sehenswert – Place of particular interest
Curiosités – Bezienswaardig
Sehenswert – Place of interest

Église – Monastère – Ruine
Kerk – Klooster – Ruïne
Kirche – Kloster – Ruine
Church – Monastery – Ruin

✤ Tour Eiffel
✳ Musée

Autres curiosités
Overige bezienswaardigheden
Sonstige Sehenswürdigkeit
Other object of interest

Monument – Belvédère – Point de vue
Monument – Uitzichttoren – Uitzichtpunt
Denkmal – Aussichtsturm – Aussichtspunkt
Monument – Outlook tower – View-point

✳ Base de Loisirs

Base de loisirs
Recreatiecentrum
Freizeiteinrichtung
Leisure centre

Installation de sports – Terrain de golf
Sportterrein – Golfterrein
Sportanlage – Golfplatz
Sports centre – Golf course

Château, château-fort – Ruine – Fort
Slot, burcht – Ruïne – Fort
Schloß, Burg – Ruine – Fort
Castle – Ruin – Fort

Tour radio – Cimetière
Radiotoren – Begraafplaats
Funkturm – Friedhof
Radio tower – Cemetery

AUTRES INDICATIONS – OVERIGE INFORMATIE – SONSTIGES – OTHER INFORMATION

Paris, périmètre urbain
Parijs, stadgebied
Paris, Stadtgebiet
Central Paris

Zone industrielle
Industriecomplex
Industriegebiet
Industrial area

Banlieu
Dicht bebouwde omgeving
Dicht bebaute Umgebung
Densely built-up area

Parque, bois
Park, bos
Park, Wald
Park, forest

Environs
Buitenwijk met open bebouwing
Offen bebautes Außengebiet
Suburb, open development

Guide d'orientation des pages
Bladzijde-Oriënteringsrooster
Seiten-Orientierungshilfe
Page identification

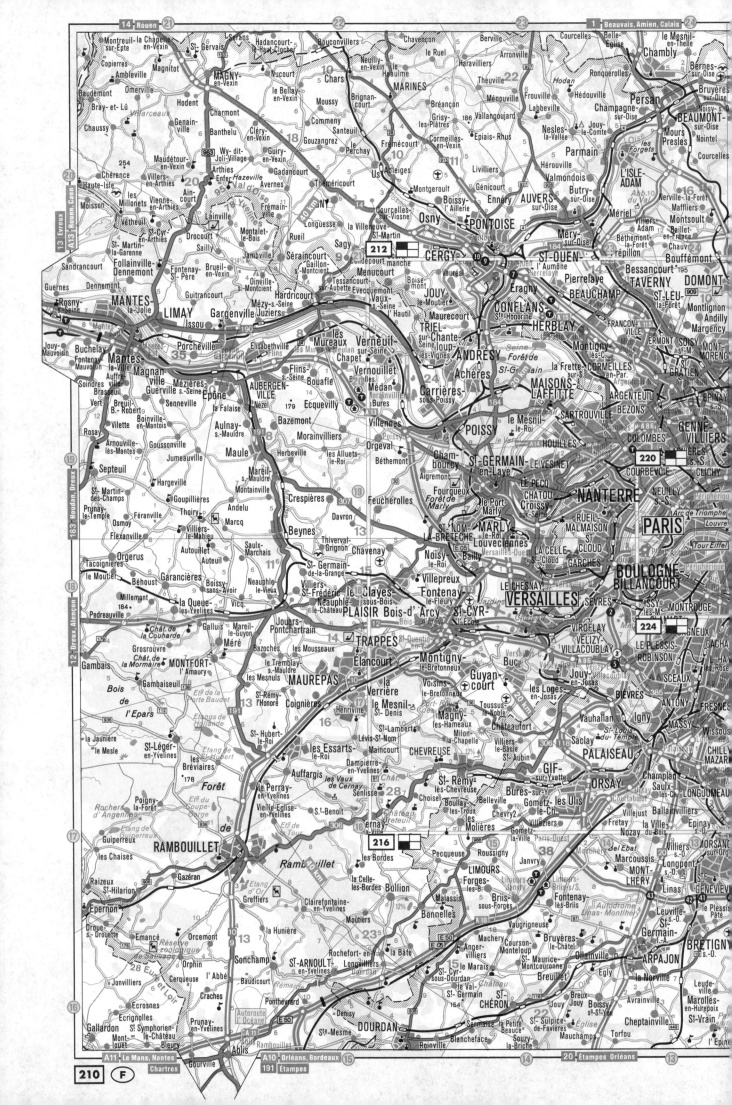

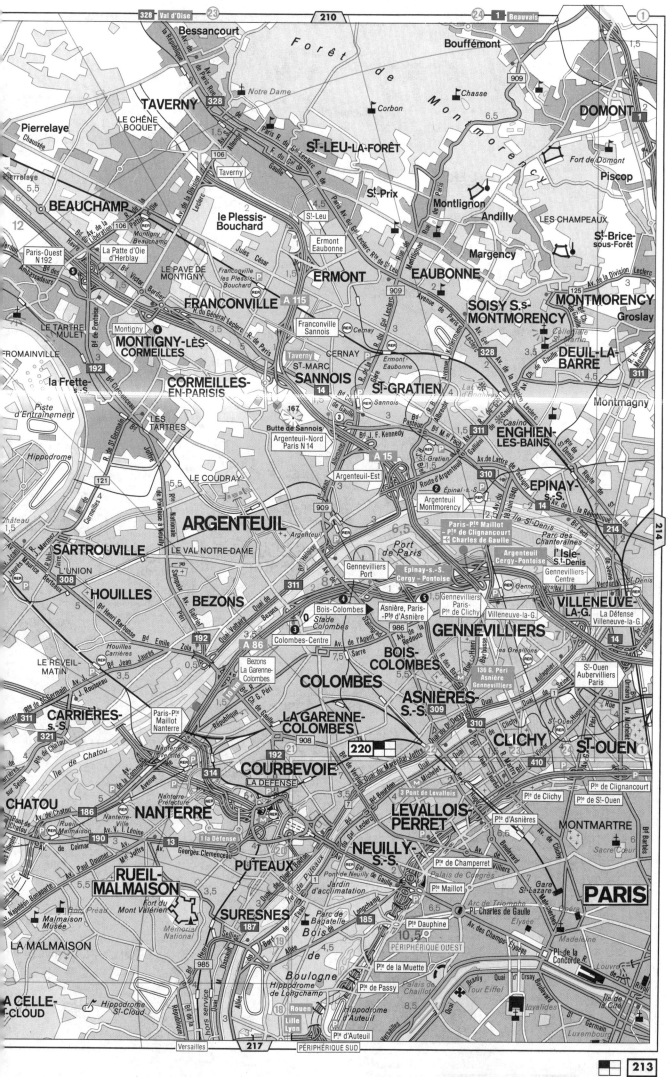

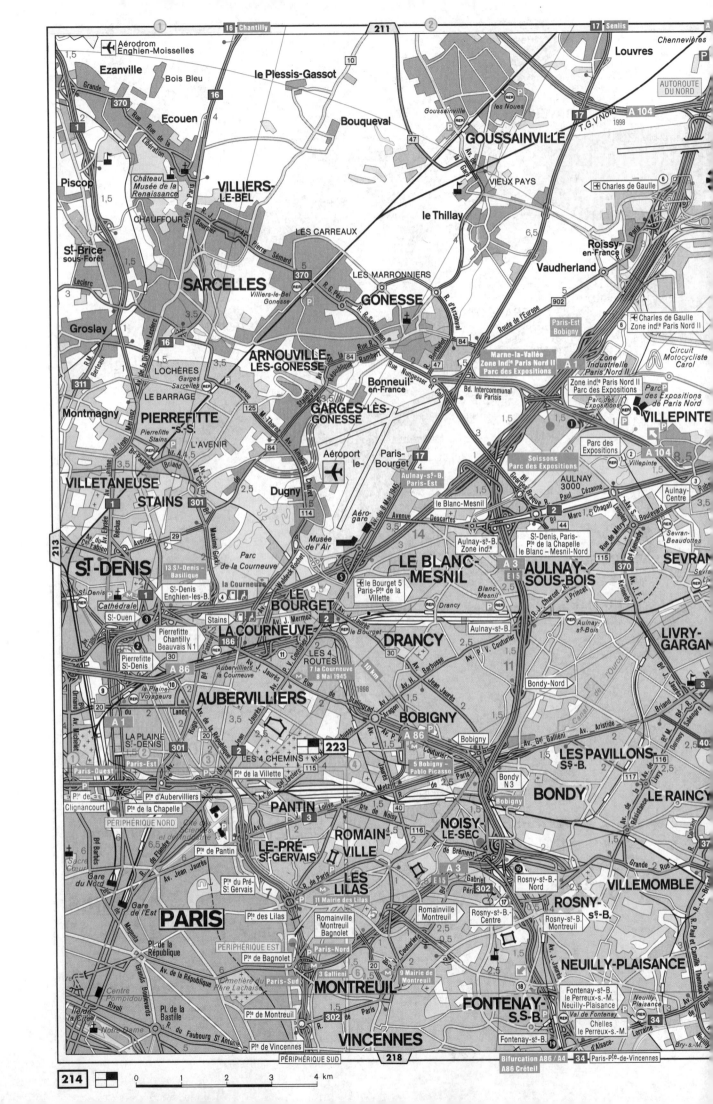

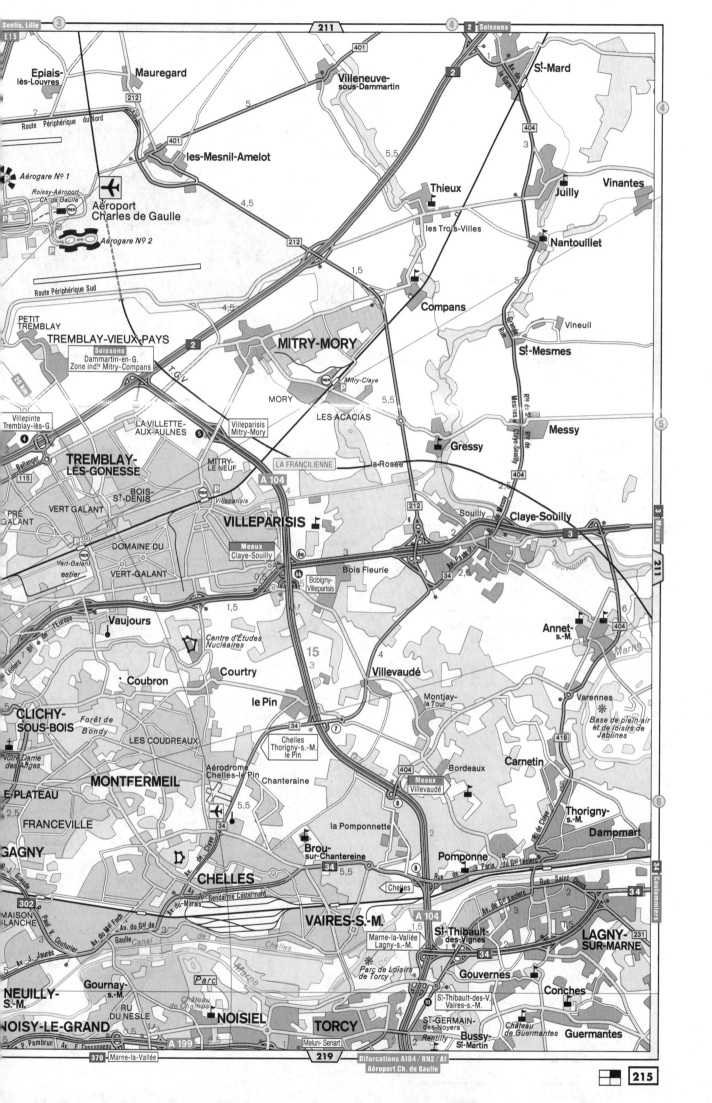

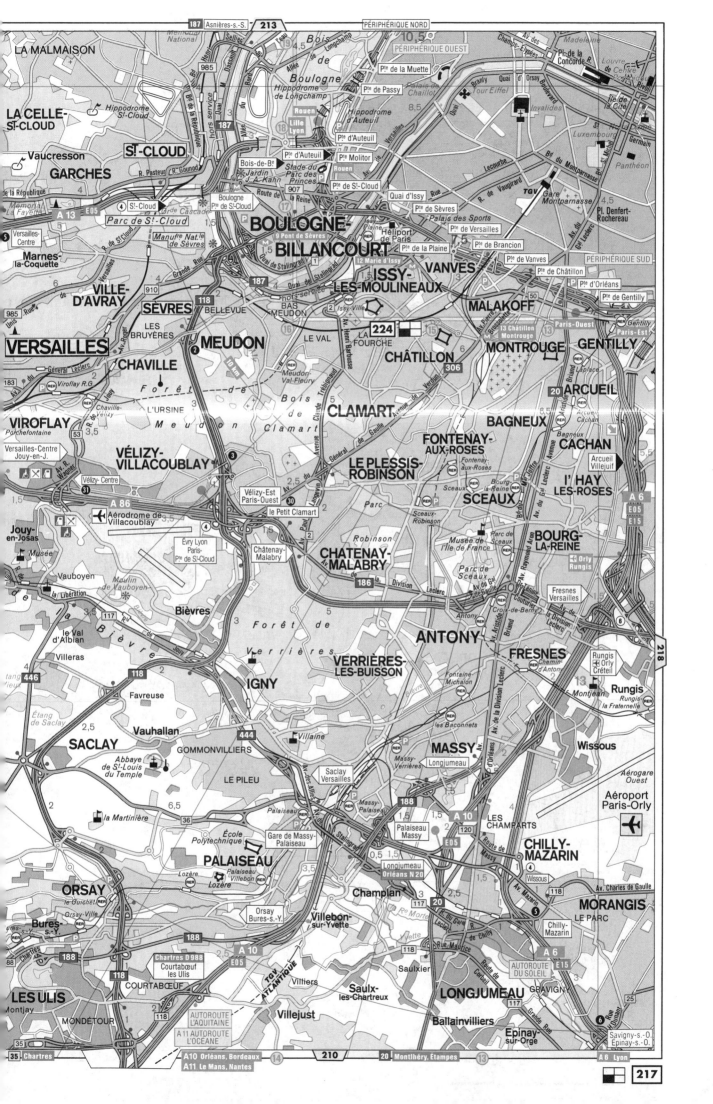

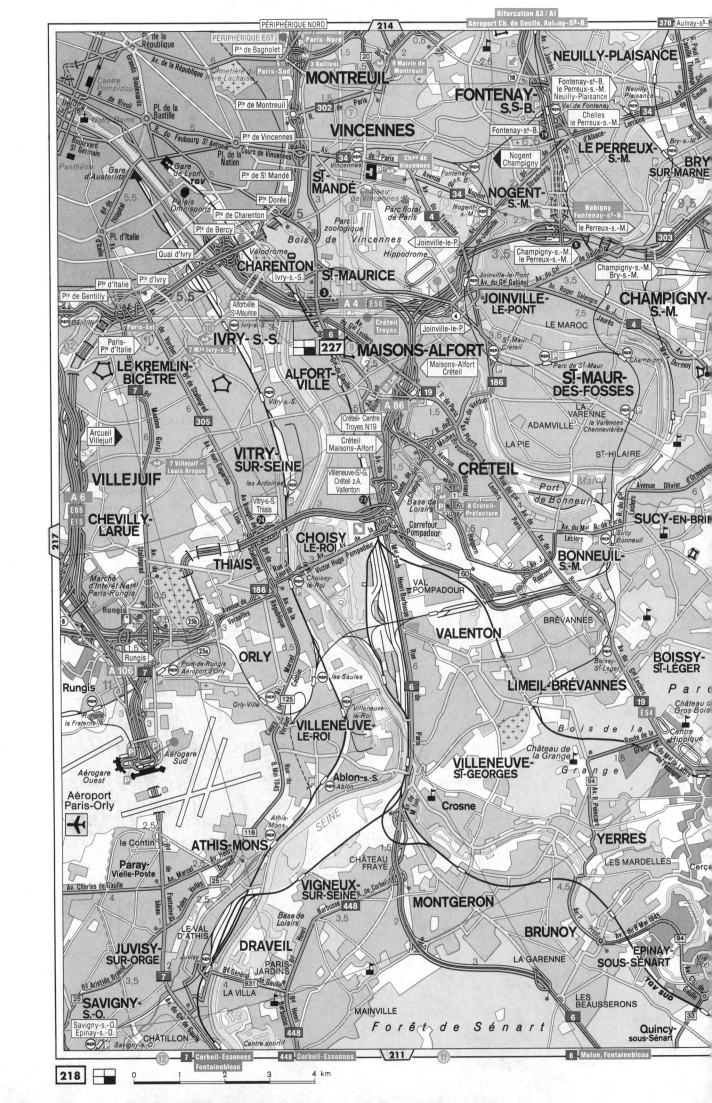

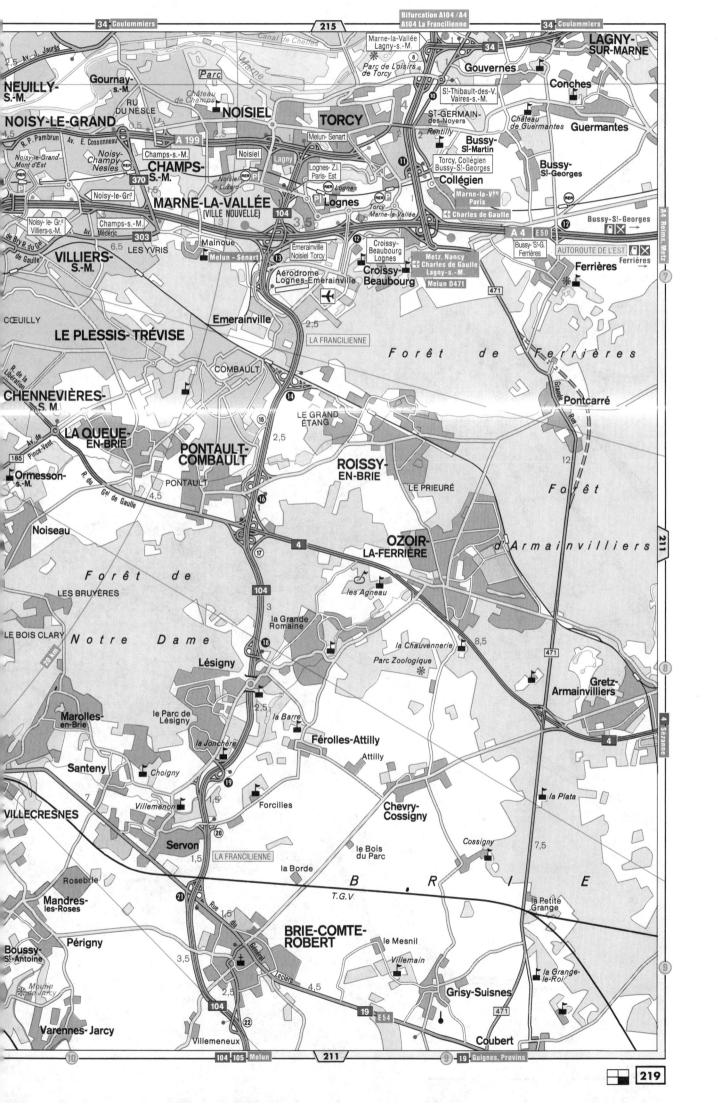

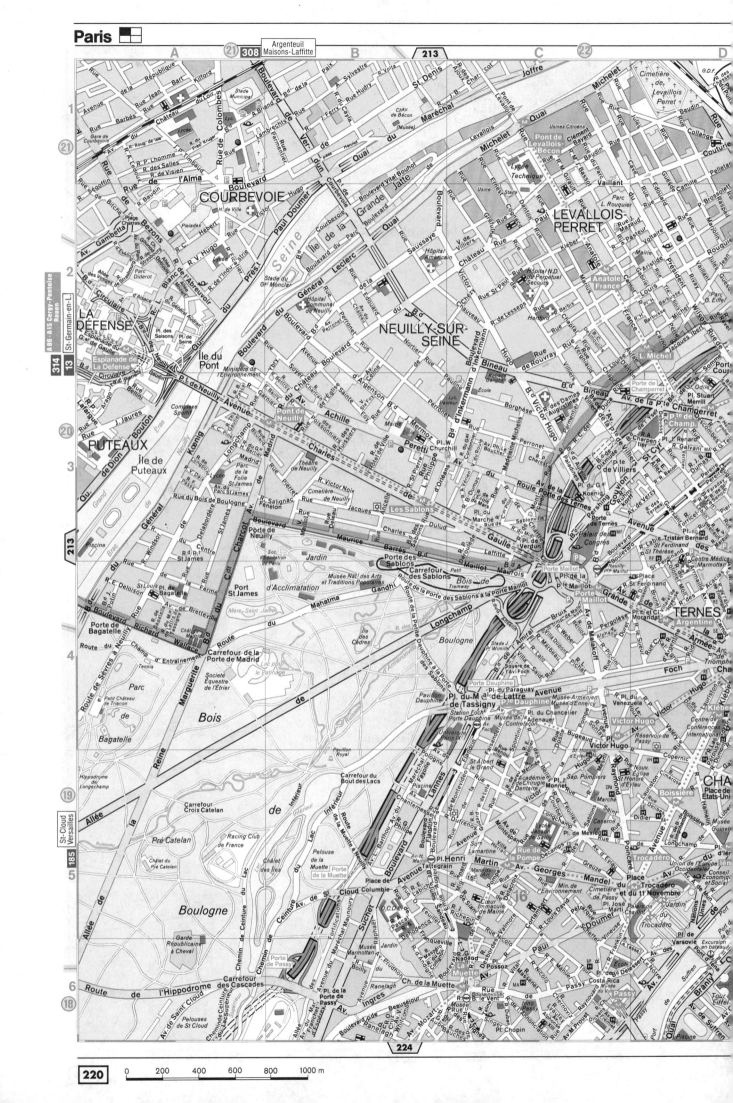

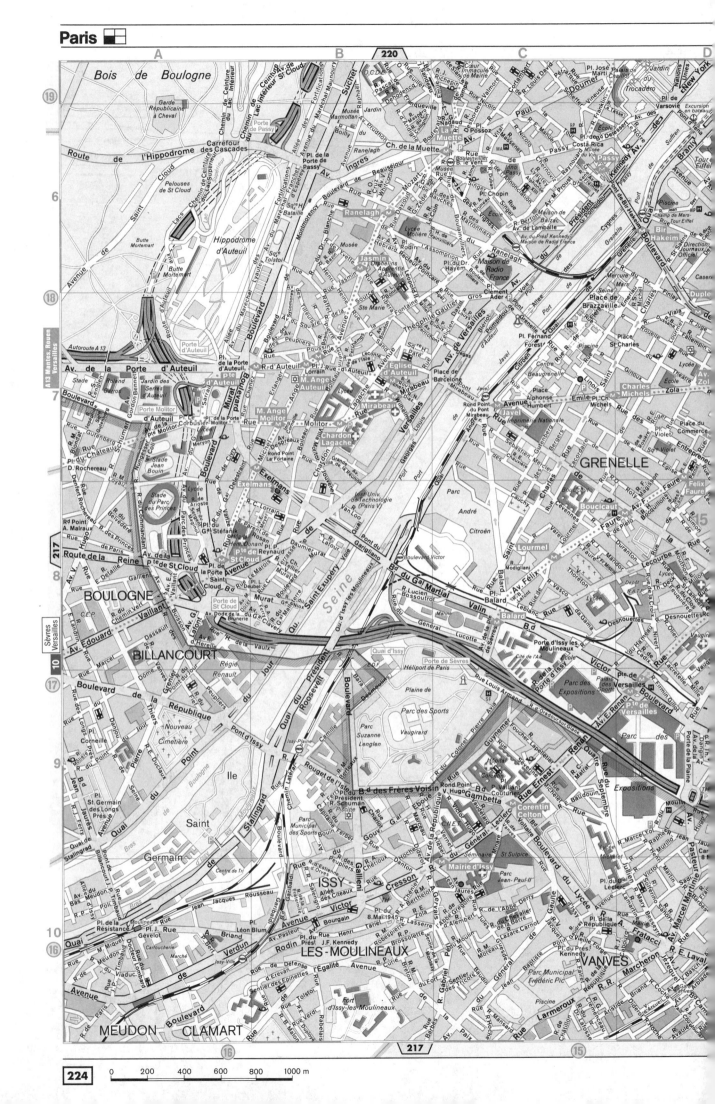

0   200   400   600   800   1000 m

Plans de villes · Stadsplattegronden · Piante di città · Planos de ciudades
Stadtpläne · City maps · Stadskartor · Plany miast
Légende · Legenda · Segni convenzionali · Signos convencionales
Zeichenerklärung · Legend · Teckenförklaring · Objaśnienia znaków
1:20.000

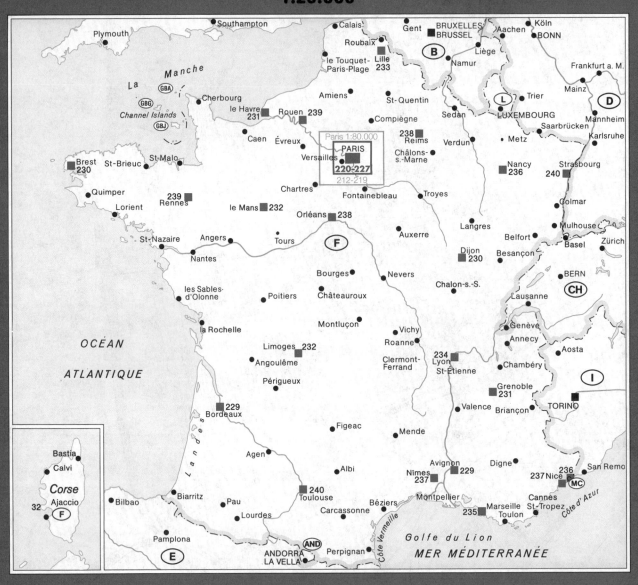

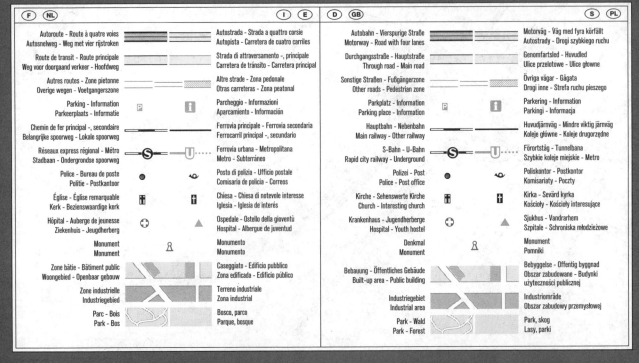

F / NL		I / E	D / GB		S / PL
Autoroute - Route à quatre voies / Autosnelweg - Weg met vier rijstroken		Autostrada - Strada a quattro corsie / Autopista - Carretera de cuatro carriles	Autobahn - Vierspurige Straße / Motorway - Road with four lanes		Motorväg - Väg med fyra körfält / Autostrady - Drogi szybkiego ruchu
Route de transit - Route principale / Weg voor doorgaand verkeer - Hoofdweg		Strada di attraversamento -, principale / Carretera de tránsito - Carretera principal	Durchgangsstraße - Hauptstraße / Through road - Main road		Genomfartsled - Huvudled / Ulice przelotowe - Ulice główne
Autres routes - Zone pietonne / Overige wegen - Voetgangerszone		Altre strade - Zona pedonale / Otras carreteras - Zona peatonal	Sonstige Straßen - Fußgängerzone / Other roads - Pedestrian zone		Övriga vägar - Gågata / Drogi inne - Strefa ruchu pieszego
Parking - Information / Parkeerplaats - Informatie		Parcheggio - Informazioni / Aparcamiento - Información	Parkplatz - Information / Parking place - Information		Parkering - Information / Parkingi - Informacja
Chemin de fer principal -, secondaire / Belangrijke spoorweg - Lokale spoorweg		Ferrovia principale - Ferrovia secondaria / Ferrocarril principal -, secundario	Hauptbahn - Nebenbahn / Main railway - Other railway		Huvudjärnväg - Mindre viktig järnväg / Koleje główne - Koleje drugorzędne
Réseaux express régional - Métro / Stadbaan - Ondergrondse spoorweg		Ferrovia urbana - Metropolitana / Metro - Subterráneo	S-Bahn - U-Bahn / Rapid city railway - Underground		Förortståg - Tunnelbana / Szybkie koleje miejskie - Metro
Police - Bureau de poste / Politie - Postkantoor		Posto di polizia - Ufficio postale / Comisaria de policia - Correos	Polizei - Post / Police - Post office		Poliskontor - Postkontor / Komisariaty - Poczty
Église - Église remarquable / Kerk - Bezienswaardige kerk		Chiesa - Chiesa di notevole interesse / Iglesia - Iglesia de interés	Kirche - Sehenswerte Kirche / Church - Interesting church		Kirka - Sevärd kyrka / Kościoły - Kościoły interesujące
Hôpital - Auberge de jeunesse / Ziekenhuis - Jeugdherberg		Ospedale - Ostello della gioventù / Hospital - Albergue de juventud	Krankenhaus - Jugendherberge / Hospital - Youth hostel		Sjukhus - Vandrarhem / Szpitale - Schroniska młodzieżowe
Monument / Monument		Monumento / Monumento	Denkmal / Monument		Monument / Pomniki
Zone bâtie - Bâtiment public / Woongebied - Openbaar gebouw		Caseggiato - Edificio pubblico / Zona edificada - Edificio público	Bebauung - Öffentliches Gebäude / Built-up area - Public building		Bebyggelse - Offentlig byggnad / Obszar zabudowane - Budynki użyteczności publicznej
Zone industrielle / Industriegebied		Terreno industriale / Zona industrial	Industriegebiet / Industrial area		Industriområde / Obszar zabudowy przemysłowej
Parc - Bois / Park - Bos		Bosco, parco / Parque, bosque	Park - Wald / Park - Forest		Park, skog / Lasy, parki

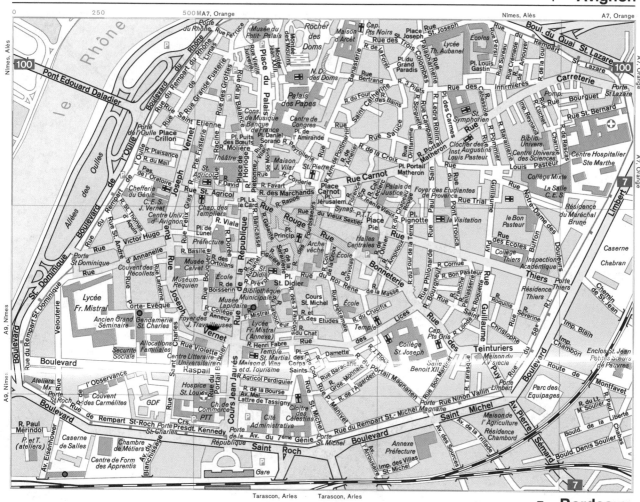

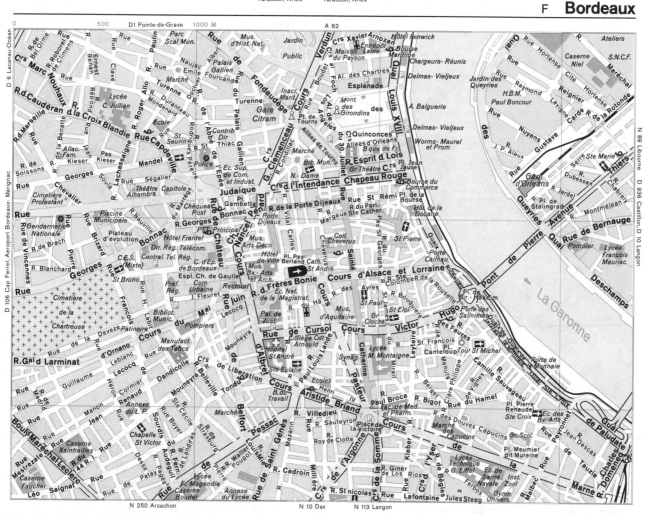

Brest F

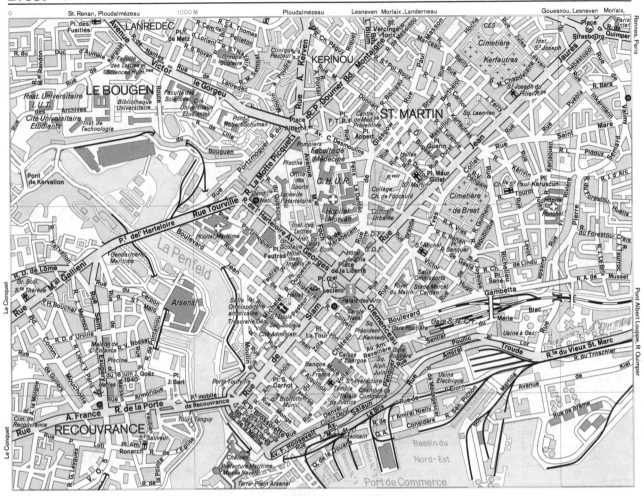

Dijon F

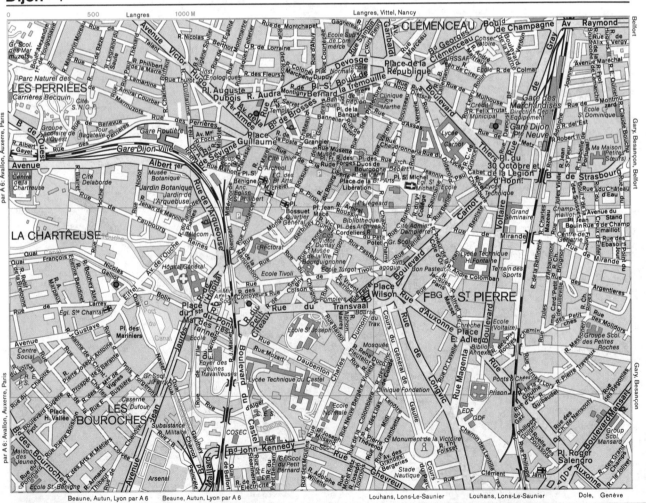

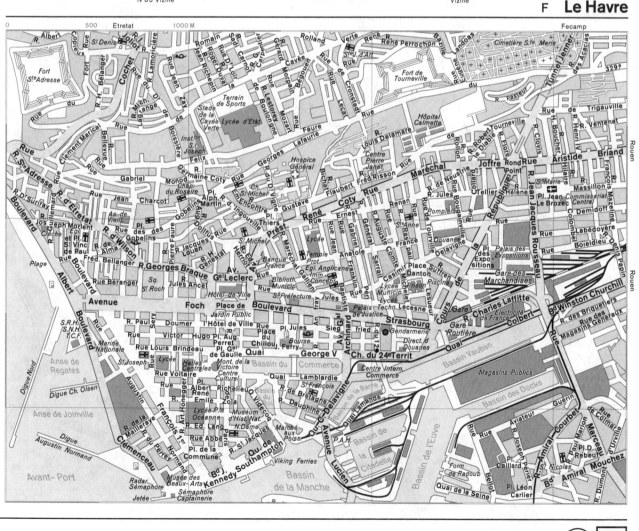

Le Mans F

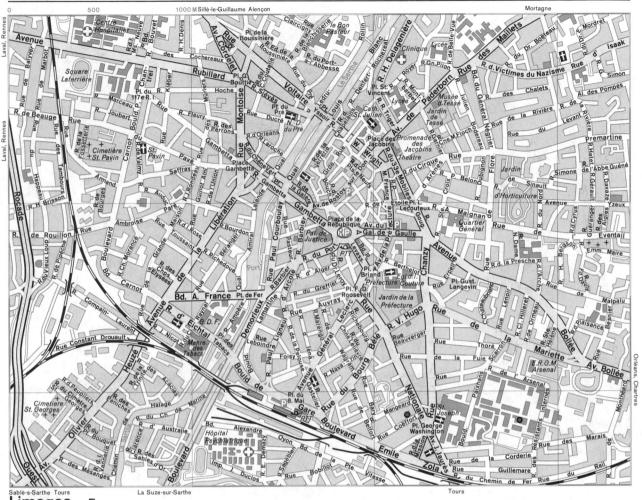

Limoges F

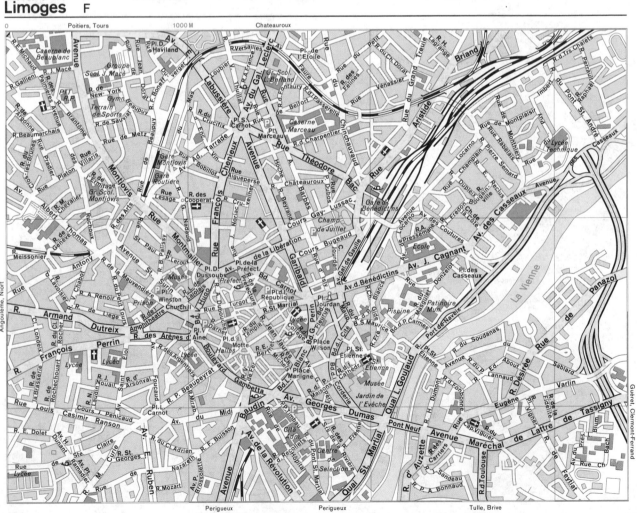

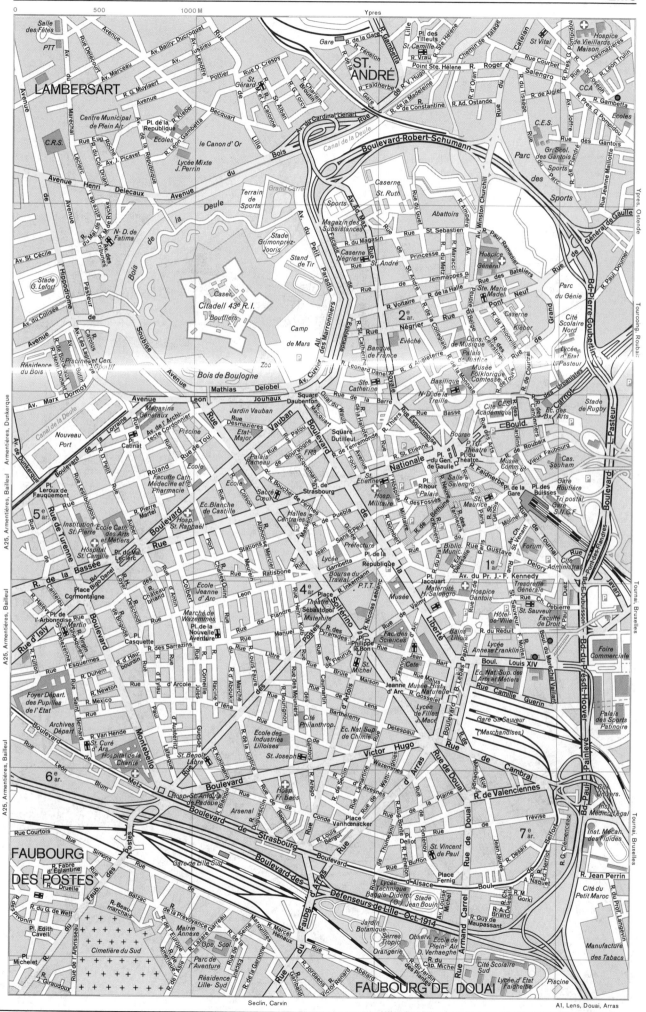

Lyon F

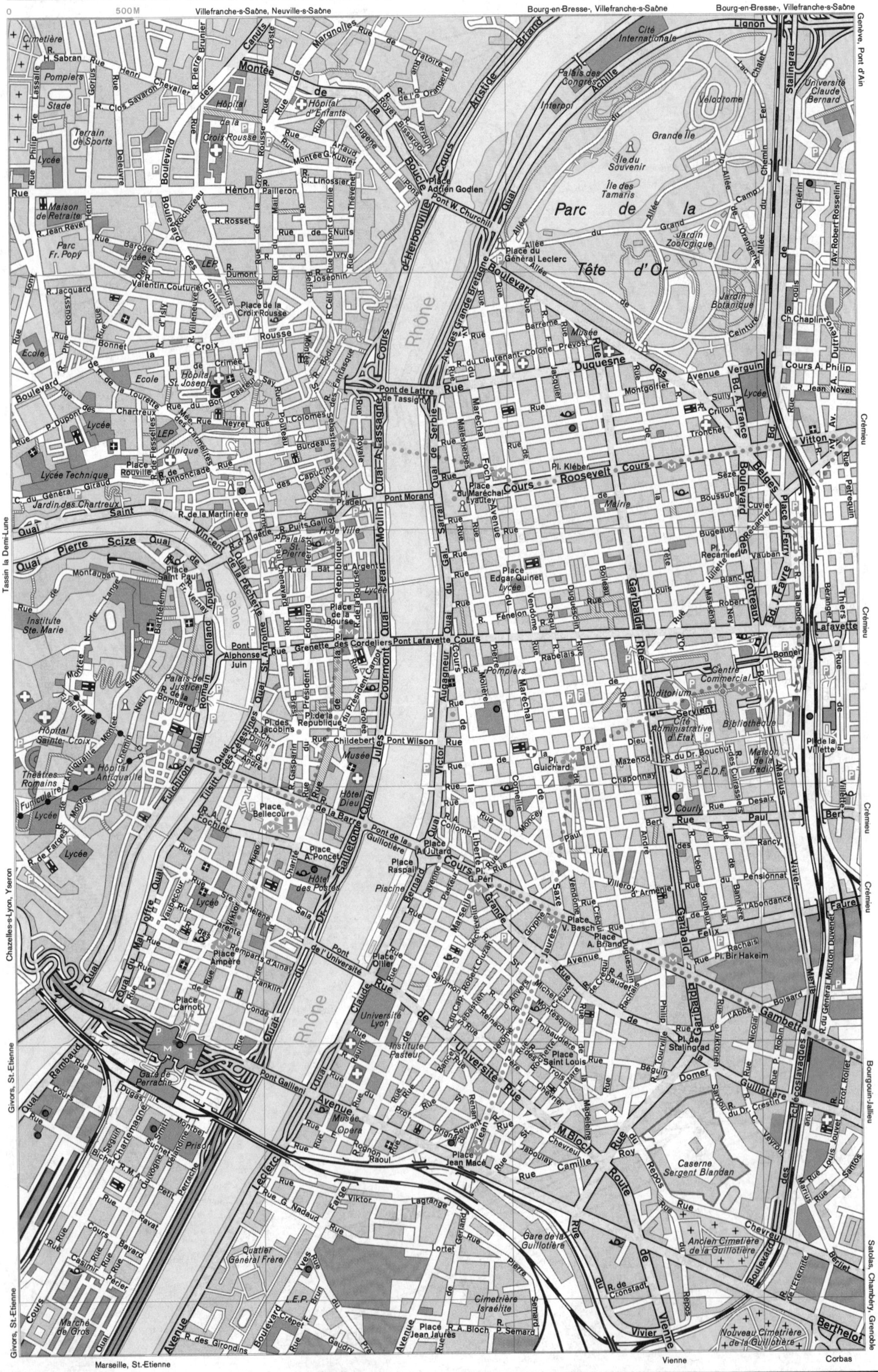

0
500M
Villefranche-s-Saône, Neuville-s-Saône
Bourg-en-Bresse-, Villefranche-s-Saône
Bourg-en-Bresse-, Villefranche-s-Saône
Genève, Pont d'Ain
Crémieu
Bourgouin-Jallieu
Satolas, Chambéry, Grenoble
Corbas
Vienne
Marseille, St-Etienne
Givors, St-Etienne
Chazelles-s-Lyon, Yseron
Tassin la Demi-Lune
Parc de la Tête d'Or
Grande Île
Île du Souvenir
Île des Tamaris
Jardin Zoologique
Jardin Botanique
Vélodrome
Cité Internationale
Palais des Congrès
Université Claude Bernard
Rhône
Saône
Croix Rousse
Hôpital de la Croix Rousse
Place de la Croix Rousse
Hôpital St. Joseph
Jardin des Chartreux
Lycée Technique
Place Rouville
Pont Morand
Pont Lafayette
Pont Wilson
Pont de Lattre de Tassigny
Pont W. Churchill
Pont de la Guillotière
Pont de l'Université
Pont Gallieni
Pont Alphonse Juin
Place Adrien Godien
Place du Général Leclerc
Place du Maréchal Lyautey
Pl. Kléber
Cours Roosevelt
Cours Lafayette
Cours Gambetta
Cours A. Philip
Cours Vitton
Place Edgar Quinet
Place Saint Paul
Palais St. Pierre
H. de Ville
Pl. L. Pradel
Place de la Bourse
Palais de Justice
Institute Ste. Marie
Hôpital Sainte-Croix
Hôpital Antiquaille
Théâtres Romains
Place Bellecour
Pl. des Jacobins
Musée
Hôtel Dieu
Place A. Poncet
Hôtel des Postes
Place Ampère
Place Carnot
Gare de Perrache
Place Raspail
Piscine
Place Ollier
Université Lyon
Institute Pasteur
Musée Opéra
Place Jean Macé
Place G. Péri
Place V. Basch
Place A. Briand
Place Guichard
Place Saint Louis
Pl. de Stalingrad
Pl. Bir Hakeim
Centre Commercial
Auditorium
Cité Administrative d'Etat
Bibliothèque
Maison de la Radio
Servient
Pl. de la Villette
Caserne Sergent Blandan
Ancien Cimetière de la Guillotière
Nouveau Cimetière de la Guillotière
Gare de la Guillotière
Cimetière Israélite
Place R.A. Bloch
Place Jean Jaurès
Quartier Général Frère
Marché de Gros
Boulevard des Brotteaux
Boulevard de la Croix Rousse
Quai Pierre Scize
Quai Jules Courmont
Quai du Dr. Gailleton
Quai Augagneur
Avenue Berthelot
Route de Vienne
Rue Garibaldi

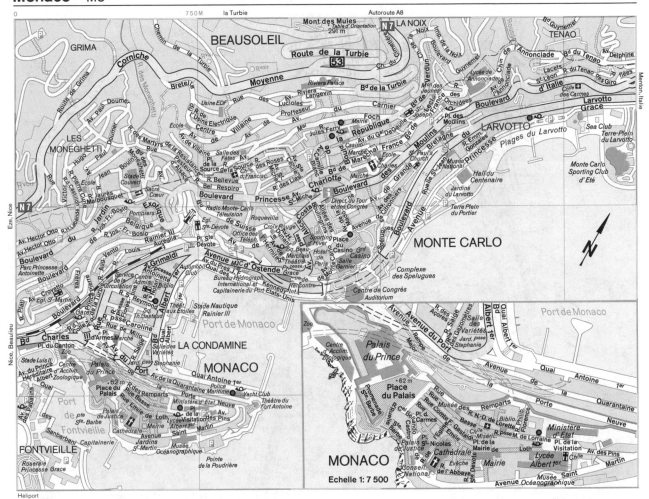

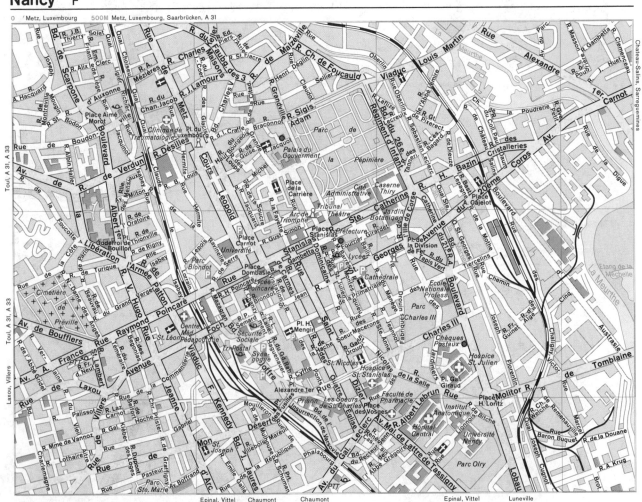

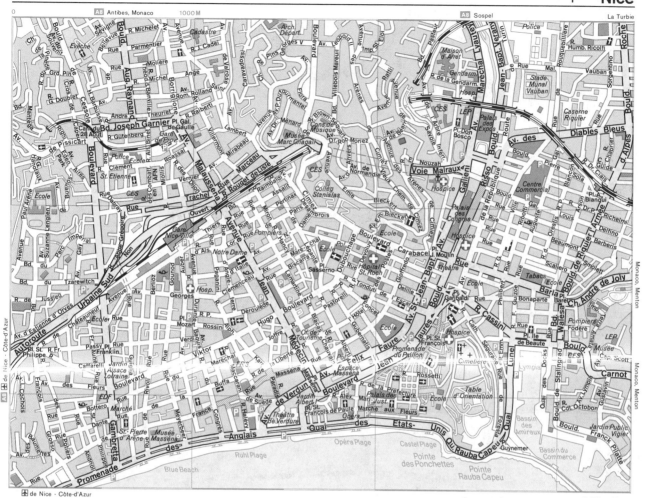

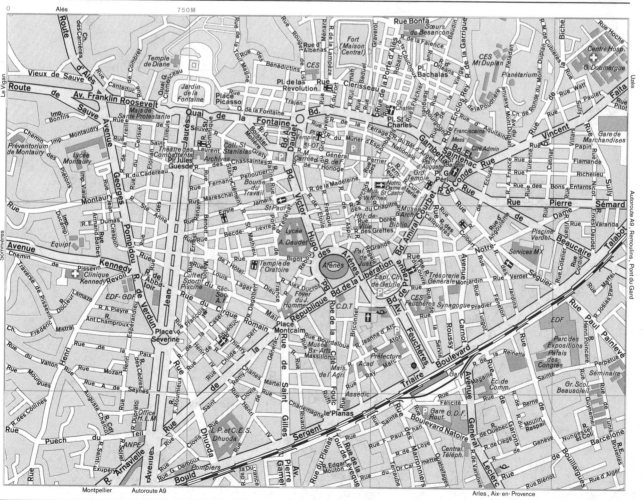

Orléans F

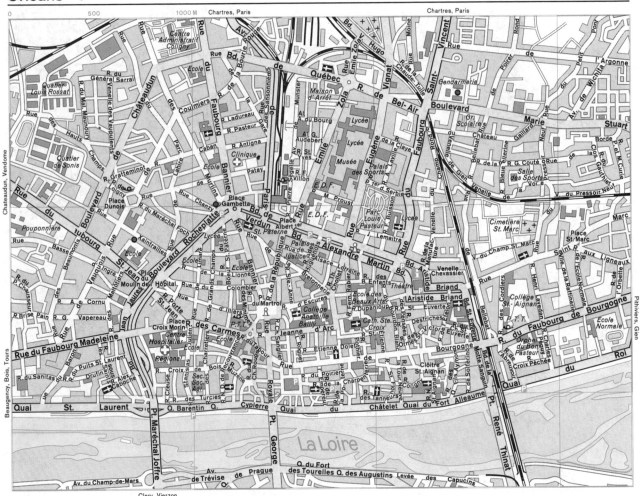

Reims F

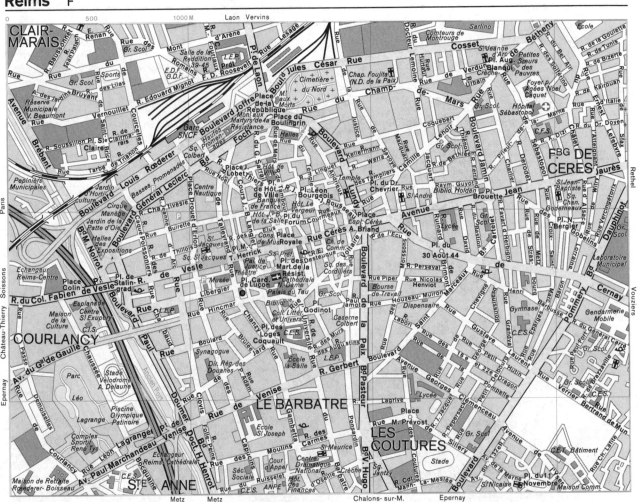

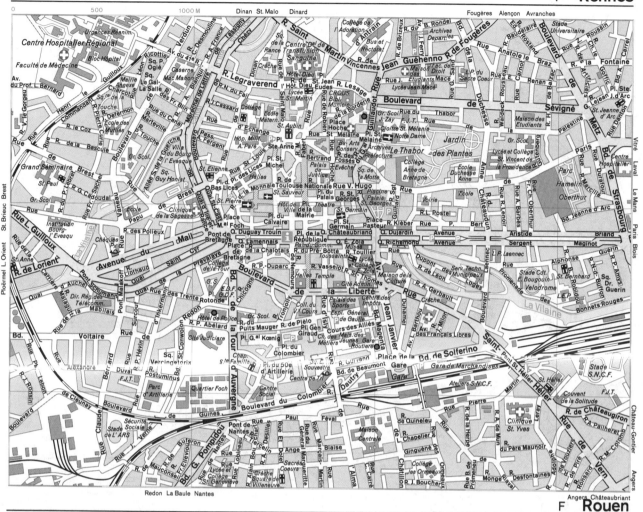

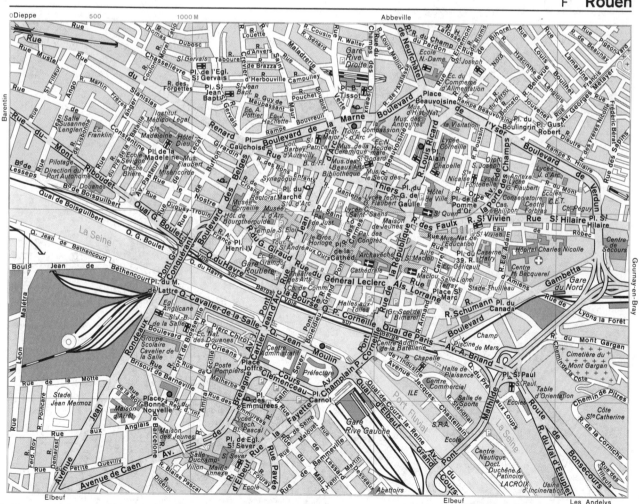

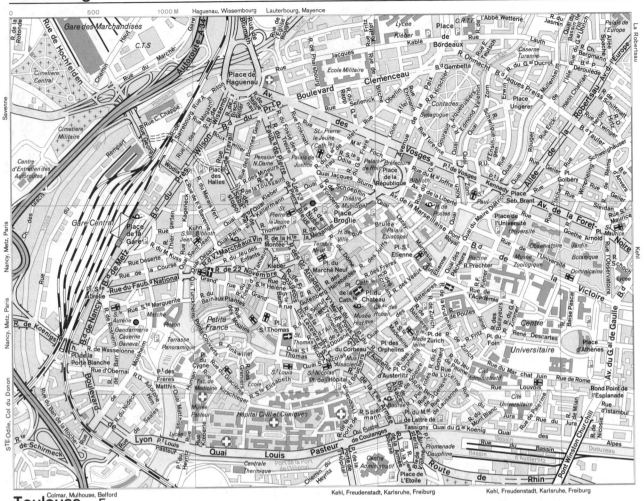

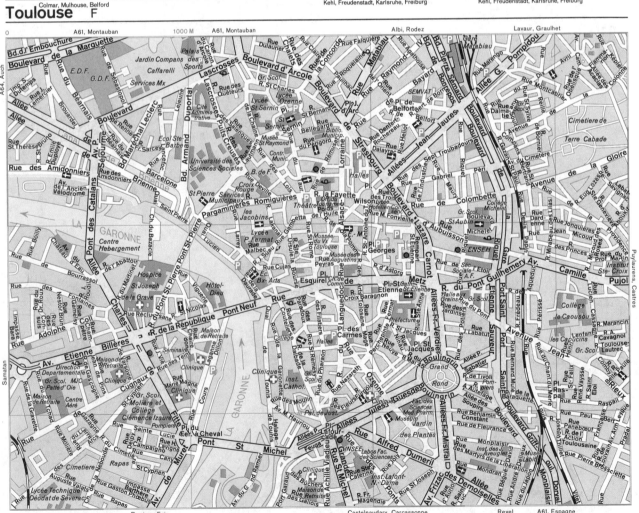

Europe · Europa
1:4.500.000

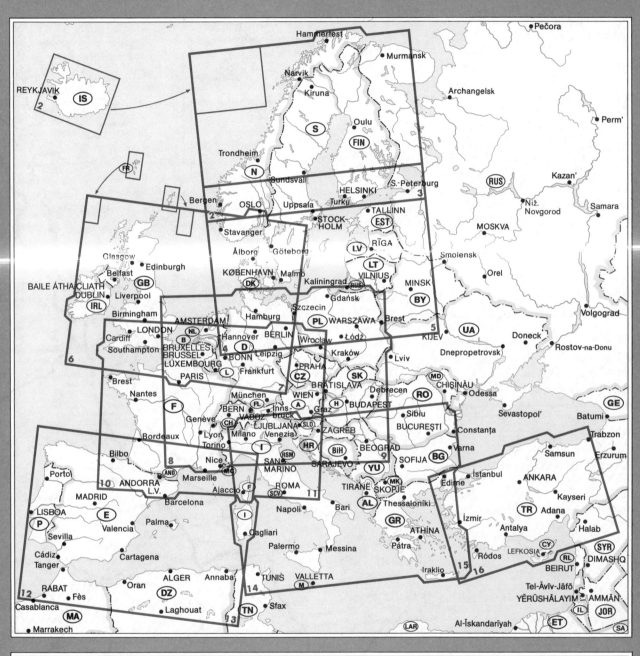

(F) (NL)	Autoroute / Autosnelweg	Autostrada / Autopista	(I) (E)	(D) (GB)	Autobahn / Motorway	Motorväg / Autostrady	(S) (PL)
	Route à grande circulation / Weg voor interlokaal verkeer	Strada di grande comunicazione / Ruta de larga distancia			Fernverkehrsstraße / Trunk road	Genomfartsled / Przelotowe drogi główne	
	Autres routes / Overige wegen	Altre strade / Otras carreteras			Sonstige Straßen / Other roads	Övrigar vägar / Drogi inne	
	Numéro des routes européennes / Europawegnummer	Numero di strada europea / Número de carretera europea	76		Europastraßen-Nummer / Number of main European route	76	Europavägnummer / Numery dróg europejskich
	Ligne maritime importante avec transport des voitures / Voornaamste scheepvaartlijn met autovervoer	Linea di navigazione importante con trasporto auto / Linea marítima importante con transporte de automóviles			Wichtige Schiffahrtslinie mit Autotransport / Major car ferry route	Viktig båtförbindelse med biltransport / Linie żeglugi pasażerskiej	
	Distances en km / Kilometeraanduiding	Distanza chilometrica / Distancias en kilómetros	130 ↘259↘ 129		Kilometrierung / Distances in km	130 ↘259↘ 129	Kilometerangivelse / Odległości w kilometrach
	Passage frontalier (seulement à condition spécial) / Grensovergang (alleen onder bijzondere voorwaarde)	Passaggio di frontiera (solo a determinate condizioni) / Paso fronterizo (sólo bajo condiciones especiales)	○		Grenzübergang (nur unter bestimmten Bedingungen) / Border crossing (by specific regulations only)	○	Gränsövergång (kan endast passeras under vissa villkor) / Przejścia graniczne (tylko na określonych warunkach)
	Capitale / Hoofdstad	Capoluogo / Capital	**PARIS**		Hauptstadt / Capital	**PARIS**	Huvudstad / Stolice
	Localité remarquable / Bezienswaardige plaats	Località di notevole interesse / Población de interés	**RAVENNA**		Sehenswerter Ort / Place of interest	**RAVENNA**	Sevärd ort / Miejscowości interesujące
	Autres curiosités - Aéroport / Overige bezienswaardigheden - Luchthaven	Interesse turistico di altro tipo - Aeroporto / Otras curiosidades - Aeropuerto	* ⊞		Sonstige Sehenswürdigkeiten - Flughafen / Other objects of interest - Airport	* ⊞	Annan sevärdhet - Större trafikflygplats / Inne interesujące obiekty - Lotniska

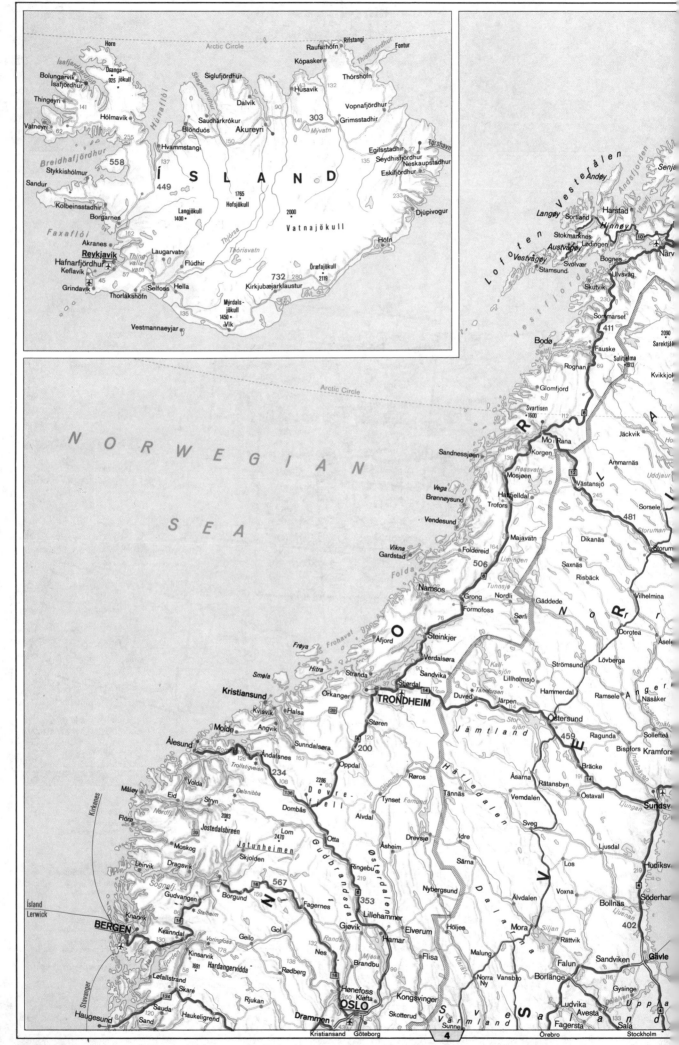

ÍSLAND

Arctic Circle

Horn
Raufarhöfn
Rifstangi
Fontur
Kópasker
Thórshöfn
Ísafjardhardjúp
Bolungarvik
Dranga
925 jökull
Siglufjördhur
Thistilfjördhur
Ísafjördhur
Húsavík
132
Thingeyri
141
Dalvík
90
Vopnafjördhur
Hólmavík
Saudhárkrókur
141
303
Grimsstadhir
Akureyri
Vatnseyri
62
Blönduós
Myvatn
Egilsstadhir
Tórshavn
Hvammstangi
150
Seydhisfjördhur
558
137
Neskaupstadhur
Breidhafjördhur
Eskifjördhur
Stykkishólmur
449
233
Sandur
Kolbeinsstadhir
1765
Höfsjökull
Borgarnes
Langjökull
162
1400
2000
Faxaflói
Vatnajökull
Akranes
Thjórsá
Thórisvatn
Reykjavík
Laugarvatn
Höfn
Hafnarfjördhur
Thing-
valla-
vatn
Flúdhir
Öræfajökull
732
280
Keflavík
57
Hella
2119
Grindavík
45
Sólfoss
Kirkjubæjarklaustur
Thorlákshöfn
Myrdals-
jökull
135
1450
Vík
Vestmannaeyjar

NORWEGIAN SEA

Lofoten
Vesterålen
Andøy
Senja
Langøy
Sortland
Harstad
Hinnøy
Stokmarknes
Narv
Vestvågøy
Lødingen
10
Austvågøy
Svolvær
Bognes
Stamsund
Ulvsvåg
Vestfjord
Skutvik
230
Sommarset
411
Bodø
2090
Fauske
Sarektjå
Roghan
69
Sulitjelma
1913
Kvikkjo
Glomfjord
Arctic Circle
Svartisen
1600
112
6
Jäckvik
R
Mo i Rana
Sandnessjøen
Ranfj
Korgen
Ammarnäs
Vega
139
Mosjøen
12
Uddjaur
Brønnøysund
Rossvatn
Västansjö
Hattfjelldal
245
Vendesund
Trofors
Sorsele
481
Majavatn
Dikanäs
Storuman
164
Foldereid
Limingen
Saxnäs
506
Vikna
Risbäck
Vilhelmina
Gardstad
Folda
Tunnsjö
Namsos
Grong
Nordli
Gäddede
N
O
R
R
Formofoss
76
Sørli
Dorotea
Frøya
Frohavet
Åfjord
O
Steinkjer
Åsele
Hitra
Verdalsøra
Strömsund
Lövberga
Smøla
Stranda
Sandvika
90
Kall-
sjön
Lillholmsjö
Hammerdal
Ramsele
Näsåker
Anger
Kristiansund
Orkanger
Trondheim
Stjørdal
14
Duved
Tännforsen
Järpen
Östersund
Kvisvik
Halsa
39
Støren
Jämtland
Stor-
sjön
459
Ragunda
Sollefteå
Molde
Angvik
820
120
200
Ljungan
Bräcke
Bispfors
Kramfors
Ålesund
Sunnalsøra
Oppdal
Røros
Härjedalen
191
14
Romsdal
Andalsnes
163
Dovre-
fjell
Åsarna
Rätansbyn
Trollstigveien
234
2286
Glomma
Tynset
Femund
Vemdalen
Östavall
Sundsv
108
136
Røros
Måløy
Volda
Dombås
Alvdal
Idre
Sveg
Ljusdal
Hudiksv
Eid
Stryn
Dalsnibba
Åsheim
Särna
Los
219
Flora
2083
Lom
Otta
Drevsjø
Voxna
Jostedalsbreen
39
2470
Dalarna
Moskog
Jotunheimen
Ringebu
Nybergsund
Älvdalen
Bollnäs
Hudiksv
Leirvik
Dragsvik
Skjolden
219
Österdalsda
Sognefj.
567
Fagernes
Lillehammer
Mora
Siljan
402
Gudvangen
16
159
Borgund
N
Höljes
Rättvik
Sandviken
Gävle
Knarvik
86
Stalheim
Gol
Gjøvik
Elverum
Malung
Bergen
Voringfoss
Geilo
Hamar
Norra
Borlänge
Kvanndal
132
Nes
Rands
Ny
Vansbro
Falun
Ludvika
Kinsarvik
138
Brandbu
Flisa
Klarälv
Sauda
Hardangervidda
Rødberg
16
99
Kongsvinger
Avesta
Sand
58
1691
Mjøsa
Vansbro
Sala
Løfallstrand
Honefoss
Kløfta
Skare
160
Oslo
Skotterud
S
Värmland
Haugesund
134
Rjukan
Kläfta
Drammen
V
Sunne
Sa
120
Ludvika
Fagersta
Sauda
Sand
Kristiansand
Göteborg
4
Örebro
Stockholm

2 E

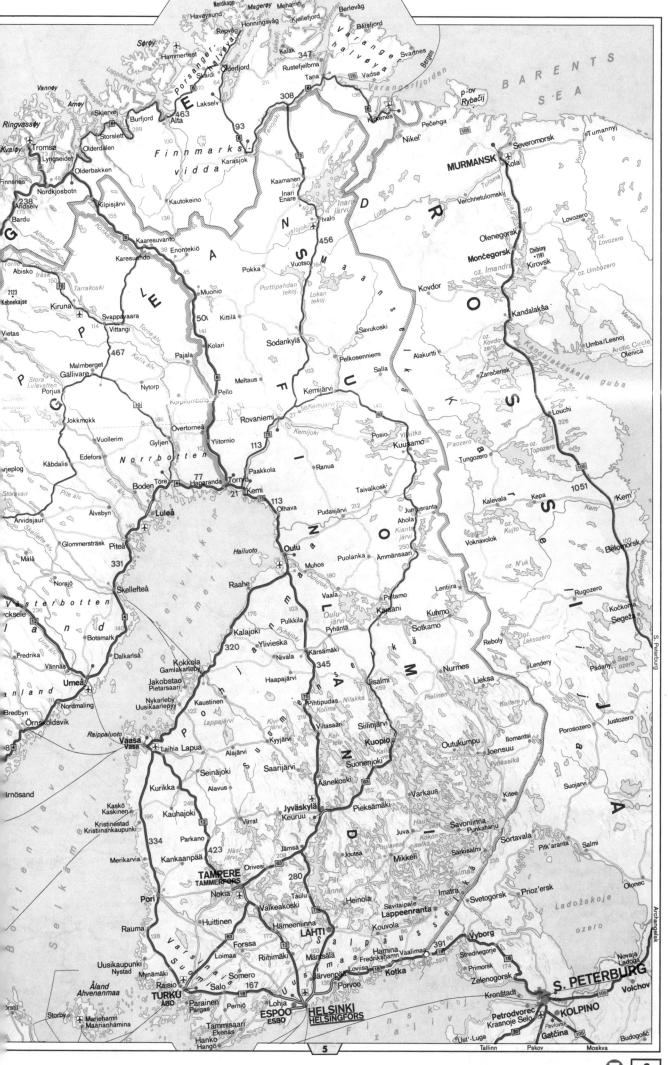

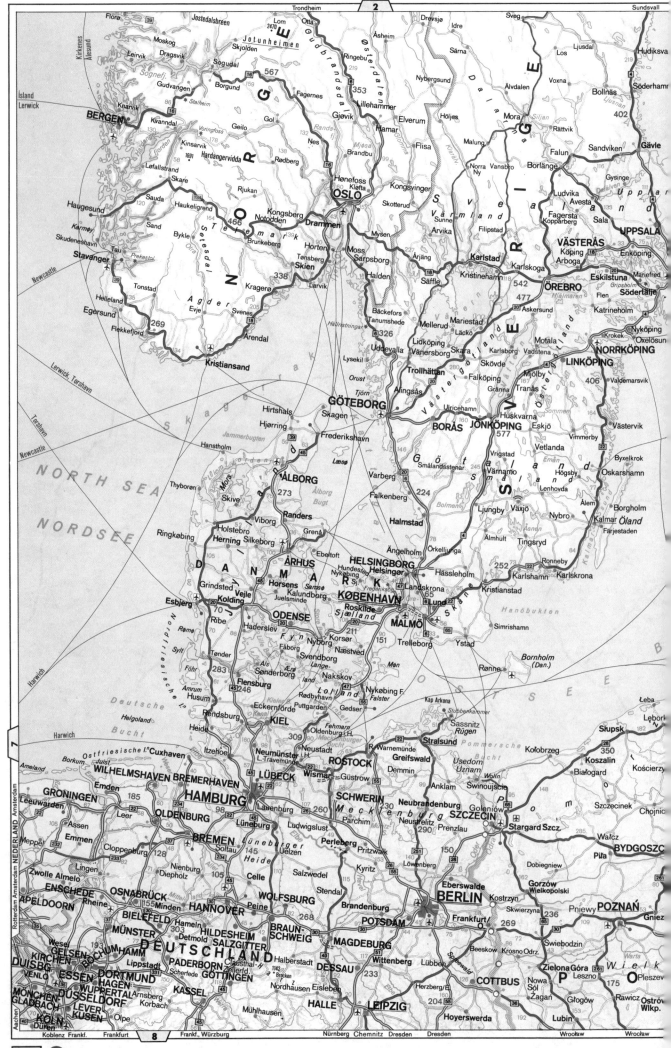

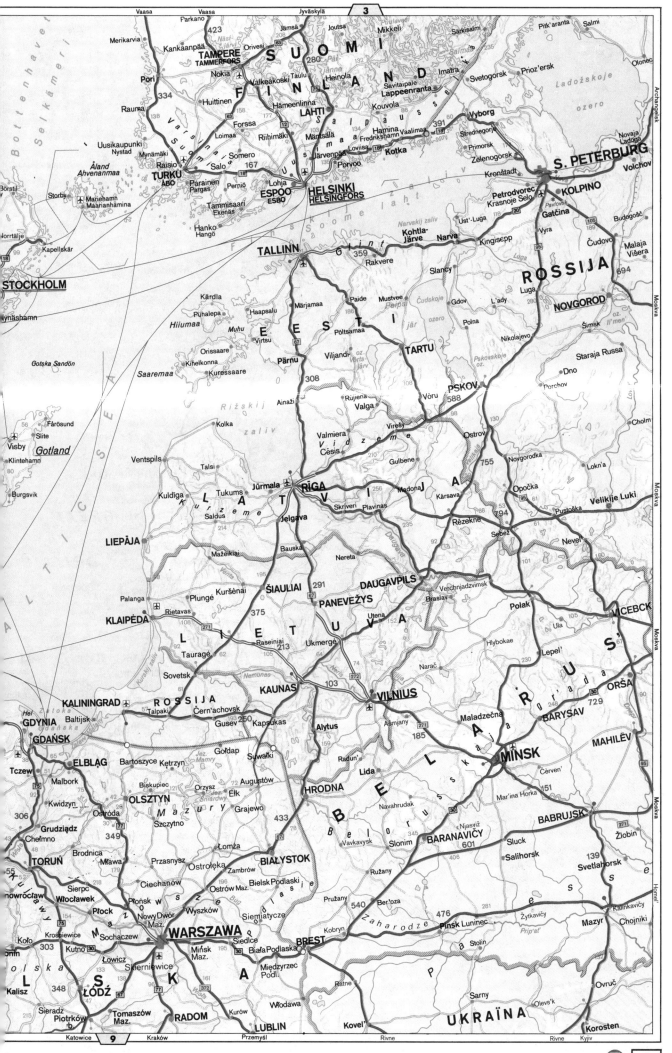

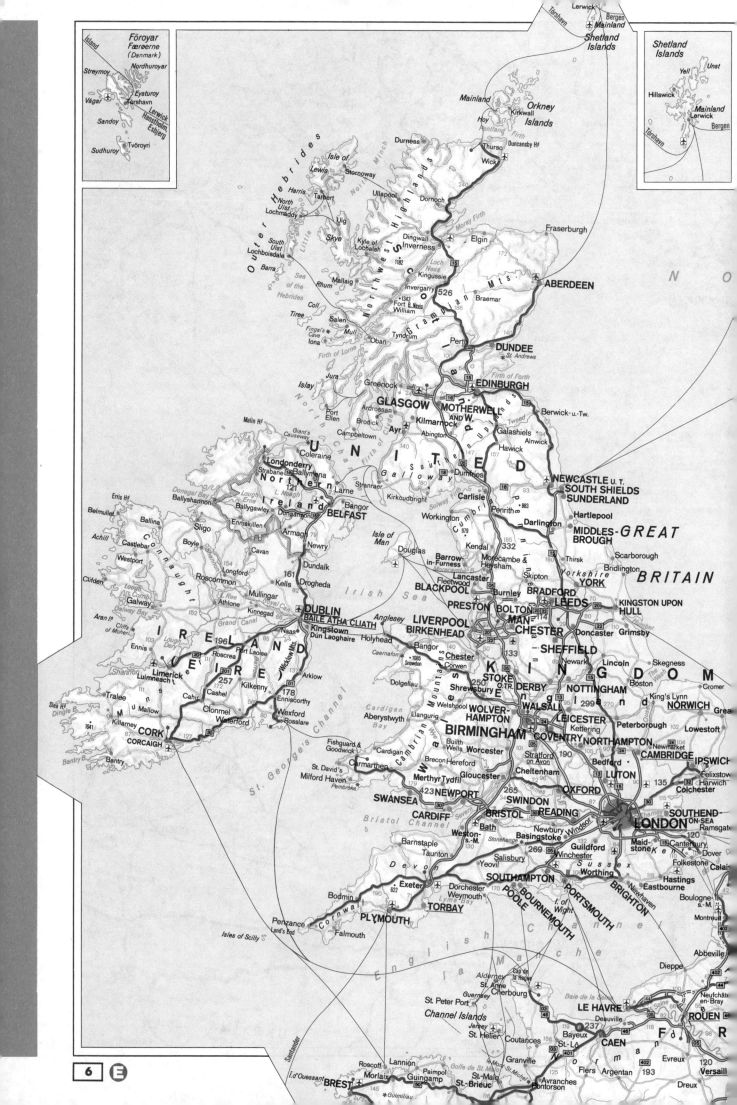

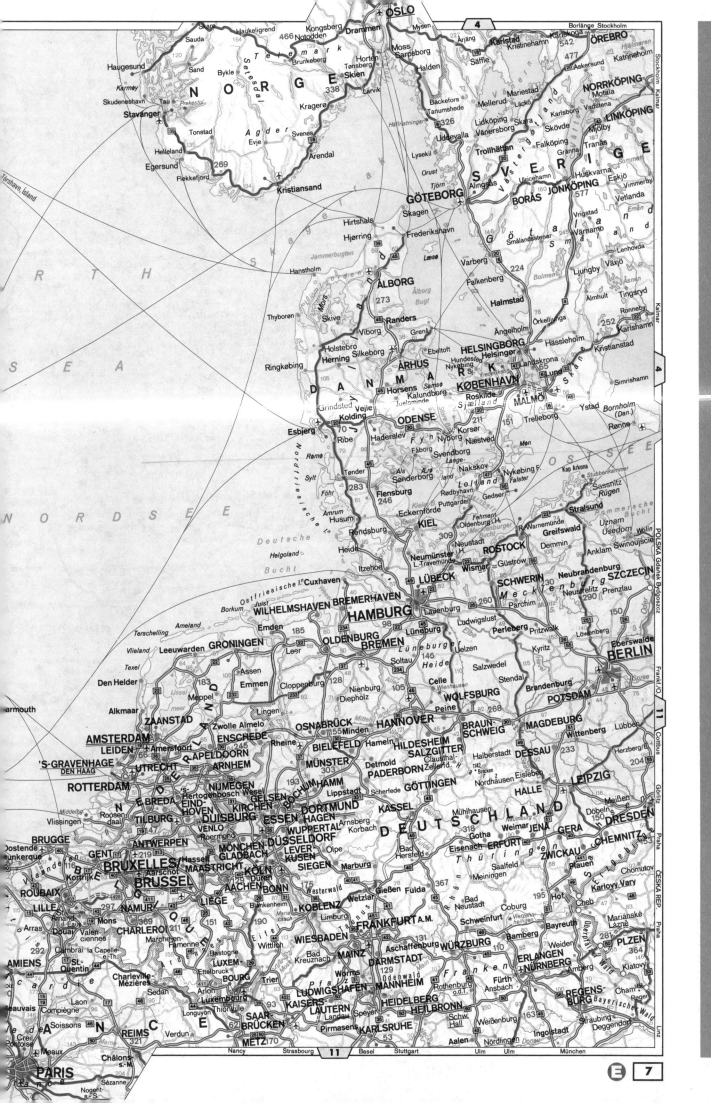

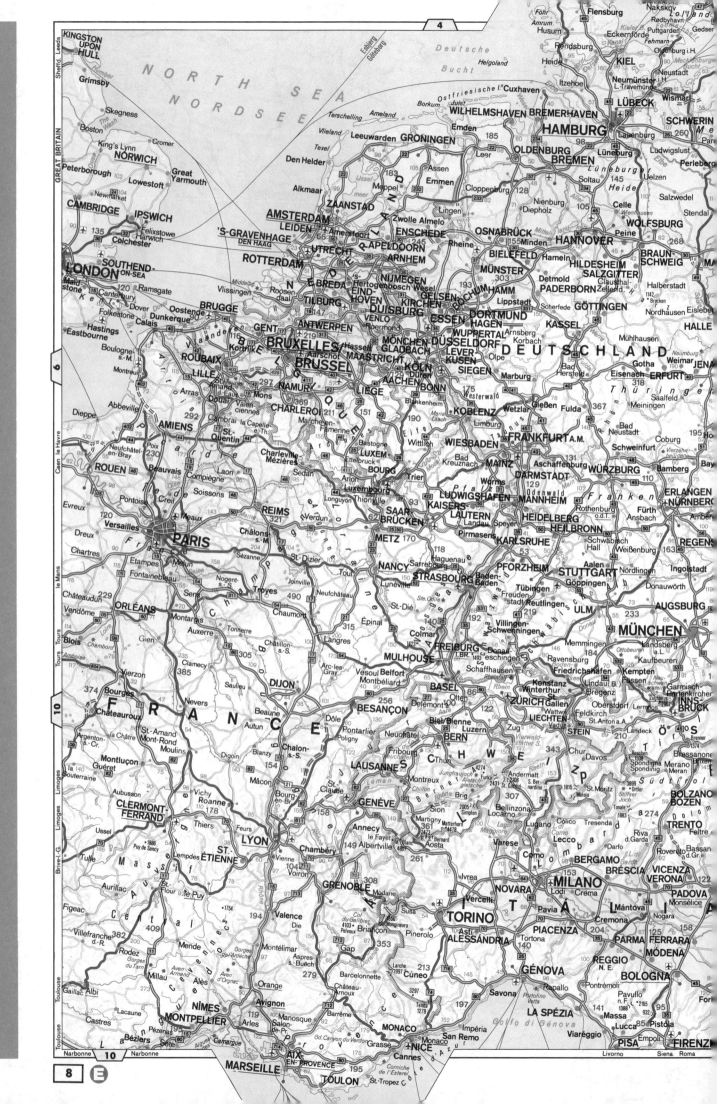

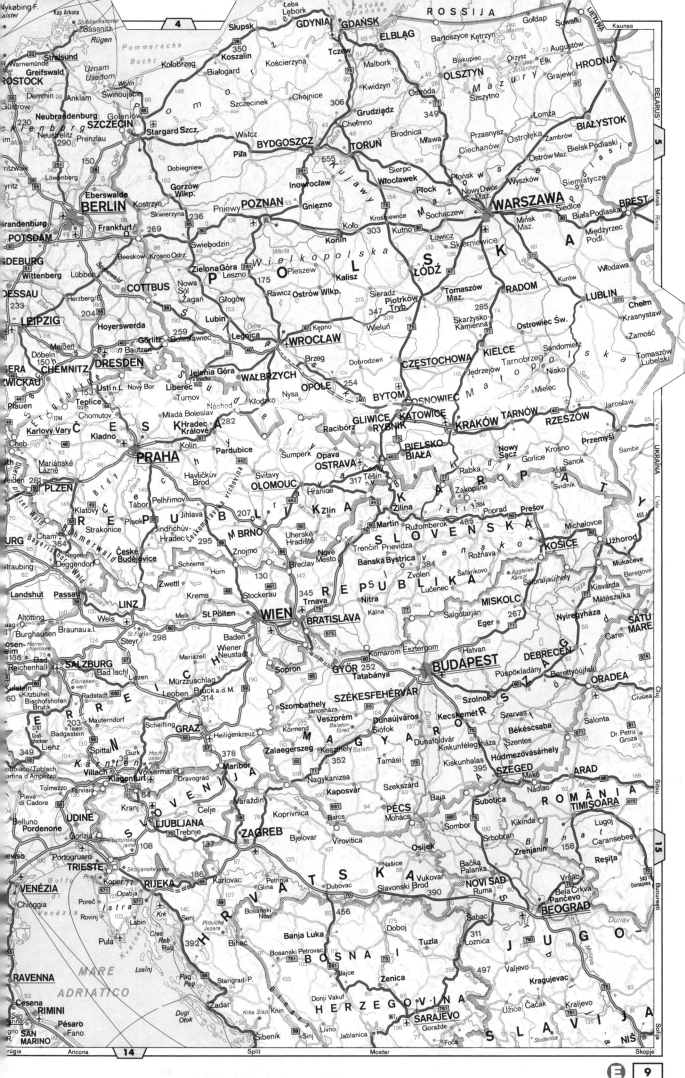

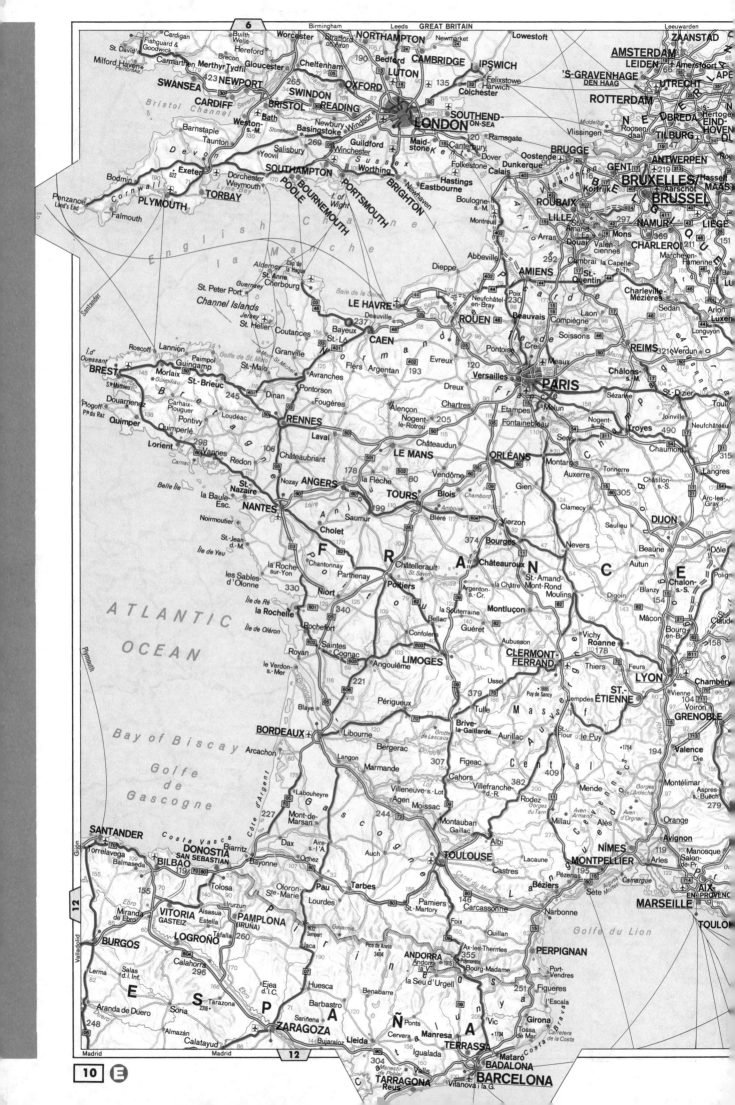

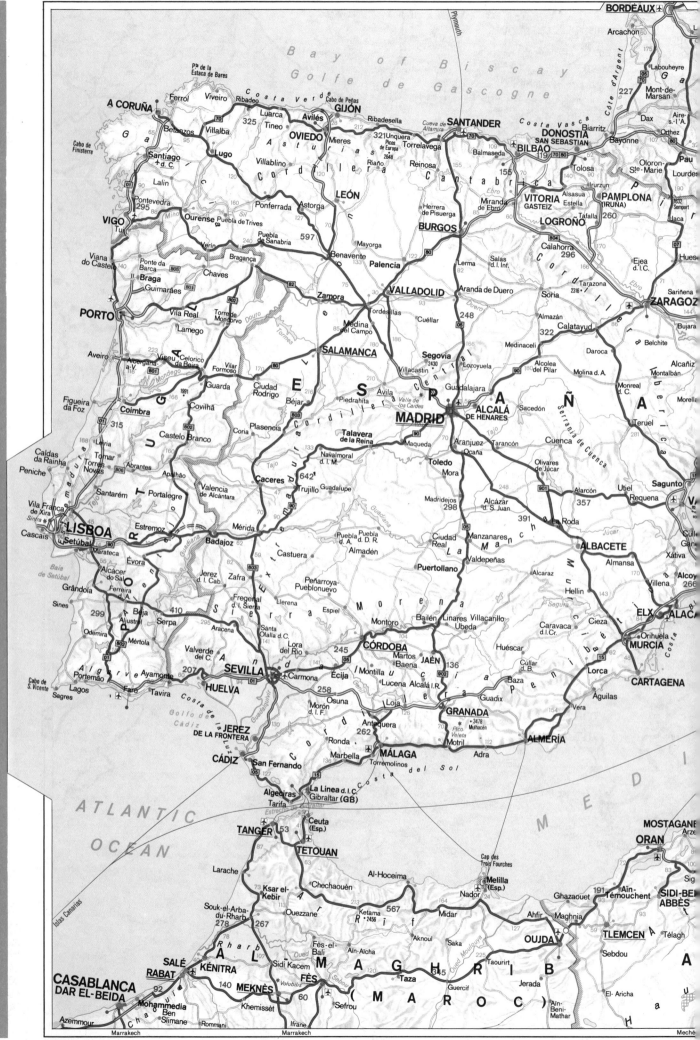

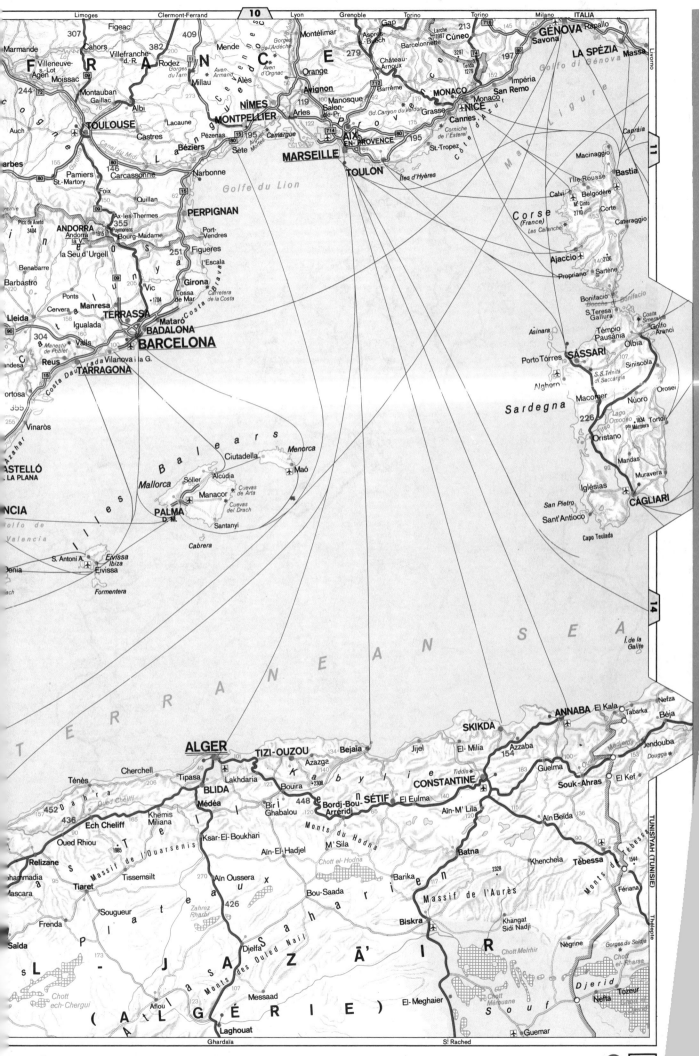

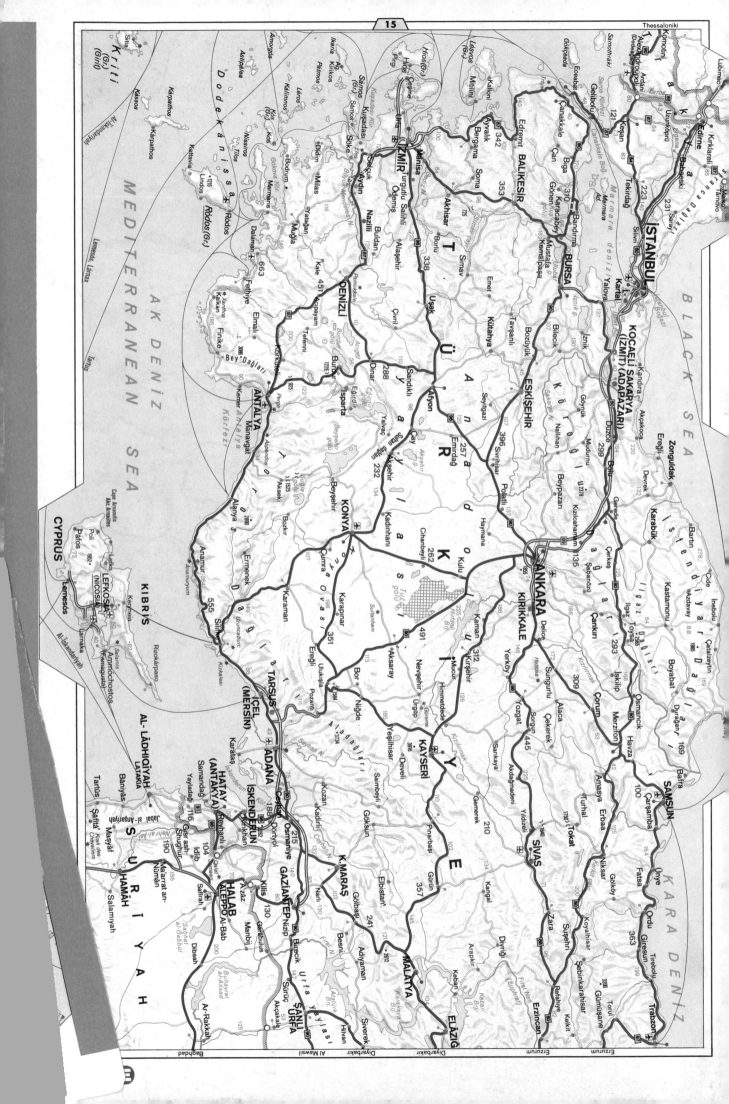